THE BLUE LAGOON ANTHOLOGY OF MODERN RUSSIAN POETRY

by Konstantin K. Kuzminsky & Gregory L. Kovalev

5B VOLUME

Oriental Research
Partners
Newtonville, Mass.

ISBN 0-89250-329-7

Library of Congress: 86-061515

6003766080

OC22260648

New Address
Oriental Research Partners
P. O. Box 158
Newtonville, MA 02160

For the Live Voices Supplementary (25 tapes, 40 poets)
write to:
         K.K.Kuzminsky
         PODVAL
         390 Metropolitan Ave.
         Brooklyn, NY 11211

Памяти Геши Гуткиной,
меценатки и фантазерки

6.24 PM
14 мая 1986
Некрасовка
ПОДВАЛЪ

N. 10 - 9 MARZO 1977   L. 500

il Settimanale

POLITICA, CULTURA, ... ABBONAMENTO POSTALE GR. II/70%   RUSCONI EDITORE

Yulya's Diary

Julia Voznesenskaja

IL CALVARIO
DI UNA POETESSA IN URSS

ДЕЛО ЮЛИИ ВОЗНЕСЕНСКОЙ

И опять работать мне... Профессиональная машинистка, "мать поэтов", Юлия Вознесенская, застряла по выезде в Германии, в припосевовских кругах, сея, жня /?/ и противуборствуя. Со всем пылом она сейчас защищает, по-моему, уже феминисток, а за поэтов, да и за неё - отдуваться опять мне...

Набирать дневник... Тот самый дневник, который она мне переслала осенью 76-го, который перевел я с Аллой Бураго /тоже русской, но второго поколения/ за весну 77-го, который покушался издать за свой счет /но профессорская зарплата - кончилась, успел набрать только 25 стр. с Денни Швиерсом/ и который Альфред Френдли-младший, московский кор, пристроил по приезде Левина на Бостонское телевидение, где он и вышел часовым телефильмом в январе 1980. При этом Юлию, за вычетом контрабандных, послелагерных съемок 8-мимиллиметровой камерой, играла Виктория Федорова, "дочь адмирала" /а также актрисы Зои Федоровой/, а я и Левин - сами себя. На роли поэтов набрали какой-то эмигрантской швали, по виду - фарцни, поэтому из поэтов получился один Хвост, который играл и пел себя - с Юлией он знаком не был, но я настоял взять его в фильм, как колорит. И лучшие кадры в фильме - это российская пьяночка с Хвостом, девочки и стаканы - словом, всё как ТАМ. В остальном же, вычетом вечно пьяного меня и Хвоста - фильм был о "диссидентстве", что скушно. Но консультантом был не я, а Илья Левин.

Да, дневник... С одной стороны - это дело сугубо личное, но таким же, полагаю, "личным" - был и дневник Анны Франк! Дал вот сейчас прочитать его американской эскапистке, гурджиевке-успенскианке, прошедшей наркоту и одиночество - это Юлино свидетельство общности и общения поэтов с поэтами, и поэтов - с людьми. А также - общения милиции и властей все с теми же поэтами...

Всё-то у нас в России не по людски, или наоброт - слишком уж человечно! Это при всей бесчеловечности системы, а может, напротив - благодаря этому! Пытались у нас эту доброту искоренить, и Ленин, и Дзержинский, ну, Брежнев и свора его - просто шакалы, да и зубы у них - вставные, но 30 лет почти - вышибал ее Сталин, вкупе с Бериями-Аббакумовыми и Ежовыми - не поймешь, в крови она, что ли - страна контрастов и крайностей. Но это уже отступление и не совсем чтобы на тему. Хотя... Пожалуй, основным качеством Юлии и является - доброта. Не слюнявая, не юродствующая /вот где Олег малость "перегибает"!/, а чисто женская, "жалкующая", материнская.

А потому перехожу, после этого, уже и ненужного, предисловия - к самому дневнику.

/Дневник приводится, натурально, в сокращении, да целиком мне его и не поднять - и зачем, теперь уже, опять же?/

Константин уехал - здравствуй, Константин!

Сегодня 9 августа 1975 года. Сегодня ровно месяц, как ты уехал. Мы уже говорили по телефону, но письма пока еще не доходят. А дни идут, приходят, проходят и забываются. И мне жаль, что какая-то часть нашей жизни так и останется для тебя неизвестной. Может быть, твоя vita nova заполнит без остатка твое время, внимание и сердце, а мой дневник, который найдет тебя много дней спустя после того, как эти дни пробегут, уже возможно будет тебе и ненужен и скучен... Ну что ж, на этот случай давай условимся считать его чтивом для дурной погоды. Словом, я начала и продолжаю.

С тех пор, как ты уехал...

Задумав свой "Дневник для эмигранта", я уже знала, что начну его именно этими словами - "С тех пор, как ты уехал". Но уже не всё, что случилось в Ленинграде за это время, хранится в моей памяти - вот почему и нужен именно дневник, каждодневные записи.

Попробую начать с той минуты, когда 9 июля мы увидели вас уже на "чужой земле" - в зале ожидания для иностранцев. Мы глядели на вас с балкона. Вы были за стеклом и уже очень далеко, недоступные для нас и для многих других. У Папы есть фотография этой минуты. Постараемся вам ее переслать как можно скорее. Потом вы сели в автобус, он отвез вас к самолету, и больше мы уже не видели вас. Потом оставался уже только самолет...

Наталья зарыдала сразу же, как только поняла, что вы уже не увидите ее слёз. Евдокия Петровна еще держалась. Остальные молчали в полном трансе. И только со мной творилось, как всегда, что-то несуразное: я визжала от счастья, взлетела на парапет и улетела бы еще дальше, если бы Илья не подхватил меня и не посадил на плечи. Я чувствовала себя не женщиной, у которой отнимают единственного и близкого друга, а птицей, которую выпускают на свободу. Но самой высокой точки счастья я достигла в ту минуту, когда самолет, увозивший вас, плавно оторвался от взлетной полосы и медленно поплыл от солнца к яруде облаков, клубившихся прямо над горизонтом. Помнишь "Искателей приключений"? Вот то же, только с другим знаком: не тоска и невозможность, а возможность и счастье.

И только когда самолет вошел в облака, я подумала вдруг: "А если навсегда?..." Я не поверила в это, да и сейчас не верю. Но когда-то мы еще встретимся, и какими мы тогда будем?

Только тут по-настоящему заплакала Евдокия Петровна. Все бросились к ней с утешениями. Я тоже растерялась, слезла с Ильюшки и пошла плакать к Папе. По дороге заметила полные слёз глаза Сашеньки Исачева. "Еще один осиротел", - подумалось мне. Все как-то бестолково подходили один к другому, отходили в сторону, снова собирались вместе...

Через две недели я написала об этом:

        Растрёпанное облако сбежало
        за горизонт. Бутылочный осколок
        глаз приманил и разочаровал.
        Застрекотал кузнечик у стены
        и оживил картонность декораций,
        и мы зашевелились, зашептались,
        и тихой стайкой побрели к такси...
        "Последний друг! Последняя любовь!
        Земля, земля, постель мне приготовь!"
        Лишь дерево с годами хорошеет,
        одна вода не ведает разлук.

Написано не очень вразумительно, но точно.

Потом кто-то предложил всем вместе пойти выпить за тебя. По-моему, это был кто-то не из очень близких людей. Свои были все какие-то пришибленные и разбредались поодиночке.

Мы с Натальей и Евдокией Петровной взяли такси и хотели ехать втроем. Вдруг откуда ни возьмись - вездесущий Гум. Влез в машину - и мы уже ни о чем не могли говорить. Мы трое слишком хорошо знаем друг друга, чтобы разговаривать при посторонних. Ах этот Гум! К тому же бессонные ночи взяли свое, мне вдруг страшно захотелось спать, спать, спать...

Ах, Костенька! Ни один любовник мне не стоил стольких бессонных ночей! Утешаюсь лишь тем, что ни один и не умел сделать их столь прекрасными, какими были наши ночи - и работа, и прогулки, и разговоры, и всё-всё-всё. Прощаю их тебе, хотя пальцы от машинки до сих пор ломит. И пальцы ломит и душу щемит.

Отвезли меня домой, улеглась я в постель и мгновенно уснула, намереваясь спать не меньше суток. Но не тут-то было!

Проснулась я вечером в комнате, полной гостей из Таллина. Сидели вокруг меня спящей и ждали, когда я проснусь, чтобы договариваться с ними о совместных литературных вечерах. Пришлось проснуться и договариваться. Так-то, дорогой мэтр, хорошенькое же ты мне оставил наследство!

Что было дальше?

А "дальше" продолжается по сей день. Мы с Натальей пытаемся перестроиться, и либо отвыкнуть от тебя, либо привыкнуть к твоему отсутствию. Обе тоскуем и всё нам обрыдло. Наталья всё не может решить, ехать ей за тобой или нет, а я всё думаю, что станется без тебя с нашей работой. О том, чтобы когда-нибудь встретиться, я уже и не мечтаю. Дай Бог привыкнуть к тому что расстались.

Каждый день мы ходим к Евдокии Петровне. Называется это по-прежнему "Пойдем к Коке!" Если не можем придти, то обязательно предупреждаем друг друга - не втроем нам очень тоскливо.

В первые дни мы просто сидели и разговаривали о вас с Эммой. Наталья по записной книжке выполняла твои бесконечные поручения. Потом начали разбирать вещи, бумаги, картины. Это было еще переносимо - большинство бумаг и картин знакомо, со многими связаны самые милые воспоминания. Мы ими обменивались, делились многими своими тайнами - вся троица! Таким образом узнали о тебе друг от друга много нового. А дом по-немногу все менялся и менялся...

А потом началось самое страшное. Евдокия Петровна каждую минуту была готова к приходу гостей с уплотняющим визитом. Естественно, ей хотелось быть готовой и к их приему. Но ты же понимаешь, что с точки зрения жактовской эстетики ваша квартира была в ужасном состоянии. Евдокия Петровна же, как известно, не из тех, кто любит приводить людей в ужас. Следовательно, нужно было привести в порядок квартиру. Решили сделать небольшой ремонт своими руками. И вот мы своими руками принялись разрушать тот дом, который и для меня-то был единственным прибежищем во всех моих печалях, не говоря уже о Наталье. У нее другого дома и не было никогда. И вот мы с ней начали мыть окна, очищать прокуренные тобою углы и потолки, замазывать следы от гвоздей, заклеивать пятна на обоях и т.д. и т.п. Дом изменялся и на наших глазах изменял нам. Не дай тебе Боже заниматься такою работой когда-нибудь в жизни!

И вот, спустя 2 недели мы увидели вместо прекрасного, безалаберного, всеми любимого Дома Кузьминского чистую, красивую, но совершенно чужую квартиру. Плохо было нам, Костенька.

Однажды я пришла, когда ни Натальи, ни Е.П. еще не было. Ваша комната была уже почти пуста, только вдоль одной стены стояли картины. Из окна в доме напротив звучала какая-то славная музыка. От одиночества я начала танцевать под эту музыку и под вот эти стихи:

> В твоем доме пустом
> нету тебя совсем,
> в доме твоем тебя
> с каждым вздохом все меньше,
> в доме твоем теперь
> тебя почти не осталось,
>
> В доме твоем
> пустом,
> в доме твоем
> пустом,
> в доме твоем
> пустом
> так танцевать легко.
>
> За поворотом - круг,
> полупаденье - взлёт,
> Кроноса крах и крен -
> птицу стреляют влёт -
> в доме твоем пустом -
> в небе моем пустом.

К Евдокии Петровне мы привязались за эти дни ужасно! Целыми вечерами сидели на кухне и предавались воспоминаниям. А однажды она нас привела в изумление. Пришли мы как-то, поработали, потом сели ужинать, а она вдруг и говорит: "Девочки, а не выпить ли нам по рюмочке за наших ребят?" И достает бутылку! Мы с Натальей так и сели!

И мы пьянствовали втроем в этом доме с его вечным сухим законом, с его проверкой гостей на предмет незаконной контрабанды спиртными напитками. До сих пор, как вспомним, так хохочем: "Видел бы Костя!" А Евдокия Петровна просила нас ни за что тебе об этом не говорить. Вот так мы и живем без тебя, Костенька. Как-то ты там без нас? На сегодня я с тобой прощаюсь. Храни тебя Бог, и Эмму, и нашу дружбу!

/Нарисована птичка и подписано: "Это я. Спать полетела"./

15 августа 75 г.

Папа ушел в отпуск и увез детей в Ириновку. Отправила с ними беспризорного Ширали - пускай отдохнет и попишет на природе. Но этот негодяй повез с собой и любовницу. Шерамур этакий!

В вашем доме ремонт закончили. Я принялась за свой - на супруга мне в этих делах надеяться не приходится.

Август у нас пошел какой-то подпорченный - и холодно, и тоскливо, и дождливо. От тоски спасаюсь Натальей, а от дождя чем спасешься? Всю душу вымочил!

Хожу и твержу бунинские строчки:

> Скажи поклоны князю и княгине,
> Целую руку детскую твою
> За ту любовь, которую отныне
> Ни от кого я не таю.

Помнишь? Это самые прекрасные его стихи, самые-самые. У него редко случалось, чтобы стихи и жизнь сливались, чтобы они проживались как жизнь. Ну, разве еще про "хорошо бы собаку купить". А Мандельштам весь такой. Без иллюстраций. Да?

Ах, ну о чем писать, когда и на душе и во всем городе так одиноко, что уж кроме тоски ничто их и не может заполнить. Уж лучше подожду новостей. Прощай пока.

18 августа 1975 г.

Ездила в Ириновку. Милый южный человек Ширали там замерз и сложил печку. Печка взорвалась. Вот такие они, наши поэты! Теперь согревается с помощью девочки Светы. Надо сказать, она действительно настолько хороша, что стоило ее тащить в мою Ириновку. Я, правда, женщин не люблю, но на некоторых из них смотреть приятно. В этом, наверно, и заключено зерно нашего взаимопонимания с Трифоновым. Для него они, как и для меня, декоративный, но практической ценности не представляющий пол.

Ширали ничего не пишет. Весь его архив я конфискую. Он не умеет хранить свои стихи. Сейчас приходится снова заниматься датировкой его текстов - всё растерял, разбазарил, раздарил дамам!

Стихов написала. Вот.

> Накажи меня строго, Господь, - без расплаты нельзя
> научиться читать в небесах пустоту и истому.
> Небо - только дорога, по которой уходят друзья,
> небо - только дорога, по которой уходят из дому.
>
> В облаках я читаю, в этих белых Господних кудрях,
> в облаках я читаю. Выходит - не встретимся боле.
> Накажи меня, Боже, другим разлученным на страх,
> все равно человеку не вынести этакой боли.
>
> Тишина в вышине, и не стукнуло в небе окно,

и никто не ответил, и снова, как в выжженном поле,
я стою на сиротской земле: мне осталось одно -
пережить эту боль в ожидании будущей боли.

Вот такие получились вирши.

Ширали сказал: "Не понимаю, как можно писать красивые стихи о таком, в сущности, безобразном моменте." Ну уж не знаю, хороши ли стихи, но 9 июля - один из красивейших дней моей жизни, несмотря ни на что. Вот так. А Шер забыл собственное: "Боль твоя высока - разве только собака услышит." Да ну его - я на него сердита за печку.

Кстати, он познакомил меня с Топоровым. Умница. Холоден, но дьяволоват. Приятен, но не представляю, как с ним можно водить дружбу. Поживем - увидим!

23 августа 75 г.

А твоя Наталья - картежница! Хуже того - преферансистка! Приехали Кривулин с Коняевым и с картами, уселись играть и тем извели меня в /гм.../ конец. Приезжает Наталья. "Ну, - думаю, - сейчас начнется нормальная светская жизнь." Не тут-то было! Эта мадама садится к ним третьей - и пошло, и пошло! Они ушли, когда пошли трамваи.

А пишу я это неспроста. Натальюшка, наконец-то, настроилась ехать. Так ты уж там ее не вози в Монте-Карло, сделай милость. Продуется в пух! Предупреждаю тебя самым серьезным образом.

Вот так. Целую. Иду спать. Кроме азарта у Натальи ничего нового в Ленинграде не появилось. Все понемногу съезжаются. А у меня перо сломалось - последнее наследство А.И/сачева/! Это он приучил меня писать тушью.

"Храни вас Бог, храни вас Бог, храни вас Боже."

/из Аронзона/

/Пропускаю 8 страниц дневника, где Юлия рассказывает о смерти своего друга Юры Козлова - это грустно, и к антологии отношения не имеет./

27 сентября 75 г.
....
Сегодня познакомилась как следует с Понизовским - об этом дальше.

28 сентября 75 г.

12 сентября, если ты помнишь, день рождения Пети Чейгина. В прошлом году мы справляли наши дни рождения вместе. Ну, в этом все само собой отменялось. Все-таки я выбралась из дому и зашла на 5 минут к Пете - поздравить его и вручить подарки. У него застаю Охапкина, Куприянова, Ширали и множество всяких разных дам, в том числе нескольких мне приятных. Присела выпить чаю - вечер уже шел к концу.

Охапкин вдруг предложил: "Хочешь, я прочту свою новую поэму?" Я хотела. Охапкин прочел. Я уснула. Да, уж если Охапкин хочет кого наказать, так он читает стихи, не ударив перед тем /слушателя/ по уху. Оглушает медленно, вдумчиво и садистически продолговат. Удивительно умеет проваливаться в поэзии наш великий Олег Охапкин! И это я пишу при том, что лучшей его вещью считаю "Флиген Холлендер" - самую длинную из его поэм. А эта называлась "Самсон".

- Ну как? - спрашивает после чтения автор.
- Не знаю. Я не уверена в том, что Библию нужно переписывать. По-моему она достаточно хороша. Тем более такими простенькими стихами.
- А ведь это очень трудно - писать просто! - заявляет Охапкин.
Я пожала плечами: - Это очень скучно.
Тут вскипел Боренька. Но вскипел тихо, так что я едва его расслышала:
- Так не нужно было и слушать!
- Простите, Боренька, я не расслышала, что вы сказали?
- Я спросил, хотите ли послушать мою поэму?

Каков Горацио?

- Прочтите, Боренька! - прошу я его.

И он в пику мне, не понявшей гениального "Самсона" Охапкина, читает свою поэму "Лисистрата".

Боже мой! Я уж думала, что у меня не осталось никаких слёз, кроме траурных. А тут и мороз по коже, и слёзы по глазам. Какая поэма, Костенька!

Ну, после "Лисистраты" в сторону Охапкина как-то даже неловко было и смотреть. А помнишь, что я говорила? А говорила я, что Олег напрасно так давит на Бориса: Борис талантлив от Бога, ему всё на пользу, так что будет, если он от Олега научится писать длинные вещи? Тот потеряет свое самое большое отличие - продолговатость. Борис задавит его первой же поэмой. Смею тебя уверить, что так оно и было. Нет, этим надо срочно раздружиться! Иначе мы скоро будем пировать не на "пиру отечественной литературы", а "на тризне печальной Олега".

Теперь о другом дне рождения - о моём собственном. День рождения я отменила. Все знали о нашей беде. Но близкие друзья, то есть наши с Юркой, решили все-таки вечером собраться у меня. Просто для того, чтобы я в свой день рождения не сидела одна. Первой пришла Наталья и заказала разговор с тобой. Потом пришел Петя. Мы сидели и тихо говорили о том, о сем. Зазвонил телефон. Это был ты. Наталья поговорила с тобой /я в это время ухожу всегда из кухни - ну вас с ней, у вас свои секреты!/ а потом позвала меня поздравляться.

Ты уже наверняка забыл этот разговор, закончившийся моими слезами. Тут есть одна очень важная вещь. Теперь ты уже должен о ней знать. "Теперь" - это время, когда ты будешь читать мой дневник. В моем "теперь", когда я пишу его, ты еще ничего не знаешь. Ох, как трудно распутаться с этими поправками на время! Ну, читай, ведь ты уже знаешь: УМЕР АЛИК ТИХОМИРОВ.

Когда ты поздравлял меня, ты об этом не знал. Евдокия Петровна приказала нам с Наталией молчать. Мы с ней Алика знали мало - решать ей. И вот ты звонишь, а у меня две таких ужасных вести... Я-то молчу. А ты вдруг спрашиваешь: "Как там у вас, все живы-здоровы?" Я отвечаю, что всё в порядке. Через две фразы ты опять: "Главное, чтоб вы там все живы были." И в третий раз: "Хорошо, что вы все здоровы.", и в четвертый, уже совсем каким-то несуразным голосом: "Все ли живы у вас?" Вот тут я и сказала про Юрку. А про Алика удержалась - не моя воля говорить или молчать. Наталья, когда вы встретитесь, расскажет тебе еще раз, как это было. Я была уверена, что ты почувствовал смерть Алика.

Теперь расскажу тебе о Наталье, какая она прелесть. Я бросила трубку и побежала в комнату. Сижу, реву. Петька утирает мне слёзы и сопли. Папа побежал в магазин за бутылкой - это у него такая метода успокоения женских нервов.

Наталия закончила разговор с тобой и тоже бросилась меня утешать. А чем тут утешишь?

- Ну, хочешь, - говорит, - я тебе сейчас отдам подарок, который к вечеру приготовила.

Я отмахнулась - не до подарков!

Наталия вышла из комнаты, повозилась, пошуршала, потом возвращается и стукает чем-то о стол перед моим носом. Я открываю один глаз и вижу пёстренькую керамическую пепельницу-башмачок. Ну и что? Я закрываю глаз и продолжаю реветь. Она опять стукает. Открываю другой глаз - передо мной уже два башмачка...

Когда она таким же образом выставила ШЕСТОЙ башмачок, я не смогла удержаться от смеха.

Так и шел мой день рожденья: были поздравления, были смешные подарки - и всё вперемешку со слезами.

К вечеру набралось довольно много гостей. Зная, что я ничего не собираюсь устраивать, они принесли с собой и вино, и закуски, и даже какие-то салаты. Я сидела в углу дивана, напротив твоего стола, и только принимала поздравления. Пили немного. Петька вышел зачем-то на кухню /это уже начинается новая глава!/. Потом возвращается и говорит мне на ухо: "Папе стало плохо. Он лежит там на кухне. Иди, помоги ему!" А сам начинает быстро-быстро собираться домой и торопить Эллу.

Недоумевая, иду на кухню. Папа лежит без сознания лицом в пол. Вокруг него осколки телевизионной трубки /она там стояла на полу/. Я позвала ребят, они отвели Папу в комнату, уложили. Я всем объяснила, что это на него вино так подействовало после всех переживаний, хотя выпил он, как и все, очень немного.

А Петя с Эллой уже собрались - и к дверям. Я их провожаю. В дверях Петя оборачивается и спрашивает:

- Ну, ты, кажется, уже приходишь в себя?
- Да, Петенька, спасибо.
- А как совсем в себя придешь, так снова примешься за свои литературные дела?
- Конечно. Куда я от них денусь?
- И за "Лепту"?
- И за "Лепту".
- Ох, и надоела ты мне со своей "Лептой"! - орет он вдруг ни с того /ни с сего/, делает зверскую физиономию и ударяет меня со всего размаха в левое плечо. Я отлетаю и стукаюсь этим же плечом о дверной косяк и теряю сознание.

Андрей был в это время на кухне. Он подскочил к нам и увидел, что я тихо лежу на полу, а Петенька изо всех сил пытается закрыть за собой входную дверь. Ему мешают мои ноги, так он, голубчик, прямо по ногам дверью и лупит. /На другой день я никак не могла понять, откуда у меня на ногах страшные ссадины и синяки - потом уже Андрей рассказал/.

Мой милый сын, увидев эту картину, недолго думая, взял да и съездил Петеньке по морде. Тот вдруг ужасно перепугался и бросился бежать вниз по лестнице. Андрей поднял меня и отнес в комнату.

Теперь представь себе удивление моих гостей: вносят Папу, затем - меня. Хозяева без сознания, и никто ничего не понимает.

А Петенька? А Петенька через несколько минут вернулся! Открываю я глазки - а он стоит напротив меня, прислонившись к шкафу, "и ручки скрестило бедное дитя". Тут уж настала моя очередь всех удивить. Поднялась я с диванчика, подошла к нему и как начала его лупить! Ох, Костя, как я его била! Кулаками, наотмашь! У него сразу же хлынула кровь, так я его била прямо по крови. Кто-то закричал "Остановите ее!", я обернулась - "Кто подойдет - убью!" У меня руки были в крови по локоть, брызги летели по всей комнате.

Андрей тем временем рассказал о сцене на кухне. Тут всех охватил гнев уже на Петю и Новиков крикнул: "Не мешайте Юле, пусть хоть женщина один раз его проучит!" Петенька понял, что дело плохо и бросился бежать. По дороге его подхватил Андреев, добавил ему от себя, и перекинул Новикову, стоявшему ближе к дверям. Новиков, этот воспитанный человек, тонкий искусствовед, одной рукой согнул Петеньку втрое, а другой нанес ему страшный удар сзади по шее - ребром ладони! Папа знает Новикова 10 лет, еще со времен Чукотки, но такого Новикова он никогда не видал и ужасно испугался, что тот просто-напросто убьет гордость нашей Элиты. Он вырвал "гордость" из рук взбесившегося искусствоведа, но не удержался и сам добавил Петеньке уже от себя. Словом, методом теплой дружеской передачи великого поэта выдворили за пределы его бывшего второго дома. Такие дела.

Петенька еще немного побузил во дворе - сорвал в подъезде и разломал почтовые ящики, проломил голову камнем шедшему ко мне Жене Курако. Веселился, в общем. Выпроводив Петеньку, мы спросили Папу, с чего же это все началось? Оказывается, нашему Чейгину вздумалось с Папой померяться силой. А у Папы такого настроения почему-то не было. Тогда Петенька обхватил его сзади, приподнял и со всей силы швырнул на пол. А на полу стояла телевизионная трубка. Папа упал на нее, разбил и потерял сознание. Забегая вперед, скажу, что у него сразу же разболелся бок. Но мы думали, что это очередное обострение плеврита. И только через неделю зашел Генделев и определил перелом ребра. Я потрогала - и правда! Ребрышко-то пляшет!

До сих пор Папа не может спать на правом боку, а я на левом /у меня разрыв связок в плече/. Представляешь, какие семейные неудобства мы терпим?

Петр Николаевич Чейгин отныне для меня не существует. Такие дела.

ЕВГЕНИЙ КУРАКО

* * *

Очищая бананы, я помню упрямое тело,
Европейскую мягкость и варварских линий излом.
И уродливость божьих творений и ...
                              творческой лени.

ВЕЧЕР ДВЕНАДЦАТЫЙ

БАТТЕРФЛЯЙ

Соломенная вдовушка с японских островов,
Ночная бабушка на солнечной булавке, -
На белом шарфе - пятна! пятна! - кровь.

Бежать бы с Нагасаки без оглядки!
О, гейша смерти и пресветлых снов,
Играешь ты в трагические прятки.

Будда простерт... и кинут солнцем кров.
Порхнешь в окно, но боль сведет лопатки...

Но я в саду, но я среди цветов -
Над милым трупом легкой азиатки.

ВЕЧЕР ПЯТНАДЦАТЫЙ

На Русь! На Русь! О, я бы белой птицей
Взлетел с твоей протянутой руки.
Два-три прощальных круга над столицей
Над этой венерической больницей,
И полетел бы до живой реки.

ПРИМЕЧАНИЕ: актер и поэт, приятель Юлии, которому Петя Чейгин по пьяни проломил
голову /см. дневники Юлии, в самом начале/. Из цельной книжки самиздатских сти-
хов Курако - я выбрал только типические 3. Это уже окружение Юлии, не мое.
                                                                          ККК

. . . .

29 сентября 75 г.

Написать тебе о Борисе Понизовском?

26-го от него уехали Исачевы, и 27-го я пришла к нему знакомиться. Мы уже много раз до этого говорили по телефону о том, о сем, и о том, что нам необходимо увидеться. Ну что ж, "я пришла к поэту в гости. Ровно полдень. Воскресенье..."

Помнишь, именно так я пришла к тебе в первый раз. У тебя тогда была в иждивенцах собака Шемякина, полосатая какая-то, но очень добрая. Ты меня тогда зачитал чужими стихами.

У Понизовского тоже бродила по комнате добрая собака, и он зачитывал меня чужой прозой, но... Хотя это было и славно, и умно, и мило.

Сначала - хорошее. Хорошо что он назначил встречу в такое время - ровно в полдень, в воскресенье. Я сразу вспомнила тебя и настроилась на самый дружеский лад.

Хорошо, что он много говорил о живописи и о прозе. Он читал почти наизусть, т.е. на память рассказы Федосеенко. Вечером пришел Вадим и стал читать с листа. Оказалось, что Борис читал чуть-чуть улучшенный вариант, тонко обходя не очень удачные места, "забывая" их и выделяя лучшие.

Хорошо, что он добросердечен, приветлив, ласков, откровенен, умен, эрудирован, азартен, любопытен, почти всегда верен в оценке людей.

Что у вас общего? - Чисто русская мощь натуры. Целостность. В этом ему ничуть не мешает отсутствие ног. Впрочем, так же, как тебе не мешало любить и быть любимым твое мелкое блядство, видимо, тоже вызванное какой-то давней ампутацией твоей эротии.

Это напоминает мне одно биологическое открытие, ты его, должно быть, знаешь. Если взять часть древесного листа и сфотографировать его в неких лучах, то на снимке появится контур целого листа.

/Следует примитивный рисунок. - ККК/

Этот контур, полученный на снимке - душа листа.

Так и у вас с Борисом. С вами могут происходить любые метаморфозы, но ваша аура все равно будет просвечивать и засвечивать ваш внешний, сиюминутный облик. В меньшей степени это свойственно всем нашим поэтам и художникам. В большей - никому из тех, кого я видела в жизни. Знаю одного, которому это "грозит" в будущем, но пока - нос не дорос. И знаю много других людей, которые кажутся такими вот - /рисунок святого/, а приглядишься - /рисунок черта/.

Очень интересный прозаик - Вадим Федосеенко. Ты его должен знать: я помню, что он провожал тебя на аэродроме. Он напоминает мне одновременно Набокова и Ерофеева. И все это - от натуры. О Ерофееве он услышал от меня, а Набокова Борис дал ему прочесть всего неделю назад. Попроси Наталию приготовить для тебя его рассказы.

На этом я прерываю дозволенные речи. До завтра, милый друг, до завтра!

. . . .

И тут у меня опустились руки. Не у ЮЛИИ, а у меня - автора, редактора, составителя, компилятора и изготовителя антологии. Машинистки и корректора, и дизайнера заодно. Не говоря за прочее. За прочее - отвечает жена, моя сортиры, нося мне почту, копируя сотни страниц - Гробмана, Алейникова, Золкина, Савицкого, Лимонова, Куприянова, Мотрича - сотню-другую еще москвичей, киевлян, харьковчан и минчан. Юлия год и 2 с лишним месяца как на Западе, защищает положение женщин в Советском Союзе, а мне приходится защищать - положение мужчин. Живя на иждивении жены /а иначе и в Америке с голоду сдохнешь!/, которая волочет на себе меня, плюс эту антологию. Поэтому, при всей любви и уважении к литературному творчеству Юлии, при всем том, что пишет она о материях сугубо насущных - на полстра-

нички "голой" лирики - 10 страниц о поэтах, войнах с издательствами, властями не-
известно что предержащими, с редакторами и рецензентами, референтами по молодым
/уже довольно старым/ - а я и сам старею, мне уже 41. И 6 лет на Западе я, кро-
ме как об этих поэтах - ни о чем и не блекотал. И надо завязывать. Машинистка с
меня никакая, а поднять еще 350 страниц дневника Юлии, даже в выдержках - этого
не выдержу ни я, ни даже сама антология. При том, что материал этот - первоклас-
ный! НО КТО ТОГДА БУДЕТ ПЕРЕПЕЧАТЫВАТЬ САМИХ ПОЭТОВ? Юлия? А кто тогда женщин
защищать на панели в Аахене? Я не в Аахене и не в Уухене. Я по-прежнему в Остине,
кропая эту антологию, без всяких отпусков /вычетом запоев/ ТРИ года, не считая -
трех годов "подготовительных", когда я работал с Роз-Мари Циглер над немецкими
переводами этих стихов для издательства в Цюрихе /не состоялось/, когда перевел
дюжину поэтов с Кэрол Эмерсон на аглицкий /вышло, в 77-м, в журнале "Тикет", Ос-
тин - где и как - справляйтесь в библиографии/, с Грэди Хиллманом /"Гришкой"/ -
переводили Соснору, Глеба, Иосифа /тоже где-то вышло/, с Полем Шмидтом устроили
вечер в Манхэттен Театр Клаб, в двух отделениях - с дюжину-другую поэтов в нашем
с ним исполнении, в бесчисленных лекциях по протухшим славикам по всей правой по-
ловине Америки /в Калифорнию не звали и не зовут/, и, наконец, в фильме "Юлия".
"Дневник Юлии", to be precise. Так вот, я эти дневники перепечатывать - отказы-
ваюсь. При всей их, повторяю, необходимости.

      А приведу я, в приложении уже, материалы по аресту Юлии, равно и все ма-
териалы по сборнику "ЛЕПТА". И перейду к поэтам.

      На это мне не жалко ни сил, ни времени, потому что, даже набирая "третье-
степенного поэта" /как любят выражаться литературоведы и прочие трупоеды/ - я от-
крываю еще что-то, ранее незамеченное, увиденное по-новому, или просто - любимое.
Мне еще ЭРЛЯ с микрофильмов перепечатывать, и Брандта, и Ханана, и и и и и....
А Юлия - подождет. Да и то, как за последние годы выяснилось, сами стихи поэтов
стояли у нее на втором месте, после авторов. А по мне - гори они огнем, авторы -
НЕ НАДО! - но и авторам-то - нужнее СТИХИ. И скорее, скорее, скорее. Пока этот
период не сменился - следующим, а то и вообще.

      И потому 8-ю /в оригинале - 29 рукописных/ страничками дневника - я и во-
спользуюсь, как затравкой, заставкой, потому что "Время-не-ждет", говоря любимы-
ми мною и Юлией героями Джека Лондона /писателя, НИКОМУ неизвестному в Америке -
опрошено свыше 300 студентов, наркоманов, педерастов, дзен-буддистов, лефтистов
и реднэков - молодежи: НИКОМУ/.

      Антология эта - как солитер, как цепень, как цепная реакция: если ее под-
кармливать - она растет. И жмут меня уже с 3-м томом /5-й я принципиально делать
не буду, пока не дадут академическую ставку на харч и не оплатят расходы по пре-
дыдущим/, и жмут не те, кто печатаются, а те, кто не печатается - И ТУТ.
      Ибо и тут - сложилась своя "медия", своя серость и корысть, серой корос-
той открытую рану поэзии благопристойно прикрывшая. Я и сам, наконец, хочу писать!
Правда, не скажу, чтоб в англо-испаноязычной стране /Техас/ я писал меньше по-
русски. Я пишу БОЛЬШЕ. Больше, чем   - из-за пьянок, баб и поэтической дребедени
удавалось там. Тут - я лежу в тишине, в одиночестве, в тихом квартальчике около
университета /там я не нужен - кому?/, хотя относительно тихом... Позавчера, в
час ночи, за тонкой соседней стенкой, 2 негра изнасиловали нашу подругу Салли -
тихую гурджиевку-успенскианку, меломанку, эскапистку. Вошли в незапертую дверь,
нож к горлу: успокой собаку! Уже почти беззубый, добрый и старый, "Д-р Финеас
Смит" /из 2-го тома/, здоровый, белый с черным пёса, который отродясь никого не
кусал, смотрел на все это жалобно - и понять не мог. А она боялась, что и его
убьют, ей-то руку ножом пополосовали, чтоб не кричала, потом забили в рот трусы,
а ночной рубашкой связали, и поочереди. Забрали кассетник, 20 долларов деньгами
и ушли. А она заснула, читая по моей просьбе статью какого-то американского муда-
ка-профессора о четвертом измерении Малевича в связи с философией Успенского. Я
ее тоже прочитать не мог, заснул. Но мне больше повезло. Крик-то я слышал, вышел
посмотреть - кошки орут. А больше она не кричала.

Sleeping woman beaten, cut, raped in open apartmer

By MIKE COX
American-Statesman Staff

A woman who had been sleeping in her unlocked apartment was beaten, slashed with a knife and raped by two men early Thursday, police said.

"They walked in through the unlocked door," said Sgt. Robert Feuerbacher of the sex crimes detail.

No arrests had been made by Thursday night, police said.

According to Feuerbacher, the 28-year-old woman, who works in a local restaurant, was asleep on a pallet in the living room of her East Austin apartment when two men walked in about 1:10 a.m. Thursday.

One of the men, the victim told police, carried a folding knife.

"He beat her on her face, apparently with the butt of the knife, and she was cut on one hand and arm," Feuerbacher said.

The detective said the woman screamed and tried to fend off the men when one of them started hitting her. After subduing her, both men raped her.

One of the men stuffed a blouse into her mouth, then used a scarf and nightgown to tie her, Feuerbacher said.

"They tied her up and left her on the floor in the back bedroom," the sergeant said. "After they left, she got loose and went to the apartment next door and called the police."

Police received the call at 1:42 a.m., Feuerbacher said.

The victim was taken to Brackenridge Hospital, where one of the knife slash wounds required several stitches, the officer said. She was released after treatment.

The two men were in their late teens or early 20s and had short Afro haircuts. One of the men had a white streak on his face, the victim told police.

Feuerbacher said the descriptions do not match those of suspects in any other recent rapes here.

The victim lived alone, and was sleeping on the floor in her living room because she used the bedroom as a music room.

The two men, after tying the victim, took a stereo tape player and a small amount of cash, Feuerbacher said.

2 intruders rape, slash East Austin woman, 28

By MIKE COX
American-Statesman Staff

A woman who had been sleeping in her unlocked apartment was beaten, slashed with a knife and raped by two men early Thursday, police said.

"They walked in through the unlocked door," said Sgt. Robert Feuerbacher of the sex crimes detail.

No arrests had been made by Thursday night, police said.

According to Feuerbacher, the 28-year-old woman, who works in a local restaurant, was asleep on a pallet in the living room of her East Austin apartment when two men walked in about 1:10 a.m. Thursday.

One of the men, the victim told police, carried a folding knife.

"He beat her on her face, apparently with the butt of the knife, and she was cut on one hand and arm," Feuerbacher said.

The detective said the woman screamed and tried to fend off the men when one of them started hitting her. After subduing her, both men raped her.

One of the men stuffed a blouse into her mouth, then used a scarf and nightgown to tie her, Feuerbacher said.

"They tied her up and left her on the floor in the back bedroom," the sergeant said. "After they left, she got loose and went to the apartment next door and called the police."

Police received the call at 1:42 a.m., Feuerbacher said.

The victim was taken to Brackenridge Hospital, where one of the knife slash wounds required several stitches, the officer said. She was released after treatment.

The two men were in their late teens or early 20s and had short Afro haircuts. One of the men had a white streak on his face, the victim told police.

Feuerbacher said the descriptions do not match those of suspects in any other recent rapes here.

The victim lived alone, and was sleeping on the floor in her living room because she used the bedroom as a music room.

The two men, after tying the victim, took a stereo tape player and a small amount of cash, Feuerbacher said.

1 октября 1975г.

Сегодня напишу тебе о наших литературных делах, благо мы уже вернулись с летних каникул к нормальной жизни.

По идее В. Кривулина решили собрать альманах, отражающий как можно полнее лицо "Второй культуры". Разработали примерный план содержания, распределили работу по разделам.

Вот оглавление:

> *I Изобразительное искусство.*
>> *ред. Кривулин, Горичева*
>
> *1. История двух выставок авангарда*
> *2. Статьи искусствоведов о художниках, участниках выставок.*
> *3. Высказывания художников о своих работах, о выставках и т.п.*
> *4. Фоторепродукции.*
>
> *II Поэзия.*
>> *ред. Вознесенская, Пазухин*
>
> *1. Наши публикации (Пройдох и Мандельштам в I выпуске*
> *2. Стихи ленинградских поэтов*
> *3. Переводы.*
>
> *III Проза.*
>> *ред. Иванов*
>
> *1. Рассказы и повести ленинградских прозаиков*
>
> *IV Раздел философии, критики и публицистики.*
>> *ред. Кривулин, Иванов*
>
> *V Фотораздел.*
>> *ред. Окулов /Гана/*

/Из Дневника Юлии Вознесенской/

8 октября /75/

Новые новости - Григорий Борисович /КГБ - ККК/ вызвал Дара. Повесткой через Союз писателей. Для создания общественного мнения, как я полагаю. Диалог между ними произошел следующий.
Г.Б. Почему развращаете молодежь?
Дар. Э... В каком смысле?
Г.Б. В антисоветском. Учите нелояльному отношению к властям.
Дар. Я не педагог и никого ничему не учу. Терпеть не могу педагогики.
Г.Б. А как вы сами относитесь к властям?
Дар. Плохо, и к любой: к власти ФРГ, к израильской, к южнородезийской...
Г.Б. И к советской?
Дар. И к советской тоже.
Г.Б. Вы это говорили вашим молодым друзьям?
Дар. Не помню. Может и говорил.
Г.Б. Вот! Читайте и не отпирайтесь!
      Дает Дару прочесть отрывок из прозы Марамзина, где говорится примерно
      то же самое.

Альманах будет громадным, охватит почти все стороны нашей жизни. Мы предложим его нашим издательствам, но сами не прочь его и нести туда, что будем толкаться во все двери. Возможно, здесь нам понадобится твоя помощь. Как ты на это смотришь? Надеюсь, что к тому времени, когда мы его закончим, ты уже обретешь достаточно крепкое положение и сможешь навести для нас ряд справок.

Есть у меня еще одна идея: собрать стихи 1975 года, сделать такой годовой срез ленинградской поэзии. Полагаю, что это будет серьезная книга. Хватило бы сил и времени! Мечтаю сделать ее одновременно с официальным "Днем поэзии" - ох и посмеемся!

Интересно, что получится с твоим журналом?

Знаешь, из всех русских закордонных журналов мне не нравится ни один. И причина вот в чем.

Думается, они публикуют материал острый, нашему читателю недоступный - но в каком составе, в какой композиции?! Ни один журнал или альманах не имеет своего лица. Объединяет же их всех принцип "салата" - сыпьте хорошие стихи в кучу - читатель разберется! Чтобы читать такой "салат" надо иметь в голове кашу.

Всё нужно делать не так, совсем не так. Россия огромна, и в ней не два культуры, как принято считать, а гораздо больше. Ленинград - не Москва, Москва - не Тбилиси, и все три - не Прибалтика. Вот отсюда надо и танцевать.

34

Дар. /прочел/ Ну и что?

Г.Б. Это же ваши слова! Это вы научили Марамзина! Из-за вас он пострадал! Нам пришлось его наказать.

Дар. Не думаю, что это произошло из-за меня. Я на него доносов не писал.

Г.Б. Учтите, если вы не прекратите своего влияния на молодежь, мы и вас накажем!

Дар. А я свое уже отбоялся. Мне все равно где помирать: в Ленинграде, в Израиле или в Сибири. Хотите создать мне мировую известность? Так меня и это не волнует.

/Григорий Борисович выпроваживает Давида Яковлевича/

Вот такие дела!

З а н а в е с

Охапкин уже принес стихи в альманах. Но подборка - ужас! Совершенно не умеет преподнести себя. Придется уговаривать на подборку из "Лепты".

А тебе тут и там все изменяют: к Нике приезжал Антониони, Лизавета вернулась к Бартону. Одна Наталья хранит тебе верность, да я немного, когда обстоятельства позволяют.

По сему - целую.

/нарисована птичка/

/Из Дневника Юлии/

4 октября 1975 года.
Запомни эту дату, Костенька!
Сегодня к нам вернулся Олег Охапкин, предварительно хлопнув дверью в Союзе и выйдя из профгруппы.
О чем это говорит? - О том, что мы, как говорят вожди, "на правильном пути".
Письмо Охапкина является очередной лептой на стол отечественной литературы - десерт в эпистолярном жанре. Поразили, взволновали и запомнились следующие перлы:
"Я оказался в расцвете мужских сил без всяких средств пропитания..."
"... Всё - и голова, и сердце, и грудь - разбиты о стену непонимания..."
"... не имею чем заплатить за проезд в общественном транспорте: в результате имею несколько повесток из народного суда."
"... Мой литературный заработок в 1974-75 году составил 8 /восемь/ рублей 46 копеек и мне нечем заплатить членские взносы в профгруппу..."
Это, разумеется, все правда, но штиль каков!
Тут же Олег изъявил желание принять участие в нашем альманахе /См. то же - на процессе Пореша - ККК/. В качестве автора, разумеется. Ох, Элита, Элита!
Интересно, кто следующий?
Петенька уже передавал мне приветы и напоминания о том, что "впереди нас ждут великие дела". Ну, полагаю, что от маленького Петеньки можно ожидать только великих пакостей. Знать его не знаю! Буду читать издали - так оно спокойнее.
Жду делового визита Ширали и Куприянова. Один и сам не прост, а второй придет за Охапкиным.
А знаешь, мне даже нравится, что благодаря нашей работе, совершенно на иное направленной, Ширали, Куприянов, Охапкин получили возможность не соглашаться, ставить условия, хитрить, вести какую-то тонкую литературную игру, т.е. получили возможность дурно проявлять себя как литераторы. Господи, ну кто бы страдал от их капризов, кого бы они предавали даже, если бы не мы? Ну кому они нужны-то были, для кого они были не пыль под ногами? Теперь же, чёрт возьми, есть "издатели", которым можно дать или не дать стихи, перед которыми можно вставать в позы, которых можно надувать. Ну, разве эта не та самая литературная суета, без которой они засыхали столько лет? Кто его знает, может быть, Ширали больше всего-то и чувствует себя поэтом, когда заявляет: "Я с этим графоманом Шнейдерманом печататься не желаю." Я уж теперь и не спрашиваю его, с какими графоманами он добивался чести печататься в "Дне поэзии". Пусть его! В сущности, вот в таких мелочах для многих заключается радость литературного быта. Ладно, пускай выпендриваются - потерпим. Мой материнский опыт повелевает мне относиться к этим шалостям снисходительно. Разве только в редких случаях подшлепнуть. Лишь бы стихи их были прекрасны и впредь.
Но знаешь, как часто я сравниваю поэтов с художниками не в пользу первых!

9 октября 75 г.
Скучаю по тебе очень. "Терять друзей не приведи, Господь!", как говорила одна твоя московская знакомая. Только что они, москвичи, знают о любви к друзьям! У них для этого свету мало. У них белых ночей не бывает.
.....
Рита Аронзон предложила устроить чтение стихов Аронзона. Я думаю, что нужно делать настоящий, большой вечер памяти поэта и непременно в зале. Дело святое и мы уже созрели для него.

10 октября 75 г.
Имела большой разговор с Ритой Аронзон. Несколько часов подряд обсуждали план вечера.
Познакомилась с Аликом Альтшулером. Добрый, славный человек, душа нежная и отзывчивая, но печален, несчастен и озлоблен против всего поэтического мира. Всех поэтов считает кривляками и лжецами. Считает, что последнее слово поэзии уже ска-

зано Аронзоном.

Я простила ему поношение поэтов: во-первых, он во многом прав, а во-вторых, уж я-то знаю, что такое потеря друга. Не от той же тоски я и пишу тебе каждый день свои послания? А ведь мало, очень мало надежды на то, что ты прочтешь когда-нибудь мой дневник. А вот поди ж ты - сижу ночами, бдю и чёрт знает, о чем пишу. Самое прелестное будет тогда, когда выяснится, что дневник мой тебе настолько неинтересен и настолько устарел, что ты не найдешь времени для его чтения. Ну, совсем расхныкалась.

Что ж, последние ПЯТЬ лет - я находил время и переводить этот дневник на аглицкий, и делать фильм по нему, и подбирать несчетные фотографии, и, наконец, сейчас вот - набирать отрывки из него.

И присылает мне сейчас Саша Эйдельман /он же Беркут/ из Парижа - в глаза не знал его! - по прочтении 1-го тома - фото одного из чтений Аронзона /где?/ и 2 фото московской поэтессы Оленьки Седаковой, столь часто фигурировавшей в стихах ленинградских поэтов /см. у Ханана, у Чейгина, этс./ Пишет:

"В негативной /в позитивнофотографическом смысле слова/ части моего архива обнаружил кадры "чтения памяти Аронзона с работами Михнова-Войтенко, 1975 г."

Поскольку "чтения" проходили в условиях освещения /в люксах/ весьма подвальных, то и качество фотографических карточек весьма "архивное" /если под этим подразумевать плохое качество/ или "барачное" /как эстетическая категория/. Что отвечает.

Безусловно, фактурная голова Бори Понизовского достойна лучшего изображения, зато Ширали - выразителен, и т.д. ..."

Помещаю. И Оленьку Седакову /из архива Толстого/ помещу, при ком-нибудь из поэтов, которые посвящали.

"Не оставлять же чертям-буфетчикам!", как говаривала моя бывая четвертая супруга Ника Валентиновна. А то потом какой-нибудь аспирант или профессор "откроют" "неизвестные фотографии", на чем и защитят докторскую.

Помещу и прочих поэтесс, в группах и поодиночке, как элемент декоративный. А стихи их - пусть Барбара Монтер набирает, профессорша и суфражистка. Мне и с поэтами-то никак не разобраться...

Юлия - печатать уже разучилась.

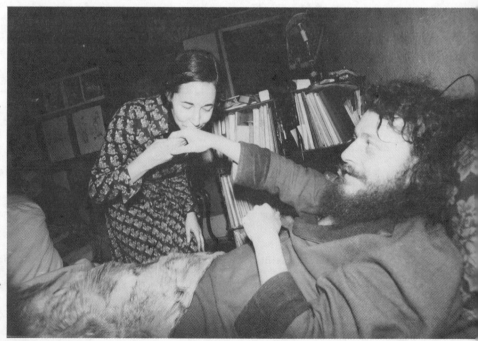

American female chauvinist sow visiting
Russian male chauvinist pig. Leningrad 1975.
Photo by male chauvinist boar Prikhodko.

23 октября.

Сегодня открыла сезон вечеров на Жуковской. Что-то я нынче с ними задержа-
лась - всё дела, планы, мероприятия и встречи вне дома. Летом, правда, был у ме-
ня дивный вечер Петрова, где он прочел нам почти весь ''Часослов'' Рильке.

Сегодня читает Драгомощенко. Миша Крыж ведет запись. Народу-у! На люстре
- поэты, на столе и под столом - поэты, на диванах - поэтессы. Только на фортепь-
янах пустота и сухие цветы.

> Всего три месяца назад
> /реминесценция на зад/
> и ты там был и там сидел,
> твой зад от пыли поседел
> И с фортепьян для заграничной суки
> ты издавал весьма приличны звуки.
> Я берегу былого быль
> и там не вытираю пыль.

Всё. Бегу дальше слушать драгие мощи Драгомощенко. Мощная драга для добы-
чи золота из дерьма совбыта.

Прощайте, мое постоянство!

Поэт Драгомощенко на пробах фильма ''Кантемир'' /Молдавфильм?/.
Архив Аркадия Драгомощенко. Сфижено К.Кузьминским для его
архиву в 1975 году. Переснято и размножено зоофотографом А.
Коганом в гор. Хьюстоне Техасской губернии Русской Америки
в 1980 году. Копирайт - З.К.Подберезкиной.

Стихи АРКАДИЯ ДРАГОМОЩЕНКО - см. в 3-м томе /''МОСКВА-ПРОВИН-
ЦИЯ''. Раздел ''ЛЕНИНГРАД-ВИННИЦА''. Из архива И.Левина./

26 октября.

Ирочка М. верный наш солдатик и рыцарь Поэзии пошла в Союзе в рукопашную. дала бой бандиту Шевелёву. На партсобрании перед отчётно-выборной конференцией она выступила и рассказала о его хулиганских выходках, которые он позволяет себе в среде своих молодых бандитиков — Шипов, Колотнов и т. п. Она привела один случай, очень характерный для официальной среды.

Весной, как ты помнишь, Шевелёв и Шестинский вывозили на московскую ярмарку своих невест — штук шесть авроровцев и авроровок. Среди них был некто Голубев, бывший ученик Ирины. Не стану напоминать, как приняли в Москве нашу астральную труппу. "Откуда провинция?" — спрашивал Макаров. Они чаще, сперва поступившие в Литинститут, а затем разбрёвшиеся по заводам для приобретения пролетарского стихуса, изрядно озлобились даже в условиях официоза. Но сама штука-то вот она.

Голубев, по приходе в Союз ребятишки на "Скороходе", где-то не угодил Шевелёву в Москве. В гостинице Шевелёв по пьянке устроил Голубеву семейную сцену с разбиванием посуды и гостиничного телефонного аппарата. При этом он кричал

И вот душ то — трах-бах! тарарах! — Ирина выступает на партсобрании и аи оскандалу. "Вот как строится и ведётся работа с молодыми!" — заявляет она.

Узнав о выступлении Ирина, мебельщики-голубевцы переполошились и начали ей звонить. "Как вы могли, И. А.?! — кричали они, — зачем вы всё это вынесли на люди? Ты не был рассказали ей по-хорошему..." А Голубев вопит в отчаянии: "Вы мне закрываете все дороги!

? Шевелёв теперь не даст мне ходу! Чтоб не мне, снова в санитарки иди? Я скажу всем, что этого не было, что он оклеветал Шевелёва!"

Ира спросила его в изумлении: "Послушай, Валентин, ты мужчина или нет?"

"Я — мужчина! — гордо ответил Голубев, — Ради того, чтобы остаться поэтом, я пойду на всё! Как вам из-за вас вернули подборки!"

Вот так-то.

На эти слова Ирина сказала Голубеву, что он говно. Он не сморгнул, но написал в партбюро заявление на Ирину, где обвинял её в клевете на Шевелёва и на всю московскую эмиграцию. В партбюро удивились такой наглости, благо история-то была всем известна во всех подробностях и не только от Ирины, и положили донос под сукно. А подборки снова пошли б кассету. Красивая история?

Не выдержал Паша. "Я думал, здесь занимаются литературой!" — удивлённо признался он Ирине. "Изачем я сюда пришёл? Грязь, интриги, коммунальные интересы...

"Так боритесь с ними!" — предлагает ему наш Ланселот.

"Нет, я не хочу в этом принимать никакого участия. Вернул на завод, там всё просто и ясно"

"Ты думаешь, что на заводе тебе не придётся однажды оказаться перед выбором "правда или ложь"?

Ах, Ирина, Ирина! Как я люблю её за это. Так

мало мужчин среди мужчин, что приходится бабам засучивать рукава.

Ещё один человек удивил меня несказанно — Миша Борисов. Месяц назад я узнала, что рецензентом "Петри будет она. Стали думать, чего ждать от этого назначения, на что рассчитывать? И сказала так: "Потому что я знаю о Борисовой, единственное на что мы можем рассчитывать - честность. Она из тех людей, что не знал или не понимал чего-то имеют мужество так и сказать: "Я этого не понимаю."

И моя интуиция - в который раз! - меня не подвела. А ведь с Майей никогда не была знакома. Так, ёшими звуки слухи...

На отчетном собрании она взяла слово и заговорила о "Ленте". Она сказала, что о книге ходят множество между самого разного толка. То ли - о поколении поэтов "Ленты". Ей довелось познакомиться с этой книгой и довольно подробно. Вот её мнение о ней:

1. Это, во-первых, не просто поэтический сборник, а книга. Книгу поэзии издать очень трудно, это редкое явление. Такого не было со времен "Тарусы" (Что это за "Таруса" к стыду своему не знаю)
2. Поскольку "Лента" - книга, то и издавать её надо целиком, книгой, а не выдергивать имена и тексты.

3. Вина за то, что целое поколение молодых литераторов оказалось за пределами Союза писателей и вынуждено самостоятельно создавать себе литературную среду и действовать в ней, лежит целиком на Союзе.
4. Все поэты сборника имеют право печататься, хотя их поэтика совершенно отлична от привычных направлений сегодняшней поэзии. Тем не менее, она целиком лежит в рамках развития традиций русского стихосложения. Мастерство несомненно
5. (И главное!) Чтобы теперь говорить об этих поэтах и работать с ними, нам нужно научиться их читать!

Умно, речь Майи Борисовой погоды не переменит, но уж одно то, что такого рода речь прозвучала в Союзе - победа времени явная и несомненная. И радостно иметь ещё одного союзника - союзника. Эти женщины о русских семьях!

Что хорошего в бабах, так это то, что среди них есть проститутки, но остальные почему-то не пробавляются тем же ремеслом как побочным заработком. Не редко встретишь мужчину, не готового при случае, если обстоятельства позволяют... Имена не называю. И это не только в литературе. Как правило все мужички

обладают старой древнейшей профессией в качестве
смешной : проституткой - поэт, проститутка - критик

рука - проститутка, проститутка - кавалер ордена трудовой
славы. Господи! Спасибо Тебе за то, что ты сделал меня
женщиной! С нами всё ясно: кто есть Б, а кто есть Who.
И, если мы поём иногда "Зачем я это сделала?", то,
уж поверь мне, сами-то мы всегда знаем, что, зачем
и почём мы сделали!

Кстати, книга тоже сделалась бестселлером. Какой-то
жюльмер заблудился и попал в союз писателей. Поэтессы
волнуются: помнят ты их или нет? Из поэтесс особенно
переписывает Королёва.

27 октября

Целыми днями выслушиваю Чепурова. Он спит, учёл в им
и ни единым словом наружу не торгал. Есть, конечно, ему
есть чем торгать.

Приходил опять 90. "Какой я лидер!.." объявил гордо.
Есть в нём нечто морское, стихийное, связанное с нашими
... и проблемы - ловить за путь с попутным ветром. Если
... не ... - то ... Эдвард?

Что-то между 8 и 9 ноября.

Бр-р! Эти праздники!

6-ого неизвестно в честь им, все сбежались ко мне и устроили
попойку. Всякие странные люди приходили - Лисунов, Синявин,
Гум. Хотя, к последнему я уже привыкла и отношусь
совсем даже неплохо. Он рассказал мне о своём детстве, о годах,
проведённых в школе для трудновоспитуемых - и мне многое в
нём открылось с совсем другой стороны. Думаю, секрет общей
к нему неприязни заключается в особой его системе общения
Я как-то сразу поверила в этого человека, хотя меня

и продолжают раздражать некоторые его качества. Но кто мы, боги что ли, чтобы судить за такие вещи, как характер, манеры и прочее? З чем глаза — добро, а это — глаза.

Под конец вечера пришёл мой отец, принёс мне водки и сказал:

— Что же ты вы, мать вашу, поэты, за ахматовской могилой не следите? Был у неё, стало стыдно за собственную дочь.

Пришёл Толик и заявил, что зилёт архитекторов, штрафующего соорудить мемориал Ахматовой.

Обговорили всё это и решили к десятилетию со дня смерти начать хлопотать о памятнике и о доске на Фонтанном доме. Надо будет ещё поговорить с А.Н. Гумилёвым и с Пушкиным: пусть они дадут или разрешения привести в порядок могилу.

Синявин снова вошёл в оргкомитет художников. Странный человек Синявин! Я ему верю, но не доверяю. Или наоборот. Ты знаешь, с осторожностью не отличалось, но в одном деле с Синявиным я бы не хотела оказаться. Тем более, "по одному делу."

А Виктор Кривулин предложил всем размалевать своими стихами и выбери на площадь. О Господи! С чем — на площадь?! По какому такому поводу, господа? Нет, только сухой закон может спасти российскую словесность! Одно утешение — 7 ноября не было совсем, а было тяжёлейшее похмелье. Как и должно быть.

Читали и всю прозу. Впечатление — удручающий. Петербургская проза конца XIX века ещё это не задача. Или задача неявно. Посмотрим, что-то родится?

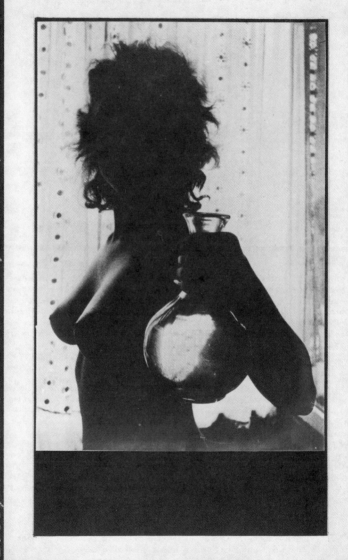

Е. Глуховская. Фото «Ты всмея». 1974 г.

13 ноября.

Могу сообщить маленькую, но подленькую новость: твоя Елена пишет стихи. Вернее, песенки. И, надо сказать, прелестные.
Например, романс:

Я ехала на БАМ
Я думала о вам...

Или вот ещё:

Дочь годилась у шарманщика старого Карла,
Маркса —
Капиталка
Ка-пи-та-лина!

Недурственно? А ты говоришь — "Бабы!"

17 ноября.

Всё! Всё бросаю и ухожу в монастырь. В мужской! Ты только подумай: я не сумела протащить в альманах ни Рейна, ни Наймана. Статьи Мейлаха их, видите ли, тоже не устраивают. Чёрт те что! Ну ладно - Кривулин. У него медовый месяц /с Горичевой?!/ Ууууу - ККК/, он с этого охуел, а Иванов, Пазухин, Нечаев - эти какого мёду облопались? Рейн им не поэт, а? За каждую строчку билась, как орлица над орленком, за каждое слово! Хулиганы! С ССП играют, в подпольное отделение Союза писателей! Шнейдермана не понимают!

Ухожу. Вот еще один вариант поэтического раздела предложу - и ухожу, если не примут. Буду делать свою книгу "Поэзия-75". Без дела в руках я не останусь - оно само меня найдет. И помощников и союзников тоже найду.

А вообще-то, Костенька, дело к тому идет: пора расходиться и создавать новые группы и делать разные книги. Это создает здоровую конкуренцию, творческую полемику, словом - жизнь. Нехорошо, когда все издания такого рода сосредоточены в одних руках. Образуется своего рода коррупция. А нам это ни к чему. Кривулин признает 5 имен и больше слышать ни о ком не желает. Я не против его пятерки, отнюдь! Но они представляют только одно крыло поэзии. А на одном крыле летают только планеры и то, если их с горы пустить, и по ветру. Я на такую куцую подборку никогда не соглашусь. И без молодых поэтов раздел - не раздел. Что за поэзия без поколений, без развития?

Зла на весь мир, за исключением Австрии. Прощай до завтра!

/нарисована птичка/

18 ноября.

Позвонила сегодня Иванову, как самому серьезному человеку изо всей нашей лавочки. Сказала ему все, что я о нас думаю, и заявила о своем намерении выйти из альманаха. А он мне в ответ: "Я ничуть не удивлен Вашим решением. Вчера мы с Женей по дороге домой поняли, что мы, по существу, развалили уже готовый раздел. Мы договорились в следующую встречу еще раз его пересмотреть. А выходить из альманаха вы, Юля, не имеете права."
Я: Борис Иванович, но ведь Кривулин предложил 5 имен. Стоит ли для работы с пятью именами иметь редактора раздела поэзии? С такой работой он и один справится.

Б.И.: Если вы уйдете, вы сделаете подлость /так и сказал!/. Без вас не только по- этического раздела, но и самого альманаха не будет.

И знаешь, мне пришлось с этим согласиться. Уйти всегда успею - чай, не на пенсию!

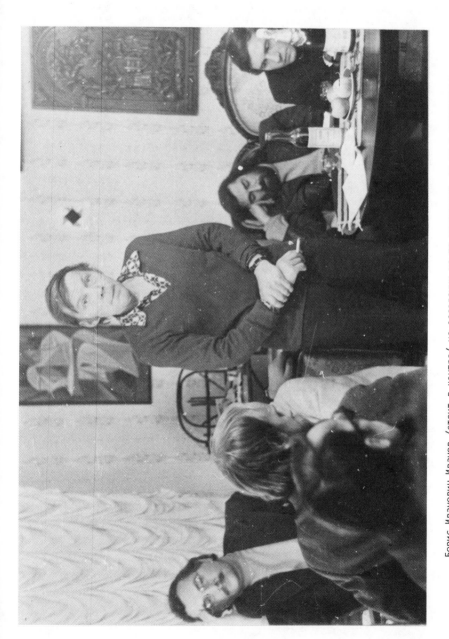

Борис Иванович Иванов /стоит в центре/ на заседании не то прозаиков, не то и художников. Слева /в очках и усах/ фотограф и прозаик Борис Кудряков /Гран/. Остальных - и в глаза не видел, хотя рожа справа от Иванова, вроде, знакомая. Где - тоже неясно. Год - 75-76.

1 ноября 1975 г.

    Сегодня Виктор Кривулин и Таня Горичева обвенчались в маленькой церкви на Охте. Был весь наш Ленинград, гости из Москвы и Прибалтики. Я не была - сама болела, и Папа - тоже. Говорят, было красиво, трогательно и настояще.

. . . .

3 ноября

. . . .

    Только что Наталья тебе звонила. Я попросила: "Дай поговорить на копеечку!" Сжалилась, дала трубку. Я сказала: "Здравствуй, Костенька. Я тебя люблю и целую." Ты ответил: "Здравствуй, Юленька."
    Вот и поговорили.

4 ноября.
    Боги мои, боги! Яду мне, яду!
    Жизни нет никакой, даже литературной.
    Гм. Вру. Пазухин идет, Кривулина ведет.
    Завтра допишу.
    Целую, милый.

5 ноября.
    Вчера стихийно провели собрание инициативной группы. Были Кривулин, Иванов, Пазухин, я и гость из Москвы, филолог. Он рассказал, что московские энтузиасты распечатали "ЛЕПТУ" и пустили по рукам. Мнения о сборнике самые высокие: "Москве Ленинград уже не догнать. Поэзия Петербурга не покидала." Просят составить сборник типа "Who is who" с биографиями, адресами и т.д. Надобно подумать.

Ужасную кляксу посадила. Пришлось из нее сделать зверика. Он не кусается.
/рисунок/

. . . .

11 ноября.

. . . .

    Любопытная вещь открылась, Костя. Пока мы делали книгу, я совершенно не заботилась о нашей роли составителей и, тем более, о чести быть ее составителем. А вот теперь я отовсюду слышу прекрасные, добрые слова в наш адрес. Говорят о том, что нам удалось сделать именно <u>книгу</u>, а не просто сборник стихотворений, т.е. нечто цельное, неделимое и завершенное в композиционном отношении. Об этом говорят в Москве и у нас, даже в Союзе писателей. Теперь и я уже думаю, что есть в нашей работе что-то и еще, помимо простого исполнения долга перед читателями и поэтами. И некая гордость просачивается в мое бескорыстное женское сердце - чувство, мне в общем не свойственное; ты знаешь: я больше люблю гордиться друзьями. Но мне и вправду кажется, что наша книга - лучшее из всего, что было предложено издательствам в последние годы, имея в виду, конечно, коллективные сборники. Оно и понятно: мы позволили себе быть свободными в роли составителей, у официальных же издательств и издателей справа - инструкция, а слева - коррупция. Кроме того, мы в своей работе действовали по соображениям своей литературной чести - понятие, давным давно утраченное советскими литераторами. А если утрачено и само понятие чести, то о чем уж тут можно говорить, на что надеяться?
    Жаль, что наша пятерка уже не существует в прежнем составе. Ты ушел, но пришли Хильда /Таня Горичева-Кривулина/ и Вадим Нечаев. Но по-настоящему понимаем друг друга только мы, старички. Вадим и Хильда еще привыкают. Но Хильда пленяет своей редкой эрудицией и работоспособностью. Натали от наших дел несколько отошла - без тебя ей с нами скучно. Да и работает много. На тебя, я разумею.
    Ближе всех мне Борис Иванович, хотя Витю и Женю я очень люблю. Но их я не всегда понимаю, а каждое слово Б.И. мне совершенно ясно. У нас с ним полное сходство позиций и взглядов, оттого и работать легко.
    Хильда - человек рационально мыслящий, но авантюрно чувствующий. Это приятно, но не всегда. Она, например, без конца говорит о самоценности любого прояв-

ления личности, любого духовного движения. Гм! Синявин в своих действиях чесомненно движим духовной силой. Вот только не туда она его порой двигает. У меня нет ни малейших оснований подозревать его в непорядочности или склонности к политическим спекуляциям, но логика его поступков и ход его мысли для меня - загадка. Могу ли я идти с человеком, если его действия мне не ясны с самого начала? То же - о его целях. Я знаю все про всех: кто о чем думает, кто для чего работает, кто куда собирается. О Синявине я не знаю НИЧЕГО. Не нравятся мне его заигрывания с литературной братией - я не вижу в нем любви к поэзии и к поэтам. Он не сказал ни о ком из них не то чтобы дорого слова, но и просто - никакого. Меня это настораживает. Он мыслит не людьми, а категориями, массами. Тот же марксистский подход, только с другой стороны. Все тот же наш советский метод. Мы же, если помнишь, без конца забывали точное число авторов нашей книги, число нас грело /?/, зато мы знали каждый текст и любили каждого автора. Не все - всех, но именно "любили". И головы свои мы закладывали не во имя высоких идей, а во имя конкретных людей, наших друзей, их стихов. Словом, Синявин нам чужой. Но Кривулин и Хильда им увлечены, и это меня пугает. Так можно свести серьезные литературные действия к простому куражу трезвона для. Всем им очень хочется вывести поэтов на площадь. Я - за. Пора нам заявить о себе во весь голос. Но по какому поводу, ради чего? "Ждите. Площадь имеет свои законы. Один из них состоит в том, что она призывает, а не ее выбирают." Б.И. и Женя меня поддерживают. Мы, несомненно, представляем собой культурное движение, так нельзя же двигаться, как Бог на душу положит!
....
... Но нельзя забывать, что на лагерях и по сию пору висят красные тряпки со словами "Мир. Свобода. Равенство. Братство." Наши слова - в наших книгах, а не на кумаче или на фанере.

... И меньше, чем год спустя Юлия размалевала с двумя художниками стены Петропавловки, Гостиного и прочих зданий - антисоветскими лозунгами, типа "Партия - враг народа" и т.п. Волков и Рыбаков за это отправились обратно в лагеря, а Юлия села позднее.

Поразительная непоследовательность этой дурищи, импульсивность, доверчивость, восторженность и преклонение перед любым сильным характером - "подо мной" она была еще год с моего отъезда, но уже через 2 - малевала свои пописушки. А по выходе из лагеря - попала "под Горичеву" и вдарилась с тем же пылом в "женское движение". Все эти движения - существовали в ее воображении, а пороху всегда хватало ненадолго. Она хваталась за искусствоведов и могилу Ахматовой, за сборники поэтические и лозунги политические, и всегда была - увы, органична. Пусть дура - но зато какая органичная дура! /перифразируя Веничку, коего она НЕ ПРОСЕКЛА/. И в поэзии, и в литературе вообще - Юлия мыслила на уровне пупка. Просто ей повезло, что друзья - тянули в дом действительно стоющее, креатуры же Юлии - Лариса Дианова /подруга, охотница, природолюбка/, Витя Дмитриев /гм, очередная "любовь"/, Евгений Курако /актер, старый приятель/, какой-то там Семыкин - все это были, может, и друзья - но уж никак не поэты! И выбить их из "ЛЕПТЫ" было, порой, трудновато.

И Борис Иванов для меня по сю - темная лошадка, и села-то Юлия по делу /по делам!/ Синявина и Трифонова, ЗА ИХ писания и подписания! Но ништо ей впрок не идет. Осуждая Кривулина и Синявина /см. выше/ - на площадь-то она - в первых рядах поперла! Рядом с мыслями разумными - о роли, скажем, баб - которые в России всё на себе тянут, потому мужики - плачут и пьют - вступила-таки в очередную "партию"! Аппелирует теперь к феминисткам.

Но я печатаю ее дневник, а не свои к нему замечания.

22 ноября.

Победа! Раздел поэзии сформирован и утвержден. Выглядит он так:
АРОНЗОН ДРАГОМОЩЕНКО КРИВУЛИН ОЖИГАНОВ ОХАПКИН ШВАРЦ ШИРАЛИ СТРАТАНОВСКИЙ ЛАНИНА

Я довольна и прыгаю. Сейчас бегу готовить вечер переводов Петрова. Он приехал из Новгорода на недельку, а я его сразу и поймала. Что-то мы сегодня услышим? Целую и бегу искать стулья.

Поэт и переводчик Сергей Владимирович Петров. Сидел. После высылки живет в Новгороде. Известен своими переводами Рильке /не опубликованы/. Слышал их на вечере переводов в СП. Приятель Т.Г.Гнедич. Его должен прекрасно знать Эткинд, но в 800 страницах "Записок незаговорщика" - о нем данных нет. У меня тоже.
Фото - Приходько или Папы, лето 1976?
С.В.Петров известен американским профессорам-славистам. Показывает свои "фуги", но не дает. Прочитать на месте - профессура не в силах: по-русски.

ПЕТРОВ У ЮЛИИ. Лето
757 762 В публике узнаю только Фаину Косс /она же прозаик Ольга Устинова/, справа от Петрова. У окна, похоже, Ожиганов. Остальных баб видел, но не помню.

23 ноября.
Вчера слушали из Готье, Бернса, Ферлина и разных прочих шведов. Вот как раз шведы были скучны необычайно. Но зато был "Послеполуденный отдых фавна" – ах какое чудо! Чудак Петров перевел название по-своему – "Фавнов заполдень". В конце вечера он читал свои новые фуги. Пишет он их чернилами разного цвета – черными, красными и зелеными. Это очень красиво на бумаге. Я пришлю тебе, если он даст тексты. Он это не особенно любит. Но разные чернила – это здорово! Внутри стих. видно /слышно, ибо – фуга/ движение разных тем. Иногда одним цветом пишется все стихотворение, и только несколько слов, иногда даже союз или местоимение – другим. Иногда – в последнем стихотворении фуги – все темы смешиваются, переплетаются в полифонию звука и цвета.

Вот так бы записать полифонии Брандта!

Целую тебя, радость, промежду глаз. Храни тебя Бог и завтра и послезавтра!

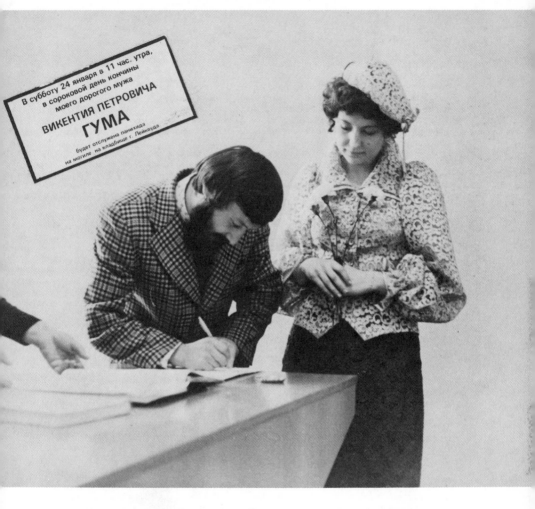

На обороте - автограф поэтессы Гум: "Это Гум подписывает брачный контракт, а я наблюдаю со вниманием. Чем-то все это закончится? НЛ."

26 ноября

Сегодня Наталья решилась. Выходит замуж за Гума. Мы с Папой - сваты. Так что красное платье от Диора - за тобой. Понимаю, что эта новость может тебя сначала ошарашить. Убеждать не стану - все равно ты мои убеждения узнаешь уже после того, как все свершится. Ты мне просто поверь, что Гум - тот самый человек, на которого можно положиться. Более того, я уверена, что вы с ним подружитесь. Хотя бы потому, что он такой же говорун, как и ты. К Наталье относится свято /это точно: ее на "свадьбе" пялил в ванной другой мой "друг";о чем и докладывал, смакуя. - ККК/, тебя уже любит - чего ж еще? О Гуме ходила дурная легенда, запущенная в работу Нестеровским. Ты знаешь его манию. Но, по счастливому стечению обстоятельств, я месяца два тому назад занялась "Легендой Гума" и все выяснила.

Первое и самое главное: Гум долгое время находился в школе-интернате для трудновоспитуемых подростков. Из всех филиалов ада это не последний. Отсюда те качества, которые многих раздражали и казались порой подозрительными: прямой выход на общение, свободные манеры в любом обществе, некоторая грубоватость, но и абсолютная искренность слов и поступков. Утонченных петербуржцев это пугало. Но всё это - следствие долгого проживания в волчьей стае. А мы, росшие в более или менее нормальных семьях, эту его диковатость принимали за чужое. Да это и было чужое, только с другой стороны. Ну, и наконец, самое убедительное, но уже на мой взгляд: неужели ты думаешь, что я свяжу тебя с человеком, в котором уверена не полностью?

Вот и все. Думаю, что ты скоро увидишь своего ненаглядного секретаря. Храни тебя Бог, а ее сохраним мы. /От кого, Хранительница? Из твоих же дневников явствует: Р...н, Р..н, В....в, Р.....в, из других источников - Л...н, из третьих - П...а, дальше я просто плюнул. Меньше, чем за год. Да х.. с ней. - ККК/

27 ноября.

Сегодня пили шампанское за жениха и невесту. "Горько" не кричали. Наталья говорит, что ты - ругаешься за ее выбор. Очень это мило с твоей стороны, друг мой! Девка сохнет у всех на глазах /пухнет?/, ты ничего не предпринимаешь и только травишь ей душу своими требованиями немедленного выезда. О Господи, как быстро всё забывается! Неужели ты не понимаешь, как это все долго и сложно делается? Ты сам-то сколько ждал и хлопотал? Натали начала действовать, а ты ворчишь. Оставь все сомнения. Поверь нам. Встретишься с Натальей и поймешь, что нельзя дергать. Вспомни сам, как ты обижался на Шемякина за то, что тот забывал, в каких условиях мы живем. Нормальному человеку наши поступки часто кажутся ненормальными. Но в наших неразумных обстоятельствах неразумно поступать разумно. В этой жизни своя логика. Неужели ты так легко от нее освободился? Это меня огорчает и радует. Рада за тебя. Огорчена за всех тех, кто останется: неужели мы перестали понимать тебя, а ты - нас? Нет уж, сохрани, пожалуйста, не дикость поступков, но память о том, что мы живем - дико.

С Натальей все должно быть "и ежу ясно". Она может выдержать год. Но потом она сломится в любую минуту. И живем мы в такое время, когда Держава может одним плевком чрез плечо похерить все наши планы и замыслы и разбить наши жизни.

И вообще, не морочь мне голову! Расползаются все, как тараканы, а мне вас провожать. Ну вас всех в Европу!

Не целую. Сердита. Прощай так.

30 ноября

Ходили с Папой, Эликом Богдановым и его женой на Еврейскую выставку.

Сначала об Элике. Кажется, у тебя я его не встречала, хотя работы его знаю хорошо. Мало того, многие принимают мои работы за богдановские /Ну, это, вероятно, Юлиины друзья и подруги, столь же разбирающиеся в живописи! - ККК/. Женат он на Татьяне Барановой. Это моя старая приятельница по кругу Козлова и еще более старая приятельница Ники /моей бывой четвертой жены - ККК/. Да, чуть не забыла: она еще и старая... гм... приятельница моего супруга. Словом, человек во всех отношениях светский. Богданов с нею очень мил.

Элик произвел на меня странное впечатление. У него белые глаза, и он забывает их переводить с предмета на предмет. Говорит с тобой, смотрит в глаза, а потом, когда ты обернешься к другому собеседнику, забывает их отвести. Это не только странно, но и страшно. Татьяна говорит, что он никуда не ходит и никого не хочет видеть. Я же взяла и предложила ему все-таки съездить к Абезгаузу. Элик спросил, кто там будет и сразу же стал собираться. Татьяна очень удивилась. По-моему, она его сама держит взаперти. На выставке он держался вполне корректно и доброжелательно по отношению к другим художникам.

Знаешь, мне кажется, что наши дамы, ведущие советскую светскую жизнь, сами злонамеренно создают легенды об одиночестве, о некоммуникабельности поэтов и художников. Так как они сами спаивают и развращают. Им так легче удерживать их при себе. Может быть, впрочем и дай-то Бог, чтобы я ошибалась. Но странное дело: Папа, столь же ревнующий меня к моей вольной жизни, тоже заставляет меня пить при каждом удобном случае - это делает его ненадолго моим хозяином. Стоит мне проболтаться о предстоящей большой работе или о серьезном вечере - он сразу же тащит бутылку. Я вижу его хитрости, быть может, им самим даже и не осознанные, и мне тяжело. Брошу я его когда-нибудь. Но лучше бы он меня. Так неприятно быть сильной и обижать человеков. Господи, да возьмите вы у меня всё, только дайте жить как живу! Что вам во мне? Ни кожи, ни рожи, ни проценту. Уйду, все равно уйду когда-нибудь.

Далее следует описание "1-ой ленинградской выставки еврейских художников, участников выставки в Д/К "Невский". Его я воспроизводить не буду. Господа еврейские покровители в Америку - воспроизвели ее выставкой огромных слайдов, каталогом и т.п. Каталоги русских выставок в д/к им. Газа, в Невском - с участием тех же еврейских художников - никому тут и на хуй не нужны, поэтому и потрошу я макет одного из них: фото печатать не на что, сионисты меня не содержат, на монархистов я навоз копал - а иллюстрации к антологии нужны. Включающей все нации России: Гум - китаец, Ширали - персюк, Кривулин - еврей-полукровка /или полный?/, Драгомощенко - хохол, Евтушенко вот - русский, но я его не включаю.А когда сунулся с Бродским к одному еврейскому издателю, тот мне заявил, что Бродский - не еврей, поскольку пишет по-русски. Хуй обрезанный их разберет! Поэтому пусть сами и пишут о выставке.
Кстати, на выставке "еврейских художников" обрезанным - оказался один полукровка Арефьев /которого все держали за русского/, что и продемонстрировал. Публично.

6 декабря

Сегодня у Льва Борисовича /Каценельсона - ККК/, знакомого тебе коллекционера, собрались художники. Один славный человек сумел пробраться в ЛОСХ не семинар по соцреализму, где заодно обсуждались и "проблемы авангардистских веяний". Он ухитрился сделать записи. Если бы ты их слышал! Нет, человеческий язык не в силах воспроизвести язык соцреалистов. Эти лосховские табуретки владеют языком, естественно, только деревянным.

Обсудили мы сие "обсуждение", а потом просто говорили о живописи, о выставках. Говорили Ковтун /сука! - ККК/, Понизовский, Арефьев /что за чудо Арефьев/, Синявин. Славно Арефьев говорил о том, надо ли бороться с соцреализмом и ЛОСХом. "ЛОСХ - это вовсе не оплот метода. Разрешили им немножко импрессионизма - они, пожалуйста, выдают БАМ импрессионистически. Разреши им поп-арт - начнется изображение БАМа в поп-арте. Их метод - не соцреализм, а "Чего изволите-с?""
То же и в поэзии, кстати сказать. Вы, друзья мои, были и правы, разделяя "своих" и "чужих" по поэтике. ССП тоже готов любому формализму обучиться, будь на то дана инструкция сверху. Вон моему тезке разрешают же делать "эзопы" /изопы - ККК/

$$\begin{matrix} & ч & & & & \\ & & a & & к & \\ & & й & к & & \text{и бога} \\ & & & в & & \\ & & & a & & \\ & & п & л & & \end{matrix}$$

При этом "Бог", естественно, с маленькой буковки. Вот тебе и первый признак. А ведь не без Бога, зануда, не без Бога! Ну да по вере и воздается. Как я счастливо написала когда-то:

Каждый сам для себя выбирает единожды веру,
а потом уже нас выбирает по вере она.

Вот эти два качества - готовность изменяться или невозможность изменяться и разделяют поэтов государственных и собственно поэтов. И еще, но уже как определитель талантливости и подлинности, то, следует ли поэт своей, самим избранной системе, или варится в котле общей псевдопоэтики. Последнее можно увидеть и разумом, но первое - только глазами души. Ты - исключение. У тебя не дух, а нюх определяет поэзию - профессиональное, опытом выработанное качество.
А меня вы все обвиняете в приятии графоманства. Добренькая я, что ли? О нет, я не добренькая. Тот, кто любит, умеет быть не добреньким. Возьмем, к при-

меру, Охапкина. Была ли я к нему добра? Нет и нет, с самой первой встречи, когда он поносил тебя вместе с Алейниковым и Довлатовым /Вот нежные новости: двое у меня жили, третий - со мной пил! - ККК/. И по сию пору его линия таланта представляется мне несколько извилистой. А поэт - большой. Но поэтическая система часто тяготеет к официально господствующей. Возьми, к примеру, стихи "Наше поколение" /не возьму, говно! - ККК/ или "Русская речь". Если в этих стихах заменить слово "поэзия" на "коммунизм", то их хоть в "Правде" печатай. Все дело только в знаках - плюс или минус? А форма - одна.
Отступление ККК: Запуталась Юлия в "содержании" и "форме", подобно всем нам. То авангардную /?/ форму Вознесенского справедливо хает, то Олега в тяготении к официально господствующей винит. Поставим точки на почки. Форма - в стране Советов она, того, таки определяет - если не содержание, то - положение. Позицию. Оппозицию. Отчего "ненормативные формы" /вычетом по пальцам пересчитываемых Вознесенских и Евтухов/ - неприемлемы, а оттого - оппозиционны. Крученых, может, был и того... не совсем святым, но ПОЭТИКА его - ни в какие ворота не лезла! Написать методом и стилем Крученых статью "Эстафета поколений" в журнал "Октябрь" - никак бы не удалось. Это надо обладать стилем и методом усредненного максимова. "Табуретковым", как его определила Юлия. Что характерно - 99% "формалистов" не поддаются перевоспитанию или использованию, а вот за "реалистов" - того же не скажу. Оттого это, что все "непонятное" - являет для тугодумающих официалов прямой вызов. И что тут, что там. Какой-то рецентзентше из высококультурной "Русской мысли" не понравилось отсутствие знаков препинания /абсолютно не надобных/ в моих стихах. Поскольку дама эта явно не знакома ни с русским авангардом, ни с современными авторами /аналогичный "прием" можно найти у доброй полусотни современных авторов!/ - отчего, полагаю, и публикуется в этой клозетной газете, наряду с рецептами тети Маши и крестословицами - для кого газета? Для среднего идиота. КАК И ТАМ. Отчего и происходит деление на "чистых" и "нечистых" - ВЕДЬ ФУТУРИСТОВ В "НИВЕ" НЕ ПЕЧАТАЛИ, а кого печатали /и, соответственно, платили/ - сейчас уже никто не в состоянии и вспомнить. Поскольку печатали - усредненное и общедоступное. Это "женщина должна быть, как поликлиника: гигиенична и общедоступна", как говаривала одна моя подруга, а поэзии - это ни к чему.
Возвращаясь к Юлии:
И таких стихов у него масса. Но есть и другие, настоящие. В тех как ни меняй слова, все равно и "погудка" не та, "не наша", и этому я верю тоже. И ни один редактор никогда этих стихов никуда не пропустит. Вот Олег и существует в двух ипостасях - в естественной и, на всякий случай, - в официальной. Таким я его принимаю - есть так есть. Из этой двойственности проистекают и его поступки: то негласный поход в ГБ, то гласный выход из профгруппы.
     Когда я говорю с Охапкиным, я всегда стараюсь с самого начала понять, кто сегодня передо мной: автор "Поколения" или автор "Геспериды"?
Я прекрасно понимаю его раздвоенность - она не ему одному свойственна. Это все из той капельной, сомнительной надежды: "Да, другие пошли этим путем и скурвились, исписались и даже спились. Но ведь то - другие, не Я..." Иногда человек и не пытается идти этим путем, но крохотная надеждинка, мыслишка этакая юркая нет-нет да и промелькнет в стихах. А я это чувствую, угадываю, т грустно мне, и больно за них становится: зря все это, ребятки. Никто для вас приманки не готовил, крючков не забрасывал. Не будет ни жирной ухи, ни толстых книжек. А если что и будет, то потому лишь, что есть кому не просить, а требовать за вас.
     Знаешь, страшнее всех эта зараза разъела Петю Ч./ейгина/. Он каждому официалу в пояс кланяется, а любого друга ниже пояса бьет. Знает, что за одним стоит ГОСУДАРСТВО с милицией, тюрьмами и дурдомами, а другой беззащитен перед всей государственной машиной а, следовательно, и перед ним - перед Петром Чейгиным. Вот он и бьет своих женщин по лицу шнурками от ботинок: Аля Минченко разве вызовет милицию в свой дом, где полно левых поэтов и художников? И в доме у Юлии Вознесенской он устраивает скандал за скандалом совершенно безбоязненно, зная, что сотрудники порядка только и мечтают в него попасть, а Юлия, напротив, - не мечтает, чтоб они туда попали.

АЛЛА МИНЧЕНКО, поэтесса. Я с ней учился на биофаке в 1957-59 и с тех пор не видел. Появилась у меня в 1974, по осени, на выставках художников и фотографов, а потом и у Юлии, оказавшись поэтессой. Человек она, а не поэтесса. Приходит ко мне: "Чем, говорит, помочь Олегу Охапкину? Я одна, у меня зарплата, а он голодный. Я ему и стирать буду, и кормить, пусть пишет. Как сестра, не нужно мне его любви, комната у меня есть, пусть живет." Но нешто поэта можно в одну комнату с бабой запускать! Обычная история, приходит в слезах. Поматросил. И все они с этим ко мне, американки и русские, будто я сводня. Со слезами, на плечико чтоб. Что ж поэты - поэты обычные мужики, да к тому же и люмпены. Над ВЛАСТЬЮ не покуражишься, срывают на бабах. Кошка виновата. А бабы к ним - со всей душой: покормить бы их, пожалковать, что ли, рваных! Пьют поэты. Пьют и баб своих лупят. А те еще и стихи пишут, сами. Я, правда, их стихов не читаю. С меня хватит Леночки Шварц. А Алла - просто чистоты и доброты человек дивный. Теперь Петенька... Грустно все это.

ККК: Это точно. У меня Петруччо не дебоширил - знал, что выкину к хуям. А у баб - можно. Вообще, поэтики наши хулиганисты, но трусоваты. Не Ра**з**ыгины, и даже не Ле-нечки Палеи, из поколения романтиков что - эти уже из поколения поплоше! Сообщают мне как-то: видели ночью, как поэта Чейгина менты замели у "Родины" и по-корно он лез сам в ПМГэшку. Назавтра спрашиваю: "Выпустили? На сколько наказали? И что ж ты, ирой, не сопротивлялся? Это не бабы тебе?" У Чейгина - пуп на лоб - "А откуда ты знаешь?!" "Агентура сообщила, у меня - своя." Так Петя и остался в недоумении - ночь же, ни души, а я - знаю!

Продолжает Юлия:
    Времена сейчас ничего пошли, жить можно; к тому же, всегда есть выход, вер-нее - выезд. А ну как времена изменятся? Много ли друзей у нас останется? Ладно, доживем-досмотрим.
    Всё впереди и впереди - всё.
                         Целую всегда и помню.

7 декабря
    Вечер Драгомощенко в клубе ЛПИ. Народу - до потолка. Аркадий делает блес-тящий хэппенинг - читает стихи, прерывает их для беседы, пускается вдруг в вос-поминания, предлагает послушать музыку - он привел с собой друга - пианиста. Ар-кадий ходит по залу, заходит за кулисы /там у него, кстати, тоже друзья, и с бу-тылкой/, словом, держится совершенно непринужденно. И в этой игре со зрителем-слушателем нет лицедейства - это именно игра, поэтическое приживание в игре. Поэзией становится всё - его костюм, игра его друга, шутки Аркадия и его разго-вор со знакомыми прямо со сцены.
    Кока, за одно открытие Драгомощенки тебе следовало бы присвоить звание Засл. деятеля искусств СССР и его окрестностей. Великолепный поэт и человек уди-вительный. Ах, как я люблю нас за то, что среди нас живут этакие Драгомощенки!
    Однако, он до сих пор принят не всеми. Шер заявил: "Аркадий может писать, может не писать - поэзии от этого ни убудет, ни прибудет." А я ему в ответ этак-то с гонорком: "Если речь идет о русской - может быть. Она ведь сейчас либо ар-хаична, либо, того хуже, провинциальна. Драгомощенко работает на более широком диапазоне. /Техницизм, Юлинька, не па, не па! - ККК/ Вот так и сказала.
    Но по поводу провинциальности я не оговорилась, а, скорее, проговорилась. Сколько можно зады повторять? По духовному содержанию мы - первые, а по форме? Что ни говори, а мы - навоз. Когда же Сад? Доживем?
    Прощай, и Бог с тобой.

    А потом пошли дела декабристские, повязы по ментовкам, еще и полугода с моего отъезду не прошло, а я еще и первый дневник Юлии не до конца перепечатал, хоть и в выдержках - и надо кончать, потому что том иначе меня прикончит, Салли, солнышко, сегодня пришла в новой стрижке, принесла ведро энчиладос /и объясняла, что они женского рода, а мне плевать: вкусные!/ и два шмата рыбы, извинялась, что с костями, но я ее в скороварке на консерв перетомил, Мыши, по случаю дня рожде-ния, подарила красивую тарелку и книжку какого-то американца, предсказавшего из-вержение горы Маунт-Сент-Хелен и вообще, объявляющего, что скоро Калифорния к ху-ям оторвется, вся Америка вулканами загремит, и вообще, будет конец света. Пока его нет, надо допечатать эту антологию и сдать ее издателю, а то уже и жрать-то - живы только Саллиными щедротами, съев полторы получки вперед, и останутни Юлии-ны дневники я и копировать не буду /80 стр. по 5 центов - это еще 4 доллара, а никакие -исты меня не содержат, и гранты дают Бродскому, а не мне/. Пусть Бродский и набирает.
    Дневникам же Юлии нет ни конца и ни краю, а надо еще место на поэтов оста-вить, Драгомощенку и Ожиганова я, правда, перенес в "ЮГ", в 3-й том /как Аркаша и просил, открещиваясь от "петербуржской традиции"/, но работы еще до фига.

49

Что - даты? Пишет мне уже Трифонов и - о том же:

ти все - написано и без меня. С этим же письмом посылаю Вам два
стихотворения одного ленинградского поэта, о существовании которого
Вы могли бы знать и без меня ; он как-то печатался в "Континенте",
куда его стихи попали как-то случайно. Я говорю о Виталии Дмитрие-
ве, пишущем, на мой взгляд, остро, плотно, глубинно и нежно. Думаю,
посылаемое Вам понравится. Он человек жгуче талантливый, моих лет,
когда-то закончил ЛГУ, работал всю жизнь каким-то сторожем, сейчас,
женившись, работает воспиателем в каком-то закрытом интернате, добр,
любит детей, умен, доброжелателен к людям, полон детскости и дове-
рия, несуразен, но добротен и в поэзии и в жизни. Думаю, Вы найдете
для него место в своих антологиях.
    Вчера я навещал нашего пожарного. Он что-то хворает, даже ле-
жал в больнице, навернувшись в поисках справедливости, в ночи на
пару чьих-то кулаков. Говорит, не впервой. Такая сибирская натура!
Просит передать Вам привет и прочее. Слушали с ним Вас по радио.Зав-
тра он придет ко мне... чай пить. И стихи читать. К сожалению, свои.
    В Италии у меня сыскался переводчик. Славный малый. Прекрасно
говорит по-русски. Любит стихи и понимает их. Русские. Дай Бог ему
удачи с моими сочинениями!
    Из Канзаса мне ни слова с Рождества. Может быть, они там уже
подверглись кинематографической ядерной катасрофе? Ну да хуй с ими.
Я так и не могу получить от них свою книжцу. Ну и народ!!! М.б.,
Вы с кем-нибудь пришлете? Сюда ожидается летни семестр студентиков.
Заканчиваю, боясь делать толстым конверт. ПИШИТЕ. Обнимаю крепко'
                                                      Ваш Г.Т.

            х х х

Пусть не графика - живопись, но
предпочтительно чёрным и белым,
как в немом неподвижном кино:
утром встанешь, посмотришь в окно -
тот же уголь, приправленный мелом.

Смерть контрастна, поскольку хитрить
не умеет. А мне не впервые
притворяться, что умер, но жить,
постигал азы мимикрии.

Это только начало, к нему
и толкали то справа, то слева.
Неужели ~~и сам не пойму~~, Скоро я уже сам не пойму
где куплет, где начало припева?

Припорошен февральским снежком,
чуден Невский при тихой погоде.
Хорошо прогуляться пешком,
потолкаться в прохожем народе,

на фасады взирая и не
обращая вниманья на лица,
по нечётной пройтись стороне,
забывая свой долг очевидца.

Не к дворцовой, не к Зимнему, где
у атлантов толпятся разини -
~ несвободной обводной воде,
куполам Доменико Трезини.

По ступеням спуститься, присесть,
закурить. Здесь спокойней и тише.
И вода ледяная чуть слышно
шелестит, что-то шепчет, Бог весть...

                   4 марта 1984 года Ленинград СССР.

x x x

Теснота почти уют,
темнота почти свобода, -
не на шутку непогода
разгулялась: капли бьют
то впопад, то невпопад
по стеклу и по карнизу.
Целый мир, дождём пронизан,
вымок с головы до пят.

Хорошо в такой ночи,
укрываясь с головою,
просто быть самим собою:
ни любимой, ни свечи
бесполезной, ни мечты,
ни прозрения ночного -
ничего тебе такого,
что достойно суеты.

Хорошо, зависнув средь
отсыревшего бетона,
слушая, как монотонно
хлябь колотится р твердь,
полуспать, но извлекать,
поминая Пастернака,
мрак из света, свет из мрака,
из забвенья благодать,

чтобы строки шли внахлыст,
и крест-накрест, - как угодно,
лишь бы падали свободно
на безмолвный этот лист,
лишь бы длилось колдовство,
причитанье, бормотанье,
слов неправильнописанье -
этот шум из ничего.

Полуспать, но подгоняшь
слово к слову, к строчке строчку,
забывая ставить точку,
не умея перестать,
низвергаясь, словно дождь,
изливая на бумагу

эти слёзы, эту влагу,
эту внутреннюю дрожь.

Как я начал? Теснота -
уподоблена уюту,
темнота - свободе, будто
ночью жизнь уже не та.
Дождь. Бессонница. Чертил
влажный след по белой тверди,
бесполезное усердье...
Сколько ж я истратил сил,

совмещая хлябь и твердь,
сотворяя новый хаос!?
Раньше мне ещё казалось,
что рифмовки круговерть
помогает воссоздать
этой жизни бестолковость,
легковесность, безосновность...
Что же я хотел сказать?!

Ничего. Читатель мой,
спи-усни. По нашей крыше
барабанит дождь всё тише.
Спи. Потом проснись и пой
бодро шествуя в сортир
"утро красит ярким светом..."
Ты проснёшься на рассвете -
как прекрасен этот мир!!

Он умыт ночным дождём -
блещут стёкла магазинов:
"Водка", "Хозтовары", "Вина",
"Культтовары", "Гастроном",
"Мясо", "Фрукты", "Книги", "Сыр",
"Промтовары", "Бакалея",
"Трикотаж", "Галантерея" -
как прекрасен этот мир!!

Ты проснулся, - я заснул.
У тебя жена и дети, -
я один на этом свете,
словно дождь. Тревожный гул
слышен мне сквозь чуткий сон -
бормотанье, причитанья,
этот стих без окончанья, -
этот мрак со всех сторон...

А я такие стихи - и в рот не беру, при всем к им уважении. И Юлия уже поминала -
В. Дмириева, а мне еще один Кушнер - зачем? Помещаю, однако ж, раз говорят.

ЮЛИЯ ВОЗНЕСЕНСКАЯ

Юлия Николаевна Вознесенская относится к тем людям, с которыми не надо съедать пуд соли, чтобы узнать их. С первого знакомства видны их благородство и душевная красота, и чем дальше их знаешь, тем больше убеждаешься, что первое впечатление не ошибочно.

Родители Вознесенской — русские интеллигенты. Отец был кадровым военным в большом чине, после войны служил в Восточной Германии, где Юля и выросла.

Сейчас ей 40 лет. Двадцать лет она вступила на путь конфликта с советской действительностью. Ее обвиняли в том, что она изувечила милиционера. Девушка, ростом с воробушка, якобы избила милиционера! В действительности все было наоборот. Ей грозил суд и этап в Магадан. Целый год она скрывалась, была в бегах по родной стране. За это время пыталась (советский наив!) переплыть на резиновой лодке Черное море. Была выловлена, ей удалось разыграть простушку, и ее отпустили, не проверив даже документов, и это в то время, когда был объявлен о ней всесоюзный розыск.

Сразу же после этого она пыталась перейти советско-польскую границу. И тоже попытка не удалась. С тех Юлия сражается с одиночку, на равных с плечу с отважными мужчинами, противники ее — наша советская власть — не слабеет, а соратники почти все выбрали свободу, и перекочевали кто в Париж, кто в США.

Для КГБ-КПСС эта маленькая, болезненная и хрупкая женщина — твердый орешек. Она изучила уголовный и процессуальный кодексы, их советским законникам не легко сбить ее с толку; наоборот, она часто ставит своих противников в глубочайшее положение. Зная ее находчивость и юридическую осведомленность, кагебисты боялись, что спекталь суда над ней, ее друзьями, художниками Волковым и Рыбаковым, при ее участии им не удастся, поэтому ее пытались выдворить из России. Она не соглашалась, хотя ей предлагали множество всяческих льгот, и даже предлагали написанный советскими органами — Литейного фиктивный вызов, где было сказано, что Израильское литературное объединение приглашает великую русскую поэтессу Ю. Вознесенскую на постоянное жительство.

На другой же день после этого разговора в ОВИРе ее посадили. А спектакль суда над Волковым и

Рыбаковым КГБ вполне удался. Художники, написавшие на стенах Петропавловской крепости «КПСС — враг народа» (что соответствует истине — лучше не скажешь) оболгали себя суд так, что хоть святых выноси. Суд был открытый — так уверены в себе были кагебисты; допущены были на суд не только все желающие друзья и знакомые, а даже иностранные и корреспонденты. Это небывалый случай в советской судебной практике за последние десятилетия, обычно на такие суды не пускают даже жен и родителей.

Волксву и Рыбакову грозили расправой над ними, их над их близкими, им грозили расправой над Воз несенской. Спасая во их возвели на себя чудовищную ложь, предстали перед «справедливым советским судом» такими, какими их хотелось видеть КГБ. Выслушав их показания, не разобравшись, не задумываясь, почему такая метаморфоза — отважные диссиденты превращаются в закоренелых уголовников, иностранные корреспонденты покинули зал по окончании судебного процесса.

А Юля была уже давно осуждена, прошла через 56-дневную голодовку в тюрьме, в камере ее душили уголовники, которым власти обещали поблажку за расправу с Вознесенской. Она уже побывала в ссылке, которая оказалась пострашнее лагеря — нет жилья, ни работы, воркутинский мороз. Мне однажды пришлось присутствовать при обыске в комнате Вознесенской. Живет она в коммунальной квартире, при чем многие годы КГБ спекает ее телефон подслушивается и все подключены магнитофоны. Все разговоры в ее комнате известны КГБ, ей даже давали прослушать записи. Надо сказать, что она охотно пользуется этим чтобы навести кагебистов на ложный след, часто провоцирует их: своеобразное развлечение в серости советского существования.

Бригада из 4-х или 5-ти кагебистов шарила по шкафам и выглядела очень плачевно под беспрерывными ядовитыми травами замечаниями и насмешками Вознесенской, как проживающих лакеи. Когда был подписан протокол обыска и кагебисты убрались, забрав воров конфискованных рукописей и писем, Вознесенская стала вытаскивать отовсюду: из постели, из ящиков стола, из карманов ценнейшие материалы, в том числе и списки с подписями в защиту политзаключенных.

Вознесенская — одаренная поэтесса, но...

Условия жизни — надо заботиться о детях, работать, после 8-часовой физической работы, пойдет ли на у лирика, если надо идти в очередь за продуктами. Каждый день к ней идут со всего Ленинграда за поддержкой, моральной помощью, когда не задыхается от прелестей советского образа жизни.

Как-то, показывая мне свою подшивку стихов разных лет, Вознесенская сказала, что у поэта, если он на Пушкин, должна быть только одна книга стихов. Удалось ли ей уберечь эту папку при беспрерывных налетах КГБ? Жалко, если эти стихи попали-нанули в хранилища КГБ. Помню, что там много прекрасных страниц. Говорят, есть у диссидентов всякого рода лирики стихов о природе. Вот в той папочке Вознесенской были стихи и лирические, и политические, и гражданские, и все от другого лучше.

В подборке поэзии Юлии Вознесенской, которую переслали на суд читателей, стихотворений этой той папки нет, эти стихи написаны ею в тюрьме и ссылке.

— Э. Ильина

К НАТАЛИИ

Когда увидимся, когда отплачешься,
то обо мне припомни, сделай милость!
Скажи: была в своем небесном платьице,
и даже птичья кровь с него отмылась.

Скажи, что расставаясь не заплакала:
еще нельзя — не все дороги пройдены.
И расскажи, как новыми заплатами
я расшиваю ветхий саван Родины.

Скажи всем, что я велела кланяться
и вот еще о чем сказать просила:
в своей стране я и сейчас изгнанница,
но что же будет там, где я Россия?

Крылья мои — колыбель, или гроб, или лодка.
Сплю я, свернувшись в одном, сверху накрывшись другим.
Сонно качает меня волна за волной, набегая
Господи! Благослови краткое счастье мое!

Какая нам разлука предстоит!
Какая позади меня разлука!
Все перемелется, останется лишь мука
изнанника — извечный русский стыд.

Опомнись! Эта боль еще легка.
Смотри — Россия от тебя уходит
на белом самолете, пароходе
и в белом саване — под белые снега.

А я живу уверенностью в том,
что улечу на самой высшей ноте.
А что со мной случится в том полете —
узнаешь ты когда-нибудь потом.

Не пожелаю и врагу
такого пережить;
тебе стоять на берегу,
мне — в море уходить.

За белым облаком вода
небесная взойдет,
и в ней растает без следа
мой белый самолет.

И, руки протянув ко мне,
ты станешь повторять:
«Все перепуталось во мне...
и некому сказать».

Если ты не забудешь, как волну забывает волна,
если ты нарисуешь разнообразными травами берег,
ты поймешь ненароком: даже птица небе не вольна
позабыть этот берег за сотни и сотни америк.

Я иду со всеми на ты по счету волне.
Не любовь нас зовет — это ужас нас гонит на дому.
О тебе лишь могу я помолиться на той стороне
в придорожной часовне Иисусу чужому, глухому.

Если ты не забудешь, как волна забывает волну,
и останется песня, а ты где-нибудь встретишь —
далеко-далеко я от книги глаза подниму
и тебе улыбнусь, и тебе как волна отвечу:
«Если ты не забыла, как волну забывает волна...»

Ночная бабочка придет из темноты,
китайским веером поманит надо мною
и я усну, и мне приснишься ты
и назовешь меня своей женою.

Велишь мне платье длинное надеть
и в руки взять цветы и в новом доме,
где половицы, словно мед и мех,
пройтись по комнате, чтоб ты меня запомнил.

Ты сядешь рисовать мои цветы,
а я напротив с книжкою устроюсь
и задремлю, и мне приснишься ты
и назовешь меня своей сестрою.

И там со мной в том новом сне
плеснет в глаза цветок неотвратимый,
и наша кровь на каменной стене
смешается, как в чаше побратимов.

Я Божий гром услышу с высоты
и выпущу плечо родного брата,
и упаду, и мне приснишься ты
и назовешь меня своей утратой.

Ты мне глаза закроешь и лицо
и в руках онесошь мня обратно,
и разомкнется рук твоих кольцо —
ни мужа, ни любимого, ни брата.

Тень бабочки живет на потолке,
отравленная насмерть желтым светом,
и я сную с душою налегке
на полчаса, без снов, перед рассветом.

МАТЕРИАЛЫ, ПОЛУЧАЕМЫЕ ИЗ РОССИИ, ПУБЛИКУЮТСЯ БЕЗ ПРЕДВАРИТЕЛЬНОГО ОПОВЕЩЕНИЯ ИХ АВТОРОВ

К НАТАЛИИ

Когда увидишься, когда отплачешься,
то обо мне припомни, сделай милость!
Скажи: была в своем небесном платьице,
и даже птичья кровь с него отмылась.

Скажи, что расставаясь не заплакала:
еще нельзя — не все дороги пройдены.
И расскажи, как новыми заплатами
я расшиваю ветхий саван Родины.

Скажи ему, что я велела кланяться
и вот еще о чем сказать просила:
В своей стране я и сейчас изгнанница,
но что же будет там, где не Россия?

Это пишет Юлия. Далее идет — мое.:

БАЛЛАДА
О ПОЛКОВНИЧЬЕЙ ДОЧЕРИ

Н.Л.

К Новому году стремится стезя
Едут по прерии три витязя.
Витязь задумчив, по русски молчит,
Витязь чело преклоняет на щит.
Что же вы, други, покинули сечь?
Сколько зажгли стеариновых свеч?
Витязь Геннадий и витязь Виктор, -
и Константин поднимает топор.
Край позабытый, родимый и отч,
и в эполетах полковничья дочь.
Тихо за ними шумит океан,
витязь зеленой тоской обуян.
Кактус и пальма, банановый куст,
слёзы столичной подобны на вкус.
Тихо над прерией грифы парят,
лоб осеняя богатыря.
Сколько различны названия почв!
Грецией пахнет полковничья дочь.
Витязь Никита, и витязь Фома,
сколь необычны в Нью-Йорке дома,
сколь непривычны кобыльи шаги -
и на экране не видно ни зги.
Тихо полковники крутят радар,
спи, мой красавец, ты долго страдал.
Спи, над тобою спускается ночь -
будешь ты помнить полковничью дочь!
Витязь устало взошел на курган,
тихо над ним пролетел ураган.
Звездами блещет техасская ночь,
тихо уреяли коршуны прочь.
Витязь персидский сжимает клинок,
витязь в тоске нажимает курок.
Други вы, други, прощайте пока.
Черной гадюкой крадется тоска.
Падает с неба космический дождь.
Помнится что-то полковничья дочь.
Витязь Илюша, батыр Туммерман,
нам на глаза наплывает туман.
Слышится голос в котором слеза.
Плавает вниз опереньем сазан.
Тихо летят на восток косяки
лесоповал забайкальской тайги.
Тихо полковники в штабе сидят,
и на троих мертвячину едят.
И над страною, которая ночь,
раком стоит генеральская дочь.
Витязь устало сжимает виски -
только текила спасет от тоски.
Други порублены, словно дубы -
из темноты вырастают гробы,
волны Каспийского моря шумят,
тихо студенты в бараках шалят,
едет на грейдере витязь-кастрат,
искры летят от полешек костра.
Кони без всадников крадутся прочь.
Будешь ты помнить полковничью дочь!

новый 1977, Техас.

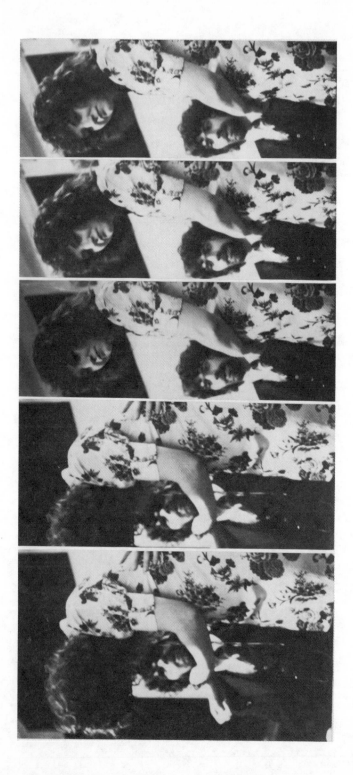

КАНАДЕЦ В ЕВРОПЕЙСКОЙ

> "Ну кто еще Наталью не ебал?"

Прощай, красотка с толстым задом,
Меня ты не поманишь взглядом.
Твой взгляд косит, "ты смотришь косо
и прямо не задашь вопроса":
Откуда мне известна эта,
Пардон, парижская диета?
Прощай, немытая Матильда,
Кому еще твоя мантилья
Служила пологом? Влагаю
Персты, и стансы я слагаю
Тебе, полковнице небритой.
Лобок твой, похотью набитый,
Но мыслящий. С какой обидой
Я вспоминаю люкс в отеле,
Где иностранцы вас хотели,
Где, ширмою надежно скрыты,
Трещали киноаппараты,
Трещал Илья, трещала целка -
Увы! Не состоялась сделка,
И пятьдесят рублей с панели
Не принесли вы, как хотели.
Потом был папа, некто с визой,
Мечтая любоваться Пизой,
Пятиконечную звезду
Вы налепили на жакетку,
И в ЖАКТе выдали анкету,
Вы говорили без акценту,
Но ясно было и агенту -
Откуда этот ветер дул.
Из прерий, боже мой, из прерий -
Там яйца под бананом прели,
Лауреатом местных премий
Там сделался поэт, но бремя
Ему оттягивало вымя.
Итак, он любовался вами,
Но издали. Двумя словами
Всего не выразишь. Сдавали
За этажом этаж и звали
Гостей на праздник и на пир,
И с триппером летал вампир.
Вы с трепетом словам внимали,
Когда совали, вынимали
Помятый рубль, пардон, листовку,
И очи обратив к Востоку,
Вы думали: "Взойдет она,
Звезда пленительного счастья."
Из кабинета выйдя с честью,
Вы двинулись в Москву. К несчастью,
Забыв зачем. Тогда начальство
Напомнило: на частоколе
Писались чьи-то имена.
Чему же вас учили в школе,
Чтоб вы участвовали в шкоде?
И грянул суд, прямой и скорый,

Суровый всенародный суд.
Несут кому-то передачи,
Гремят о ком-то передачи,
Скрипит коробка передачи
В моем "Амбассадоре", впрочем
Давно мне почты не несут.
Другим, не мне, Наталья пишет,
К другим, не мне, аналом пышет,
И на стекло склонившись, дышит,
Рисуя вензеля: "Ю.Р."
Поведай, Юлия, причину,
Любви ее ко мне кончину,
Зачем она нашла мужчину
С концом на букву "хер".
Двух недозрелых виноградин
Мне не несут на блюде. Найден,
Утерян был арбуз.
Теперь отращиваю пузо,
В котором не бывает пусто,
Но о тебе справляться поздно,
Поскольку почерк неопознан,
Написано на лбу.
Прощай, прощай, моя Матильда,
Тряси раскрашенной мандою,
Флиртуй с безусыми ментами,
Вяжи свои носки.
Сижу один под ананасом,
Слеза с щеки катится наземь,
Вдыхаю перебитым носом
Знакомый перегной тоски.

/между 1978 и 1980,
 Техас/

58

А еще мы с Натальей писали сказочки...
Не была Натальюшка поэтессой, хотя стишки пописывала и даже печатала их,
в сборниках. А сказочки творили мы, отдыхая от антологий.

СКАЗОЧКА ПРО ВЫПОЛЗНЯ

Один выползень залез на оползень. А когда он хотел сделать уползень и
заползень - его заел поползень.

СКАЗОЧКА ПРО СТОЯЛОГО ЖЕРЕБЦА

Один стоялый жеребец зашел на постоялый двор. Постоял, постоял и ушел.

СКАЗОЧКА ПРО ПЕТЮ ЧЕЙГИНА

Один Чейгин бросался в баб стаканами. За это его приняли в Союз писате-
лей.

СКАЗОЧКА ПРО АЛИКА ГИНЕВСКОГО

Один мышь упал в постное масло. Но он читал Льва Толстого и начал дры-
гать лапками. Так и утонул.

СКАЗОЧКА ПРО БОЙ С БЕЛОФИННАМИ

Однажды на Коккинаки напали гонококки. Он же яростно отбивался.

Было, наверно, и еще сказочек, но, может, Наталья их помнит.
Писали мы и песенки.

Как поймали декабриста,
пролежавшего лет триста -
ай люли, ай люли! -
декабриста уебли.

Как поймали пионера,
не изведавшего хера -
ай люли, ай люли! -
пионера уебли.

Как поймали онаниста,
привязав на хуй монисто /?/ -
ай люли, ай люли! -
с перезвонами ебли.

Много их было, этих куплетов. Почти не помню.

А на мой отъезд Наталья сочинила длинную песенку. Помню только куплет:

Самолет упал,
без колес лежит.
Диссидент в Париж
босиком бежит.

Так и развлекались. Забот, вычетом игры "в КГБ", у нас, почитай, и не
было - Наталья то пристраивалась где-то машинисткой, то папенька или
бабушка подкидывали, жила, в основном, у нас - не гонять же на такси
на Гражданку каждый день после 12 ночи!, волокла в дом /а не из/, ино-
гда печатала на машинке, но в основном - пиздели.
И поэты ежедневные, художнички, фотографы - лафа, а не жизнь.
А здесь приходится работать - как мне, 10 лет на антологию, и без зар-
платы. Издатель просто не заплатил за первые 4 тома. Нравы Запада...

9.X.77

Ну вот, Костик, я и открыла наконец-то, чем в
состоянии написать тебе.

Я абсолютно уверена в том, что это письмо дойдет до тебя,
потому что я буду писать по тебе то, что мне до начала
ответа мой мозг ничего, кроме правды, — была правды, самой неверо-
ятной правды, но быль и в моих последних письме
ничего, кроме правды, Нет, кока, если я о чём
которых что-нибудь «дурацкий», но потому именно что
затем я просто о строении вещах, но потому именно что
я привыкла к тому, 10 и больше долгие сутки. Видимо,
соединена к тому. Бог тебе судья. Права боль
ты забот, как это бывает. Бог назвал, как писал ты. Хо

...

Кому Constantin Kuzmin
430 E 30-th apt B
Austin Texas USA 787...

PAR AVION

Куда США, Texas
Кузьминскому Р.К.

194021 До востребования
Ул. (Лесничесное) Наб.
Ви.

1976

Январь

~4 июня – Крив. журнал

Ездил к Кагурину о „Ленте" и рецензии – пишут. О М. Борисовой я ... – известил (рецензенте рок – 15 февраля. Юбилейный год Е. и С.В. Рецензии и отказывался писать о нашей книге.
Вечером на собрании информ... немного поволноваться ... – ВААП. Альманах дать в машинописных, ВААП и 1 экз.

16 января

Наташку-брякалку посуду за Гума замуж отдаст

1 февраля

Юбилей Лариса – Воскресенье. Профессор Левин. Тригиевские статьи.

... февраля

Худ-ки готовят письмо

---

10 февраля

С появлением Канады

11 марта

Решили отмечать юбилей Гумилев

24 марта

Гум получил вызов

25 марта

О том, что Лебедев пригласил к себе Флоой (Миралы, Охапкина, Кривулина, и ещё кое-то, поил водкой и провоцировал на поношение товарищей по „Ленте". Возил их к Хлебу. Экстренно

4 апреля

Июля с Женей ходили к Кагурину. Рецензия Выходцева

---

7 апреля

Общее собрание ... ...аз.

9 апреля

Телеграфный вызов к Чепурову с Кривулиным. 2 письма. Бывший ЛИТО „Гумилев" год назад признал ...

11 апреля

Выставка С. „Эврика". Кривулин сообщил, где находится перукатная и заструганная „Лента".

12 апреля

Квартиры позоры Кривулина
О беседе с Семеновой ...

... Управление Культуры

13 апреля

Отвозили Юлию Григорьеву и ... в милицию на ...
Гумилев

14 апреля Возили ...
и Григорьева. Прибавили ещё писать „Предостережение"

15 апреля Гумилев

18 апреля

открылась выставка у Игоря Иванова

22 апреля

Общее собрание

ГЕНА ГУМ

- Где находится ГУМ?
- В Нью-Йорке.

/Из записи советского учебни-
ка для американских студентов,
начитанной мною с женой для
славика за 24 доллара вкупе./

ПОДПОЛЬНЫЙ ЧЕЛОВЕК СЕРГЕЙ НИКАНДРОВИЧ СОКОВ.

"Хочешь жить - умей вертеться," - изъяснял Сергей Никандрович и доказывал
делом. Младший брат Боба Сокова, редактора нашей студенческой газеты "ЗУБ". Боб
Соков остался у меня в памяти штанами: это были вторые штаны /первые - Эдика По-
речного/, деньги на которые, присланные родителями, мы, по младости лет, пропили.
Гусарствовали-с, батенька! Боб снимал комнатенку в Стрельне, куда и направились,
закупив что надо. Сначала кушали "Горный дубняк", заедая его трюфелями, потом -
пили "Червоне лиманьске" с закусью: капустой и килькой. Ринулся я на двор, но
запутался в сенях: хозяева там за загородкой держали гусей, их я и оросил лима-
ньским, дубняком, килькой и трюфелями. Гуси слегка закоселили. Потом я обнимал те-
леграфный столб и любовался луной на снегу. Дело было зимой 59-60-го.

С младшим же братиком - мы поступали уже /вместе с Кривулиным/ на филфак.
На филфак нас не приняли, тогда мы пошли в герценовский. В герценовский нас тоже
не приняли, но сказали, что есть вакансии в Череповецком педиституте, куда мы и
поехали. Ехали поездом, и весь день за окном тянулась пустая зона - вышки, бара-
ки, колючка, и ни души. Череповец к тому времени был уже "комсомольской строй-
кой", и бывшие зэки успешно вкалывали на катке и в пивных. В день резали, в сред-
нем, по полтора человека: летом на танцах, зимой на катке. Оснастили местную
милицию резиновыми дубинками и американскими наручниками - но дело не пошло. На
следующее утро после нововведения - нашли мента, оглоушенного собственной дубин-
кой, в своих же наручниках и засунутого на базаре за какой-то ларь. Технику от-
менили и продолжали лупить сапогами. Надежней.

Два абитуриента вселились в пустовавшее общежитие /даже матрасов комен-
дант, сука, не выдал!/ и начали его обживать. В магазине обнаружили сушеную ко-
рюшку а ля снеток, которая удивительно шла под пиво. За пивом ходили с институ-
тским чайником. В промежутках - сдавали экзамены, я как всегда, проверял чужие
сочинения /как наиболее грамотный/, но на устном-таки завалился. На какой-то "Зе-
леной лампе". Табличку я видел, напротив Никольского, но более - ничего не знал.
Постепенно начали подваливать студенты. Дефективный Федя, откуда-то из деревни,
был встречен радостым ревом: "Комсомолец?" "Комсомолец..." "Это хорошо. Мы на
ночь комсомольцев за яйца к потолку подвешиваем, а на жопу комсомольский значок
прикрепляем!" Бедный мальчик. "Комсомолец! Сгоняй быстро за пивом, да корюшки
не забудь прихватить!" "Комсомолец! А кто в комнате пол подметать будет? А ну,
быстро, бери швабру и мети, комсомолец!" Когда появился второй комсомолец и бы-
ло заартачился против курения в комнате - спящему комсомольцу в зубы воткнули
дымящуюся папиросу, а когда тот проснулся, чихая и кашляя - наорали на него, что
он, падла, комсомолец, даже во сне курит, а нам не дает! Так, в милых забавах
над будущими Матросовыми и Зоями Космодемьянскими, прошла неделя. Меня так и не
приняли, а Соков, вроде, учился на заочном.

Он и перед этим, вообще без образования, занимал пост учителя рисования
в какой-то школе под Кинелью /рисовать, отметим, не умел совершенно/. На первом
уроке он сказал: "А теперь дети, давайте нарисуем портрет директора школы по па-
мяти!" Отсутствие образования никак не мешало ему. Устроился младшим научным со-
трудником в ГОСНИОРХ /Институт озерного и речного рыбного хозяйства, где в 63-м
работал и я/, не имея же прописки и жилплощади - параллельно устроился ночным
сторожем на стройку. На дежурство являлся ночью ночью, а то и с бабой, и очень
ругался поутру, когда в вагончик за спецовками лезли рабочие, будя его. Случив-
шуюся кражу на стройке в свое дежурство - сумел отмазать, доказал, что не в его.

Работа в ГОСНИОРХЕ, помимо казенного спирта, предоставляла еще и командировки по рыбсовхозам. Из них Соков возвращался с мешком живых карпов, которых мы волокли на Сенной рынок и там сбывали домохозяйкам /одна хозяйка даже привела нас на квартиру, со всеми желающими, поскольку у нее был безмен, а мы вмазывали карпов поштучно, по рублю, что ли/. Выручка тут же пропивалась в близлежащем ресторане "Балтийском", что на Сенной.

Потом Сергей Никандрович снял угловую комнату, через коридорчик, у многосемейной мамаши. Входить надо было через спальню-столовую, в которой ютилось все семейство. Милая женщина даже подавала ему кофе и какао в койку, поутру. Муж-пьяница как-то припер домой украденную старую пишущую машинку, "Ремингтон", вроде. Сергей Никандрович купил ее за маленькую, починил, почистил и продал Кривулину за 20 рублей. У Кривулина она на второй день сломалась, и Соков взял ее обратно за 15. Опять разобрал, детали за маленькую отдал одному другу в никелировку, собрал и продал уже за 30 рублей. Вычетом расходов на 2 маленькие, чито́го доходу поимел 35. Жил он тогда на Съезжинской Васильевского, потом на Пороховых, потом на даче в Шувалово, которую как-то зимой снимал я, и мы с Овчинниковым приводили в НАШИ /!/ две комнатки двух подруг: Овчина - свою будущую жену Жешку, а я осетинку Нину, приемную дочь подруги Гумилева. В задней комнате лампочку я покрасил суриком, на столе стояли черные фугасы без этикеток, валялись карты, в одну - был воткнут могучий хлебный нож. Антураж, одним словом.

Соков и жениться сумел со "смыслом": на аспирантке биофака, имевшей комнату в общежитии и папу, заведующего мясокомбинатом где-то в Минске или Брянске. От папы Соков привозил твердокопченую, коньяк, в котором ее положено перед копчением вымачивать и спирт, который вовсе уж не знаю там к чему. Спирт приносил он большими бутылками, и распивался он у меня дома. Я мало что знал о Сокове. По дороге в Череповец - он цитировал мне на память какую-то биографическую прозу, но читать никогда ничего не давал. Русак, с хитрым разрезом попорченых татарскими кровями глаз, он о себе ничего почти не говорил. На чем и был заподозрен. Выпивая как-то помянутый спиртик с Леней Палеем, начали они возиться. И вдруг - десантник Палей встает с Сокова и говорит: "Подожди, мил друг, откуда ты эти приемчики знаешь? Ну меня в десантных учили, а ты откуда? Ты ж и в армии не был!" Начал Сергей Никандрович блекотать что-то невнятное и, захватив портфель с остатками колбасы и спирта, свалил. Приемчики он, действительно, знал: Палею я верю. А Сергея Никандровича больше я не видел, с 68-го, примерно.

ДИССИДЕНТ И ПРИЕМНЫЙ СЫН ЮЛИИ.

Гена Гум появился у меня на выставке в октябре 74-го и тут же предложил переправить на Запад и опубликовать фотографии "Бульдозерной", негативы которой имелись у него. В штаны я не наложил, но и передавать-публиковать отказался. С тех дней Гум стал непременным участником всех наших поэтических сабантуев, а откуда он взялся - никто не знал. Подозревали.

Китаец по бабке и немец по деду, сирота, воспитывался он в детдоме и в трудколонии. И уже в юном возрасте - умел вертеться. Был агентом по продаже картин лосховцев на предприятия и вообще в совхозы. Умудрялся вмазывать даже ... портреты Булгакова /естественно, ни один из сов-боссов не знал/. Помимо - был страстным поклонником Алика Мандельштама, Аронзона и особенно Ширали. Юлия его удочерила и много, и очень хорошо пишет о нем в дневнике. По приезде в Техас, быв приглашен сразу же на банкет по случаю отъезда Дичка Сильвестра /специалиста по Ходасевичу и Бродскому/, решил немедля стать профессором. Образование имел - ликбез, то есть библиотечный институт имени Крупской /сейчас - институт культуры!/ и почти даже диплом. Профессором он не стал, не взяли, поэтому с нусберговской борзой начал гоняться за бабами. Не читав толком Киплинга, или, скажем, Рене Гузи - тем не менее, своим умом допер, что "слипинг дикшенари" /постельный словарь, колониальный слэнг/ - наиболее успешен. Заговаривал, не зная ни слова по английски, на улице со всеми проходящими бабами, путем чего меньше чем за месяц - заговорил. Устроился работать ночным уборщиком, надоело, уехал в

Нью-Йорк, поболтался там, смотался в Калифорнию, приехал в Остин, купил машину, разбил, сдал права, купил другую, разбил, подарил мне перед очередным отъездом в Нью-Йорк /но мне, увы, не на что было починить - всего-то вшивых полторы сотни требовалось.../, питался кефиром, кока-колой и соками, печонку не ел, устриц боялся, в рыбе имеются кости - ибо вырос на детдомовской баланде и гурман с него - никакой. В Нью-Йорке купил такси, открыл бизнес, женился на прелестной и юной Марине, по коей страдал с Рима, звонит регулярно, сообщает поэтические новости. Сообщил также, что взял кредит на дело в 60 000 долларов /сколько моя жена в 10 лет зарабатывает/, словом - вертится.

В фильме "Дневник Юлии" его мало, английским он тогда еще не очень владел, а консультантом был не я, а аспирант-диссидент Левин. Путем фильма выяснилось, что поэтов не стали печатать ... потому что среди них было много евреев. Я этого не знал, и Юлия тоже. Гум же, свидетель и участник всех этих событий, от "ЛЕПТЫ" до "восстания декабристов", как я поминал, по английски не говорил.

В дневнике его много, ко всему он пытался вывезти мою секретаршу, предложив ей руку и имея вызов, но по удивительной чистоте - "новобрачную" не тронул, этим занялись в ванной аспиранты, о чем потом докладывали мне. Добрая треть дневника посвящена подготовке этого "выездного" брака. Правда, вместо подготовки документов, моя не слишком блещущая разумом Наталья занялась пошивом фаты, Юлия же, как истая сводница - клохтала и кудахтала и готовила пир. Сколько звонков было попусту, в Россию и из России, на чортовых австрийских лестницах, с немецкой экономией света, я сломал себе ногу, мчась через двор на звонок /единственный телефон в пансионе Кортус был в квартире на третьем этаже напротив/. Наталью не пустил черный полковник, папенька, преподававший в академии Можайского, отчего она, вероятно, и пошла в диссидентки.

Как ни странно, но Гум поэт. Мне из него удалось выбить, еще до отъезда, ровно 2 стихотворения. Оба не ах, хотя одно и посвящено мне.

Но чем дольше я живу, тем больше понимаю, что поэты - это не обязательно те, кто пишут. И Евтушенко поэт, и Сеня Трескунов поэт, и даже Александр Кухно тоже поэт. Чем дальше я живу - тем яснее понимаю, что поэт - это миросозерцание, мироощущение, а выразить его, поразить дабы - дано лишь единицам. Бродский меня тут года 2 назад спросил: "И где ты нашел 150 поэтов?" То же говорит и Гарик Левинтон: что поэтов не должно быть больше дюжины. Ахматова - поэт? А мне ее и даром не нужно. Дарю ее Бродскому, с Бобышевым напару. А тетка Танька - поэт? Да. И какой! Пусть она нашла себя - в переводе Байрона, но так же себя нашел и Гитович - в Ли Бо. А корейские сичжо Ахматовой - вылетели у меня из головы, как шелуха. Бенедикт Лившиц - поэт? Но читают ведь не его стихи, а его МЕМУАРЫ.

Так как же быть с Гумом? Нюхом ощущаю, что он поэт /когда, хотя бы, читает мне Аронзона/, а вот стихов он - не пишет. И это гораздо лучше, чем если бы писал. Если может он быть бизнесменом - отчего же и нет? Поэзия - штука смертельная, безумная. Бизнес же - вещь разумная.

Знал я двух гитаристов. Толик Мясников, "Хакимура" - японовед, библиограф, вратарь университетской сборной, ученик гитариста Исакова - играл в 64-м на гитаре Иванова-Крамского. Играл так, что МАРИЯ-ЛУИЗА АНИДО ему свою аргентинскую мелодию подарила! И бросил. Гитару жрать нельзя. Особенно классическую, шестиструнную. За исполнение Робера де Визе - поллитра водки не поставят. Пошел в переводчики интуристовские. Кончился человек. Второй гитарист, москвич Ян Местман, был классом пониже, но - чувствовал. И открыл компьютерный бизнес. Гитара не будет кормить и в Америке.

Гума никто никогда не кормил. Сам зарабатывал. Поэтому, профессиональным поэтом - не стал. Писать бодягу для "Молодого Ленинграда" - ему не хотелось. Нищенствовать, голодать, побираться, как Охапкин, как Ширали, как я, как БОЛЬШИНСТВО - ему не хотелось. Но свое поэтическое эго - он переплавил в эго других, в любовь к ним, и потому - остался поэтом. А аспирантом он тоже быть не хотел.

Привожу, тем не менее, 2 его текста. Информации для.

Кончался день. Висит луна косая
Из-за окна диагонально в вышину
Охапка дров из ветхого сарая
Сырого. Согревает тишину.

Еще угли, как женские застежки,
Решительно срывались в темноту,
И на столе оставленные крошки
Перебивали запахи коту.

Уже во сне славянская деревня.
От завтрашних утех мы обрели
Покой. И ливень из апреля
Переступал на майские дворы.

/1974?/

К.Кузьминскому

Пока замышляются визы,
Пока спят флагштоки лагун,
Осталось: отмашка маркизы
И скорбь у казенных трибун.

Пока на трибунах тираны,
Пока горизонты в тюрьме,
Осталось: простить атамана
И выжить в бессрочном дерьме.

Привязанным, словно лагунам,
В гулящий, как блядь, узелок,
Осталось, чтоб ветер не дунул
И выбил подпор из-под ног.

/1974-5?/

М.А.

В ХОЛОДНОМ РАЗЛЕТЕ НЕДВИЖНЫХ БРОВЕЙ,
РАСШИТЫХ НА ПЕРЕЧЕНЬ СТОЙКИЙ –
БЕЗМЕРЕН МОЙ ПАФОС, НО ГДЕ БРАДОБРЕЙ,
ГЛЯДЯЩИЙ НА ЖЕРТВУ У СТОЙКИ

СУДЕБНОЙ, СТОЯЩУЮ? ГДЕ ЭТОТ ГЛАЗ,
ПРИЩУРЕННЫЙ ТОЧНОЙ ПРИМЕРКОЙ?
УЧИ ЖЕ, ПАЛАЧ, МОЙ ПОМЯТЫЙ АНФАС:
ПОКА Я СТОЮ НАД СКАМЕЙКОЙ...

ЗАТЕМ Я НЕ СЯДУ...
СЫГРАЮТ МЕНЯ
ФЛЕЙТИСТОЧКИ ЧЬЕЙ-НИБУДЬ РУКИ...
ПРИБАВОЧНЫМ КЛАПАНОМ СЛУЖИТ ПЕТЛЯ
ДЛЯ ФЛЕЙТЫ С ПОМЕШАННЫМ ЗВУКОМ!

ПАЛЕНАЯ ДУДОЧКА БОЛЬШЕ ЧЕМ СТЫК
УПРУГОГО ДЕРЕВА ПАЛЬМА:
И КОРЧИТЬСЯ БУДЕТ КРОВАВЫЙ ЯЗЫК,
ПРИПЕРТЫЙ МОИМИ ЗУБАМИ.

И ЗНАЮ: КУДА Б НИ ПОМЧАЛАСЬ О МНЕ
МОЛВА ЛЬ, ЗАПОЗДАЛАЯ СЛАВА –
ОНА ПРИКОСНЕТСЯ ТЕБЯ, И ВТРОЙНЕ
ДРУЗЕЙ, ЧТО ПРИПЕРТЫ ДЕРЖАВОЙ.

Я ВСТАНУ НАД РОСТОМ СВОИМ, НАД ЗЕМЛЕЙ,
СБЕЖАВ С ИТАЛЬЯНСКОГО ФОТО,
ЧТО БУДЕТ ПЫЛИТЬСЯ В ПРИХОЖЕЙ: ЗМЕЕЙ...
БУКАШКОЙ...
ИГОЛКОЙ...
НИКОТОЙ...

третье мая 1977г.
США, ТЕХАС – ОСТИН.

ГУМ ГЕННАДИЙ.

Еще, добитое уже в Нью-Йорке от Гума:

Я начинаю о России говорить,
И спичек нет, а надо закурить,
Итак, Россия, потому что мы
Одни и те же ночью видим сны,
Одни и те же корчимся в стихах,
Пером черкая, словно спичкой по листам.

А в Суздале, и знаю, где еще,
Мы молимся, что вышли из трущоб...
Воспринимайте так, как есть: Моленье,
Мы молимся, и в этом наше пенье,
Летаем мы - и в этом космос наш -
Маэстро, повторите этот марш!

Я знаю, что оркестры ни при чем,
Пускай споют: Россия, вот о чем,
Я повторял. И петь не перестану,
Случится что со мной - я не отстану,
Быть может, убегу, совсем вперед,
Кто жаждал звезд - всегда меня поймет.

Вот русская, единственная речь,
Вот - женщина - и мне ее беречь,
Как миф беречь, и, задыхаться снова...
Я понял, что моя Россия - слово,
И женщина. Что вынянчит детей,
Моих детей, любых моих детей.

- - -

Прощайте, мой доктор. Прощайте с листом
болезненных строк, просвещающих, что
напрасно Вы теплили белые речи,
кривя безупречно разинутый рот -
Уколы сестры милосердья - урок
любови и, вылечен Ваш пациентик...
Ведь он не хотел, не желал умирать,
Он лег босиком на больную кровать,
И пела сестра бесконечные песни,
Как будто пред нею - он не виноват:
Бродяга, поэт и, однажды, солдат,
За несколько лет, очевидно, до смерти...

- - -

Прилетели грачи. Что вернуло грачей?
Здесь Отчизна - ничья. Этот город - ничей...
Дым плывет, уплывает в ничьи облака -
Это ваша любовь, а моя далека,
В этот день - далека, но в ничейную ночь:

Я хотел бы влюбиться в ничейную дочь,
Эта дочь не заплачет: кричи - не кричи,
Что же плакать в асфальт: эти слёзы ничьи...
Видел, как за несчастным ничейным котом,
Гналась сука ничья, но о суках: потом,
о горах, о вершинах, о рощах: потом,
о Богах, о крушеньях, о мощах: потом...
Кто способен понять - я того не учу,
Тот ни здесь, он не здесь: головою плачу...

- - -

Марине А.

Тебя холодную - я не люблю,
Не потому ли здесь, на юге,
Ветра описывают кру́ги,
не разомкнувшись к сентябрю.
Так, не очнувшись к сентябрю,
Согнувшись в гибельную позу -
Одной рукой глотаю воздух,
Другою - все еще курю...

Рецензировать эти стихи я не буду - из соображений гуманных. Гум, хоть и приходил к Ахматовой в возрасте не то 8-ми, не то 11-ти лет - учиться у нее не учился. Он учился уже у своих современников, соплеменников, собутыльников: Ширали, Куприянова - и это чувствуется. Куприяновым отдает "Прощайте, мой доктор...", Куприяновым же и следующее. Но и сам Куприянов года с 68-го - не разит, а прямо-таки ПАХНЕТ /выражаясь Зощенкой/ полупереваренными "пастернакипью и мандельштампом" /выражаясь уже Сельвинским/. Это общая болезнь, я бы сказал не - роста, а нароста, нарастание слоев на песчинку поэзии, слоев, всеми ошибочно принимаемых за жемчуг.

Поэт - он, тово, должен быть "поэтичным". Как Машка Ланина. Или потолстевшая и охристианившаяся Леночка Игнатова. РУССКИМ языком - не говорит, практически, никто. Все говорят языком "поэтическим" - не исключая и бродского-и-бобишева /у первого, впрочем, - встречаются и русские слова/.

О лексике Гума я уже где-то писал, но писать мне приходится столько /за всех великих, малых и околостоящих/, что нет возможности даже припомнить - где?

Ищите сами.

А Гума я привожу - для иллюстрации.

ГУМ ПРОТИВ "РУССИКИ", "НОВОГО АМЕРИКАНЦА", ДЕСКОЛЛА, МЕТТЕРА И ОРЛОВА

/Интервью о судебном процессе брал К.К.Кузьминский, он же готовил плов, которым кормил Гума/.

К: С чего это ты так озверел на "Руссику"? Правда, я тоже, да, похоже, и не я один, но...

Г: Во-первых, это не "Руссика", это "Новый американец"...

К: А разве это не одно и то же? Хозяин-то у них - один.

Г: Один, но это не одно и то же. В "Руссике" Десскол является официальным хозяином, а в "Новом американце" - не официальным, но фактическим, поскольку чеки-то выписывает - он!

К: А с чего ты вообще завелся с этими "Американцами", будь то газета или магазин?

Г: Нам придется вернуться к ноябрю прошлого года. /"У-ууммм! - сказал Гум, поедая предложенный ему плов во время интервью./ Помимо финансовых трудностей, из которых "Новый американец" никогда не мог выбраться, в газете произошел "раскол". Раскол на два непримиримых лагеря. С одной стороны - Довлатов и его коллеги по перу, с другой стороны - "администраторы", во главе с Меттером. Поскольку газета мне нравилась /все, что они до этого делали/, я вступил в переговоры на тему покупики газеты.

К: А для че тебе газета?

Г: Ты что, ...? /Здесь - негазетное выражение - ККК/. Удовлетворить свое эго?... И только? Целый ряд интересных авторов, а также людей, неортодоксально мыслящих, нуждались в органе, где бы их печатали...

К: Кто да кто?

Г: Я боюсь кого-то упустить, это ж интервью, а не статья, но список не ограничивается теми, кого я назову.

К: Называй!

Г: Лимонов, Милославский, ты /т.е., я - ККК/, Саша Соколов, из демократов назову Янова, Турчина, Шрагина, не удивляйся - Чалидзе...

К: А у него ж свое издательство!

Г: Не в издательстве дело, мне хотелось, чтобы он стал частью общего процесса, вышел за рамки своего издательства...

К: Ну, и с таким силами - что бы ты хотел?

Г: Я бы хотел, сперва добавить туда же - таких же "непопулярных" Синявского, Эткинда...

К: Юлию Вознесенскую?

Г: Ну, ее еще только нам нехватало...

К: Остальных феминисток?

Г: Уж коль мы отвлеклись, я встречался с ними в прошлом году в Германии, не говоря о том, что знаю их уже почти 10 лет...

К: ты их что, всерьез...?

Г: Я полагаю, что с ними произошло то же самое, что и с немалой группой диссидентов. В погоне за политической славой они перепутали двери. Они просто не знают, что такое - феминизм...

К: Ну и хватит о них. А то еще рекламу дадим!... А почему Эткинд? Он же вполне приличный советский преподаватель педвуза и член Союза /бывший/?

Г: В сегодняшней эмиграции Эткинд, равно как и Синявский, является чуть ли не единственным специалистом высокого класса в литературе, в отличие от многих самозванцев...

К: И опять, вернувшись, со всеми помянутыми авторами - какова, так сказать, "сверхзадача"? Для чего - газета?

Г: Ты, как никто другой, знаешь, что за последнее двадцатилетие сложилось не од-

но литературное поколение, до сих пор остающееся "неуслышанным". И как ни стран-
но, Синявский и Эткинд, в прошлом "благополучные" авторы, оказались с нами в та-
ком же "непечатном" положении. Газета, как ни крути - читается и в России, чита-
ется в КГБ, читается в Союзе писателей, в ЦК, а также просто, пусть немногими,
но людьми /но это еще то "меньшинство"!/ - и может исподволь влиять на литератур-
ные и политические процессы в России и Зарубежьи.

К: Но тут же полно газет, и чем тебя не устраивал, допустим, тот же "НА"?

Г: В момент когда я набросился на Меттера со своим предложением, новый главный
редактор В.Перельман печатал голых баб на первой сранице... Довлатов же, со сво-
им коллегами, организовали еще одну газету - "Новый свет". Мое деловое чутье по-
дсказывало, что куда разумнее "влить свежую кровь" и деньги в сложившееся пред-
приятие со своим контингентом читателей, нежели начинать все заново.

К: А это дорого - купить газету? Не номер, а целиком?

Г: Меттер определил цену в 100 тысяч долларов.

К: Ты что, все 100 тысяч и внес?

Г: Речь поначалу шла о 25%. Но в процессе переговоров я понял, что с такими лю-
дьми, как Меттер и Орлов, не владеть "контрольным пакетом" - предприятие риско-
ванное...

К: Так сколько же ты вложил?

Г: До вложения дело не дошло, поскольку я готов был подписать контракт не позд-
нее, чем Перельман начнет вкладывать свои собственные деньги. Единственное, что
я сделал, это послал 500 долларов адвокатам газеты, дабы показать серьезность
моих намерений.

К: А из-за чего же образовался процесс, о котором я от тебя уже скоро год, как
слышу?

Г: Из-за этих несчастных пятисот долларов.

К: А чего, не отдавали?

Г: До сих пор еще не отдали.

К: Кто не отдал?

Г: Это хороший вопрос! С одной стороны, я сужу "НА", номинальными владельцами
которого являются все те же Орлов и Меттер. Реальным хозяином, как я уже говорил,
является Десколл, он же владелец "Руссики".

К: А это что еще за писатель?

Г: Кто, Десколл? /хохоча/ Таких самонадеянных купчишек не встречал ни в России,
ни в Америке. То что "Руссика", по законам рынка, дерет семь шкур с покупателя,
это нормально... Привнесение нравов советского черного рынка в скупку книг у
вдов и сирых - это, скажем, неэтично. Но за увиливание от уплаты по обязатель-
ствам - за это в России, в старые добрые времена... А в Америке есть суд. Куда
я и обратился.

К: Ну и как? Я тут ходил с Халифом в суд, за бесплатный проезд в метро, так там
какой-то престарелый глухой судья - всех негров и поэтов неимущих, под одну гре-
бенку, по конвейеру: "10 долларов штрафа или 15 суток. Следующий!" А тебе что
сказали?

Г: А "смолл клэйм" - как мы переведем?

К: Ну, вероятно, дела малые.

Г: Хоть мое дело и "маленькое", я не думал, что оно превратится в большое. Судя
по всему, у "Руссики" - громадный опыт. Всяческими путями, неявками, ложью /мел-
кой и большой/, хитрой и бесхитростной, наглой и завуалированной - они морочили
суду голову в течение семи месяцев.

К: А тебЕ?

Г: Я увлекся игрой. Мы с женой, перед каждым заседанием, пытались "врать за них",
дабы знать, к чему быть готовыми. Надо сказать, что это было не очень сложно. Я
хочу сказать, что если бы мы этого не делали, то наш суд еще бы и продолжался,
а так у нас ушло только восемь заседаний-вечеров.

К: И каждый раз ездить приходилось? Ты ж, наверно, на бензин больше истратил,
не считая "морального износа" и утраты веры в человеческие добродетели?

Г: Ты лучше посчитай - сколько они на адвокатов своих потратили!

К: А тебе что, от этого легче? А газета, настоящая русская газета за рубежом, со всеми вышепоименованными звездами?
Г: А я не знаю, чего ответить.
К: Заигрался, значит? Втянули они тебя в свои игры, неявками в суд, оттяжками и отсрочками - что ты про саму идею забыл?
Г: Получается, что да.
К: Есть такая русская поговорка, которую я не помню, но суть в том, что с богатым не судись... Вот и я сейчас - лучше свой квартирохозяйке буду еще и за свет платить, чем волочь ее в суд /кто - кого?/, что за свет и газ она обязалась платить - но пойди, доказывай, себе дороже: у нее ж - адвокаты /как у Десколла/, а мне, как и тебе - самому в суд мотаться придется. А мне, ей-ей, не до игр... А что ж ты все-таки вынес из этого суда?
Г: Во-первых, я его выиграл. Несмотря на то, что у меня не было адвоката.
К: Так. А во-вторых?
Г: Если бы я был единственной "жертвой" - не было бы ничего страшного, но, поскольку есть десятки других обманов, кто-то должен был заставить "Руссику" хоть раз проиграть! До этого они всегда выигрывали /так "гласит легенда"/.
К: А деньги-то они когда вернут? Ведешь за интервью в "Кавказский"?
Г: Я тебя должен вести за интервью в "Кавказкий"?
К: Не я же, с 10-тидолларового гонорара.
Г: Как только получу деньги /а я их получу!/ - устрою банкет для всех жертв "Руссики" и "Нового американца".
К: Ну, тогда тебе Сити-Холл придется снимать!
Гум хохочет, на этом интервью кончается.

14 ноября 82
Подвал   ККК

72

ГУНН И МАРИНА

Гене Гуму

1

когда в Нью-Йорк приехал Гум
раздался шум и гам на рынке
сей муж имел обширный ум
и бабы разбивали крынки

художник Крынский рисовал
портрет его жены в подвале
но Гум напрасно рисковал
на бирже или на панели

имея старое такси
он нанял двух худогов в помошь
и доводили до тоски
подсчеты новой таксы в полночь

затем он снявши особняк
купил бракованного Брака
а друг его поэт босяк
ходил в штанах в которых срака

светила полною луной
поскольку лопнуты на оной
Гум был отнюдь не Антиной
и пахнул он не анемоном

печонку он не ел горчиц
не признавал боялся устриц
Гум был китаец и гордец
и выражался больше устно

но молчаливая жена
которой имя есть Марина
пеклась о мужниных штанах
и голодом его морила

поскольку Гум любил котлет
панически бояся рыбы
она упорно на обед
давала раки или крабы

и Гум и ум его увял
питаясь чипсами и кокой
он корку хлеба бы умял
и друга называл он Кокой

2

покупает Гум газету
как российский Епифан
позабыв что для клозету
здесь имелся пипифакс

но с пяти к печатну слову
поимевши пиэтет
повторяет он солово
шрифт набор курсив петит

но газета погорела
быв венгерскому жиду
подчиненна и корила
Гума тем а Гум жену

каковую как-то в церкви
католической небось
повстречал а был он циник
был он бабник был он гусь

стал тишее мягкой травки
стал мужее стал никак
покупать супруге тряпки
и кататься на коньках

а прекрасная Марина
обожание презрев
вечно голодом морила
муженька разверстый зев

3

когда родился оный Гум
то бабушка жена китайца
отметила обширный ум
и выдающиеся яйца

в семь лет он был уж диссидент
читая все передовицы
за партою не досидев
он выпорот был твердой вицей

и в трудколонии твердя
основы марксовой науки
таков присяжных был вердикт
послушно приспускал он брюки

потом созревши торговал
Булгаковым в рассейских селах
поскольку был он тароват
умом и хлеб он мазал салом

приемным сыном быв прият
в салоне Вознесенской мальчик
стал летописец и пиит
забыв играть в футбольный мячик

женясь на даме мощных бёдр
которых купно обнимали
пииты он остался твёрд
в среде их бывши аномалией

и новобрачную жену
не тронул даже мягким пальцем
похож был на премьер У Ну
и ночью вышивал на пяльцах

4

но в эмиграцию попав
путем конечно Лесниченко
стал созерцателем пупа
от изобилия лоснящегося

снимался в фильмах был он вхож
в различные дома Нью-Йорка
но помнил как кусала вошь
и как вкусна та хлеба корка

китаец или же скорей
германец по уклону мыслей
не знал как выглядит порей
и как готовить к супу клецки

на то имел Марину он
в которую влюбился в Риме
воздвиг для коей Парфенон
и ворковал при ней все время

она служила в банке но
панически боялась денег
она имела пару ног
и дивною являлась девой

во-первых молчаливой два
она имела тихий голос
и если бы была вдова
то я б на ней женился вскоре

но Гум китайским взглядом глаз
препятствовал в нее влюбиться
она за Гумом всюду шла
и дум была при том владычицей

по Гуму можно фильму снять
о том как дети трудколоний
здесь расцветают как весна
и пахнут сплошь одеколоном

и бизнес делают такой
что одесситы одичали
имея старое таксо
и никаких тебе печалей

5

таков мой друг китаец Гум
в России бывший грубый гунн
и панночка его Марина

21.3.82

АВСТРАЛИЙСКИЙ АБОРИГЕН ПАША САУТЕР

/Из дневника Юлии/
11 января /76/.
....

Да, забыла тебе рассказать о Павле. Он звонит мне часто и часто говорит о
тебе - всегда с неизменной нежностью. Ты мне о нем напиши. Я чувствую, что этот
человек не просто так появился в моей жизни и не просто так уйдет из нее. Стран-
ный мир открывается через него. Вернее, тот мир не странен - я и сама его хоро-
шо знаю, хотя и не ломлюсь в него столь агрессивно, как он. Странна его дорога
в тот мир.

3 февраля
....

Ко мне удивительно относится Павел Саутер. По-моему, он меня боготворит.
По нескольку раз в день звонит мне из своей больницы, читает стихи и говорит
всякие чудеса. Болен человек страшно. Сейчас я у него, вроде, как свет в окошке.
Посмотрим, что будет дальше. Если моя персона в чём-то и чем-то украшает его мир
- ради Бога! Пускай любуется, пишет мне стихи и выздоравливает. Вот только что с
ним дальше делать - совершенно не представляю. Не хотела бы я, чтобы ото всей бо-
лезни он избавился, а от меня - нет. Ибо я тоже - болезнь. Любить меня - анорма-
льно. Да и хватит уже - 35 лет. Вот. И вообще - "В горах мое сердце".

16 февраля

Странный поклонник появился у меня, Костенька. Это Павел Саутер, безумный
человек. Не знаю, чего от меня ему надо. Он с декабря в больнице им. Скворцова-
Степанова. На свадьбу Наталии он оттуда удрал. Но у меня на этой свадьбе завяза-
лся смешной роман, за который мне здорово достается от "второй литературной дей-
ствительности". "Нам можно, а тебе - нельзя", - заявляют мне друзья.

Папа живет сейчас у своей мамы, так что я во-всю пользуюсь своей свободой.
Называется это мероприятие "маленьким зимним романом". /Обычно, у Юлии были "лет-
ние", когда детишки на даче. - ККК/

Ах, Костенька! Да разве можно любить кого-нибудь, кроме тебя на этом све-
те? Чем дольше я на нем живу, тем более в этом убеждаюсь. Мелок пошел русский
мужик, мелок. И все безобразия, творящиеся в мире, творятся по его вине. Какая
пропасть между мною и всем мужеским полом! Я женщина, на мне ответственности-то
почти никакой, а я воюю. Эти же гаврики ... - чем их пронять? Могут ли они жить
по-человечески? Что их разбудит, что заставит действовать?

Так могу ли я любить тех, кто заведомо слабее меня? Скучно быть женщиной,
Костенька, ох, как скучно!

29 февраля

Окончен "мой маленький зимний роман". Пускай останется зимним. Сегодня
простилась с его героем и даже запретила ему появляться у меня в доме. До поры.
Пускай тебя забудется. Нет, не люблю я мужчин! Не нравятся они мне и как явление,
и как понятие, а уж как событие - и подавно! Не понимаю Трифонова, нет, не пони-
маю. Впрочем, дамский пол я тоже не очень жалую.
.... /стихи, пропускаю. - ККК/

Костенька! Павел Саутер твердит по телефону о своих намерениях поехать к
Шемякину. Зовет меня с собой. Ну, вариант со мной, конечно, не пройдет: если я
и поеду, то одна. Даже без Папы. Одного сына возьму с собой, старшего. А младше-
го оставлю с отцом и бабушками. Подрастет - сам решит. Впрочем, речь не обо мне,
я отвлеклась и увлеклась.

Так вот - Павел Саутер. Он хочет к Шемякину. Но болен он страшно. Пустят
ли его? Нужен ли он Шемякину - вот в чем вопрос. Но и здесь ему не жить. Он сам
себя затравил, как зайца. Не знаю, что он был, когда был здоров, но сейчас он
жить не в состоянии никак и нигде. Правда, он умеет взваливать ответственность

за себя на чужие плечи и, в основном, кажется, на дамские плечи. Ну вот, напри-
мер, со мной. Я ему объясняю, что для меня пребывание в больнице дольше одной
минуты опасно. Я не переношу советских лечебниц для бедных, я не переношу этой
медицины. Страшнее же всего - дурдома. После Плюща я слышать о них не желаю, не
то что видеть. А Павел требует от меня посещений. Я твержу ему: "Не могу! Не мо-
гу! Я от этого сама заболею: мне там невыносимо страшно!" Нет - приезжай и все.
Звонит он в любое время дня и ночи: в полночь, в 4 утра, в 7. Соседи ругаются,
муж ворчит, друзья смеются. Господи, да за что это мне!
   И чем я могу ему помочь? Я к нему никаких чувств, кроме дружеских, само собой,
не испытываю. Да я и в его любовь не верю: мне кажется что это - болезнь и ни-
чего более. Чего-то он там себе навыдумывал, а я - расхлебывай. Конечно, когда
он читает посвященные мне стихи, когда вслух на меня молится, я распускаю уши,
как паруса. /Все мы, бабы, трясогузки и канальи./ Но ведь это не грех?
За что же такая тяжесть на душу?
      Напиши мне при случае, что это за человек и что с ним делать.
....

8 марта

      Нынче 8 марта начинается Великий пост. Вот нам, бабам, и праздничек!
      Решила я поститься. А потом, где-нибудь в конце поста - креститься. Пора
уже, а то безобразие какое-то получается: верую безо всяких сомнений, а у испо-
веди не была ни разу в жизни и в церковь хожу, как в гости. Надо все привести в
порядок, правда?
      Живем по-прежнему - весело и трудно. Наталья нервничает, я хандрю. И все
- работаем.
      А я покрасила волосы в белый цвет. Вот.

29 марта
....
      Совсем плох Павел. Сегодня я покажу его одному гипнотизеру, моему другу.
Похоже, что этот человек сумеет ему помочь. Других надежд у меня нет.
....
      Боюсь я и за Гума: все-таки этот человек, который никого не любит, зовет
меня "мамой". Я не могу о нем не тревожиться. Здесь он со своим одиночеством
справлялся, ибо вырос в стае волчат и привык в любом человеке видеть потенциаль-
ного врага. Здесь это помогало ему жить. А там? Здесь он знает, что это он САМ
отказался искать друзей и привязанности. Там, среди чужих, он будет знать, что
искать их почти бесполезно. Дай Боже этому волчонку стать волком! Он так выбрал,
его выбрали для такой жизни - пусть так и живет. Интересно, как ты станешь к не-
му относиться там?
.... /следуют стихи "К Наталии" - см. - ККК/

30 марта

Сегодня соседи Павла Саутера сказали мне, что позавчера его забрали в
больницу. Дома он был уже две недели. Кажется, он уже не выйдет. Жаль, что я не
успела показать его своим лекарям-парапсихологам, но думаю, что и это бы его не
спасло. Жаль. Кромешно жаль: разрушен удивительный и прекрасный человек. Он бо-
готворил Шемякина, мечтал поехать к нему. Радоваться можно только тому, что бо-
льница удержала его от самоубийства.
      Чёрт возьми! Знаю, что спасти его я не могла, но его странная любовь, с
которой я не знала, что делать, заставляет меня чувствовать какую-то вину. Ну
что ж, принимаю. А запишу все на тот же счет под названием "Что с нами делают".
У Ю. Олеши есть пьеса "Список благодеяний". Когда-нибудь я соберусь и составлю
такой список.

Больше в дневниках Юлии о Саутере ни слова.С 76-го года.

2

Мой друг Паша Саутер писал рОман. "Ну что, Паша, пишешь рОман?" - спрашивал его Федор Иосифович Логунов, замдиректора Эрмитажа по хозчасти, обходя Халтурина и Зимнюю канавку. "Пишу, Федор Иосифович!" "Ну, пиши, пиши!", соглашался тот и шел обходить дальше. А Паша "лопатой и движком" "работал на морозе со снежком" /Охапкин/. Гребли снежок, иногда мокрый, сваливали его в Зимнюю канавку, а актер Миша Никитин свалился и сам, под лёд, вылез, однако. Федор Иосифович тут же заподозрил его /почему-то он, кроме Паши, всех называл - "Славка"/: "Ну, ты, Славка, сам нырнул, чтоб не работать!" На набережной Невы и Дворцовой снег забирали "хапы" /это такая машина, с гребками и конвейером/ и валили в грузовики. Но у поребрика снег оставался нетронутым, и его подбирали лопатами. Особенная возня была со снегом на краю газона: "Счищать на ширину ГРАНИТНОЙ ЛЕНТЫ", как объяснял им я. Так и окрестили меня "генералом поребрика". Паша греб задумчиво, медленнее его работал только Олежка Лягачев - тот просто отключался в транс, воткнет лопату и стоит, согнувшись. Фаиночка Павловна подходит: "Олежка, ты жив?" "Аааа..." - вынимает лопату и медленно продолжает грести. Несли однажды здоровенную лестницу, поворачиваем в Расстреллиевскую галлерею, у сортира, задним идет Олежка - и слышим жуткий грохот: какой-то идиот /вероятно, Логунов/ распорядился поставить на углу здоровенный застекленный щит, на дубовом треножнике "а ля барокко", с надписью: "Просьба обувать тапочки" - и вот этот щит загремел, на беломраморный пол! Мы чуть лестницу не уронили, а Олежка, знай себе, несет. На него, если б люстра упала - он бы тоже сказал: "Ааа..."

А Паша Саутер "а" не говорил. Но зато он писал роман "об австралийских аборигенах". Собирался купить полпуда сальных свеч, уйти в подполье и писать этот роман. Спрашиваем: "Паша, а что ты знаешь об астралийских аборигенах?" "А ничего не знаю, но разве это так важно?" И был, по своему, прав. Пишут же коммунисты о гуманизме - а они о нем еще меньше знают. Паша же вполне мог написать этот роман.

Держали нас два ангела, две женщины: Ольга и Фаиночка. Ольга, как мы ее называли, женщина была суровая, в войну связисткой была, "кирзой" от нее попахивало, но по-хорошему: пеклась о нас, как старшина о первогодках! Обе, по-своему, были красивы: блондинка Ольга, на вечерах одетая всегда немножко по моде 30-х годов /годиков она была, где-то, нас на 15 постарше/, и более юная Фаиночка - но тоже постарше нас, яркая брюнетка, бывшая натурщица - я был влюблен в Фаину, а Шемякин, звоня тут, пьяный, из Нью-Йорка уже - признался, что торчал на Ольге. Но они нас держали за мальчиков и относились, как старшие сестры. У Фаиночки только был роман с херром Суйковским /или сэром Хуйковским, как я его называл/, а в остальном никто похвастаться не мог.

И Пашу Саутера они тоже любили. Как и все мы. А посмеивались - так от юности. Знали, что пишет что-то.

И потом я встретил в 72-м, в Бехтеревке, боксера-экс-чемпиона Юру Еременко, который был соседом одной подруги на Воскова, к которой являлся по ночам Паша с огромными букетами цветов, чем будил всех соседей. Она его не пускала, и он сидел с цветами на улице.

В 74-м-5-м и сам Паша нарисовался, после выставки в ДК Газа. Худой, заросший, жутко постаревший, он был и у меня на выставке, и в Газа. Попробовал я его "приспособить к делу" - написать чего об этих выставках. Принес 9 страничек непонятных каракулей, по отдельным словам и фразам - чувствую: очень интересно и серьезно, но расшифровать не берусь, пускаю факсимильно.

Приходил он с милой девочкой, вроде Верой или Светой, я все уговаривал ее не бросать Пашу, а ВЫВЕЗТИ - не к Шемякину, зачем он ему, а на свет Божий, за кордон. Может, Паша и подышал бы напоследок, может, и написал бы чего. Может, даже, к австралийским аборигенам наведался бы...

Но доканали Пашу психушки, неустроенность, голод, да и бабы рученьку тут приложили: не одна Юлия не могла понять его "странную" любовь.

Где он теперь и как он, австралийский абориген Петербурга? Мы с Шемякиным тут, Олежка в Париже, Юлия в Германии, Ольга - в Эрмитаже...

2 апреля 86. Устал я. Страница эта сделана еще в Техасе, 6 лет назад, а события -
и того старше: 22 года тому. И Юлия, автор дневинка - за 7 лет в Хермании больше
не нарисовалась, и Шемякина я вижу от случая к случаю - только реку переехать, а
- зачем? Месяц назад попросил у него сделанного мною Роальда Мандельштама - его
он так, за полгода в Италии, и не издал, Юпа зато издал. Попросил, и жду. В сре-
ду мне, говорит, три огромных рисунка Нахамкину сдавать /на официальное открытие,
в белых галстуках - где я не был приглашен, а Любимов - изволили быть, фото имеем.
Любимова, щупающего "Древо жизни" Эрнста/, а мне - между прочим, тоже сдавать -
еще 5 /ПЯТЬ/ томов антологии, к 20 апреля. И при этом доделать и просмотреть -
все 3-3 с половиной тыщи страниц. А Мышь облажали на работе, румын, пришла домой
злая, начала выпендриваться и получила по морде. Успокоения для - выпил 50 грамм
водки и третью бутылку черного кончаю, больше в доме нет: не пил с октября. А -
кого это колышет? Мишу? Юлию?
Сделал вот глоток - за Ольгу. И еще за Пашу приму.

А книгу /-и/ все одно, сдавать надобно...

    Ольга Николаевна Богданова на Дворцовой набережной. 1975. Фото Приходько.

Паша Саутер в каком-то советском присутствии /возможно, в больнице?/.
Фото из архива Юлии Вознесенской. Год не указан. Фотограф - Папа?

Неплохие книги, по-моему. По крайней мере - я их могу читать. И пере-
читывать. Поскольку все это - моя аутобиография.
Даже когда Паша Саутер. Еще на одном снимке его нашел.
Наверно, и пущу разворотом - но в который том?
Они все переплелись, как осьминоги, кроме первого.
Понизовского - Юлия поминает, не пустить ли фотку? Он у меня - в т.1,
2А, 2Б, 3А /харьковском/ - почему бы не быть и в этом? Еще он у меня
- во Львове, с Шаррадом.
А Паша Саутер - только тут.
И нету фоты Фаиночки Павловны...
Но я ее и так помню.
Пива осталось - треть пузырька /пинтового/, Мышь же и не подумает ис-
кать, поскольку - получив по морде.
Надоело это мне все...

Но это и есть - жизнь.

Никакого вистре.
никакой Психологии.
Один не видит Другого. Одиночество
Это не бегство от реальности, я напи-
шем ли приговоре.
нет таких и милый] Приход
Христиан нет, под закрытые
передаём кровавые руки.

Кодекс Гиммельсбека
человечно, придут другие Заключение и
перейдёт наш тюремный опыт, не берутся
— придёт то дух суровость — видение
может быть страшным, — в холме проезжают
иных дорог.   Да берут чу них сёла
сёла.

ТЕНТОЗЛИ — пористый каменный лес (стро-
нстор, остатки от них их плёнки,
есть их не лучше тогда
иллюзии структуры единиц
Иловка синий — мор ребятся.
гипофиз.
Ретикулярная формация.
Ток млечного путь в иловке
Архейской формации
Театрализация! Слушение,
Вероятность цвет
а не фальшь
Пространство Феноменологии
Отрицание фальши. Художника режиссёр,
а не исследователь

Сосредоточенность...

Рассеянность и замкнутость

⟨Оглушенные, слепые⟩

Техник и мой независимой заботике.

Времена Бериха.

Структура души на — духовной
сущности предшествует не жизнь
                          Общественную.

Бессознательное приставство.

исток Техноцент ереси в свои мери
и более .... душу, встречают
Душу, душу ж другую замкнуту
спасения не зря тем.

Вопли кипящей техносфере

⎰ Аффектация
⎱ Творчество
⎱ Прогресс
⎱ Воля к Ничто.

Какие силы примяты в смертном
сне. В твоей момент смерти моей.

Как мало дать распятым на кресте.
И люди умирают прах играя мир
и мир захлебывается их играя злом
жертвоприношение.
тру чужой новых катастроф.
Salus populi suprema lex est.

что теперь сотворил бог слогам, а им-
вне благолепными руками.

~~расход~~ расход, разбор

эрт беззаконил
публо
артистическ деформация
геометрический орнамент
узорчатый силь

Кич — один из народов Майя.
политическая авентюра — зекиативная (ли
заветы) память проповедует

et ignotes animum dimittit in
                              artes
и устремляет свою жизнь не ведо-
                      мые искусстве!

· замурован
сфере лмето созерцания.
в котором смысле имет бо-
осмыслен
осмысли возможно лишь как феноменолог
интенсивность
р укция
ауитимеция
рисоризм
людьми целых и открытое общество.
Возьмите остров свой.
Коли, кость, нерв и мышцы
не считать — это я.
в этом белость окружений   } черных.
пузыри в синем во.

Росс. Берлинс колесо. г. Бу перви
икона.
исключена арке, в который сред
ст время.

Мудрый видит мир горящим
глазки - и вокруг неё пожар
не видит её свобод
на вступил глазки - смерть

Истина - это кошмар; то число
Ларго. Русск. Стекки
Реклам. Комедианты. Аристократ
Ничто.
Концлаг.
Дети преступности
Бог сотворил
Вера Рим.
Марсели
Этил вреден Гуманизма
ковбойск Верский существ
атомный рои
Эстетическое совершенство
внутренний мир
Илья.
Нет никого, кто интеллигентно
Троцк, о церкви дело на лицемерии.
Гермляков. Предпосл Преобр. Сол
Ленин

. действительное старины ради временна.

мудрость есть будущее перед господом.

ибо мудрые мира сего суетны. Безумие

— вот истинная мудрость.

Творчество и земля.

Слабые и Природа

восприятия.

Творчество — Единство

Царство Христа — нет У. Христа (и Дух)

Тайны и запрет

Нети и нищи

Отменные народы будут жить та себе,

ибо которые его не будут открывать,

и не будут — в него ничего неплохо,

и никто. Преступны? мерзости и ложи.

~~Крот~~

реемлди — неблагодел, а не ремни

делом — бездемии

амурная конструкция. свете

Хула и похвала мне суета — рабы.

Только мой, короткие умы.

Тем же недугом несчастны Дух.

Дух.

Звено было много в царстве испытаний

Избранных как временно уж почти не свет

жертв импровизированной системой
взглядов.
Ежедневно терпение, но благостно
восприятие. Катастрофа — смешение.
мы убили Христа ради, но смыть,
воскреснуть, мы немецкая
нас

Самих если мы не имеем
лишь все все; проверяем и
искушал,
дорога рвётся море как кислота.
Гумус ещё настоит всем воздухом.
Иллюзионизм
схерной пуфре — не аскетическое средство
жизнь — мучительне и живее
нет ничего страшнее бессильной жизни,
и нет ничего страшнее жизни для
которых вещь, но прежде всего де нет
достигать, осмеливать или страшно жизнь
имеем.
всё применимо политическим мерам
политики.
Вовлечение — совлечение
Дурной функционализм, который временем
зреет между функциями, должен
быть разрушен

психологический террор.

прошлое России

кто же ущемил духовный смысл

временной режим

словоблуд...

Факт — объект для манипуляций, а не ресс...
цикличность культурных источников.

поэзия — ритмизованный абсурд, и смешны...
Смыслы...

актуальная — прибыльна...

культура — брифует.
и чует, не

неоткрываемость фениологических программ

в мире СНСКа,

в мир не пошёл, прошёл ли страшный
сон.

всё в жизни гумус, А когда гумус
лишь искушает человека. гумус — наш
рок.

Чемлиевский   условность
жизненный проект —   абстрактность
                                       искусственность
— резиньировать   механистичность
                                       потребительность
                                       отчуждённость
                                       реумичность

придут другие зимогинне, и поедут нас Террилин
бунт.

Верум. Риту.

предисловие ...мех.

единица плотности времени

технические ~~...~~

~~...~~ души

Спазм культурного слоя.

...

...

... сложных ...

...

Ге... Крен ...ке

Дем. — ...

... — ...

предпосылки — ... натуры...

Миро.

Комплекс

Комплексные числа

... с Компьютером ...

Разные слова — молчание

Сон — это работа

...ли? ...

— ...

... атмосфера террора

нарушение самостоятельности мыш...

пчелиный улей — бессмысленный и беспомощ...
лишенный мёда,
в резервации прокаженных — скитур
Телепит
Катастрофе — не Спасение.
наша Судьба — Негодование.
метафизическое Возмездие ... достигло нас.
Кто обратит в Темноту мир. — (зерках
где же дело — грозой разбуд. что-ли?!
у нас . лишь изувеченная душе.
дыхание ~~приближается~~ смерти ...
де Одиночество бы сновидений?

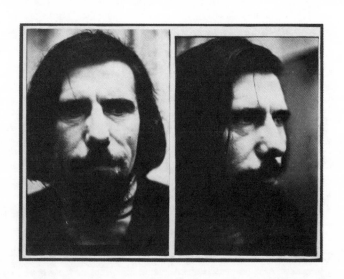

שְׁכְנָא

ЛЕПТА́ ж, древняя ЕВРЕЙСКАЯ,
мелкая монета...
  /Толковый словарь Даля/

    То-то, я думаю, чего
нашу "ЛЕПТУ" отвергли в Сою-
зе писателей! Недаром я ее
отказывался вносить. Пусть
ее вносит русак Охапкин, на
страх русофилам.

К.К.К., Лесниченко, Жирали, внизу Кёгин, двоих не распознать и В. Эрль.

Р. Чейгин, Юлия и К.К.К.

ЛЕПТА

Материалов по "ЛЕПТЕ" накопилось у меня столько /в основном усилиями Юлии Вознесенской, которая вела "бумажную" войну/, что не знаю, с чего начать. Короче. Когда в 74-м году прокатилась волна выставок художников, не признаваемых Союзом, а она назревала давно, война велась непрекращающаяся, в основном отдельными группами и одиночками, то в 74-м на выставках "Бульдозерной", "Измайловской", "Невской", квартирных и групповых - она просто приобрела ЗРИМЫЕ формы и колыхнула-таки публику: художники одерживали одну победу за другой. Были даже организованы "анти- Союзные" - "инициативная группа" и "ТЭВ". Но я все не о том. Хотя о том. Успех художников - подтолкнул их ОРГАНИЗОВАТЬСЯ. Поэты же - известно - богемная орава и ярые индивидуалисты.

Цеха художников существовали с незапамятных времен: все-таки - материал там, кисти-краски, Белкин мне рассказывал даже, что в Голландии средневековой - .... штрафовали за неправильно сделанный подрамник! /И тут же рисовал на сырой еловой доске милый портрет девочки, отчего она трескалась. Не девочка, а доска. Прибегал ко мне: "Ах!..." А ахал-то он бесподобно./ Но к делу, к делу. Так вот, МАТЕРИАЛ /тут я материалист/ заставлял художников принимать какие-то организационные формы.

"Цех поэтов" я знаю один. И то из него такое ... добро вышло, при всем моем уважении к личности Николая Степановича.

Нам было не до цехов /или "по цехам"/, но лавры художников не давали покою. Прихожу я к Юлии Вознесенской в феврале или январе 75-го - у нее уже Игорь Синявин сидит, с петицией. Художник, а потом, как оказалось и поэт. Ну, не знаю. А в петиции - .... "Мы, группа поэтов, ТРЕБУЕМ издать нас /всех и в отдельности/ тиражом ... чуть не СТО ТЫСЯЧ. Требуем... Требуем... Требуем./И по-моему, на имя Правительства!/"

И Юлия, естественно, уже эту мулю ... подписала. Я беру Синявина за пупки: "Вали, говорю, отсюда, и чтоб духу ... Я тебе своих поэтов не отдам!" /Эту последнюю мою фразу он приводит в своих мемуарах в каком-то "Современнике", но я там и еще кое-что добавил./Знал я его уже, как "крайнюю фракцию" Инициативной группы художников. Видел. Не надо.

Выкинув "крайнюю фракцию", раз уж пошла такая пьянка, поговорили с Юлией и кто еще там был. Потом уже, без манифестов и лозунгов, и без меня, Юлия обмозговала с Кривулиным-Пазухиным и заварилась каша. Решили вступить в переписку с Союзом писателей, игнорируя смежные организации /Литейный, 4/. Я поначалу, как предотъездник, в переговорах с инстанциями дела не принимал. Юлия же развела бешеную канцелярскую работу, поскольку и так служила машинисткой - папки там, скоросшиватели, копии, реестрик.

А взялись мы за дело вплотную уже в конце февраля. Без заседаний нельзя, а Юлии особенно /она и ЗДЕСЬ уже заседает, на сей раз, по феминисткам/. Ну, сели. Курить было чего, а пить - решили: "сухой закон". Чай там. Заседали долго и много, в основном по ночам. Моя тогда секретарша, Наталья, вела протоколы. Работников оказалось: сама Юлия, в три дуды и четыре руки; Кривулин, умница Пазухин, приглашенный ими прозаик Борис Иванов, и я. Поэты, в большинстве трезвые, согласно кооптировали нас в - уж не помню, как это называлось, но не Исполнительный Комитет. И началась работа.

Чтения публичные уже не устраивали поэтов /да и так на квартирных "джем сэшн" дочитывались до хрипоты/, а хотелось им - книгу. Решили просить коллективный сборник. С самого начала это был дохлый номер. Ну, знал я несколько коллективных сборничков, но проходили они через такое сито /даже уж не поэтов, а стихов/ - ну, вроде сборника Горного института, о котором я писал. А поэты сита не

хотели. Их и так постоянно процеживали: в ЛИТО, на чтениях в Союзе, а они хоте-
ли - как художники!

Я понимал, что если выставку дадут - то также и отберут, а КНИГУ... И все
понимали. Как понимали и чехи, и венгры, а сейчас понимают поляки. Но надо же
было встряхнуться. Которые кроты ГОДАМИ свету Божьего не видели! Те же Морев и
Шнейдерман, а также мертвые.

Ну и пошла писать губерния. Мы пишем туда, нам пишут обратно. Юлия став-
ит порядковый номер - хлоп, шлеп, и по новой. Но это было лишь внешней верхушк-
ой. Главное было в другом. Народ косяком попер в Юлиин апартмент: волокли стихи,
издавались приказы, зачитывались директивы. В редколлегию мы избрали себя, как
самых уважаемых. Ночами зачитывались стихи, ставились крестики, галочки и пало-
чки, потом Юлия все это перепечатывала, хотя мне не ясно, когда: с утра она опа-
здывала на службу в дом кино, а с вечера уже ждали поэты. Муж Юлии, Папа, фотог-
раф, смотрел на это снисходительно-одобрительно /но я его никогда не понимал/,
детей она подкинула бабкам, а детскую - превратила в кабинет группы, поэты же
ждали в салоне.

Надобно сказать, что этот дом на Жуковской, наискосок от Чехова /а рядом
жили Брики!/, с его темным подъездом, психбольницей или чем-то за стеной задне-
го дворика, и ЖУТКОЙ /даже по питерским критериям!/ лестницей, ведущей к ней на
4-й этаж, в коммуналку, через кухню, и за коридорчиком две комнатки: одна мало-
тюрненькая /детская/ и вторая поболе /спальня, столовая, салон и - что там еще
было и быть полагалось в поэтических домах?/, дом этот - был почему-то уютен,
как родной. Спать я там не рисковал оставаться, один раз рискнул и был заживо
зажран КЛОПАМИ. Только в домах поэтесс я встречал таких злобных НЕСЫТЫХ огром-
ных клопов! Но это уже отступление.

Сидели в детской /ах, как это мило звучит, Мисюсь, помнишь мы сидели в
детской - но детской не СОВЕТСКОЙ, бля!/, сидели мы в детской, пили чаи и кури-
ли охнарики до рассвета в основном, вчетвером: Кривулин-Пазухин, Юлия, я. Борис
Иванович Иванов, старый стреляный волк, патриарх прозаиков /ему было уже за 40!/,
большею частию не засиживался, если не было срочных дел. Он был уже тогда женат
на Зиночке и держал ее, если не в теле, то в строгости. Я его побаивался.

Ввечеру налетали поэты - когда с пакетами /рукописей, не съестного/, ко-
гда со скандалами и почти всегда - с претензиями. Готовилась нами рукопись /как
оказалось, за 1000 стр./, а поэтов было набрано 32. Иные, правда, входили и вы-
ходили из состава ее - по два раза дозволялась. Очаровашка Шир, уже и после того,
как был выкинут из состава редколлегии /из трех заседаний он 2 раза явился пья-
ным, но все 3 - с бабами, и не с одной/, входил и выходил из сборника раз семь.

Но уконтрапупил нас всех, конечно, Охапкин. Лену Игнатову еще можно было
перенести: бабы часто бывают истеричками, а она еще и поэтесса. Лена Шварц, по
счастью - не появлялась! Но когда здоровяк Олег, введенный /из уважения к его за-
слугам в редколлегию/ позволил себе дважды выйти из нее, да еще наделал нам дел,
обнародовав список участников, обратившись самостийно "в смежные инстанции", мы
его поперли.

Стиль его посланий в Союз писателей подсказал нам название сборника. Там
он писал, что мы, де "желаем внести посильную лепту на пир отечественной слове-
сности". Лепту я вносить не желал, поскольку не знал, что это такое, тем более,
на "пир", но Охапкин, помимо неприятностей, доставил нам множественные приятно-
сти, послужив изрядной пищей для эпиграмм. "Лепту" же мы, в качестве названия
сборника, утвердили, с каковой и явились на "пир", в Союз писателей, откуда бы-
ли поперты, равно и из издательств. Я так и не знаю, послужило ли название тому
причиной, или были и другие, но кличка за Охапкиным осталась. Когда он являлся
с очередным посланием в Союз, дабы ознакомить нас /знакомил он всех/, то был
встречаем возгласами: "О, Охапкин опять лепту принес, положить ее на живот оте-
чества!" Но в редколлегию допущаем не был.

Тогда от "ЛЕПТЫ" отделилась "Элита".

И пошли писать уже две губернии. Ответ был один, из того анекдота.

Борис Гройс   ...ий Вулин

Цыганов   Шир   Кривулин

Феминистки Царытова и Юлия

Квартирное чтение „Лепты"

Весна 1975

У голин

И.Д.Левин   Гум   Лазухин   Наталья

КОММЕНТАРИИ И ДОПОЛНЕНИЯ:

БЕЛЫЕ НОЧИ И ПРОЧАЯ КАРУСЕЛЬ

В своих, теперь уже мемуарах /см. дальше/ из Западной Германии Фисюля Вознесенская пишет о роли моей с пиэтетом, всяко цитируя - не мой, а берштейновский! - лозунг: "Движение - всё, а цель - ничто." Ясное дело. Идиотом я не был и поверить, что нам - разрешат КНИГУ - не верил ни на минуту. Но живое поэтическое общение /между собой ли, с публикой ли/ по типу "Бродячей собаки" или наших веселых эскапад самого начала 60-х - казалось мне крайне насущным. Не говоря о том, что варясь в соку индивидуализма, в кучке поклонников или просто терпеливых собратьев по перу - поэты РАЗУЧИЛИСЬ читать стихи, тем более, "на публику". Вот почему, под маркой "ЛЕПТЫ", за апрель-май только, мною, Кривулиным и Юлией было организовано где-то с полсотни квартирных чтений. Проблема и идея заключалась в том, что если художников на всех этих выставках публика УВИДЕЛА, то поэтов - еще предстояло УСЛЫШАТЬ. По этой же причине свели мы тесный контакт с инициативной группой художников, чтоб действовать параллельно и совместно. Первые чтения - и были организованы мною ДЛЯ ХУДОЖНИКОВ в студии Жарких. Читали: Кривулин, Лена Шварц, москвич Владислав Лён и я. Это еще до "ЛЕПТЫ", зимой 74-75. А уж с "ЛЕПТОЙ", помимо "отчетных чтений" и джем-сешшн на квартире у Юлии, привлекши к этому и более скромных, застенчивых, но поэтов - понеслись по городу. Чтения и деятельность эта - дали как бы второе дыхание "старикам" Александру Мореву, Бахтереву, Эдику Шнейдерману - они поняли, что необходимы в литературном процессе, и это, кроме того, обучало "молодых" читать их собственные стихи.

Дело было тяжелое, потому что - то Ширали прийдет на чтение пьяный /но непременно с бабами/ и лежит телом в соседней комнате, пока мы с Юлией и Кривулиным за него отдуваемся, то поэт Нестеровский подерется с пролетариатом и ему набьют морду, отчего он не в состоянии выступать, то... И так далее. Аудиторию мы нащупывали самую разную, одни рекомендовали нас другим, но в основном, конечно, как и на выставках, это была - "либеральная техническая интеллигенция", на квартирах которой собиралось до 30, до 50 человек послушать нас. Конечно, я понимал, что все это - мартышкин труд, что собрать 15 000 публики за 4 дня /как это сделали художники в ДК Газа/ нам не удастся - дай Бог, этими чтениями мы покрыли под 1000 слушателей, и то навряд, а хотелось - большего.

К тому времени, по моей инициативе организовались прозаики /а я сделал антологию их "Лепрозорий-23"/, но народ они основательный, рукописи читали - неделями /не то, что у нас, поэтов!/ и малоподвижный. Помимо союза с художниками, я начал шебутить музыкантов - "Большой Железный Колокол" /бывший "Санкт-Петербург"/ - коллектив "рок" Коли Корзинина, через друга их, поэта Аркадия Драгомощенко, потому что имел "далеко идущие планы". План заключался в следующем. Художники /без особого, впрочем, восторга/ согласились предоставить поэтам слово на организуемых ими выставках. Одно из основных возражений было: "Как же мы тут будем ПРОДАВАТЬ картины /торговаться/, когда вы тут стихи читать будете!" /Это, мол, отвлечет публику!/ Ни фига себе, "союзнички"!

Как говорил я в Союзе неоднократно, словами Остапа Бендера - "Уголовный Кодекс я чту." И не то, чтобы "чтил", а - учитывал. Опыт половины жизни /17 лет повязов по ментовкам/ предупреждал меня "не дразнить гусей". Чего, естественно, не понимали "политические экстремисты", типа Синявина. После того, как в мае у нас "выбили лидера" /Юра Жарких возвращался в поезде из Москвы, после совещания с Оскаром Рабиным - и ему опрыскали ипритом ботиночки и ножки - 4 месяца госпиталя!/, я решил, что надо менять тактику. И создал проект "Белые ночи".

Как известно, в белые ночи - напролет - над Невой - молодежь, пение и музыка, и очень немного, довольно мирно настроенных, ментов - я и предложил "фестиваль искусств". Разбившись на тройки /художник, поэт и какой музыкант/, оккупировать всю набережную Невы - художник держит картину, поэт читает, музыкант пиликает или дудит - аудитории не занимает, и даже менты, истомленные красотой белой ночи - будут бить не так жестоко, не сапогами, а потом - есть кому и вступиться: студеты ж! Пригласить коров - а уж они распишут на Запад "о ночном празднике всех искусств" в Ленинграде. Оставалось за малым: подобрать "тройки", проследить, чтоб все были трезвыми - и с Богом. Но тут настала пора уезжать.

Художники, надо сказать, да и поэты тоже - тяготели, как это ни странно - к "политическим традициям". Так, например - их манили стены Петропавловки. Я их убеждал: перенести "шоу" ... в Александровский сад, вокруг большого фонтана - и ходы-выходы свободны с 4-х сторон, милицией не окружишь, и "Астория", "Европейская", "Березка", "Яхонт" - т.е. иностранцы! - под боком, и публика валом прет по Невскому - нешто не клюнет?, и и и и... Нет ,подавай им Петропавловку, казематы, где Горький и Ленин томились! Впрочем, за Ленина не ручаюсь. Пляж Петропавловки, хоть и красив и "историчен" - подход к нему по двум узеньким мостикам: со стороны Кировского и со стороны Добролюбова - и перекрыть их - раз плюнуть. Что и случилось, уже в 76-м, на "выставке" памяти Рухина. Прорвалась сквозь кордоны одна Юлия /сидевшая под домашним арестом и вылезшая, хулиганка, по трубе!/ и горстка поэтов. Художников с холстами не пропустили - делов! Чего-то там они почирикали, Юлия мелком чего-то написала на стене /вот где оно, начало ее "граффитти"!/ и мирно разошлись, ничего не сделав.

Все это я веду к тому, что руководство поэтов и художников более упивалось своей "резонансной активностью", нежели исходило из насущных задач. По моем отъезде уже, "кроты вернулись в норы", а движение, под эгидой "диссидентки" Юлии приобрело политический оттенок. Вечер памяти Гумилева /почему не Кузмина, не Крученыха, не Хлебникова, не Введенского?/ вызвал, естественно, резкую отповедь и Союза писателей, и смежных организаций. Последовало "восстание декабристов", на которое согнали войска и милицию, а всех основных зачинщиков - повязали, и т.д. Но это уже "не мои мемуары". Я при сем идиотизме не присутствовал, а был бы - не допустил! Ибо все эти начинания - ЗАРАНЕЕ были обречены на провал - кстати, художники были поумнее: кроме двух-трех пьяниц и хулиганов /Арефьев, Филимонов и ... мой Исачев, по молодости/ примкнувших к экстремисту Синявину - все они искали лояльных и легальных путей борьбы с властью, не давая ей никакого повода и преимущества, заставляя власть саму компрометировать себя, и тем привлекая - осторожных и умеренных "итээров".

Меня в этом деле, прежде всего, привлекала возможность дать поэтам высказаться, ознакомиться с творчеством друг друга, ну и "утвердить" себя на аудитории, в чтении. Воспряли духом Шнейдерман и Морев, даже последний обзиут Бахтерев обрел как бы вторую жизнь, отсидевший и гениальный переводчик С.В.Петров - читал свои "фуги" у Юлии - НАМ, и повылезало множество "кротов". Все это было - абсолютно "невинно", и за всю весну 75-го - нас ни разу не "побеспокоили" - ни на заседаниях у Юлии, ни на многочисленных чтениях. Думаю, конечно, что игры с "ЛЕПТОЙ" - нельзя было продолжать до бесконечности и так, по весне-лету назрел раскол среди самих поэтов /иные, немногие, считали себя "лучше других" - ЭЛИТА/, кстати, каковой раскол поддерживался и нашими учителями: Даром и Гнедич. Дар - категорически отрицал "движение масс" и вопил об индивидуальностях, а тетка Танька, по мягкости характера и по лагерной умеренности, согласилась представить хотя бы "избранных" /пусть хоть они.../. И я с ними с обоими переругался. Ездил и в Сарское Село к Гнедич, ездил и к Дару - но помимо меня ездили сами поэты, "элита" проклятая! Кривулин и рад был бы примкнуть к "элите" /что он потом, год спустя, и сделал/, да не мог: связан он был одной веревочкой со мной и Юлией, и с "ЛЕПТОЙ", следовательно - и по честности покинуть нас не мог. Я понимал, что выделив "избранных", посулив им и пообещав, властям будет легче справиться поодиночке, нежели когда мы - скопом. Но "элита" этого не желала понимать. Вышедший из редколлегии Олег Охапкин - начал свою уже переписку с Союзом писателей и иже, выдавая, кстати, наши маленькие тайны. Остальная "элита" /Куприянов, Чейгин, Ширали и скромный, но себе на уме Юра Алексеев, вкупе с кажется Шварц и Игнатовой/ пошла на персональные сделки с СП, что, впрочем, принесло им мало проку /см. рецензию Сосноры/. Сборник вышел только у Ширали, но какой - плюнуть! И пишут мне сейчас, что сборник этот лежит на прилавках, что Шир пьет - а чего ради было Дудину жопу лизать?, а остальная "элита" ушла обратно в подполье.

Заседание „Ленты

В студии Жарких

Лён   Э|Саркиx

Танечка
Беккер

Полина
Климовецкая

В дверях
Пригов

Е. Шварц

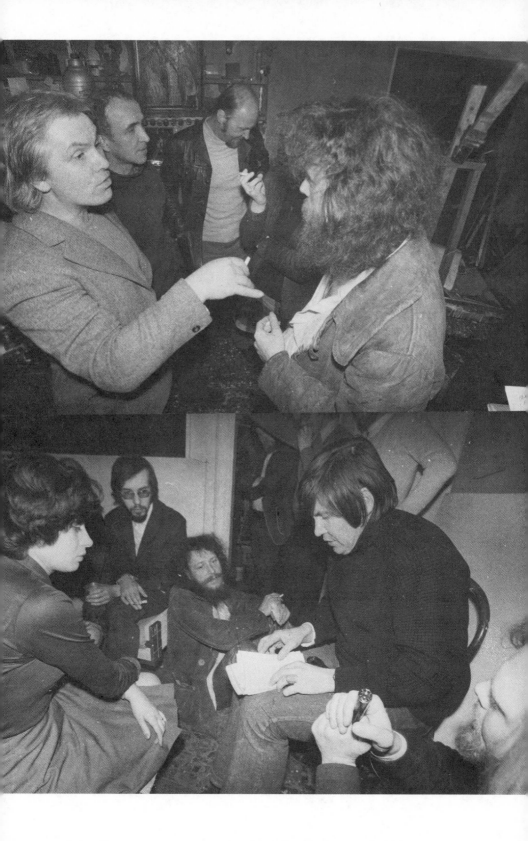

ЕЩЕ ОДИН ТЯВ

Итак, перехожу к цитациям из Юлии. В ''Русской Мыси'' за 22 января сего -
1981-го года - полумемуары, полупредставление ''новых течений'' пера Юлии Возне-
сенской. Под шапкой ''Ленинград, декабрь 80 - свободный профсоюз литераторов'' и
с подзаголовком ''Их объединила сама жизнь''. Юлия пишет о Гнедич, о вечере памя-
ти Аронзона /котором из?/ - по весне 73-го, не то 74-го - скорее, 73-го - Рита
Аронзон-Пуришинская обратилась ко мне с просьбой: вечер памяти Лени то ли в До-
ме архитектора, то ли в Доме композиторов /они напротив/ прикрывается ''из-за от-
сутствия места''. Ну я позвонил своим мальчикам с психфака, которые устроили в
январе 73-го выставку троих /Росс, Путилин, Глумаков/ с моим чтением ''Башни'', и
они выговорили зал для Аронзона. Были там и записи, и много чего, но я не был,
как и на параллельно шедшей на Охте выставке /посмертной/ Стерлигова. Я, кажет-
ся, пил. Или был влюблен в Наталью, киевскую. Словом, не был. Но втык был. И по
трем причинам: во-первых, почему не было студентов, во-вторых, почему было мно-
го евреев, и в-третьих - почему читались стихи? На третий пункт было ответить
труднее всего, и чтения там прикрыли. А мальчики там были хорошие, энтузиасты.
Хоть и не помню их уже ни по именам, ни по фамилиям. Потом мы там еще в мае-ию-
не выставочку ''Графика и фотография'' закатили /прикрывшуюся в день официального
''открытия'', но неофициально просуществовавшую - неделю до, мы были ''хитрые''!/,
а после этого на психфаке ничего уже не было. Но где-то год почти поревзились!
Но Юлия пишет, полагаю, не об этом вечере.

Помимо пишет она о ''ЛЕПТЕ'', в тоне, мягко говоря, ''исаичевском''. Итак:

''Выходя из подполья, мы побеждали смерть - рукописи перестали гореть.
Появился новый тип литератора - издатель, архивариус, организатор. Назвать их
культуртрегерами было бы неправильно и неточно: это не было призванием к орга-
низационной работе, к лидерству. Просто некоторые любили общее дело больше соб-
ственного творчества, чувствовали особую ответственность в деле развития и сох-
ранения неофициальной литературы. Первым среди них необходимо назвать Константи-
на Кузьминского /пардон, меня - ККК/. Как никто другой, он чувствовал необходи-
мость создания движения. Когда мы вместе составляли первый коллективный сборник
''Лепта'', Кузьминский настаивал на том, чтобы для обсуждения готовящейся книги
еженедельно собирались все его авторы. ''Сборник - ничто, движение - все!'' - твер-
дил он. На эти обсуждения мог прийти любой, кого интересовало дело Второй куль-
туры. Сохранились протоколы собраний ''Лепты'' - о чем только не говорилось на
этих сборищах, кого только там не было! Приезжали поэты и филологи из других
городов, приходили художники из ТЭВ /Товарищество экспериментальных выставок/,
философы, историки, зачинатели религиозных семинаров. Инициативная группа редак-
торов ''Лепты'' -о, вот она как называлась!- ККК - /К.Кузьминский, Б.Иванов, В.
Кривулин, Е.Пазухин, Ю.Вознесенская/ искала новые формы работы, планировала вы-
пуск постоянных журналов и альманахов. ''Лепта'' не только сплотила вокруг себя
наиболее талантливых и независимых литераторов, но и породила множество новых
начинаний: журналы ''37'', ''Архив'', альманах ''Часы'', литературоведческие семинары
и многие другие формы литературной жизни.''

Далее идут благодарности за фильм ''Дневник Юлии'' и разным друзьям за по-
ддержку, но есть еще одно любопытное свидетельство:

''Олег Охапкин, один из немногих состоявших в профгруппе ССП, пытался до-
биться помощи по профсоюзной линии. Я присутствовала на собрании в Доме писате-
ля, когда Олег взял слово и просто рассказал о том, как ему живется: о больной
матери и сестре, о невозможности устроиться на работу по профессии, о том, что
дома он пишет в невыносимых условиях, а путевки в дома творчества, чтобы хоть
месяц поработать спокойно, не может добиться. Наконец, Олег, чистая душа, прос-
то возопил: ''Литературным трудом я за год заработал три рубля, на ту работу, ко-
торая мне давала бы возможность трудиться творчески, устроиться не могу. Денег

у меня нет совсем, я голодаю, а у людей просить стыжусь!" Я смотрела на сытые лица /лица?! - РЫЛЫ! - ККК/ профсоюзных боссов от литературы - ни один жирный мускул даже не дрогнул. Впрочем, оно и понятно: слова "я голодаю" просто прошли мимо их сознания - эти люди и в блокаду не голодали.

/Отступление: ФАКТ. Я как-то пил с Нинкой Прокофьевой, дочкой Александра Андреевича - она ушла от отца, потому что не могла забыть, как он в блокаду - жрал красную икру ЛОЖКАМИ, со стола у своего босса, Жданова - и дочь советского писателя этого не могла забыть! Правда, пили мы тогда еще и в компании со стукачом Талунтисом - я после бегал и кричал: "Братцы, плюйте мне в рожу! Я с Талунтисом - вру! - с Жорой Бальдешом - но это одно и то же - пил!" А может, там были и оба - я помню? Но с папенькой она дел не имела. - ККК/

Олег Охапкин исключение разве что в том смысле, что ждал реальной помощи от тех, кто по закону должен ее оказывать, но на практике уже давным-давно об этом забыл и не вспоминает. Другие и не пытались."

Далее Юлия повествует о создании "Цеха независимых литераторов" и приводится заявление этого Цеха /независимый профсоюз, как в Польше/ за подписями В. Кривулина, Сурэна Тахтаджяна /литератор, редактор "37"/ и Бориса Кудрякова /писатель, литератор/. Сурэна я не знаю, не слышал, а Кудряков - это Гран-Борис, фотограф /см. 1-й том/ и талантливейший прозаик.

Эк, спохватились! Боюсь, найдут они на свою ... голову приключений - не те сейчас времена, не та политика. Но разве им там - разъяснишь? Впрочем, два труса /Кривулин и Гран/, доведенные до отчаяния - Грана 4 года уже не выпускают, маменька тут даже, куда надо, что "родственников у него в Израиле - нет" - это уже само по себе событие. Веры у меня в этот "профсоюз" нет, но может - выпустят... Из другого "свободного профсоюза" Володю Борисова выпустили /а жену его, Иру Каплан, похоже - убили - в "автомобильной катастрофе", как легендарного Камо в 20-х - при всех тогда трех машинах на Москву!/, ну а другой деятель профсоюза, Лев Волохонский, муж моей бывой секретарши, поэтессы Натальи Гум-Лесниченко-и-так-далее - сидит. А что трусы - я и сам храбростью не блистал, каждый раз домой возвращался с полными штанами, ежели видел в окнах свет - а ну, обыск? - да и вообще в трезвом виде на улицах не рисковал появляться, посылал кого из мальчиков, дипам там подольше - а ну, обыск? "Храбрецы" у нас долго не выживали - Арефьева перманентно метелили в ментовках,Филимонов схлопотал срок "за хулиганство", экстремист же Синявин, похоже, раскололся, почему и выехал он, а села за альманах с ним общий и интервью /его/ - Юлия. Без осторожности в России не можно, когда и что пришьют - все равно не знаешь, но "хоть бы совесть чиста была"! Проку с этого мало, но хоть как-то спокойней. Почему и представлял я самую "умеренную" фракцию в, если его можно так назвать, "движении". Для меня это было не "движение" /и напрасно Юлия приписывает мне "лозунги"!/, а просто - друзья, или те, чьими стихами /или картинами/ я восхищался - отчего, к примеру, не могши восхищаться мазней Синявина /стихов его я, по счастью, не слышал/ - не мог и принять его просто как "активиста". И началось то с того, что узнав о существовании "Инициативной группы" художников /в составе самого Синявина, вора и лицемера Овчинникова, пьяницы и сплетника Арефьева, и Жарких, которого я считал тоже мазилкой, зная его только по ранним работам!/, я всяко противился контакту "моих" художников /участников выставки "23" у меня на квартире/ с компанией Жаркиха. И если бы Юра, мудрый и терпеливый как змей, не выловил меня на приглашение почитать мои стихи и посмотреть его новые работы, так бы и шла грызня. Я всегда поражался терпению Жарких, особенно в случае с Синявиным, который внаглую давал интервью "от имени художников", превращал каждое собрание в полигон для своих экстремистских лозунгов - спрашиваю Юру: "Как ты терпишь? Я бы уже давно - коленом под зад его!" А Юра говорит: "Понимаешь, старик, дать ему "отделиться" - это значит, что власти перенесут внимание на него и к нему примкнувших, а с остальными - не будут и разговаривать!" Юра, как и я - тоже думал о "большинстве", о тех, кому это действительно нужно - выставиться, увидеть публику, а не просто пошуметь с дешевыми картинками и "анти-

Майская (1975) уличная „Выставка" в Песочном,
на которую художники (памятуя бульдозерную)
предусмотрительно явились без картин,
  а публики было — с гулькин нос.

  Различаю: Б. И. Иванова — в берете, в центре
группы и Юлию (спиной),
особнячком стоят художнички: Есаул, Петрон и
Белкин.
  Ментов не видно, хотя их очень ждали и
надеялись.

Фото, похоже, Папы (Окулова)

Те же, но Юлия обернулась.

Заседание уже художников, в мастерне
не то Леонова, не то Филимонова. Выступает —
Сашок Леонов.
   За столом видна сытая морда Овчины и вроде,
в центре — Синявин.

А это групповая выставка в чьей-то квартире.
Меня уже не было, я уехал.

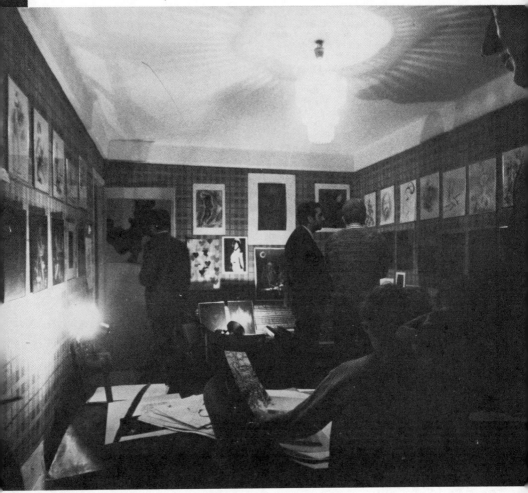

советскими" лозунгами, за которые приходится расплачиваться - другим. Юра представлял "молчаливое большинство" и был идеальным организатором, от которого я многому научился.

Как раз то, чего нехватало Юлии. Девушка она была несерьезная, и даже лагерь ее не исправил. С молодечеством рассказывала она о своих "подвигах" - как, работая в типографии газеты "Правда", швыряла окурки, огрызки и плевки в готовые к отправке газеты - "Юлия, говорю, ведь люди ж не читают, а селедку, к примеру, завернуть во что? Да даже задницу подтереть - а ты плюешься! Пролетариат же в газете только спорт читает, а так - использует по назначению!" Или там тому подобные шутки, вроде заменить в окне "Они мешают нам жить" портреты хулиганов - на членов правительства. Молодогвардейские забавы. Почему, после моего отъезда, и расписала антиправительственными графиттами уйму стен, за что сели два друга /художники Волков и Рыбаков, ну, им не привыкать: уже сидели!/, а антология "Юг", как и все прочие наши с ней литературные начинания - осталась незаконченной. И за 5 лет с моего отъезда, оставив "замещать" меня Юлию Вознесенскую - я не получил от нее, до недавнего времени, НИ ЛИСТКА чужих материалов, только дневники ее - и то, хоть шерсти клок, да полного Ожиганова, сделанного, похоже, им самим. То, что Юлия пышно именует "движением" - было всего лишь вскрывшимся нарывом - годами копились материалы, поэтические и живописные, и в какие-то считаные месяцы - все это вырвалось наружу.

Даже "ЛЕПТЫ" у меня нет! А отсюда - нет и стихов Шендрика, Шельваха, Гнора /Виленчика/, кого-то из молодых - потому что нарисовались они уже в мои предотъездные месяцы, и ознакомиться я с ними толком не мог. Есть зато /только чорт ее знает, где - опять запропастилась!/ ВСЯ переписка по "ЛЕПТЕ" с Союзом писателей - а проку? Литературный документ, не боле. Приведу его, если будет место, в "Аппендиксе", а стихов самой Юлии нет, да и приводить не буду.

Потому что стихи для Юлии /как, похоже, и "картины" для Синявина/ - были не САМОЦЕЛЬЮ, а поводом заняться "деятельностью", движением. И если я выкликал лозунг "Сборник - ничто, движение - все!", то лишь потому, что знал: книгу - не издадут, а поэтам перезнакомиться - не грех. Именно "перезнакомиться". Потому что Маяковскому - незачем было ходить к Блоку: он мог сходить в книжную лавку Смирдина и прочитать интересующего его поэта. А, скажем, ПОЛНАЯ изоляция Сосноры /от НАС, не от НИХ!/ привела его к сильно завышенной оценке собственного творчества /см. у Рейна: "Я открыл и повысил для себя Соснору, кот. считал графоманом." - это к моей антологии "14"/ - значит, не все считали Соснору гением, по его печатным трудам? А по "непечатным" - их знал только я, Гришка-слепой, да с полдюжины "обожателей"./ Но именно то, что Соснора НЕ ПРИНИМАЛ непосредственного участия в том, что называют "Второй культурой", и побудило его написать гнусную и наплевательскую рецензию на десятерых молодых /в том числе своего "ученика" и, где-то, подражателя - Алешу Шельваха/. В этой изоляции - пусть частичной - находились и все остальные поэты. Каждый считал себя гением /ну, если сравнивать с Чепуровым-Чуркиным, Ойфой или Поповой.../, или, на худой конец, "элитой". Должен отметить, что единственное положительное качество, которое я з а собой замечаю - это, то, что я никогда не пытался утвердить себя "за счет других". И стихи того же Ширали мне зачастую - "ближе" моих собственных. Поэты же, невзирая на общее несчастье, сидя по уши в дерьме, пытались еще и "пересесть" друг друга, как это всегда водилось в России. Элита, бля...

Вот с этой элитарностью, исключительностью, я и пытался бороться. Мне мало одного Сосноры, мне нужен еще и Еремин, и Кондратов, и даже Найман! И ведь - не так уж много их, этих поэтов! Ну, сотня-другая, тех, кого стоит читать - и это на 250 000 000 населения! Да в Америке наберется столько же! Только тут все они - "официальные" - хочешь, печатай, никто тебе не запретит. А будут ли читать - это уже другое дело. Москвичи же, знавшие "настоящего" Глеба - плевались от имени Горбовского. Плюнешь тут. Если Глебушка прошел через сорок сит, да и сам еще - немало дерьма пишет! А знать, УЗНАТЬ поэта - в этом и была моя "сверхзадача" и все это, если можно так выразиться, движение.

Но Юлии поэты были, похоже, ни к чему. Сейчас она с тем же пылом защищает ... феминисток. Которых в России, окроме пятерых дур, отродясь и не было.

Обложка каталога

Жарких. Фото П-

22 23 24 25
ДЕКАБРЯ

ВЫС
ТАВ
К

ЖИВОПИСЬ
ГРАФИКА
СКУЛЬПТУРА

открыта с 11 до 19 час
на 2 этаже

ВХОД
СВОБОДН

В.В.Стерлигов (1904-1973) - ученик К.С.Малевича, работал в 20-е годы в супрематизме. В 1960 году Стерлигов открыл новый "прибавочный элемент" в живописи и разработал собственную концепцию пластического пространства и формообразования, основными элементами которых стали кривая, чаша, купол.

Вокруг Стерлигова образовалась группа художников, которая продолжает работать р этих принципах, считая искусство выражением духовно-нравственной жизни человека.

Надя, я и Жаркой делаем катал...

В ЛЕНГОРОБЛИСПОЛКОМ

Мы, художники выставки живописи, графики и скульптуры во Дворце культуры им. И.Газа с 22 по 25 декабря, обращаемся к Вам со следующим предложением:

В процессе выставки мы наблюдали огромный интерес зрителей к нашему творчеству. Это подтверждается и данными, полученными в результате обработки отзывов о выставке: подавляющее большинство из них приветствует факт проведения ее продолжения. Поскольку контакт со зрителем является необходимым условием для плодотворной работы художника, мы считаем, что назрела необходимость создания постоянно действующего выставочного комитета для подготовки и проведения подобных выставок и предоставления постоянного помещения, где зритель мог бы знакомиться с творчеством различных художников. Мы считаем, что это способствовало бы как расширению эстетических представлений зрителей, так и дальнейшему творческому росту художников.

Мы надеемся, что Ленгорисполком со вниманием отнесется к этому письму, и не сомневаемся в удовлетворительном разрешении поставленного нами вопроса.

Ответ просим направить до 1 февраля 1975 г. по адресу: 191025, Невский пр., д.84, кв.94, Овчинникову Владимиру Афанасьевичу.

50 подписей

...ставители
...Кузьминский
...Марких
Фотографии
Г.Приходько

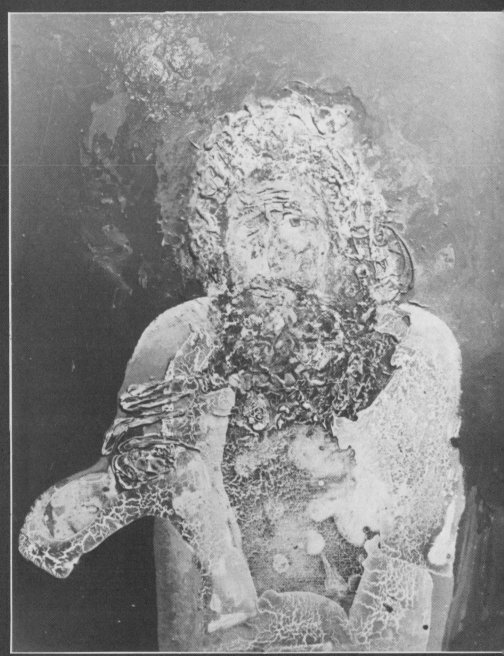

Портрет ККК работы Жка

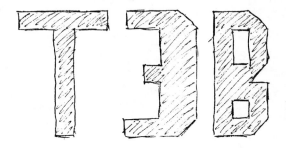

Проект Устава

Товарищества экспериментальных выставок"

(ТЭВ)

I Основные задачи ТЭВ:

1. Способствовать творческой деятельности художников, в том числе не являющихся членами Союза художников РСФСР, в целях развития советского изобразительного искусства.

2. Способствовать созданию условий для творческой деятельности членов ТЭВ:

а) повышение художественного мастерства членов ТЭВ (периодические выставки и обсуждения, взаимная критика и т.д.);

б) аренда помещений для выставок, а также помещений из нежилого фонда для творческих мастерских членов ТЭВ;

в) реализация работ членов ТЭВ в порядке, предусмотренном законом и иными нормативными актами.

II. Членами ТЭВ могут быть граждане СССР, достигшие 18-летнего возраста и занимацикл изобразительным искусством как профессиональной деятельностью

Член ТЭВ платит членские взносы в размере, установленном общим собранием.

Члены ТЭВ имеют право:

1. Участвовать в выставках, организуемых ТЭВ; число выставляемых работ определяется выставочным комитетом;

2. участвовать в обсуждении работ. членов ТЭВ;

3. участвовать в работе общих собраний членов ТЭВ;

4. добровольно, по своему заявлению, выйти из ТЭВ в любое время его существования

Почётными членами ТЭВ могут быть лица, деятельность которых содействует осуществлению целей и задач ТЭВ.

Почётные члены ТЭВ обладают всеми правами членов ТЭВ но освобождены от уплаты членских взносов.

III. Органами ~~ТЭВ~~ управления ТЭВ являются:

общее собрание ТЭВ и Секретариат ТЭВ.

Общее собрание членов ТЭВ является высшим органом ТЭВ, ~~и~~ собирается не реже одного раза в ~~три~~ квартал и решает следующие вопросы:

а) приема в члены ТЭВ, а также исключения из членов ТЭВ за совершение проступков, противоречящих уставу ТЭВ, его целям и задачам.

б) выборов Секретариата ТЭВ, Выставочного комитета ТЭВ и Ревизионной комиссии ТЭВ

в) Установления размера членских взносов

г) Распределения помещений для творческих мастерских членов ТЭВ

д) Рассмотрения периодических отчетов Секретариата ТЭВ и Ревизионной комиссии ТЭВ.

IV. Секретариат ТЭВ избирается общим собранием ТЭВ путем тайного голосования из числа членов ТЭВ в количестве 4-х человек сроком на 1 год:

В обязанности Секретариата ТЭВ входит:

1) Определение очередных вопросов деятельности ТЭВ в соответствии с целями и задачами устава ТЭВ и решениями общего собрания.

2) Рекомендация числа и членов Выставочного комитета ТЭВ

3) Представительство ТЭВ в государственных учреждениях и общественных организациях.

4) Ведение административно-хозяйственных дел в период между собраниями.

5) Учёт членов ТЭВ, ведение делопроизводства ТЭВ

6) Выполнение других обязанностей, вытекающих из настоящего устава.

V Выставочный комитет ТЭВ избирается общим собранием ТЭВ для организации каждой выставки.

1) Членами выставочного комитета могут быть не только члены ТЭВ

2) Выставочный комитет определяет состав участников выставки и производит регистрацию работ, рекомендуемых на выставку.

3) Выставочному комитету предоставляется право осуществления контактов с ~~компетентными организация~~ компетентными организациями.

VI ~~Рев~~ Ревизионная комиссия является органом ревизии ТЭВ и избирается общим собранием ТЭВ сроком на 1 год.

Выборы производятся тайным голосованием.

Ревизионная комиссия ревизует не реже двух раз в год:

1) Выполнение Секретариатом решений общего собрания ТЭВ

2) Административно-хозяйственную деятельность Секретариата

В компетенцию ревизионной комиссии входит рассмотрение спорных вопросов и претензий в рамках ТЭВ и информирование секретариата и общего собрания ТЭВ.

Ревизионная комиссия отчитывается о своей деятельности перед общим собранием ТЭВ.

Члены Ревизионной комиссии не могут быть членами Секретариата и Выставочного комитета ТЭВ.

VII Ликвидация ТЭВ

Деятельность ТЭВ прекращается с ликвидацией его дм в случаях:

1) Принятия общим собранием ТЭВ решения Главного Управления культуры Ленгорисполкома об уклонении от целей и задач, сформулированных в настоящем Уставе.

2) Принятия общим собранием членов ТЭВ необходимости его ликвидации или реорганизации (слияния, разделения, или ~~реорганизации~~ присоединения). ~~Решение о ликвидации прини~~

Решение о ликвидации принимается тайным ~~собранием~~ голосованием при большинстве к 2/3 голосов общего собрания членов ТЭВ.

В ПРАВЛЕНИЕ
ЛЕНИНГРАДСКОЙ ОРГАНИЗАЦИИ
СОЮЗА ХУДОЖНИКОВ РСФСР

Группа ленинградских художников обращается к Вам с предложением проведения выставки на основе следующего проекта:

1. Выставка предусматривает показ работ всех без исключения авторов, зарегистрированных инициативной группой за неделю до ее открытия с целью составления каталога.

2. Каждый автор имеет право выставить до 4-х работ.

3. Сообщение о выставке транслируется по радио и телевидению за 2 недели до ее открытия.

4. Вход на выставку бесплатный и не ограничивается ни членскими, ни пригласительными билетами.

Просим ответ на наше письмо направить по адресу: 196180 пер.Ильича дом 1 кв.18 Жарких Юрию Александровичу заказной почтой с уведомлением о вручении не позднее 20 октября с.г. В противном случае мы будем вынуждены обратиться с аналогичным письмом в Ленгорсовет.

ИНИЦИАТИВНАЯ ГРУППА
ХУДОЖНИКОВ

В ГЛАВНОЕ УПРАВЛЕНИЕ КУЛЬТУРЫ

ИСПОЛКОМА ЛЕНГОРСОВЕТА

ОТ ХУДОЖНИКОВ, ЧЛЕНОВ ИНИЦИАТИВНОЙ

ГРУППЫ ВЫСТАВКИ 12-25 ДЕКАБРЯ

ВО ДВОРЦЕ КУЛЬТУРЫ ИМ. И. ГАЗА

Как Вам известно, нами направлено письмо в Исполком Ленгорсовета с предложениями о предоставлении постоянного выставочного помещения и постоянном функционировании оргкомитета выставки 22-25 декабря.

Принимая во внимание большой интерес и пожелания публики о необходимости повторения подобных выставок, инициативная группа предлагает уже сейчас начать работу по подготовке следующей выставки в одном из выставочных павильонов в Гавани (у Наличной улицы) с 15 по 25 марта 1975 года.

Инициативная группа предлагает следующие принципы подготовки и проведения выставки:

1. Широкое извещение художников о начале деятельности оргкомитета.

2. В выставке принимают участие все художники, зарегистрированные инициативной группой за 3 недели до открытия выставки.

3. Широкое извещение об открытии выставки (радио, печатная афиша).

4. Издание печатного каталога ко дню открытия выставки.

Ответ на это письмо просим направить по адресу:
Невский пр. 84, кв. 94 Овчинникову В.А.

Дорогой Игорь, получив твое письмо, я внимательно изучил его и решил высказать ряд замечаний по существу и форме твоих предложений. Жаль, что ты не смог присутствовать на нашем последнем собрании, где обсуждался и принимался проект Устава, тогда бы целый ряд вопросов, поставленных тобой, не потребовал бы письменных разъяснений.

Хотя тон твоего письма вряд ли располагает к обмену мнениями, я, однако, считаю себя обязанным высказать ряд соображений, надеясь на взаимопонимание.

Многие из содержащихся в письмах формулировок логически не безупречны, не говоря уже о существе дела. Удивляет неприятный привкус демагогической спекуляции на понятных и дорогих нам всем словах о творческой свободе и т.д. Это — само собой разумеющиеся основы нашей работы.

По существу:

1. Товарищество Экспериментальных выставок — название отражает экспериментальный характер именно организации выставок, а не их творческой направленности. Именно такое, а не какое либо иное содержание и вкладывается в это наименование

2. ТЭВ не может претендовать на статус общественной организации типа СХ. ТЭВ предполагает функционировать как добровольное общество на основе действующего законодательства (Постановления от 1932 г.). Существенно, что одной из целей ТЭВ является обеспечение условий для творческой работы художников (аренда помещений для творческих мастерских и т.п.), о чем ты, к сожалению, не подумал.

3. Что же касается предлагаемой тобой структуры товарищества, то за исключением нескольких положений (они есть в

нашем проекте устава), то она противоречит общепризнанному принципу демократического централизма. Как можно сочетать неупорядоченное в проведении общего собрания, с одной стороны, и монопольный диктат председателя с другой (п.п. 3.1; 3.2; 3.8 и п.п. 4.1., 4.2, 4.3, 4.4)?

А пункт 5.5 твоих предложений очень напоминает мне детскую игру в чехарду. Мне представляется, что здесь нужна более четкая и продуманная организационная регламентация, что и предусматривает проект устава.

В отличие от худсовета – в твоем понимании – предлагаемый выставочный комитет не будет выносить собственных окончательных решений, а действовать лишь в согласии с мнением художников и целями данной выставки (опыт у нас уже есть). К тому же общее собрание технически не может выполнять функции выставкома.

Обращаю твое внимание и на то, что права членов ТЭВ не распространяются автоматически на тех, кто таковыми не является. С другой стороны, принципы участия членов ТЭВ в иногородних выставках должны вырабатываться общим собранием применительно к каждому конкретному случаю.

В заключение хотелось бы подчеркнуть, что предлагаемый проект устава исключает, вопреки твоим опасениям, возможность превышения своих полномочий группой художников, избранных в Секретариат. Надеюсь, что в дальнейшем ты не будешь препятствовать организационному единству членов ТЭВ, а напротив, займешь позицию взаимопонимания и этим несомненно окажешь всем реальную помощь.

С уважением.

Ю. ЖАРКИХ

Оглавление

Феноменология живописи впервые открывает себя путем феноменологической редукции мира /так называемой объективной реальности/, т.е. фикций социологических, психологических, психоаналитических и прочих вне искусства лежащих теорий.

Художник узнает о себе и о мире, раскрывая богатство своей феноменологической жизни и не нуждается в подсказках извне и изготовлении образцов по рецептам социального принуждения и моды.

4. Каждая работа уникальна как событие в духовной истории художника и во всеобщей Истории благодаря горизонту ее обнаружения и воплощения. Горизонтом живописного события является динамическая жизнь Духа в его предметности.

Живопись раскрывает всеобщее как единичное. Но не как символ в единстве Природы, а как эйдос в единстве Истории. Эйдос живописи достигается через духовное очищение феноменального от всего случайного и эмпирического.

5. Художник XX века заброшен в Историю, в конкретность исторической ситуации.

Живопись — подвиг преодоления заброшенности и выход к истории всех людей.

Так обретается новый критерий и новая норма, достоверная и подлинная норма XX века — века Истории. Универсальная проясненность живописного эйдоса гарантирована единством исторической жизни в единстве цивилизации. Объективная критика и объективное понимание становятся достоянием причастного цивилизации предка, потомка и современника.

Ленинград, 1975 год　　　　　Бариев Ю.А.

На выставке в ДК Газа в декабре 84-го Глезер бегал с магнитофоном и всех интервьюировал. Потом, когда запускали очередную партию публики, он закобенился, что "персонально приглашенный художниками" /Юрой Жарких/ и был выведен милицией. Перед группой иностранцев он начал заламывать сам себе локти и требовать политического убежища. Отвели в ментовку, на сутки. Жарких бегал с петицией и всех призывал подписываться, но никто не хотел - в защиту никому в Ленинграде неизвестного коллекционера. Москвичи, судя по отзывам, тоже далеко не все подписались бы. Словом, отсидел коллекционер и поэт А.Д. Глезер какие-то сутки и даже написал там стихи.
Привожу.
Остальные же стихи Саши Глезера будут в московском томе, когда руки дойдут. Фото его, бегающего с диктофоном, я тоже куда-то затерял. Потом найду. Не горит.

А покамест - стихи:

ЗА СВОБОДУ ПЛАЧУ НЕСВОБОДОЮ

За свободу плачу несвободою,

В спецприемнике УЛВД

ШИЗО[I] пахнет водою болотною

И овчарками НКВД.

Двое суток сижу в стылом карцере,

И еще мне сидеть здесь полдня.

Ах, полковник, не буду я каяться,

Куш, полковник, хватайте меня!

Набираюсь я ценного опыта -

Ведь в России давно, как-никак,

На поэтов бросаются оперы,

На стихи напускают собак.

А за дверью девчонки стараются,

То ли три, то ль четыре в кружок.

Дробный мат-перемат рассыпается,

Заглушая подковы сапог.

/Не понятно, что именно они делают - "стараются"? - Ред./

27 декабря 1974. Ленинград

Спецприемник

I) ШИЗО - штрафной изолятор

Е. РУХИН

ПОКОЙНЫЙ РУХИН И ЖИВОЙ ГЛАЗУНОВ

Расказывала мне вдова Жени, Галка Попова, что сбежав 18-летней девчонкой из института фармакологии /где в будущем ей светило изготовление напалмов, химических ядов и БОВ - боевых отравляющих веществ, и где она обучалась вместе с Анри Волохонским/, бежав от скучной учебы и строгого папеньки в Москву, поселилась она у школьной подруги, Нинки, жены Ильи Глазунова. С Поповой мы, вроде, ровесники, так что было это где-то в 57-х. За 30 рублей в месяц /руль в день/ реставрировала она иконы , живя на одной из квартир Глазунова, иногда забывала пожрать, восстанавливая пожухлые но прекрасные доски и читая старопечатные книги и книги по искусству. Все это имелось у Глазунова уже тогда. Водил он юную девочку и на дип-приемы, объясняя, что "мадемуазель еще надо учиться, а не замуж." А юная художница, как и Герта Неменова в Париже - не о замужестве думала, а об иконах, об книгах. Через год, увещеваниями папеньки, вернулась она в Ленинград, где и стала профессиональной художницей.

Но к Рухину, к Рухину...

Встретив, вероятно, в середине 60х, ГЕОЛОГА Рухина, начинающего живописца, родила ему троих детей, а четвертым ребенком стал сам Рухин. "Страдать, - объясняла она мне, - все равно от чего-нибудь или кого, приходится, так уж лучше - от человека гениального." И в этом оправдывала мою жену, равно и мое пьянство. Женщина с пониманием.

Вот уж кто не феминистка, так это - вдова Рухина. Баба она, баба до мозга костей. Баба, на которых - а не на слонах и черепахах - весь мир и держится. Беременная, ползала на карачках, рисуя шрифты: Рухина повязали за встречи с иностранцами - выручала, грехи замаливала. Оформляла Красный Уголок в милиции... И тут, к слову: пришел мент вязать Михнова за какие-то пьяные подвиги. Вошел в комнатушку на Рубинштейна - по полу Женькины абстаркции разложены, сохнут, иные - на стенках висят. Потоптался яловыми сапогами в дверях: "А Вы нам ... Красный Уголок - не оформите?" - реакция советской милиции на антисоветскую абстракцию.

За недолгую дружбу нашу с Рухиным - жену я его видел лишь пару раз, на приемах каких. Но не понять было сложно. Женька - артист, живописец до мозга костей, простак, бабник и выпивоха - он был ясен как на ладошке. Он жил своими холстами, используя неисчерпаемую фантазию и аристократический вкус - в современном поп-арте! - он или писал холсты /иногда по полудюжине зараз/, или беседовал с собутыльниками. Я об ту пору не пил, я воздерживался. Но Рухин, подружившись со мной после выставки в Газа, затаскивал и зазывал меня в свою мастерскую, благо рядом, на Красной же. Приходил я с фотографом /Геной Приходько/, с секретаршей и с бабами - хотя у Рухина и своих хватало. Прихожу - сидит он в передней "ковровой" комнате, а вокруг и у ног - стада прибалтиек, красоток. И не то, чтобы он - бабы его окружали! Свыше двух метров роста, с гибкой и "артистичной" фигурой, черным пламенем бороды и роскошной гривой волос, всегда в элегантном костюме /в джинсах и свитере, к примеру, я его не представляю/, хотя и в овчинном полушубке поверх - он, да еще Андрюша Геннадиев /тех же пропорций, но пожиже/ - был едва ли не самым "художественным" из художников. Без бороды я его не представляю, вероятно - как Морев /и Галка тут подтвердила/ - полное отсутствие подбородка, отчего жена и бриться ему запрещала. Слаб он был, но слабостью таланта или же гения. Полностью он себя находил - только в живописи, а в жизни был человек интеллигентски-тонкий, но незатейливый. В людях наивный и неразборчивый, отчего и терлось около него, зачастую, говно.

И это был долго первый художник Ленинграда, которого открыли и "оценили" на Западе. Шемякин - не в счет. К моменту своего отъезда в декабре 71-го, у Миши была лишь одна "патронесса", Дина Верни и одна персональная в Париже. Рухина же покупали ВСЕ дипломаты, а также рекомендуемая ими бизнесня и профессура. Картины у него не залеживались, сам мне говорил: "Надо вот эти пять - срочно кончать. Уже куплены." Да, он работал на иностранцев, но он НИКОГДА НЕ РАБОТАЛ НА ВЛАСТЬ. Где-то, в глубине этого обломка и потомка российско-польской аристократии и интеллигенции, был заложен суровый этический критерий. Когда Галка, в Москве, завела его после приема в часовню-студию Глазунова, обвешанную редчайшими иконами, портретами Ленина, Солженицына и Мао - Рухин промолчал весь вечер, а потом сказал: "Чтоб ты мне больше Глазунова не поминала!" Не по вкусу пришелся Жене советский полудиссидент.

Мне тоже. Но на Западе и в России - Глазунов "первый художник". Первый по подлости /как и Евтушенко/ и первый по доходам. Пишет он и Кастро, и Индиру Ганди, пишет Софи Лорен и прочих суперзвезд /тут следует отослать к цитациям из Тупицына - см. 2-й том/. И пишет витязей на распутницах, царевну ле Блядь и прочий стиль рюс. Поговаривают, целые тома на Западе пишут, о службе его в КГБ, да и то, повторяю народную поговорку: "С таким счастьем - и на свободе?" Ильф-Петров ее еще попользовали, но и по сю верна.

Жене Рухину свобода давалась тяжело. Неподконтролен он был, слишком прост, бескомпромиссен и честен. Почему и вязали его, стекла чуть не ежемесячно, еженедельно били - в доме на набережной и в мастерской. Стекла в мастерской он закрыл ставнями, щитами, работал при электрическом /студия - отгороженный перекрытиями второй "этаж"/, с арками окон, каретного сарая, а с другой стороны - брандмауэр, если не перевираю значения слова: кирпичная глухая стена соседнего дома/, а на Неве, в доме знаменитого акварелиста Гауфа - "афилада" комнат во 2-м этаже, с видом на Неву и Васильевский - там тоже били, а в доме детишки, Галка, порезало как-то и мелких - осколками! Били стекла, вязали, но щитом ему была - Галка.

Ишачила в фонде, оформляла стенды, щиты, писала шрифты /большей каторги - не придумаешь!/, тащила дом и хозяйство, рожала детей, мастерская - была, естественно, на ее имя: кто ж "тунеядцу и абстракционисту" такое даст? И смотрела на Жениных девочек в профиль: жена-то - одна! А вот на "друзей" - посматривала, случалось, криво: Женя был и сам не дурак об выпить, но в кумпании - предпочитал. Да и деньги водились: иносраньё платило тугриками и джинсами, покупало в "Березке" и "Яхонте" экспортную "Столичную" водку, коньяки и бурбоны, а народ они хилый и малопьющий, так что всегда "оставалось". Кому-то надо было допивать...

Если Женя был пьяницей - тогда и Пушкин, того. Пил он ДЛЯ УДОВОЛЬСТВИЯ и ДЛЯ РАЗРЯДКИ, и только. И Галка это понимала. Но с друзьями - случался и загул. И это тоже она понимала. Словом, понимала она мужика - до печонок и мозжечка. И не то что "терпела" - терпят, зачастую, и с ОТВРАЩЕНИЕМ, а просто - любила. И как баба, и как жена, и как мать детей, и просто - как мать. На чем они с моей матушкой и сошлись /а сейчас с Мышкой/. Женя бабу держал на "заднем" плане, по гостям /к примеру, ко мне она рвалась/ не пускал, сидела с детьми. И при этом ЕЩЕ поспевала работать. Таких жен - я знаю раз-два - и обчелся: Ривчик Шемякина /покамест Миша творил - она витрины оформляла, на харч себе И МУЖУ, и ребенку/, Галка Усова, поэтесса, переводчица, умница - породившая ублюдка Бетаки /который, в конце-концов, заявил ей: "Ты не талантлива, а я вот нашел талантливую, которую и буду продвигать!" Имелась в виду поэтесса Выверни, с которой поэт свалил в Париж, оставив жену с двумя или тремя детьми/. Но это все так - байки, сплетенки, и Бекаку я бы поминать не стал, если б одна Галка мне другую не напомнила! Что характерно: у всех мужиков помянутых - отсутствовал /или не очень выпирал/ подбородок, у баб же - напротив, весьма развит был /у Ривчика даже несколько чрез/, и все три бабы были - сильные.

Художник или поэт в России - как дитя. Дитя балованное, капризное, себялюбивое. Иногда - скажем так - гениальное. И если с ним не возиться, не цацкаться - подохнет дитя, сопьется или скончается.

Словно чувствовал Женя - последние два года ваял, малевал, рисовал - как бешеный. Словно боялся, что не успеет.

И не успел. Смерть его - загадочна. Всех свидетелей и участников лично знаю, рассказов десятки собрал - а все равно непонятно. Умер Женя. Погиб.

Но с чего я начал, откуда и заглавие, и о чем не сказал еще ни слова /да и сам Женя этим не махал/, был он - в отличие от ГЛАЗУНОВА, обвешанного иконами и малюющего распятья - чистым, искренним христианином. Как и многие там. И о чем он - молчал. А кричат - Глазунов, Вознесенский. Галка строит часовню сейчас...

Жарких, И. Иванов, Гаврильчик, Лена За___
ва, Ю. Гарецкий, И. Росс, Женя Р___
Ю. Дышленко и Ан. Любуцкий ___
кулуарах выставки в Газа___

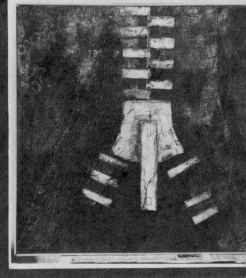

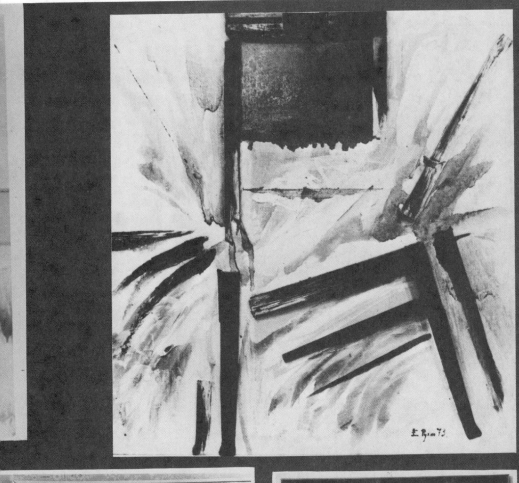

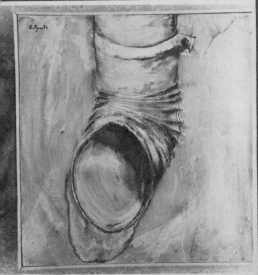

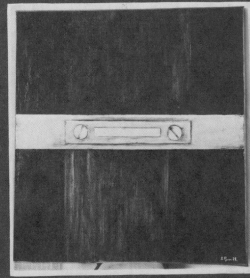

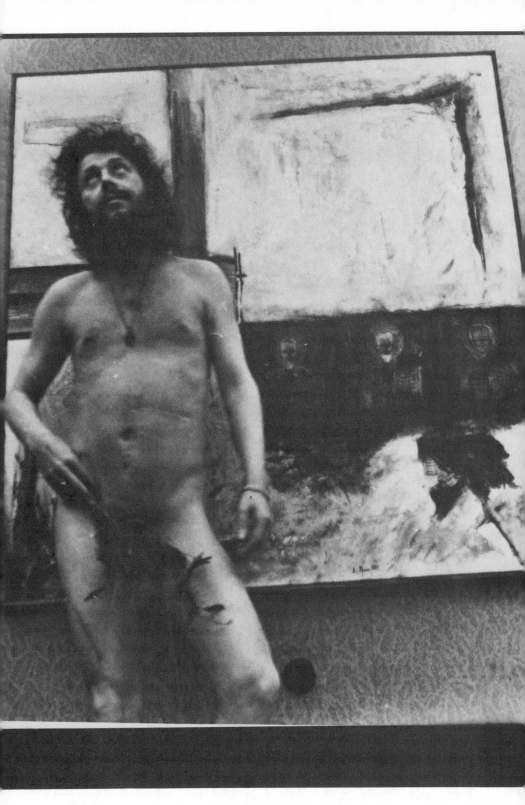

Иллюстрация И. Глазунова

Иллюстрация И. Глазунова

Иллюстрация И. Глазунова

Thursday, July 20, 1978

THE CHRISTIAN SCIENCE MONITOR

from 'Vanya' (the artist's son), painted 1974

l from 'Prince Igor'

Detail from 'Russian Beauty,' painted 1967

'For 1,000 years the so
of Russian art has been
Russian Orthodox religio
which created art with
icons. Dostoyevsky, Gog
Pushkin, Tchaikovsky, a
made art from its ideas.
Our task today is to
continue that tradition.'

ГОВНО НА ЭКСПОРТ —

И ВЕДЬ БЕРУТ!

ГДЕ ТОЛЬКО Я ТУТ НА НЕ

In scenes of old Russia and in brooding fac

Glazunov shows himself most clearly

АЛЕК РАПОПОРТ

150

ВЕЛИКОЕ СИДЕНИЕ. ЕВРЕИ И РУССКИЕ. ЗАВЕТНЫЕ СКАЗКИ.

Девки приехали с раскопа, навезли на Плехановскую к Нике костей и череп-
ков, разложили на веницейском мозаичном столике. Сидим, пьем чай. Приводит Сее-
чка Григорьев, театральный художник из Грозного, своего кузенчика. Входит Рапо-
портик, огляделся: "Как здесь мило!" Мы фыркаем. "Какие здесь милые стульчики!"
/Еще бы, александровский и павловский ампир/. Мы - лежим. "Какие здесь милые ко-
сточки..." Ника не выдерживает: "Это не косточки. Это остатки вчерашних гостей!"
/Из нашего "фирменного" анекдота о Диком Западе/.
Так он мне и запомнился, как видел его в 64-м. Потом появлялся еще, уже
на Бульваре, опять же с Сеечкой, показывал какую-то книжную графику. Не запомнил.
И так до 74-го: кузенчики-"кузнечики", милота, чаи, робость...
В 74-м принес показать работы, уже после моей выставки "23-х". Хотел вы-
ставиться с Васми, Шалем Шварцем, Арехом, Шагиным, Жилиной. Эту выставку сделать
я не успел, как и отснять уникальнейшую коллекцию Жилиной. Может, Птишка отсни-
мет? Наталья, вроде, его удочерила, или замуж взяла, так что фотограф - в доме...
А представлял Рапопорт - возрастно и эстетически - группу ленинградских
"барачников", хотя и учился у Акимова в театральном. Вместе с Целковым-Михновым-
Кулаковым-Тюльпановым и иже. Но робок был Алик. Углублен и религиозен. Причем:
смешалось в нем - византийское православие с родовым иудаизмом. Жил в коммунал-
ке, с женой Аришей, специалистом по персидским коврам и черепкам, и сыном Воло-
дей. Там и сделан портрет для заставки, на фоне талмудической монументальной
живописи Алика.
Еврей? Русский? В России он был евреем. В России евреем быть - невыгодно,
и поэтому он был им. Здесь, в ответ на предложения продолжать рисовать на евре-
йские темы - что выгодно - Рапопорт выставляет распятия и оформляет "Заветные
сказки" в духе лубков. И дымковской игрушки. Потому что это - невыгодно. Но по-
тому, что русская культура - вошла в плоть и кровь его, как и русский язык.
Более робкого, беззащитно-безответного человека - я себе не представлял.
Алик - не лидер, и лидером никогда не был. Он - участник. Но зато участник, на
которого можно положиться. Как на каменную.
Сидели у Людмилы Кузнецовой, в январе 75-го. Ленинградцы, во главе с Жар-
кихом, привезли в Москву свои работы. Назвали дипов и коров, а помещение дала -
Людмила, поклонница и меценатша. И началось сидение в Брестской крепости: менты
окружили весь дом, иностранцев во внутрь не пропускали, и мегафонами уговарива-
ли художников сдаться. Сдавались поодиночке - то папу Росса привезут, уговаривать
сына, то шкап Есауленко марширует на Ленинградский вокзал в сопровождении ментни.
Голодать - не голодали: доброхоты и бабы носили харчи и кидали в окошко, благо -
первый этаж. Но сдавались. На который-то день сидения - из первоначального деся-
тка, не то дюжины - остались два человека: Жаркий /капитан корабля, ему и положе-
жено - последним/ и тихий "кузнечик" Алик... Сдавались киты, бойцы и борцы, сда-
вались те, кто орали - а Алик тихо сидел ДО КОНЦА.
Так, до конца - отсидел свой срок тихий еврей Илюша Бокштейн. Не шумя, не
крича и не выступая. Сам капитан Толик Радыгин уважает его.
Вот на этих-то кочегарах и матросах 2-го и 3-го класса - и плыл наш кора-
бль. На участниках, а не лидерах только.
И участвовал Рапопорт в Газа, и в Невском, и на еврейской, участвовал в
Москве и участвовал в Питере - об этом см. в его письмах.
Сейчас - в Калифорнии. Один из немногих профессионалов, знающий искусст-
во новое и древнерусское - он здесь "сбоку-припеку": на кому нужно знать иску-
сство иконы? Икона на Западе - это ТОВАР, но никак не искусство. Как, впрочем, и
для Глазуновых в России...
Еврей? Русский? Не пьет, не поёт, работает почасовиком в печатне, выстав-
ляется, где придется и, практически "за так" /за афишку-приглашение к выставке
своей/ оформил афанасьевские сказки. Тот том, не вошедший в полное и тиснутый -
предположительно, Герценом - в Швейцарии в прошлом веке, впервые оформлен худож-
ником. Почему он и здесь. С "обратными иллюстрациями", моими. Русские сказки...

опостылело постное кумовство
полегли хуи ковылями, солнце не вст
вало, дрожало на грани золы, не вст
вала заря, не стояли колеса в пути,
тихой дрожью осина ростила грибы, в
рос гриб дождевик бородавкою волчий
табак, сжатый пальцами - фук! - нас
мехается, кажет свой фиг, дева межд
опущенных век - рдеет мак - дева ло
вит свой миг, скользок гриб трутови
/трутень пчелку увлек, с нею лег/,
поле викой растет, повиликой цепляя
за щель, вьется хмель, тихо дева см
ется над ним во хмелю, из дупла дя
тел кажет свой клюв /клюв твой мяго
кулик, и унывен твой лик, да и сам
кулик, невелик/, выступает удод, он
разряжен, урод, ростом мал, его уд
весит пуд. дева трогает пуп, а над
девою поп, ударяет удилищем в лоб.
это лапоть лепечет и печень печёт,
дева черной водою течет

/хотэль цум тюркен/

шла баба по воду, качала
ведром, трясла бедром, а он на-
летел - сбил с ног и снизу лег:
поди, разберись, еблись или не
еблись

/гозиас, из письма/

прилетела ворона, стала воровать ягоды и упала в колоду, в воду. Упала в воду, торбалась, торбалась, торбалась, да и выторбалась и полезла по краю-то. Лезла, лезла, лезла, да и стала сохнуть. Сохла, сохла, сохла, да и высохла. Ветер дунул, да опять ворона упала в колоду, да опять и торбалась, торбалась, торбалась, да и выторбалась... и т.д.

/сказки терского берега
белого моря/

паучок - ног пучок - выткал и поволок нитку под потолок и там у лепного витка прилег. Там у лепного витка - его высотка, там северный полюс старательно соткан. Но вот к потолку, к лепному витку, тянется потолочная щетка - беда пауку! Пока паук набирался скульптурных наук, пауку и каюк. И конец паутине в щеточной жесткой щетине. Мысль паука: "Боже! Как я одинок! До чего же щетка меня многоножей! До чего относительно количество ног!"

/семен кирсанов/

ПОРОСЕНОКЪ

А ДРУГАГО ПОРОСЕНКА
ААВАН А ЗАПРАЧУ
ТЕБѢ ПОДЪ ПОДОЛЪ
ДА КАКЪ ЖЕ ТЫ ПОДЪ
ПОДОЛЪ СПРАЧЕШЬ
УЖЪ НЕ ТВОЕ ДѢЛО !
А ЗНАЮ КАК

задери подол, загляни в под
пол, засунь предплечье в подпечье
- рогачом в чрево, села дева на др
во, на плакучую иву, стоящую криво
возле той речки, где блеют овечки,
возле той речки, что течет в Туле
что течет втуне, что течет в поле
что течет в холе... Я стою в холле
меланхолия, ипохондрия - иноходью
жеребца /холостил коновал/, голово
кивал, влажным оком кобылы косил..

/китоврас/

ЩУЧЬЯ ГОЛОВА

КОГДА ЭТО ШИЛО
ВСЕ ИЗЪ БАРЮХА БЫЛО !

могла я в юности увлечься
да готовя щи улечься   с прохожим
дядей на плите   ну а теперь года
не те   могла я лечь куда попало
на грунт на снег на лёд на шпалы
на гвозди с йогом из мадраса   не
нужно было мне матраса   могла я в
юности лечь спьяну   на арфу или
фортепьяну   спиною извлекла зву-
ки   от плясовой до бугивуги   под
паровоз или под танк   могла забавы
ради лечь   теперь себя веду не так
должна здоровье я беречь

/владимир уфлянд/

ALEK RAPOPORT

—what he has said:

From the moment art ceased to
be a part of religion and began
to serve the worlds of
the materialistic consumer
and/or totalitarian ideology,
it became a record of its
own destruction and evidence
of the general movement
of a spiritually
impoverished humanity
toward catastrophe.
*From Alek Rapoport's 1981
solo exhibition statement.*

Although wars go on
and terrorists rage,
the artist must stay
in his studio-cell
and create images
of That One
Who will save
mankind...
*From artist's 1982 letter
to His Eminence
Agostino Cardinal Casaroli.*

Alek Rapoport
graduated
from the Leningrad
State Institute
of Theater, Music
and Cinematography
(University)
in 1963.
The main themes
of his works
are derived
from the Old
and New
Testaments
and the Lives
of Saints.
As a so-called
"religious
dissident
artist,"
Mr. Rapoport
was persecuted
in the USSR
and was forced
to leave
Russia
in 1976.

3909 Irving St. #3
San Francisco, CA 94122

68-61 Yellowstone Blvd. #610
Forest Hills, N.Y. 11375

ALEK RAPOPORT

—what others have said:

The Most Reverend Pio Laghi,
the Vatican Apostolic Delegate to the USA:

Undoubtedly, your exceptional talents will be
put to good use in helping others to come
to a knowledge and love
of our Lord and Savior Jesus Christ.
From a 1982 letter to A. Rapoport

Sister Suzanne Toolan,
Director of Mercy Center, Burlingame, CA:

We are so honored to have your works
on exhibit here. They are holy
works and will help us all
to remember what we are about.
Fortunately we will be having
several retreats.
Already one of our Sisters
tells us she intends
to spend time in prayer
over each of your works.
I know that many people
will do the same.

Many people have commented
on your work; the comments
have been very favorable.
I know that they have helped
many people experience God;
for this I am grateful.
From the 1983 letters to A. Rapoport

Professor John E. Bowlt,
Art Critic, University of Texas:

For Alek Rapoport
art is more
than the esthetic
coordination
of particular forms.
It is a medium
of contemplation,
of deep emotional
expression.
In a world ever more mechanical,
ever more anonimous,
Rapoport's paintings and drawings
are gestures of defiance
that should command
our attention
and
respect.
From a 1981 exhibition catalog

*(Detail top: one of four etchings
from "St. John's Gospel," graciously accepted
by His Holiness Pope John Paul II in 1981*

From the 1984 National Forum on Worship Environment and the Arts Pamphlet

Evening, 1975. Canv. distemper, oil. 51" x 51"

Москва. Квартира Л. Кузнецовой. Андрюца Геннадиев. Фото А. Ра

Работы А. Рапопорта у Л. Кузнецовой.

Верхний ряд: А. Геннадиев, Грец

Москва, 1976
Квартира Люда Кузнецо
на Большой Садовой 70

Фото А. Рапопорт

Фото А. Рапопорт.

Верхний ряд: А. Арефьев и Овчинников

Средний ряд: Дышленко и Овчинников.
Нижний ряд: Филимонов.

Верхний ряд: Маркин.

У окна — Есауленко. Люда Кузнецова объясняет ситуацию кому-то через окно.

Нижний ряд: Петроченков

Работы А. Рапопорта сквозь людьми
Леон

Работы А. Рапопорта.
„Ужин" и „Портрет сына"

Ра
А.
„У
„По
Сы

Зрители.

Зр

Басин, Рапопорт и Манусов.

Любушкин, В. Михайлов, А. Рапопорт.
фото И. Рапопорт.

Ленинград 1976 год.
Невский Дом Культуры

Фото: А. Рапопорт
Архив: А. Рапопорт.

Зрители у Тюльпанова

A. Rapoport. FABULOUS WIG PALACE 1980 Paper, tempera. 17 X 27"

A. Rapoport. VIP RESTAURANT 1980 Pap. temp. 17 X 24"

Осип Сидлин
1909-1972

Таня Кернер
1941-1973

художники группы
"алеф"

НА ВЫСТАВКЕ ГРУППЫ
ПРЕДСТАВЛЕНЫ РАБОТЫ
ОСИПА СИДЛИНА
ТАНИ КЕРНЕР

Юра
Календарев 1948

Алек
Рапопорт 1933

Шолом Шварц
1929 г

Александр
Арефьев 1936

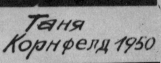

Таня
Корнфелд 1950

Александр
Окунь 1949г

Евгений
Абезгауз 19

Гаррик
Шапиро 1939г

Александр
Гуревич 1944г

Сима
Островский 1938г

Александр
Манусов 1947г

Оля
Шмуйлович 1948г

Анатолий
Басин 1936г

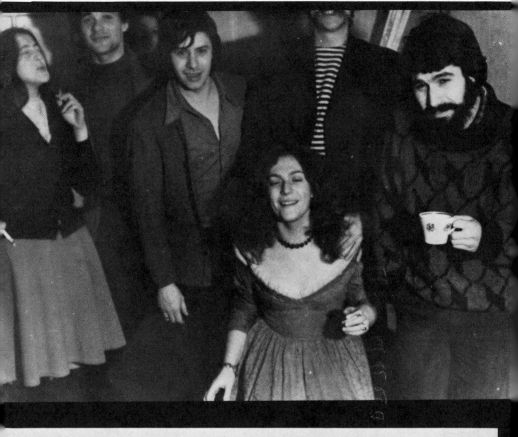

АЛЕФ, ДЕЛА ЖОВТО-БЛАКЫТНЫЕ - КОШЕРНЫЕ

Уже по отъезде моем - в Египет - начались дела члено-раздельные,
групповые и национальные. Состоялась выставка "украинских" художников
в Питере, при том, что Феодосий Гуменюк - действительно, украинец, а
вот Макарушка /Володя Макаренко/ - учился в МУХЕ, дружил с Шемякиным,
а жил, в основном - в Таллине. Но, конечно, превзошла все - еврейская
выставка, состоявшаяся на квартире архитектора и художника Абезгауза.
Накладочки начались сходу. Полукровка Арех - отказывался выставляться
без латыша Васми и еврея Шварца, пришлось Рихарда срочно конвертировать
в иудаизм. Когда же, по открытии, начали выяснять - кто еврей?, - ока-
залось, что никто из участников не обрезан. Тогда Арех /которого все
держали за русского/ - вынул и показал. Он был единственным обрезанным
на всей этой кошерной вакханалии. .
У нас там на евреев и русских не делились. Делились на художников-по-
этов и - не. Это здесь делят. С сотню выставок прошло по Питеру-Моск-
ве за эти годы - отразили только выставку у Абезгауза. Ребята пересла-
ли слайды, эти слайды на деньги еврейцев из Калифорнии раздули - и сде-
лали "параллельную" выставку. То, что во всех прочих выставках минимум
треть участников была евреями - никого здесь не заколыхало. Подавай им
кошер! Подали. В кошерной свинине - протестанта /надо полагать/ Васми.
Остальные участники - Танька Корнфельд, моя любовь, Окунь, Шапиро, Ба-
син и другие - знаю их всех. Но в синагоге - не встречал. А я там был.

В МИРЕ ИСКУССТВА　　　　　　　　　　　　　　　**Михаил Юпп (Таранов)**

Искусство Татьяны Корнфельд

Всегда радостно встретиться с искусством современника. А если еще к тому же художник – твой стародавний знакомый, то встреча эта радостна вдвойне. 16 октября 1983 года в филадельфийском National Museum of American Jewish History открылась выставка талантливой художницы Татьяны Корнфельд. В залах музея экспонируются 40 оригинальных живописно-графических работ, объединенных общим названием – "Одиссея свободы".

Ленинград, Иерусалим, Эль-Пасо, Лос-Анджелес — города где жила и работала художница, города ее поисков и надежд, радостных открытий и свершений.

Но прежде, чем пройтись по выставке и рассказать о своеобразии художественного видения Татьяны, хочется вспомнить о той атмосфере, что царила в Ленинграде 1960-70-х годов. Именно в те годы, которые ныне принято называть нонконформистским периодом, сформировалось и окрепло искусство художницы.

Татьяна Корнфельд родилась в Москве в 1950 году, затем семья переехала в Ленинград. Здесь Таня училась, здесь постепенно вырабатывался ее художественный почерк. Работы ленинградского периода характеризуются несколько приглушенной цветовой гаммой, но в них уже чувствуется тот социальный протест, что привел многих художников к мысли – порвать с официальными установками соцреализма. Оказавшись в замкнутой среде, художники, тем не менее, искали пути и возможности показа своих произведений широкой публике. И в конце концов получили разрешение ленинградского Отдела Культуры провести (под контролем КГБ, ко-

Акварель Татьяны Корнфельд "В следующем году в Иерусалиме"

нечно) первую в истории послевоенного Ленинграда выставку художников-нонконформистов. Произошло это в декабре 1974 года.

Выставка произвела ошеломляющее впечатление. Многочисленная публика впервые смогла убедиться в том, что, помимо официального соцреализма, существуют художники, мыслящие абсолютно по-новому, что русское искусство не ограничено лишь повторением опыта передвижников. Прорыв взбудоражил умы и сердца многих поклонников неофициального искусства. Тут и там стали стихийно возникать выставки на частных квартирах; появились люди, поверившие и признавшие за художниками-нонконформистами право на существование. Вторая выставка состоялась в сентябре 1975 года в доме культуры "Невский". Свои работы выставили 88 художников, в числе которых был и автор статьи.

Татьяна Корнфельд являлась одним из активных участников нонконформистского движения. Она становится членом группы "Алеф", в которой объединились художники-евреи, раскрывающие исторические концепции средствами визуального искусства. Единственная выставка группы "Алеф" на частной квартире была событием, и событием весьма значительным в летописи нового исхода. Это интеллектуальное явление в среде ленинградского еврейства требует еще тщательного изучения. Здесь я приведу имена лишь некоторых участников группы "Алеф" – Евгений Абезгауз, ныне покойный Александр Арефьев, Анатолий Басин, Леонид Болмат, Аркадий Зильбер, Татьяна Корнфельд, Александр Окунь, Борис Рабинович, Алек Раппопорт...

Вспоминается, как на очередных проводах кого-то из художников-нонконформистов, интереснейший живописец Владимир Овчинников заметил:

— А ведь мы, ребята, – новые передвижники. Смотрите, после каждой нашей выставки кто-то из художников передвигается на Запад.

И действительно, если проверить по списку, приведенному в альманахе "Аполлон-77", изданном в Париже Михаилом Шемякиным, то почти половина участников ленинградского движения художников-нонконформистов ныне проживают в США, Израиле, Западной Германии, Австрии, Франции и других странах. И Татьяна Корнфельд в 1976 году покинула Ленинград. Некоторое время жила в Израиле, ныне живет и работает в Лос-Анджелесе.

На проходящей в Национальном музее истории американских евреев выставке творчество Татьяны представлено в самых различных жанрах и техни-

ке. Но почти во всех работах преобладает золотисто-бежевый оттенок палитры, будь то живописное полотно, изящная акварель или же иллюминированная гравюра.

Из ленинградского периода хочу отметить прекрасную работу "Мама". На картине изображена еще молодая женщина, стирающая белье. Фигура женщины написана в несколько примитивном стиле, однако именно это и придает выразительность повествованию. Вообще надо заметить, что человеческие фигуры в работах Т. Корнфельд слегка гипертрофированы: в этом особенность ее приятия мира, мира открытий, доведенного в некоторых работах до натурализма. Таковы две обнаженные девушки в картине "На пляже" ленинградского периода, такие же гипертрофированные фигуры в работах израильских периодов. Интересна по композиции "Две сестры", написанная в Эль-Пасо. Выразительны работы Татьяны по восхождению образов древней истории иудейского народа. Карты окрашены дочерней любовью к земле предков. Та же тематика звучит и в работах, созданных художницей в Лос-Анджелесе. Это и цикл акварелей "Дни творения", и золотисто-оливковая, изящно выполненная акварель "В следующем году в Иерусалиме!"

Работы Татьяны Корнфельд – лиричны и проникновенны. Они подкупают своей искренностью и добротой. По достоинству оцененные, они займут государственные и частные собрания в Иерусалиме, Вашингтоне, Нью-Йорке, Лос-Анджелесе. И если вы хотите познакомиться с искусством Татьяны Корнфельд, приезжайте в Филадельфию. Выставка открыта до 29 января 1984 года.

Портрет меня работы Т. Корнфельд 1975

"В МАСТЕРСКОЙ ЖАРКИХА"

Кто и зачем притащил меня в 73-м в мастерскую на переулке Ильича - убей меня бог, не помню. Тащили показывать картины Жаркиха. Дверь в чердачную мансарду отворила Ленка Успенская, она делила студию с Жаркихом. Самого художника дома не было, и Ленка добрых два часа показывала нам его холсты.

Смотрел я, смотрел - мазня, студенчество. А холстов было много. Холсты импрессионистические, кубистические, экспрессионистские, беспредметные, цветные, бесцветные, темперой, маслом и невем чем.

А после этой экскурсии - завела она нас к себе в боковушку и показала с полдюжины работ своего покойного мужа. И тут меня взорвало:
- Так какого же уя, - нежно сказал я, - ты нас заставляла смотреть на всю эту мазню, КОГДА РЯДОМ БЫЛИ ТАКИЕ РАБОТЫ?!
Работы покойного "Васи" Успенского, по имени Вадим.

И потом уже, в 74-м или 75-м, заявился я ко вдове с Приходькой и отснял эти немногие шесть работ. И ее гобелены - скорее, таписсерию /здесь ее называют "стичингз"/ на темы работ его и его самого. Изображенного Ленкой и на фото. Снял и ее.

Работы Успенского, скажу, меня поразили. Не то чтобы я эксперт по живописи /а тут и там я на них насмотрелся, узколобые спецы: если знает супрематизм - то, естественно, ни уха ни рыла в наиве, или обратно/. Возможно, увидев работы Вадима, кто из них и процедил бы: "Опосредованный кубизм" или что-то столь же неподходящее, но я, глядя в окно мастерской и на работы - видел художника и видел искусство. Интерьер мастерской, с видом в окно - это его последняя работа. И это я узнал ШЕСТЬ лет спустя, в Техасе, от Гозиаса.

Тогда я знал только смутную историю: Камчатка, странная смерть, и видел вдову, и видел работы.

Потом начинало складываться: ленинградец, жил в Брянске, откуда знаком и с Есауленко, другом и прозелитом Шемякина, учился в Мухинке.

Обычные дела.

И из рассказов Гозиаса - всплывают имена. Художник "Сударь" Маслов - жил на Красной /где и я/, был приятелем Толика Васильева, помимо - преподавал ... политэкономию в Театральном. Причем, преподавал - мне. Решив завоевать расположение преподавателя /ему ж экзамен сдавать!/, обратился я к нему с вумным вопросом после занятия. Посмотрел на меня Сударь: "Знаете, говорит, займитесь лучше онанизмом - Вы когда-нибудь пробовали?" Ответ был явно по существу. Пришел сдавать ему, на второй день, как мне Санечка Кольчугин в мерзкой драке нос об колено поломал, посфтрел на меня Сударь: "Да... Красиво!..." Сдавал я ему политэкономию социализма и очень внятно объяснил ему, откуда берется государственный доход, если не с налогов. С изрядной разницы между "заработанным" и заплаченным. Поставил Сударь мне пять.

И возникает Сударь на похоронах Васи. Скидывались друзья, чтоб оплатить розыск его убийц. Кидали по многу, Сударь же принес чуть не 200 рублей ... двугривенными и гривенниками. На вопрос: откуда - "Свинью разбил." Копилку, то есть. Очень похоже на Сударя. А картин его я не видел.

Картины я видел - Вадика Успенского. И не могу забыть. И вдову его, Ленку, помню. Хорошая она. А у первой вдовы, Люськи Успенской, долгое время жил АБ Иванов. Имела она крупную библиотеку, кормила и поила АБ, но тому было мало: пер лубки, антикварные книжки и поил на эти дела всю сайгонскую публику. О чем мне сам рассказывал /как и о смерти Васи/, но я не поостерегся. И тогда он, живши у меня уже, сфиздил шемякинский замшевый костюмчик, руками друга, и - своими уже - шемякинскую же книжку про парки Франции.

Вот такие круги. В мастерской Жаркиха, где многие фоты 4-го тома.

Увидел я тут, в NY уже, естественно, и – 1 работу Сударя Маслова, приволок ее на мою выставку "ГРУЗИНСКОЙ НАТЮРМОРТ С УКРАИНСКОЮ ШАПКОЮ" маслиней Решетняк – тяжкой японщиной рисуночек тушью, 4 травинки в горшке, скудно, но ёмко. Выставили и Сударя, рядом с Ситниковым, Россом и Лерманом. А хотелось сделать так и не успел.

ГОЗИАС

ВАДИМ ИГОРЕВИЧ УСПЕНСКИЙ /1940-1969/

Грустно писать о погибшем друге. Трудно писать о человеческом гении, тво-
рчество которого оборвалось в самом начале: менее десяти холстов небольшого фор-
мата составляют наследие Вадима Игоревича Успенского - менее дестяи холстов, да
и те хранятся неведомо где.

О художнике Вадиме Игоревиче Успенском не писала советская пресса. О ху-
дожнике Вадиме Игоревиче Успенском ни члова не опубликовано в русскоязычных из-
даниях эмиграции. Но влияние его личности запечатлелось в творчестве каждого ху-
дожника, кто был дружен или знаком с ним.

-

С Валерием Таргонским я подружился мгновенно на одной студенческой вече-
ринке в женском общежитии "Штиглицы". Верещали девицы, шумел какой-то музыкой
пьяный проигрыватель, а трезвый Таргонский светился обаянием и дружелюбием, те-
атрально опрокидывая очередной стакан водки в рыжую воронку из усов и бороды.
Домашней кличкой Таргонского было имя Кузя, свойственное самолюбивым котам, - и
действительно Валерий Таргонский походил на большого рыжего кота, который не ца-
рапает своих.

- Ты - писатель? - крикнул через стол Таргонский.
- Это так, - ответил я.
- Ты мне нравишься! - крикнул Таргонский. - Давай, давай, пошел!

Подражательным жестом я опрокинул стакан водки себе в горло... и сознание
постепенно покинуло меня.

Валерий Таргонский был одной из легендарных личностей "Штиглицы". На вто-
ром курсе обучения ему стали ставить тройки и двойки за рисунок. Валерий удивил-
ся и с лучезарной прямотой спросил преподавателя:

- А чем плох мой рисунок?
- Это не похоже на модель, - ответил преподаватель.
- А надо, чтобы похоже?
- Разумеется, - ответил преподаватель.

С тех пор Валерий Таргонский выдавал рисунки с натуры с фотографической
точностью, приговаривая "как живая". И рисунки удостаивались высшего балла.

В 1966 году Таргонский закончил обучение в училище и получил назначение
в северный порт Сов-тская Гавань - художником на закрытый завод. Прощались мно-
гократно, пропивая подъемные деньги. На одном из прощаний Валерий сказал:

- В Ленинграде остаются два художника - оба не ленинградцы. Ты их немно-
го знаешь.

- Кто это?
- Василий Успенский и Паша Абрамичев. Помоги им, - ты - старший.
- Если смогу... - отвечал я.

-

Много раз я начинал писать о Вадиме Игоревиче Успенском, но каждый раз
меня останавливали слезы. Видимо, чувство вины живого и старшего смешивалось с
чувством невозвратной потери и жуткой несправедливостью забвенья. Прошло двена-
дцать лет. Я покинул Россию. Время - казалось бы - охладило остроту чувств, -
и слова любви и скорби стали доступны.

... "В "Штиглице" его звали Василием, - кличка так плотно срослась с ли-
чностью, так прикипела к фамилии, что действительное имя никто не вспоминал:
буквенный блок "Василий Успенский" звучал прочно и привычно, как имена класси-
ков. Я узнал его подлинное имя за неделю до его вылета в Петропавловск-Камчат-
ский - узнал случайно, читая какую-то официальную бумагу Худфонда /не то договор
о работе, не то командировочное удостоверение/, где было сказано, что Вадим Иго-

ревич Успенский... выполнение стенной росписи... 47 тысяч рублей... многофигур-
ная композиция и пр.
     - Почему тут стоит имя Вадим? - удивился я.
     - Это мое имя, - улыбнулся Василий Успенский. - Разве ты не знал?
     - Откуда?
     - Элен! - крикнул он жене, - Слава не знает моего имени, слышишь?

                                        -

     После малой размолвки Павел Абрамичев подарил мне набор масляных красок
и три кисти из щетины. Инструмент и краски требовали применения, но - - - как?!
Тайное желание красить и две-три корявых акварели не подарили умения. Однако
моя решительность заставила разломать посылочный ящик и на тонкой фанере сделать
первые цветные пятна - это был портрет, так сказать, по воображению - нечто иу-
дейско-папуасское с цветком над ухом. Фанерку я зажимал в коленях и придерживал
рукой за край, потому что крепко давил кистью на поверхность, а Паша Абрамичев
подбадривал, забавляясь, заглядывая через мои вытянутые руки:
     - Давай, давай, пошел! - Смотри, какая евреичка получается!
     Вечером зашел Василий Успенский - и я немедленно похвастался:
     - Вась, посмотри, как я даму накрасил.
     Василий Успенский повертел еще сырую картинку в пальцах, бросил ее на
пол - посмотрел сверху, теребя бороду, а потом медленно и мягко сказал:
     - Так нельзя делать. Ты красишь плотно, а фанера не грунтована - краска
потеряет цвет и работа погибнет. Крась на холсте.
     Серьезность его совета потрясла меня - я еще не думал изображать - изоб-
ражал, не думая.
     На следующий день Василий зашел мимоходом - куда-то спешил - и принес
три холста на картоне. Я - безусловно! - был польщен вниманием и подарком - и
с этого дня начались мои сладостные мучения живописца.

                                        -

     Наши дамы изобретают салат и что-то заманчивое жярят на кухне, а мы -
сибариты - играем в шахматы.
     - Слав, я прочел "День открытых убийств"...
     - Интересно? - отзываюсь я.
     - Ты что, Слав? Об этом даже говорить неудобно - интересно или не инте-
ресно - это выше, чем интересно. Ты будешь читать?
     - Нет.
     - Почему?
     - Это политика, а я аполитичен.
     - Софист, - кричит из кухни Наталья.
     - Не знаю, - продолжает Василий, - может быть ты прав... Но мне стало жут-
ко - это, словно мой завтрашний день вывернули изнанкой: стена - кирпичики, ки-
рпичики, кирпичики, а у самой стены комочком труп...
     - Ему теперь снится эта стена, - говорит Лена, - даже во сне стал разго-
варивать.
     - Заговоришь, - отмахивается ладонью Василий.

                                        -

     Жалея холсты, я продолжал красить на фанере. Василий неодобрительно ка-
чал головой:
     - Ты же взрослый мужик, Слав, - крась на холсте...
     И я ринулся на холсты.
     В одну неделю я сделал три картинки: натюрморт с микроскопом /микроскоп
был старинный - из латуни - с чернью и золотом и синим отблеском зеркальца, -
и это был единственный реальный предмет - все другие детали натюрморта были вы-
мышленными/, натюрморт в интерьере, на котором была портрет-икона святого с по-

дбитым шлазом над столом с пасхальными аксессуарами - крашенные яйца в проросшем овсе, громадной длины огурец, что-то вроде пирога и кружка с молоком, где плавала муха, - у стола стояли домашние туфли, под подоконником висел радиатор отопления, а в окне виднелись ветки неведомого дерева и облака; третья картинка была портретом, но не с натуры - я пытался передать характер моего приятеля по работе: зверея от смелости, я накрасил над головой "Коли" зеленую ветку - подобие нимба у святых на религиозных полотнах.

На две первые картинки Василий не обратил внимания, а портрет смотрел долго, спокойно и с улыбкой.

- Ты будешь хорошо красить, Слав. Это твоя первая работа.

... К полуночи вернулась из "Штиглицы" моя тогдашняя жена Наталья Галкина. Пока она курила и лепетала о трудностях дипломной работы, я стряпал ужин, а за ужином пересказал мнение Василия Успенского о моих холстах.

- Не нравится мне, что он часто к нам ходит, - отозвалась Наталья.

- Почему?! - взвился я.

- Он как то уж очень похож на моего отца - это неприятно.

- Василий будет ходить ко мне, даже если кто-то найдет в нем сходство с Родзянко или Ежовым. Он будет ко мне ходить.

- Конечно, будет, - миролюбиво проговорила Галкина. - Но тебе придется выбирать между литературой и живописью, ибо двумя богам...

- Я выбрал и то и другое, ибо это похоже на многоженство...

Через несколько лет, когда смерть Василия Успенского стала реальностью, Наталья Галкина написала несколько блестящих стихотворений в память о нем, - где были такие строчки:

И где укрыт землею
создатель языка,
дыхание с душою
связавший на века?

Этими прекрасными словами она уличила себя в лицемерии, но к ее счастью, Василий Успенский этого знать уже не мог, и не мог сказать:

- Наталья, как ты прекрасна... по цвету.

-

Мы празднуем будний день приезда в командировку Валерия Таргонского в Ленинград - на два дня. Еще до девяти вечера мы дважды бегали в торговый центр за вино-водкой, однако и после второго захода нам показалось мало. А время упущено: винный отдел к девяти закрывается, и ежели жаждешь, то беги за семь верст в дежурный магазин на Московском проспекте.

- Может на сегодня хватит? - говорит жена Таргонского.

Василий Успенский не участвует в выборе: бежать или не бежать? - он маленькими глотками пьет водку из горла, и прячет бутылку на животе - под куртку, мы знаем, что ему так вкуснее.

А Валерий Таргонский решителен:

- Если я пьян, тогда хватит. Сейчас проверим.

Он выходит на балкон, берется за перила и начинает выжимать стойку.

- Упадешь, - говорю я. - Восьмой этаж...

- Если упаду, значит - пьян, - отвечает Таргонский.

-

Художник Валерий Масличкин похож на большущего плюшевого медведя, у него серо-желтые глаза и широкая плутовская улыбка. Масличкин - самый молчаливый человек в моей жизни, зато его жесты красноречивы и обаятельны, и в некоторых решающих случаях Валерий издает тот или иной гласный звук.

- Масличкин, посмотри какие очки подарили Таше. Великолепно, да? Масличкин, скажи?!

   - 0! - хвалит Масличкин.

   - Масличкин, что ты будешь пить - водку, портвейн, гамзу?

   - Ага, - отвечает Масличкин, и это значит, что он будет пить без разбору - что нальют, - а пить он может не хуже нашего друга Таргонского.

-

   - Вась, я хочу научиться передавать материал, чтобы золото, бархат, хрусталь, шелк были как в натуре...

   - Зачем тебе? Ты красишь не об этом, - отвечает Василий Успенский.

   - Все равно мне хочется уметь..., потому что я боюсь материала...

   - Если бы все дело было в материале! - говорит он.

   - Но можно научиться - специально научиться делать материал? - домогаюсь я.

   - Можно, Слав. Этому учат.

   - А, как?

   - Спроси у Масличкина, - отвечает Василий.

-

После защиты дипломов Василий Успенский и Павел Абрамичев практически оказались бездомными.

Паше сравнительно быстро повезло: его распределили на работу художником в один из трестов организации Главленинградстрой, - Паша получил прописку по лимиту и узаконил свое пребывание в Ленинграде. И мне удалось сравнительно быстро найти помещение в нежилом фонде под мастерскую, и пока оформлялись бумаги, Паша проживал неоегально в длинной и грязной комнате под самой крышей, соседствуя с трущобной дворничихой, у которой на постое бытовал всегда пьяный утильщик и бывший кавалерист. Паше повезло еще оттого, что для аренды мастерской он имел письмо отсамого председателя Ленгорисполкома А.А.Сизова, которому нравились выдумки Павла Абрамичева при проектировании "Морской базы" в детском городке "Солнышко". Подпись А.А.Сизова не мгновенно, но быстро прорвала рутину оформления договора об аренде, - И Паша Абрамичев вселился, сделал некоторый косметический ремонт /не без помощи мощного Главленинградстроя/ и стал проживать на 7 этаже - над головами съемщиков жилого фонда - в четырех комнатах с коридором и кухней, где наличествовал водопровод, центральное отопление, канализация и газ.

Василий Успенский нелегально проживал, но легально гостевал в квартире Юрия Некрытова - брата своей будущей жены. Юрий Некрытов был в длительной и дальней командировке, и все это время Василия Успенского обволакивало бытовое благополучие. Дом, в котором жил Некрытов, располагался между домом, в котором жил наш друг Борис Сергуненков, и домом, в котором жил я. Мы кочевали из дома в дом, попивали и покуривали за разговорами, и, кажется, были счастливы, по крайней мере это было самое безмятежное время нашей жизни.

Несколько позже Василий Успенский был принят на работу в Художественный Фонд и от организации получил письменное ходатайство об аренде помещения нежилого фонда под мастерскую художника. Однако найти мастерскую стало невозможно: директор Худфонда Златин решил централизовать распределение мастерских и направил в районные жилуправления письмо, которым рекомендовал заключать договоры на аренду только со своей организацией, а не с художниками. Таким образом ходатайство, полученное Василием Успенским, утратило силу, хотя было подписано тем же Златиным.

Когда Некрытов вернулся из командировки, Василию Успенскому пришлось искать какое-либо обетование. Нашелся приятель, который пустил его проживать в одну из комнат полуподвала на Стремянной улице, - полуподвал считался керамической мастерской. В комнате Василия Успенского было темновато, но тепло и сухо. Только в феврале 1969 года у Василия Успенского появилось свое помещение для мастерской на мансарде дома 1 в переулке Ильича. /Где я и был у вдовы. - ККК/

-

-

Приступы нигилизма накатывают на меня не без причины - это ранимость моя надевает защитный доспех. Ранимость Василия Успенского незрима - он более, чем сдержан - он отрешен, - его ранимость существует только для него самого. А я бываю многословен.

А многословие создает вольготные условия для пошлости.

А Василий Успенский пошлость не терпит.

Однажды мн играли в шахматы, и я разговорился:

- Солнце всходит и солнце заходит, - день старится и превращается в ночь, но и днем и ночью ничего нового не происходит среди людей: насильники насилуют, воры воруют, бабы блядуют, и течение реки Времени неизменно...

- Слав, я ж тебя уважаю, - тихо говорит Василий.

Но меня понесло дальше:

- Не было такого в мире, чтобы художнику не перекрывали кислород к горлу. Не было и не будет того, чтобы художник не искал кусок хлеба себе, но служи и получишь. Государства спорят и ссорятся, ссорятся и воюют, - и в каждой семье свои споры и ссоры, и воюют, а после боя в голове пустота звуков. Думаешь: жена моя - сестра моя, дочь моя, мать моя - моя жизнь, а видишь - справа стена духа моего, слева - прорва женской прихоти, а между ними пробивается тропа дней - то по грязи, то сквозь крючья нужды, то в песках забвения. Кто я есть в свои 33 года? Мне не ответить. А родственники говорят: "Ты - муж Наташи." Но что это за специальность, скажи мне? И в какое время жизни ею работают?

Некоторое время Василий Успенский молчит, курит и улыбается. Его узкая ладонь зависла над шахматной доской и длинный тонкий палец роняет моего короля навзничь. Потом Василий раскидывает руки по спинке дивана, запрокидывает голову и говорит в потолок:

- Слав, какой ты сегодня красивый... по цвету.

-

- Вась, поводи меня по мастерским художников - хочу видеть, что они делают.

- Этого тебе не надо, - отвечает Василий.

- Отчего же? Очень любопытно...

- Ты извини, Слав, но не возьму. Попить у кого-нибудь возьму, а смотреть там нечего.

- Но ведь они пишут, спорят, мучаются, значит что-то есть...

- Нет, Слав, ничего нет. Спорить нужно... для жизни.

По сухому снегу газонов мы идем к Борису Сергуненкову на чай и разговоры - мы идем по газонам, сокращая расстояние, - Василий впереди, я за ним след в след, а за мной по проторенной тропе топает Елена Некрытова в легких туфлях-лодочках. У Василия задники башмаков стоптаны до каблука, носки драные и в прорехи видны желтые пятки.

- Вась, ноги не мерзнут!? - спрашиваю я.

- Я привык, - отвечает Василий.

- У него нет других ботинок, - говорит за моей спиной Лена.

-

- Мама, - говорю я Галкиной, - Василий босым ходит по снегу. Можно я отдам ему ботинки, которые ты мне купила?

- Конечно! Что за дела,... - говорит Наталья.

И тут пришли Василий с Еленой приглашать нас на свадьбу. Мы угощаемся вином и сигаретами, а когда Успенские собираются уходить, я прошу:

- Вась, померяй ботинки, может подойдут.

Наталья выносит остроносые ботинки на капроновой подошве с мехом внутри. И Василий обувается.

— Нормально?

— Да, — говорит Василий, — в таких можно спать на улице.

... Я знаю, что в детстве — в Брянске Василию приходилось ночевать на вокзале и на улице, ибо мачеха относилась к нему злодейски.

—

— Василий, есть ли какие-нибудь законы в живописи? — спрашиваю я.

— Нет. Есть только живопись.

— Но были живописные школы, значит есть и законы. Что главное?

— Главное, картина должна иметь верх и низ, остальное — чепуха.

Я был покорен простотой главного закона живописи, но только со временем мне открылась глубина и красота этого закона, и теперь я считаю Василия Успенского своим учителем.

Ночь была ветреной. Утро морозно и серо — бесснежно — снег сдуло. На улицах пустынно — даже машины куда-то исчезли. В ларьке у метро "Московская" мне подобрали букет винно-красных роз — с этим букетом я прибежал к Московскому ЗАГСу, а ЗАГС еще закрыт. Я замерз и перекурил до хрипоты, но розы, обернутые газетой, чувствовали себя прекрасно.

В половине десятого уборщица открыла дверь вестибюля ЗАГСа — я зашел и понемногу отогрелся. К десяти пришли Василий и Елена — одни, а для записи брака нужны два свидетеля.

За четверть часа свидетель был отловлен — он запросил пять рублей за труды и был удовлетворен почти полностью, получив трояк задатка.

Запись производилась в маленькой комнатке при полном молчании, молодожены и свидетели стояли столбами перед письменным столом бесцветной регистраторши, слышался шорох пера о бумагу и звяканье мелочи, которую я теребил в кармане. Потом под звуки свадебного марша имени Мендельсона мы вышли на улицу и расстались с парнем, имени которого так и не спросили.

17 мая 1969 года Василий Успенский прибыл в Петропавловск-на-Камчатке выполнять стенную роспись.

24 мая 1969 года Василий Успенский был найден мертвым под окном номера гостиницы, где проживал, — на бетонной отмостке с перочинным ножом в кулаке. В его номере на столе на клочке оберточной бумаги была обнаружена записка:

"Лена, дорогая, меня сейчас убьют, за что — не знаю. Постараюсь умереть достойно. Прощай, целую, Вадим."

Дверь гостиничного номера оказалась взломанной, но местная милиция ничего не заметила и констатировала самоубийство в алкогольном опьянении.

—

Гроб с телом Василия Успенского прибывал на темной заре.

В помещении аэропорта Пулково пахло всероссийским рубленным шницелем с красной подливой. Друзья Василия Успенского ходили стайками по 3-4 человека, не соединяясь, не разговаривая, не выпивая.

За пределами аэровокзала стояла прохладная ночь с небом мелких звезд, цвела сирень и неутомимо били соловьи.

... Я ехал встречать гроб с телом в дурацкой надежде, что чепуха с трагическим известием окажется фарсом, головотяпством, розыгрышем, что никакого гроба нет...,

... но гроб прибыл.

Похороны были на Троицу. Толпа бородачей шла вокруг гроба. Кто-то нес крест из неободранной березы, перевязанный мочальной веревкой. Встречные группы людей рассыпались перед шествием. Какой-то мальчишка кричал приятелю:

- Гляди, гляди, цыгане хоронят!
- Не ори, - сказала ему дама. - Не ори, если не понимаешь. Не цыгане, сектанты это, - видишь, сколько бородатых!
... Остановка перед желтой ямой могилы. Цветы, цветы, песни - песни цыганские, любимые песни Василия. Шатаясь словно бы очень пьяный, подходит Сима Островский - подходит и говорит:
- Скажи мне, Слава, почему мы живем, когда у нас от рубля до рубля..., и гибнем, когда пахнет деньгами?...
Так как твердый ответ ясен из самого вопроса, то я отвечаю:
- Не знаю, Сима, я этого не знаю.
... И вот открывают крышку гроба для последнего прощания..., и последняя надежда - глухая надежда моя на ошибку исчезает: я вижу капроновые подошвы ботинок с острыми носами - и нежданное чувство виновности заставляет меня хлюпать в рукав. Потом кто-то передает мне бутылку "Кориандровой" - для утешения, но хмель не приходит, а приходит горечь от краткой бессмыслицы дней... нашей... жизни.
... И повинуясь обычаю, толпа друзей с Северного кладбища покатила в город - в переулок Ильича - в мастерскую на мансарде, где Василий Успенский успел сделать только одну картину, - толпа друзей покатила на поминки - на многодневную пьянку с рыданиями, подозрениями, сплетнями и любовью.
... В какой-то из дней поминок в мастерской появился писатель Олег Григорьев /возможно, что его привел наш друг Борис Сергуненков/. Олег выпил, чем-то закусил и выступил /приблизительно/ так:
- Хорошо, что люди умирают: можно выпить на халяву, можно закусить...
Его провожали поджопниками по всей лестнице - все шесть этажей - до двора, мощеного булыжником, и - очень хорошо! - его не искалечили - ему повезло...

-

Смерть Василия Успенского казалась загадочной. Копытовский, бывший вместе с Василием Успенским на Камчатке, не привез с собою ясного рассказа. Начались, вернее, у каждого зародились подозрения. Знакомый работник уголовного розыска был прям и точен:
- Его замочили. Если хотите, я проведу частное расследование, но вы мне обеспечьте билет до Петропавловска и обратно - я получаю не больше вашего.
Идея частного расследования некоторое время увлекала всех друзей - начались сборы денег. Наталья Галкина с шапкой-ушанкой в руках прошла по квартирам знакомых и незнакомых писателей в доме на Звездной улице и принесла очень приличную сумму - более 500 рублей. Сударь /Маслов/ разбил копилку-свинью и притащил 200 рублей мелочью. Общий сбор за два дня был равен 1400 рублям. Потом эти деньги совместно пропили. Знакомый работник угрозыска сказал:
- Говно вы, а не друзья, - только песни петь... И я, мудак, поверил...

-

Последнее, что сообщество друзей решило сделать в память Василия Успенского, - была идея посмертной выставки.
Администрация Дома Художников на ул. Герцена после некоторого сопротивления предоставила для выставки две комнаты. Борис Сергуненков написал биографическую справку для афиши с фотографией художника. Несколько человек размещали картины, цветные картоны для стенной росписи, эскизы, акварели и фрагменты фресок, выполненных для дипломной работы. Казалось бы, все шло для дела, для памяти, для любви, но...
... утром в день открытия выставки администрация Дома Художников обнаружила, что в помещении, отведенном под персональную посмертную выставку работ художника Вадима Игоревича Успенского, кто-то оставил огрызки закусок, пустые бутылки и человеческие экскременты, то есть вечером или ночью перед открытием выставки какие-то очень обиженные злоумышленники проникли сквозь все запоры Дома Художников и насрали, имитируя неорганизованный быт и хулиганские наклонности так называемой богемы.
Выставку закрыли, не открывая.

ПСИХFUCK, ЯНВАРЬ 73-го.

тогда началось многое, если не сказать - всё.
Я выступил с "Вавилонской башней", пошли еще и еще выставки, встретил А.Б.Иванова и
меня узрела на сцене Малютка, она же - Глуховская-Генделева-Черток.
Начался чертогон.
А подошли ко мне по январю в "Сайгоне" или на Малой - Росс с кем-то и пригласили по-
чтить выставку и почитать на оной. Пришел я на писхфак, благо это на Красной, бывший
географический факультет в особняке графов Бобринских, памятный мне еще по январю
59-го - там училась моя первая любовь Ирина Ивановна Харкевич, она же - Болотный Цве-
ток, которой и "Туман" /13 окт. 59, на площади Репина, что у Калинкина моста/. Так
и завязалось - родные стены, где ждато было ее по аудиториям и курилкам /и курить-т
начал - ее для: чтоб изо рта хоть табаком пахло/. И провожато было: через Мойку, по
Маклина, и мимо Пряжки - сотни и тысячи раз...
И приводят меня - туда. Там студентики организовали клуб "Леонардо", чтоб под марко
психологических тестов - выставки и чтения неофициальных делать. Додумались, хитро-
жопые! И первая же выставка - трех провинциалов: Росса-Захарова из Владивостока, Пу
тилина тоже оттуда откуда-то и Глумакова из Донецка. Первые двое жили и учились в
Ленинграде, а третий приехал к друзьям-психологам. На выставке Росс и Путилин ходил
гоголем, позировали, как водится, а Саша Глумаков - надыбал пачку бумаги, сел в угл
и рисовал чего ни попадя. 4 рисунка у меня сохранились, привожу. За что его и возлю
бил: художник, а не позер.
Чай ходили пить ко мне, благо в другом конце Красной-Галерной, а и вся-то она - три
квартала. На выставке ошивались ежедневно, народ пер, а на второй, не то третий ден
я выставил свой первый поп-арт. Кто-то там на стол черный, из прессованных опилок -
рыбку положил сушеную, окушка с палец, а рядом - троллейбусный талон. Увидел я, вы-
резал рамку-маску, рядом название: "La toit" /Крыша/, техника - "рыба, бумага, ме-
талл" /поскольку рядом тут кто-то сразу же гривенник подложил/. Ничего, пользовалос
успехом, и даже к гривеннику - то двугривенный, то пятиалтынный перманентно подлипа
ли, которые я прибирал.
Пито было умеренно, поскольку собирались не для того, а 14-го, перед обсуждением,
предложено было мне прочесть поэму. Народу набилось в аудиторию - до потолка, челове
век 100-200, читал я в красной трикотажной шемякинской безрукавке и шемякинских же
кожаных штанах. 100 страниц - это добрый час, при чем была там глава "Командировка
от обкома", где поминалась Клара Плешкина. И был я вызван к ней. Но не в обком, а -
домой, на чай с коньяком. Читал. В обкоме комсомола, надобно сказать, работали тогд
Чурбанов, Тупикин, Плешкина и Мазалова, как на подбор. Но, не взирая на мерзкие фа-
милии, ребята были - свои. Вадим Чурбанов, секретарь обкома, еще в 62-м имел со мно
беседу в "Серой лошади" /кафе Ровесник, на улице Правды, что у Пяти углов/, по пово
привлечения меня зам.завом отдела поэзии в проектировавшемся молодежном журнале /бу
дущей "Авроре"/. Привел меня будущий зав. - Ленечка Палей. Я сразу быка /Вадима/ за
рога: "Бродского печатать будем?" Нет, Бродского он печатать не хотел, тогда я поне
и Вадима, и журнал, и Советскую власть. А за соседним столиком слухач присутствовал
И рассказывал мне Ленечка, что потом Вадима спросили: "Кто это с Вами беседовал тог
да?" На что Вадим сообщил им, что на жалованьи в ГБ не состоит, и могли бы спросить
сами. Потом Вадима перевели в ЦК комсомола, где он, получая первую получку, обнару-
жил еще и пакет, прилагательным. "А это что?" "А это так, дополнительно..." Но тут
Вадим заявил, что и так получает втрое больше рабочего и швырнул пакет в зад. Вызва
ли его в ЦК, уже партии, и говорят: "Мы Вас очень ценим, но в селе Суселкино или та
вроде, в Кустанайском крае - хромает работа, так мы Вас, как активиста, посылаем ту
да." Так, наверно, и спился в каких-нибудь Суселках... А мы с ним проектировали ве
Бродского в университете, осенью 62-го, собрались у меня дома, Иосиф забыл, и мне
пришлось ему звонить, высвистывать, так Вадим назвал в оппоненты на вечере - ректор
Александрова, а Иосиф, от себя - астронома Николая Козырева. Александров, говорят,
потом полетел, быв замешан в процесс "второй партии", что характерно.
Плешкину Клару никуда не дергали и не выдвигали, поскольку была полиомиэлитная и е
ходила. Но пеклась и пыталась.
Я не случайно уехал "не в ту степь", потому что организаторы всех этих выставок и

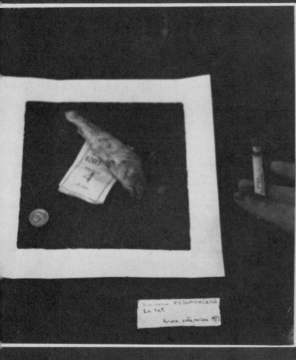

Константин КУЗЬМИНСКИЙ
La tot

Бумага, роба металл 1973

F
ПСИХ
УХ
С
К

ОБСУЖДЕНИЕ
ВЫСТАВКИ
14 01 73

LEONARDO

чтений были такие же студенты, комсомольцы и активисты, и шли они на риск и на вер
втык - только чтоб позволить выставиться и почитать - нам. И продолжалось это в ка
дом месте, пока не истощалось терпение "вышестоящих", то есть - партейцев уже.
Так и на психфаке.
Вслед за этим я организовал там с ребятками вечер памяти Аронзона, поскольку обеща
ный было за⧄ в Доме архитекторов, не то композиторов - не дали, но организовав, я
вечере не был, поскольку с помянутого января - закрылся на дому с А.Б.Ивановым, пи
сали кучу книг и песен, делали детские, подкуривали, и заодно я с Белкиным и Прихо
ко - грохнул для отца Алипия первую антологию "12". Всё это - с января по апрель.
еще Наталья киевская приезжала, Гузя, любовь там, поэма, 4 детских книжки и 1 взро
лая, порезвились, одним словом.
А.Б.Иванов был темной лошадкой. Высокий, с усиками, с седой прядью, прекрасным бар
тоном, наркоман и алкоголик, обаяшка, он поселился наглухо у меня. За год до этого
сделал книжку "Китобои", оформив ее попсовыми коллажами - трап там веревочный, пал
бу выклеил из зубочисток, осьминога там из магнитофонной ленты, но так и не кончил
Иванов за неделю или меньше нарисовал всю. А потом еще 3, и еще я начал писать "По
леднего точильщика", но только одну строфу, она в шемякинском каталоге, эпиграфом.
И работали мы сутками, развлекаясь и отвлекаясь - то я Ленку волоку позировать к Э
нсону /см. на фото/, то ее же отдаю в позеж Россу, а она, девочка добрая - говорит
потом: "Осталась я у него ночевать, под голову он мне русские сапоги положил, а на
крыл - холстом." Скудно живут русские художнички. Росс там комнату снимал у кого-т
иногородний же, да и пожрать бывало не густо. Подруга эта позировала и А.Б., а по
том и моим фотографам, и еще Ольгу с собой приводила, но все это был - голый кайф.
Кира Гоголева, директор аптеки, тоже уговаривалась, но не дала. Позировать. Так мы
и жили - планчик там, или водочка, а чтоб бардак или группенсекс - ни-ни.
И тогда же нарисовалась Е.Б., ебэшка, Евгения Борисовна Гуткина, Геша... О ней осо
Но - заказала А.Б. серию "Неделя", которую он, нарисовав 3-4 картинки, не кончил,
ладел, я ее вмазал по бедности Нортону Доджу в 77-м, когда ни работы, ни денег не
ло. И еще с десяток рисунков А.Б. же.
А.Б. был личностью странной. Ни в одном доме приимном - не мог удержаться, чтоб не
напакостить, своровать или чего еще. Разрушал им же самим созидаемое, очаровывал -
сходу, а потом - гадил себе же в тарелку. "Все дозволено" - так и вылетал из дома
из друго&.И у Лозинской и Лонского, с кем на снимке - тоже чего-то ляпнул. И у всех
Кого ни спроси. И не в целях обогащения, а так - чтоб нарушить.
От меня он исчез в апреле, спёр шемякинский замшевый костюмчик и книжку о парках.
оставил - не на одну тысячу долларов рисунков, по сю продаю. Непонятно. Выяснилось
потом, что Геша на час - по сотне в месяц через него давала, чтоб поддержать комму
но я об этом узнал потом.
Потом же я узнал, что в конце 70-х - он уже преподавал рисунок детям ДИПЛОМАТОВ ино
ранных, это уже повышение.
Рисовальщик он - экстра-класс. Академия, архитектурное /не кончил/, а там рисунок
ют, не в пример Мухе. Так он и жил, перебираясь из дому в дом.

И когда я устроил по весне на психфаке - выставку "Графики и фотографии" - Иванова
ней уже не было. Зато был его друг, Толик Барков-Шестаков /о нем - см. в главе "Мы
ебали КГБ"/, выставившийся плакатами.
На сей раз, поимев неприятности с вечером Аронзона /"Почему были одни евреи?" "Поч
не было студентов?" и "Почему читали стихи?" - три основных пункта, обвинения/, мы
уже были осторожней. Сначала затевалась выставка графики. Я окантовывал, стекла ку
лялись на Сытном рынке, но два графика меня подвели, в последний момент: Левитин
/как всегда/ и Авидон /в первый и - я уж позаботился - в последний раз/. Авидон ри
вал тушью на больших листах ватмана жуткие цветы: бегонии, которые невесть чем, пи
лись, и подобные. Я его прочил во весь правый угол, а он - на попятную. Архитектор
за работу бздел, да еще книжечки для Совписа оформлял - "Аиста" Сосноры /безобразн
и вторую его друга Гены Алексеева - так себе. Словом, слиняли. Тогда я ввел в бой
фотографов: Приходько, Пти, Гран же - как всегда - тоже слинял. Или он у меня на в
ставке "Под парашютом" завыпендривался? Не помню, за давностью. Словом, фотографы
были. А стены...

Стены - в гнусной зеленой масляной краске, кое-где - шматы штукатурки, заплаты. Живо-
пись еще можно вешать, а графику... Словом, завал.
Спасла положение Юлия Вознесенская, с год как тому нарисовавшаяся. Спиздила цельный
рулон газетной бумаги, из типографии "Правды", где работала. Просто, мальчики ей вы-
катили, а там - на такси. Может, тираж путем ее не вышел! Но нас она спасла.
Выставку мы, предусмотрительно, продержали дней десять "в оформлении". Все, кому на-
до - знали, и шли. А начальство не знало.
В понедельник, наконец, отворяем официально. Пришел декан с шоблой-комиссией. Замде-
кана по идеологи - узрел мое "Эсприманль турнэ" /Перья не в ту сторону, что означает
так же - извращенный ум, в переводе/ - красный страусовый плюмаж-перо, на зеркале,
под стеклом и в раме, размер - 20 на 30, техника: перо, зеркало - "Кузьминский? ...
Поп-арт?! Может, он еще стихи читать будет?! Снять!"
И первая работа, которую сняли - была моя. Потом еще какие-то плакаты Толика полете-
ли, а во вторник - прибегают ко мне студенты, бледные: "Ты вообще туда не ходи. Всё
посымали, разгром."
А я знал, я пытался загодя - подстраховать. Пошел к Женьке Ковтуну, из Русского, не
взирая, что он мне за бабу /меня предпочевшую и к себе затащившую/, как-то губу по
пьяни разбил. Женя, говорю - ребятам надо помочь. Приди, скажи, что, мол, так мол и
так, на уровне любительской, экспериментальной, отчего же? "Ну, говрит, - если б
это был Малевич!..." Ах ты, говорю, сука - Малевич! Он себе лежит, мертвенький, и на
хуй ты ему, искусствовед, не нужен, а ребята - живые, ИМ - надо помочь! Не пошел, гни-
да. Зато его сейчас - такие же трупоеды-вонючки, американские уже - на выставку Фило-
нова приглашают. Его, а не Гешу Гуткину...
Словом, Ковтуну следовало дать по ебалу - образование не позволило... Бля.
А выставочки наши - так на этой и прикрылись.
И, несмотря что и фотографы выставлялись - НИ ОДНОГО КАДРА! Ведь открытия-то не было.
Даже и не помню, кто и что там выставлялось. Кто свалил - помню. Это я всегда помню.
А выставлялась, над камином, в частности - Доська Шемякина, все 5 ее рисуночков, из
которых у меня осталось, почему-то, 3 /секретарша Наталья, надо понимать, не дослала/.
И смотрелась круто.
Ну не помню, хоть убей - кто? Петроченков - точно. Доська. 3 фотографа. Шестаков-
Барков. Итого 6. А было 12 участников. Ну я - 7.
Вот вам и история-мемуар, а всего - 13 лет прошло. Да, Белкин, Исачов. А еще 3?

С этого, собственно, и началось - по крупной.
Весь, однако, конец 73-го я в общественной жизни не участвовал, занимаясь с Малюткой:
сбежал из дома и жил на Льва Толстого, где, вычетом запоя октябрь-январь, был только
хэппенинг с Кучинской и дикобразом.
Малютка оказалась сукой /хотя я сам согрешил с Шашенькой/ и предпочла мне гниду Ген-
делеву. Зато я написал "Биробиджан", который дважды проиллюстрировал Г.Элинсон. Но
с марта по декабрь - не писалось, пилось.
Чего я делал летом - ума не приложу. Пьянствовал с толстым бисеком Сережей Зубаревым,
из Донецка же, вроде, была и Наталья минская /через которую я не попал на Таганку/ -
или это было другим летом? Словом, не помню.

А тут все восхищаются "моей памятью". Она ж у меня - избирательная. Стихи и поэтов,
к примеру, помню. Художников тож. Дат не помню. Баб тоже путаю. Помню зато - кто,
где, когда и по какому поводу подложил мне свинью: с выставкой ли, с бабой, с добы-
чей стихов, помню замыленные книжки /у меня, не мною/.
Летом у меня и ушла Малютка. К Генделеву. Это я тоже помню. Помню, как стоял на лест-
нице, под утро, просил братца Жекочку.
Помню, что было хуевее - некуда.
Впрочем, мне по этой части всегда хуево, а гомосексуализму я не обучен. Не тянет, как-
то.
Помню друзей, поскольку их было. Сейчас Росс - в Мюнхене, Путилин - в Париже, а Глу-
маков, полагаю - в Донецке же.
Я вот - в Нью-Йорке. Выставки делаю, и эту вот книжку - в которой уже 9-й том.
Деньги же платят Щаранскому. За шпионаж, полагаю.
И Алику Гинзбургу. Но не за литературу. Так и живем.

А.Б. Иванов,
естественно в тёмных
очках.

Лонский   Лозинская

То же без.

Зубарев

поэт
Барков

Росс и я.

и Путилин.

Из рисунков,
сделанных Глумаковым
на выставке, но не с
натуры.
Пока Путилин и Росс
изображали художни-
ков, а я — поэта,
Саша Глумаков просто
рисовал. Сохранились.

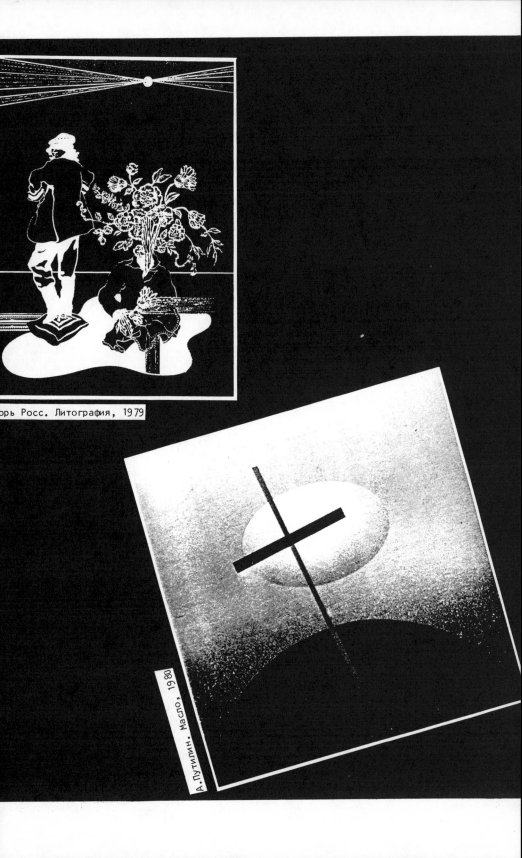

орь Росс. Литография, 1979

А.Путилин. Масло, 1980

ANATOLY POUTILINE
« *Trinité* »

Н.Н.Н.Ызьминскому в светлый день XXXIII-летия. А.Барков. 16 апреля 1973г.

Гаврильчик, А. Щипакин, Ю. Галецкий, К.К.К., Петро
На переднем плане Егорий Телов, Валера Гинчик

ВЫСТАВКА "23-X"

...утирин, А. Васильев.
...о, Игорь Росс и Н. Сафеин.

А эта избушка была обещана мне Юрой Петроченковым, но обнаружил я её — в каталоге "Музея современного искусства" Следери. Умеют [Т.Д.] с продавать.

Автору же можно оставить своё "[Н.Д.]".

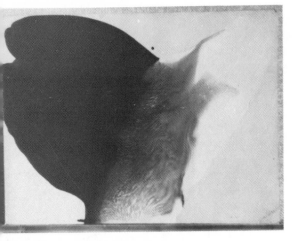

ЕМБРИОНЫ МИХНОВА-ВОЙТЕНКИ

Поручили абстракционисту Мих-
нову оформить кабак. Ресторан
"Москва", под которым и распо-
ложен "Сайгон". Еще ресторан
носил подпольное название "Зе-
ркала", которых там было. Был
я там всего один раз, когда
меня не пускали без галстуха.
Занял у братца, китайский, с
драконами.
Вот на эти зеркала Михнов и
наляпал своего абстрактного
литья. Прямо дома лил, жидкое
стекло какое-то. Наклеил.
Слух об оформлении дошел до
самого Толстикова. Приехал.
"Ну, где здесь ети, Михновс-
кие, ембрионы?" Показали.
Не понравилось. "Снять!" А
как их снимешь, ежели они на
стекло вглухую приклеены?Пятна
потом, обратно же, остаются.
Сняли, однаож. Вместе с зер-
калами на несколько десятков
тысяч: советские деньги - не
меряние! И Михнову, вроде,
заплатили даже. А несколько
"ембрионов", не пошедших в
дизайн, сохранились у него.
А негативы Приходьки - привез
Есауленко. Ну, я их и воспро-
извожу - не оставлять же чер-
тям-буфетчикам? Когда еще до
книги о художниках дойдет...

На фото - гуаши Михнова и
Михнов с матерью.

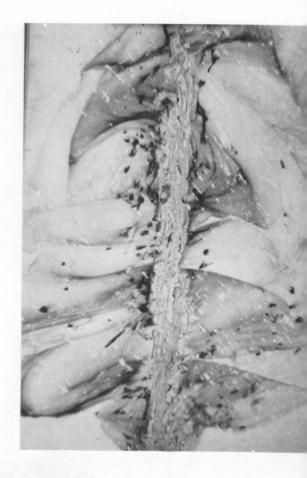

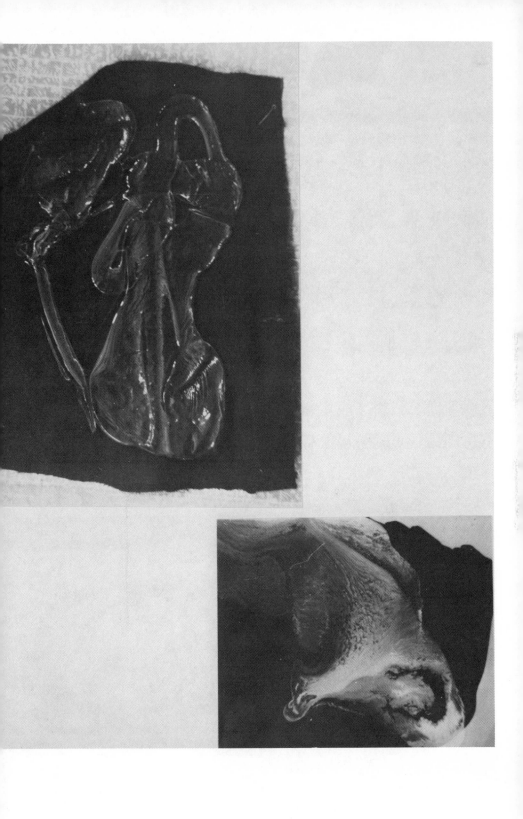

ГРАФИКА ЭЛИКА БОГДАНОВА

Печатая том 4А - не на что было мне и отснятые пленки напечатать. Коган и так на 2-3 тысячи за бесплатно фот мне надруковал. А еще не одна сотня слайдов и негативов втуне лежат. Всё в антологию не засунешь, не резиновая. Однако ж, иллюстрацией /запоздалой/ пущаю работы Элика. После Михнова, который был мэтр. Но Элика работы - ценил. Собирал же работы Элика - Эрль. У него в дому все это и переснято. Естественно, Геной Приходько. Напечатала же с пленок - взяв за бумагу только - фотограф Нина Аловерт.

Так и живем. Коган там, в Хуюстоне завял /ТРИ года уж не шлет в пересъемку взятое, я уж и забыл, что!/, одессит Аркашка на меня с месяцок поработал, пока не пристроился на зарплату к Шемякину, с которой должности его Шемякин тоже вскоре погнал, за мондавошиштось и прихлебательство, и печатать мне было решительно некому, не говоря - не на что. Сейчас вот только поднапрягся, сдавая еще 5 томов, а на что - не спрашивайте. Сам не знаю.

Но Элика не напечатать - было не можно, хоть и с запозданием не на один том. Спасибо Аловертику...

А Элика работы - не могут не украсить моо-его антологию.

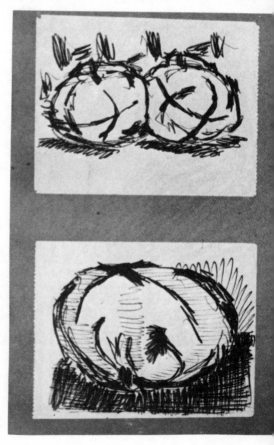

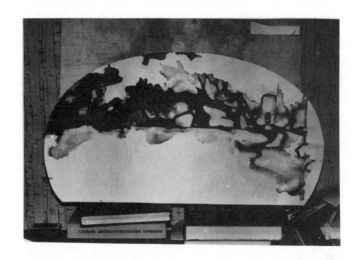

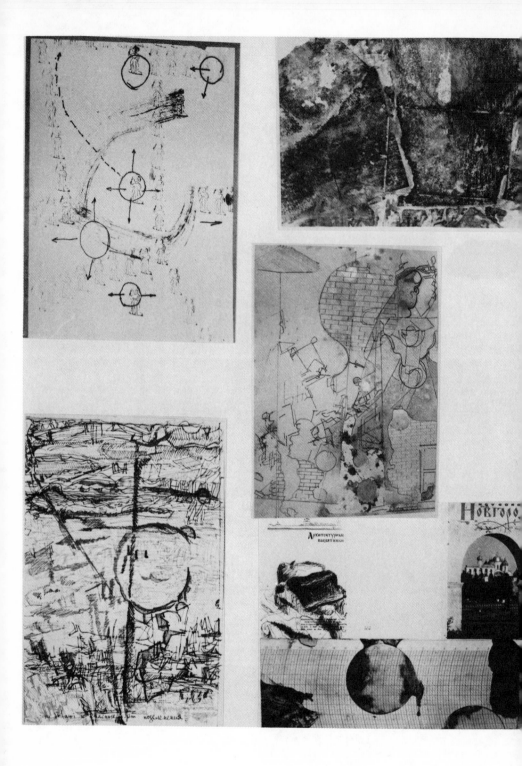

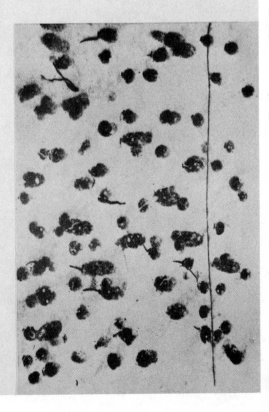

И еще один абстракционист и тоже, кстати, ученик Н.
Акимова, Виталик КУБАСОВ. Увидел я его на выставке
ДК Газа, в 74-м, а услышал - за год до того: Леша Іі
льц, художник, приятель и годок Белкина и Гооза, ра
сказывал: пришел Кубасов домой в мастерскую, в жопу
пьяный - и оной же по расстеленному холсту проехалс
прямо /а не "как"!/ по маслу. Посмотрел - и очень е
понравилось. Снял порти - и голым юзом начал елозит
Выставил потом. Потом, 11, не то боле лет спустя, Т
лстый с Сайзом писали оным методом картину в Некрас
ке, на берегу Ист-Ривер, на фоне Манхэттена. Я же в
это время играл на подаренном мне пацанами тромбоне
Картину Толстый увез в Париж, чтобы продать ее Гари
Басмаджяну, который выставляет Путилина и Лягачева
о, сколь тесен мир! Да и немудрено: всего-то, я уже
писал - нас таких в Ленинграде было, ну, с полтысяч
ну, тыща - а из них 2-3 и холсты так писали. Кубасо
же - писал их не только так, а скорее - в духе Кула
кова, не Михнова. Но из той же плеяды и триады. Пом
щаю, ибо до книги о художниках - явно уже руки не д
йдут. А - не солить же?

И КОНЕЧНО, ГАЛЕЦКИЙ.

Третий из михновской абстрактной школы. Графику его принес мне Борис Великсон, как и графику ж Гооза. Наш, питерский, итээр, поклонник и собиратель. Нарисовался сам, по прочтении четырех томов антологии. И жену приводил, бывшую. Показать ей выставку "САНКТ-ПЕТЕРБУРГ - БА-РАК". 10 долларов за вход заплатил, а остальные публики - все пита-ются на халяву. Соломон Волков звонил: нельзя ли бесплатно? Можно, - говорю. Он же ж мне все свои бестселлеры дарит - и мемуары Шостако-вича, и о Баланчине, ну нет 5 долларов - так нет. Выдаю контрамарки. А у Великсона собран не лучший Галецкий, но вполне типичный. Хотя и не беспредметный. Но он такой. Главное, что хоть представление о нем будет, а то я о нем только писал, показать было нечего.
Теперь вот - показываю.

Знай!
И вершина моя,
И пропасть —
Ты!

Хорошо жить!
Я этого никому не скажу.
Но снова я подумал об этом,
Когда шёл по земле,
Блэстящей от дождя.

КУДЗУЛАРА СИГЭРУ

NON-CONFORMISTES

G.MIKHAÏLOV

А ПОСЛЕ НАС ...

... не скажу, что потоп, но холера пошла - преизрядная. Отделавшись от правонарушителей /правозащитников и зачинщиков/, начали подчищать и прочих.

Физик-коллекционер Жора Михайлов - получил срока с конфискацией картин, и сейчас он, как пишет мне общая подруга - "на химии". И Олежка Григорьев - на химии в Сланцах побывал, отчего и по сю вздрагивает, словом, великие комсомольские стройки в победившей стране.

Ехал я в начале 60-х в Череповец. Там тоже была "комсольская стройка". И по сю - вдоль железнодорожного полотна - зона, зона и зона... Колючка, пустые бараки и вышечки, вышечки... Но зато - Череповецкий металлургический комбинат - работает, и выдает на гора новые порции металла. Не колючей проволоки для - таковую и по сю, вероятно, выделывают в Техасе - американские Арманы Хаммеры - для нужд страны социализма.

Рассказывал мне член партии Ленечка Палей, со слов энтузиастски строительства Комсомольска-на-Амуре: вывезли их, воодушевленную комсу, в 30-х на Дальний, выпустили, голых и необутых, по осени, во чисто полюшко: "Строй!" Лопаты, ломы, топоры и мотыги - ни бараков, ни кухонь. Жили в палатках, харчались чем попадя. Попер обратно валом народ, да не тут то! Заслонов по единственной ж-д понаставили, всех мал-мал здоровых с поездов снимали. Косили люди: нахлещутся чифиря, руки-ноги веревками потуже перевяжут - температурка, давление... Иные выживали и после этого... Иные нет. Остальные - строили.

Так и сейчас. Кандидатов - хватает. Жора подзалетел, сейчас вот "профсоюзники", а на смену им - новые имена идут. Смотрю я в нижеприводимое обращение - и кроме Льва Сергеева, художника /которого отродясь в глаза не видел, не говоря за работы/ - ни души не узнаю! Всё новенькие какие-то.

Поперли из нор кроты, зачирикали. А лучше б не трепыхались. По Жоре Михайлову сделали фильму во Франции /как по Юлии тут/, что, впрочем, срока обоим не снизило. И Юлия свое от звонка до звонка отсидела, и Жора - сидит...

Но люди не могут. И то, что - будь это сила инерции, или сознание вдруг пробудившееся - побуждает их лезть на рожон, опять и опять - то что ж тут поделаешь. Время такое.

И пополняются "комсомольские стройки" Союза новыми кадрами, и валится лес, и растут этажи и цеха, а Техас, полагаю - так и снабжает страну победившего социализма могучей колючей проволочкой. Деньги - не пахнут.

А на поэтов-художников у них и здесь денег нет. Слава Те, есть они - у самих поэтов и художников: нам, как и неграм, в Нью-Йорке велферы дают. Отчего и я туда еду.

ПОЛУЧЕНО ИЗ СССР

Мы, неофициальные художники СССР, являемся трудящимися гражданами, создателями духовных ценностей, а потому требуем: Прекратить репрессии и преследование против нас, предоставив нам законное право на труд.

1. Отмену статьи 209 УК РСФСР /предупреждающей паразитический образ жизни/, как противоречащую гарантиям конституции СССР свободного выбора профессии и права на труд.

2. Отмену статьи 198 УК РСФСР /нарушение паспортного режима/ лишающую нас права передвижения и занятия свободным творчеством.

3. Дать указание органам милиции и госбезопасности не хватать художников при демонстрации своих произведений.

4. Отмену статьи 88 УК РСФСР /незаконные валютные сделки, предупреждающие получение нетрудовых доходов/. Признать сделки законными трудовыми доходами художника.

5. Отменить таможенные барьеры и пошлины на вывоз наших произведений за пределы СССР, т.к власти не считают нас художниками, а значит наши произведения они не имеют права оценивать.

Мы обращаемся ко всем организациям мира и к каждому человеку в частности, помочь нам отстоять наше законное право на труд.

Илья Александрович. 1

Даю Вам краткую справку об выставке экспозиции, которая сейчас у меня дома.

Я уже не помню, говорил ли я Вам, как это всё началось.

Нашим ребятам - художникам оказывают и открывают в проведении выставки. Большинство из них профессионалы, и занятие живописью - дело их жизни. Не имея возможности выставиться, не имея контакта со зрителем, они окружены веселой немногочисленной когортой друзей и поклонников, однако не имея сбыта своих работ, подчас в буквальном смысле - голодают. Среди них есть художники уже в возрасте, имеющие за плечами по 2 академии (Мазуркин Коля

которой сейчас работает мастер,
потому что эта работа — 24 часа
работа
на трое суток свободных — дает ему
возможность рисовать.

Первая возможность *(выставиться официально)*, как Вы,
наверное, знаете, часа была
дана властями в декабре в
Доме Культуры имени Газа.

Выставка продолжалась 3 дня,
вызвала огромный интерес. Ее
посетили более 8 тысяч человек,
с и 1,5 тысяч отзывов. Свыше
девятисот было одобрительных и
требовавших продолжения знаком-
ства с ~~*~~ этим непризнанным
~~за~~ течением в современном
советском искусстве.

Эффект выставки был полностью
~~за~~ замолчан в прессе и по радио
ни одного слова не проронил
ни один официальный орган
информации.

С другой стороны на художни-
ков, участников выставки усилили
нажим. (Росс, Окунь) Некоторые потеряли
свои мастерские, другим было
сказано, что с ними не будет
вестись впредь контрактов.

Даже перед ~~началом~~ откры-
тием выставки в Газа, за
4 часа, 4 участника (Путилин,
Шанто.) сняли свои работы
и отказались участвовать в
выставке. ~~Что~~ из их последующих
~~заявлениях~~ рассказ сделано, что
они были предупреждены о
"возможных последствиях" для
них самих. Просто им "дали понять".

"Дали понять" многим, но
спасовали только четверо.

Также за несколько дней
до открытия были сняты
и работы нескольких москов-
ских художников (Зеленин), но

уже не по их воле. Просо
начале им было разрешено,
потом вдруг — отказано.

Сразу же после выставки в
Д.К. Газа ~~нача~~ ~~орг~~ оргкоми-
тет начал подготовку к прове-
дению следующей, т.к. перва
выставка видела скорее разгра-
ничение зрителей тем, что смо-
треть работ не было никакий
реальной возможности — так
плотна была толпа зрителей
и так мало было отведено
времени — 30 минут — на каж.
дро группу в 200 человек.

Нелепие отказание и намеки
властей казалось бы указыва-
ли на возможность новых
выставки. Власти, видимо, и
сами не знали, как им
впредь поступать, тем более
~~что~~ при переменах в Мини-

соёстк культури.　　　**3**

До февраля у меня были
представлены только торе, и
каждое воскресенье приходили
наши знакомые, приводили
своих друзей, знакомых, род-
ственников, приходили иногда
семьями.

В феврале мы решили
пригласить и других участни-
ков выставки в Газа. Оргко-
митет художников принял
наше предложение, и в февр.
у меня уже было развешено
около 80 работ 13 художников.
В конце февраля в Москве
началась подготовка к московской
выставке и были даны ту-
манные намёки, что может
быть возможно будет участие
и ленинградцев.
Однако, ничего этого не про-
изошло. Ленинградцы были гло-

...ированы на квартире бывшей Кузнецовой милицией и КГБ.

Мы же экспедицию в это (от той числа и типографии) Время продолжали функционировать, как и раньше, каждое воскресение.

В мае снова туманное предположение об организации Всесоюзной выставки. Опять мимо.

Ребята устали от обсуждений и заседаний, что 25-го мая устроят выставку на открытом воздухе в Л-де. На нее были приглашены художники со всего Союза.

Оргкомитет был открытой и это дало возможность властям видеть всех по одному членов оргкомитета, зачитать им некие положения из Уголовного Кодекса об ответственности за нарушение общественного порядка

4

Убедить их отказаться от выставки не удалось. Оргкомитет заявил, что этот вопрос решает общее собрание.

На общем собрании было решено: если приедут москвичи или художники из других городов — выходим, если станет известно, что никто не приедет, то....

тут мнения разделились. Решали вопрос тайным голосованием. Большинство проголосовало — не выходить.

8 человек не приняли этого решения и решили выйти в Сосивку с работами.

Однако утром их взяли при выходе из дома милиция.

Лисунов был арестован и
2 дня сидел в Большом доме
Филимонову сначала вроде
на улицу разрешили (без картин), но
в Состовке посадил в маши-
ну и отвезли домой под
домашний арест.
То же случилось с Сине-
вином и Арефьевым, но
милиционер сопровождал даже
до гастронома и обратно.
После того всех художни-
ков, участников выставки в
Д.К. Газа вызвали в Управле-
ние культуры и заявили,
что им идут навстречу и
обещают устроить выставку
в конце сентября при условии,
что не будут „вести себя пло-
хо" и не устраивать того, что
натворили Синявин, Филимо

нов и компания.   5.

Но обещание — только осенью.
А что сейчас? Тихо. Види-
мо и тихне. — А гарантии.
Гарантии никаких, если
будет возможность, то устроим.

Тогда Галецкий предложил
тогда найти 6-7 ~~на~~ человек
любителей живописи, чтобы
у них на квартирах каждый
день вешали то, что во воскре-
сенье у меня с тем, чтобы
любой человек в любой день
мог бы как-то познакомиться
с работами художников.

До сих пор, а прошло уже
2 месяца мы не нашли
никого, только послужил 2
нужен еще в одном месте
можно посмотреть ~~его~~
4 художников.

1. Галуцкий Юрий 31 год.
2. Овчинников Владимир ~35
   член оргкомитета
3. Леонов Александр ~40
   чл оргкомитета.
4. Геннадиев Андрей ~30
5. Дышленко Юрий ~30
6. Кубасов Виталий ~30
7. Росс Игорь ~25
8. ✓ Петроченков Юрий ~30
9. ✓ Есауленко Евгений ~30
10. ✓ Рухин Евгений ~30
11. Любушкин Николай ~39 м
12. Видерман Владимир ~30
13. Гаврильчик Владлен ~38
14. Филимонов Вадим ~30
15. Зубков Геннадий ~30 ⎤ школа
16. Смирнов Владимир ~30 ⎥ Стерлигова
17. Гриценко Елена ~25 ⎥ ученики
18. Чубуч Михаил ~25 ⎦ МАЛЕВИЧЪ

231

У меня на всех сейчас
20 человек, а с февраля
их было 24, по четверо
по разным причинам ушли.
Всего у меня сейчас
больше 100 работ.

Я посылаю Вам слайды
34 работ. Жаль, что я их
отбирал в спешке.
Список участников написан
в порядке (хронологическом)
участия их у меня в экспоз-
иции.

19. ✓ Рапопорт Алек ~ 40
20. Исаев Александр - 19 лет
21. Жарких Юрий - 31/2 года
22. Гуменюк Феодосий - 35 л.

23. Корнфельд Татьяна ~ 25
24. Павленко Наталья ~ 22

Галоша (4 чел.) рядом с данными
ребят, в забравших работы.

232

ПИСЬМО ИЗ ЛЕНИНГРАДА

Мы, художники, поэты, писатели, философы, искусствоведы, обращаемся к широкой мировой общественности, будучи глубоко озабочены судьбой ленинградского коллекционера Георгия Михайлова, подвергшегося уголовному преследованию и осужденному на четыре года лишения свободы с конфискацией имущества только за то, что он устраивал у себя на квартире выставки художников-нонконформистов и содействовал популяризации нового искусства в России. На процессе, длившемся свыше трех недель, несмотря на обилие допрошенных свидетелей (более 50 человек), вина подсудимого фактически так и не была доказана.

Определением суда предписано УНИЧТОЖЕНИЕ всех слайдов и тех картин из коллекции Михайлова, которые не будут приобретены государственными учреждениями. Учитывая, что коллекцию составляло свыше 100 работ маслом и множество листов графики, что это было самое представительное собрание ленинградской живописи новейшего времени, подобное решение суда нельзя расценивать иначе, как официально санкционированный акт культурного вандализма, цель которого - устрашение любого художника, рискнувшего в обход государственных учреждений заниматься искусством.

Мы оказываемся перед фактом целенаправленного физического уничтожения картин в государстве, которое является активным членом ЮНЕСКО и НКОМ, и дальнейшая наша деятельность находится в реальной опасности. Мы снова оказываемся в ситуации, при которой преступлением является сам факт создания произведения, не отвечающего канонам соцреализма, когда свободная деятельность художника рассматривается как политическая акция, а попытки популяризации нового искусства - как уголовно наказуемое антиобщественное деяние.

Мы обращаемся к руководству ЮНЕСКО и Международного Союза Музеев в надежде, что создание авторитетной международной комиссии, состоящей из искусствоведов и юристов, знакомство членов этой комиссии с материалами дела Георгия Михайлова и с подлежащими уничтожению произведениями искусства приведет к пересмотру и отмене позорного приговора.

В.Овчинников, Ленинград, пр.Культуры 14, кв.3
Аветисян Армен, Ленинград, пер.Гродненский 11 кв.13
Журков И.С., Ленинград, ул.Карбышева 6 корп.2 кв.38
Иванов И.В., Ленинград, Владимирский пр. 15 кв.24
Горгонов, Ленинград, Фонтанка 2 кв.402
Захаров, Ленинград, Огородный пер. 6/1 кв.64

Б.Иванов, Ленинград, Митавский пер. д. 3 кв. 33
А.Лоцман, Ленинград, Лиговский пр-кт 44 - 524
Г.Богомолов, Ленинград, Варшавская 77 кв. 138
В.Дмитриев, Ленинград ул. Плеханова 42 - 18 (поэт)
Б.С.Конский, Ленинград, ул. Казакова д. 10 кв 57 (инженер)
А.Белкин, Ленинград, Якубовича д. 22 кв. 5
В.Афоничев, Ленинград, ул. Жуковского д. 18 кв. 3
К.Миллер, Ленинград, ул. Маяковского д. 16 кв. 40
Кошелохов, Ленинград, ул. Мытнинская д. 9 кв. 5
В.П.Смирнов, Ленинград, фотограф, пер.Декабристов 8 - 135
И.А.Широкова, искусствовед, пр. Славы 35/1 - 237
Н.А.Цехомская, ул. Жуковского д. 18 кв. 1, фограф-художник
Т.В.Федотова, писатель, Новочеркасский пр. 40 кв. 68
Л.П.Федоров, художник, 8 Советская д. 33 кв. 30
Новиков Тимур, ул. Войнова д. 24 кв. 84
Т.В.Круглова, Ленинград, Боровая ул. д. 20 кв. 8
Н.К.Симаков, Ленинград, ул Мира 10 кв. 35
А.Ю.Гордиенко, Космонавтов 48 кор. 3 кв. 38
В.В.Дюков, Победы 18 - 30
Б.Кудряков, Боровая д. 72 кв. 17
Г.В.Григорьева, психолог, пр. Маршала Жукова д. 34 корп. 1 кв. 99
А.Б.Любачевский, ул. Марата 68 - 23
Б.Мамонова, ул. Правды 22 - 54, художник
Т.Горичева, ул. Грибоедова д. 23 кв. 61
М.Кунина, ул. Таврическая д. 2 кв. 156
М.Кучина, ул. Халтурина 7 - 15
М.В.Лесниченко, пр. М.Тореза 40 корп. 4 кв. 68
Ларин Вячеслав М., художник, Лен. обл. ст. Мга,
ул. Дзержинского д. 14 кв. 49
Ларин Владимир, художник, Лен. обл. Любань, Ленина 15 кв.6
Лилеев Юрий, художник, Лен. обл. ст. Мга, ул. Железнова
Зверев, художник
С.К.Мусолин, художник, В.О. 14 линия
Ю.В.Горшков, художник
Лев Сергеев, без места жительства, художник
В.Окунева, фотограф, ул. Козлова 13/2 кв. 20
Н.Любушкин, художник, ул. Некрасова 24 - 20
В.Кривулин - поэт
и другие подписи.

Некоторые фамилии и адреса неразборчивы, просим простить возможные ошибки.

Ingrid
и Ве
wi...

...га не было ошибкой поселить
они мучились, как в аду?"
...о, если бы евреи жили в
...ружали бы первоклассный
...здух и спокойные французы?"
И. Бабель

...ёл свидетель книгу Помню..."
И.Б.

...у-ех Бабеля — Окуджава
Параллель иноверцев.

Из писем одной Ленинградки. 3 окт. 1975г.

10 сент. я была на выставке художников, не членов Союза. Они
проходили в Невском доме культуры. В первый день народу
было сравнительно мало, и это плохо не знаю не хотя,
я проходила его при ... уже... когда уж они устали.
Выставка большая (30 художников), у каждого не меньше
$2^x - 3^x$ карт-ны. Первое впечатление: однообразие, архаи,
бедность, преобладают тревожные, резкое, всё мягкое, ли-
рическое ... какое-то терзает, ощущ... отстукает. Второе
впечатлен: что-то знакомое, хочется называть каке-
то известное имена (под Босх, под Пиросмани и т.)
но это не важно, пускай себе и подражание. Главное
— пусть как хочет и как получается. Мне показались
наиболее интересны худ-ки:
1. Жарких: притчи "Земли приближение" (черный фон, вы-
деление ... бело-серой ... красок из плоскости картин)
2. А.Безгауз: лубочные картины — притч... из жизни русских евреев
3. Окунь: "Мясники" и "Человек с булкой" (мясники — красн...
фон, раз...тая туча, при красив. морды с глазами-щелками с
зажженными ножами, на передний план немного пониже —
даже в пламени и огнях идёт на нас, прижимая к груди убитую
курицу. Страшная картина!)
4. Ев. Рухин — конструкт... ции с поп-арт...ми.
5. Киверов. "Суббота", Воскресение "Понедельник"
6. Путилин. композиции в цвете, четкий геометрический рисун...

7. Мицин: офорты о Пушкине (изящные, вполне как бы реалистичны и очень рисованные)

8. Козлов - очень хорошо смотрится

И много ещё. Но я чувствую, что писать о живописи трудно не сбессудьте

В Москве 22 сентября я побывала тоже на выставе т.н. "неофициальной" худ-ов. Выставка ещё большая, чем в Ленинграде (2оо художников) Конечно, как в уж стало менея качеству (не картин, а моло восприятия) и что я не способна распространяться подробно об этой выставе. Она мне понравилась я опять, главное, своим разнообразием, даже в подражаниях я повторениях пройденного, всё равно приятно было смотреть.

1. тут и есть Рабинух (кстати, если можно так выразиться, довольно реалистичное ~~~~ чисто на общем фоне, но просто профессионально хорошо нетиенные) были и свои "еврейский" !!!?

2. художник Евгений Рубашкин, понравились мне пейзажи Эдама своими красками, много картин сюрреалистов, довольно жутковатые по настроению (например

3. Яковлева: Комната. У стены на голове, спиной к нам, стоит коротконогий человек Посредин пола две голые ступни, сверху охваченные пламенем. Из-под двери торчит женская голова. Написано чётко, без всякой размытости и переходов)

4. Неплохие портреты работы худ. Зверева (небрежная скоропись, полузагерокрытые лица, но выразительные)

5. Целая стена поп-артов Волохова.
Это маленькая доля того, что там было

В Вильнюсе. октябрь 1975.
1. Выставка художника "Мир искусства", который сам здесь лет до 20 лет жил в Вильнюсе, потом в Петербурге, затем с 1920 по 1939г оформляли 40 спектаклей Каунского театра. этому и была посвящена выставка.

2. Выставка художников Литвы к 100ию со дня рождения Чюрлёниса. Очень среди них есть хорошие художники!

В Ленинграде 3 октября было наводнение. Говорят, первоочередное (2м 70см.) 5ое по счёту Сейчас здесь же холодно +5° Дуют сильные ветры. Трудно ещё привыкнул, поэтому кажется здобро! Не люблю холода. Не люблю темноты. А наступает именно такое время в Ленинграде.

БЕГЛЫЙ БАРАБАНЩИК ИЗ РЕЧИЦЫ-МОЗЫРЯ

*Уже и внучата плодятся. Как я, году в 69-м, подобрал на Марсовом трех белоруссов, из которых Саша Исачов стал верным моим учеником, так и в 1985-м, в Нью-Йорке, на улице - Очеретянский надыбал Игорька Кофмана, приведя, естественно, ко мне. И вытаскивает тот из пакета - пачку мятых фотографий Исачонка и его работ. Единственное богатство, которое вывез он из своего Гомеля-Мозыря. И рассказывает мне про Исачова и Шпадорука, как живут они, как мотались в Ленинград на выставки-продажи у Жоры Михайлова, как церквушки в Белоруссии расписывали, на харч. Живет Исачонок, рисует, но на письма и звонки отсюда - не отзывается. Детей наплодил. Шпадорука прикармливает. А Игорек Кофман, из правоверной еврейской семьи, с 14-ти лет - в ресторанных лабухах, сам кормился и друзьям помогал. Заделался "оруженосцем" христианина Исачова, как теперь тут и у меня. Бегает по еврейским демонстрациям, к любавическому реббе /признался тут, что у негг - "два учителя: любавический реббе и ... Кузьминский"/, по идеализму - и Меира Кахане, еврейского фашиста, уважает. За что бывает изруган - а надо бы пороть. Но это - от юношеского максимализму. На прожитье - устроил его тут к Коневу, пленки дублировать. Год проработал, сейчас старичков возит по больницам. Самостоятельный пацан. Случалось, что и меня в том году вируучал. Добротное еврейское семейное воспитание. Редкое в наши дни.
Вот и помещаю - привезенные им фотографии, плюс из своих запасов. Гут.*

Исачёв в ДК Газа, 1974.

Igor Shpadaruck
Portrait of Georgy Mikhailov
Oil on board, 1980

А.Исачову

яэчко гарячо як бульба
данович пише триольет
ась гульковина и блюбоннет
Парижу пляшэ Триоле

же гарный русый бьялорусый
ому ты Рэчицэй журчышь
кэтабы пышет Багдановіч
ич переводэ их на ідэш

чик, Пан, та тайная вечеря
су откахована взийшла
им атлантыческим тэченьем
отэ яэчко та луна

крадэтся тыхо Багдановіч
еля папиры та кресты
мэнэ на Завсхід Магдагачи
ель комель Петербурх та ты

25 (1977?)
as

С постэпіграфом
из Исачова:

"Пойду с папирой
С сумой пустою
Бродить по миру
Памхой опоян"

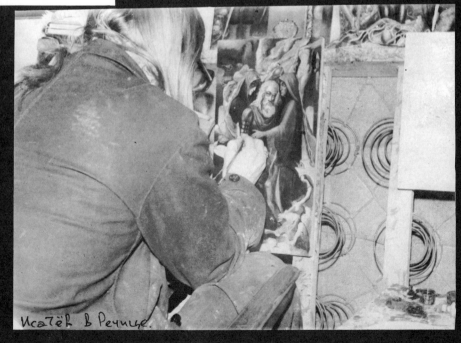

Исачёв в Речице.

Некрасовых. Филимонов Исаков Некрас

Alexander Isachev
Kane
Oil on canvas, 1980

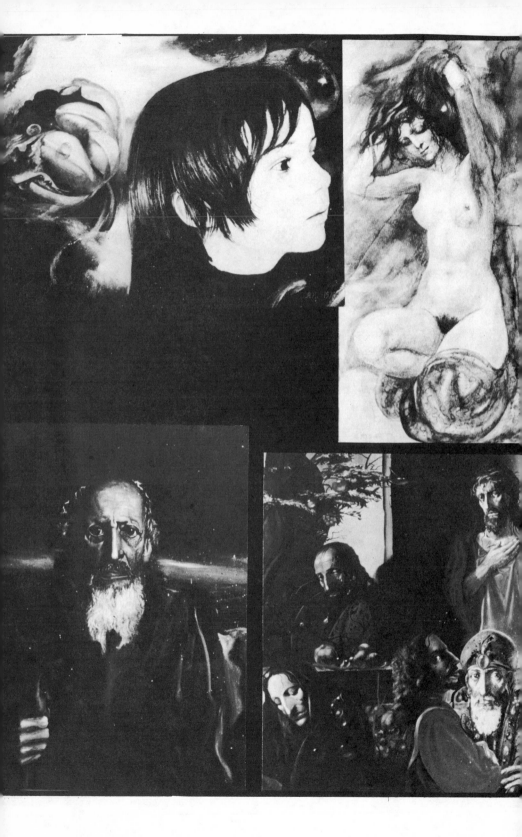

На маленькой фотографии - слева направо:
Денисов, Исачёв, Коновалов. Отдельные фото:
Денисов, Гордина.

1. Владимир Денисов 1954г р Белорус родился
в Витебске, сейчас проживает в Ленинраде,
работает дворником. Пишет маслом,
основное место в творчестве занимает
Ленинград (набережная Невы, Петропавловская
крепость, Исаакиевский собор и т. д.).
Художник совершенствует свою технику на
сравнительно узком материале. Очень
интересно цветовое решение. От картин
исходит чистый дух (в смысле свежесть,
чистота). I выставка (единственная
на 1983 год) состоялась у меня в начале 82 год.
Основное кредо - религиозная философия.
Евангельский христианин однако интересуется
также другими направлениями в христианстве
и другими религиями. Гроза ленинградских
генералов и адмиралов, к коим он
подходил на улицах или на пляже и
начинал беседовать на философские
темы,* обращая их в паническое бегство.

2. Александр Исачёв
   Художник, которому много дано свыше.
Пишет на религиозные темы. Пардон,
но я вряд ли смогу добавить что-то
к творческой биографии всемирно известного

художника. Пил много - но это тоже все знают.

3. Валерий Коновалов

Ученик Исаева (наверное не лучший).
Удивительно хорошо имитировал
Брежнева и Сталина и рассказывал
анекдоты, - особенно удавались
грузинские и еврейские. Первая выставка
состоялась в начале 81 года в лесбиянском
вертепе, вторая - весной того же года
у меня. Уроженец Белоруссии, последние
годы жизни в СССР прожил в Выборге.
С 1983 года живет в Мюнхене.

4. Мария Добрусина 1951 г. р.

Ортодоксальная иудейка. Женщина
глубочайшей внутренней культуры.
Портретистка очень высокого уровня,
впрочем пишет не только портреты.
Из наиболее врезавшихся мне в память
работ упомяну "Портрет матери" и
"Портрет Асы Таратутти".

* проблемы войны и мира, гонки вооружений
с точки зрения высоких материй.

Б. И. Иванов и — ?

Вадим Крейд

МИХАИЛ ИВАНОВ И ДРУГИЕ

Для внезапных визитов час был странный даже по эластичным ленинградским понятиям. Глеб Горбовский привел незнакомцев; одного представил как философа, другого - как художника. Были они братья, рослые, в одном, должно быть, 190 см, другой чуть пониже, ему предстояло еще расти. Их вид был слегка запущенный, и они были голодны. В доме, однако, не нашлось и хлебной корки. Такое случалось - и в силу беспечности, оставшейся от вчерашнего студенчества, и по регулярному безденежью перед получкой. Оставалось только одно - сварить кашу, достоинства которой были оценены посредством съедения полной кастрюли. И беседа, как говорится, оживилась. При таких обстоятельствах я познакомился с художником Михаилом Ивановым.

Горбовский ,случалось, забредал, откупорив в парадной бутылку
портвейна и отхлебнув, чтобы убедиться. Войдя в комнату, неуве-
ренно предлагал присоединиться, и отказ неизменно следовал.
Ни гость, ни хозяин-трезвенник никогда не нарушали этого ритуала.
У Горбовского имелось не мало знакомых в Средней Художественной
Школе, Михаил Иванов и Татьяна Кернер в их числе. Должно быть,
среди этого окружения молодых художников возникла его песня
"На диване", а гречневая каша в тот поздний вечер мне вспомина-
ется как иллюстрация к ее словам.

Жестокий романс сей относился к стройным длинноногим и трезвым
Кернер и Иванову очень частично: пьющими не были, зато голодными -
часто.

Братья жили в просторной квартире на ул. Правды рядом с одним
из многочисленных в Ленинграде Домов Культуры. Похоже,что квартира
досталась от революционного деда, большевицкого Робин Гуда. Как я
когда-то понял, его хобби было нападения на почтовые поезда,чтобы
деньги богатого почтового ведомства экспроприировать и передавать
их в бедную партийную кассу. Внуки от награбленного золота не унас-
следовали ни золотника. И ценя время, не особенно стремились убивать
его на службе. Случалось, один из них оформлялся кочегаром.
Работали вдвоем, посменно. Так на одну кочегарскую зарплату по
временам и существовали. Костя учился на философском факультете,
и до того,как стать неохристианином, увлечен был Давидом Юмом.
Костя - человек способный, и был принят в аспирантуру. Но по преврат-
ности судьбы не Академия Наук в итоге распахнула ему двери,но
опять кочегарка,хотя и рангом повыше: он стал уже не угольщиком,
а газовым оператором. Аспирантура осталась не оконченной. В пяти-
десятые годы я встретил лишь одного работягу с высшим образованием.
Он работал литейщиком в почтовом ящике на Петроградской стороне.

Он был инженер по образованию, и работяги дивились его "придури".
В шестидесятые же годы гуманитары повалили в работяги: сравнительно
массовый исход, так что порой и в отделах кадров уже не удивлялись.

Костя, доминировавший во всем по праву старшинства, был чуть
менее серьезен, чем Михаил - человек с лицом благообразным, сим-
метричным, светлоглазым, а позднее и русобородым, одним словом,
иконописным. Особенное сходство с иконами северного письма явилось,
когда братья вошли в неохристианскую волну, молились, постились и
все такое. Впрочем, Костя в соавторстве с Гаврильчиком писал
оставшееся для меня эзотерическим драматургическое сочинение,
персонаж которого, электромонтер по призванию, в абсурдности своей
попирал каноны Ионеско. Миша от ранней своей графики, о которой речь
впереди, перешел к живописи с заметным влиянием древне-русского
искусства.

Гаврильчик одно время вообще играл роль в жизни братьев, разделяя
интерес к сочинительству с Костей и к живописи - с Мишей и был
частым гостем у них. Квартира эта повидала всякого люда в изобилии.
Устроена, в частности, была выставка живописи - натюрморты в ос-
новном - какого-то художника с Украины. Имя его забыл. Зрителей
набралось человек двадцать - во всяком случае, в тот вечер, когда
я пришел посмотреть выставку. Но это не была выставка-продажа:
публика в основном молодая, Мишиного возраста, люди незнакомые,
кроме Кернер, Гаврильчика и двух-трех других.

Гаврильчик, в конечном итоге, сманил братьев на шаланду. Позднее,
лет через десять, шаланды стали легендой, и Гаврильчик хотел писать
о них. Жаль, если не исполнит намерения. Запомнился один из его сюжетов,
рассказанных им, когда мы сидели в кухне на его с Мишей шаланде,
пили чай, придя к ним "в гости" с Борисом Ивановым. Такие чае-
пития устраивались, впрочем, редко. Но случались часы, когда все

было сделано,ничего не висело над тобою,катер тащил шаланды к
Кронштадту, а там еще часа два ходу до земснаряда, где мы гру-
зились. В такие вечера изредка собирались в более просторной
"кают-компании", а на самом деле в кухне,топили печку, кипятили
чайник, и шел более или менее ленивый разговор.

История,рассказанная Гаврильчиком
на кухне за чаепитием

Ему понадобилось зайти по делу к одному шкиперу, когда шаланды
толпились у причала,ожидая своей очереди на разгрузку. В очередях
простаивали часами. Нам-то было все равно, так как шло не наше, а
казенное время. Итак, прыгая с шаланды на шаланду, Гаврильчик
добрался до той, которая была нужна. Окликнул шкипера,ответа не
последовало, и он решил спуститься по лестнице вниз, в каюту.
Дверь была открыта, и спиной к нему сидел нужный Гаврильчику шки-
пер. Владлен окликнул его, но тот был поглощен привычным,должно
быть, ритуалом. Он сидел перед портретом,размером с зеркало,
которое может отражать в полный рост. Изображенный в полный свой
рост, с картины смотрел веселый генералиссимус. Шкипер был занят
и на оклик не обернулся. Он налил стакан и сказал,обращаясь к
портрету:"Выпьем,дорогой Иосиф Виссарионович. Обидели тебя пидара-
сы. Будет и на нашей улице праздник! Он чокнулся с портретом и
продолжал д и а л о г. Ничего более не произошло, портрет даже
не подмигнул бедному шкиперу, но эта история говорит мне что-то
о недрах российских.

Среди шкиперов чудаки не были редкостью,и поэтому на нашу стран-
ную команду специального внимания не обращали. На разгрузке мы встре-
чали

низкорослого крепыша,родом из северной деревни. Его баржа походила
на безлюдный цыганский табор. На палубе живописный хаос предметов,
сушились на веревке портки и заплатанные рубахи, пахло щами. Как
человек деловой, он всегда находил занятие:рубил дрова, таскал уголь,
ловил рыбу и вялил ее. Безразличным тоном, именно м е ж д у
п р о ч и м он сказал, что полгода,пока длится навигация, он не
спит совсем. По роду обязанностей шкиперу надо вставать ночью и
всегда в разные часы. Он и решил,что лучше не ложиться,
чтобы не проспать. "Спим мы дома, в деревне, зимой,"- сказал он,
называя себя на "мы". Когда залив замерзает, шкипера разъезжаются
с ноября по апрель по домам, заработав свой зимний отпуск двенад-
цатичасовой вахтой без воскресений и суббот. Его же вахта длилась
24 часа, поскольку помощника шкипера на шаланде не существовало
и вместо такового, он оформил жену, которая из всех морских занятий
умела стирать портки и варить щи.

      В семидесятом году Гаврильчик плавал с Борисом Ивановым.
У каждого имелась своя каюта с водой,булькавшей под полом, с
сыростью и реальной угрозой тяжкого радикулита. Но два таких
добрейших человека не должны обитать в условиях перманентной
совместности. Гаврильчика начало раздражать упрямство Бориса.
Оба они работники - за что бы ни взялись. ~~От плотничанья до~~
~~писания картин и создания литературного журнала.~~ Но их подход
к делам полярно разный. Гаврильчик работает тщательно и добротно.
В его голове гнездятся правила и есть место для инструкций.
В строфе его "Спецстихов" виден краешек автопортрета:

                И я сижу в трамвае увлеченный
                Порывом трудового вихря,
                Хороший и ни в чем не уличенный,
                Читаю книжку про майора Вихря.

Борис подходит к ситуации вопреки общему опыту. Импровизация

заменяет инструкцию. Так что Гаврильчик "свалил" на шаланду к
Михаилу Иванову /обе баржи ходили связанными одна с другой -в паре/.
Немедленно водворилась и воцарилась былая приязнь. Чтобы начальство
не заполнило вакансию каким-нибудь нормальным алкашом, все трое
предложили мне перейти к ним с моего лихтера,который ходил в
"дальние плаванья" - на Онегу и по системе северных рек. Таким
путем и возникла эта четверка в июне 1971 года.

Все были не богемные люди. Миша и художником-то не выглядел
при всей своей бородатости. Вместо спецовки, носил гимнастерку,
оставшуюся после армии. Рассказывал солдатские истории,оставаясь
благообразным. С ним легко работалось: он не склонен терять равнове-
сия в скверных ситуациях. Мы были на палубе,когда пьяный моторист
буксирного катера так рванул трос, на котором шли наши баржи,что
тот лопнул,как струна,и со скоростью очковой змеи просвистел над
головами,задев мои волосы. Мы посмотрели друг на друга. В жизни
бледнее не видел лица,-сказал он мне.

                    Погодка стоит петроградская,
                    И слякоть и дождь, и туман.
                    Увы,ситуация блядская -
                    Мучительно нужен наган.
                                   /Гаврильчик/
Я побрел в каюту,думая о сигнальной ракетнице. Шаланда уже болталась
по воле волн. Внезапно тряхнуло так, что я спустился по лестнице
на лопатках,насчитав медью обитых одиннадцать ступеней, и забыл
все,что хотел прокричать мотористу.

С Борисом у нас уже был опыт совместной работы;в редакции,под
началом профессианального интригана. Выпускник Высшей партшколы,
по должности он был главный редактор и делал продуманные усилия,
чтобы развалить работу и спросить за это с подчиненных. В свобод-
ное от интриг время он писал ~~книгу~~ брошюру "О моральном облике молодого
советского рабочего" /~~книга~~ брошюра издана/. У него была очень приятная
улыбка, и глазки холодели как острое стекло.

История, рассказанная
главным редактором

Водочку, значит, пьем. Ну, я понимаю, седьмое ноября завтра - какая
же работа сегодня. Да ты не прячь, не прячь. Бутылка на столько
голов, разве ж это выпивка. Страшная вещь водка. Я вот на Псков-
щине партизанил. Выпили, значит, закусили. Темно было, вдруг слышу -
кто-то идет. Я-то и думаю: полицай! Схватили мы его и тут же
повесили. На утро смотрим - не тот. Не того человека повесили.
Вот к чему водка ведет! Да вы не стесняйтесь, пейте, а я пошел.

> Вдоль по улицам гуляют
> Нашей Родины сыны,
> А в небе звезды заседают
> Председательством луны.
>   / В.Гаврильчик/

Вот и шли люди с высшим образованием на тюлькин флот и в кочегарки,
не все подряд, правда.

Миша - наибольший индивидуалист в этой компании индивидуалистов.
У Бориса, к примеру, есть написанный им рассказ, сюжет которого -
дружба как наваждение. Да и каждому из нас шаланды остались памят-
ны прежде всего светлой стороной того времени. "Странным поздним
романтизмом веет от тех лет,- писал он мне. -Такой опыт возможен
только в России".Бориса связывало с братьями неохристианство.
"Новохристианами я называю тех,- писал он в журнале "37"/перепе-
чатано в "Гранях",№113/,- кто крестился сам. Он не получил знание о
Христе через семейное предание...В биографии новохристианина всегда
можно найти человека или книгу, которые впервые ему поведали о веч-
ном Боге". Как и у Бориса, у братьев всегда было много нового и
много поиска. Тем более озадачило одно из писем Бориса через несколько
лет после шаланды:"Костю не вижу, но говорят стал толстым и равно-
душным". О Мише ничего не написал.

изредка
Миша ~~редко~~ показывал свои картины, как впрочем, и Гаврильчик
свои-/марины,писавшиеся тогда/.Борис читал том за томом Ключевского
и размышлял о философии истрии,будучи занят темой о предчувствии
будущего. В этой связи должна быть приведена

История,рассказанная
ему мной

Знакомый литовец, тративший свое время на халдейские таинства
о знаках Зодиака,пришел однажды ко мне с составленным гороскопом.
Интерпретировать его он не сумел, оправдываясь, что не уверен еще
в себе по части понимания планетарных аспектов, как дружеских,
так, и напротив того, - премерзких. Но, - сказал он,- есть у него
два индуса, и они может быть ~~повеводалеео~~ способны развеять его
сомнения, а вместе с тем просветить нас относительно будущего.
Тут же мы направились к станции метро и с пересадками, через
полчаса добрались до гостиницы "Россия". Оба индуса были у себя
в комнате и ждали нас, ибо мой знакомый позвонил им. Мы разго-
ворились на полурусском-полуанглийском языке. Выяснилось, что
они инженеры и проходят практику на заводе "Электросила".Когда
я обнаружил некоторые слабые познания в религии индуизма и
некие крохи познания относительно специфической его формы, -
индусы, один из коих показался мне м существом пошловатым, отчасти
прониклись. А проникшись, сказали доверительно, что через десять
месяцев "мистер Хрущев будет упасть". Я спросил их : как так
упасть? Через десять месяцев мистер Хрущев,- сказали они,-
уже не будет править вашей страной. Как бы там ни было, слышать
это оказалось приятно,однако о новом вожде, кто придет на смену,
сказано не было. Об этом предсказании,- сказал я Борису,-
знали еще два физика, и я назвал их имена./Оба уже не в России/.
Хотя один из индусов стал часто наведываться ко мне, случилось

так, что я совсем забыл о предсказании. Когда же в 1964 г.
"мистер Хрущев упал", первое, что я сделал - стал соображать,
в каком же месяце имел место первый мой разговор с индусами.
Оказалось ровно десять месяцев назад.

Возвращаясь на шаланду, должен сказать, что пока Мих. Иванов
писал картины, навеянные сюжетами изографов, и в то время, как
Гаврильчик писал марины, а Борис занят был философией истории,
я, помимо других дел, писал стихи. И однажды дал всю пачку Мише
на отзыв. Вскоре он вернул их с пометкой на каждом листе:
тильдой обозначил все поплоше, знаком вопроса - сомнительные
и крестом - приемлемые. На тильды он оказался щедр, а на кресты -
скуп. ~~на сие христианин~~. Иногда на полях оставлял ремарки
ad hoc : "пустые пышности" или "а ~~сие~~ ^{сие} дурно". Он был излишне
напряжен в своей живописи, по сравнению, скажем, с Гаврильчиком,
который претендовал на статус самодеятельного художника, а с такого
многое не спрашивается. И эта претензия ~~самоуничижения~~ *самоумаления* дала ему
прекрасную раскованность в творчестве.

Графику Мих. Иванова начала шестидесятых годов я запомнил
лучше, чем живопись семидесятых. Сам Миша смотрел на эту графику
уже пренебрежительно, считая технику несерьезной. Техника состояла
в том, что Миша вырезал бритвой по белой бумаге и наклеивал листы
на черный фон. Работы были экспрессивны, линии вольные, неожидан-
ные, иногда виртуозные. Сюжеты, обычно декоративные, - свежи и
лаконичны. Стоило бы выставку устроить, - сказал я ему.
Да где же ее устроишь, - сказал он вроде бы грустно.
- Ну, хотя бы здесь, в моей комнате.
Эта восемнадцатиметровая комната могла показаться достаточно
просторной по причине отсутствия мебели. Со стен также не пришлось

ничего снимать. Дня через два после этого разговора Миша пришел
со своей графикой и развесил ее. Среди знакомых объявили выставку-
продажу, те явились со своими знакомыми. За вечер побывало человек
двадцать пять минимум. Хвалили, покупали. Некоторые из этих
работ действительно были ̶,̶ ̶с̶к̶а̶ж̶е̶м̶,̶ плодом вдохновения. ̶В̶о̶т̶
̶н̶е̶с̶к̶о̶л̶ь̶к̶о̶ ̶с̶л̶о̶в̶ ̶к̶ ̶и̶с̶т̶о̶р̶и̶и̶ ̶н̶е̶о̶ф̶и̶ц̶и̶а̶л̶ь̶н̶ы̶х̶ ̶в̶ы̶с̶т̶а̶в̶о̶к̶.̶ Эта первая Мишина
выставка состоялась в 1961 году. Одну из проданных тогда работ
в последствии я видел в доме моего друга физика. В работе этой
виден   начинающий художник, но физику нравилось, и много лет
она висела в его квартире на том же месте.

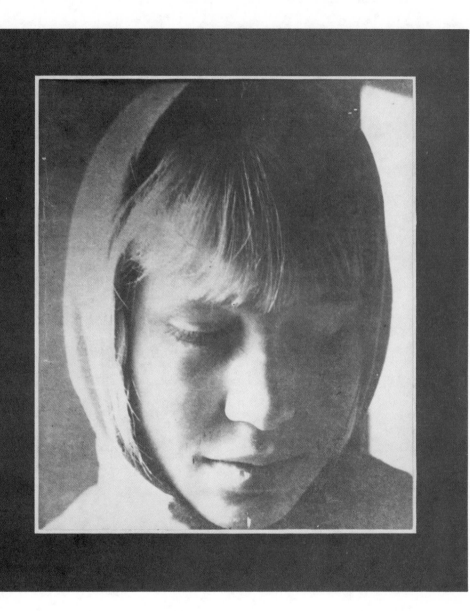

Title: Вадим Крейд
Subtitle: Художница Татьяна Кернер

                                                                Вадим Крейд

                          Художница Татьяна Кернер

        Привел меня посмотреть ее живопись писатель Рид Грачев.
В редкий день мы не встречались с ним в ту пору, и ему, пожалуй, не
терпелось поделиться открытием. Как он нашел Таню Кернер, мне оста-
валось неведомо. Словом, пришли в какую-то не слишком прибранную
комнатку, где и отодвинуться на подходящее расстояние, чтобы по-
смотреть картины, а не нюхать их, было разве что сквозь стену.
Некоторое число картин висело почти "ковровой развеской", очень
близко друг к другу. Еще десятка три картин стояли хаотическим
завалом у стены, как и полагается, без рам. Те, что висели над
диваном, сразу захватили, я бы сказал взволновали- не частая реак-
ция при встрече с современной живописью. Затем перешли к "завалу".
Во всех картинах был тот же стиль и тот же удивительный колорит;
~~словно~~ художница, еще очень молодая, уже определилась в своем главном.

        Единственная ассоциация, которая возникла, вела к Гончаровой.
Доказывать это влияние не берусь. Впрочем, настолько полоснуло ду-
хом той эпохи, что словно эссенция серебряного века, алхимически до-
бытая, была добавлена к краскам Кернер. Найден был цвет того времени,
но интерпретировался он с точки зрения свойственной времени нашему.
И поэтому нельзя было бы говорить о ретроспективных настроениях.
Картины были лиричны, даже мечтательны и странным образом эротичны,
так что Рид Грачев острил: " Таня пишет гениталиями". Эротичным
был цвет, а не сюжеты.

        Сама художница в тот раз вроде бы не произвела выдающегося
впечатления. Так случилось, что картины словно затмили их автора.
В то время она заканчивала или только что закончила Среднюю Ху-
дожественную школу. Ей было, наверно, вокруг восемнадцати лет,
выглядела как очень длинный худой подросток, состоящая вся из углов,
                                                знающая, однако,

цену себе и не знающая цену своему таланту. Готова была удивляться каждой реплике по поводу ее картин. У Грачева к живописи был абсолютный "слух", как и к музыке, и сказал он насчет чувственности в этих картинах точную вещь. Оставалось добавить, что такой цвет имеет пол, и не зная автора картин, без колебанья скажешь: художник - женщина.

Колорит ее ранних картин фантастически хорош - живой, независимый от предметности. Расцвет и цветение цвета! Предметы, фигуры окунаются в стихию колорита, как галлюцинация и так же, как галлюцинация, не обязательны. Предметность существует в сфере цвета и за его счет. Предмет лишь организует цветовое пространство, присутствует в нем ненавязчивым путеводителем, ориентиром для глаза. Этот цвет в ее ранних картинах мечтает о другом - еще более фантастическом - астральном цвете.

В картинах Лисунова, тоже ленинградца, умельца астрального цвета, тогда, в шестидесятые годы, взят был силовой подход: техникой, продуманными приемами, расчетом, теорией, знанием, любой ценой свести с астральных небес на холст проблеск нездешнего цвета. Скромного формата картины, которые я видел однажды у него дома, мрачны, контрастны, тревожны и как бы наполнены электричеством. Татьяне Кернер цвет давался легче; она - не скажу мыслила - чувствовала цветом. Картины колдуна Лисунова тревожили. Картины Кернер околдовывали.

Работы Олега Целкова, еще одного колориста, знакомого мне в те дни, шли в своем цветовом поиске, отчаливая от известного, от живописи Франции, куда он , в конце концов, и вернулся. Вот уж не случайность, а точная рука судьбы! В картинах Целкова немало и иных находок, помимо цвета. Колорит, как соло саксофона, но и другие инструменты слышны. У ранней Кернер цвет не инструментальный, но более непосредственный, "вокальный", так сказать собственный ее голос.

> Как облако, носимое ветром судьбы,
> Плыву по небу жизни моей...

Наметилась и еще одна линия знакомства с Кернер. В апреле 1961 года я внезапно встретился с Глебом Горбовским, выходившем из вино-водочного отдела гастронома на углу Стремянной и Марата. Мы не виделись несколько лет, и более неожиданным, чем сама встреча, оказалась для меня особенная Глебова расположенность и дружественность, ибо ранее мы были едва знакомы. Выяснилось, что мы соседи и что живет он на Пушкинской улице. Через два дня, довольно поздно вечером является ко мне вдруг компания во главе с кристально трезвым Глебом. В числе пришедших были братья Ивановы - Константин и Михаил / художник, тоже учившийся в СХШ одновременно с Кернер/. Оказалось, что Таня их двоюродная сестра.

Итак, в квартире Ивановых, в том же 1961 году я не раз видел работы Кернер. Подтверждалось мое первое впечатление о ее обостренном чувстве цвета. От самой же Тани, нередко навещавшей братьев, оставалось впечатление, что за пределами своей живописи, она не чувствует себя принадлежащей какой бы то ни было житейской ситуации. Отсюда, пожалуй, происходила заметная неуклюжесть движений, их излишняя размашистость. Но в своем главном, в живописи, Кернер исключительно пластична. Пластичен сам цвет, ибо не столько краска, сколько колорит явился материалом ее картин. По существу экзальтированная, она, как это казалось, жила словно вне быта. Так и не знал никогда, где работает и на что живет эта птица Божия.

Еще следует упомянуть "шаландный период". К нему принадлежат художники Владлен Гаврильчик, Михаил Иванов, в какой-то мере Кернер, писатель Борис Иванович Иванов, возможно, ~~и~~ ЕЩЕ КОЕ-КТО.

Словом, шаланды, полные Ивановых, если ~~и~~ иметь в

виду, что с нами работ~~ал~~ал еще и Константин Иванов, философ по образованию,

~~неопубликованных, конечно же, сочинений и~~ со-изобретатель

/вместе с Вл. Гаврильчиком/ стиля "маразмарт".

Шаланды возили стерильно чистый песок, добываемый земснарядом
со дна морского в Финском заливе, довольно далеко за Кронштадтом.
~~Так что "говновозами", как их пренебрежительно называет К.К.~~
~~Кузьминский в статье о Гаврильчике, они не были никогда.~~

Ходили эти посудины связанными
попарно; буксирный катер шел чаще всего впереди /иногда сзади/ и
тянул посредством троса два огромных железных корыта. На каждой
барже работали по двое - шкипер и помощник. Так, наша четверка
помимо меня, включала Бориса Иванова, Михаила Иванова и Гаврильчика. Но приходил помогать брату Константин Иванов, а также
частым гостем бывала Кернер - летом и ранней осенью 1971 года.
Словом, это была плавучая мастерская, ибо из обитателей, каждый
что-то писал, рисовал, сочинял. Через десять лет Борис Иванов писал
мне из Ленинграда: "У Гаврильчика есть прекрасная картина "Лахта" -
то место, куда приходили наши шаланды. Вообще шаланды сейчас
превратились в легенду".

> Словно что-то ее веселит,
> пляшет палуба - клок зыбкой тверди,
> меж шаландами море кипит
> или трещина в лике смерти.
> И остуженный взрывами брызг,
> фонари по углам расставив,
> пробирайся по палубе вниз...

Сохранилось благодаря случаю и несколько других отрывков, относящихся к "шаландному" времени. К нашей теме о Татьяне Кернер
они ~~не~~ имеют не самое прямое ~~прямого~~ отношения. Однако, как я сказал, она была

частой гостьей у Бориса Иванова и братьев и соответственно свидетелем тех дней: "Мы шли вдоль портовых причалов,я на воду долго глядел,там стаи стремительных чаек пытали рыбацкий удел. Был день серебристый осенний,но это был день золотой печали веселых растений а воздух недвижный /какой? -забыл,В.К./. И вспомнилась светлая осень где тленная кленов краса и зелень внезапная сосен и трав увлажненных роса. И скоро теряют свой жаркий,дороги,свой яркий наряд,и листья как древние Парки прядут и как чайки парят".

Как бы там ни было,сентябрь действительно выдался невероятный. Я бездельничал на палубе. Другие были трудолюбивы - сидели по каютам. Иногда лишь Борис,отрываясь от своей ветхой пишущей машинки, поднимался ненадолго наверх. Посмотрит на обалденную красоту и скажет: "Не рейс, а осенний вальс". Кернер, примостившись на палубе, рисовала с натуры. Это было для меня новостью, ибо у художницы формального направления почему-то не мог предположить склонности к натурному рисунку. Общения было мало. Ее вопросы были какими-то "наждачными", и я,по возможности,сторонился. Ее экзальтация казалось мне того свойства, которое говорит о тревоге и утрате баланса. Неловко прыгала она с нашей шаланды на "параллельную" к братьям. Любой такой прыжок без надлежащего, хотя бы небольшого опыта мог оказаться последним,ибо шаланды могли разойтись во время прыжка и сойтись как раз в момент падения между ними.

Года через три,когда я уже поселился в Квинсе, дошла весть, что Тани нет в живых - выбросилась из окна. Поздних работ ее я так и не видел,не считая рисунков,сделанных на палубе. Ранние же работы относят их автора к тому удивительному петербургскому феномену, который выплеснул на свет Божий около ста или более талантливых поэтов,художников,писателей, которые пренебрегли приспособленчеством и не заискивали перед режимом.

Вадим Крейд

ЭКЗИСТЕНЦИАЛЬНЫЙ ФИЛОСОФ

Борис Иванович Иванов - литературный критик,писатель,философ, явление в неофициальной культуре Ленинграда в течение последних двадцати лет. Писал он много,издавался мало,как и полагается человеку такой судьбы.Изредка попадаются о нем упоминания в эмигрантской печати,но не многим понятно, о ком идет речь. Словом, я вижу причины, в силу которых не лишне дать краткую биографическую справку. Взять хотя бы основанный им журнал "Часы", о котором иногда говорят как об альманахе. Б.И. издал около сорока номеров, в среднем по триста страниц в каждом выпуске. В итоге получилось самое долговечное литературное периодическое издание в истории неофициальной России.

Родился Б.И. 25 февраля 1928 г. в Ленинграде,перенес блокаду, голодал,чудом выжил.Затем типично российские ступени биографии: ремесленное училище и вслед за ним армия,дослужился до звания лейтенанта.После демобилизации поступил в Ленинградский университет, который и окончил благополучно в 1958 г. Работал журналистом то ли в Пскове,то ли в Псковской области.Вернулся в Ленинград и в 1965 г.издал сборник рассказов - единственную опубликованную книгу. Вокруг этого времени начинается образ жизни и деятельности, оказавшийся весьма устойчивым. Добывал на хлеб тем,что работал кочегаром,сторожем,хлоратором,шкипером и т.п. Участвовал в неофициальных семинарах,составлении антологии стихов и сборников прозы неконформистских авторов. Написал роман,повесть-сказку, множество работ по философии истории,философии,эстетике,литературе и истории культуры.

Приходится ограничивать себя в этом перечне, чтобы не впасть в

неточность,ибо нет у меня произведений Б.И.,ни доступа к ним,
ни возможности написать:"Дорогой Борис,будь добр - пришли да
поскорее список своих работ".Но было время,когда мы часто встре-
чались,вместе работали на барже и в других местах и затем - су-
ществует десятилетняя переписка,хоть корреспонденция и редка:
не лучший,конечно,способ общения.Однако я чувствую право начать
этот короткий очерк.

Как творческая личность Б.И. сформировался в шестидесятые годы.
Был зависим от духовной вибрации той эпохи.Он - шестидесятник,
и отсюда известная верность названному десятилетию.В соответст-
вии с его собственным ощущением времени, та декада - говоря сло-
вами А.Белого - "луг зеленый", говоря его собственным словом -
"рассада".Б.И. писал мне:"В поэзии того времени много "раститель-
ного"...Если писать о том времени роман и искать некоторые общие
эстетические границы,то именно растительные символы - источник
представления о шестидесятых.Помнишь у Рида Грачева?-"среди рас-
тений,стриженых в кружок". По сравнению с этим десятилетием,
семидесятые годы - "время изделий,мыслей,конструкций,текстов,
реализаций.Нет былой пластичности душевной,вариантного пред-
ставления о существовании,авантюрности,озорства.О том времени
почти невозможно собрать "свидетельств":все слишком психологично,
бегло.Описывать то время - значит восстанавливать в себе прежние
состояния и видеть мир,каким он представлялся тогда".

Отражена в этих словах рельефно его индивидуальность.В них
многое есть,что можно о Б.И. по существу сказать: экзистенциализм,
поиски его вариантов,интерес к философии пластичной вместо систем-
ной, к философии времени и поэтому к истории и вполне в русских
традициях - к философии истории и,наконец,неслучайное упоминание
Рида Грачева.

Грачев до того,как болезнь окончательно уловила его,был,конечно,ловцом человеков.Алхимик общения,он находил человека неискушенного, и через известное время из сырой материи получался интеллигент в лучших традициях.Грачев - универсалист.Каждое стоящее наблюдение годилось ему лишь как материал для обобщений. Общество было обычным полем наблюдений,а вкус,художественность восприятия,чувство языка уберегали от тривиального в наблюдениях, скучного в выводах,мелкого в интересах.Эти три табу не оговаривались,тем острее подразумевались.

Итак,универсализм,интерес к современности,идеализм,баланс иронии и парения были свойствами этой личности.Но еще одна важная подробность - в нем был моральный пафос.Это качество силы в литературной среде шестидесятых годов найти почти также трудно, как схватить за шиворот тень.Пафос без заимствований и патетики. Ни разу не расслышал в Риде патетики. Пафос есть страсть неличного,надличного уровня. У Рида она направлена на справедливость и сострадание - достоинства зрелого человека. Все это в рассказах Грачева присутствует пронзительно: автору было отроду едва за двадцать лет. Этим своим свойством он умел намагничивать других.

Инициация,исходящая от Рида,в чем-то коснулась и Б.И. Они были сокурсники на филолгическом факультете.Но первые встречи сущностного узнавания произошли в 1958-ом.Б.И. воспринимал факультет как бурсу. Поэтому даже с Ридом подлинная встреча случилась после окончания университета. Б.И. писал мне:"Все значительные отношения с университетом не связаны. Настоящие встречи и с Ридом и с тобой - произошли позднее,за стенами университета и не на почве образования".

Стихийный экзистенциализм Грачева естественно привел его к

Камю.Он и был первым,кто перевел "Миф о Сизифе",и миф стал реаль-

ностью через самиздат. Поэт Вл.Гаврильчик не однажды повторял,что

философия - это лишь особый жанр литературы. По мне, философия

совсем иной род деятельности,чем словесность. Но,кажется, и

Грачев и Б.И. разделили бы точку зрения Гаврильчика. Для Рида и

для Б.И. пафос есть ценность творческого порядка,независимо от

русла творчества,в философию ли или в литературу впадающего.

В подтверждение процитирую письмо Б.И., в котором,на мой слух,

его мироощущение является настолько экзистенциалистским,что

дальше в этом направлении как бы и некуда:"Каждый шаг - в тем-

ноту.По-прежнему на вес золота то,что можно было бы назвать пафо-

сом. Чувство истории обострилось. Отсюда - и чувство ответствен-

ности. Я поистине могу благодарить судьбу за то,что живу среди

талантливых людей.Они,как правило, не оправдывают ожиданий,но

способны удивлять и озадачивать".

В обильной фактами книге Ю.Мальцева "Вольная русская литература"

/"Посев",1976/ мне встретилось упоминание   о романе Б.И. "Подо-

нок".Я был,признаться,удивлен,ибо роман,насколько мне известно,

хождения в самиздате не имел. Заслуга Мальцева - его толковая ос-

ведомленность,но романа он,похоже,   не читал,а лишь слышал о

его существовании. Между тем один из главных героев списан с

Рида - но,конечно, не по методу переводной картинки,а в остранен-

ном преломлении.Позднее,когда роман был уже закончен,Б.И. задал-

ся целью собрать все написанное Ридом и издать официальным

путем. Знаю,что из этого получилось бы,но препятствие состояло

в ином. Выяснилось,что Грачев,ставший почти отшельником,рукописей

своих не дает и в ответ на предложение об издании ответил:

"Несвоевременно!"

Возвращаясь к дефиниции Гаврильчика, из всех жанров литературы Б.И. предпочитает философию. Рид в 50 и 60-ые годы, когда я виделся с ним, казался достаточно ориентированным в философии. Но хотел он, по его словам, в общем-то одного: "быть маленьким хорошим писателем". Стремление реализовалось с лихвой. Один раз случился у нас не самый доброжелательный "философский" спор. Казалось, что я его "уничтожил", но вдруг он сказал с неподражаемым сочуствием, словно жалея мою погибшую душу: "Ты вооружен до зубов". Я оценил его проницательность: никакая система не может быть замкнутой. Он не философ по темпераменту, но интуиции его не раз бывали фантастически верны. И в этом случае - в нашем споре - он четко почувствовал необходимость открытости к неизвестному, вместо открытости против неизвестного.

Б.И. философ несравненно более, чем Грачев. Даже когда он пишет статью на тему новейшей поэзии, он ищет метафизические начала и концы. В этой своей установке он обнаружил свою общность с Шестовым /особенно ранним, писавшем о литературе/. Влияния, впрочем, искать не нужно. Б.И. набрел на Шестова поздновато - в середине семидесятых годов, когда был уже человеком устоявшимся и прочно устойчивым во взглядах. Он один из немногих, кто прочел всего Вл. Соловьева. Возвращался он к соловьевским "психологическим объемам" /термин Б.И./ удивительно часто. Но что он взял у Соловьева? - концепцию цельности, единственную, как ему казалось, оригинальную идею русской философии.

Теперь пора решиться на вынужденный шаг - из светла рая да на трудну твердь. Я должен суммировать философию Б.И. Без нее нет его самого как он есть. А у меня нет ни одной его страницы, кроме писем. Ну, еще память о разговорах, но было это десять лет назад и порой уже не ясно, точно ли так шел разговор.

Кажется   ,что его философия вот уже четверть века движется в пределах десятка категорий : экзистенция,творчество,личность,время история,культура,нация,традиция,реализм,духовность. Вот небольшой коллаж,составленный из предложений,выбранных из его писем ко мне. Итак, сам источник его философии экзистенциален:"Вкус к философии возникает из переживания бессмысленности мира". Экзистенция проявляет себя в истории и культуре:"Я не верю в первобытность, я верю в культуру".В то же время:"Историческое сознание уязвимо". Логическая аргументация ненадежна:"Экзистенциальная убежденность есть опора,а не доказательства".Экзистенция переживается как направленность к творчеству:"Личное творчество - вот центр, я никогда не жил вне этой ориентации". Нормальная для экзистенциализма идея "заброшенности","отчужденности" не приобретает,однако, оттенка пессимизма.Основой менее эсхатологического взгляда служит "реализм", возведенный в онтологическую степень.Такой реализм есть сущность Великой традиции.Это христианская традиция:"Пишу о христианской духовности;это, в сущности,продолжение моих старых тем". И еще:"Сам себя я узнаю в протестантской традиции". Русское классическое наследие еще одна важная традиция,впрочем вполне зависимая от первой. Ее ценность состоит "Не в эстетической платформе,а в экзистенциалах,почти сходных с религиозным путем".

Такие явления,как эпоха,нация,культура-это контекст,"внутри которого мы живем и не можем описать "снаружи". "Не оставляет ощущение,что существуешь в тексте" традиции,"которая есть основа любого общества".Лицо традиции показано в мифах и ролях. Отсюда возникает тема,которую Б.И. разрабатывал несколько лет:структура мифа. Культура творит мифы;"европейскую философию следует назвать мифософией". Мифы,специфически изложенные становятся идеологиями. И культурные мифы и человеческие роли - это модели,формируемые исто-

рией. "Жить реально - значит жить не в модели". Путь освобожденности
от моделей - реализм " как надтрадиционное образование,когда ирони-
ческое отношение к традиции уживается с ясным пониманием". Поэтому,
в отличие от многих экзистенциалистов можно говорить"об оптимизме,
источник которого реализм."

Для своего коллажа я выбрал что-то вроде заголовков, тогда как
каждый из них в статьях Б.И. развит в подробностях. Попытаюсь
также реконструировать кое-какие наши разговоры - в форме предельно
сжатой и более,чтобы передать атмосферу,чем саму мысль.

§

Среди объектов надо ли искать ценности? Мысль,явившаяся в
созерцании может быть уместной,поскольку созерцание,когда оно
есть,знает меру во всем. Завет древних - ничего слишком - испол-
ним не средствами расчета,но будучи само пластичной мерой всего,
созерцание,пока оно длится, не вводит в крайности того,кто с ним,
так как ,впадая в крайность,теряешь созерцание. Мера вещей - со-
зерцание. Оно не сравнивает и не устанавливает иерархии ценностей,
но принимает вещи и не отвергает их, познает их, а не изменяет их,
не вмешивается в естественный ход вещей.

§

Живое движение мысли часто выражается в ублюдочной форме. Вот
случай,когда слова - гроб для мысли. Я был этому свидетель сколько
угодно раз. Прочитаешь через некоторое время свои же слова, и
трудно поверить,что такое безобразие родилось от очень энергич-
ного импульса,полного ясности и сознания.

§

Человек имеет дело с недологиками. Путь есть логика логоса.
Это логика вечной новизны. Есть иерархия логик,но сама фигура
иерархии - одна из слабых логических концепций. В природе

парадокса сквозит нечто более логичное.Какая-нибудь логика подстере-
гает каждую ситуацию. Если смотреть на ситуацию не по правилам
навязанной логики, мы можем воспринять ситуацию реально,т.е. более
интуитивно. Действительность - тень другой действительности. Сле-
дование нашей логичной логике никогда не выведет из планов низких)
сознания. Хотят схватить истину в форме речи,в форме книги, в форме
дела. Скорее форма в истине,но она не истина. Слово - частный слу-
чай формы. Подойти к чему бы то ни было с умом, не принявшим ника-
кой формы;тогда будет ясно. Специализированный ум есть ум,принявший отдельную жесткую форму;это формальный ум и следовательно
добивающийся формул,т.е. накладывающий закон на то,что чуждо закону.

Вот несколько разрозненных примеров. Аотеперь Боюсь,что в них
много от моей личной интерпретации.Во всяком случае, на эти темы
мы говорили. В заключение немного о журнале "часы",основанном Б.И.
"Часы" продолжали выходить, и он сам удивлялся этому обстоятельству.
Впрочем, с самого начала было предчувствие о долгой жизни журнала.
Со временем журнал становился лучше. Нашлось немало новых авторов.
После тридцатого номера Б.И. писал:"Часы" стали частью города,как
его телевизионная башня". Долговечность издания некоторые объясняют
двумя причинами. Во-первых тем, что никто из авторов не делал
попыток "прогреметь" на Западе. Вторая причина в том - и это объ-
яснение для многих прозвучит неубедительно - что издатель и соста-
вители пытались как можно внимательнее,скептичнее и холоднее
подходить к процессу русской жизни,чтобы уловить самое органическое,
в чем заключен рок и историческое время.

    Вадим Нечаев - приятель Б.И. и свидетель его бесчисленных уси-
лий продлить существование журнала - писал мне из Парижа /февраль,
1982/:"Борис теперь один из руководителей литературного объеди-
нения при доме-музее Достоевского. Надеется таким образом легали-

зовать союз свободных литераторов и сделать свой журнал "Часы" как бы официальным. В этом объединении уже примерно сто поэтов и прозаиков.Как я понимаю,"Часы" для него - главнейший интерес в жизни".

. . . .

Я уже надписывал адрес на конверте,чтобы отправить эту статью ~~моему~~ ~~др~~ Кузьминскому, как вспомнил,что у меня где-то было стихотворение, написанное лет двенадцать назад и посвященное Б.И. Называется оно

Прогулка в Ботанический сад

Блестящий наст,вороний раж,
Вверху ветвей пересеченье.
Почти саврасовский пейзаж
Средь экзотических деревьев.

На Петроградской стороне
Американская береза
В воскресной светлой тишине
Фантасмогория и проза.

Но все вмещал лазурный день,
Анахронический предтеча
Весны в природе и в судьбе
Просторный мир и ~~эту~~ наиу встречу

И уличный конструктивизм -
Его бедняцкую солидность,
И жизни горькую постыдность,
И кумачевый их девиз.

ДЕЛО

№

+ — наличие текст

1. Алексеев Г.
2. Алексеев Д. +
3. Альтшулер
4. Аронзон
5. Белоусов
6. Беспрозванная +
7. Биляк
8. Биралин
9. Бобышев
10. Буковская
11. Брандт +
12. Васильев Д.
13. Вензель +
14. Вознесенская +
15. Гаврильчик +
16. Гайворонский +
17. Гандлев +
18. Грачева
19. Гурвич
20. Драгомощенко +
21. Еремин
22. Игнатова
23. Комаров Г. +
24. Комаров В.
25. Кривулин
26. Кривулин +
27. Круглова +
28. Кузьминский +
29. Куприянов +
30. Кутер +
31. Данина +
32. Левановский +
33. Лисняк
34. Лихтенфельд. +
35. Мандельштам Р. +
36. Макринов +
37. Миронов
38. Морев
39. Немтинов +
40. Нестеровский +

41. Нещитов +
42. Николаев +
43. Николаев С. +
44. Ожиганов +
45. Олефир +
46. Охапкин +
47. Пазухин +
48. Пудожнина +
49. Слободской
50. Стратоновский +
~~51. Топоров~~
51 52. Трифонов +
53. Уфлянд
54. Ханан +
55. Чейгин +
56. Шварц
57. Шельвах +
58. Ширали +
59. Эрль +
60. Батшин +
61. Гут
62. Козырев
63. Соколов +
64. Чеись
65. Феоктистов
66. Федоровский
67. Витович +
68. Калетова
~~70~~ (Виленчик) [кор +
69 ~~71~~ Любегин
70. Азадовский

К О П И Я

В СЕКРЕТАРИАТ ЛЕНИНГРАДСКОГО ОТДЕЛЕНИЯ
СОЮЗА СОВЕТСКИХ ПИСАТЕЛЕЙ РСФСР

Обращаемся в Секретариат с просьбой об издании сборника произведений ряда ленинградских поэтов, практически ранее не публиковавшизся.

До сих пор единственной возможностью творческого контакта многих поэтов с яитателями являлись устные публичные выступления, неизменно собиравшие самую широкую аудиторию любителей поэзии. Однако, эти вечера в силу их эпизодичности и камерности не могут удовлетворить потребности читателя в новом поэтическом слове.

Живой интерес к новым явлениям советского искусства подтверждается опытом организации Выставки молодых художников во Дворце культуры им. Газа, которую за 4 дня посетило около 10 тисч человек.

Мы считаем, что в редакционную коллегию предполагаемого сборника должны войти члены инициативной группы. Произведения, отобранные для сборника, могут быть представлены для ознакомления.

Ответ просим прислать до 24 февраля 1975 года заказным письмом по адресу: Ленинград 192104, ул. Жуковского, 19 кв 10 Вознесенской Юлии Николаевне (телефон 73-53-69).

ИНИЦИАТИВНАЯ ГРУППА:
1 _____ /Ю. Вознесенская
2. _____ /Б.Иванов/
3. _____ /В.Кривулин/
4. _____ /Е.Пазухин/

В случае отказа рассмотреть нашу просьбу в указанный срок, она будет направлена в Ленгорисполком.

13 февраля 1975 г.
г.Ленинград.

ИСПОЛНИТЕЛЬНОГО КОМИТЕТА ДЕПУТАТОВ
ТРУДЯЩИХСЯ

13 февраля 1975 г. в Секретариат ЛО Союза Советских писате-
лей РСФСР было направлено заявление следующего содержания:

"В СЕКРЕТАРИАТ ЛЕНИНГРАДСКОГО
ОТДЕЛЕНИЯ СОЮЗА СОВЕТСКИХ
ПИСАТЕЛЕЙ РСФСР.

===

Текст заявления от 13 февраля 1975 г.

===

Поскольку до сих пор никакого ответа от Секретариата не
поступило, мы обращаемся к Вам с просьбой рассмотреть вопрос
об издании предлагаемого сборника ленинградских поэтов.
Ответ просим прислать по указанному адресу.

АВТОРЫ СБОРНИКА:
1. Ю.Вознесенская. 2.В.Кривулин. 3. О.Охапкин. 4. Е.Пазухин.
6. В.Нестеровский. 7. Э.Шнейдерман. 8. Б.Иванов. 9.В.Ханан
10. К.Кузьминский. 11.С.Стратоновский. 12.А.Морев. 13.Е.Игна-
това. 14.А.Лисняк. 15.В.Семикин.

СЕКРЕТАРИАТУ ПРАВЛЕНИЯ
ЛЕНИНГРАДСКОГО ОТДЕЛЕНИЯ
СОЮЗА СОВЕТСКИХ ПИСАТЕЛЕЙ
РСФСР
копия в Ленгорисполком

    Ставим вас в известность о том, что инициативная
группа, утвержденная общим собранием авторов, закон-
чила работу по сбору и подготовке материалов к изда-
нию коллективного сборника стихов, по поводу которого
мы обращались в Секретариат ЛО ССП в письме от 13 фев-
раля 1975 г.
    Инициативная группа обращается к руководству Сою-
за с просьбой выделить из числа членов ЛО ССП ответственное
лицо для осуществления контакта и консультаций по вопросам
совместной работой над будущей книгой.

    Ответ просим прислать по адресу: Л-д, 192104 и т.д.

        25 марта 1975 г.
        г.Ленинград

ИНИЦИАТИВНАЯ ГРУППА: Ю.Вознесенская
                    Б.Иванов
                    В.Кривулин
                    Е.Пазухин
                    К.Кузьминский

Р С Ф С Р

ИСПОЛНИТЕЛЬНЫЙ КОМИТЕТ
Ленинградского городского
Совета депут.трудящихся
26.Ⅲ.1975г.
№ 4196.

ВОЗНЕСЕНСКОЙ Ю.Н. – Ленинград,ул.Жуков-
ского, 19 кв 10.

в Ответ на Ваше письмо сообщаем, что издание сбор-
ников произведений ленинградских поэтов не входит в компе-
тенцию Исполкома Ленгорсовета депутатов трудящихся.

Помощник. зам.председателя Исполкома
Ленгорсовета лепутатов трудящихся

(В.Герасимова)

В СЕКРЕТАРИАТ ПРАВЛЕНИЯ

ЛЕНИНГРАДСКОГО ОТДЕЛЕНИЯ
СОЮЗА СОВЕТСКИХ ПИСАТЕЛЕЙ
РСФСР

В письме от 3 марта 1975 г. мы обращались в Секретариат с просьбой выделить из числа членов ССП ответственное лицо для осуществления контакта и консультации по вопросам совместной работы над будущей книгой.

2 апреля 1975 года инициативная группа по приглашению референта по работе с молодыми авторами т.Панина имела с ним первую консультативную встречу.

М.М.Паниным было сообщено, что Секретариат ЛОССП назначил для контакта с нами В.Торопыгина и М.Панина.

В ходе беседы выяснилось, что М.М.Панин, новый референт по работе с молодыми авторами, является прозаиком и не имеет опыта работы с поэтами. Таким образом, даже при самом благожелательном отношении помочь нам в практической работе над поэтическим сборником М.М.Панин не может.

В.Торопыгин, главный редактор журнала "Аврора", несомненно, является для нас самой желательной кандидатурой для редакционной работы над будущей книгой. Но в данный момент В.Торопыгин находится в отъезде и не может приступить к работе над материалами сборника. К нашему сожалению, ответственная работа В.Торопыгина на посту главного редактора журнала навряд ли позволит ему и впредь помогать нашей книге чем-либо кроме периодических общих консультаций и рецензирования рукописи уже готового сборника.

Учитывая все это, мы просим Секретариат расширить назначенную им группу консультантов за счет членов ЛО ССП, непосредственно знакомых с творчеством авторов предполагаемого сборника и имеющих многолетний опыт опыт работы с молодыми литераторами (руководство литобъединениями, семинарами на конференциях молодых, поэтическими вечерами и конкурсами).Предлагаем список:

1. Гнедич Т.Г. - председатель Областного литературного клуба, руководитель Пушкинского лито, руководитель семинаров на конференциях.

2. Дар Д.Я. - руководил лито "Трудовые резервы", участвовал в комиссии по работе с молодыми, руководитель семинаров на конференциях по работе с молодыми.

3. Полякова Н.М. - руководитель ряда городских лито.

4. Малярова И.А. - руководитель клуба "Дерзание",лито"Красная звезда", ведущий Вечеров поэзии и музыки.

   и критиков:

5. Михайлов И.Л. - руководитель лито "Нарвская застава", руководитель семинаров на конференциях, автор критических статей.

   и критики:

6. Хмельницкая Т.Ю.

7. Акимов В.М.
8. Соловьев В.И.

Поскольку до сих пор на наши письма Секретариат отвечал устно, мы просим предоставить нам копии всех решений Секретариата по данному вопросу для ознакомления с ними коллектива авторов предполагаемого сборника.

   По поручению инициативной группы:

        (Вознесенская Ю.Н.)

        (Кузьминский К.К.)

                        7 апреля 1975 года.

Уважаемая тов. Вознесенская!

В комиссии по работе с молодыми авторами Ленинградской
писательской организации неоднократно проводились беседы с
молодыми поэтами, ставящими вопрос об издании поэтичкских
сборников и, по нашему мнению, им были даны исчерпывающие
разъяснения. Ленинградская писательская организация не
занимается издательской деятельностью. Вы можете обратить-
ся в Лениздат, в издательство "Советский писатель", где
имьюся общественные редакционные советы и опытные рецен-
зенты.

Литературный консультант ЛПО по
работе с молодыми авторами

/М.М.Панин/

8 апреля 1975 года

Информация к размышлению: 9 апреля 1975 года "Литературная
газета выходит со статьей критика
Л.МИХАЙЛОВОЙ "Жар поисков и ужимки
подражаний"(в разделе "Литература и
литературщина").Статья занимает почти
целую стр. газеты и половина ее посвя-
щена критике повести Мих.Панина "Любовı
к афоризмам" ("Звезда",№9,1974г.)

Ю.В.

ИЗДАТЕЛЬСТВА
"СОВЕТСКИЙ ПИСАТЕЛЬ"

АВТОРСКАЯ ЗАЯВКА

Предлагается коллективный сборник ленинградских поэтов,
не членов Союза советских писателей, общим объемом 19 п.л.
(13340 строк). В составе сборника 30 авторов. Условное
название - "Лепта".

Поэты, представляемые в сборнике, объединены поисками
новых поэтических форм, отражающих изменения в современном общест
ве, вызванные повышением культурного уровня и научно-технической
революцией.

Данное издание необходимо и своевременно для читателей,
интересующихся новым поэтическим словом.

Мы просим издательство "Советский писатель", учитывая
коллективный характер настоящего сборника, создать
условия, при которых читатели могли бы познакомиться с
этой книгой уже в 1975 году, в крайнем случае - в I-II
квартале 1976 года.

По поручению поэтов-авторов сборника
Инициативная группа
    I. Ю.Вознесенская
    2. Б.Иванов
    3. В.Кривулин
    4. Е.Пазухин
    5. К.Кузьминский

14 апреля 1975 г.

и з д а т е л ь с т в о " СОВЕТСКИЙ ПИСАТЕЛЬ "
!!!

II мая 1975

Ю.Н.Вознесенской

    Ваше письмо о коллективном поэтическом сборнике
издательство получило. Однако мы не можем вести конкретного
разговора о рукописи без ее представления.

    С уважением

        А.Чепуров

        Главный редактор Л.О. издательства
        "Советский писатель"

Информация к размышлению: Письмо Чепурова пришло через 2 неде-
                           ли - через адресный стол, поскольку
                           издательство перепутало мой адрес.
                                                         Ю.В.

НАЧАЛЬНИКУ ГЛАВНОГО УПРАВЛЕНИЯ КУЛЬТУР
ЛЕНГОРИСПОЛКОМА
т. СКВОРЦОВУ

Группа ленинградских поэтов, ранее практически не публиковавшихся, просит Вас назначить время и место для публичного устного выступления в одном из парков Ленинграда или пригородов.

Тексты, с которыми мы намерены выступить, входят в состав коллективного сборника стихов "Лепта", предложенного в издательство "Советский писатель", и в любое удобное время могут быть представлены для ознакомления и цензурирования.

Желательно, чтобы наше выступление состоялось 5 или 6 июня с.г., будучи приурочено, таким образом, к 176-летней годовщине со дня рождения А.С.Пушкина.

В случае, если в срок, установленный соответствующим законодательством, ответа на нашу просьбу не последует, мы будем вынуждены самостоятельно определить место и время выступления.

ИНИЦИАТИВНАЯ ГРУППА:

Вознесенская
Иванов
Кривулин
Пазухин

Ответ просим прислать по адресу: Ленинград, ул.Жуковского 19, кв 10
Вознесенской Ю.Н.

9 июня 1975 г.

Заявление.

В письме от 3го марта 1975 г
мы обращались к вам с просьбой
выделить члена ССП для помощи
и консультаций в работе над коллек-
тивным поэтическим сборником.
Референтом по работе с молоды-
ми М. М. Пляцковским нам было
сообщено, что секретариат выделил
для контакта с нами самого
М. М. Пляцкина и В. Торопыгина

По вопросу консультаций в
работе над сборником референт
М. М. Пляцкин предложил нам выбрать
кандидатуру из членов комиссии
по работе с молодыми.
Ни один из членов комиссии по
работе с молодыми не знаком
с тв-вом авторов представленных
участвующих в предполагаемом
сборнике. Т.О. комиссия по
работе с молодыми не может
содействовать нам в работе над сбор-
ником.
В свою очередь мы можем пред-
ложить ряд имен литераторов не
являющихся членами комиссии по
работе с молодыми, но тем не

13 гр. с.г. нами было отправлено
в Секр. ПОСП письмо с просьбой о
помощи в издании коллективного сб-ка
Секретариат на это письмо не ответил

3 м. с.г. было отправлено 2-е письмо
сообщающее об окончании подготови-
тельной работы отбора м-ла с просьбой выде-
лить консультанта для работы на
сборником.

Референт по работе с молодыми ав-
торами И.М. Ламов

менее весьма компетентных в данном вопросе, поскольку большинство из них вёли многолетнюю ~~работу~~ работу с авторами, участвующими в ~~предлагаемом~~ сборнике (~~...~~)

~~Просим выделить консультантов из предлагаемого списка:~~

Просим, наряду с Паниным и Бритиктным, выделить консультантов из прилагаемого списка:

1. Т. Г. Гнедич - Руководитель литобъед. г. Пушкине и ~~Львов~~ обл. АЛТО.

2. Д. Я. Дар - ~~...~~ руководитель литобъед. Трудовые резервы и ряда других.

3. Н. И. Грудинина - Организатор вечеров поэзии и музыки, ~~...~~

4. Н. М. Полякова - Руководитель ряда городских АЛТО.

5. И. Л. Михайлов. В. Руководитель АЛТО народных заставы Кирова. ЛиТО.

6. И. А. Малярова. ~~...~~ Ведущая вечера поэзии и музыки в ~~...~~

7. Т. Ю. Хмельницкая. - Критик и литер. Сб.

8. Акимов. — Критик.

9. Соловьёв — Критик.

Инициативная группа

73 - 67 - 82

Председателю Ленгорисп
Казакову В. И.

Заявление

Сообщаем Вам, что группой литераторов было отправлено 2 письма... в секретариат ЛОСП с просьбой рассмотреть вопрос об издании коллективного сборника, о чем был поставлен в известность Ленгорисполком.

Секретариат ЛОСП в установленные советским законодательством сроки не дал ответа ни на одно из этих ~~[illegible]~~ заявлений в письменной форме, чем допустил нарушение постановления Верховного совета СССР.

Просим Вас обязать секретариат ЛОСП отвечать на наши письма в форме, установленной законодательством.

Инициативная групп

В письме от 3 марта 1975 ... [текст неразборчив] ... СССР ... [неразборчиво] конкрета ... [неразборчиво] совместной работы над будущей книгой.

2 апреля 1975 года ... [неразборчиво] группа ... [неразборчиво] реферата ... [неразборчиво] авторами А. Ташина, ... [неразборчиво] первую консультационную беседу.

М. М. Ташин ... [неразборчиво] что секретариат ПОССП ... [неразборчиво] консультации с ... В. Теронкина и М. Ташина.

В ходе беседы выяснилось ... что М. М. Ташин ... [неразборчиво] реферат ... [неразборчиво] авторов ... [неразборчиво] Таким образом, М. М. Ташин ... [неразборчиво] над ... [неразборчиво]

В. Теронкин ... [неразборчиво] ... [неразборчиво] редакционной работы над будущей

"ЛИТЕРАТУРНУЮ ГАЗЕТУ" и МИНИСТЕРСТВО КУЛЬТУРЫ

Тезисы открытого письма

За последние **5** лет.

1. Закрыт Областной литературный клуб , объединявший все лито Ленинградской области. Соответственно, в него входили все участники районных и городских объединений области, каждый из которых имел право выступать на вечерах, организуемых Клубом , на поэтических турнирах, ежегодно проводимых Клубом в г.Пушкине, в семинарах и чтениях. Клуб включал несколько сотен молодых поэтов и прозаиков Ленинграда и области. По неизвестным причинам прекратил свое существование в 1972 году. Что теперь творится в лито области - не знает никто, все сельские, районные и городские литобъединения оказались выброшенными из поля зрения Лен писательской организации.

    В Клубе начинали Б.Куприянов, Ю.Алексеев, Ю.Вознесенская. Председательствовала Т.Гнедич.

2. Центральное городское Ленинградское лито. Рук. Семенов Г. Разогнано.

3. Крупное литобъединение при журнале "Звезда". Закрыто.
    Рук. Н.Браун.

4. 26 лет каждые 2 года проводились конференции молодых литераторов города. Впервые такой конференции не будет в назначенный срок. Основание: "Набегут участники этого сборника"(Ботвинник). Решение - Холопова.

5. Всесоюзные совещания в Москве. По идее в них должны принимать участие лучшие участники конференций. На практике - прозаики Холопова и поэты Шевелева.

6. Отменен 50-ый юбилейный Вечер поэзии и музыки в Доме писателей. Основание: "Все равно все разъедутся на дачи..." Холопов.

7. Автору статьи о Вечерах был устроен разнос .Неприятности у Г.Балуева, поместившего просто информационную статью. Шевелев звонил в Обком.

7. Семинар молодых в "Комарове". Должны представлять лучших из молодых руководители лито. Поехала та же шевелевская компани, что и на Всесоюзное совещание в Москву. Опозорились и там, и там. Руководители лито возмущены.

8. Закрыто лито Дара. лито Мизайлова "Нарвская застава".

9. Чехарда референтов.по работе с молодыми авторами ! Шевелев - 1,5 года, Сотников - 1 неделя, Альтовская - 1 год. Теперь - Панин, не член союза, прозаик.

10. Редакционная политика: Качурин ведет два ежегодника Ленинграда - "Молодой Ленинград" и "День поэзии" Больше альманахов нет. Что вылетает из одного, то механически выбрасывается и из другого.

политики редакции в отношении сборников поэзии:

Я.Гордин – 7 лет в изд. "Сов, Писатель"

Анатолий Краснов – 7 лет
Тамара Никитина – II лет
Людмила Барбас – II лет
Евгений Шлионский – IO лет
Наталья Карпова – 8 лет.

Из папки "Деятельность Олега Охапкина"

I.

В Секретариат ЛО ССП РСФСР

Недавно мне стало известно, что группа литераторов отправила
в Секретариат ЛО ССП РСФСР ходатайство об издании поэтического
сборника. Это ходатайство поддерживает большинство известных мне
молодых поэтов нашего города, практически ранее не публиковавшихся.
Я тоже поддерживаю это ходатайство.

Проблема публикации молодых поэтов до сих пор остается насущной
проблемой нашего поколения и не терпит дальнейшего отлагательства.
Поэт обязан публиковаться. На его действиях лежит серьезная ответст-
венность перед читателем, для которого он и пишет. Из многих выступ-
лений перед читателем я вынес определенный опыт: читатель ждет ново-
го поэтического слова и горячо приветствует живую поэзию нашего поко-
ления.Но, к сожалению, многие молодые поэты яркого дарования и по сей
день известны разве что по устным выступлениям, а то и вовсе никому
не известны.

Прежде всего я имею в виду замечательного поэта нашего времени
Дмитрия Бобышева, который к тридцати девяти годам сумел опубликовать
всего лишь десятка два своих стихотворений, а последние пять лет
выступает исключительно устно, да и то редко. Его выступления, как
правило, собирают глубоко заинтересованную и многочисленную публику
а стихи пользуются постоянным и серьезным успехом.

Также я имею в виду тридцатилетних поэтов Виктора Кривулина,
Сергея Стратоновского, Александра Ожиганова, Виктора Ширали, Владими-
ра Ханана и Олега Охапкина, автора этого заявления.

Стихи этих немолодых уже поэтов достаточно широко известны, как
в нашем городе, так и далеко за его пределами, но с публикациями их
произведений дело обстоит не лучше, чем в случае Дмитрия Бобышева.
Двое из них: Виктор Кривулин и Олег Охапкин уже обращались к Секре-
тариату за помощью, но так и остались почти ни с чем. Обещанные
публичные выступления были сведены к минимуму, а публикаций так и не
последовало. Исключение составляет разве Олег Охапкин, опубликовав-
ший независимо от Секретариата семь стихотворений в журнале "Нева"
газете "Смена".

Стихи действительно молодых поэтов: Бориса Куприянова,
Юрия Алексеева, Петра Чейгина, Елены Шварц, Тамары Буковской, Елены
Игнатовой, Геннадия Трифонова, Владимира Эрля и Александра Миронова
вызывают самый живой интерес в литературных кругах нашего города и
ждут своего широкого читателя. Из этих поэтов лишь Елене Игнатовой,
да Елене Шварц удалось опубликовать несколько своих произведений, д
и то большей частью за пределами Ленинграда.

Идея общего поэтического сборника, куда вошли бы все эти поэты,
а с ними и многие, здесь непомянутые (Орфография и синтаксис автора
сохранены - Ю.В.) возникла в среде этих поэтов и принадлежит ей по
праву. Инициативная группа, вероятно, возникла стихийно и задачу
свою, я думаю, уже выполнила, послав ходатайство об издании предпо-
лагаемого сборника в Секретариат Правления ЛО СССР РСФСР. Но, как
мне стало известно, Секретариат не ответил на это ходатайство в поло
женные Советским Законодательством сроки, и потому я подписал новое
ходатайство , уже в Ленгорисполком, но снял свои произведения, отоб
ранные составителями предполагаемой книги,поскольку не согласен с ч
дыми мне принципами инициативной группы, которую я не избирал, хоть
и поддерживаю их начинание.

лашен инициаторами ходатайства принять участие в книге на правах по-
четного составителя и принял это приглашение. Но вскоре мои принципы
пришли в столкновение в принципами самостийных составителей и я вы-
шел из их числа со своими, отобранными ими, стихами. К моменту вто-
рого ходатайства меня вторично пригласили принять участие в сборнике
и его самостийном составлении, и я другой раз принял это приглашение,
настояв на своих принципах отбора авторов и произведений.

Беседуя с рядом авторов предполагаемого сборника я взял на себя
ответственность говорить от лица составителей, что каждый из отобран-
ных авторов имеет право на авторскую подборку, которую он и берет
на свою литературную совесть. На этих основаниях ряд авторов и под-
писал вышеуказанное ходатайство в Ленгорисполком, полностью разделяя
мою точку зрения.

Тогда составители предполагаемого сборника объяснили мне, что на
авторскую подборку имеют право одни лишь избранные ими поэты, и что
таким образом я превышаю свои полномочия как составитель. Я снова
выдвинул свои категорические требования, считая, что окончательный
отбор авторов и произведений - дело будущей редколлегии, в которую,
как известно из первого ходатайства должны войти инициаторы предпо-
лагаемого сборника совместно с профессиональными редакторами, если
идея поэтического сборника получит поддержку заинтересованных инстан-
ций.

Таким образом, считаю нужным заявить, что Секретариат Правления
ЛО ССП РСФСР обязан не только откликнуться на ходатайство инициаторов
предполагаемого поэтического сборника, но, более того, собрать общее
собрание молодых поэтов, претендующих на участие в таковом сборнике
и обсудить совместно с авторами возможность издания. И, буде таковая
возможность окажется реальной, назначить ряд молодых поэтов от лица
участников сборника представительствовать перед тем или иным изда-
тельством на правах составителей книги.

В заключение еще раз обращаю внимание Секретариата ЛО ССП РСФСР
на безотлагательность проблемы публикации перечисленных мною авторов,
поскольку поэтическая судьба их сложилась в тяжелых условиях "второй
литературной действительности", о которой я предупреждал еще несколь-
кими годами ранее и существование которой является существенным упу-
щением наших журналов, издательств, и альманахов, отвергающих, как
правило, стихи, прежде всего, нестандартные, яркие, требующие особого
к себе подхода, ибо все воистину талантливое и своеобразное заслужи-
вает такого к себе подхода и ждет его терпеливо и настойчиво.

Олег Охапкин

2.3.75 года

Ленинград ,198259,
Сосновая Поляна,
ул. Тамбасова, 27 кв 44.

13 февраля этого года группа литераторов отправила в Секретариат ЛО ССП РСФСР ходатайство об издании сборника молодых поэтов Ленинграда.

Проблема публикации нашего поколения поэтов, ныне уже тридцатилетних, остается нерешенной. В результате более чем десятилетних попыток решить эту проблему положительно, поэтическая молодежь нашего города оказалась выброшенной из открытого литературного процесса и неволе составила "вторую литературную действительность, о существовании которой мы уже предупреждали в письме к Секретариату ЛО ССП РСФСР подписанным Виктором Кривулиным, Федором Чирсковым и Олегом Охапкиным автором этого ходатайства.

Секретариат ЛО ССП РСФСР, будучи ознакомлен с нашим письмом, отреагировал на прошлое наше обращение только через несколько месяцев со дня подачи заявления после многочисленных наших напоминаний и своею помощь, о которой мы просили, к туманным обещаниям. Правда, обещанные нам устные выступления в Доме писателей все-таки состоялись но, к сожалению, далеко не для всех, за кого мы ходатайствовали. А что касается публикаций, то их так и не последовало. Более того, из "Молодого Ленинграда" и "Дня поэзии" за 1974 год были выброшены буквально все имена, предложенные нами, и многие сверх того - на всякий случай, всего около тридцати имен. И только Елена Игнатова, Виктор Ширали и Олег Охапкин сумели опубликовать несколько своих стихотворений независимо от Секретариата. Остальным не привелось опубликовать за это время ни строчки.

Мы не часто тревожим Секретариат Правления ССП РСФСР своими требованиями, и потому нас нельзя упрекнуть в отсутствии выдержки и терпения. Но и в этом году многие из нас уже в который раз получили отказ, как в "Молодом Ленинграде" и "Дне поэзии", так и кждулхнккжу налкжж в тех немногих журналах, которые нам были обещаны. В результате сложилась обстановка, в которой нельзя больше надеяться на скорейшее разрешение нашей общей проблемы. Поэтому в нашей среде возникла идея поэтического сборника, куда вошли бы лучшие силы так называемой "второй литературной действительности", желающей принести свою лепту на пир нашей отечественной литературы.

Привожу список поэтов, практически ранее не публиковавшихся, но, однако, заслуживающих особого внимания читателей.

СПИСОК АВТОРОВ:
1. Алексеев Геннадий
2. Алексеев Юрий
3. Бобышев Дмитрий
4. Брандт Петр
5. Буковская Тамара
6. Григорьев Геннадий
7. Еремин Михаил
8. Игнатова Елена
9. Кривулин Виктор
10. Куприянов Борис
11. Миронов Александр
12. Морев Александр
13. Ожиганов Александр
14. Охапкин Олег
15. Стратоновский Сергей
16. Трифонов Геннадий
17. Уфлянд Владимир
18. Феоктистов Евгений
19. Ханан Владимир
20. Чейгин Петр
21. Шварц Елена
22. Шельвах
23. Шнейдерман Эдуард
24. Эрль Владимир
25. Яснов Михаил

К этому далеко не полному списку следует добавить двух, уже погибших поэтов, наших сверстников: Роальда Мандельштама и Леонида Аронзона, а также - незаслуженно забытого Рида Грачева.

Все эти имена заслужили право быть представленными хотя бы в общем поэтическом сборнике. Имена, не вошедшие в этот список, вероятно, будут представлены инициативной группой, взявшей на себя ответственность отбора авторов и произведений.

В заключение я обращаюсь к Секретариату Правления ССП РСФСР с ходатайством о помощи целому поколению ленинградских поэтов, сломившихся в безвыходных условиях "второй литературной действительности" и выступаю в поддержку инициаторам общего поэтического сборника, в котором надеюсь найти хотя бы те имена, которые я привел выше.

Олег Охапкин
член Профгруппы писателей
при МК Литфонда СССР

4.3.75 года.

ПРОТОКОЛ № I

ОБЩЕГО СОБРАНИЯ АВТОРОВ

ПРЕДПОЛАГАЕМОГО ПОЭТИЧЕСКОГО СБОРНИКА

г.Ленинград   II марта 1975 г.

Предварительный состав сборника – 33 автора. На собрание были приглашены 29 авторов (2 представлены в сборнике посмертно, 2 – отсутствуют в Ленинграде). 10 человек отсутствовали по уважительным причинам, по неуважительной причине – I.

ПРИСУТСТВОВАЛИ: В.Кривулин, Б.Иванов, Е.Пазухин, К.Кузьминский, Ю.Вознесенская, А.Морев, Э.Шнейдерман, Б.Виллейчик, А.Шельвах, В.Ханан, В.Батчин, В.Нестеровский, В.Кривошеев, Е.Шендрик, С.Стратановский, А.Драгомощенко, А.Лисняк, Е.Игнатова.

ПРЕДСЕДАТЕЛЬ СОБРАНИЯ: Б.ИВАНОВ.   СЕКРЕТАРЬ: Н.ЛЕСНИЧЕНКО.

ПОВЕСТКА ДНЯ:

I. Отчет инициативной группы перед авторами предполагаемого сборника и представление макета сборника.

2. Вопрос о вышедшем из состава предварительной редколлегии и сборника поэте Олеге Охапкине.

3. Организационные вопросы.

I. <u>Б.ИВАНОВ</u>. Сообщение о литературно-историческом моменте в жизни ленинградской поэзии, вызвавшем идею выхода в свет поэтического сборника ранее не публиковавшихся авторов. Изложение основных тезисов будущего предисловия к сборнику.

2. <u>В.КРИВУЛИН</u>.Информация авторов о методах и критериях отбора авторов и произведений для будущего сборника.

Круг авторов формировался в последнее десятилетие в основном в двух направлениях: вокруг Центрального лито в Доме писателей им. Маяковского и вокруг Константина Кузьминского, известного знатока поэзии и литератора. В ходе составления макета сборника неожиданно возник приток новых авторов, ранее не входивших ни в один из этих кругов. Это заставило предварительную редколлегию пересмотреть уже сложившиеся представления о сегодняшней поэзии, отбросить т.н."табель о рангах".Это вызвало резкий протест со стороны авторов, прочно занимавших последние годы положение некоей "поэтической элиты".
Требования к авторам сводились к 2 положениям:
I – Профессиональный уровень предлагаемых текстов.
2 – Наличие своей манеры, личностного начала в стихах.

При отборе произведе... предварительная редколлегия ставила перед собой следующие задачи:
1. Наиболее ярко представить читателю поэтическую систему данного автора, отбирая с этой целью лучшие его тексты.

2. По возможности представлять авторов ретроспективно, а не только последними произведениями, обычно самыми дорогими для поэта.

3. Придерживаться при отборе произведений складывающейся композицией общего сборника.

4. Отбор произведений проводить в самом тесном контакте с авторами, сводя тем самым к минимуму возможные провалы в работе предварительной редколлегии.

В.Кривулин предупреждает авторов о том, что представляемый сегодня макет сборника не является окончательным и утвержденным вариантом. В ходе подготовки книги к изданию ее придется еще дорабатывать, о чем авторов будет информировать инициативная группа.

3. Ю.ВОЗНЕСЕНСКАЯ. Знакомит авторов с ходом работы над макетом сборника:

С 6 февраля по 13 февраля складывалась инициативная группа и обсуждались первые шаги по подготовке будущей книги. К 13 февраля сложилась группа инициаторов - Ю.Вознесенская, Б.Иванов, В.Кривулин, Е.Пазухин.- и было отправлено письмо в Секретариат ЛО ССП с просьбой рассмотреть вопрос об издании поэтического сборника ранее не публиковавшихся авторов. Для работы над сборником инициативной группой был приглашен К.Кузьминский, и в этом составе (инициативная группа + К.Кузьминский) предварительная редколлегия начала свою работу.

17 февраля в предварительную редколлегию был приглашен О.Охапкин, проработавший над макетом книги 4 дня, два раза выходивший из состава редколлегии. 27 февраля он был исключен из членов предварительной редколлегии за нарушение принципов работы над макетом книги и превышение своих полномочий в работе с авторами.

К 11 марта макет книги был закончен. За это время был рассмотрен список из 72 авторов. С произведениями 52 -ух из них предварительная редколлегия провела большую работу по отбору произведений для будущего сборника, рассмотрев за 35 дня работы около 2000 произведений. Для участия в книге были отобраны стихи 38 авторов. 4 автора (О.Охапкин, Б.Куприянов, П.Чейгин и Ю.Алексеев) от участия в сборнике отказались.

Макет книги составляют   произведений 34 авторов, представленных на 500 страницах.

Зачитывается оглавление .

II.
Председатель Б.ИВАНОВ предлагает собравшимся проголосовать:
разбирать ли на общем собрании поведение и действия бывшего
члена предварительной редколлегии О.Охапкина? Большинством
голосов решено ознакомиться с материалами, имеющимися в распо-
ряжении инициативной группы.

Е.ПАЗУХИН выступает по II вопросу. Авторам предлагается для
ознакомления магнитофонная запись письма О.Охапкина
в ЛО ССП, где он информирует Секретариат ЛО ССП о
своих несогласиях с принципами работы инициативной
группы и просит Секретариат взять книжки под кон-
троль работу над сборником поэтов, если Секретари-
ат найдет нужным рассматривать этот вопрос. Им пред-
лагается назначить сверху редакционную коллегию и
привлечь к сборнику всех желающих в нем напечататься,
для чего , по мнению О.Охапкина, следует собрать
общее собрание в Доме писателей. В этом же письме
О.Охапкин представляет ЛО ССП список авторов, жела-
ющих якобы напечататься в таком новом варианте сборни-
ка. Е.ПАЗУХИН поясняет, что ни с кем из перечисленных
в письме авторов О.Охапкин не имел предварительных
переговоров и манипулировал их именами без из ведома
и согласия.
        Затем предлагается для ознакомления второе письмо
О.Охапкина – в Секретариат ССП РСФСР, содержащее уже
признание правомочности и правильности действий ини-
циативной группы настоящего сборника, но зато являющее
собой резкое и подробное обвинение Секретариата ЛО ССП
в действиях, направленных против "второй литературной
действительности". (Е.Пазухин напоминает авторам, что
термин "вторая литературная действительность" изобре-
тен самим О.Охапкиным и никакого отношения к авторам
данного сборника не имеет)
        В заключение авторам сообщается о намерении О.Охапки-
на в ближайшее время обратиться в следующую "инстанцию"
с просьбой о помощи в выпуске книги, на этот раз – в
Московскую епархию. На этот случай О.Охапкиным изобре-
тен новый миф – миф о "Христианском ренессансе" и ав-
торы предполагаемого сборника объявляются уже "поэтами-
исповедниками" и "поэтами/проповедниками".

    Члены собрания просят объяснить, чем был вызван конфликт,
побудивший О.Охапкина выступить с этими письмами.

Е.ПАЗУХИН. Рассказывает суть конфликта, как его объяснял сам
О.Охапкин.
        Первый выход из состава редколлегии произошел по-
тому, что О.Охапкин счел довольно большую часть авто-
ров графоманами, с которыми ему-де стыдно печататься
под одной обложкой.
        Второй раз О.Охапкин вышел потому, что предварительна
редколлегия отказалась расширить подборку одного из
тех самых "графоманов", с которыми Охапкин боролся
в первый раз. Бросив угрозу написать в Обком партии
заявление на инициативную группу, Охапкин удалился.

    Обсудив и осудив поведение О.Охапкина как вносящее раскол в
действия авторов будущего сборника и его предварительной редколле-

гии, отметив неэтичность его жалобы на бывших сотоварищей в ту инстанцию, с которой инициативная группа вступила в диалог, авторы ставят вопрос о том, чтобы принять О.Охапкина в сборник на правах рядового автора на общих основаниях. Предлагается принять также и тех поэтов, которые вышли из сборника в подражание О.Охапкину - П.Чейгину и Б.Куприянову.

ВОПРОС: За что был выведен из состава инициативной группы поэт В.Ширали?

Е. ПАЗУХИН: Инициативная группа работает в условиях строжайшей дисциплины. В.Ширали позволил себе не явиться на 3 заседания, а затем явился в нетрезвом виде и с компанией друзей. Между тем, еще в первые дни работы над будущей книгой в инициативной группе, а затем и в предварительной редколлегии был установлен строжайший сухой закон.

ВОПРОС: И он ни разу не нарушался?

К.КУЗЬМИНСКИЙ. Один раз сухой закон был нарушен. Олегом Охапкиным - после чего он и вышел из редколлегии.

Общее собрание голосованием решает вопрос о вышедших из сборника поэтах:

I. Позволить им вновь войти в сборник на общих основаниях в качестве рядовых авторов.

2. Один выход из сборника может быть автору прощен как ошибка. После второго - автор выходит из состава авторов уже навсегда.

Принято единогласно.

Ш. Ю.ЖАРКИХ.Выступает в качестве гостя от оргкомитета художников.

Ш. Зачитывает проект "Устава ТЭВ". Информирует о переговорах Оргкомитет худдожников с Главным управлением культуры Л-да.

К.КУЗЬМИНСКИЙ подводит итоги работы инициативной группы и говорит о планах на дальнейшее продвижение вопроса о сборнике в соответствующих инстанциях.

Авторы выражают полное доверие инициативной группе в ее сложившемся составе: Ю.Вознесенская, Б.Иванов. В.Кривулин,К.Кузьминский и Е.Пазухин и доверяют ей дальнейшую работу над макетом сборника и его продвижения в печать.

Секретарь:/Н.ЛЕСНИЧЕНКО/

Председатель

/Б.Иванов/

II марта 1975 г.

П Р О Т О К О Л № 2

Общего собрания поэтов – участников сборника "Лепта"

ПРИСУТСТВОВАЛИ: Е.Шендрик, Б.Иванов, В.Дмитриев, В.Ханан,
Л.Дианова, Ю.Вознесенская, А.Морев, Э.Шнейдерман, К.Кузьминский,
В.Кривулин, Е.Пазухин, В.Эрль, А.Лисняк, С.Стратоновский,
Г.Григорьев, Н.Лксниченко (секретарь К.Кузьминского) и гости
из Москвы – М.Шейнкер, В.Сайтанов.

ПРЕДСЕДАТЕЛЬ: Б.Иванов.

ПОВЕСТКА ДНЯ:

1. Сообщение о продвижении сборника, о его состоянии на с.день.
2. Выступления поэтов по составу сборника.
3. Выступления гостей.
4. Текущие дела.
5. Чтение по кругу.

I. Вопрос: продвижение сборника и его состояние.

Ю.Вознесенская делает сообщение о переговорах с ЛО ССП и о состоянии сборника на данный момент.

II. Вопрос: выступления поэтов, ознакомившихся со сборником.

МОРЕВ.А. Первое знакомство со сборником разочаровало. Я не открыл для себя ничего нового. Старый круг тем, старая тональность. В такой книге все должно быть новым. Необходимо снять всю пыль, старомодность. Богоискательство – убрать. Убрать "желтизну бумаги".
"Нео" должно быть принципиально новым. Мало фуиуризма. Акмеизм сам по себе интересен, но сейчас обращение к нему неправомочно.

ЭРЛЬ В. Как быть с мыслями о боге, если таковые присутствуют в тексте?

МОРЕВ А. Это не на том уровне.

ПРЕДСЕДАТЕЛЬ. Сборник еще будет просматриваться на предмет цензуры.

МОРЕВ. Если поэт представлен двумя стихами, это должно быть на очень высоком уровне, иначе не имеет смысла. Пример тому – Валерий Батчин.

Слабыми подборками представлены Брандт, Васильев.

Аронзон интересен и соответствует духу времени и новому поэтическому принципу, хотя и в нем присут... ...эт старина.

Понравился Гаврильчик. Хотелось бы расширить его подборку.
Галецкий - не ново. На Западе никто этому не удивляется. Право-
мерно ли его представление?

Рид Грачев интересен. У Григорьева запомнились 2 вещи,
а в остальном мало нового.

Драгомощенко - большой поэт.

Сборник нуждается в доработке. А редколлегия нуждается
в расширении.

Е.ШЕНДРИК.

Я долго писал один. Прочитал сборник и увидел, что пишут и
другие. 5-6 имен понравились. Некоторые представлены слабыми
стихами. Слабы графические тексты. Нужно подвести поэтический
интеграл.

В сборнике представлены новые концепции, но глубокий субъектив-
ный эстетический поиск не замыкался, чтобы его можно было считать
законом. Но они были - 5-6 сильных имен. Я готов убрать из сбор-
ника свои стихи, чтобы он был сильнее.

Стоит расширить редколлегию и серьезно об этом подумать.

Понравились : Мандельштам, Морев, Аронзон, Лисняк (на 2/3
импровизационная вещь, но общая ее структура разорвана; противо-
речива).

Мало светлых вещей. Много некромании, писсимизма.

Богоискательские вещи допустимы. Но нужно помнить о Союзе
писателей. И чтобы это было авангардом, а не ветхой поэтикой.

Все усилия должны быть направлены к тому, чтобы привести
сборник к единству.

ШНЕЙДЕРМАН. Э.

Сборник - вещь беспредидентная и критиковать его надо строго,
что предыдущие авторы и делали.

Мало современных напряженных стихов. В основном наблюдается
уход от лобовых вопросов в форму, причем классическую, а не нова-
торскую.

В сравнении с выставкой художников сборник проигрывает. С на-
чала шестидесятых годов можно было ожидать большего. Уход в религию
в историю - это уход от острых моментов.

Современная тема решается у многих взгл---- -- из подвала. унижённость тоска...

Качество сборника нужно поднят⸱. По качеству разбить авторов на группы:

I. Лучшие: Аронзон, Р.Грачев (2стиха я бы росил бы), Морев (неожиданно смотрится очень современно), Эрль- единственный работает формально остро, учитывая достижения Элюара, Аполинера.

II. Несколько хуже: Батчин, Васильев - игра в обереутство, Гаврильчик смотрится хорошо, самобытно, а Васильев играет вяло, лениво. У обер⸱утов шла борьба с мещанством, чего нет у Васильева - содержание мелкое, скучное.

Дмитриева и Кривошеева нужно убрать из сборника, это слабые стихи

У Шендрик некторые вещи не имеют связи, работает механизм случайности.

Брандт - многое в его подборке не устраивает, не чувствуется оркестрового звучания. 15 раз "Помолись" топит мужественный первый голос.

Галецкий - 100 слов можно оставить. Графические тексты совершенно примитивны. Навряд ли это поэзия. Это смотрится провинциально.

===

ПРЕДСЕДАТЕЛЬСТВУЮЩИЙ. К сожалению, в сборнике, вернее, в экземплярах,скоторыми работали выступавшие здесь авторы, не было стихов многих поэтов - они еще в перепечатке.

Выступает гость из Москвы, филолог Владимир Сайтанов.

САЙТАНОВ. Я не имел возможности познакомиться со сборником тщательно и досконально. Скажу лишь первые впечатления.

Удивила организация сборника: он лишен внутренней структуры. Между тем, у читателя должно быть руководство к действию. Может быть, стоит разделить поэтов по традициям, которым они следуют - Олейников, Заболоцкий, Мандельштам. Может быть, просто разделить их по внутренней интонации: в некоторых стихах социальная направленность чувствуется сильнее, в других - слабее. Философская, пейзажная лирика должны разделяться.

Нужно выработать единый общий знаменатель. Возможно, сделать единственным критерием - мастерство, а в приложение вынести формальные поиски, еще не сложившиеся.

Аронзон - удачный пример. Стихи не вносят чего-то нового, но это высокое, вполне мастерское оперирование словом.

Буковскую следует исключить. Стихи режут слух и кажутся в этом сборнике диссонансом. Довольно слабые стихи у Гаврильчика, но ин-

поэтами сборника-значит   губить его.

Галецкий - то же.

Грачев - режет слух.

Дмитриев и Григорьев пока еще не доросли до уровня книги.

То же можно сказать о Кривошееве, хотя некоторые стихи в чем-то себя проявляют.

О двух поэтах, с которыми я прежде был мало знаком. Это Стратоновский и Е.Шварц.

Стратоновский - поэт со свежим голосом.

Елена Шварц - сильная поэтесса, которая безусловно заслуживает участия в сборнике.

Слова просит К.Кузьминский.

КУЗЬМИНСКИЙ. Исходя из сегодня сказанного можно сделать 2 вывода: I - сборник сделан, II-ое - сделан пока вчерне, нуждается в доработке, в цензуре.

Встает вопрос о его доработке. Книга представляет 30 поэтов, объединенных общим желанем заявить о себе и общим несчастьем - двусмысленным существованием непечатающихся поэтов.

Алфавитный принцип расположения текстов не случаен - все мы равны перед читателем.

Есть идея создания редакционного портфеля. Есть поэты Ширали, Чейгин - их тексты мы уже имеем в запасе. Ряд поэтов еще не извещен о сборнике - Макринов. Ряд не успел подготовить подборку - Фенев. Должны быть привлечены новые имена. В процессе для работы над улучшением, расширением, сокращением потребуются новые силы. Кто может нам помочь?

Есть человек с опытом работы в левой поэзии, с большим архивом, умеющий работать с людьми и беспристрастный. Это Владимир Эрль, хотя зануда редкостный.

Есть Эдик Шнейдерман, - филолог, архивная крыса (архивный работни

Могут быть и другие кандидатуры. Давайте решать. Работа ждет: тексты прибывают, уже лежат в портфеле.

ПРЕДСЕДАТЕЛЬ. Ставит вопрос о расширении редколлегии. Инициативная группа остается в прежнем составе, но в состав редколлегии необходимо ввести еще двух человек.

С вопросом редакционного портфеля смыкаются вопросы работы над улучшением сборника. Я бы выдвинул Евгения Шендрика: человек всеми силами хочет помочь улучшению книги, готов даже пожертвовать своими стихами.

ШЕНДРИК. Я бы рекомендовал Морева.

МОРЕВ. Беру самоотвод. Я уже работаю в группе прозаиков.

ШЕНДРИК. А как будет дело с портфелем, если мы решили сокращать сборник?

ПРЕДСЕДАТЕЛЬ. Этот вопрос войдет в компетенцию расширенной редколлегии

КРИВУЛИН. Я рекомендую Владимира Ханана.

ХАНАН. Беру самоотвод.

ШЕНДРИК. Рекомендую Лисняка.

ЛИСНЯК. Беру самоотвод.

КРИВУЛИН. Рекомендую Стратоновского.

СТРАТОНОВСКИЙ. Беру самоотвод.

ПРЕДСЕДАТЕЛЬ. Подводит итоги. Выдвигаются Шнейдерман, Эрль и Шендрик. Ставит вопрос на голосование.

ШНЕЙДЕРМАН, ЭРЛЬ и ШЕНДРИК единогласно избираются в состав расширенной редколлегии для работы над редакционным портфелем и участия в общих вопросах по редактированию сборника.

КРИВУЛИН. Просит слова. Делает сообщение о Евг. Евтушенко: есть возможность представить ему сборник для ознакомления. Сборник должен быть представлен в адаптированном виде и для знакомства в частном порядке. Есть шанс в смысле популяризации идеи сборника.
МОРЕВ. Принять Евтушенко в виде официального фильтра?
КРИВУЛИН. Неофициального фильтра.
КУЗЬМИНСКИЙ. Он трепло. Но он член Союза — это нам на руку.

КРИВУЛИН. Есть предварительная договоренность о таком знакомстве с книгой.
СТРАТОНОВСКИЙ. Я слыхал о том, что Евтушенко замешан в а оральном поступке.

ИВАНОВ. Можно решить это так: кто хочет быть ему представлен — пусть представляется.

ПРЕДСЕДАТЕЛЬ предоставляет слово опоздавшему М.Шейнкеру.
Михаил Шейнкер, московский филолог.
ШЕЙНКЕР.
     Мне кажется, что в целом сборник интересен, но нуждается в
сужении некторых подборок. Например – Кривошеев, Буковская.
Вторая часть - с буквы "К" - гораздо более сильная. В этом смысле
алфавит это оправдфвает.
     Уровень сборника высок. Существенно выше московской поэзии.
При общей тенденции культурного обращения к традициям, Ленинград
умеет этим пользоваться, что для него характерно: большая культур-
ная база и большая способность развития этой базы. Реминисценции
не отталкивают своей традиционностью, а ,напротив, придают самой
этой традиции новое освещение. Но есть вещи, не выдерживающие
этого критерия.

ПРЕДСЕДАТЕЛЬ. Предлагает высказаться о сборнике всем желающим.

КРИВУЛИН. Хочу возразить Шнейдерману и Мореву. Слово "современность"
иногда воспринимается однозначно как инъекция реальности низкого
плана. Современность - это ориентация литературного процесса. Одна
из существенных черт миросозерцания - повышенный интерес к духов-
ности – от буддизма до традиционных форм. На сегодняшний движжжжжж
мом нт такое движение продуктивно.
     ххххх Более продуктивен для меня псевдоклассический стих –
более, чем свободный стих 60-ых годов. "Подвальность" - печать
времени. А мы хотим света.

ШЕНДРИК. Не только хотим, но и обязаны его искать. Даже мрачность
должна иметь катарсис. "Монолог прозектора " В.Нестеровского для
меня одно из оптимистичнейших стихотворений.

КРИВУЛИН. Возможно, что со временем у нас выработается единый
критерий.

ШЕНДРИК. Навряд ли.

КУЗЬМИНСКИЙ. Итак, сложились две тенденции:
                    I - сужение подборок,
                    II- расширение сборника за счет новых авторов.
     На мой взгляд, вопрос о массовости более необходим. У нас нет

школы, направления, которые оправдали обужение подборок. Мы
хотим показать, сколько поэтов находятся в ненормальном положении
В основном все выступавшие не так отметали имена, как заботи-
лись о вычищении подборок.

МОРЕВ. Не только. Главное – принцип индивидуальности. "Я" – должно
быть главным в таком сборнике!

КУЗЬМИНСКИЙ. Не "я", а – "мы".

Есть еще другой принцип – критерий поэтичес.ой морали, честност
Этот критерий сборник выдерживает. Этому критерию отвечают и те, кт
пока не в сборнике – Неворошкин, Уфлянд, Фенев, Бобышев. Мы должны
привлекать их мастерством, уровнем книги.

МОРЕВ. Бобышев ждет качества.

КУЗЬМИНСКИЙ. Скорее, ему это безразлично. Но когда сборник перерас-
тет в массовое движение, тогда и Бобышев к нам придет.

(Затем Кузьминский делает сообщение о ТЭВе).

Мы идем вслед за художниками, пользуемся их опытом. Они нас
консультируют и поддерживают. Это первая попытка консолидации
поэзии и живописи.

ЛИСНЯК. У художников другая специфика. Картины могут иметь сбыт
в любых условиях.

МОРЕВ. Книги тоже.

КУЗЬМИНСКИЙ. А за нами идут прозаики. Нас может быть 75 человек и
более. Посмотрим, что получится у художников – законы те же.
Редактор страшнее цензора. Но, если принять цензуру, а редактор
будет свой...

КРИВУЛИН. У художников дело выяснится через 2 месяца.

Г.ГРИГОРЬЕВ. Здесь была сделана попытка свести сборник к каким-то
группировкам. Этого надо бояться. У меня нет в книге близких поэтов
Это – Топоров, Вензель, Гурвич.

Каждый должен стоять независимо. Идет разговор о сужении сбор-
ника. У одних качество выше, у других – ниже, но мы все – поэты.
Следует уделять больше внимания автору и отвергать либо автора
целиком, либо считаться с его мнением.

IУ. Ч Т Е Н И Е   П О   К Р У Г У.

ПРОТОКОЛ 3

ОБЩЕГО СОБРАНИЯ ПОЭТОВ -УЧАСТНИКОВ
СБОРНИКА "ЛЕПТА"

от 22 апреля 1975 г.

ПОВЕСТКА ДНЯ: 1. Информация о продвижении сборника.
2. Выступления на домашних вечерах поэзии.
3. Выступления свежем воздухе. Обсуждение проекта
чтений в парках города.
4. О дисциплине во время проведения чтений и об
участии в этих чтениях авторов сборника.

1. Ю.Вознесенская делает сообщение о продвижении сборника по
Инстанциям, о его состоянии на сегодняшний день. Зачитывается
переписка с ЛО ССП. Состав сборника на с.день.

П. К.Кузьминский. Выступает по 3 и 2 вопросам. О состоянии
современной читательской среды. О знакомстве читателей
Ленинграда с нашим сборником. О знакомстве с ним москвичей.
Говорит о проблемах знакомства читателя с поэзий, о потере
широкого читательского круга 60-х годов. О состоянии совре-
менной поэзии осведомлены 200-300 человек в Ленинграде и
столько же по стране.
"Движение - все, цель - ничто". Идет движение художников
музыкантов, прозаиков. Рассказывает о "Железном колоколе".
На что мы можем рассчитыват. Художники обещают нам поддержку.
В конце мая состится худ. выставка в одном из парков города.
Мы должны к ним присоединиться. Это позволит говорить уже о
движении всей творческой интеллигенции России. Обязательные
условия наших выступлений - строжайшая дисциплина, сухой
закон на всех чтениях, включая и чтения на квартирах.
Сообщает о предложении фестиваля "Белые ночи". Предположи
но в начале июня.

КРИВУЛИН. О добровольности этих выступлений и ответсвенности
их участников . Нужно заранее решить, кто будет читать в парк
кто только на квартирах, кто и там, и там. Предлагает заранее
составить подборки для чтения, чтобы их можно было представит
в Управление культуры, если оно разрешит эти чтения.
О времени подачи заявки.
О выступлении художников. Предлагает их поддержать в случа
отказа.
Об организационном принципе чтений. Предлагает читать по
2- 3 часа в составе: 3 поэта, один прозаик.

В парке читать в лубом случае - откажут нам или нет.

Предлагает авторам сборника подумать о сборниках индивиду-
альных.

Что решили на будущее?

ВОЗНЕСЕНСКАЯ. Произведения, прочитанные в период "белых ночей" войдут в альманах "Белые ночи". Предлагает в конце года выпустить альманах за 1975 год. Но главное - готовить собственные книги.

ШИРАЛИ. Я не вхожу в сборник по принципиальным соображениям. Но приму участие в квартирных чтениях и в альманахе "Белые ночи.

СИНЯВИН. Я бы не допускал ни к каким чтениям тех, кто не поддерживает движение в целом. Вы добиваетесь прав на публикации и чтения, а потом такие "отколовшиеся" используют эти права наравне с теми, кто рисковал своей головой.

ВОЗНЕСЕНСКАЯ. Ширали своим творчеством и всем существованием 10 лет готовил возможность этого движения.

СИНЯВИН. Мне не нравится идея совместного выступления. Это похоже на самодеятельность. ххжжжжжхжжжжхжжжжж При чем тут музыка? У художников - свое, у вас - свое.
НЕСТЕРОВСКИЙ. Я тоже против выступления с музыкантами. Но за выступления с художниками. Эта дружба - естественный процесс. Многие поэты давно интересуются живописью - Кузьминский, например. Художники приходят слушать поэтов.

СИНЯВИН. Художники пробились вперед, а вы на вторых ролях. Я считаю, что вы должны действовать независимо. Сами взять инициативу и организовать собственное выступление, сами организовать и диктовать.

КУЗЬМИНСКИЙ. Мы идем тем же путем. Нам необходимо координировать свои действия с движением художников. На уровне оргкомитетов. Вжжжжжжжжжж После выставки в парке будут выставки картин на квартирах. Выставочные дни будут заканчиваться поэтическими вечерами.

СИНЯВИН. В последний день выставок будет распродажа картин. Вы должны это учесть, чтобы не читать перед покупателями, которых интересует только приобретение ценностей для своих коллекций.

КУЗЬМИНСКИЙ. Спасибо. Это ценная информация и мы это учтем.

СИНЯВИН. Поддержите ли вы художников, если оргкомитет жжжжжжж решит отменить выставку, а кто-то все-таки выйдет в парк со своими картинами?

КУЗЬМИНСКИЙ. Мы полностью солидарны с художниками, но поддерживаем в первую очередь оргкомитет и общее собрание художников. Как он решат - так мы и будем действовать.

СОБРАНИЕ РЕШАЕТ: 1. Поддерживаем художников в лице оргкомитета.
2. Готовим сборники и альманах "Белые ночи".

3. Читаем на квартирах.

ЧТЕНИЕ ПО КРУГУ.

ПРЕДИСЛОВИЕ

Сборник стихов "Лента" объединяет ___ поэтических произведений ___ авторов. Общее количество строк __ _____ .

Ю.Н.Тынянов писал,что то или иное явление словесности не может быть адекватно понято вне многовекового литературного процесса,а также вне конкретного историко-литературного момента,который подчас характеризуется противоречивыми,но,именно в силу своей противоречивости, взаимодополняющими тенденциями,одни из которых в определенный период времени являются ведущими,другие - периферийными.

Представляемый в издательство "Советский писатель" сборник стихов "Лента" объединяет авторов,развивающих несколько экзотические или разнородные,на первый взгляд,творческие системы. Но составители книги считают,что именно это обстоятельство поможет любителям литературы осознать настоящий этап развития советской поэзии как момент,исполненный творческой диалектики,и стало быть,свидетельствующий о потенции поэзии к дальнейшему плодотворному развитию. То, что сегодня кажется странным и побочным,через несколько лет может оказаться определяющим,главенствующим.

Современная поэзия чутко реагирует на сложные динамические изменения,которые происходят в нашем обществе и связаны с изменением ритма труда и быта,с дальнейшим повышением роли личности в социальных структурах,с победами и проблемами научно-технической революции

К сожалению,опубликованные в Ленинграде за последние пять лет поэтические сборники и альманахи в большинстве своем представляют только одну сторону живого литературного процесса.Естественно,вкусы редактора изменяются в такт изменениям,происходящим в нашем обществе,но происходит это гораздо медленней,чем у поэта,более чуткого к ритму времени. Таким образом, возникает искусственный "вкусовой" барьер между созданием поэтического произведения и его опубликованием.

Преодолеть эту опасную тенденцию пытаются составители предлагаемого сборника, с одной стороны, за счет привлечения авторов, для которых важен эксперимент, творческий поиск, пусть даже в спорных проявлениях, – но разве эксперимент в научных исследованиях менее ценен, если открытие совершается методом проб и ошибок? А поэзия сегодняшнего дня немыслима без ориентации на новейшие научные достижения.

Графические тексты Ю.Галецкого могут вызвать недоумение, но разве проблемы психологии восприятия пространства, в данном случае – плоскости листа, не являются до сих пор объектом исследований психологов? Если искусство может внести свою долю в познание окружающего нас мира – можно пренебрегать основой познания – опытом, экспериментом? Ряд поэтов-участников сборника эспериментирует со словом, ставя и решая таким образом в плане эстетическом те вопросы, которые до сих пор не решены психолингвистикой, синтагматикой и лексикологией в плане научном. /См. стихи В.Эрля, В.Кривулина и некоторых других авторов/.

Одной из ведущих линий советского литературоведения является исследование смеховой культуры /М.М.Бахтин/. В этом аспекте небезынтересно рассмотреть присутствующие в сегодняшней поэзии элементы возрождающего, оптимистического смеха. Восходящее к просветленному миру детства игровое начало организует стихи В.Гаврильчика графические тексты Ю.Вознесенской. Светлой, мягкой иронией пронизаны объекты поэтического мира В.Кривошеева. Внешняя мрачность и серьезно-дидактический тон лучших стихов В.Ханана, С.Стратановского, В.Эрля, А.Лисняка, Е.Шварц, В.Кривулина, Л.Аронзона и др.оказывается лишь внешней оболочкой, за которой – как акт полного внутреннего приятия жизни во всех ее сложных и противоречивых проявлениях – звучит обновляющий,чуждый одномерно–серьезному буржуазному сознанию,смех.

Есть другая особенность современного состояния поэзии – связана она со все возрастающим интересом к человеку,к личности,которая в наши дни осознается активным фактором исторического процесса. Для нас важно внимание к конкретной человеческой судьбе,не просто вслушивание в звучание лирического голоса поэта – но желание увидеть, почувствовать цельный образ,включающий в себя все уровни существования,– от самых интимных,до выявляемых в актах социальной значимости. Жизнь поэта во всех,даже мельчайших,подробностях интересует нашего читателя как конкретная возможность осознать свой личный опыт чем-то незамкнутым,чем-то – чему предстоит живой слушатель,собеседник – поэт.

Поэтому особенно интересны поэты,чья судьба является цельной в том смысле,что охватывает всю человеческую жизнь – с ее началом и концом.Поэты,представленные в первом разделе сборника /Л.Аронзон и Р.Мандельштам/,не личностно уже,но лишь своим творчеством участвуют в сегодняшней ленинградской поэзии,и однако участие их активно.И читатель,который может стать свидетелем цельного,завершенного жизненного опыта,имеет ли право пренебрегать этим опытом – даже в том случае,если отдельные элементы поэтики и миросозерцания кое-кому покажутся чуждыми с точки зрения современного состояния поэтического слова.

Цельность и пронзительность личностного начала – как силы,организующей стихи, – присуща стихам и поэмам Е.Шварц,глубоким по мысли стихотворениям Р.Грачева и юношески-искренним – Г.Григорьева.

Эксперимент представляет только одну сторону личности – активную, деятельную,направленную в будущее. Но есть и пассивная сторона,не менее важная – память. И есть коллективная память поэзии – традиция.

Эксперимент не только не отрицает традиции, но часто обусловлен об
ращением поэта к тем или иным забытым, казалось бы, мертвым тради-
ционным формам, образам, ритмам. "Мертвое", "устаревшее", исчерпан-
ное прежде" слово в устах молодого человека нового времени есть
тоже определенная тенденция, один из важнейших факторов, без которо-
го невозможно понять русскую поэзию в ее развитии и становлении.
Внимание к "стертому", прошлому слову в сознании людей послевоен-
ного поколения связано с возрождением интереса к русской нацио-
нальной истории, как следствие - к истории русской поэзии XIX -
начала XX века. Это бережное внимание проявляется в стихах Та-
мары Буковской, основой которых является цитата, данная как воспо-
минание о звучащих давно и умолкших голосах - Ин.Анненского, Ф.Тют
чева, О.Мандельштама, А.Пушкина. Таковы и стихи Льва Васильева, раз-
вивающие забытую сейчас традицию, которая связана с именем ранне-
го Н.Заболоцкого. В стихах Е.Шендрика читатель может найти любопы
ную современную параллель тютчевскому космизму восприятия мира.
На лучших гуманистических традициях русской поэзии и психологи-
ческой прозы прошлого века основаны стихи Э.Шнейдермана.
Замечательно, что молодая ленинградская поэзия не ограничивается
сегодня вниманием к традициям только русского стихосложения.

Поэты А.Драгомошенко, А.Лисняк, В.Эрль и др. осваивают опыт вла-
дения полузапретным до сих пор верлибром. К сожалению, до сих пор
бытует мнение, что на русском языке нельзя написать хорошие свобод
ные стихи. Тем не менее, опыт переводов таких прогрессивных зару-
бежных поэтов как П.Элюар, Л.Арагон, Пабло Неруда, Витезлав Незвал
и др. свидетельствует об обратном. Должны найти своего читателя
и оригинальные русские верлибры - как это происходит сейчас в
Москве, на Украине и в Прибалтике. Кроме того, в стихах Драгомо-
шенко можно наблюдать соединение ~~шшшш~~ максимально далеко от-
стоящих одна от другой линий традиции: украинский фольклор,

японская классическая поэзия,современная англо-американская поэзи
Соединение этих разнородных элементов не создает впечатления чего
то чуждого,наоборот - открывает новые возможности развития поэти-
ческого языка.

И наконец,нельзя не остановиться на стихах Ларисы Диановой,ко-
торые связаны с памятью и поэтическим голосом нашего земляка -
Александра Андреевича Прокофьева.

ОГЛАВЛЕНИЕ

стр.

Морев Александр . . . .

Меняя очертания овала
Снег
Мир был молод...
Отдавший зерно...
Мне кажется, что я уснул давно...
Та - другая - не придет ко мне...
Трава и камни
Полустанок
Шляпа

Нестеровский Владимир . . . .

Экспонат
Монстр-алкоголик
Монолог прозектора
Тмутараканская баллада
Орденоносная царица
Среди тучных угодий
Моя карта

Александр Оживанов
Гном.
Стрекоза
Цветы и фрукты
Диалог
Ленинград
Дерево.

Евгений Пазухин

Баба
Руфь

Владимир Эрль

ОДИННАДЦАТЬ ЛЕТ СПУСТЯ

11 лет спустя, просматривая эти обветшалые документы, перебирая имена,
сопоставляя с альманахом "КРУГ" /см./, прихожу к выводу:

к выводу я не прихожу.

по-прежнему, полагаю, что искусство - вещь сугубо бесполезная /пока -
не становится каким-либо товаром: шемякин-ли-шенкер - для нахамкина,
евтушенко-ли - для шульмана, вознесенская-ли-бакинский - для "посева"
и голосов/, бессмысленная, безденежная.
там - существовал соц-рынок, соц. заказ и потц-показ.
здесь - и того хуже: издателей нет /вычетом моего, а это еще.../, чита-
телей - и того меньше, меценатов /лисистратов и писистратов/ - покойная
геша гуткина, костенеющий костаки и пидер-миллионер рамзес-второй /как
прозвал его я/, померший, похоже, уже от рака, а перед тем - предлагав-
ший мне издать избранную антологию по-аглицки, на что он готов был суб-
сидировать аж две с половиной тысячи долларов. это, впрочем, я и сам
могу. мог - и с зарплаты жены-уборщицы, а уж архитектора-чертежницы - и
подавно.
остается - или надеяться на кухарца-половца /один - спекулирует в "рус-
сике" и попался год назад, всучив в уплату за словари - "куклу" самому
флегону - значение "куклы" см. в словарях козловского или косцынского,
другой же - издает "панораму" в калифорнии, где вместо поэтов печатает
одного илью лапидова, абсолютного графомана, за то, что тот ему "гранки
за бесплатно правит", как признался мне по телефону издатель/, или пла-
тить ефимову /мужу рачко м./, ромке левину /которому нужно кормить двух
стебанутых дочек/ или уже - валку /который "человек человеку - валк" и
"валка ноги кормят"/

или же -
надеяться /как я/ на скорейшую реставрацию монархии в россии и признание
моих немалых заслуг в том.

а покамест - нумерую, как проклятый, этот - последний - том, сбился со
счету и с панталыку, после документов "лепты" обнаружились две пустые
страницы, отчего и пишу.
при этом - звонила лозинская, сообщила еще 2 эпиграммы топорова: на ми-
шу гурвича-яснова:

                    переводчику превера
                    не хватает двух вещей:
                    у бедняги нету хера,
                    у превера нет прыщей

                                        и на гарика лонского /ищи/:
                    почему же гарик лонский
                    так похож на солоб конский

попутно вспомнился в разговоре еще другой гарик /губерман/:

                    веду я жизнь анахорета
                    и думаю: а на хер это?

относится уже, пожалуй, ко мне, со всей этой антологией, заживо жрущей.
или еще вензель:

                    собака хочет всех облаять
                    а гитлер хочет всех убить
                    а оптимисточка нагая -
                    любить, любить

вспомнился и неизвестный мне гаврильчик:

                    странное диво привиделось мне:
                    голая дева на голом коне

целиком текст лозинская не помнит, как это водится, помнит его слепако-
ва, но она в питере, а пидера-слависта туда не пошлешь, поздно.

и позвонила ина близнецова, которая в 4Б и в харьковско-оренбургско-но-
восибирском томах, хочет, сидя за терминалом, успеть написать про саню
фенева, неуловимого поэта, друга таракана-штерна, который в италии, а
санины сонеты весьма ценил гришка-слепой, текстов же его не удалось до-
стать ни для "лепты" /распивочно/, хотя он и числится в списке 70 имен
ни для антологии /на вынос, а вернее, на - вывоз/, хотя и пито было с
саней изрядно.
может, ина и успеет чего написать и привезти, пока я нумерую этот том.
сегодня 13 мая, получка же - послезавтра, но на отсылку мышь нашла.
и еще надо откопировать три тома - не слать же единственный манускрипт
а копировальная машина "тошиба" после чистки в четверг забарахлила, и -
второй день названиваю, чтоб прислали мастера.

прихожу к выводу:

только душевной болезнью можно оправдать делание этого безумного труда
не нужного ни пушкинскому дому, ни, паче, новой - гори она - родине.

поэтесса и драматургиня нина бахтина вчера сообщила, помимо того, что
перевела свои стихи и пиэсы на аглицкий, намереваясь издать /я посове-
товал тираж - 10 экз./, что клеившийся и к ней гум, намеревался там
еще - взять себе псевдоним. "ахматов". поскольку гум - герой данного
тома и одолжил мне, съябывая на все лето в евжопию с тремя бабами /мюс-
се, быв скромником, спал только с двумя - блондинкой и брюнеткой/, 200
долларов, каковые мне надлежит отдать по осени, когда он вернется пус-
той, но пока - мне пригодятся.
гум был весьма активным участником "лепты" и всех сопутствующих безоб-
разий.
и второй день слышу по телевизору вакханалию: "рашен диссидент анато-
лий щаранский", принесло эту гнойную морду в нью-йорк, вся кошерная сво-
лочь вокруг него "шабот" или попросту - шабаш устроила, а диссидент, по
мимо фарцовки, сбагрил гос. секреты: дал список отказников с АДРЕСАМИ
ящиков - за что, кстати, и тут сажают.
вот его мемуары - уже откуплены на корню, а мои и юлиины - кому они?

тошнотные это дела, словом.

однако ж - пишу, стучу /на машинке/, набираю, комментирую, а что не все
тексты одним пальчиком оттюкал - что ж, жду втыка: от элинсона, крейда
гозиаса, но привожу я - ихний же факсимил, а я им не машинистка.

машинистка юлия - занята шибко другим.

щаранскому же по морде /а не по паспорту/ - я бы с удовольствием дал.
располагает к тому.
даже рискуя прослыть "антисемитом".

а в общем - устал я. который год уже...

13 мая 86, Подвал, Некрасовка.

МОРАЛЬ

13

ОЛЬКУ ЖАЛКО!

МАМИН РЫЦАРЬ

Фото В. БОГДАНОВА

Юлия в тюремной комнате свиданий
с детьми.

МВД СССР

ОТДЕЛ ВНУТРЕННИХ ДЕЛ

Воркутинского городского Совета депутатов трудящихся Коми АССР

3-25

г. Воркута, ул. Ленинградская, дом 27

рта _____ 1977 г.   № _____

С П Р А В К А

Действительна до "___" _____ 197__ г.

Выдана гр-ке ОКУЛОВОЙ ЮЛИИ НИКОЛАЕВНЕ, 14.09.1940 г. рож-
дения, уроженка г.Ленинграда в том, что она является
ссыльной и проживает в г.Воркуте, Коми АССР.

Справка дана взамен паспорта.

личная подпись _____

Зам.Начальник Воркутинского ГОВД _____ /САДОВОЙ /

з. 942—20000

Дорогой Брат! Зажигай свечу, молись Богу. Мороз, как тебя не стало - страшенный. 15.1.76
Главном Управлении Культуры зачитали нам /четыре старушки/ постановление, принятое на осн
ве решения Совета Министров от декабря 75 г. В постановлении излагается выставочная полит
ка на 1976 год. Пунктик-2 из раннего постановления, по которому как-то пролазили наши две
выставки /Газа и Невский/, ликвидирован. Все выставки БУДУТ ПРОВОДИТЬСЯ В СВЕТЕ РЕШЕНИЙ 2
СЪЕЗДА, и прославлять героев 9-ой пятилетки обязаны. Пригласили нас "любезно" участвовать
в этих отравах. При министерстве и при Главках созданы специальные расширенные комиссии п
приему и организации всех выставок.
А я и говорю бабушке, что не должен, как художник, руководствоваться в своих действиях их
социально-художественными требованиями. На что она - партийное у нас искусство, все парти
ное, а если не угодно - убирайтесь, ищите себе другое и другую. Сама при этом свирепеет,
трясется, и вроде как на ей комиссарская кожанка с револьвертом появляется.
А Сашок Леонов ей - я мол, так и сделаю, вызов в кармане. Другая бабушка молвит - самозва
вы и признавать мы вас не будем, и группа ваша инициативная - пустое для нас место.

В ответ на письмо, адресованное в Обком партии, с просьбой организовать при Горкоме худож
ников живописную секцию... ГБ устраивает чистку Горкома.
Сашу Окуня выгоняют с работы из художественной школы за участие в еврейской выставке в де
бре /1975, в Москве, на квартире у Аиды Хмелевой/.
Готовится постановление, запрещающее частную продажу работ. ВЫБИВАЮТ ПОСЛЕДНИЕ ЗУБЫ.

Лев Нусберг, в письме от января 76, Москва.

Вот мы и по сю сторону границы, в "свободном мире". Не могу сказать, что я чувствую этот
мощный ветер свободы, но все-таки кое-то есть. Когда мы выехали из тоннелей Австрии на пр
сторы Венеции и Романьи, мёд и масло легли на мое сердце: всё мягкое-мягкое, голубая дымк
Всё - как фоны картин Рафаэля...
Но ладно, вернусь в СПб.
Летом, как ты знаешь, к нам применили массу репрессий. Даже твой покорный слуга был отвоз
ночью в КГБ: представляешь, как Ариша трепетала всем своим голубеньким тельцем! /жена АР/
В июне и июле нам пришлось дважды по 10-14 суток не ночевать дома, т.к. у дверей стояли
круглосуточные посты. Эти и многие другие события подтолкнули нас /особенно Аришу/ на ско
рейший отъезд.

Из письма А.Рапопорта от 27.11.76 г., Рим.

Загорелось там, где и загореться не могло - никто из гостей в ту комнатушку справа от лес
ницы с эркером никогда не ходит. И как бы ни был пьян Женька, он всегда проверял все окур
в пепельницах, всегда держался на ногах - да и пил-то он несерьезно - ни алкоголиком, ни
пьяницей его не назовешь. На отпевании и на похоронах было очень много народа, Галя /Рухи
в церковь взяла всех троих ребят, младшие не понимали, Маша плакала, но быстро успокоилас
Женя не очень изменился, он ведь не сгорел, только задохнулся. Приеду - наплачемся вмест
У меня уже слез не осталось.

Из письма Натальи Гум от 8.6.76, Ленинград

30 мая 76 г., в связи с предстоявшей выставкой памяти Жени Рухина, Юлия была под домашним
арестом. Но "сучка" что сделала: вылезла по трубе с 4 этажа /!!!/, добавлю: по гнилой тру
бе !!!, и примчалась на Петропавловку...

Г.Гум

12.9.76 арестованы за "надписи" в городе /Дело №62/: Юлий Рыбаков и Олег Волков, оба худо
ники, Юлия Вознесенская и Наталья Гум. обе через три дня освобождены. Юлия ни в чем не пр
зналась, художники еще до сегодня /18.2.77/ находятся под следствием в КГБ.

В конце ноября /21-24? - не помню/ Юлия выведена из дела №62. После чего в один день эй
приходят две повестки: а/ в прокуратуру /следователь Григорович/
б/ в ОВИР

в а/ ей говорят, что против нее возбуждено уголовное дело /№66/
в б/ "Вам пришел на адрес ОВИРА вызов от друзей из Израиля..." /вызова не показали/.

Юлия боялась, что ее отъезд будет неправильно истолкован - ведь суда над художниками - "офо-
рмителями" еще не было.

В апреле 1976 /во время суда над А.Твердохлебовым/ из парка Коняши-
на вышли на линию трамваи с лозунгами. Лозунги в защиту Твердохлебо-
ва и политических свобод появились на зданиях института Лесгафта /об-
щежитие/ и Консерватории. Даже если предположить, что это работа Ры-
бакова и Волкова, то Юлия познакомилась с ними - в июне.

Геннадий Трифонов арестован 9 августа 76г. Трифонов с апреля начал часто появляться у Юлии.
Баламутил всех и вся политикой. Статьи, заявления для прессы. Письма Сахарову и Форду, Сол-
женицыну и Г.Бёллю, и т.д. Ю.В. завелась. КГБ не любит этого...

Судили Трифонова 9-10 ноября 76 /2 дня/ за "голубое". 4 года. /могли 8, но.../
Г.Трифонов дал в КГБ такие показания, что судить могли смело:
                    1. Сахарова
                    2. Борисова /московский художник/ - чем Сах. комитета
                    3. Левина
                    4. Вознесенскую
                    5. Гума
                    6. Лесниченко /жену Гума/,
а также выдворить всё американское посольство /что вообще было бы не хуёво... Г.Г. Согласен
полностью. К.К./

В общем, Юлию судили из-за двоих:
                    Трифонова и... да-да, Синявина.

Синявин: 5 сентября 76 г. получает разрешение на выезд /Прим.: дело о надписях еще в недрах
КГБ./... 13 сентября: обыски у:
                    1.Вознесенской
                    2.Андреевых /друзей Юлии/
                    3.Гума /Гум на юге/
                    4.Борисова и жены /в Москве/
                    5.Рыбакова
                    6.Волкова и еще у кого-то.
У Синявина обыска не было...

У Андреевых находят "Петербургские встречи" Синявина, роман-документ, в руках КГБ становя-
щийся автоматическим доносом. /Синявин принес его накануне.../. Об аресте рукописи Синявин
узнал в тот же день, но пришел в этот дом только через неделю.
Нестеровский передавал жене Арефьева - "Игорь просил меня не говорить вам, что "Встречи"
в КГБ - 18.9.76
                    Из письма Гума Геннария

На работе у меня та же бодяга. Опять стишки нашли. На сей раз в самом деле стишки - Рейн
как никак /прим. Рейн - друг и учитель поэта И.Бродского, живущего ныне в Америке/. Но сти-
хи просто хорошие, несоветские, а не анти-, впрочем, это, видимо, все одно. Думаю, ничего
страшного, но с работы придется сваливать. Жалко денежков и свободы, коей я здесь пользова-
лась немилосердно - никогда еще такого не было. /Наталья работала машинисткой - КК/.

                    Из письма Натальи Гум

Дела в городе странные и обстановка очень неспокойная. В самом начале августа на стене ропавловской крепости появилась надпись длиной в пятьдесят метров, выполненная полутора ровыми буквами и по содержанию очень нелюбезная к властям предержащим. Одновременно, т. ту же ночь, подобные надписи появились на разных общественных зданиях. Были, говорят, е листовки. Надо было видеть, что делалось на улицах: милиции не передать сколько, это говоря о тех, что в штатском. На постороннего наблюдателя такое количество представител властей производило самое ошеломляющее действие.
По слухам, проверялись на предмет причастности к ... лозунгам многие, в основном - худо

9 августа арестовали Трифонова. Сейчас он в "Крестах" и, хотя прошло уже довольно много мени после его ареста, следователь так и не сообщил его матери, в чем он обвиняется. Пр ложительно - ст.121 /мужеложество/, возможно, что и не только она одна, так как при обы у него 5 августа один из чинов угрозыска /!/ заявил ему о том, что он, Трифонов, есть " нник родины". Если ему и в самом деле предьявят обвинение по ст.121 -- не имеет значени ней одной, или в совокупности -- то суд будет закрытым, такой закон.

Как там икононосец /Игорь Синявин/ -- показал уже себя, поди? Он не дурак совсем, куда Гусь еще тот. Если, сволочь, врать будет публично -- пожалуйста, убей его палкой. И не ко из гигиенических соображений -- из справедливости.

Из письма от 16 ноября 1976
Ленинград

Юлию вызвали свидетелем по делу Рыбакова и Волкова /лозунги на стене Петропавловской кр сти и на трамваях - требования свобод, призыв к уничтожению "третьего сословия", других знаем/. Когда Юлии пришел вызов, власти разрешали ей уехать, но она не соглашалась, жел присутствовать на суде Р. и В. В конце декабря ее арестовали, она объявила голодовку. С же после ареста состоялся суд, где ее обвиняли в клевете на советскую власть и строй.

Из письма А. и И. Рапопорт от 9 янв 77, Рим

Для обвинения использовали документы: 1/ рукописный журнал /имелся всего один экземпляр "Петербургские встречи", в котором авторы заполняли анкету на 30 с лишним вопросов /Юли анкета и была поставлена ей в вину/, найденный во время обыска у Юлиных друзей Андреевы Предисловие к сборнику ... подписанное, кроме нее, еще двумя авторами /одним из них, по ему, был Игорь Синявин/; 3/ предварительные показания Трифонова, от которых он на суде будто отказался, сказав, что дал их под давлением. ... На суде присутствовал Гум /котор сейчас в Риме/. Он знает все подробности.

Из письма Рапопортов от 9.1.77

... Я заканчиваю свое письмо заученной ненароком фразой из "последнего слова" Юлии, про несенного перед приговором /Ю.В. произносила "Слово", отвернувшись от суда, непосредств в зал.../: "... Наташа /к Лесниченко/, передай Косте Кузьминскому, что я очень хотела п хать, но у света много сторон - я еду в другую..." Ваше имя звучало на этом суде и это чало, что мы не кончаемся.   Из письма Г.Гума от 21.1.77, Рим

Теперь - о событиях в Спб с мая месяца. К маю с.г. /76/ художникам-нонконформистам было объявлено, что выставок, подобных 1974-75 гг., больше не будет. Тогда художники решили устроить выставку под открытым небом у стен Петропавловской крепости, о чем известили Управление Культуры. В эти дни, 23 или 24 мая, погиб Женя Рухин, при очень странных обстоятельствах, у себя в мастерской, якобы во время пожара. Вместе с ним погибла жена художника Есауленко, который сам спасся вместе с Ильей Левиным. Слухи ходили очень разные и об обстоятельствах /пожар - не пожар, мастерская - бывший гараж, варианты группирования этих людей/, и о состоянии самого Жени /так, говорили, что скорая помощь, вызванная к живому Жене, везла его от дома до ближайшей больницы 1,5 часа, где ходу 10 мин. пешком/. Галя, жена Жени Рухина, потребовала, чтобы велось следствие, т.к. считала, что это не несчастный случай, а преднамеренное убийство /следствие велось, Алека в числе очень многих других вызывали, задавая ему, в основном, вопросы... связанные с сионизмом и И.Левиным. Всем казалось, что затевается грандиозное дело против художников. Вскоре дело закрыли, естественно, ничего не установив./ Была грандиозная гражданская панихида в Никольском соборе и похороны, сопровождаемые кучей КГБ, милиции, людей в штатском, спец. машин. Но все прошло тихо. Тяжело было беспредельно! Ведь в день сорокоднява ему исполнилось бы 33 года. И Женя, казавшийся всегда воплощением самой жизни, вдруг лежал в гробу. Жутко!

Из письма Рапопортов от 3.1.77, Рим

... Для меня вопрос ясен - это убийство с инсценировкой пожара. Кто исполнитель, не знаю, но скорее всего, один из трех: КГБ в ресторане, бывшем перед мастерской, или оставшиеся в живых. Впрочем, я не следователь. Но на вопрос Илье: "Что же вы выскочили, а Женю не вытащили?", он ответил: "Что же было спасать труп." На кладбище, на солнце, видели пролом в черепе. Галя рассказывала, что ее пальцы провалились. Впрочем, я сам не видел и не щупал. Следов ожога почти не было. Вообще же, аналогия с поражением ног Ю.Жарких за год до этого, при таких же обстоятельствах, накануне такой же выставки - полная /на этот раз при жестко-категорической позиции властей.

Алек Рапопорт

23 /?/ мая погиб Женя и Мила Бабляк /жена Есауленко/. Что об этом знаю...
Было четверо: Женя Р., Мила, а также Левин и Есауленко. Нажрались. В одной комнате спали трое, а Есауленко, в одиночку, в другой. Как загорелось и почему, не знаю, но думаю, что по их собственной вине. Первым проснулся, по одной версии, Есауленко и сразу /в это время уже разгорелось и прибыли пожарники/ же в окно. Затем Левин /голый/ и тоже в окно, но в какое? Ибо в их комнате окно было заставлено работами. Короче, версий много, но факт один - Женя и Мила погибли... /Думаю, что КГБ - ни при чем/. Но... и тут спешить не буду, ибо после - летом и осенью - прошла волна пожаров в мастерских у членов Союза Художников /больше 30!!! - включая "ленинцев"/...

Г.Гум, в письме от 18.2.77, Рим

"Дело" о пожаре в мастерской Жени Рухина, как я слышал, закрыли. Меня по этому поводу вызывали трижды, кроме того, - вызывали многих, очень многих художников. Характерно, что вызывали как раз тех, кто Женю знал плохо, или не знал совсем. Впрочем, об этом здесь писать трудно - я все же хочу, чтобы мое письмо до тебя дошло.

Илья Левин в письме от 26.8.77, Ленинград

В память Жени и была намечена 1-ая выставка у Петропавловской крепости на 29 мая /76 г./. Сразу начались репрессии: ночные вызовы в КГБ с предупреждением о неучастии и угрозами /за Алеком приехали в 12 ночи/, слежка, домашние аресты. У нас и многих наших друзей квартиры были в течение нескольких дней оцеплены милицией и дружинниками, сменявшимися каждые 2 часа /меня поразили необъятные размеры их персонала/, чтобы художники не могли выйти с работами. Некоторым все же это удалось. У крепости их сразу же схватили, посадили в милицейские машины и увезли - Клеверова, Бугрина, Синявина, Леонова, Филимонова, Арефьева и др. Скоро выпустили всех, кроме Клеверова, над которым состоялся суд. Во время суда, состоявшегося через несколько дней отсидки, Клеверов потерял сознание, и был в очень тяжелом состоянии. Говорят, что вызванный врач констатировал отравление. Повторный суд присудил ему ~~несколь~~ 7 суток.

Через некоторое время художники сообщили властям, что собираются устроить новую, 2-ую выставку у Петропавловской крепости в знак протеста против разогнанной первой. Опять начались слежки, вызовы, избиения /Арефьев/, аресты от 7 до 15 суток /Арефьев, Синявин, Бугрин, Филимонов, - трое последних объявили голодовку/, опять блокада квартир художников /у нас пост стоял 1 неделю/. Но художники решили выставку не проводить, объявив властям, что она состоится. Было очень эффектно, когда власти в ожидаемый день оцепили территорию Петропавловской крепости, нагнав войска и милицию, отменили экскурсии, а выставка.... не состоялась.

ИР

Про художников ты знаешь: и про разогнанную выставку у Петропавловки, и про "концептуальную" выставку там же 12 июня /76 г./ на коей был представлен "ряд самодвижущихся обьектов, как в форме, так и в штатской одежде"...

И.Левин от 26.8.76, Ленинград

Одновременно с несостоявшейся 2-й выставкой у Петропавловской крепости, дома у Жени Абезгауз состоялась вторая ленинградская выставка еврейских художников, объединенных в группу "Алеф". Она продолжалась 10 дней, прошла при огромном стечении народа, очень успешно. Мерзости со стороны властей ограничились бессменным дежурством у дома и на лестнице, отключением телефона, натравливанием соседей, идиотскими придирками.

ИР

Да, еще важный момент: чистка в Горкоме художников, которая проводилась параллельно событиям: вызовы в военкомат /призыв на сборы И.Иванова, обвинение мне в нарушении правил учета/, преследование Гуменюка /лишение прописки, отключение света и газа в мастерской и т.п./, угрозы насильного трудоустройства, ранение ножом Арефьева на лестнице его дома по выходе из тюрьмы и много, много другого.
Параллельно с этим ... разрешение выставки "Алеф" у Абезгауза. Представь себе: у меня дома стоит пост и меня "ищут", а я преспокойно выставляюсь у Абезгауза - зрители, стукачи, фотографы, слава, деньги и т.п. До этого, в ночной беседе в КГБ, между чтением гэбистом стихов Ахматовой, Гумилева и Киплинга, мне было сказано: "КОЕ-КОМУ мы будем разрешать квартирные выставки"...

АР

Короче говоря, ВСЕ КОНЧИЛОСЬ. Думаю, надолго. Затем вскоре была история с надписями, преследование Юлии, окончившееся арестом, но об этом ты знаешь.

АР

Грустно от всего этого и тяжело беспредельно.... Где вы все теперь, милые моему сердцу святые люди, живые и мертвые? Где тысячные толпы? Где чувство радости и подьема?
Здесь все другое. Прекрасная, заброшенная Италия, все разрушается, портится. Никому ни до чего нет дела. Очаровательный и родной Рим, город детства. Чувство детского счастья и легкости на воскресных безлюдных холмистых утренних улицах, освещенных по верхам солнцем. Сварливые и наивные /хитрые!/ итальянцы с театром во всем. Заигрывание с коммунизмом, взрывы бомб /полубутафорских, но с жертвами/. Берсальеры в колпачках с кисточками /Буратино/. Солдатики с перьями на шляпах, гусары в костюмах 17 в. на улицах... И вдруг /в воображении/ - Т-37 на улицах или одноликие китайцы в синей прозодежде... Что они тогда будут делать со своими перышками, кисточками?
А в Остии премерзкие соплеменники /доллары, дубленки, мили, круглый рынок, депозит, маклерские, этс./. Или кучка идеалистов, решающих, каковой же быть завтрашней Росии...

АР

Несколько дней назад приехал Саша Исачев, привез очень много новых полотен /масло/, написанных совсем в новой манере. Эдакий Рембрандт-77. Его работы произвели на меня /повидимому, не только на меня/ очень сильное впечатление. Просто грандиозное. Ему еще нет двадцати трех лет и, на мой взгляд, он обещает стать одним из самых интересных. Эти работы последних двух лет он еще нигде не выставлял. Приехал сейчас с Наташей и с ребенком. Думает купить где-нибудь под Ленинградом домик и там жить и работать. Я вспоминаю, как Вы привели его ко мне три года назад, голодного, бездомного, наголо стриженного /он был в парике/. Впрочем, и сейчас он так же далек от благополучия, как я от Вас: нет ни дома, ни зрителей, ни друзей близких. Но - абсолютная, всепоглощающая и бескорыстная преданность живописи и поразительная мощь кисти. По манере он ближе всего, пожалуй, к Геннадиеву, но глубже, больше поисков и чисто юношеское увлечение библейскими сюжетами. Путь Саши Исачева - один из самых поразительных, которые я встречал в своей жизни.

Из письма Д.Я.Дара от 21.2.77, Ленинград

...Она ослабела, хотя ее и поддерживают уколами, искусственным питанием и даже кофием в тюремной больнице, а скоро этап. Кассация, по моему глубокому убеждению, ничего не дает, разве что отсрочит и укоротит /день тюрьмы за три/ ссылку.

Вот, что ей инкриминировалось, как заведомо ложные измышления, порочащие советский государственный и общественный строй:
1. Проект альманаха "Мера времени". "...Мы отказываемся от редакторского отбора, ограничивающего свободу творчества... и т.д." Это - в противоречие "Лепте", и это - самое "страшное" из "Проекта". Мало этого, "Проект" был целиком /я знаю!/ составлен Игорем Синявиным. Но раз под ним стоит Юлина подпись - она не считает себя вправе отказаться от нее и готова нести ответственность за все, что там написано. Тем более, что лжи там - нет.
2. Ответы на анкету Игоря Синявина. Нет, Кока, он не провокатор, он просто неумен и недальновиден. ... Ответы Юлии - предел откровенности. И если ее глубочайшие убеждения порочат советский строй, то они - убеждения - не могут быть ложными. ... Юлия и в быту-то врет максимум два раза в год - где ты видел еще такую женщину?!
3. Автобиография Г.Трифонова, написанная Юлией под его диктовку.
На следствии Г.Трифонов показал, что большая часть его автобиографии составлена Юлией. На суде - что под диктовку. Приговор: "Суд имеет основания доверять показаниям Трифонова на следствии и не доверять его показаниям на суде."
И все. И 5 лет ссылки по 3 эпизодам.

Из письма Натальи Гум от 9.2.77, Ленинград

На суде Ю.В. фигурировали 3 документа:
1. Анкета И.Синявина.
2. Проект альманаха "Мера времени". /Составил Синявин!/. /Когда я прочел проект, я отказался в нем участвовать/. Безобразная демагогия.
3. Биография Г.Трифонова. Г.Т. налгал все от начала до конца, а Юля только записывала. Затем заставила расписаться на каждом листе. Уже после ареста Г.Т. /на этот случай и готовилось/ на всякий поехала к Г.Т. домой и стала сверять с документами. Обнаружив фальшь, никуда не послала, но оставила у себя... /КГБ: "Заведомая клевета!"/

Арестовали Юлию Вознесенскую 21 декабря /день рождения Сталина/ - объявила голодовку. Судили 29 декабря /день рождения младшего сына - Артура/ и 30 декабря /образование СССР !!!/

Меня с суда вытащили в ОВИР. Хотели заставить дать показания против Ю.В. Наотрез отказался /грозили сгноить в лагерях/.

Юлия держалась очень мужественно и красиво. От защиты отказалась. Прокурор повторил все, чт
написано в обвинительном заключении., а Ю.В. блестяще /с юридической точки/ провела защиту.
/Кто был в зале, бурно аплодировали/.
На следующий день. Последнее слово - образец ораторства. Тихо, величаво, размеренно. Выступ
ла, отвернувшись от суда, прямо в зал, где в первый день было 12 гэбистов, а во второй: 25
Всего зал вмещал 30-32 человека.
Из поэтов были: я, Кривулин и Нестеровский /как ни странно, ибо его потихоньку начали печа-
тать, и он одно время исчез с "арены"/. Ни Шира, ни Бори, ни /тем более/ Опупкова не было.
Забыл: был еще Дмитриев - молодой, но не без дара.

Судили по 190-прим за заведомо ложные клеветнические измышления - сами понимаете.
Приговор: 5 лет ссылки.
Голодовку сняла недавно /передавали по Би-Би-Си/: что закончила 7-недельную, в связи с ухуд
шением здоровья, а врачи отказываются лечить, если не будет есть...

Из письма Г.Гума от 18.2.77, Рим

Материалы о Юлии Вознесенской были посланы мною в начале января сенаторам Джексону и Мандей
лу, на "Голос Америки" и в журнал "Континент", а также звонил Андрею Амальрику и Юрию Ольхо
вскому, просил помочь. НИКТО НЕ ОБМОЛВИЛСЯ В ЗАЩИТУ ЮЛИИ НИ СЛОВОМ.

К.К.КУЗЬМИНСКИЙ

На Лазурном берегу.

Ю.В.

Итак, Ментона, *mer, soleil*,
и чайки плачут монотонно.
Набрав флакон морских солей
(слёз, жемчугов твоих, Мадонна)

на белом пляже. Синь, аквамарин -
аквариум, набитый женским телом.
От неба до земли оно потело,
напоминая цветом маргарин.

На завтрак была подана лангуста.
Зальём её бутылкой Божоле
(клошар, или угрюмый божедом
её потом обменит на лекарство).

Ментолом пахнет побелевший мол,
в помёте птичьем, в водорослях рваных,
ракушки, растворённые, как раны -
гниют, их створки разъедает соль.

Глаза утомлены объёмом неба,
объёмы тела впишутся в овал.
Я расскажу, что ветер напевал,
и йодом обжигал слепое нёбо.

—

Майями, Ницца, Воркута,
воркует голубок на крыше,
клошар кричит, охранник слышит,
в мешке проносит вор кулак,

отрубленный приказом шаха.
Шахна смердит, шахиня спит.
И начинает зэк с тоски
наматывать портянки на хуй.

Охрана храма, куль рогож,
моржовый запах, и на завтрак
дают опять баланду зэкам,
где червь на тонкий член похож.

Колючей проволоки ёж
в ужа свернулся, что же хуже?
Когда дают шахну на ужин -
блатарь за ухом прячет нож.

Но Ницца, но жена, но Нонна -
не спится девочке с тоски.
Во шах разварены куски:
Болонья, Мантуя, Ментона.

на ярко-зелёной флориде
плывёт аллигатор чугунный
и кажет свой профиль чеканенный
каток паровой филомиде

но ты покажи нефертити
свой тонкий прямой крючковатый
немножко подложено ваты
но в этом его не вините

виниловым полиэфирным
покрытый сиреневым лаком
кому же кусочек сей лаком
жене ль венценосно-порфирной?

мелькает коричневый локон
меж звёзд завиваясь кристалльннх
кривой красноватый красивый
циклоп но имеющий око

покажется он немезиде
в окошко забитое сеткой

на ярко-зелёной флориде
и в белом как снеги синг-синге

—

Попугай, прокричи: "Мон Пари!"
Нонпарелью набравши, петитом.
И покушал маршан с аппетитом,
на де Голле зажглись фонари.

Чем грозит перекатная голь
китоловам, китам и акулам?
И мадам жировыми икнула,
и мотнула мохнатой ногой.

Волкодавы не кормлены ночь.
В Рамбуйе ошивается Брежнев,
и кремлёвскими звёздами брезжит
не одно над Парижем окно.

Укуси меня, верный Руслан!
Спой мне песню на голос, Людмила,
так зачем ты француза любила,
и зачем в Ярославле росла?

Попугай прокричит: "Не могу!"
И овчарки за вышками тявкнут,

и ночами в Париж меня тянет,
на Лазурном живя берегу.

—

Спой мне песню, как птица

вмёрзла крыльями в лёд,
как Россия мне снится,
и как снег в ней идёт —

даже в августе — густо,
замерзать не спеша.
Пахнет щами капуста,
и червями душа.

Пахнет потом, махоркой
и любовью взахлёб,
и охранник мне харкнет
в нумерованный лоб.

Снится чёрное небо
и венозная кровь,
снится корочка хлеба
и, конечно, любовь.

Снится — белая Ницца
и полярный Урал,

и какая-то птица
вмёрзла в лёд наповал.

—

27 іюля, 77
Остин.

il Settimanale

ANO IV - N. 10 - 9 MARZO 1977   L. 500

POLITICA, CULTURA, ... SPEDIZIONE ABBONAMENTO POSTALE GR. II/70%   RUSCONI EDITORE

Un documento eccezionale:
LA MAPPA DELLA LIBERTÀ

Julia Voznesenskaja

IL CALVARIO DI UNA POETESSA IN URSS

URSS

"Questa è una vendetta non un processo"

Le drammatiche circostanze dell'arresto e della condanna
a Leningrado della poetessa Julia Voznesenskaja nel racconto
d'un testimone diretto, che per la prima volta rivela
in Occidente il contenuto della coraggiosa autodifesa dell'imputata
dinanzi ai giudici: « Affido la mia sorte non a questo
tribunale ma a quello di Dio ».

di GIUSEPPE DALL'ONGARO

Julia Voznesenskaja, 37 anni, esponente del gruppo letterario non conformista di Leningrado, condannata recentemente alla deportazione per cinque anni. Julia ha due figli, Artur (12 anni) e Andrei (16). Nella pagina accanto, Genndij Gum, di 26 anni, amico della Voznesenskaja, testimone delle drammatiche vicende che portarono all'arresto e al processo. La poetessa si trova in gravi condizioni per essersi sottoposta a uno sciopero della fame.

« Questo non è un processo. Questa è una vendetta. Ve l'ho già detto. Ma c'è un tribunale più alto; quello di Dio. Perciò affido la mia sorte non al tribunale terreno, ma a Dio ». E' il 31 gennaio 1976. Nell'aula al quarto piano del tribunale di Leningrado, sulla via Fontanka, il pubblico ascolta in silenzio le ultime parole dell'imputata. Il dibattimento è durato due giorni. Allontanato il pubblico con vari pretesti, sono ormai presenti soltanto 25 agenti o collaboratori del KGB e 7 o 8 parenti e amici della donna in attesa di giudizio. Julia Voznesenskaja, 37 anni, poetessa, madre di due figli (Artur, 12 anni; Andrei, 16), è accusata di aver diffuso « voci » particolarmente calunniose » nei confronti del regime sovietico, in base all'articolo 190/1 del codice penale. Ha rifiutato gli avvocati. Ha preferito difendersi da sola. Ora ha finito. Alza la mano destra, traccia il segno della croce. Poi si siede, aspetta la sentenza.

Non si fa illusioni. Quando il procuratore generale, poco prima, aveva detto d'invocare in nome « di sentimenti umanitari » il minimo della pena, cioè cinque anni di confino, Julia si era limitata a sorridere. Sapeva, infatti, che il minimo della pena per quel reato si limita a una multa di 100 rubli. Il procuratore generale aveva mentito probabilmente per attenuare l'impressione di durezza presso i corrispondenti stranieri (nessuna preoccupazione per l'interno, dal momento che la stampa sovietica non avrebbe pubblicato una riga del processo).

Le richieste dell'accusa sono accolte: cinque anni di deportazione in qualche luogo remoto. Julia ascolta impassibile. Il suo volto lo conosciamo ora attraverso l'immagine ritratta dal marito, Vladimir Okulov, un fotografo di Leningrado. Lineamenti sottili, lunghi occhi castani, occhi scuri e profondi, danno un'idea di bellezza e di fragilità.

La sua vicenda provoca scalpore in Occidente. L'agenzia sovietica *Novosti* (24 gennaio, n. 12) reagisce rabbiosamente. Julia Voznesenskaja non sarebbe affatto perseguitata per « ragioni politiche ». Non sarebbe nemmeno una poetessa: « non ha mai scritto un verso in vita sua ». Già condannata per teppismo nel 1964, poi impiegata come magazziniera nella Casa della cultura per ciechi di Leningrado, l'avrebbero licenziata «perché alcuni articoli sportivi risultavano mancanti ». Si descrive la Voznesenskaja come una madre snaturata che dopo aver avuto tre mariti e due figli abbandonò questi ultimi per trasformare il suo appartamento di Leningrado « in un bordello di sfaccendati, omosessuali e teppisti », così da costringere la giustizia a intervenire su richiesta dei vicini di casa, esasperati dal chiasso delle orge notturne.

La nota della *Novosti*, pubblicata nell'edizione italiana, trova ora una radicale smentita. All'agenzia sovietica risponde Genndij Gum, 26 anni, nato a Leningrado dove ha compiuto gli studi di regia, scrittore, poeta, amico della Voznesenskaja, da poco esule in Italia. E' questa una testimonianza eccezionale: ricostruiamo « dall'interno » un episodio di persecuzione del dissenso.

Vita privata. Julia Voznesenskaja è al secondo matrimonio, non al terzo. Non ha mai lasciato i figli, che hanno vissuto con lei sino al giorno del suo arresto. E' legatissima alla famiglia. Il suo piccolo appartamento di Leningrado non è mai stato teatro di orge, ma solo d'incontri fra intellettuali non conformisti. Si trova alla Uliza Zukovskaja, numero 10, telefono 2735369. Vi abitano il marito, Vladimir Okulov, e i due ragazzi. Chiunque può scrivere, controllare. Julia subì, è vero, una condanna per « teppismo » nel 1962. Ma sappiamo che questa imputazione generica serve a coprire ogni forma di contestazione. Fu costretta, è vero, a lavorare come magazziniera, ma nessuno la sospettò mai d'illeciti. Glielo avrebbero altrimenti rinfacciato al processo.

Attività artistica. Il redattore della *Novosti*, tale Vladimir Lysenkov, dichiara di ignorare l'attività poetica della Voznesenskaja. Non l'ha ignorata, invece, un poeta e critico come Konstantin Kuzminskij, attualmente docente all'università di Austin (Texas). Incluse infatti la Voznesenskaja nell'antologia degli autori non conformisti, *Lepta* (Obolo), che avrebbe dovuto essere pubblicata nell'URSS ma che non venne alla luce per il veto della censura. Persino un letterato di regime, Vychodcev, già avversario di Pasternak, pur dando parere negativo alla pubblicazione dell'antologia, ebbe parole di elogio per l'opera della Voznesenskaja. Al primo posto nei suoi «corsi poetici» la classificò la signora Gnedic, finissima traduttrice di By-

ron e celebre organizzatrice di incontri culturali. La verità è che Julia Voznesenskaja appartiene a quella corrente letteraria di Leningrado, estranea alle manifestazioni e ai riconoscimenti ufficiali, la cui lontana tradizione si riallaccia al grande nome di Anna Achmatova.

L'arresto. All'inizio dello scorso agosto compaiono sulla fortezza di Pietro e Paolo a Leningrado alcune scritte antisovietiche. Fra gli altri, viene sospettata anche Julia. La interrogano, cercano di farla cadere in contraddizione, inventano persino un preteso invito rivoltole da Israele (ma la Voznesenskaja non è ebrea e non conosce nessuno in Israele). Finalmente, il 17 novembre, la dichiarano estranea al fatto. La tregua dura poche settimane. Il 21 dicembre l'arrestano per diffusione di voci calunniose. Le autorità si preoccupano anche di mettere il bavaglio a chi mantiene contatti con l'estero e può divulgare la notizia. La repressione si abbatte sugli amici di Julia a Leningrado. Arrestano il filologo Jlia Levin, con l'assurda accusa d'aver commesso « atti di teppismo ». Mettono anche in prigione Vladimir Borisov, un personaggio geniale, amico di Sacharov, già rinchiuso per nove anni in un *Lager*, che fornì a Bukovski il materiale per la sua denuncia all'ONU contro le violazioni dei diritti umani nell'URSS. L'aver tentato di costruire un'artigianale tipografia casalinga lo rende altamente sospetto.

Il processo. Uno sciopero della fame condotto da Julia subito dopo l'arresto e un appello d'intellettuali di Mosca e di Leningrado in suo favore, non ottengono alcun risultato. Il 29 dicembre (proprio in quel giorno cade il compleanno del figlio Artur) si inizia il processo. La scorta dell'imputata, contrariamente al solito, è affidata a militari dell'esercito (guardie di frontiera) anziché alla polizia. Nei corridoi del tribunale, Julia viene salutata al passaggio dagli applausi d'una sessantina di suoi amici. Ma nell'aula (ristretta con appositi accorgimenti) entrano soprattutto i collaboratori del KGB. Uomini del KGB siedono anche accanto ai giudici, con un microfono davanti per chiamare rinforzi in caso d'incidenti. Fra questi vi è il funzionario del KGB che il giugno scorso intervenne contro la mostra dei pittori anticonformisti presso la fortezza di Pietro e Paolo. Lo stesso Gum racconta d'essere stato portato a forza nei locali dell'OVIR (ufficio espatrio) e sottoposto lungamente a ricatti e minacce. Conduceva l'interrogatorio il noto maggiore Saveliev, di circa 45 anni, uomo di durezza e cinismo staliniani, unico fra i suoi colleghi del KGB a indossare in questi casi l'uniforme. Fra i giudici in aula, una donna di nome Isakova, nota per aver fatto parte della Corte che processò il dissidente Ogurcov.

Le accuse. Tre, i capi d'accusa contro Julia Voznesenskaja. Il primo è d'aver collaborato al progetto dell'antologia poetica *Lepta* (di cui s'è detto). Ciò viene considerato una manifestazione eversiva. Il secondo consiste nella testimonianza d'un certo Genadi Trifonov. E' un giovanotto, già impiegato di basso livello all'Accademia delle scienze, condannato ai lavori forzati come invertito (il che viene generalmente tollerato nella società sovietica, ma che è invece colpito con il rigore della legge quando serva a scopi politici). Trifonov aveva deposto in sede istruttoria contro l'imputata per i suoi pretesi atteggiamenti antisovietici.

Ultimo documento a carico, un questionario di 37 domande formulate dal pittore Igor Sinjavin, che avrebbe dovuto figurare in una sua inchiesta riservata sulla cultura clandestina nell'URSS. Il questionario con le risposte scritte della Voznesenskaja, caduto nelle mani della polizia, è presentato al processo come il maggior capo di accusa. Ne abbiamo una copia. Eccone qualche stralcio indicativo. *Domanda n. 12:* Quale prosa e quale poesia vi sono profondamente estranee? *Risposta:* I lavori tirati via, l'imitazione della poesia, la produzione di massa dei poeti e degli scrittori sovietici, come pure il lavoro di maniera per il consumo dei dilettanti e le bugie inventate con scopi precisi. *Domanda n. 31:* Qual è la vostra fede? Siete ateo, credente o agnostico? *Risposta:* Sono cristiana di fede, ma provo molta simpatia verso ogni religione. Non importa per quali vie l'uomo va a Dio; Dio è uno solo. *Domanda n. 34:* Desiderate che le vostre opere siano pubblicate? *Risposta:* Presentare le proprie opere al giudizio dei lettori è non solo il dovere ma il diritto del poeta. Ma nelle nostre condizioni il poeta non possiede diritti. Noi viviamo come imbavagliati.

Il dibattimento. Sfilano i testimoni. Quasi tutti giungono sotto scorta, perché si trovano in stato di detenzione. Testimoniano a favore Julij Rybakov, pittore, arrestato per le scritte antisovietiche; Juri Andrew un operaio amico della Voznesen-

a pag. 38 ➜

◆ *da pag. 37*

skaja; la madre di Vladimir Borisov; il pittore Vadim Filimonov. Elogiano tutti l'imputata. Niente orge, niente complotti. Nessuna volontà di calunniare. Il principale teste d'accusa, quel giovane Trifonov condannato come invertito, in aula ritratta la precedente deposizione. Omette soltanto di rivelare che l'aveva resa sotto tortura.

Autodifesa. Quando viene il suo turno, Julia Voznesenskaja volta le spalle ai giudici e s'indirizza ai pochi amici presenti. Parla con voce ferma e serena, conquista il rispetto anche dei collaboratori del KGB che formano la maggioranza del pubblico. Julia solleva il problema della libertà di pensiero, parla dei detenuti politici. Svolge un rapido consuntivo dell'anno che sta finendo. « Un triste anno, il 1976, perché ho perso molti amici, alcuni espatriati, altri arrestati, altri scomparsi per sempre ». Tra questi ultimi, Tatiana Gnedic, la traduttrice di Byron, passata attraverso il calvario dei *Lager* staliniani, maestra della Voznesenskaja. Anche Bogatirov, amico e traduttore del premio Nobel tedesco Heinrich Boell, è morto in circostanze sospette. Così pure il pittore Evgeni Ruchin. Poi Julia si rivolge in particolare a una sua amica nell'aula: « Natascia, se puoi comunica a Kuzminskij (il poeta emigrato negli USA) che avrei voluto raggiungerlo, ma il mondo va in molte direzioni. Io vado da un'altra parte ». E ancora, rivolta a tutti gli amici: « Questa nei miei confronti è una vendetta. Così viene trattato nell'URSS chiunque la pensa diversamente. Gli uomini si possono imprigionare, non si può imprigionare la libertà. Continuerò a lottare per la mia libertà finché non tornerò nel mio appartamento alla Uliza Zukovskaja per offrirvi una tazza di tè ».

Sino a metà febbraio, Julia Voznesenskaja ha fatto lo sciopero della fame. Dopo 7 settimane di nutrimento ridottissimo, soltanto liquido, i medici del reparto psichiatrico della prigione le hanno detto che se non avesse ripreso a mangiare nessuna cura le avrebbe più giovato. Ora di lei non si hanno più notizie. Sappiamo soltanto che ha ricorso contro la sentenza. Come in altri casi, anche per Julia Voznesenskaja la salvezza può venire dalla solidarietà dell'opinione pubblica occidentale.

Giuseppe dall'Ongaro

Gli assassini della valle solitaria

Ricostruita in uno sceneggiato televisivo l'allucinante catena di delitti commessi da una famiglia di albergatori di Alleghe. Una storia fosca e assurda sulla quale si riuscì a far luce soltanto dopo vent'anni.

Adelina Da Tos, figlia del proprietario dell'albergo Centrale di Alleghe e moglie di Pietro Di Biasio: fu uno dei principali imputati al processo per i delitti commessi nell'arco di vent'anni.

È un « giallo » che sarebbe piaciuto ad Agatha Christie. In letteratura ha ispirato Giovanni Comisso, nel cinema ha offerto a Virna Lisi, allora esordiente, l'opportunità di farsi conoscere. Questo « giallo », adesso, arriva anche sul piccolo schermo. *Il buio nella valle* (titolo dello sceneggiato TV) racconta una fosca storia di delitti realmente accaduti ad Alleghe, nel bellunese, durante l'arco di vent'anni.

Li rievochiamo per comodità dei lettori. Al centro della vicenda c'è un albergo, « Il Centrale » di Alleghe, e una famiglia, la famiglia di Fiore Da Tos che ne è proprietario. Personaggi di contorno sono Pietro Di Biasio, marito di Adelina Da Tos (figlia di Fiore), e Raniero Massi, segretario del fascio e amico dei Da Tos.

Nel 1933, inaspettata e inspiegabile, la prima tragedia: muore, con la gola squarciata da una rasoiata, la cameriera Emma De Ventura, di diciannove anni. La polizia ha qualche sospetto (il rasoio viene ritrovato su un comò, sembra strano che la ragazza, agonizzante, abbia trovato la forza di deporvelo); ma, alla fine, il caso è archiviato come « suicidio per ragioni amorose ».

La seconda vittima si chiama Carolina Finazzer ed è la fresca sposa di Aldo Da Tos, figlio primogenito di Fiore. La donna annega nel lago. Il marito spiega: « Era sonnambula ». La spiegazione non convince: è inverno, il lago è ghiacciato, Carolina non poteva « annegare » E difatti non era annegata: nei suoi polmoni non c'era traccia d'acqua. L'intervento del locale segretario del fascio, Raniero Massi, tronca tuttavia di netto le indagini. Una nuova archi-

viazione: per « disgrazia », stavolta. La gente sospetta, forse sa, ma non osa parlare. I Da Tos sono troppo potenti.

Passano gli anni, ad Alleghe sembra tornata la calma. Quand'ecco, nel novembre del '46, un terzo « fatto di sangue ». Colpiti a revolverate, muoiono in mezzo alla strada, di notte, i coniugi Luigi e Luigia Del Monego. Omicidio per rapina? La sparizione di una borsa colma di danaro lo fa supporre. E siamo all'ennesima archiviazione.

Nel 1952, però, un giornalista avvia, ad Alleghe, un'inchiesta personale: raccoglie testimonianze, confidenze, mezze ammissioni, le pubblica sul suo giornale, viene querelato per diffamazione ma ottiene, quanto meno, la riapertura ufficiale dell'inchiesta. I carabinieri tessono una rete paziente e, nel 1958, arrestano un certo Giuseppe Gasperin, reo con-

UNA "POETESSA" CHE NON HA MAI SCRITTO UN SOLO VERSO

"E' stata arrestata una nota poetessa di Leningrado". "La nota poetessa Julia Voznesenskaja è stata condannata come dissidente". "Un'insigne poetessa è in prigione". Queste notizie sono state diffuse recentemente dalla BBC, dall'Onda Tedesca, dalla Voce dell'America e da molti giornali dell'Europa occidentale e del nuovo mondo.

Quando mi sono imbattuto in queste notizie, ho provato varie emozioni. Dapprincipio mi sono vergognato di non saper nulla di questa "nota poetessa". Le conversazioni coi colleghi e coi conoscenti mi hanno un po' tranquillizzato: nessuno conosceva i suoi lavori, anzi neppure il suo nome. Nè lo conosceva il personale dell'Unione degli scrittori sovietici, cioè dell'organizzazione che si occupa direttamente dell'attività letteraria.

Più tardi, quando sono riuscito ad accertare chi fosse questa "nota poetessa", mi sono vergognato per chi specula su un personaggio tanto sgradevole. Julia Okulova, alias Voznesenskaja e Tarnavskaja, è giunta al suo trentasettesimo anno di vita con risultati tutt'altro che invidiabili: ha finito a stento le medie ed ha avuto due processi. Non si è trattato di processi per "dissidenza". Nel 1964 è stata condannata a due anni di detenzione per atti di teppismo e resistenza alla forza pubblica. Poichè era incensurata, le istanze giudiziarie hanno ritenuto di poter cambiare la condanna a due anni in una multa. Le sono state offerte tutte le possibilità di correggere quegli errori, che taluno tende a giustificare con la "giovinezza". Alla Voznesenskaja è stata data la possibilità di scegliere il lavoro più adatto a lei. Fino al novembre 1976 ha fatto la magazziniera della Casa della cultura per ciechi a Leningrado, ma alla fine la si è dovuta licenziare perchè alcuni articoli sportivi risultavano mancanti. La Okulova è stata sposata tre volte ed ha avuto due figli, ma non se n'è occupata: il maggiore viene allevato dalla famiglia del primo marito e il minore dagli anziani genitori della stessa Okulova. Ella ha trasformato il suo appartamento in un bordello per sfaccendati, omosessuali e teppisti, processati più volte. I vicini di casa le chiedevano di porre fine alle orge notturne, che impedivano loro di riposare, ma ella reagiva intensificando queste "feste".

La milizia ha dovuto prendere provvedimenti. Julia Okulova, più nota in Occidente come la "poetessa" Voznesenskaja, è stata nuovamente processata per teppismo e condannata a cinque anni di confino.

Ma dove sono le poesie? Julia Okulova non se n'è mai occupata. È vero che aveva detto a qualche conoscente d'aver pubblicato versi in un giornaletto ciclostilato, ma per quanto si sia cercato, non se n'è trovata traccia.

Chi svolge propaganda antisovietica sul tema della "discriminazione" dei "dissidenti" è ormai abituato ad attribuire a persone equivoche alti titoli, che di solito non hanno nulla a che vedere con la realtà. La stampa, la radio e la televisione in Occidente hanno parlato del "grande storico Andrej Amalrik", dimenticando un "piccolo" particolare: dopo tre semestri questo "grande" era stato escluso dalla facoltà di storia dell'Università di Mosca per scarso profitto. E non è ridicolo chiamare "biofisico" quel Vladimir Bukovskij, che si è stabilito da poco in Occidente? Chi gli ha dato questa etichetta sa senz'altro che Bukovskij era stato escluso dall'Università di Mosca proprio perchè non sapeva nulla di biologia. Egualmente, chi parla della "grande poetessa Voznesenskaja" è certamente al corrente del fatto che ella non ha scritto neppure una riga. Ma la campagna ideologica antisovietica, svolta da taluno in Occidente ad onta dello spirito di Helsinki, richiede nuovi "fatti" e "personaggi". Così è spuntata una "poetessa" senza rime.

Vladimir Lysenkov
(NOVOSTI)

(Si prega di citare la fonte: "Novosti")

n. 12   *24/I 1977*

"ПОЭТЕССА", КОТОРАЯ НЕ НАПИСАЛА НИ СТРОЧКИ.

"Арестована знаменитая ленинградская поэтесса". "Известная поэтесса Юлия Вознесенская объявлена диссиденткой". "Блестящая поэтесса в тюрьме". Эти новости недавно передавались по Би-Би-Си, Немецкой Волне, Голосу Америки и появились во многих западно-европейских и америнских газетах.

Когда я услышал эту новость, я испытал различные эмоции. Сначала я устыдился, что ничего не знаю об этом "блестящем поэте". И только разговор с коллегами и друзьями несколько успокоил меня: никто не знал ее творчества, мало того, не знали даже ее имени. Даже работники Союза Советских Писателей, организации, занимающейся любой литературной деятельностью, не знали о ней.

Позднее, когда я смог ознакомиться с этим "блистательным поэтом", я был озадачен в отношении тех, кто связывает себя со столь неприятной личностью. Юлия Окулова, иначе Вознесенская и Тарнавская, достигла к своим тридцати семи годам более чем скромных результатов: она едва окончила среднюю школу и дважды привлекалась к уголовной ответственности. В 1964 она была приговорена к двум годам заключения за буйство и сопротивление аресту. Поскольку у нее было незапятнанное прошлое, суд снизил наказание до штрафа. Ей предоставлялось много возможностей исправить свои ошибки, которые ей были прощены по молодости лет. Вознесенской предоставлялся шанс выбрать работу, которая была бы приятна ей. До ноября 1976 она работала кладовщицей в Доме культуры слепых, но в конце-концов была уволена, так как обнаружилась недостача некоторых предметов спортивного инвентаря. Окулова была замужем трижды и имеет двоих детей, о которых она совершенно не заботилась. Старший воспитывается семьей ее первого мужа, а младший престарелыми родителями Окуловой. Она превратила свою квартитру в бордель для бездельников, гомосексуалистов и хулиганов, которые неоднократно привлекались органами. Соседи требовали от нее прекращения ночных оргий, которые мешали им спать, но она реагировала на это лишь усилением этих "празденств".

Милиция вынуждена была вмешаться. Юлия Окулова, более известна в западном мире, как "поэтесса" Вознесенская, опять предстала перед судом по обвинению в нарушении общественного порядка и была приговорена к пяти годам тюрьмы.

Но где же стихи? Юлия Вознесенская никогда не писала их. Правда, она говорила своим знакомым, что опубликовала их в небольшом ротапринтном журнале, но, несмотря на интенсивные поиски, ни следа их не было обнаружено.

Те, кто создает антисоветскую пропаганду на тему "дискриминации" "диссидентов", привычны к использованию этих лживых титулов /"блестящая поэтесса"/, которые обычно ничего не имеют общего с реальностью. Пресса, радио и телевидение в западном мире говорили о "великом историке Андрее Амальрике", забывая одну маленькую деталь: он был отчислен из московского университета, с факультета истории, после трех семестров - за академическую неуспеваемость. И не смешно ли называть Владимира Буковского "биофизиком", который /чего-то "стабилито да поко" - английский перевод врет, а в итальянском я никак не разберусь - ККК/ на Западе. Те, кто его так именуют, вероятно знают, что он был исключен из московского университета, потому что ничего не знал о биологии. То же относится и к "великой поэтессе Юлии Вознесенской", и каждый, кто говорит о ней, естественно, знает, что она не написала ни строчки. Но антисоветская идеологическая кампания на Западе и в Хельсинки, не нуждается в "фатках" и "личностях". Так и появилась новая "поэтесса" без стихов.

Владимир Лысенков /НОВОСТИ/

ОТ СОСТАВИТЕЛЯ:

Перевод, прошу прощения, сделан тяп-ляп /да такой суконный сучий язык - как и переводить?/, поскольку с английского, а в итальянском я на уровне спагетти и доницетти, г-н Левин же занят голошением на "Свободе", да и платить мне за переводы нечем. Всю антологию делаю ОДИН Я /с женой и собакой, разумеется/. Это для будущих "историков литературы".

348

Всю прочую бодягу, относящуюся к Юлии, привожу краткой библиографией:

1. На Сенатской площади - войска. /К.Кузьмиский/, НРС, 30.12.75.
2. Новая жертва /Синявина/: Юлия Вознесенская. /И.Синявин/, НРС, 15.3.77.
3. Julia Voznesenskaja. Il calvario di una poetessa in URSS. /E.Goom/,
   Il Settimanale, 9 marzo 1977.
4. Лозунги в Ленинграде. Хроника текущих событий, №42, 8.10.76.
5. Проект альманаха "Мера времени". /И.Синявин/, Посев, №3, 1977.
6. "Дело" Юлии Вознесенской. /Л.Руткевич, Н.Кононова/, Грани, №108, 1978.

Потом, когда она сидела, вроде, все заткнулись, а по выезде она сама понеслась давать интервью.

15 мая 1976 года

Здравствуй, Костенька!

Ну, вот уже и третью тетрадь начинаю. Сколько-то их будет написано до встречи? И будет ли встреча?

Я прервала наш диалог /все-таки диалог!/ накануне поездки в Москву. Выехали мы с Наташей 5 мая вечером. Поездка наша держалась в глубочайшей тайне - по многим причинам. Во-первых, я везла документы в защиту Трифонова. Он уже в полном отчаянии: ему и въезд не разрешают, и здесь житья не дают. Все эти бумаги я должна была передать людям из сахаровского комитета и, кроме того, встретиться с инкорами и рассказать им о Геннадии. Наташи решила ехать со мной, дабы у меня был на крайний случай свидетель. Но и у нее была своя забота - передать твои рукописи по одному из каналов, который также не хотелось засвечивать. Словом, у нас были причины скрывать свою поездку. Знали о ней только Трифонов и папа. Это обстоятельство чуть ее и не погубило.

Представь себе, мы купили билеты на 12 часов, заранее предупредили папу. Утром 5-го мой младший начинает хандрить и кашлять. К вечеру температура начинает подниматься и подскакивает до .... - в панике. Отказаться от поездки нельзя - больше ехать некому. Оставить больного ребенка - душа изводится. Но выхода нет - решаю ехать. Беру с папы слово, что завтра он вызовет врача, а если Артуру станет хуже, то пошлет кого-нибудь за бабушкой, чтобы она с ним посидела. Договорились. Сажусь за машинку и я печатаю тексты, которые могут понадобиться в Москве. Наташи ждет своей очереди, у нее тоже что-то там недопечатано.

Через полчаса оглядываюсь - папы нет. "Ничего,- говорит Наталья,- он, наверное, побежал за сигаретами". "Нет,- отвечаю,- он убежал совсем". Наташи приходит в ужас: "Как ты можешь говорить такое о человеке? Он же отец!" Я пожимаю плечами и иду в детскую. Жар поднимается. Гал аспирин. Время - 9 часов вечера. Уговариваю себя не паниковать, потерпеть: авось, на этот раз обойдется. Но опыт говорит другое: Вот прекрасный случай для папы сказать: "Ты - свободный человек и я свободный человек. Если ты можешь оставить больного ребенка и ехать куда-то спасать какого-то поэта, то почему я должен с ним сидеть?" Держусь, собираюсь в дорогу, поминутно бегая к Артуру. Температура поднимается до 39°, потом начинает медленно, скачками сниматься.

Ну, чего уж там! Папа не пришел ни в 10, ни в 11, ни в половине 12-го. Наташи смотрит на меня безумными глазами: "Может быть, я попробую справиться одна?" Знаю, что не справится и, более того, сама в это не верит. Стою пять минут у двери в детскую в полном ужасе от того, что собираюсь сделать, потом вхожу. Поднимаю Артура в постели, обнимаю его и говорю:

- Артур! Ты знаешь, какая беда случилась с Трифоновым?

- Знаю: его избили гебешники.

- Артур, если я сегодня не поеду в Москву, его могут в любой момент просто убить.

Показываю ему билеты на поезд и объясняю, почему его любимая Наташка тоже должна ехать.

- Я позвоню сейчас Андреевым и попрошу кого-нибудь прийти и сидеть с тобой или до прихода отца, или до утра. А утром, если отец не явится, тебя отвезут к бабушке.

Он молчит, и я молчу. Если он скажет "Я один не останусь", я не поеду.

-Хорошо , мама. Я полечу один. Только позвони Андреевым, чтобы скорее приходили. Поезжай, делай там что тебе надо.

Господи! Сколько раз я еще буду радоваться тому, что воспитала сыновей в абсолютной правде!

Как бы я ему все объяснила, если бы мои дети сами не были в курсе всех наших дел, и сколько бы от их незнания этих дел могло быть у нас столкновений и трагедий!

Я позвонила моей милой Феде / детское прозвище Нелли Федоровской-Андреевой/ и сказала:

- Гулька заболел, а я должна срочно уйти по делу. Приходи с ним посидеть. Только ни о чем меня не спрашивай - он сам тебе все расскажет.

- Иду, - говорит Федя и кладет трубку.

Что бы мы делали без наших друзей?

Итак, с тяжелыми сердцами и легкими дорожными сумками мы с Наталли отправились, помчались, полетели на вокзал. В поезд сели почти на ходу.

А зачем я тебе на Папу пожаловалась и хорошо ли это - сама не знаю.

В Москву приехали дождливым противным утром 9 мая. Побывали везде, где было нужно. Ночевать поехали к Бахыту Кенжееву. Это мое первое открытие и новая любовь - не в тривиальном плане, конечно. Любовь по сердцу, по дружбе.

Все дела у нас получились, все удалось. Трифонову обещали оказать самую серьезную поддержку. Мы шагали по Москве и пели "Песню ветеранов".

        Дойче золдатен
        Нихт капитулирен!

Почему-то общественность нас не растерзала и даже не сдала в милицию.

У Бахыта мы застали смешанное американо-русское общество с примесью Бахыта /он - смесь чего-то восточного с чем-то, опять-таки восточным/. Американки, две дамы, были очень милы и общительны. Они рассказали нам десятка два легенд о Кузьминском. Они о тебе слышали, обе из университетских кругов.

Теперь о серьезном.

С Серьезными московскими людьми у нас нет серьезных связей. Именно это создает отношение к петербургской сегодняшней жизни, если не как в провинции, то как к некоему архаизму. В Москве о нас, конечно не знают. Хуже того, знают часто не правду, а домыслы наших горе-лидеров и самозванцев. Я даже о себе наслушалась там столько нового и удивительного, что мне придется теперь по три раза в день поливать мои бедные уши - они завяли. Ну и пустозвоны! Слава Богу, в Москве тоже не дураки сидят и сидят не дураки. Эти люди в людях разбираются. По моему, они довольно четко разделили наше смешанное

общество на тех, с кем можно иметь дела и тех, с кем просто приятно
общаться.

Вот, пожалуй, и все мои московские впечатления. Если хочешь, вот
еще маленькая шпилечка: знаменитый лавроувенчанный и бродским воспетый Рейн пылко ухаживает за Наталм. Мейлахи по этому поводу
"Наташа! вас ждет работа!" Венчание вокруг Александрийского столпа

/ты!/ еще не забыто.

Целую, милый. Рада, что снова пишу етебе. Ты и сам это видишь:
ого-го сколько всего понаписала и нужного и ненужного!

23 мая 1976 года.

Сегодня погибли Женя Рухин и Мила Есауленко. ожар в мастерской.
Подробности потом.

Храни тебя бог! Как хорошо, что ты уже там!

25 мая 1976 года

23 мая кто-то позвонил и сказал о пожаре. мы с Натали были дома
вдвоем. около часа я не решалась передать ей эту новость, зная, что
в последнее время они с Женей Рухиным были большими друзьями. потом
все же рассказала и ей. / Натали была фотография, где они сняты с Женей за неделю до его смерти. их фотографировал Порт и. она ее доставала из сумочки и стала реветь. глядя на улыбающегося Женю.

На следующий день мы пошли на красную, хотя решиться на этот шаг
нам было очень страшно. Я не знаю, бывал ли ты у Жени в мастерской.
на всякий случай, вот ее приблизительный план.

/плана нет, но какбудто я не помню! - ККК/

Так вот. Ребята сидели в первой комнате. Женя, Илья Левин, Женя и
Мила Есауленко. Было это поздно вечером. Женя Рухин несколько часов
тому назад вернулся из Москвы. мы с Наташей звонили ему домой в 8 часов вечера, Галя сказала нам, что он еще не поехал. По-видимому, его
его возвращение в Ленинград было еще мало кому известно.

Ребята сидят в маленькой комнате довольно долго. Женя Есауленко у
устал и ушел спать в большую. остальные находились и уснули тут же,
в маленькой комнате все трое.

Ночью Илья проснулся и вышел за чем-то в коридор. Там он услышал
треск, шум и почувствовал запах дыма. Он открыл дверь /3/ и понял, что
что горит в мансарде... Не помню, открывал ли он дверь /4/. Он бросился назад к ребятам, несколько раз крикнул им: "Пожар! Горим!" Он усл
услышал, как Женя выбежал в коридор и открыл водопроводный кран. Тогда Илья, убедившись, что его услышали, пошел в дыму, уже заполнившем
коридор, искать дверь /5/, чтобы выбраться на улицу и вызвать пожарных
слава богу, двери он во второй раз не нашел: как выяснилось, дверь на

улицу была заперта Женей на ночь. Если бы он вышел на лестницу, он бы там и сгорел.

В коридоре Илья потерял сознание. Очнулся он в комнате /2/, добрался до окна, разбил его и стал звать на помощь. Соседи притащили лестницу и помогли выбраться ему и Жене Есауленко, который в этот момент уже проснулся. Илья и Женя, как только их спустили на землю, стали кричать, что в доме остались люди. но никто не полез в окно, а Илью и Женю, когда они стали рваться назад, просто не подпустили к лестнице, скрутили и держали. все ждали пожарных. Пожарные приехали и вместо того, чтобы спасать людей, начали заливать пламя в мансарде, где не было ничего, кроме красок, подрамников и всякого хлама. Им кричали: "Там люди!" - "Потолок провалится. Опасно", - отвечали молодцы в асбестовых робах и медных касках. Прибыла 2-ая машина. То же самое.

Когда пожар потушили, тогда эти храбрецы забрались в мастерскую и вынесли еще живых Женю и Милу. Скончались они в больнице. Обгорели оба совсем немного. Задохнулись ядовитым дымом. Вот и все.

Я говорила с Ильей и с соседями во дворе, где была мастерская. У меня сложилось на счет этого пожара вполне определенное мнение. Загорелось то помещение, в котором не было людей, но которое легче всего поджечь с улицы. И еще: "Кому, кому выгодно". Я не хочу называть это преднамеренным убийством: скорее всего, поджигатели считали, что в мастерской никого нет, что Женя все еще в Москве. Я хочу думать, что жгли мастерскую самого знаменитого из наших художников, а не его самого. Но еще до того, как я узнала все эти подробности, до того, как у меня сложилась более или менее достоверная картина происшествия, я почувствовала в сердце взрыв дикой ненависти к тем, кому это выгодно. Если я даже здесь, в дневнике, не называю имени убийц /а они носят одно имя/, то только потому, что не хочу дать этой ярости ослепить меня, хочу быть объективной. Подождем, что скажет закон?

28 мая

Похороны Жени Рухина. Отпевание в Никольском соборе. Ленинградские и московские художники, поэты, иностранцы и наши друзья /зримые и незримые/ из КГБ. Была Евдокия Петровна.

Хоронили на Южном. Странно. Жуть интересная сцена произошла уже при отъезде с кладбища. Автобусы стояли вокруг площадки, заполненной друзьями Жени и родственниками. Сели в автобусы. И тут они, родные, остались своим маленьким семейством посередине опустевшей площадки. До этого момента, в толпе, они были неразличимы: мало ли какие у человека могут быть родственники? но тут... Да еще автобусы почему-то не трогаются с места. Все на них смотрят, а они, жалкие и наглые, сбились в кучку и на нас не глядят.

Дома у Рухиных справляли поминки. Мы с Наталей долго не задерживались, посидели, выпили за Женю, попрощались с Галей и пошли на конногвардейский, к твоей маме. Куда же еще?

На поминках художники решили выставку 30 мая у Петропавловской крепости объявить выставкой памяти Евгения Рухина. Неужели власти посмеют в открытую надругаться и над этим?

Ну, прощай пока, милый. Спасибо тебе, что ты там!

29 мая

Арестован Илья Левин. По городу ползают отвратительные слухи о том, что якобы пожар был устроен кем-то из четверых, что между Рухиным и Есауленко были личные счеты. Тогда при чем тут Левин? Самые робкие из наших шепотом произносят слово "убийца". Я запретила в своем доме те рассуждения о пожаре, которые не могут быть тут же сообщены следствию, благо таковое ведется. Шепчущиеся, как известно, не любят говорить громко. Ну, так пусть помолчат!

Но слухи эти мне не нравятся. Неужели им мало крови?

Боимся, что завтрашняя выставка не состоится. Половину художников вызвали в милицию и дали им на подпись дурацкие, безграмотные и незаконные "предостережения" о том, что выставка будет рассматриваться как нарушение статьи 190 УК, пункт 3. Это, если ты помнишь, статья, начисто снимающая дарованную конституцией свободу собраний. Статья незаконная, грубо-лицемерная, дикая. У Сталина таких не было, как помнится. Но до чего мы дойдем, если будем подчиняться беззаконию и терпеть поругание основных гражданских прав, а?

Нет, Костенька, я никогда не любила Некрасова, но как не вспомнить: "Поэтом можешь ты не быть, но гражданином быть обязан"? Как не вспомнить?

До завтра, милый! И что-то оно нам принесет, наше очередное завтра?

30 мая

Выставка разгромлена. 30 художников /это по сегодняшним данным/ было задержано властями. Многих блокировали прямо на квартирах.

Разгон происходил довольно весело. Мы все столпились у главных ворот. Нас заставили перейти мост. Перешли. Остановились, стали разговаривать о том, о сем. Менты, дружинники и сотрудники в штатском долго водили вокруг нас почтительно-угрожающий хоровод. В конце концов нам пришлось покинуть "поле боя". Мы собрались в одном доме, составили информацию на Запад и договорились, что вечером мы устроим на том же месте чтение стихов в память Рухина и в поддержку художников.

В 19 часов мы были уже у Петропавловки. Поредевшие ряды сотрудников заметались вокруг нас, не зная, как на это реагировать, ибо инструкций по поводу поэтов у них не имелось, а без инструкции наш советский сотрудник - "всадник без головы".

У меня с собой были цветные пастельные карандаши. Под обалделыми взглядами "безголовых" я не спеша шагая вдоль стену, написала на ней громадными буквами "выставка памяти Евгения Рухина" - по одной буковке на каждом зубце чугунной ограды. Они шли за мной и вслух по буковке читали. Вытерев руки о джинсы, я уселась на парапет и начала: "Оттепель. Туманы черные выползают из лесов..." и так далее.

После меня читал Гум, потом Наталия, кто-то еще... Тут же, у стены сидел Кривулин.
- Читай, Витя!
- Да нет, я сегодня что-то не в настроении... Потом, может быть...

Никакого "потом" не было. Явился старший чин с инструкциями и завел с нами полемику о том, можно ли у Петропавловской крепости читать стихи или нельзя и под какую статью наши действия подходят. Мы не уступали, хотя было нас человек 15-20, а их раза в три больше. И вдруг хлынул дождь! Все, и поэты, и сотрудники бросились к воротам. Там я прочла последнее в этот вечер стихотворение, правда, не свое. Я оглядела лица сотрудников и с большим чувством произнесла:

> вот на меня хороший, дружелюбный
> из подворотни смотрит человек.

Вот и все. Пока все, а там ххх - посмотрим!

I июня 1876 г. Спб

30 арестовали Клеверова и Арефьева. Явно незаконно. Дали сутки - 10 и 15.

31 Галецкий, Петроченков и др. пошли с покаянием в Управление культуры, пообещали не участвовать в этих выставках. Им обещали индивидуальные и групповые - по 5-10 человек. Сама по себе идея таких выставок недурна, но, господа! еще не выросла трава на могиле вашего товарища! не слишком ли торопливое раскаянье?

Были на днях у Татьяны Григорьевны. Она шлет тебе большой привет; долго и подробно о тебе расспрашивала, радовалась, что ты благополучно и вовремя уехал. "Мне за вас тревожно. Уезжайте-ка и вы!" - сказала она мне.

Милая, милая Татьяна Григорьевна! Последний царскосельский лебедь! Нет, мы еще повоюем.

У Анатолия увидела работы интереснейшего итальянского графика Пьеро Никкери. Удивительные работы! Выяснилось, что завтра приезжает его друг искусствовед Джанни Поши. Меня тут же осенила идея организовать выставку Никкери, на которой Поши расскажет и о художнике, и о современном искусстве Италии вообще. Анатолий меня поддержал.

Татьяна Григорьевна очень страдает. Ноги - две сплошные язвы. "Маленький Бухенвальд", - шутит она.

Впрочем, не такая уж это шутка. Ноги ей искалечили в лагере - полтора часа босиком на цементном полу, покрытом инеем. Полтора часа - лучший в мире переводчик Байрона, последний петербургский поэт - княгиня Гнедич!

Не прощу. Никогда не прощу. Когда-то Татьяна Григорьевна научила меня такой мудрости: "Если бы почувствовали сильный гнев - сосчитайте до двадцати. Если гнев не прошел - считайте до двухсот. Если и тут не прошел - значит, ваш гнев праведный". Я могу считать всю мою оставшуюся жизнь - не пройдет.

9 июня

Выставка Никкери проходит с большим успехом. Джанни Поши оказался очаровательным, очень серьезным и очень юным флорентийцем. Все было спокойно, прекрасно и дружно. Ах, если бы у нас были большие дома, мы вообще плюнули бы на всю эту возню с властями и выставляли бы своих друзей у себя дома! Но что я говорю? А печатные станки, чтобы печатать своих поэтов? А деньги, чтобы платить тем и другим за их прекрасный, но так позорно долго неоплачиваемый труд? Нет, даже мечтать в этой стране нельзя, можно только бороться.

Сегодня пришел ко мне Синявин и прочел заявление 6-и художников. Они объявили накануне недельную голодовку в знак протеста против разгрома выставки памяти Евгения Рухина и просят общественность поддержать их. Я решила, что лучшей поддержкой будет попросту присоединиться к ним, о чем Игорю и сообщила. Наташи тоже решила голодать.
Итак, список голодающих:

Игорь Синявин
Вадим Филимонов
Александр Леонов
Борис Кошелохов
Владимир Бугрин
Олег Волков
Наталья Лесниченко
Юлия Вознесенская

Да поможет нам Бог!

II июня

Ну и дела!

Художники понимают, что завтрашняя выставка все равно будет разгромлена. Как сохранить престиж ТЭВ? И вот составляется и отсылается в Управление культуры письмо следующего содержания:

В Главное Управление культуры

Художники, члены ТЭВ, сообщают, что выставка, назначенная на 12 июня у Петропавловской крепости с 12 до 16 часов, СОСТОИТСЯ, но вместо намеченного ранее показа картин будет носить концептуальный характер. На выставке будет представлен ряд самодвижущихся объектов, находящихся в непрерывном движении. В качестве таковых объектов будут использованы сотрудники МВД, КГБ и т.д. /как в форме, так и в штатской одежде/, а также спецтранспорт: милицейские машины, бульдозеры и т.п.

Присутствие авторов на выставке не является обязательным.

Оргкомитет ТЭВ.

Ну и молодцы! Вот это отступление по всем правилам, это не поклоны в Управлении культуры.

Ну, до завтра. Завтра посмотрим, как пройдет первая в Ленинграде выставка концептуалистов.

Эге-гей!

12 июня

Ну и денек!

Но сначала о вчерашних приключениях. В 7 часов я должна была встретиться с Маркихом. Он специально приехал в Ленинград, чтобы быть в опасный момент вместе со старыми друзьями. Никого не мог найти - и не удивительно: почти всех похватали, а у остальных отключены телефоны. Я договорилась с Игорем, что он соберет ребят у Бугрина, а я туда приведу Эру.

Игорь был у меня. Вдруг ему пришло в голову немедленно позвонить в "Рейтер": кажется, он хотел сообщить о приезде Эон. Звонит. Занято. Звонит в другое место. Занято. Полчаса вся Москва занята. Вдруг какой-то якобы кор. говорит ему чистейшим русским языком: "Вы не могли бы перезвонить через полчаса? Я сейчас очень занят". Нам это показалось подозрительным. Что за Игорем уже несколько дней была непрерывная слежка, что его могли и хотели арестовать, это нам было известно. Решаем, что ему лучше уходить. Наталия пошла его провожать. Я сижу и жду: сейчас позвонят и явятся. Дома Андрей.

Звонок.

- Андр, открой, пожалуйста, но прежде спроси, кто.

Он так и сделал. Оказалось - Эрль. Вернулась Натали. Игоря, говорит, благополучно посадила на трамвай, но возвращаясь, заметила пээмгешку, разворачивающуюся у нашего дома.

Через 5 минут являются.

- Где Синявин? - спрашивают.

- Какой Синявин? - спрашиваю.

- Художник Синявин!

- А художник Синявин прописан в поселке Тосно. Ищите его там.

- Мы и здесь поищем! Мы знаем, где искать!

- Похалуйста, если у вас есть ордер на арест. Но сначала предъяви-
те документы.
Предъявляют. Капитан из ГБ, остальные мелось.
- Мы посмотрим в шкафу?
- Ордер?
- Ордера нет, но мы же спрашиваем у вас разрешения!
- А я его вам не дал.
- Будем искать так, без разрешения.
- Похалуйста. А я тем временем сяду писать протест прокурору.
Лезут в шкаф.
- Ах, господа, господа! Но и муж 16 лет искал у меня любовников по
всем шкафам, но ни разу никого не нашел. Кроме одного скелета. Но это
было так давно!
Наташа оживает и включается в игру. Роются в ее постели.
Она: Позвольте! А на каком основании вы ищете Синявина в моей по-
стели? Вам разве не известно, что он женат?
Идут в детскую.
Андрей разговаривает с ними впервые в жизни!
- Где Синявин?
- Какой Синявин?
- Художник!
- Сюда только художники и ходят.
- Высокий такой, тощий!..
- Они все тощие.
- С бородой...
- Они все с бородами.
- У-у! С этих лет, а уже будущее себе портишь.
- Я ничего не порчу. Сижу в детской, никого не вижу. Если вам нужен
кто-нибудь с бородой, то их вон там, в комнате сидит один. Может, он
вам подойдет?
Хватают Орля, проверяют документы, успокаиваются - не Синявин!
- Скажите, он был тут или нет?
- Не знаю, идите.
Делаем вид, что очень тревожимся за результаты их поисков. Тянем
время, чтобы Игорь ушел подальше.
Через полчаса понимают, что их дурачат, спохватываются и исчезают.
Андрей выходит из детской бледный, руки дрожат.
- Я знал, что буду говорить как надо, но все равно было страшно.
Молодец, сын!

———

Вечером, предварительно проколесив полгорода, чтобы отвязаться от
"хвостов", еду на место встречи с Юркихом. Он ждет меня в метро "Мая-
ковская". Подхожу. Он хватает меня за руку и бегом, через Невский, к
стоянке такси. Там, рядом с баром, чуть в стороне от стоянки стоит
"рафик". Юра открывает дверцу: "Садись скорее, едем!" В машине стоит
картина довольно крупных размеров, свернутая бумагой или холстом - не
запомнила. Едем.
- Скажи адрес.
- На площадь Труда.
Почему-то не хочется сразу говорить адрес Бугрина.
Едем по Невскому. Сворачиваем на улицу Герцена и тут обнаруживаем
погоню: ВАЗ и милицейская "Волга". В кабине "Волги" некто при регалиях.
Прижимают нас к тротуару, заставляют остановиться. Шофер, побледнев,
оборачивается к нам.
- Ребята, это ГАИ! Мне попадет за левых пассажиров: это прокурор-
ская машина. Скажите, что вы стажеры из прокуратуры.
- Мы с Юрой переглядываемся: вот это повезло!

В машину заглядывает подполковник:
- Вы нарушили правила движения. С Маяковской нет поворота.
Вот это ляпнул! Сразу все и раскрылось. Дело в том, что на Маяковской испокон веков стоянка такси, так что повороты там все на месте, а вот у нашего преследователя явно на месте не все, т.е. не все дома. Теперь надо думать, как выкручиваться или, по крайней мере, вызволить Ларкиха: без меня-то художники уж как-нибудь обойдутся. Требует документы. Забирает их к себе.
- Следуйте за нами!
Следуем с эскортом: впереди подполковник на своей "Волге", позади ПиГешка.
Везут на Лиговку. Ба! Родное 5-ое отделение! Ведут в какой-то кабинетик: "Подождите тут". Все ясно: и подполковникам нужна инструкция сверху. Ай да Ларкиха - эких псов по его следу пускают!
Сидим. Тип за столом роется в бумагах. Вдруг - телефон. Рвное начальство: тип привстает даже и говорит, захлебываясь. Толкаю Лару: "Иди!"
Ларкиха спокойно выходит из кабинета.
- Куда?! - орет тип в трубку и тут же начинает извиняться перед оглушенным начальством: нет,нет! Это я не вам, это у меня тут задержанный... Иван Иваныч, я вам позвоню потом... Уходит у меня задержанный!..
Вешает трубку, нажимает клавишу - аппарат самоновейший!
- Дежурный! Дежурный! Дежу-у-рны-ый!
Ах ты, черт возьми, как не везет нашему хозяину - и дежурный не отвечает. А время идет... Я уже успокаиваюсь: ушел Ларких.
Тип выскакивает из кабинета. Сижу, довольная такая.
И вдруг - Ларких! Не удалось. Не успел уйти.
После этого меня ведут в кабинет давешнего подполковника.
- Ваша фамилия Окулова?
/Они, бедняга все никак в толк не могут взять, кто же я: Окулова или Вознесенская?/
- Да. А ваша?
- Подполковник Шелицкий.
- Очень приятно. Чему обязана столь неожиданному знакомству?
Полчаса ведем дурацкий разговор.
- Давно знаете Ларкиха?
- О! 100 лет. Друзья детства, можно сказать.
- Куда вы ехали?
- Куда-нибудь поужинать, где народу поменьше.
- Откуда и зачем Ларких приехал в Ленинград?
- А вот об этом я и собиралась расспросить его за ужином.
- Что вам известно о выставке?
- О какой выставке?
И все в таком духе.
Под конец разговора на столе передо мной появляется пресловутое "Предостережение".
"Я, такая-то, такая-то, предупреждена о том, что участие в незаконных выставках, а также организационная деятельность по их проведению... и т.д. и т.п.
Под сим документом я пишу:
"Мне не совсем ясна связь между нарушением правил уличного движения шофером машины, в которой я ехала пассажиром, и какими-то неведомыми мне "незаконными выставками"... и т.д. и т.п.
Выпускают. В входу на Лиговку - Ларкиха нет. Звоню домой - нет.

Звоню домой - нет. Возвращаюсь, закатываю скандал: "Отдавайте мне Маркиха!" Крутятся, крутятся, но от меня не так-то легко отделаться. В конце концов дежурный ведет меня в КПЗ, показывает, что и в самом деле: "Ну нет у меня вашего Маркиха! Ну, где я его вам возьму!!"

Беру такси, еду к Бугрину. А там мать с ума сходит - за Володей целый день стукачи ходили стадом, а потом он на ее глазах пытался от них уйти, и она его потеряла. Но мама у него героическая: "Должен был уйти! Чтобы мой Володька да не ушел?! Быть того не может!"

Сидим с ней, переживаем, потом стали слушать "Голос Америки" - она отлично управляется с приемником, хотя глушили вчера неимоверно.

Да, еще забыла маленькую деталь. Когда мы с Маркихом сидели у типа, туда вдруг заглянул молоденький шпендрик из тех, что искали Синявина у меня в шкафу. "Добрый вечер!" - крикнула я ему в радости. А он обиделся и исчез.

От Бугрина я позвонила домой Натали и велела ей идти ночевать на Суворовский -мало ли что? А сама потом так устала, что до Суворовского не дополэла, поехала спать домой.

Утром я встаю - а встать никак нельзя. Голова чугунная, а сердце как бормашина: не стучит, а вибрирует. Шаг шагнула - повело на стену. Третий день голодовки да при такой бурной жизни! Еле-еле дополэла по кухни, поставила чайник. От плиты не отходила, чтобы не тратить сил на путь в комнату и обратно. Села на табуретку, голову на соседкин кухонный стол и жду, когда вода закипит. Выпила 2 стакана горячей воды - отпустило. "Ну,- думаю,- до трамвая доберусь, а там уж дойду от остановки до Петропавловки. Надо только пораньше выйти, чтобы было в запасе минут 15 - вдруг сердце опять прихватит!"

Собралась. Выхожу на лестницу, а мне навстречу - здравствуйте! - здоровенная ментовская рожа.
- Назад! В квартиру - и сидеть!
- Что-о-о?!
- Назад!!!

Ну, с такой сволочью не поговоришь. Возвращаюсь в комнату. От злости и сердце прошло, и голова прояснилась. "Сидеть" я, конечно, не буду, я не собачонка, которой можно приказать "сидеть". Но вот как выйти теперь? Посмотрела на клен под окном - далековато. В другое время я, может быть, я рискнула бы, но сейчас - не та реакция. Взглянула в другое окно: рядом - водосточная труба. Вот по ней я и спустилась. О бордюра коленка и живот, но так - ничего! И бегом, бегом - через двор, через улицу, подальше от них, от псов моих дворовых!

Ровно в 12 я - на Петропавловке. Ну, разогнали нас, как водится. Двоих арестовали. Один - Бугрин. Он все-таки вчера ушел! Руководил разгоном полковник Данилов, грубиян редкостный. А мы все воспринимали как выставку концептуального искусства. "Ах, взгляните, как прекрасно подан вот этот желтенький объектик на фоне зацветающей сирени!" К Данилову: "простите, а вы здесь в качестве объекта или в качестве автора?" Ой, что было с нашими гонителями?! Они, бедняжечки, плохо понимали, о чем идет речь, но хорошо понимали, что над ними смеются. Смех вместо страха - это не так-то просто осмыслить!

Но представь себе наш зрительский восторг, когда на Неве показались катера водной милиции! Такого у нас еще не было. Бульдозеры - были, вертолеты - были, машины мы считаем десятками, даже пожарными нас уже не удивишь, а вот катеров еще не было.

Вот так, то веселясь, то гневаясь, мы и провели эту выставку.

А Бугрина взяли так. Нас человек 30 переходило улицу Халтурина у Марсова поля. Вдруг в полосу встречного движения на всем ходу врезается газик, из него выскакивают двое, выхватывают Бугрина из толпы, швыряют в машину и увозят. Мы и ахнуть не успели, только но-

мер запомнили, записали. Одна женщина с ребенком едва увернулась.
Подняла крик и дала нам свой адрес: "не оставляйте так! Ишь - распоя-
сались! Людей давить стали!" В толпе оказалось несколько москвичей.
Они тоже предложили свои адреса. Мы сразу же решили составить про-
тест и отправить прокурору города.
- К кому пойдем? - спрашивают ребята.
- Можно ко мне,- говорю. - Но только у меня там мент на лестнице
стоит, меня сторожит.
- А ты гуляешь?
- А я гуляю.
В сем так хотелось взглянуть на незадачливого мента, что отправи-
лись прямо на Жуковскую.
Поднимаемся по лестнице. Стоит уже другой. Делает вид, что нами
не интересуется: у них приказ "не выпускать", а насчет "не впускать"
инструкции не дадено.
- Вы уж не меня ли тут сторожите? - спрашиваю.
- Кого надо, того и сторожим!
- А, ишнам ну-ну. Сторожите, сторожите.
Через час ребята пошли купить чего-нибудь к чаю - чай, не все го-
лодают! А мент требует документ.
- Зачем вам ихние документы, - ласково так говорю ему.- Ихние до-
кументы вам, милый человек, ни к чему. Это вам ведь мим мой документ
надобен, это ведь вы меня тут стоите и не пущаете уже пятый час.
И сую ему под нос мим свой паспорт. Поглядел бедняга в паспорт,
потом на меня, а потом тихо-тихо так побрел себе в уголок лестничной
площадки, прислонился к стеночке и больше уже ни у кого ничего не
спрашивал, никаких документов.

Вот так, милый Костенька. Представляю, что было бы с тобой, если
бы ты был с нами. А ты был бы с нами.
Спокойной ночи, милый! Целую тебя самым голодным в нашей жизни
поцелуем!

                                        это - птица усохлая,
                                        маленькая птица.

20 июня

Не писала потому, что уж очень уставала. Голодовку выдержали все,
кроме Леонова. Бугрин и Синявин голодали в тюрьме. Игорь передал из
тюрьмы записку с просьбой устроить выставку голодающих художников
где-нибудь на квартире. Все поутихли, и все свалилось на нас с Таней
Синявиной. Она держится молодцом: двое малых детей на руках, муж в
тюрьме, а она вместе со мной носится по всему городу, разговаривает
с художниками. А со многими разговаривать очень трудно - глаза прячут.
Галецкому дали индивидуальную выставку в кинотеатре "Прибой".
Остальным - в Д.К.им.Орджоникидзе. Название было немедленно перепута-
но, и пошел слух о выставке в Д.К. им.Дзержинского, Доме культуры МВД.
Да, я тебе ничего не написала о II-ой еврейской выставке. Она откры-
лась 1-го. Абезгауз, как всегда, на высоте со своей группой "Алеф".
Мы возили на эту выставку Шмани.
10 открылась наша выставка. Ее сразу же прозвали выставкой "пост-
концептуалистов". Представлены работы тех, кто сидел или голодал. Это
уже в чистом виде выставка протеста. Народу было за эти дни очень мно-
го. Вечерами читали стихи и играли в рулетку. Выигрыш "банка" идет в
пользу "посидельцев".
Подружилась с Алием Рыбаковым, Олегом Волковым и Бобом Кошелохо-
вым. Это последние, кто не сдается.
Трудно.

очень сильные и очень смелые друзья. А у всех, кто меня окружает, это происходит всплесками: сегодня вспыхнет один, завтра - другой. Нет того ровного горения, которое могло бы постоянно двигать вперед и вверх.

Меня все отговаривают от отъезда. Больше всех - Ля и Олег. Правда, просто удивительно, как быстро мы стали друзьями? Впрочем, мы встретились в такой момент, когда сразу видно, кто есть кто.

Целую, милый!

12 июля

Здравствуй, солнышко мое зарубежное!

У нас холодно, а уже прошла половина лета. Без пальто на улицу не выйти. И какой-то небывалый тополиный пух летит по городу. Кажется, что он родился не здесь, а налетел откуда-то со стороны, как в "Амаркорде". Помнишь? Метель, метель! Пух залепляет глаза, слепит. В подворотнях ветер скатывает снежки величиной с хорошее яблоко, они выкатываются на тротуар, шарахаются под ноги, на них можно подскользнуться и упасть. Газоны покрыты не то снегом, не то инеем: трава, а на ней серое кружево. Страшный он, этот пух, не к добру это!

Натали сегодня с отцом была в суде. Отказ. Все они шайка! Хорошо еще, что Гум сейчас вообще раздумал ехать, а то пришлось бы ей разводиться с ним и отпускать его одного.

Костенька!Вот о чем я хочу тебя попросить: если Гена Гум приедет один, ты все равно помоги ему, пожалуйста. Понимаешь, он сирота с младенчества и очень мало видел заботы о себе. А каждый человек должен получить определенное количество заботы со стороны других людей, иначе в мире все нарушается. Понимаешь меня? Он не очень добрый человек, но это потому, что ему негде было учиться этому, не от кого. Помни об этой моей просьбе, пожалуйста, милый. Будь к нему участлив - и это уже будет много.

Мы с Наташкой живем очень дружно. Правда, неряшка она фантастическая и врушка тоже преизрядная, но зато и добра и весела так, что от этого радость в доме. По-моему, я ее люблю. А с женщинами это у меня случается редко. Ну да здесь еще и ты...

Ах, Костя!..

Ну, целую - и все тут.

14 июля.

У нас тут всякие странные дела пошли. Ну, да это потом!
Живем мы весело, но бедно. Представь себе: я продаю цветы у метро. Родители разрешают мн е даже у них брать цветы на продажу, а красивее цветника моей матушки нет ничего в мире.

Наташка не работает, но зато исправно тащит в клювике всякое зернышко, которое ей от бабушки перепадает. И денежку - тоже. Так и живем. Еще Ля с Олегом. Они почти все время с нами. Рисуют. А мы про них пакостные стихи пишем. Вот, например, "Ода Олегу"

Бозлег Олег в лугах под клюквой,
вальяжно заголив лягно.
Блаженствует, подобно лягве,
и видит полное гумно

Лягно - чем лягается.

лягавых, многим незнакомых.
Он им не брат, а он им - брут!
Он их ребенок незаконный
и соблазнительно небрит.

Они идут, влача машинку
для обрезания волос.
Торжественно гремя мошонкой,
за ними выступает АССЛ.

Олег! Беги быстрее лани
промеж увесистых громад,
возляг на глины колени -
колени для не гремят!

Это мы постоянно так безобразничаем с именами, моим и Рыбакова. Я
например, зову его исключительно вленькой.
Ну вот и все наши новости. Летом какие же могут быть новости?
Да, еще забыла похвастаться. Среди вещей, которые вы прислали Нат
ли на отъезд, было такое синенькое платьице. Прелесть, что за платьи
це! Я в него влезла и решила там навеки остаться. Мама моя очень уди
вилась, что мне вдруг понадобилось что-то из тряпок. Приехала, погля
дела, потом сказала отцу, а тот закричал: "Что?! В кои-то веки дочка
платье захотела?! немедленно купить!" Они мне дали денежку, и теперь
я разгуливаю "в костином" платье и ужасно при этом задираю нос. И Ев
докия Петровна, и наталка, надо сказать, меня рьяно толкали на этот
безумный шаг. Одно я могу сказать в свое оправдание - лучшего платья
у меня не было!
            А теперь - спокойной ночи!
Интересно, вспоминаешь ли ты обо мне тогда, когда я пишу тебе?

13 июля.

Сегодня Гена Гум вернулся из Москвы. Какие-то странные бандиты из
били его, когда он выходил от Лидии Корнеевны Чуковской.
Господи! Каждый и каждый день ждешь нападения государства из-за
угла! Черт знает, что такое!
Да еще и 13-ое. Бр-р!
            Лучше прощай пока, радость.

14 июля

Привет, радость! Птицы опять поют. Сегодня все утро пою старую пи
ратскую песню:
            Бродим мы и тут и там,
            ходим мы по всем морям,
            но никто нам не ходит к нам
                  в гости!
            А над нами черный флаг,
            а на флаге черный знак:
            Это череп и костях
                  Кости!

Натали песенка очень понравилась, принялась подпевать. А исполняе
ся она - глядя на твой портрет работы А.В.Иванова.

Все равно уеду! Уеду ото всех! И будет у меня дом на берегу океана, в Калифорнии. И чтобы - сквозь секвойи - прибой был виден из окна. И чтобы по дому бегали дети /только чтобы не очень мешали работать/. Ведь будут же у меня еще какие-нибудь дети? Внуки, например. Своих уже больше не надо, хотя и хочется. Нельзя. Для этого придется снова выходить замуж. А после такой продолжительной и тяжелой супружеской жизни это - безумие. Вот как раз ровно до этого деления мое безумие не доходит..

Тут народ узнал, что я разовожусь и кинулся со всех ног делать мне предложения. А я, хоть и разовожусь, но на такие заявления только или или руками развожу: Господа! Да разве советский мужчина имеет право жениться? Нет, уж вы, будьте добры, наведите порядок в собственной стране, а тогда уж я помогу вам навести порядок в вашем собственном доме. И самое главное, Костенька, я ведь женщина весьма старомодных взглядов: мой муж должен быть мне опорой и защитой везде и во всем. Защитой ото всех: и от диких зверей, и от диких соседей, и от диких гэбэшников. А вот последнее - труднее всего. Ты скажешь: а не лезь в такие дела, за которые на тебя ГБ бросается! Костенька! Лезу, правильно, лезу. Но ведь лезу я в них, содрогаясь от плача и рыдая над своей поруганной женственностью! Ну, а если больше лезть некому, а надо? А уж как я после этого смотрю на мужчин - и не спрашивай!

Вот ведь как разворчалась, старая суфражистка. Впрочем, за дело.

Вот, к примеру, пригласила я и на сегодняшний вечер Ширали. А он возьми да и попроси меня устроить ему платный вечер. Это для кого? Для друзей-литераторов и художников? Это у кого? Это у Юлии Вознесенской? Ах ты мазурик! "Чаю - дам. А на большее ты не рассчитывай." Ничего. Пришел и читал.

А все-таки самый красивый у нас поэт - Виктор Ширали.

Ну, пока, мой милый и тоже самый красивый. Храни тебя бог!

15 июля

Как странно теперь бывать на Конногвардейском! Такая печаль во всех углах тикает...Как хорошо, что у нас есть твоя мама, и что есть еще твой дом.

7 июля была свадьба Малютки и Генделева. Ой! Должна извиниться: Миша не любит, чтобы Лену называли "Малюткой".

Итак, 7 июля была свадьба Лены и Генделева. Подробности расскажет Натали.

Михаил пишет все лучше и лучше. Я горжусь перед собой тем, что несмотря ни на что, никогда не меняла к нему отношения. А основания были. Нет, не ты. Ты не был прав в отношениях с ним. Нет, Костенька, все-таки не было твоей каказмыкай правды - беда была.

Генделев пишет прелестные пятистишия. Вот, например.

> Был на свете веселый скрипач,
> а сосед у него был стукач.
> И хотя тот скрипач
> был совсем не трепач,
> но сосед все равно был стукач.

Или вот еще, уж совсем про меня:

> Одной даме из города Пскова
> все хотелось чего-то такого:
> то ль поехать в Бордо,
> то ль дождаться Годо...
> А ее забодала корова.

Вот так.

ККК: Ну, блядь, Юлия и дает! 8 утра. Нашел фото этого ассенизатора. Который пишет "все лучше и лучше" "прелестные пятистишия". Юлия, по серости, лимерики отродясь не читала, хоть и была "ученицей Гнедич". Ученики же Гнедич - их писали. Забавы ради. Я, полагаю, их гниде Генделеву и процитировал. Совместные забавы Васьки Бетаки, Бена, Усовой и даже Миши Юткевича. Привожу:

> Один господин из Афин -
> Кушал нитки и парафин
> По утрам, а под вечер -
> Выделывал свечи,
> Продавал их, и жил как дофин.

> Один господин из Коломбо
> Нашел водородную бомбу.
> И подумав: "Ну что же -
> Луше раньше, чем позже!",
> Он сорвал со взрывателя пломбу.

Типично Васькино:

> Один господин из Мадрида
> Не знал, что такое коррида.
> И не понял, пока
> На рогах у быка -
> Не прочел "10 дней" Джона Рида.

Даже Миша Юткевич, НЕ ПОЭТ, выдал:

> Поэт Александр Щербаков,
> Накушавшись коньяков,
> Без всякого толку
> Сломал защелку
> В уборной у Бетаков.

И никто это творчеством не считал. Так, баловались, и пограмотней Генделева.

Но Юлия в стихах, как я уже говорил, не очень, чтобы "уха" и не совсем, чтобы "рыла" - так, "занималась поэтами". Любого ублюдка, по доброте или по дурости, записывала в них.

Теперь вот Генделева.

7 лет прошло, а гниду эту - и сейчас помню. В Израиль мне съездить не на что, да там уже целый полк придется кончать - агентура сообщает о новых кадрах, Фисюлия свистит в Хермании, далеко все это как-то стало...

"Миша не любит". Извинилась бы, падла, передо мной, что его поминает - я с Даром, со СТАРИКОМ ДАРОМ - в хлам разлаялся 3 года назад, а уж Юлии ли не знать...

Да хрен с ним, это мои дела "личные", ни до кого не касающиеся, но уж не хвалила бы говно всякое, и без нее его тут изрядно плавает.

Тошно мне иногда от этого дневника. А перепечатывать - надо.

Гнида Генделев. Архив ККК.

16 июля

Гена Трифонов приехал из Москвы, где провел около 2 недель в ил американском посольстве. Кажется, у него все идет на лад. Я уже измучилась глядя на то, как мучается он.

Гена сказал мне, что заказал для меня вызов в Голландском посольстве и что я должна поехать за ним I августа. Так скоро? Невозможно поверить! Нет, не верю. Я Генку люблю, болею за него, но, увы! не очень-то я ему верю.

Развеселил меня Ал. Я его спрашиваю:

— Как ты думаешь, ехать мне или нет?

— А как ты сама думаешь? Ты же все равно сделаешь так, как сама захочешь.

— Я не знаю. Здесь оставаться не хочу. Туда ехать страшновато.

— Иди в монастырь!

Ну и Ал, ну и насмешил! Вот она, великая сермяжная правда: только в одно место я и отправилась бы сейчас с легким сердцем: в монастырь типа Крестов или Владимирского централа. но - не заслужила.

Наши друзья Ал и Олег - удивительные люди. Оба из породы неприручаемых. Олег 4 года отсидел в лагере по липовому делу. Его любовница не сумела скрыть от мужа связи с ним и, дабы не потерять супружества, заявила, что Олег ее изнасиловал. Когда начали дело, она испугалась и хотела отказаться от своего заявления, но ей объяснили, что в этом случае она сама окажется на скамье подсудимых за ложное обвинение. Олега осудили на 4 года. Он хотел бежать из лагеря, чтобы добраться до Москвы, и добиться в Верховном суде пересмотра дела. Сделал подкоп из зоны. Когда все уже было готово - кто-то донес. Подкоп засыпали, но кто его делал, не узнали. В лагере Олег смастерил транзисторный радиоприемник; он слушал западные радиостанции и рассказывал их на зоне.

А Ал родился в лагере: его родители были репрессированы. Вот такие у нас появились новые друзья!

6 августа

Против Гены возбуждено уголовное дело по I20-ой статье. Его последний мальчик на него донес. Был обыск. Мы боимся, что это только начало, все ждут еще процессов: уж очень у нас с властями испортились отношения. Состоявшиеся выставки никакой разрядки не дали, к тому же, их было всего две - Галецкий и группа в ДК Орджоникидзе.

Я боюсь за свой архив и за твой: они оба у меня. Часть документов и материалы, касающиеся Трифонова, я припрятала вне дома. Дневник прячу дома, но так, что его не найдут даже с собаками.

За нашим домом установили слежку. Это понятно: последнее время Трифонов бывал у нас каждый день.

Генка очень боится, но по уголовной статье сидеть не хочет, справедливо считая, что его преследуют не как гомосексуалиста, а как диссидента.

Мы очень за него беспокоимся и думаем, как и чем ему помочь. Хорошо, что со мной рядом Ал и Олег.

Целую.

10 августа

Вчера арестовали Трифонова. Случилось это так.

Я с утра приехала к нему и мы занимались его личным архивом. У него был вызов к следователю на 16 часов. Гена диктовал мне историю своих отношений с ГБ, я писала под копирку. Мы торопились закончить эту "автобиографию стукача", потому что в любой день мог произойти арест. В половине четвертого Гена отправился в прокуратуру. Когда он уже вышел из комнаты, меня что-то укололо в сердце: я вскочила и выбежала из комнаты

— Генка! Подожди!

— Ну что ты волнуешься? — обернулся он уже на лестничной площадке, — я через час буду дома. Подожди меня и успокой маму, если я буду задерживаться.

Я поцеловала его и перекрестила. Потом забралась с ногами на диван и с тяжелыми предчувствиями в сердце стала ждать.

В 5 часов пришла Екатерина Андреевна. Мы кое-чем пообедали и стали ждать вместе. 6 часов. 7 часов. Прилегли. Она — на кровати, я — на диване. А сон не идет. Лежим с открытыми глазами и смотрим друг на друга.

Наконец, нервы у меня не выдержали, я нашла телефон следователя, который вел его дело, и позвонила ему.

— Звоню по поручению Екатерины Андреевны Трифоновой. Она волнуется: Гена до сих пор не вернулся с допроса.

— А кто это говорит?

— Его друг.

— Вы можете назвать свое имя?

— Разумеется. Вознесенская Юлия Николаевна.

— Я о вас слышал и хотел бы с вами поговорить. Вы не могли бы сюда подъехать.

— Нет. Я буду разговаривать с вами только в установленном законом порядке, после получения повестки. И, кроме того, я еще не получила ответа на свой вопрос: где Геннадий Николаевич Трифонов?

— Он уже подписывает протокол и сейчас отправится домой.

— Благодарю.

Вешаю трубку и иду в комнату. Ждем. 8 часов — нет. 9 — нет. Звоню в прокуратуру — там уже никто не отвечает. Звоню в Петроградское отд. милиции — никто ничего не знает. Дома у меня есть телефоны дежурных КГБ. Прощаюсь с Екатериной Андреевной и еду на Жуковского, договорившись звонить друг другу.

И всю ночь я обзванивала весь город: звонила в ГБ, во все отделения милиции города, во все больницы. Под утро начала обзванивать морги. В 6 утра мне сказали, что в московском районе обнаружен труп с проломленным черепом и изуродованным лицом. Приметы одежды совпали. Карманы у убитого были вывернуты и полностью вычищены. Я решила все-таки дождаться открытия прокуратуры, еще раз поговорить с Морозовым /Данилия следователя/, а уже потом ехать в морг для опознания трупа. Села у телефона и окостенела.

В 6.30 позвонила Екатерина Андреевна. У нее тоже никаких вестей. Про труп я ей ничего не сказала.

В 8 встали Ил с Наталей. Я им ничего не сказала, но попросила Ила звонить с работы, решив, что позову его с собой в Московский район. Ил очень много делал для Гены в последние дни.

В 11.30 Морозов соизволил прибыть в прокуратуру и сообщил мне, что Трифонов вчера был арестован и отправлен в Кресты.

— Почему же вы мне не сказали об этом вчера?

— А я не обязан перед вами отчитываться.

— Но вы сказали, что он подпишет протокол и пойдет домой. Мать ждала его всю ночь.

— Это меня не касается.

— Послушайте! Но ведь вы тоже чей-то сын! Неужели вы не понимаете, что мать всю ночь сходила с ума. Мы разыскивали его по моргам, по больницам. Скажите, у вас что, совсем никакой морали нет?

— Вы меня не воспитывайте. У вас мораль, а у меня — закон! И вообще вы мне нужны для серьезного разговора. Приезжайте к 12 часам в прокуратуру...

Я тихо положила трубку.

Какие нелюди, какая нежить! Неужели слово "мать" для них - пустой звук? И зачем он соврал вчера? Или наши слезы для них - высокое служебное счастье?

"И ищные, жадные насекомые",- говорит о них Левин. А у меня для них только одно простое русское слово - суки! При этом собаки, разумеется, никоим образом не имеются в виду.

Прощай пока. Молись.

II августа.

Сегодня мы с Юлом сорвали обыск.

С вечера мы втроем: я, Юл и Натали разбирали архивы, твой и мой, и готовили их к вывозу. Хотели с вечера спрятать их на чердаке, а сегодня перевезти на хранение к Евдокии Петровне. Упаковали в полиэтилен большую часть. Оставалось еще маминых изрядно, а Натали надо было обязательно съездить к бабушке. Она уехала. Мы с Юлом до 4-х часов продолжали возиться с бумагами. В 4 часа решили, что на чердак не понесем - сил нет. "Авось, обойдется!" - решили мы легли спать.

Утром Юл проспал на работу. - Вызови такси,- говорю ему. Вижу, что человек измучен: не выспался. Достается ему, бедняге.

Юл вызвал, но машина долго не приходит. А я сплю себе дальше.

Звонок в дверь. Юл пошел открывать. Возвращается и говорит:

- Опоздали. Милиция.
- Сколько человек?
- Трое или четверо.
- Кого спросили?
- Вознесенскую.
- Прекрасно!

Накидываю халат и шлепаю к дверям.

- Кто там?
- Милиция.
- Кого надо?
- Вознесенскую.
- Здесь такая не проживает.
- Как так?
- А вот так. Милиция должна знать, к кому идет, и милиция это знает. А вы - хулиганы и дверь я вам не открою. А будете продолжать безобразничать - вызову настоящую милицию.

Закрываю дверь на крюк, на цепочку - все это с грохотом и звоном - и ухожу в комнату. Как важно иметь псевдоним! По паспорту Окулова, значит это еще та милиция: в ГБ меня знают как Вознесенскую. Такие путаницы с этими двумя моими фамилиями происходят постоянно, а я этим пользуюсь.

Юл позвонил на работу и сказал, что задержан милицией. Потом мы отключили дверной звонок, чтобы гости нас не беспокоили, и принялись за дело. В кухне мы поставили один таз на другой и стали сжигать в верхнем самые опасные бумаги в первую очередь - записные книжки. Потом распаковали так тщательно приготовленные к спасению архивы и начали проводить над ними экзекуцию: ножницами вырезать фамилии авторов и выбирать отовсюду титульные листы. То же проделали с папками. Юл носил все это на кухню и там сжигал. Ну и дымище стоял по квартире! И черные птицы летали в дыму. Нам не открыть было окон, потому что сотрудники под окнами бродили и кричали уже совершенно осипшими голосами: "Откройте!.. Милиция... Дверь взломаем... В окна влезем..."

Мы опасались, что, открой мы окна, из них повалит дым и уж тут они будут иметь все основания вызвать пожарных и влезть в окно.

Через полтора часа все было сделано.

- Ну, Ел! Можно открывать.
- Э, нет! Сначала мы позавтракаем. Я приготовлю, а ты пока отдохни.
Ах, Ел! Мой друг, мой брат - что бы я без него делала в эти же черные денечки?
Мы позавтракали. После кофе Ел открыл окно, поглядел вниз и удивленно воскликнул:
- Так это в самом деле милиция?! Надо же! А мы себе спим и не знаем, что милиция нас ждет, думаем: "хулиганы"! Ну, поднимайтесь через 15 минут, мы вам откроем.
Представь себе, они добросовестно выждали объявленные Елом 15 минут и только после этого позвонили!
Ну, обыска, конечно же, делать не стали. Нашли обгорелый таз, обнюхали унитаз, куда Ел спускал пепел, и составили акт о том, что их не впускали "из-за сжигания бумаг в большом эмалированном тазу".
В погрузили нас с Елом в пэзмгешку, повезли нас на Лиговку. А мы едем, улыбаемся друг другу и за ручки держимся.
Допрашивали 4 часа. Вел допрос молоденький следователь капитан Николаев - совершенный очаровашечка! Вылитый "адъютант его превосходительства". Полон сочувствия к поэтам и художникам, никогда не слышал ни о каких разгромленных выставках. Узнав, что я собираюсь "лететь отсюда к чертовой матери", начал меня отговаривать. "Вы - поэт, у вас уж такая судьба: вы наиболее чутко реагируете на давление власти, а власть везде есть. Оставайтесь! Вы здесь нужны!"
Так и хотелось кинуться ему на шею с криком: " Ах, раз пошли такие сотрудники - останусь здесь, с вами на веки вечные!"
Понадобилось ему за чем-то выйти, так он - "чтобы вы, Юлия Николаевна не скучали..." - привел в кабинет Ела и оставил нас на полчаса одних. Умиление!
Уже дома мы с Елом сравнили наши допросы и пришли к выводу, что столкнулись с новым, только что зарождающимся типом сотрудника. О, эти будут пострашнее!
Черт возьми, у этого капитана было просто дьявольское обаяние! Ел сказал, что прямо влюбился в него. Очень опасная порода сотрудников выведена в КГБ!
Во время своего допроса я перемешала как бы нечаянно на столе кое-какие бумаги и под видом черновика своего заявления-протеста прочла показания Ела и лишний раз убедилась, что с этим человеком можно в огонь и в воду. Как вовремя послал его мне Бог! Я уже устала быть всем защитой и опорой, не имея ни того, ни другого для себя.
Прощай, моя далекая радость.
Помолись за меня, помолись за меня,
помолись, помолись, помолись!

19 августа

Костенька, Костенька, глупая ты птица!
Сегодня Наташа получила с оказией твое письмо. Невероятно глупое, невероятно злобное письма. Ах, как не вовремя оно пришло! Мы сейчас, что называется, "под колпаком". Мы бьемся за Трифонова под недреманным оком КГБ. А Трифонов, как выяснилось из его личного архива, предоставленного Екатериной Андреевной нам с Елом, водил всех за нос. Похоже, что он даже и с КГБ был связан весьма поверхностно, на уровне простого стукачества. И он всем врал без конца, по поводу и без. ГБ выследило мой тайник на чердаке одного из соседних домов: совершенно изолированное помещение, куда вело единственное слуховое окно. Никто, кроме

Ела, о нем не знал. Никто, кроме меня, не мог в него проникнуть. Разве что кошка, если не очень толстая. В один прекрасный день в полуметровой стене тайника появился пролом, а мой архив, наоборот, - исчез. Пропала переписка по поводу "лепты", пропали протоколы наших собраний. Пропала моя проза, за которую расстрела мне будет мало. Пропал мой макет первого в СССР подпольного феминистского журнала "Красный диссидент"! На титуле подпись: "безответственный редактор - Ю.Вознесенская". На последней странице обложки написано: Цена - 3 года с высылкой и без!

А Трифонова все равно надо спасать, хотя мы несем из-за него колоссальные потери и морально чувствуем себя неважно: мы защищаем не только большого поэта, но и большого лгуна. Печально, что вместе с нами стал объектом усиленного внимания ГБ Володя борисов. Я предпочла бы за каждый день его несвободы по нашей вине отсидеть год. А он тоже считает, что каким бы человеком ни был Трифонов, он все/ равно имеет право на нашу защиту как гражданин, по отношению к которому допущено явное беззаконие.

И вот в такое тяжелое для нас время приходит твое письмо.

Это, конечно, не твоя вина, что ты не знаешь всего, что здесь случилось за этот год. Жаль, что до тебя не дошли мои дневники. Я ведь для того и веду их, милый, чтобы ты мог проживать в них день за днем рядом с нами, на родине. Не знаю, понимаешь ли ты: что я пытаюсь сделать для тебя невозможное. Часто я валюсь с ног от усталости, или нахожусь в такой депрессии, что впору живой в гроб. Но я сажусь за стол, достаю дневник и пишу тебе, чтобы ты был с нами. Вот сегодня я и увидела, что я поступаю правильно. Я увидела, насколько по-разному прошел для тебя и для нас этот год. Когда ты уезжал, я была далека от открытых столкновений с властями, как и ты, как и все. Все переменилось. Позади у нас 14 декабря, смерть Рухина и Богатырева, голодовка протеста и много чего другого, о чем я не имею права говорить даже тебе. Ты недвусмысленно дал понять, что место Наталии - возле тебя, мое место - психушка или Мордовия. В отношении меня - согласна. В отношении ее - нет.

Костя! Ты знаешь, что я с чужими тайнами всегда была осторожна. Моя веселость никогда не соседствовала с болтливостью. Поэтому я никогда не касалась в дневнике ваших с Натальей отношений, тем более, что она никогда не намеревалась с тобой разрывать. Сегодня я напишу тебе о ней, т.к. я имею на это разрешение самой Наталии. "Пиши все", - сказала она. Для тебя не секрет, что Наталия - человек легкомысленный, влюбчивый, увлекающийся. Это не порок в характере женщины молодой, красивой, свободной и, к тому же, поэтессы. Плюс ко всем этим качествам Наталя обладает еще исконно русской женской чертой: она во всем следует за предметом своего внимания. Ее предпоследняя любовь - Геня Рухин. Она привела ее к участию в выставках протеста и в голодовке. Если кто-то бросит в нее за это камень или ком грязи, то только не я! Я видела ее каждый день от пожара до похорон. Она была сама погибель.

Имела ли я на нее влияние? Безусловно, имела: Наталия жила в моем доме. Костя, скажи по-честному, может ли Наталя не встрять в разговор, если разговор этот ей интересен, хотя ее и не касается? Нет, не может. Я много раз запрещала ей вмешиваться в мои дела и даже ссылалась на тебя: "Я не хочу отвечать за тебя перед Костей". Но после Гени у меня язык не поворачивался говорить ей такое.

Далее появился Ал. У них с Наталя серьезные отношения. Они жили у меня летом; теперь она живет у Гума, но Ал почти все время или у нее, или у меня вместе с ней. Она еще не очень в нем уверена, поэтому она не пишет тебе, не желая наносить тебе понапрасну рану. Я пишу тебе об этом в твердой уверенности в том, что ко времени отправки этого дневника их отношения определятся. Но сейчас уже можно сказать одно: во всем, что сейчас делает Наталия и чем она живет, виноват только Ал, его любовь.

Не я, и уж тем более не Синявин!

С Синявиным у меня всегда были сложные отношения. Совсем недавно, например, мы крупно поссорились из-за того, что он вопреки моему запрещению включил в свою книгу "Петербургские встречи" обманом полученный у меня протокол одного из собраний "Лепты". Говорить ему о правилах, о праве - пустая трата времени. Но в своей борьбе с властями за свободное творчество Синявин всегда последователен. Он борется тогда, когда все устают и отступают - в этом его нравственная сила, это я в нем ценю. Но во всем остальном мы люди разных взглядов, поэтому обо мне и Синявине как о чем-то едином - неправильно. Мы можем оказать друг другу поддержку в тяжелую минуту и в этом смысле можем всегда друг на друга рассчитывать. Я знаю, что за решеткой Синявин меня не предаст. В этом мы - друзья.

Далее. Ты ругаешь Натали за дружбу со мной. Твоя воля. Одно скажу тебе: Ал ее любит и защитит, потому что любит. Я ее не люблю, но защищать буду. Из-за тебя. Для меня она - все, что осталось от тебя. Пойми, как оскорбило меня твое письмо, как обидело.

Теперь о дорогах, которые мы выбираем. Костя! Я не верю, что это я когда-то вам говорила: "Мы не диссиденты... Как можно дальше от политики!" Это был инкубационный период сознания. Нужно было полтора десятка кратковременных пока арестов, неделя выключенного телефона, диалог с "прокуратором" Проскуряковым, нашим шефом по 14 декабря, смерть Рухина и многое другое, чтобы мое сердце превратилось в сгусток гнева. Праведного гнева, Костенька! - вспомни Татьяну Григорьевну. Я сосчитала по двухсот - не менее двухсот преступлений против второй культуры совершили власти - и гнев мой не прошел. Если бы ты был с нами - ты был бы с нами!

Гневом дышит наступающая осень. По городу дважды разбрасывались листовки. По ночам кто-то пишет надписи: "Свободу политзаключенным", "Партия - враг народа" и т.п. Все ждут еще процессов - кроме Трифоновского.

На днях подлым образом был избит Илья Левин. Он ночевал на лифтах. В 2 часа ночи ему позвонили и сказали, что в таком-то доме между этажами застрял лифт с пассажиркой. Илья пошел на вызов. В парадной названного дома его избили трое неизвестных, но за три дня до этого он видел их в лифтоуправлении! Ему сказали, что эти молодые люди расспрашивали о нем, представившись работниками ОБХСС. Это уже четвертое избиение за последние месяцы, за лето. А ты предлагаешь "сидеть тихо"!

Дурак ты, Костя.

Кажется, я во второй раз тебя теряю. Похоже на то. Вижу, что ты меня позабыл и разлюбил. Что ж! Нам, родившимся на своей земле, как на чужой, не привыкать терять. А я тебя еще люблю и помню.

Да здравствует любовь и ненависть!
Вместе они - жизнь. А ты написал
мертвое письмо.

Пока. Сейчас не целую.

26 августа

Прощай, Константин Кузьминский!

Что ты наделал?! Что ты сделал со всеми нами и с собой?!

Ты смертельно оскорбил меня из животного страха за Наталью. Бог с тобой. Ты предложил мою голову как выкуп за Натальину: "Не все равно, кто будет читать это письмо..." Они уже прочли, Костенька. Конверт был заклеен во 2-ой раз. Ты погубил меня. Но ты погубил и Наталью и людей которых ты даже не знаешь.

Бедный, бедный Костя! Как ты будешь с этим жить?

Послушай! А , может быть, ты просто сошел с ума? Ну не может же нормальный человек делать такие вещи: в один и тот же день написать два письма и отправить одно с оказией, а другое по почте. Значит, ты хотел, чтобы письмо ко мне было прочитано в КГБ? Не только не боялся этого, но и хотел этого, сделал все, чтобы это случилось? Бедный Костя, ты сошел с ума!

Вот и все. Как ты меня предал, Костенька! Как глупо, мелко, пошло твое письмо! И оно - у них. Оно сработает, оно обязательно сработает они сейчас глаз с меня не спускают. Нам приходится иногда по 3 часов уходить от хвостов. По восемь часов! Архив мой вывезен на полгода из Ленинграда. Я не могу работать. Часть архива в КГБ.

О, да что там говорить!

Костя, что ты наделал! Ты сработал на них!

Я не знаю, как ты это будешь исправлять, искупать. Не знаю. В моих глазах ты перешел границу добра и зла. Живя там, разве можно рисковать головой того, кто остался здесь? Ты что, все забыл уже?

Я ни-че-го не по-ни-ма-ю_

Прощай.

Наверное, прощай совсем.

И что тебе там написала Наталья?!

Прощай, мой глупый друг и враг.

31 августа

Последний день лета. Завтра детям - в школу. Захотелось провести этот день с твоей мамой. Я ей сказал, что тебя нет больше для меня, что мне нечего сказать ни тебе, ни о тебе. Она поняла меня и не понимает тебя. Из-за твоего письма я жестоко поссорилась с ?лом, но поеха де - с Натали. Т.е. я попросту отказала ей от дома, предложила все наши дела, если таковые у нас найдутся, вести через ?ла. Я не могу её видеть. Из-за нее потеряла тебя. Теперь еще и ?ла, которого считала после тебя самым близким моим другом. И никого у меня не осталось. Именно сейчас. Как странно! Похоже, что меня проверяют на излом какие то высшие силы.

Может быть, все может быть...

Итак, мы решили провести этот день с Евдокией Петровной. Я приеха ла на Конногвардейский к обеду. Евдокия Петровна накормила меня вся кими вкусностями. Потом мы стали придумывать, куда бы нам отправиться на прогулку. "Деревья, солнце, вода, птицы!" - сказала я, и Евдокия Петровна предложила поехать на лебединый пруд в Приморский парк.

Поехали. В парке кормили белок, лакомились мороженым и болтали о том, о сем. На лебедином пруду любовались его обитателями, особенно прекрасными на воде, усеянной листьями. С особенным чувством смотрели на зимние лебединые домики. "Такая крохотная женщина, а такую красоту оставила после себя!" - воскликнула Евдокия Петровна, когда мы усе лись в круглой беседке напротив павильона для лебедей. Да, зрелище сказочное. Спасибо, Эмочка! Это очень, очень красиво! Как в сказке побывала. Мы долго бродили по берегу пруда под ивами: с разных точек он смотрится по-иному, но всегда ощущение одного - далекая, далекая сказочность.

Прекрасный был день, последний день лета.

I9 сентября

Ты, наверное, заметил, что последние события я записывала безобразным почерком. Дело в том, что записи я вела в постели. Я вышла "оттуда" с жесточайшим радикулитом грудного отдела позвоночника. не могла голову поворачивать, ходить, больно было дышать. Я даже не понимала, что со мной, пока папа насильно не отвел меня к врачу. Стали меня лечить, спинку растирать, греть на кварце. Полегчало. Смешно, что на допросы я все-таки хожу исправно: не хочу признаваться в том, что их методы на меня подействовали, если уж не в моральном, психическом плане, /этого, конечно, нет!/, то в плане физическом - очевидно. Сырая камера все-таки сказалась.

Итак, продолжим нашу повесть.

I4 сентября был мой день рождения. Это был удивительно счастливый и поразительно несчастный день.

Утром я встала, убрала постель, затем, повернувшись лицом к окну, начала делать зарядку /памятуя опыт революционеров, я решила, что главное - не распускаться, и зарядку делала дважды в день: простую и йогов скую, по старой памяти/. Я вскинула руки вверх и вдруг почувствовала прилив необыкновенного счастья и торжества.

Я замерла в экстазе с лицом, обращенным к окну, где сквозь железные жалюзи едва пробивался солнечный свет, с закрытыми глазами и с поднятыми руками. Это была минута такого счастья, что ежели бы его попытаться определить и выразить, получилась бы следующая молитва:

"Господи! Какое счастье ты мне послал! Вот я стою в темной и сырой камере, а лицо мое обращено к Тебе, к свету и мои закрытые глаза полны солнца. Господи! Спасибо Тебе за это чувство полной моей правоты, правильности моего пути, моих жизни, 36 лет жизни, прожитых так, как Ты мне велел. Я счастлива своей жизнью и знаю, что Ты такой жизни от меня и хотел. Я хорошо сделала свою судьбу, Господи! Это само по себе - счастье. Но вот Ты какой! Тебе мало показалось для меня той награды, которая сама по себе заключена в том, что я без страха и упрека встретилась лицом к лицу с моими извечным врагом и вижу ясно, что я сильнее его. Тебе мало было этого для меня, так ты сделал еще так, что я здесь не одна. Я чувствую, я слышу моих друзей! Вот справа - Олег. Слева - Ли и Натали. Они меня любят, я их люблю. Сейчас, проснувшись и вспомнив про мой день рождения, они посылают мне такую любовь и нежность, что никаким стенам не сдержать этой волны. Вот же они! Я чувствую их так ясно, так уверенно: слева - Олег, справа - Лия и Наталия. Любимые мои друзья, любимый мой Господь! Спасибо вам всем, что вы здесь со мной, что вы меня любите, что вы в меня верите. Да простит мне Господь мою гордость, но нет сегодня женщины счастливее меня! Спасибо, Господи!"

заплакала от счастья. Потом села на койку, поставила перед собой избуретку и разложила на ней яблоки и бисквиты, оставшиеся у меня с дороги. Налила в кружку вчерашнего чая и выпила за свое здоровье, кивнув через стены ребятам и мысленно чокнувшись с ними. Потом я выкурила свою последнюю сигарету.

Надо сказать, что ни I2-го, ни I3-го им не удалось убедить меня в том, что мои друзья арестованы тоже. А в этот день я, вовсе не ориентируясь на слова следователей и не гадая на кофейной гуще, узнала, что мои друзья сомной конечно. болтовню о том, что все плачут и раскаиваются, я сразу же выбила вон из головы, а до сердца она и не доходила. Мы все здесь, мы все снова вместе - чего же нам бояться? Я верю в ребят, я знаю, как они себя держат. Юлий вообще отказывается разговаривать: "Мы вас сгноим в лагере!" - "Ради бога". "У нас есть много средств заставить вас говорить!" - "Ну-ну". И в таком духе. Олег, конечно, дерзит и преумерительно. самым серьезнейшим образом питается убедить следователей в том, что КГБ - шайка убийц, и очень удивляется.

что о нм не понимают столь очевидных вещей. Наталия озорничает: "Господа! С дамами так не разговаривают. Я оскорбленно умолкаю, а вызов вам пришлет кто-нибудь из моих поклонников после суда" /1/

Ах, какое было радостное утро, утро 14 сентября! Теперь долго-долго-долго не будет таких утр в моей жизни.

Но - к рассказу!

После официального завтрака меня ведут к Волошенюку. В кабинете сидит довольно молодая дама ненавистного мне типа: высокая, со спортивной фигурой, начисто лишенная женственности, безобразно одетая - словом, "деловая партийная женщина". Внутренняя ее сущность стала для меня ясна с первых же слов.

Волошенюк: Юлия Николаевна! При нашей беседе будет присутствовать...
Она /перебивая/ Не при беседе, а при допросе!

При этом смотрит в лицо с холодной властностью.
Волошенюк:... присутствовать помощник прокурора города Катукова.
Я /очень, очень небрежно/ Очень приятно...
Катукова: Юлия Николаевна! Подходит к концу срок вашего содержания под стражей. Сегодня я должна решить, отпустим мы вас домой под расписку или оставим здесь, в тюрьме.

/Их ты! Не боится называть тюрьму тюрьмой!/ Вы должны хорошо обдумать свое поведение на следствии. Вы понимаете, что от него зависит ваша судьба. У вас двое детей. Подумайте о ваших детях!
Я: Дети - предмет гордости, а не спекуляции.

И начинается: угрозы типа "было бы благодеянием изолировать детей от такой матери!" "Вы знаете, что по 72-ой статье вам грозит 15 лет?" И пошла, и пошла, и пошла...

С Волошенюком и Савельевым, когда они начинали играть на этой дудочке, я делала просто: отключалась и думала о своем или стихи про себя читала. С этой стервой хотелось держаться почестче. Я сидела нога на ногу, склонив голову на бок и слушала ее с улыбочкой "что вы говорите? надо же, как интересно!" Когда она останавливалась, чтобы проверить впечатление, я отворачивалась к окну, как бы считая разговор оконченным. Она очень скоро поняла, что болтовней меня не возьмешь, и переменила тактику.

- Анатолий Иванович! не хочу мешать вашему допросу. Вы мне дайте материалы, изъятие у Вознесенской при обысках, а я познакомлюсь с ними: нужно ведь мне решать вопрос об избрании меры пресечения. А вы, пожалуйста, можете начинать допрос.

Волошенюк принес ей кипу моих бумаг и она со значительным видом начала их перебирать.

Господи! Неужели есть действительно есть робкие души, на которые действует этот балаган? Но судьба Катукову наказала! Пока Волошенюк возился со своей машинкой - этот деятель охранки работает под западного инспектора и протокол ведет исключительно на машинке - пока он заполнял, тыкая одним пальцем по клавишам своей "Оптимы" первую титульную страницу протокола, Катукова дошла до одного чрезвычайно интересного документика. чуть со стула не свалилась, когда увидела у нее в руках заветную мою тетрадочку и стала следить за тем, как она ее листала.

Маленькое отступление по существу дела.

Кока! Как ты теперь понимаешь, я далеко не все имела право описывать в дневнике. Теперь, после 5 обысков, многие тайны уже перестали быть тайнами для ГБ, а следовательно- и для всех.

Так вот. Тетрадь в руках прокурорши была макетом первого номера подпольного юмористического журнала "Красный диссидент". На обложке его - надпись "безответственный редактор - Ю.Вознесенская". На последней странице надпись: цена - 3 года с высылкой и без". Содержание - соответствующее.

Я сижу, давлюсь смехом.,а у Катуковой личико ее прокурорское все вытягивается и вытягивается...

Наконец она не выдерживает и быстрым шагом выходит из кабинета с моим "КД" в руках.

— Илия Николаевна! Разве можно так разговаривать с прокурором? — говорит мне Волошенюк.

— А ну ее! - отвечаю. - Очень уж неприятная особа!

Он откладывает в сторону разворошенные прокуршей бумаги и выкладывает на стол две пачки сигарет.

— Илия Николаевна! У вас сегодня день рожденья. Разрешите вас поздравить и преподнести вам скромный подарок. Думаю, что угодил.

— Очень даже угодили. Весьма тронута.

Две пачки сигарет - это недурно! И думаю, что долго они меня не продержат. У меня есть в запасе ход: завтра, если меня не выпустят по истечении трех суток, как положено по закону, я заявлю им, что в Днепропетровске меня хватятся и в случае отсутствия информации обо мне из Ленинграда мои днепропетровские друзья сами сообщат в Ленинград о моем исчезновении. А отсюда информация пойдет уже на Запад. Собственно, так оно и было бы. Этот козырь я придерживала, надеясь, что гэбэшники отпустят меня без всяких усилий с моей стороны, просто из боязни общественного мнения: держать до суда за решеткой женщину, мать двоих детей!

Словом, по моим расчетам, подарка Волошенюка мне хватит до конца сиденья. Ну, а если придется остаться, то там уж будет видно...

Волошенюк начинает лить воду, уговаривая меня дать показания, а я с удовольствием затягиваюсь сигаретой и начинаю писать стихи.

Но я жизнь, заполненная до предела людьми, совершенно не позволяет мне находить время для нормальной работы за столом. Пришлось научиться писать стихи на ходу, в транспорте, в постели, и вот теперь - во время допроса. Очень удобная привычка...

После обеда на помощь к отчаявшемуся Волошенюку вновь явилась Катукова.

— Вы будете давать показания или нет?

— Нет, конечно!

— Вы понимаете свое положение?

— Очень хорошо понимаю.

— Вы рискуете своей свободой!

— Свободой?! Кто же может отнять у меня мою свободу?

— Как это "кто"?! Мы! Закон!

— А!.. Вы имеете в виду физическую свободу...

Со скучающим видом отворачиваюсь и зеваю в кулачок.

— Как вы сидите перед прокурором?! - вдруг взвивается Волошенюк.

— А как положено сидеть перед прокурором?

Смотрю изучающе на Катукову. Как нарочно, она оказывается в этот момент сидящей в весьма неэстетичной позе: навалившись грудью на стол, зад расползся по стулу, одна нога - носком внутрь! Последнее мне особенно нравится и переняв ее позу, я старательно заворачиваю свою ногу точно таким же образом, делая при этом вид, что такая несуразная поза дается мне с трудом. Катукова понимает, краснеет и выпрямляется на стуле, закладывает ногу на ногу. Я с облегчением вздыхаю и следую за ней и оказываюсь в привычной для меня позе. Вся эта игра идет на фоне продолжавшегося диалога.

— Можно подумать, что двое суток за решеткой вас ничему не научили!

— Ну как же, научили... Я поняла, что КГБ хотя и отличается некоторой навязчивостью, но с клиентами обращается неплохо. Одно могу сказать: давно так прекрасно не высыпалась!

— Неужели вам дома хуже, чем в тюрьме?

— Дома дети, кухня, работа, забота... Только у вас вот и опомнилась немного.

- Вы что же, хотели бы здесь остаться?
- Если позволите...
- Ну, знаете! Это уже бравада. Это вы Ганну д,Арк из себя строите.

Далась им Ганна д;Арк! Волошенюк тоже ее без конца поминает. Вспомнили бы лучше Веру Фигнер, благо она,дважды у них сидела: до и после 17 года!

- Неужели вам еще не ясно, что мне не нужно играть в Ганну д'Арк. Зачем? Вы с ней и так одной крови.
- Вы играете в бесстрашие...

Я смеюсь:

- Ну так выбейте меня из игры! Бог в помощь! Есть тут у вас какой-нибудь свой бог?
- Прекратите ваши остроты и не стройте из себя этакую... птичку!

Ну вот! То великая французская героиня, а то вдруг сразу и птичка!
Баба эта мне изрядно действует на нервы. Я выпрямляю спинку и говорю громким глубоким контральто /учительский мой голос, которым в обычной жизни я уже почти не пользуюсь/

- Го лубушка! - говорю я. - Вы этот тон, пожалуйста, смените! Вы, между прочим, не в очереди за колготками; а при исполнении служебных обязанностей!

Во лошенюк аж подпрыгивает. У прокурорши лицо бледнеет, потом краснеет.

- Нет! Это черт знает... - начинает она.
- И потише, пожалуйста. Я не люблю, когда при мне громко разговаривают.

Она глотает воздух, как рыбка, и выскакивает из кабинета. Вот тебе за "птичку"! Не твое слово - не произноси всуе!
Во лошенюк перепуган и ошарашен.
Я закуриваю очередную сигарету и спокойно поворачиваюсь к нему.

- Удивительно невоспитанная особа. И откуда вы таких берете?
- Ну знаете! Гнать прокурора из кабинета...
- Кто же виноват в том, что она не умеет разговаривать? Объясните ей на досуге, что кричать на арестованного или заключенного не только неэтично, но и попросту низко: он и так лишен достаточно многих прав, так что посягать на его достоинство - недостойно.

Волошенюк крутит свой не очень большой головой, но похож он при этом почему-то на озадаченного медведя.

- Знаете, Лилия Николаевна, я ведь много дней готовился к встрече с вами, изучал вас заочно. Мне говорили, что вы "железная женщина". Я в этом убедился. Говорили, что вы - умница. Вы умны, хотя и выбрали не самую умную линию поведения. Но вот что вы такая вредная баба _ этого мне никакими никто не говорил!

Он говорит так искренне, что я прощаю ему "вредную бабу" и отвечаю кокетливо:

- А это, знаете ли, мой шарм. Этим-то я и покоряю!

Далее все идет по -прежнему. Волошенюк уже безо всякого энтузиазма уговаривает меня дать показания, признаться, раскаяться, словом, как это у них называется, облегчить свою участь чистосердечным признанием. Я лениво через раз отвечаю: "Не в чем мне каяться... Заварили кашу - сами расхлебывайте..." и как самый сильнодействующий аргумент: "Вы за меня стихи пишете? - Нет. Почему я должна за вас доставлять на себя улики? Работайте без меня!" Это на них действует - привыкли к системе самообслуживания.

К вечеру вновь появляется Катукова. Она вбегает в кабинет, вся сияя, и кричит:

- Ну, Волков! Ну, удивил! Это надо же! И как неожиданно...

Следом бежит ликующий Савельев.
Я хихикаю про себя: ясно, сейчас заявят, что Волков признался.
Так и есть.

— Вот это вам от него подарок в день рожденья. Он во всем признался, взял все надписи на себя и ходатайствует о вашем освобождении. Вы о своих детях не думаете, а Волков их пожалел!

Слежка?! Нет, это глупость какая-то. Если бы, да простит меня Бог, это сказали про Натали, я бы еще могла поверить, но Ял, Олег... Никогда!

— Не морочьте мне голову, господа присяжные заседатели! — откровенно смеюсь я в ответ на их радостные уверения.— И вообще, не пора ли отвести меня спать? Я сегодня смертельно устала.

Они обалдевают от такой наглости. Но Волошенок вызывает конвоира, и меня уводят.

В камере мне становится грустно: значит, я ошиблась. Нет здесь ни Слега, ни Яла, ни Натальшки. Это хорошо, это прекрасно, что их здесь нет. Но как одиноко быть одной в свой день рожденья!

Объявление о расколе Слега я восприняла как провал следственной тактики Савельева. Он вообще производит впечатление тупого службиста, примитивно и прямолинейно мыслящего. Из всех троих вариантов — Ял, Олег, Натали — он выбрал самый неубедительный: Олег сидел 4 года. Что ему три дня? Значит, они не разобрались в характерах своих клиентов. А не разобрались потому, что личных контактов еще нет.

Я лежу на койке, курю, смотрю в уже темное окно и пытаюсь вообразить, чем заняты мои друзья.

Потом хожу по камере и свищу "наши" песенки. Для Натали — "Сладку ягоду". Это милый такой шлягер ля рюс, мы его распевали все лето. Для Яла — песенку из "Генералов песчаных карьеров". Как-то мы с ним во время одной операции не выдержали и забежали в кино. Потом мы пересвистывались, страшно довольные своей маленькой тайной, но и не без тайного стыда. А для Олега я свистела смешную песенку из к/ф "Буратино" — песню кота Базилио и лисы Алисы.

"Какое небо голубое!
Мы — не сторонники разбоя.
На дурака не нужен нож:
ему с три короба наврешь
и делай с ним что хошь!

Когда я заходила к Олегу, я всегда просила поставить эту пластинку и танцевала под нее совершенно дикие танцы. Олег покатывался со смеху, глядя, как эта маленькая, но важная дама, мать семейства, держательница салона и проч и проч, вскидывает ноги выше головы, а голову — наоборот — показывает из-под коленок.

Однажды мы поехали с Ялом и Олегу по очень серьезному делу: нужно было передать внеочередное письмо Трифонову в "Кресты". У Слега сидит его девочка. Момент тоже серьезный — мы ее видим в первый раз. Я ее расспрашиваю о том, о сем и немного при этом важничаю. А Олег подошел незаметно к проигрывателю и ка-ак поставит мою любимую! Я так и подпрыгнула. Слег ждет, что я, как всегда, начну танцевать, а я вдруг ужасно застеснялась Яла. Хожу по комнате, ноги просятся плясать, а я их сдерживаю и чуть не плачу. Вдруг Ял встал и решительно подошел к проигрывателю. Я думала, он выключит его и скажет: "Хватит веселья. Дело ждет." Это так на него похоже!

Но Ял ставит пластинку с начала, поворачивается ко мне, делает зверскую рожу и начинает танец кота Базилио! Я даже взвыла от радости и пошла выкомаривать такую лису Алису, что Олег и его девочка чуть не умерли от смеха.

Когда Ял меня провожал на Витебский вокзал, мы в последний раз услышали эту песенку во дворе моего дома. Я остановила его за руку.

— Ял! Помнишь?

Ял остановился, прислушался. Улыбнулся и посмотрел на меня грустно-грустно.

Я ходила по камере и свистела наши песни одну за другой. Во дворе тюрьмы кто-то переругивался. Иногда там свистели - но не так, не нашим ввистом.

Друзья меня не слышали. Друзей моих здесь не было. Мне было спокойно, радостно за них и печально. Но дай,Боже, мне всегда испытывать печаль не ниже этой!

15-го сентября меня совершенно вымотали предоставлением то часа, то двух, то еще часа "на раздумье". Театр! Описывать эту похабщину просто нет сил. Шантаж, покупка, угрозы, обман - все было. После уговоров отправляли в камеру - "на раздумье". Ложилась и спокойно спала. Потом меня возвращали в кабинет следователя: "Ну, будете давать показания?" - "Нет".

Опять по новой!

После обеда появилось новое лицо - пом.главного прокурора города советник юстиции Пономарев Георгий Павлович. Очень неприятное новое лицо Понес старую околесицу про детей и про смягчающие обстоятельства. "Новость" - Рыбаков дает показания, а Лесниченко уже дома.

В 6 часов. "Ну, решайте, куда пойдете, домой или в камеру?"

- Вызовите конвойного.

Проводили в камеру. Легла. Все. Теперь - до суда.

Принесли ужин. Стараюсь есть все, экономлю силы. Успокойся теперь говорю себе. - Все идет, как надо. Теперь держаться будет уже легче - счет пойдет не на дни, а на месяцы."

А спокойствия нет.

За эти дни я научилась на слух определять, что происходит в тюремном коридоре. Слышу - привезли троих, одного за другим. Неужели, сломавшись на мне, они взялись за ребят?

А может быть и такой вариант, самый вероятный: никто не знает, где я. Меня будут держать все время моего отпуска - узнать все эти вещи нетрудно. Потом они меня выпустят, как взяв подписку о неразглашении. В этом случае они будут давить на меня 2 недели и с каждым днем все отче и жестче. Выдержу? И речи не может быть о том, чтобы не выдержать! Опыт есть, уверенность в себе - тоже. Чувствую, что готова ко всему.

И все -таки прислушиваюсь к каждому звуку за дверью. Неужели я жду, что за мной еще придут и выпустят меня?

Смиряю свое беспокойство изо всех сил, но оно меня не оставляет.

Вдруг послышался голос гла "Дайте мне бумаги. Я хочу написать..."

Бросаюсь к дверям. Нет, послышалось. Звонок. Вызывают кого-то.

И вдруг шаги конвойного стихают у моей двери. Вскакиваю. Ожидаемого "с вещами" не слышу, но чувствую - выпускают!

В кабинете у Володенюка опять Пономарев. Зачитывает "Постановление о перемене меры пресечения" - "Виновной себя не признала, но учитывая что Скулова /Вознесенская/ является матерью двоих детей... Подписка невыезде! Ура! Первая победа! Ни слова не добились - и все-таки выпускают! Ай да Илька!

Неужели я через полчаса буду дома и всех увижу?

Приносят мои вещи. Бросаюсь к сумке, хватаю кошелек, куда при обыске положили мойкрестик. Его нет.

- Где крест?
- Какой?
- Обыкновенный. Какой на каждом человеке - крестильный.
- Вы проверьте вещи, деньги.
- Отдайте крест!

Весь мой гнев вырывается в эти слова. Я стою и знаю, что с места сдвинусь, пока крестик мой не будет у меня на груди.

Следователи роются в моих тряпках, идут. Я жду. Наконец они находят мойкрестик, подают мне. Володенюк что-то бормочет. Я не слышу. Я наваю крестик, я вся в этом движении, в этом удивительном мгновении возвращении креста, который я заслужила. Только спрятав его за воротником свитера, я выхожу из своего отрешения и начинаю слышать, что мне

говорят. Мне суют разные подписки - о неразглашении, о невыезде.
  - И еще мой совет: не встречайтесь с сахаровскими диссидентами.
  - Официальная подписка на этот счет имеется?
  - Нет, но...
  - Но в таком случае - какой разговор?
Умница Волошенюк! К Борисову - вот к кому нужно сразу же бежать.
Меня выводят на Шпалерную. Перехожу Литейный, останавливаю такси!
Сажусь и вдруг говорю:
  - На Суворовский!
Зачем на Суворовский? Как "зачем"? Там есть телефон, оттуда сразу позвоню Эду, Гене Гуму... Но ведь на Луковской тоже есть телефон!
Нет, надо ехать на Суворовский.
Приезжаю к Андреевым. Дверь открывает Саша.
  - Юлия Николаевна! Вас выпустили!
Знают. Бросаюсь к телефону. Бабушка Эла говорит: "А Элик с Наташей уехали в командировку..." А голосишко полумертвый. Все. Они там.
Иду в комнату. Там все и - мой старший! Кто-то из художников бежит за вином. рассказываю, мне рассказывают. Анди от меня не отходит. Я чувствую, что сын смотрит на меня совершенно новыми глазами.
Я вижу, что теперь он не только мой сын, но и мой друг, товарищ.
Узнаю, что Элу, Олега и Наталью взяли 13 сентября. В этот же день провели ряд обысков: у Андреевых, у Гума, у Рыбаковых, у Олега, у меня - два /дома и на работе/, у Левина...
                    Теперь - ждать.
16 сентября вечером вышла Натали. Все- правда. Олег, Эл и она во всем признались. Я в идиотском положении. О чем я молчу? О том, что КГБ и без меня уже известно? Но ничего поделать с собой не могу - не хочу, не умею, не могу разговаривать с КГБ! Почему, зачем на это пошли Эл и Олег - не знаю. Натали сказали, что Эл дает показания и говорит, что она присутствовала при том, как он писал лозунги. Она не верит. Ей предлагают написать ему записку. Она пишет: "Эл! Говоришь ли ты, что я присутствовала при чем-то?" А он отвечает "Я буду говорить все о том, как я делал надписи. Говори все о том, как ты присутствовала при этом".
И оба дали показания. Глупость какая-то! Когда Наташка поняла, что это не ГБ, а она расколола Эла, она решила пойти топиться. Покрутилась бедная, у Невы, потом, слава Богу, решилась пойти ко мне. Мне удалось убедить ее , что нет здесь никакого преступления, а есть одна лишь неопытность, а главное, что Эл поступил в тысячу раз глупее, чем она. Ну, право же, уж если ты решил признаваться, то зачем ты делаешь из Наташки свидетеля и соучастника?
         А уже могли бы быть дома!

20 сентября !

Сегодня я отомстила этой шайке за наташкины письма. О, как я весело им отомстила!

В пятницу Волошенюк избрал новую тактику - Юлия Николаевна! Ваши ребята вас спасли, взяли все на себя. Теперь вы должны помочь им: подтвердите искренность их признания! Это поможет им избежать сурового наказания.
Вот как! Я уже не говорю о том, что это - дешевая покупка. Но каков цинизм! Сначала заставить художников, естественно - рыцарей, признаться дабы спасти от решетки женщин, а затем - наоборот. Нет, господа товарищи я в эти игры не играю!

Является Савельев и начинает разводить бодягу на ту же тему. Этот уже прямо говорит: "Они могут получить условный срок, если вы подтвердите их показания".
Я уже верю, что и Юл и Олег признались, почти верю. Вот это самое "почти"...
Кроме этого "почти" меня заставляют молчать моя собственная природа и опыт наших зимних переговоров с "прокуратором" Проскуряковым, когда я взвешивала каждое свое слово, ходила по лезвию, спасаясь за репутацию всего нашего дела. Как же - диалог с МБ! Но тогда положение и было сложнее - на ставке была судьба "Лепты" и всего поэтического движения. Зима выявила две группы литераторов: тех, кто готов на респектабельный компромисс и тех, кто уже никогда не оскоромиться о винильными публикациями. Дальнейшая судьба нас разделила. и редко встречаюсь с Кирилл, Нестеровским, Охапкиным, хотя объективно отношусь к ним неплохо. На дмитриева смотрю с сожалением: он готов для всего. Есть еще некоторые, пустившиеся во все тяжкие, но о них - и говорить не след...
но я отвлеклась. я хотела сказать, что зимний опыт дал мне одну простую мысль: нельзя пытаться переиграть МБ. Не потому что она сильна, а потому, что правил не соблюдает. Безнравственность власти создала этот институт. Безнравственность им и руководит во всех делах, больших и малых. почему дело А 62 должно быть исключением?
Кроме того, мне даже трудно представить себе, как это я вдруг начну! "Мой друг Юлий Рыбаков сделал то-то и то-то и при таких-то обстоятельствах..." Наконец, есть правило : в МБ имен не называют. Как говаривал Пер "не называй любимых имена..." Не важно, что МБ все знает. может быть, подтверждение показаний для них сейчас важнее самих показаний. Словом - ни слова!
На прощание Волошенюк говорит мне следующее: "Вы умная женщина, Ю.Н. Вы поймете, что ваше чистосердечное признание поможет вашим друзьям. Подкажите к себе в Ириновку, подумайте, а в понедельник приходите ко мне с уже готовыми письменными показаниями. И не советуйтесь вы с вашим Левиным и ни с какими адвокатами! Не нужны они вам, вы же сами - умница!"
Ишь, как стелет!
- Помните, что об этом вас просят сами Рыбаков и Волков!
- Не верю я вам. не верю, что они в чем-то признались, не верю, что они обращаются ко мне за признаниями.
- Ну, хотите я покажу вам протокол показания Рыбакова?
- Конечно, хочу.
Выходит из кабинета и возвращается с пачкой листов, исписанных почерком Юла. Дает прочесть несколько страниц. Здесь, в дневнике, я могу сказать: да, эти показания я должна подтвердить. Рыбаков "раскаивается" К показаниям приложен маршрут исполнения надписей в последнюю нашу акцию. Маршрут тот, исполнен его рукой.
- Убедились?
- Нет. я не знаю почерка. Рыбакова. Дайте очную ставку, пусть скажет

мне сам.

– Нет, очной ставки я вам не дам. Честно говоря, я вас боюсь, Юлия Николаевна: вы можете одним словом повернуть весь ход следствия.

Волошенок преувеличивает. Правда, я для того и добиваюсь очной ставки чтобы попытаться заставить ребят отказаться от своих показаний, но надежды у меня на это крайне мало: оба упрямы и пошли на что-то, дойдут до конца. Впрочем, это так и должно быть, иначе они не были бы участниками демократического движения, а занимались бы дизайном в каких-нибудь тихих конторах.

– Хотите, я принесу вам от них записки, где они попросят вас все рассказать?

Ага! Один раз получилось, почему бы не попробовать во второй? Господи! Одно дело перепуганная Наташа и совсем другое – я. Ну и сыграю я с вами шутку.

– Давайте договоримся с вами так, – оживляется мой бедный Волошенок, – Вы напишите показания и принесете их в понедельник. Я принесу вам письмо от Рыбакова и Волкова, дам их вам прочесть и, если они вас просят о том же – вы отдаете мне показания. Договорились?

– Договорились!

Расстаемся очень довольные друг другом. Неужели я получу весточку от моих милых рыцарей Меча и Орала?

В понедельник утром достаю из моих запасов нежно-голубую бумагу с водяным рисунком – листья и цветы ландыша. На этих листах пишу тушью чистосердечные и подробные показания по делу № 62. Окончив труд, завещанный Волошенком, иду на допрос.

– Принесли показания? – первый вопрос.
– Конечно! Как договорились... – достаю из сумочки довольно увесистые "чистосердечные" / бумага толстая и сложена вчетверо/.
– Посидите. Я сейчас принесу вам записку от Рыбакова.
Аминь! А вот я заранее приготовилась...

– Но сначала вы ему напишите. Диктует тот же текст, что Н.
Говорю: "Нет. Это не мой стиль. Такой записке он не поверит". Пишу свое.

Сижу и жду. Волнуюсь. От волнения начинаю свистеть нашу с Олом песенку из "Генералов". Сердце заходится. При таких разлуках следует считать день за год.

Минут через 40 является Волошенок и приносит от Ола не записку, а целое письмо – на полторы страницы! Я выхватываю его из рук Волошенка и впиваюсь в него глазами и сердцем. Старый хрен довольный расхаживает по кабинету. Ол пишет: "Свет очей моих, Юлия Николаевна! Ну чего ты там выдумываешь проблемы, чего ты мучаешься? Мы с Олегом во всем признались, все взяли на себя. Мы хотим одного: чтобы и с Наташей были на свободе, были счастливы и здоровы. Напиши, что тебе известно о том, как я делал надписи..."

Далее следует маршрут, который я и без его письма отлично знаю.
"Я заплачу за все и вернусь".

Далее пишет о том, что он здоров, каждое утро обливается холодной водой и занимается йогой. Потом распоряжения о картинах, которые хранятся у меня.

Читаю со слезами в горле. Улыбаюсь помимо воли: хорошо, что здоров, хорошо, что шутит. Все-таки это ни раскол, ни раскаяние, а жертва – ради нас с Наташей, как я и предполагала. За эту жертву они еще оба от меня получат. "Никогда больше не буду в таких делах связываться с бабами, т.е. я хотела сказать – с художниками, но это одно и то же". Это впереди. А сейчас я счастлива держать в руках это письмо. Читаю и перечитываю.

Володеньку в конце концов надоело созерцать мой кайф.

— Так, Юлия Николаевна, вы убедились, что я говорил вам правду?

Я отдаю ему письмо и удрученно качаю головой:

— Ах, Анатолий Иванович! Вот теперь-то я окончательно убедилась в том, что Рыбаков и Волков ради нас с Натальей пошли на самооговор. Ну посудите сами: если он знает что им мне известен маршрут исполнения писем, то зачем ему сообщать мне этот маршрут?

Немая сцена. Затем, уже с робкой надеждой:

— Так вы отдадите мне показания?

— Нет, конечно.

Быстро соображает, находит выход из положения:

— Хорошо. Как хотите. А сейчас я попрошу вас выйти на несколько минут в свидетельскую комнату: я должен передать Рыбакову ваш ответ, рас сказать, как вы его подводите. Вещи можете оставить здесь.

Я оставляю пальто и сумочку в кабинете и выхожу в свидетельскую. Там я тихонечко исполняю соло из 5 акта "Торжество дикарей, съевших миссионера". А Володенюк в это время читает мои чистосердечные!

Через 15 минут он приходит в свидетельскую. Лица на нем нет, и в руках повестка на следующий допрос. Сегодняшний, сами понимаете, продолжать уже не имеет смысла.

23 сентября.

Сегодня мне предъявлено обвинение. 17.98.230статьи 17 — как организа тору. 230 — "порча памятников". Присутствует Пономарев

— Это ВЫ — нам? Порчу памятников! Им, взорвавшим и испоганившим сот если не тысячи церквей? Скажите, а тот, кто взорвал Спас на Сенной, ов надеюсь, еще сидит?

— Что вы городите? ! Это же не один человек решал...

— Тем хуже : групповщина!

А во что превращен Троицкий собор? А в костеле на Перовской кто в баскетбол играет? Тоже мне, тайное общество охраны памятников! Да ка это вам в голову пришло, таким ремеслом заняться? Или грехи замаливать начинаете?

— Вы не горячитесь, не горячитесь. Мы ведь тоже в архитектуре разби раемся. Нас все касается. Вот вы знаете, я раньше всегда думал, что церковь на крови...

— Храм Спасения на крови.

— Вот-вот. Я его всегда считал очень красивым. А вот недавно прочел в журнале, что это уродливое сооружение. Глядите как! Не вся старина, оказывается, имеет художественную ценность!

— Так что же, взорвете Спас на крови, или как?

— Ну, это уж как решат специалисты...

— Специалисты! А вы знаете, что Спас на крови — уникальнейшая кол лекция русских самоцветов? Глаза-то у вас есть — сходите, посмотрите! И насчет красоты тоже обратитесь к своим глазам, а не к своим журнала Проект плана выполнен Синодом — отсюда его московским стиль...

И пошла, я пошла... Спас на крови — "мой храм". Дело в том, что моим прадедом выполнено несколько мозаичных фресок в этом "уродливом сооружении".*

Словом, минут 40 после предъявления мне обвинения я обвиняла власти совецпии в разрушении памятников, а Володенюк с Пономаревым.

Наконец они замечают, что происходит что-то неладное и возвращают ся к делу №2.

— Вы признаете себя виновной по предъявленному вам обвинению.

— Я?! Никогда! Вы меня превратили в какую-то содержательницу голу бятни, обитатели коей гадят на памятники. Нет, это несерьезно! Вы мне

*КК—А мой дедон — роспись в кронштадтском соборе.

дакте 70-ю или хотя бы 190[1]-ую, как всем порядочным людям - вот тогда и будем разговаривать!
- вам что мало трех статей?
- Да статьи-то не мои!
Начинается обычный следовательский треп. Пономарев не уступает Воложенюку в глупости: вопросы ходят по кругу засыпая на ходу. Уговоры, угрозы...

27 сентября

Очень трудный разговор был у меня с Андреем Николаевичем Рыбаковым. "Почему вас с Натальей выпустили, а Илью и Олега держат за решеткой?" Подтекст: вы же организатор их преступления и вы - на воле? Почему вы сумели выкрутиться, а они нет? Бедный Андрей Николаевич! С 37-го он уже успел забыть одну простую истину: в КГБ все сделано для того, чтобы человек заговорил. Самообслуживание! Тоталитарный сервис! А я - молчу. Что же они могут со мной сделать, если у них нет ни малейшей надежды на то, что я когда-нибудь дам показания на себя и на своих друзей? Кроме того, я -женщина, мать двоих детей: а ну как Запад вступится? Вот и выпустили?. правда, Пономарев на днях принялся стучать кулаком по столу и вопить истошно:" я готов вот так головой биться: зачем я вас выпустил! "И в самом деле, зря, - ответила я ему. - Мне у вас так хорошо спалось!

Между прочим, в этой шутке была печальная истина: я не сплю ночами до тех пор, пока в 6 часов не начинают подниматься соседи. Бессонница моя меня томит. Иногда читаю, иногда пишу. Почему-то моему подсознанию кажется, что ночью, когда все спят, бесчеловечьи силы выходят на охоту. Я лежу по 6 часов с открытыми глазами и стерегу - себя или кого-то. При этом нервы мои пребывают в полном спокойствии. Меня ничто не пугает, не тревожит. Просто я чувствую, что спать нельзя. Немного описалась этому утешает лишь то, что во время прошлых несчастий или болезней было то же самое. И в любви - тоже. Когда влюблена - не сплю по 3-4 суток подряд, причем - одна! По-видимому, просто я медленно выключаюсь.

Жду Володю Борисова. Мне кажется, что когда он приедет, я почувствую себя и сильнее, и спокойнее. Провести годы в психиатричке и остаться таким веселым умницей - это чудо. Ни тюрьмы, ни лагеря я не боюсь, но психиатрички!...

При всем при том, что Оля и Олег мне самые близкие по духу люди, мое второе и третье "я", Володя Борисов - единственный человек, на которого я умею смотреть снизу вверх, с которым умею быть послушной. Оно для меня невероятно, как бы, наверное, помнишь! Он приедет и скажет, что я делаю так, что -нетак, объяснит все и научит, что делать дальше. И я поверю каждому его слову. А какая у него мама! Настоящая"диссидентская мама"! Ах, до чего же я люблю людей не умеющих кланяться!

15 октября

Что-то нас перестали вызывать на допросы. Обещали какие-то следственные эксперименты экспертизы - и ни фига! Мы даже и заскучали. Но... в скуке рождается стремление к действию! О, господа из КГБ, у вас еще много будет работы!

Изучаю УК и УПК. С комментариями. Увлекательнейшее чтение!
Дар собирается ехать. На днях выезжает Володя Путь Бугрин. Как я рады за него, но более - за его маму! Ах, как мне жаль таких матерей! и зачем они нас такими нарожали? Гоняли бы разов и черт с ней с Россией! Так нет же! Как они ухитрились сохранить в себе эти зернышки свободы,

из коих мы выросли — не понимаю! С отцами хуже. Они нас никогда своими не признают. Даже отец Гла, прошедший всё и все, не написавший за жизнь ни одного советского стиха, даже он плачет о том, что его сын — порядочный человек, гражданин, а не государственный раб!

Устала. Хочется в тюрьму, в лагерь, в Калифорнию, в ссылку, на Северный полюс — куда угодно, лишь бы не видеть их и не слышать!

Прости, что пишу мало. В Большом доме все пошло так помаленьку, что событий почти нет.

Сегодня ровно месяц со дня ареста ребят. Сил нет, как тоскливо за них.

Кое-кто из старых друзей совсем пропал. И это противно тоже. За них, не за себя обидно. Я-то когда-нибудь буду вспоминать это время со смехом, и, может быть, даже и с гордостью. А они?

А ты! как ты мог оставить меня в такую минуту? Ты, бывший мне поддержкой всегда и во всем, никогда не верил, что мы можем расстаться.

"Зачем же ты продолжаешь этот дневник, зачем обращаешься ко мне, если знаешь, что я заложил твою голову ради женщины, что ты мне — никто?" — ты мог бы спросить меня и, наверное, спросил не раз, читая меня. А затем, чтобы рассказать все. Кончится дело № 6.. — кончится и мой дневник. Вот тогда уж мы и навсегда расстанемся.

Знаешь, я почти не могу о тебе сейчас думать. Мне это физически больно. Хочется закрыть глаза, сосчитать до трех, открыть их — и уже ничего не помнить.

30 октября.

Понемногу начали снова таскать на допросы. Но допросы какие-то вшивенькие, скучные: результаты экспертиз, редкие унылые попытки добиться показаний. Приехал Володя Борисов. Было несколько встреч, давших мне новые силы, развеселивших меня в этой жуткой тоске. И, естественно, во многом он мне помог, подсказал, что делать. Но он не менторствует, отнюдь! Наоборот — настемул все решать самой. Встретилась у него со многими общими друзьями. Оказывается, не я одна к нему приблудилась!

Поднаторев в законах, извожу Волошенка протестами и ходатайствами: просто так и по делу. В основном, для кайфу, чтобы знал, что законы и про нас писаны!

Изучая УПК я пришла в ужас: Костя! Они — преступники! Нарушения на каждом шагу, прямые уголовные преступления — через день. Мне, например, давались для прочтения показания Гла и Трифонова, рассказывалось то, что от меня ожидалось. Об угрозах вплоть до лишения материнства, в случае отказа от показаний я уж и не говорю! Если я вносила поправки и дополнения в протокол, протокол этот уничтожался в присутствии прокурора. Более того — по его совету!

Наталька присоединилась к моей игре в УПК. В один прекрасный день мы написали с нею вместе 10 ходатайств и протестов!

Страшно, что жизнь заполнена мыслями о мерзостном, нечеловеческом, лишенном красоты и добра. КГБ — фантомас, монстр. Его не может быть, не бывает, а оно — есть.

8 ноября

Арестован Филимонов. Дважды ему устраивали провокации и забирали на 15 суток. Во время съезда и во время выставок. Сейчас взяли в третий раз. А по нашим малозаконным законам эти мелкие суды проходят, как у О'Генри:

— бродяжничество, ваша честь!

— 30 суток!

Конвейерный метод: без свидетелей, без адвоката. Бери на улице хоть лошадь и осуждай на 15 суток — никто и не пикнет! Мы писали протесты по поводу этих липовых судов — да что толку! По тем же вышеупомянутым законам после 3-го такого "суда" человека можно судить уже как бы законам после 3-го такого "суда" человека можно судить уже и как бы по-настоящему: по статье 206. Боже, Боже, где мы живем, как мы живем!

9-го, завтра судят Трифонова. Я решила идти и защищать его, ибо то, что они предатель и провокатор /если только это не прекрасная чудесная, желанная липа № 5/ касается только нас, но как гражданин он имеет право на защиту; дело его столь явно сфабриковано, что здесь двух мнений быть не может.
Помнишь, ты когда-то остерегал меня:
"Этих людей /гомосексуалистов/ легче всего подцепить на крючок". Так и оказалось.

Гулька заболел гриппом. Все праздники я сидела с ним у свекрови /он там был в гостях и свалился/, а под окнами все три дня гуляли стукачи.

Как судьба страшно распорядилась: завтра я во второй раз оставлю больного ребенка и поеду спасть Трифонова. Черт те что!

9 ноября

В ночь с 8 на 9-е скончалась Татьяна Григорьевна. Господи, прими ее светлую душу! Все. Больше нет Петербурга. Спаси нас, Господи!

15 ноября

12 ноября хоронили Татьяну Григорьевну. В Доме писателя "из-за праздничных мероприятий не нашлось места для ее гроба. Панихиду проводили в бывших царских конюшнях в Царском Селе. И слава Богу! Лучше конюшня, чем свинарник.

Хоронили на Казанском.

И тут они! Я как-то сдерживалась, пока весь этот ужас происходил: Поэзию - в глину! потом ее унесли с кладбища, я осталась и дала себе волю. Папа был со мной. Вдруг он схватил меня за плечи и поволок прочь. Я оглянулась. Стоят, сволочи! Стоят и любуются, как преследуемая ими Лиля Вознесенская рыдает над могилой уже убитой ими Татьяны Гнедич! Суки! кого убили!?
Помнишь: "Жила-была старушка
            в зеленых башмаках..."

Мы все осиротели, осиротел Петербург, Царское, Поэзия. Больше нечем жить в этой стране, больше нет Учителя! На поэтов страшно смотреть было.
На поминки пошли к Борису. Наверное, это в последний раз мы все были вместе и все любили друг друга. Что-то кончилось навсегда.
Я не могу больше ничего писать. Потом...

17 ноября

Никак не пойму, что изменилось после твоего сумасшедшего ночного звонка. Вернулось ли все? Хочу звонить тебе и вдруг вспоминаю: "Таким как ты место ни там ни здесь." Да. Место мне - там. Это правда. Тем обиднее стало сейчас, после твоего звонка. Место мне - там. Но я его заслужила, черт побери! Это моя награда. Вот так.

А потом вдруг: оказаться бы рядом с тобой, отдышаться, выплакаться.

Столько лет любви и дружбы коту под хвост не выкинешь, даже если это "кока-кот". Но узнал ли бы ты меня? Нет, пожалуй. Если только дневник... На него вся и надежда. Как хорошо, что я вела его, несмотря ни на что! Господи! кто бы знал!

20 ноября

Ну и дела! До сих пор не могу опомниться! Первый раунд — мой, господа присяжные заседатели!

Сегодня мне объявили о прекращении дела против меня "за отсутствием состава преступления". Вот значит, как? просто как! Отказ — и победа!

Я выиграла первую свою схватку с ГБ!

Поехала к Володе, рассказала. А туда Волошенюк вызывает его маму по моему делу! Ну, обнаглели! Обвиняемого нет, а свидетеля вызывают. Ничего, Володя ее научит, они свое получат.

Познакомила Наталью с Борисовым. Она еще не разобралась, что к чему, но на всякий случай кокетничает. А я тихо ревную. Впрочем, я глупости пишу. Он бы мне за такие шутки словесно надрал бы уши. И прав бы был.

Он смеется, вспоминая, рассказывает разные веселые истории из своего прошлого, а мне хочется после его рассказов пойти и взорвать что-нибудь этакое, покагебистое. Но только чтобы было весело и без жертв! Ну разве что вот: выбрать 9 сотрудников — по числу лет, проведенных им в психушке и в лагере, и довести их до тихого помешательства.. Пусть бы они однажды явились в свой большой дом и объявили: "А мы — диссиденты!" Вот бы привить им этакую манию величия! А потом — туда. Ага! А потом мы сами бы писали протесты по поводу их заточения.

Ладно уж. Расправимся традиционными методами.

Да, чуть не забыла. Волошенюк объявил мне, что на меня будет заведено новое дело. Бог в помощь!

27 ноября

Господи! как я устала!

Вот только теперь, когда выигран в чистую первый раунд я почувствовала, что на моих плечах претяжкая ноша. Хуже всего, что нет рядом другого плеча, на которое можно было бы опереться хоть на мгновенье, на вздох — только дыханье перевести бы!

Но... Если Господь поставил меня в эти условия, значит, по задуманному свыше, именно в этих условиях я и должна служить ему. Что бы ему стоило послать мне облегчение или подмогу?

Уже три дня думаю об одном: мой статус изменился: теперь я — свидетель. С одной стороны, это полная и убедительная победа именно моей системы отношения с ГБ — полный бойкот. "Из ничего не выйдет ничего", как говаривал Шекспир. Ах, если бы по делу я шла одна! Свидетелем меня сделали, чтобы заставить говорить: чушь! идиотизм! Отказ от дачи показания — 182 статья до полугода принудработ.

Но этим голубчикам и в голову не приходит, что даже под угрозой расстрела я не стала бы давать показания против своих друзей. Да что там — против друзей! Есть же в конце концов моя совесть и ее определение преступности. В деле 182 преступников нет. Так о чем речь? Не будет и не может быть никаких речей.

Странно вот что: Рыбаков и Волков будут сидеть на скамье подсудимых, а я — в зале. А вдруг они забыли мой девиз: ни дня без строчки о ГБ, и ни слова для ГБ. Зачем, зачем, зачем они пустились в этот дурацкий диалог? Бедные мои рыцари печи и орала.

А вот что за бабу меня сочли — не прощу. Напомним когда-нибудь, что

в кто говорить легче, чем молчать, даже в том случае, если болтовней ты спасешь других, а молчанием - только свою душу.

26 ноября

Сегодня проводили Юрия Тараканова-Штерна, большого моего друга. Это были самые веселые проводы, на которых я присутствовала и, вместе с тем, самые спокойные. И не из-за равнодушия, о, нет! Юру многие любили, просто он умел создавать атмосферу красоты и любви, в которой трагичное ощущение подменялось печальным - красоты, опять же ради.

Человек он много страдавший, стойкий мужественный. Эрудит, философ, истинный демократ по делам и по духу. Его последнее дело на родине - попытка создать памятник жертвам тоталитарного режима в СССР.

28 ноября

Мне пришли две повестки: одна в ОВИР, другая - в городскую прокуратуру, и обе на завтра. ОВИР - это что? Выгоняют, что ли?

Друзья мои уже ликуют, мама счастлива, даже Ляля говорит: "Уезжай и не думай!"

"Уезжайте и вы", - говорила мне в последнюю нашу встречу Татьяна Григорьевна.

Свобода так заманчива после всего пережитого! "Пережитого"? А Ия, Натали, Олег?

Да, дела...

Но еще повестка в прокуратуру! Ничего гадать не буду - Бог решит.

29 ноября

Чуть какая-то В ОВИРе мне сказали:
- Вас приглашают ваши друзья из Израиля на постоянное место жительства.
- Спасибо. А где вызов?
- Вызов у нас.
- Можно получить?
- Нет, он остается у нас. Собирайте справки за неделю.

Длинный перечень справок.
- Ничего не выйдет, говорю. - Слишком много справок.
Начинается торговля.
- Вы хотите ехать?
- Да, этот давно решила.
- Когда вы намерены выехать?
- Через год-полтора...
- ?!...
- Нет, я надо сделать еще в этом году.
- Не успею. Справок много. Денег нет. С семьей надо решать. Муж не хочет ехать - развод нужен.
- Ничего не нужно! Соберите основные справки: с места работы, с места жительства и сдайте заявления.
Дают какие-то анкеты. Читаю пункты: "К кому намерены выехать? Где будете жить?
- А к кому я намерена выехать? Пока хоть бы вызов!
- Пишите в первой графе "из основании вызова", а остальное пропустите.
Ничего не понимаю!
Натали и Лена Гум были со мной, они ухохотались.
Взяла с сомнением их анкеты и ушла.
"Попробую чего-нибудь собрать...", - говорю.
Поехала к Авдоким Петровне. Поантизировали, просила ее передать тебе.

Все уговаривают ехать. Чепуха какая-то!

А в прокуратуру опоздала. Перенесли на 2 декабря.

Знаешь, я, пожалуй, зря в этом дурацком ОВИРе пошла на этот дурацкий разговор. Нужно было сказать, что поеду по получении вызова нормальным путем. — по почте.

2 декабря

О, вот это совсем другое дело! Следователь городской прокуратуры Григорович сбил мне, что против меня состряпано новое дело уже по 190[1]. Это пошел настоящий разговор!

Ну вот и все мои проблемы разрешились сами собой, как я рассчитывала. Я, конечно, никаких справок не собирала и не думала собирать. ОВИР заглох, а я и рада. Куда бы я сейчас поехала, когда мои лучшие друзья — у них? Отказ от свободы, может быть, — высшая свобода.

А ты что думаешь по этому поводу, друг мой западный? Что-то больше не звонишь. Уже остыл? Ну и ладно.

Обещают мне по 190, ссылку. Вот это по мне! Буду там стихи писать и лес пилить, или чем-там они занимают женщин?

А ОВИР пускай сидит себе с моим вызовом, если у них таковой имеется, в чем я не очень уверена.

Вот такие мои веселые дела.

А у ребят — ни вместа с места. И с Филимоновым — туман.

Поэты затеяли книгу памяти Гнедич. Дала стихи и воспоминания — всего страничку. Когда-нибудь я о Татьяне Григорьевне напишу по-настоящему.

8 декабря

Нет, это черт знает что! ОВИР за мной уже с милицией охотится! Вчера явился мент, принес повестку и потребовал, чтобы я немедленно посетила сие злачное заведение.

Сегодня мы с папой сходили на ул. Желябова. Говорил со мной зам. нач. ОВИРа и инспектор Смирнова.

— Почему вы исчезли?

— Я не могу ехать, суда жду.

Изобразили удивление, а потом начали убеждать, что в этом случае ехать нужно обязательно. Показали письмо: "Известная поэтесса Юлия Вознесенская не печатается, живет в тяжелых материальных условиях... Мы ходатайствуем о ее въезде в гос-во Израиль и от имени израильского правительства обещаем создать ей условия... В силу Хельсинкских соглашений... Подписано: друзья и родственники и ряд незнакомых мне имен. Я поражена.

— Мы должны немедленно ответить на это письмо. Что же нам отвечать, если вы не едете?

— Напишите, что я горячо благодарю своих израильских друзей и израильское правительство за проявленное участие и приглашение, но, напишите мы к сожалению опоздали: я жду суда.

Намекают, что суда можно избежать.

— Зачем? Судят не столько меня, сколько мои рукописи. А я за них отвечаю, иначе грошена мне как литератору.

Уговаривают. Хочу уходить — не пускают.

— Впишите в таком случае отказ!

— О нет! На такие письма отказом не отвечают! Придет время — поеду.

— Ну соберите хоть какие-нибудь справки, чтобы мы могли начать дело о въезде.

— Это попробую.

Фигушки я вам буду собирать, а не справки!

Зовут Папу, начиняют ему мозги и тут же отбирают от него справку о том, что он возражает против моего выезда с детьми. А развода, говорят, не надо!

Прихожу домой — звонок из прокуратуры, которая про меня чего-то призабыла. Вызывают на завтра.

До завтра!

9 декабря

Следствие по моему новому делу закончено. Таким образом, велось оно сутки. 8-го предъявлено обвинение, 9-го — следствие объявлено законченным. Вступила в силу 201 статья, т.е. теперь я имею право ознакомиться с материалами дела. В понедельник состоится суд над Филимоновым. 14-го, во вторник — выходим на площадь. А со среды начну читать дело.

Евдокия Петровна передала мне все, что ты просил: чтоб никуда не собиралась, кроме Техаса, чтобы сообщила, когда еду и т.д.

Костенька! Свобода заманчива, желанна, свой ды заслужила, но... Друзья мои все еще у недрагов моих. Кроме того, свобода выбора — высшая свобода, а меня изгонят на свободу. Словом, я решила вот что. Я подаю документы, дабы не потерять возможность выезда вообще, но при этом ставлю Олгу невыполнимые условия: бесплатный въезд и безтаможенный провоз багажа. Если они на это пойдут — поеду; когда еще представится возможность вывезти за границу наш архив? Нет — остаюсь и сажусь. Или в ссылку.

Прелесть моего положения заключается в том, что я выигрываю в любом случае: и остаюсь и я уезжаю победителем и счастливой.

Мне хочется ехать, я мечтаю о работе с тобою, чтобы все как было раньше, Костенька... Видишь ли, твое письмо и оскорбило меня и обидело, но, главное, открыло глаза на одну истину: для тебя женщина и ее любовь дороже друга, даже если женщина недавняя, а друг — старый. Женщины появятся еще и еще, а я останусь другом навсегда. Не значит ли это, что я рискую получить еще раз такое же письмо? Такой удар на чужбине, в изгнании будет очень тяжел. Здесь у меня друзья, дом, а там будешь только ты. Поездка к тебе в любом случае — ныряние в омут головой. Прежде я шутя это делала, но теперь мне страшновато. Очень страшное было письмо. Люблю ли тебя по-прежнему. Да, но только при условии: письма не было. Когда это мне... удается — все хорошо, все то же. Но слишком многое и многие о нем напоминают. Ах, как бы хорошо было забыть его или найти возможность сказать, что это не твоя вина!

Сыновья хотят в Техас. Они за тебя заступались, когда появилось письмо. Потом, когда их мать, видя из-за реш тки, рассказала, что среди первых улик ей было предъявлено это проклятое письмо, они замолчали о тебе. Твое имя не произносилось в доме до самого твоего звонка в день похорон Татьяны Григорьевны. Теперь все делают вид, что все забыто. Впрочем, люди прощают легче, чем я. Я не виню. У меня просто сердце болит об этом. письмо, конечно, не дало 15 ровным счетом ничего. Они его использовали только как фактор психологического давления. Это понятно всем. И все-таки — страшная история с ними случилась. Встретившись, мы один раз об этом поговорим, все выясним и забудем уже окончательно: я этого очень хочу. Но когда еще мы встретимся! Ах, Костя! Ладно, целую.

10 декабря

Сегодня годовщина декларации прав человека. Смешно отмечать эту дату в нашей стране. Впрочем, есть много разных способов...

В понедельник — суд. Бедный наш гусар Филимонов! Он все лето предчувствовал, что осенью его возьмут. Но всегда был готов на любую хорошую пакость для ГБ! Художник он прекрасный - вот что главное.

15 декабря

Суд над Филимоновым.
Вадим отказался от дачи показаний, от защитника, от последнего слова и тем самым не дал втянуть себя в судебную комедию. Вся их ложь от этого стала настолько очевидна, что мы при всем трагизме положения порой не могли удержаться от смеха. Все свидетели и потерпевшие были подставными фигурами, режиссура спектакля никуда не годилась. Вадим был прекрасен. Это было не столько расправой над ним, сколько его торжеством. Как хорошо что с нами В! Он был на процессе и вообще вникает во все наши дела и беды. Он замечательный человек, я в нем души не чаю.
Ну, пока.

14 декабря

Опять была Сенатская! Сегодня не только в память декабристов, но и в честь Вадима Филимонова. Недаром мы знали его гусаром!
Арестовано было 15 человек. Меня схватили на улице вместе с В. Его держали до вечера в милиции, а меня отвезли в прокуратуру и насильно засадили за чтение материалов дела. Я издевалась над Григоровичем: Бож Прокуратура на побегушках у ГБ! Постыдитесь, подумайте о чести мундира Бе-огу, мне за вас стыдно..." и т.д. Он меня спрашивает: "Скажите, в действительно так ненавидите ГБ?" "Да, ненавижу: оптом и в розницу, по делу заочно, считаю их бандой убийц и насильников. Посудите сами: никто из руководителей этой мафии не умер в своей постели, в конце концов их всех приходилось либо расстреливать, либо сажать в сумасшед дом".
Прочла показания Трифонова. Провокатор и дурак. Я рассмеялась, потому и запросил и так ему и надо. Хочу попробовать переписать его бред. И собираюсь подать на него в суд за ложный донос. Суда, конечно, не будет, но провокатор будет разоблачен.
Вот, уже третья тетрадь подошла к концу. Думаю, что четвертой не будет.
Пропал, а если навсегда,
То навсегда пропал.
Это мне нагадали по Байрону. Ну, что ж...

Храни тебя Бог!

ДИССИДЕНТ ВОЛОДЯ БОРИСОВ.

Володя Борисов за столом. /в центре/.

Спецпсихбольница, где находился Володя Борисов.

В приемной спецпсихбольницы /второй справа - Г.Гум/.

Год неизвестен, архив Юлии Вознесенской.

ПРИМЕЧАНИЕ: под фотографией поддатого диссидента Борисова /со стаканом/ Гум
усмотрел не приемную спецбольницы, а вовсе свои проводы, с какими-то девоч-
ками. Выпросил из готового макета эту страницу в пересъемку - и только я ее
три года и видел... Может, и вернул, а она потерялась у меня в хламовнике -
но такова судьба ее. И Борисова.
Почему и стараюсь никому не показывать макет, а то на всех Гумов - фот не
напасешься, особенно - котрые с девочками...

Впрочем, Володю Борисова я не знал, это уже Юлиино приобретение.

Настоящее уголовное дело возбуждено 12/УШ-76 г. по признакам преступления, предусмотренным ч.I ст.70 УК РСФСР в связи с обнаружением 8 и 15 апреля, 3 и 5 августа 76 г. в Ленинграде на общественных и жилых зданиях, памятниках истории и культуры, транспортных средствах и других местах 16 надписей антисоветского содержания.

В ходе следствия было установлено, что к учинению указанных надписей причастны: Волков, Рыбаков, Гум и Окулова.

12/IX-76 Окулова была задержана в порядке ст.122 УПК, а 15/IX в отношении ее избрана мера пресечения в виде подписки о невыезде.

24/IX-76 Окуловой предъявлено обвинение в преступлениях, предусмотренных ст.ст. 17 и 98 ч.I, 17 и 230 УК РСФСР, т.е. в том, что она явилась пособницей Рыбакова и Гум в совершении ими в ночь с 4 на 5 августа 76 г. в Ленинграде умышленного повреждения гос.имущества путем нанесения на него надписей трудносмываемой краской. Кроме того, явилась пособницей Рыбакова, Волкова и Гум в совершении ими в августе 1976 г. в Ленинграде тем же способом умышленной порчи памятников культуры, взятых под охрану государства.

17 ноября 1976 г. уголовное дело в отношении Окуловой Юлии Николаевны прекращено за отсутствием в ее деяниях состава преступления. В то же время следствием установлено, что Окулова в 1976 году систематически занималась изготовлением и распространением письменной форме произведений, содержащих заведомо ложные измышления, или порочащие советский государственный и общественный строй, т.е. совершила преступление, предусмотренное ст.190¹ УК РСФСР.

Так, 20 апреля 76 года Окулова приняла участие в изготовлении и распространении документа под названием "Проект альманаха стихов и графики "Мера времени", в котором содержатся заведомо ложные утверждения о том, что в СССР якобы отсутствует свобода слова, печати и творчества.

Машинописные экземпляры указанного документа в ходе следствия изъяты у обвиняемого Волкова, у близких знакомых Окуловой Филимонова, Андреева. Один из экземпляров представлен в органы следствия свидетелем Митяшиной.

Допрошенные в ходе следствия Синявин, Филимонов и Трифонов показали, что Окулова принимала активное участие в разработке данного клеветнического документа.

Обвиняемый Волков, кроме того, указал, что этот документ Окулова вручила ему для ознакомления летом 1976 г. в своей квартире. Свидетель Трифонов пояснил, что Окулова занималась распространением текста данного документа среди своего окружения.

В мае 1976 г. Окулова изготовила и распространила рукописный документ - так называемые "ответы" на вопросы, сформулированные для анкеты Синявиным И.И., выехавшим на постоянное жительство за границу.

В указанном документе возводится клевета на советский государственный и общественный строй, советскую культуру, политику советского правительства.

Синявин "ответы" Окуловой поместил в изготовленный им сборник "Петербургские встречи", который передал на хранение своему знакомому Андрееву Ю.Д., где он и был изъят 13/IX-76.

Допрошенный в ходе следствия Синявин показал, что Окулова по его просьбе написала этот антисоветский пасквиль, который в мае 1976 г. в своей квартире передала ему. Факт распространения этого документа подтвердила и обвиняемая Окулова.

Свидетель Трифонов на допросе 15/XI показал, что Окулова в первой половине 76 года написала на анкету Синявина свои ответы, которые затем вручила последнему. Трифонов в ходе указанного допроса заявил, что Окулова в тот же период ознакомила и его с содержанием своих ответов.

По заключению эксперта от 2/XI-76 указанный рукописный документ исполнен лично Окуловой.

9 августа 76 года Окуловой был изготовлен рукописный документ на 14 листах, озаглавленный "Для прессы", в котором содержатся клеветнические измышления на советский государственный строй, советскую народную интеллигенцию.

Указанный документ, предназначенный для опубликования, был изъят 13/IX 76 у знакомой Окуловой - Борисовой Е.П.

Факт изготовления Окуловой данного рукописного документа подтвердил обвиняемый Рыбаков, который на допросе 12/XI показал, что Окулова 9 августа с.г. записала биографические данные на Трифонова.

На допросе 15/XI-76 г. Трифонов заявил, что большая часть указанного документа была изготовлена Окуловой и что предназначался он для передачи представителю американского консульства в Ленинграде.

Согласно заключению эксперта от 3/XI-76 г. документ "Для прессы" исполнен гр. Окуловой Юлией Николаевной.

Кроме того, Окулова в своей квартире, на даче своих родителей в пос. Приновка Всев. р-на Лен. обл., а также на чердаке дома № II по ул. Жуковского, хранила следующие материалы, содержащие клеветнические измышления, порочащие советский государственный и общественный строй: "Что вы можете сказать о причинах, послуживших возникновению ком. режима?", "Комментарий к комментарию", "На вопросы отвечает поэт Геннадий Трифонов", "Заявление для прессы", "Ленинградское подполье продолжает действовать", "Оценка влияния совещания по безопасности и сотрудничеству в Европе в части, касающейся прав человека в СССР", изданную издательством НТС подборку материалов о Сахарове, а также другие сочинения тенденциозного, политически вредного содержания.

Принимая во внимание, что уголовное дело о пособничестве Окуловой в умышленной повреждении государственного имущества и памятников культуры, взятых под охрану государства, прекращено, а ее деятельность по изготовлению и распространению в письменной форме произведений заведомо ложных, порочащих советский государственный и общественный строй, нуждается в дальнейшем расследовании, учитывая также, что выделение на нее уголовного дела не отразится на всесторонности, полноте и объективности исследования и разрешения настоящего дела, руководствуясь ст. 26 УПК

ПОСТАНОВИЛ:

I. Выделить из уголовного дела № 62 и направить не подследствию в След. отдел прокуратуры г. Ленинграда уголовное дело по признакам преступления, предусмотренным ст. 190-I УК РСФСР в отношении Окуловой Юлии Николаевны, 1940 г. рожд., урож. Ленинграда, беспартийной, со средним образованием, прож. по адресу: Жук. 19-10.

2. Выделению подлежат: материалы задержания Окуловой Ю. Н., документы о применении меры пресечения в отношении ее, протоколы допросов Окуловой Ю. Н., протоколы допросов обвиняемых Рыбакова Ю. А., Волкова О. А., Гум Н. В., протоколы допросов свидетелей Синявина, Филимонова, Трифонова и др., протоколы обысков вместе с изъятыми материалами, протоколы осмотров, а также иные материалы согласно прилагаемой описи.

Нач.отд. следоват.УКГБ м.Савельев
"Согласен" нач.следотд. Третьяков
Нач.упр.КГБ Носырев (за него зам.Барков)

> "Весь советский народ - одна дружная
> семья."
> /из сов. классики/

        В 58-59-м учебном году был я вызван на спецкафедру к подполковнику по по-
литчасти Носыреву. Явился я, со своей швейковской выправкой /в кармане тетрадки
торчат, со стихами/ в офицерскую комнату на истфаке, спрашиваю: "Где здесь Носы-
рев?" Офицерье: "Сначала положено к генералу обратиться!" Ну, я спрашиваю: "А
который тут генерал?" Вскакивае однорукий генерал Кныш, багровый как его лампа-
сы: "Кто ваш преподаватель?!" "Ерно-Волжский", - говорю. "Звание!" "Да не то -
надполковник, не то подполковник, словом, что-то около полковника!" "Объявляю
подполковнику Ерно-Волжскому выговор и трое суток домашнего ареста, за то, что
не научил разбираться в званиях!" Ребята, за дверью - в лежку от хохота. Нашел
я Носырева. Завел он меня в пустую аудиторию, сел: "Почему, говорит, у вас та-
кое негативное отношение к занятиям на спецкафедре?" "Да вот, говорю, Маркс пи-
сал: "Каждый студент, по мнению буржуазныхидеологов, должен научиться убивать",
а я - не хочу." "Нет, орет Носырев, такого у Маркса нет!" /Он-то Маркса не читал!/
"Теперь, говорю, может и нет", - пожимаю плечами. "То-есть откуда это у вас та-
кие идеи? С КЕМ вы общаетесь?" Ну, чувствую, Литейным запахло. "Не могу знать,"
- говорю. "То-есть как - не можете знать?" "Никак, говорю, не могу знать!" "Вы
что, идиот?" "Так точно, говорю, идиот. Официально признанный идиот!" /Опять
же - и Швейка он не читал!/ "Идите вон!" "Виноват, не могу понять команды!" -
"Как - не можете понять?!" "Виноват, такой команды в Уставе Строевой Службы Со-
ветской Армии - нет!" "Хорошо. Вы свободны, ступайте!" "Есть!!!" И, печатая шаг,
так что половицы отлетают, выхожу. Больше меня не вызывали. Да и сам ушел. С
биофака, в геологию.
        Надо понимать, что за последовавшие 15-17 лет оный Носырев дослужился до
енерала, и занимался уже не мной, а Юлией - фамилия не из частых!
        Дочку енерала Баркова, Ирину, которая была "слаба на передок", привел ко
мне пяливший ее Миша Пчелинцев. Ириной я не занимался, а ее подругой Лизой-Моп-
сиком, но запомнил. А в 73-м нарисовался и зять Баркова, художник Толик Барков-
Шестаков, приятель наркомана и вора, художника А.Б.Иванова. От него я уже и уз-
нал о звании тестя и о его занятиях. Тесть, тогда еще полковник, Иванова в доме
не потерпел: "На хуя, говорит, зятек - ты еще стукачей в дом водишь?" Занимался
он валютчиками, по крупному. Накрыл директора Интуриста и буфетчиков международ-
ных круизов, но дело пошло в Москву, и Барков остался с носом. Должны были его
перевести в Таллин, начальником Таллинского ГБ, но оставили, значит, в Ленингра-
де. С ним я дела не имел, но супругу его, Матрена Карповна /ну прямо по "Луке Му-
дищеву"! И еще фамилию взяла - по мужу!/ была моей психиатрицей. Баба она была
малость забитая, добрая, бледная такая - и то: муж гэбэшник, дочка - ... И зять
из бывших наркоманов и мал-мал с приветом, очень добрый, но чайник. Словом, дела
семейные. Ирине и папеньке я напосвящал в "Гратисе" /см./ стихов, например, "Кон-
трабанду" /посвящая полковнику Б. - и тут все полковники подумали на себя:
"б"! - обычно добавлял я в чтении/.
        И теперь вот снова встречаюсь, в процессе уже Юлии. Барков-то явно тот же,
хоть и лычки ему добавили: генерал уже! Шестерка по выявлению диссидентов, вмес-
то царствования в Таллинском порту! Люди они тоже подневольные, а он, к тому же,
вроде и не совсем, мужик, сука - ведь и зятя не трогал, и вообще.
        В бассейн в баньке на Фонарном лезу - Леньку Гунина встречаю, в чине ка-
питана, никуда от ГБ не денешься! Разветвленная организация.
        И судья Савельева - человек знакомый по процессу Бродского, а вроде и Ма-
рамзина. И адвокат Топорова - маменька переводчика и злостного эпиграммиста Вити
Топорова /см. у Юлии/, на многих защитах значится.
        Словом, все мы - большая, веселая и теплая, семья! А в семье, как извест-
но, не без урода...
        Боря же Понизовский, как мне сообщил Шиманский, оприходовал доч-
ку начальника ОВИРа, Бокова. Давно зреет статья "Мы ебали КГБ". Ужо.

ТРИДЦАТЬ СЕМЬ ВОПРОСОВ К ДРУЗЬЯМ ✓   5

ЖЕЛАТЕЛЬНО ДАТЬ РАЗВЕРНУТЫЕ ответы .Объем не ограничен.Можно отвечать выборочно, вносить новые вопросы и ответы на них, изменять и переформулировать основные. Вместо подписи можно поставить псевдоним или анаграмму.

1. Как ваше положение непечатающегося писателя/поэта/ отражается на вашем творчестве?

2. Какую культуру Вы в основном потребляете/ официальную, западную, подпольную, культуру прошлого/?

3. Надеетесь на публикацию/ здесь, на Западе, в России, в будущем, не желаете быть опубликованным, не интересует эта проблема/?

4. Угнетает ли Вас непечатное положение? Или это состояние направляет Вас по неизведанной дороге?

5. Много ли у Вас друзей из неофициальной творческой интеллигенции /писателей, поэтов, музыкантов, художников/?

6. Кто из них по Вашему мнению наиболее интересен?

7. Ваше отношение к официальным писателям /поэтам/? Кто из них близок Вам по темам, по методу?

8. Какая литература по Вашему мнению оставит след в мировой культуре - официальная или неофициальная?

9. Ваше отношение к официальной культуре /тотальное неприятие, частичное, в целом принимаете/?

10. Кто Ваши учителя /в профессиональном плане, в духовном/? Ваши предшественными? Ваши предшественники?

11. Ваш творческий метод /классическая ориентация, апробированный модернизм, неизведанные формы/?

12. Какая проза и поэзия Вам глубоко чужда?

13. Каковы пути/предложения той трагической ситуации, в которой оказались Вы? /трагедии нет, пусть все остается на месте; постепенный эволюционный переход к демократии; резкое потрясение всех общественных основ/.

14. Чему служит Ваше перо? /чистому искусству, самому себе; тому народу, среди которого живете; человечеству, Богу, не знаю кому/.

15. Не устали Вы от одиночества? Нет ли тоски по большому делу?   (поисковитал)

16. Хотите покинуть Россию? /хочу и как можно скорее; когда придет время, совершил бы поездку за границу; не покину ни при каких обстоятельствах/.

17. Будете Вы знаменитый? /я скромный труженик на литературном поприще; если судьба будет благоприятна - обо мне будут знать; мое имя будет рядом с именами великих/.

18. На какие средства Вы живете? /источник дохода, сколько денег тратите на самого себя в месяц, сколько у Вас уходит денег в месяц на

19. Основные темы Вашего творчества?/ природа,личность,женщина,политика,духовные поиски, и пр.,

20. Почему Вас не печатают?/ из-за политического содержания моих произведений, из-за несоответствия стиля и формы установленным сверху нормам, из-за того, что не обладаю пробивным характером, черт знает почему/

21. Ваша любимая книга,личность,писатель, женщина,страна/?

22. Что Вы читаете в данный момент?

23. Что бы Вы прочитал из того,что недоступно Вам? Дайте список.

24. На кого Вы ориентируетесь в своем творчестве?/ на абстрактную всепонимающую личность,на самого себя, на массового читателя,на моих близких друзей, на творческую элиту, на гениев прошлого и будущего - с ними я веду разговор/

25. Как Вы относитесь к Солженицыну?/это прежде всего великий писатель,высоконравственная личность,пророк/

26. На что ориентирована больше Ваша личность - на прошлое,настоящее,будущее?

27. Основной объем Ваших произведений создан или все впереди?

28. Если бы Вы обладали властью,что бы Вы сделали в отношении цензуры/отменил полностью,сохранил бы частично,скажем в области морали и нравственности, установили бы жесткий контроль согласно тем нормам,которые придерживаетесь. Вы/

29. Задумывались ли Вы над самоубийством?/ никогда,размышлял, предпринимал попытки/

30. Сколько часов в день Вы посвящаете творчеству? чтению литературы?

31. Ваша Вера?/атеист, равнодушен,ищущий,верующий/

32. Как Вы думаете - мир катится в пропасть? или равновесие добра и зла неизменно; добро побеждает и увеличивается?

33. Какое число людей знакомо с Вашим творчеством?

34. Хотите быть опубликованным?

35. Если бы Вам предложили сотрудничать в самиздатском журнале- согласились бы Вы?

36. Каким Вы представляете себе свой конец?/ на кресте,погибну в битве,умру случайно, естественной смертью от старости/

37. Если бы Вам предоставили микрофон, и Вас бы слушал весь мир-что бы вы сказали? /несколько строк/

март-апрель.76 г. Петербург. Синявин Игорь.

I. Публикации моих стихов в официальной печати были столь редкими и случайными, что говорить о них всерьёз даже не приходится. Происходили они всегда заботами моих друзей и учителей. Полное отсутствие ориентации на вкусы читателей даёт мне полную свободу творчества. Я не знаю, нужны ли мои стихи кому-нибудь к кому они нужны, кроме меня. Поэзия - мои слёзы, моя боль, моя радость, моё средство выражения себя в этом мире. Кто не пользуется возможностью высказать свои чувства? Птицы поют песни любви и кричат, умирая. Кто их слышит? Для кого поют они? Для людей, или для Бога? Бог меня слышит. Если же песни мои нужны людям, пусть они позаботятся о том, чтобы их слышать.

2. Меня воспитала культура прошлого. Официальная культура на этом фоне воспринимается как заплата на королевском платье, т.е. не воспринимается вовсе, ибо таковой /заплаты или культуры - всё равно/ не может быть и не должно быть.

3. Публикация в печати моих стихов меня мало волнует. Но есть исключения: так, например, я была счастлива узнать, что моя поэма "Вторжение", написанная в 1968-69гг. по поводу чехословацких событий, широко разошлась в списках и, по-видимому, в те годы прозвучала, как искренний протест против чудовищного преступления, совершенного правительством нашей страны.

В настоящее время я заканчиваю новую книгу стихов. Она называется "Книгой разлук" и посвящена теме русской эмиграции на Запад. Это вторая моя книга, адресованная человеку сегодняшнему, переживающему вместе со мной одни и те же события, живущему теми же проблемами. Эту книгу я непременно хотела бы увидеть напечатанной на Западе или в Самиздате.

Что же касается публикаций в будущей России, то я могу лишь ответить вопросом на вопрос: а есть ли у России будущее? Если да, то оно и покажет, нужны ли ей мои стихи.

4. Меня в большей степени угнетает положение моих непечатающихся друзей - поэтов и прозаиков. Я верю, что рукописи "не горят", но я вижу, что поэты сгорают. Я-женщина, мать, возлюбленная, и, видимо, поэтому охранительный инстинкт во мне развит сильнее инстинкта самосохранения.

5. Круг моих друзей, за очень немногим исключением, /друзья детства и юности/, как раз и составляют поэты, прозаики, художники, философы и музыканты. Все они находятся в равном со мной положении.

6. Все. Их творчество как раз и представляет подлинную культуру России, а потому оно интересно во всем своем многообразии и во всех своих взаимосвязях. Могу назвать лишь самых любимых моих друзей, но критерием оценки здесь будут не анализ их творчества, а приязнь, дружеская любовь. Это, в первую очередь, К.[зачеркнуто], человек, чью роль в развитии современного искусства мы сможем по достоинству оценить только в будущем. Поэт, литератор, организатор, искусствовед. Он, кроме этих достоинств, обладает ещё и необычайным благородством, ясностью души и большим сердцем.

Поэт Виктор Ширали - настолько поэт во всех своих достоинствах и недостатках, что не любить его просто невозможно. Это же равно, что не любить поэзию.

Петр Болдырев, философ. По моему глубочайшему убеждению - самый ясный, самый совестливый ум России.

Художник Г. Его работы полны красоты и мудрости. Необычайно красив в общении, в беседе.

Евгений Пазухин и Борис Иванов - литераторы, с которыми меня связывает совместная работа над сборником "Лепта" и альманахом "Часы". Первый отличается высокой духовностью, ясной душой и даже, как это ни странно прозвучит сегодня, проповедническим даром.

Борис Иванов - подвижник сегодняшней литературы, настоящий борец за права представителей "второй культуры", личность целеустремленная и героическая по своему складу.

Т. - лирический поэт, работающий на такой высокой волне, что сам трагизм его существования воспринимается уже как продолжение его поэзии. Человек, за которого я боюсь всем сердцем, ибо более тонкого, ранимого и более уязвимого для властей поэта я просто же знаю. Смажем ли мы, его друзья, защитить его? Поможет ли нам в этом мир? Я знаю.

7. Не признавая за официальной литературой права на узурпацию печати, я тем самым становлюсь в оппозицию к ней, и не желаю признавать отдельные достоинства отдельных её представителей, ибо они, раз приняв правила игры, уже не смогут их нарушить ни в большом, ни в малом. Но и здесь есть как бы исключения. "Как бы" - потому что на самом деле эти люди имеют к официальной литературе самое далекое и формальное отношение. Это Татьяна Гнедич - мой первый и единственный учитель в поэзии. Это Д.Я. Дар, наш старший товарищ и учитель многих молодых поэтов. Судьба этих людей неразрывно связана с нашей.

8. Та, которая существует реально, т.е. неофициальная. Официальная же литература представляет собой временное явление, занимается книгопроизводством на потребу властям - не более. Стоит ли об этом говорить в стране Пушкина, Достоевского, Цветаевой, Булгакова? Да Бог с ней, с официальной литературой! Оставим эту игрушку в руках тех, кто её выдумал и смастерил. Она - картонная. Ни огня, ни слез она не выдержит.- сгорит, размокнет, исчезнет, как только отпадет в ней надобность у великовозрастного дебильного дитяти.

9. Полное равнодушие, иногда - стыд.

I0. Я уже назвала моего первого учителя - Татьяну Григорьевну Гнедич. Лучший переводчик Байрона в нашей стране, никогда не бывший в Англии. Тяжелая болезнь сердца, заработанная в сталинских лагерях, навряд ли позволит ей побывать там и в будущем. Татьяна Гнедич - автор замечательных стихов, не печатающихся по тем же причинам, по которым не печатаются и наши. Увидит ли она при жизни свою книгу стихов?

Другой мой учитель, как это ни странно, мой ровесник - К. Он познакомил меня с творчеством поэтов левых направлений, ставших впоследствии моими друзьями.

Он научил меня любить не только поэзию, но и её создателей. Он же привил мне любовь к современной живописи.

Из духовных моих учителей я назову Ахматову и Цветаеву, Мандельштама и Блока: их влияние относится к области собственно творчества. В более широком же смысле - Достоевский, Булгаков, Бердяев, особенно последний.

11. Мне кажется, я все-таки тяготею к традиционным формам поэзии, хотя поиск новых средств выражения мне не чужд. Я писала графические стихи, стихи с включением рисунков пером, /именно "забавлялась" верлибром /именно "забавлялась", в отличие, скажем, от поэтов Аркадия Драгомощенко или Александра Леслика, достигших больших успехов в разработке этой формы стихосложения/. Когда же стихи идут сами собой из глубины потрясённой души - до формы ли тут? Форма возникает сама собой, параллельно рождению точного слова и звука, отражающих то или иное состояние, чувство мысли. Было бы что сказать - само скажется.

12. Всякая халтура, подделка под поэзию, массовая продукция поэтов Союза советских писателей. Но и левая халтура на потребу любителям кисленького отвратительна мне в той же мере. "Специально выдуманная неправда" - вот как бы я это определила.

13. Я не вижу выхода из создавшейся ситуации, ни для моей страны, ни для её культуры. Боюсь огня, который неизбежно в самом ближайшем будущем пройдёт по моей земле. Боюсь, чтобы этот огонь не перекинулся на остальной мир, все еще не осознающий опасности: наше "сегодня" - его "завтра", а "послезавтра" - всеобщая гибель. Только всеобщие усилия всего мира, только борьба за каждого отдельного человека, над которым совершенно насилие, может покончить с тотальным мировым насилием.

14. Богу. Он направляет и мои поступки, и мое перо - и да свершится Воля Его.

15. Я не бываю одинокой - со мной мои друзья, мое дело. Тоскую я только по свободе, как и все мы. Но необходимость бороться за нее каждый день, каждый час, почти в каждой, даже самой мелкой житейской ситуации, /ибо зло несвобода вездесущее/, вызывает порой чувство такой глубокой усталости... не веришь, что смерти хватит для отдыха.

16. Россию мы покинули давно, вернее, она покинула нас. Этой ностальгии нет выхода, нет излечения. Не все ли равно, где тосковать о ней - в Москве, в Ленинграде, в Лондоне или в Риме? Не все ли равно, где собирать последние зёрна её культуры, дабы в будущем можно было из этих спасенных зерен вырастить новый сад?

Сейчас мое сердце разорвано надвое: половина моих друзей покинула СССР, либо находится в состоянии борьбы за возможность выезда на Запад. Другая половина остается здесь, убаюканная иллюзиями постепенного мирного преобразования тоталитарного государства в демократическое. У меня таких иллюзий уже давно нет, но друзья мне дороги, и я все еще здесь, с ними. Сама я очень хотела бы жить и работать в свободной стране, растить детей на свободе, дать им нормальное образование, но две силы держат меня: власть, которой в высшей степени наплевать на желание и права отдельного человека, а также на всякие там Хельсинские соглашения, и собственное сердце, пребывающее в постоянной тревоге за жизнь моих друзей и близких.

17. До таких ли пустяков сегодня? "Не до жиру - быть бы живу!" Вопрос идет о жизни, о её спасении /и моей собственной, и моих друзей, представителей "второй культуры", т.е. подлинной культуры России, о спасении жизни самой России, да и всего человечества, наконец!/. А слава - дело двадцать пятое. И пахнет от этого слова кладбищем. Черт с ней, со славой! А нам дай, Боже, силы пройти свой путь до конца честными, свободными душой, сохранить совесть, талант, а если можно, если это не слишком большая роскошь - то и здоровье, так как сил на этом пути требуется много, ох как много!

18. Живу на зарплату - 65 руб. в месяц. У мужа - сто. В семье четыре человека. Как живем? - А как живут китайцы?

19. В моем творчестве я никогда не пыталась разъять мир на составные части, а как единое высшее целое он включает в себя ВСЕ. Надеюсь, что мне удается передать это в моих стихах.

20. Поэтов официальных от неофициальных отличает не столько природа, сколько порода. А посему требованиями и программами поэтов Союза советских писателей не интересуюсь. Хотят - печатают, не хотят - им же лучше: меньше невыгодных сравнений.

21. Любимая книга - Евангелие. Личность - Христос - а кто же еще может быть? Писатель - Достоевский. Поэт - Мандельштам. Женщина - все-таки мама / иметь такую дочь - большое несчастье, любить такую дочь - большое испытание/. Страна - Россия, будь она неладна.

22. В данный момент я читаю рукописи друзей. Занимаюсь этим 24 часа в сутки на протяжении 2-х лет.

23. Бердяев.

24. На друга, кто бы он ни был.

25. Солженицын в условиях крайнего и тотального уничтожения личностного начала в человеке сумел вырасти в личность не только героическую, но и в высшей степени высокоморальную. Когда у меня случаются приступы неверия в человечество, я вспоминаю Солженицына и снова начинаю верить в людей. Потенциал его духовной мощи мне ясен, но ее источник - ? Бог? Но ведь и мы все под Богом ходим. Я думаю, его ведет и охраняет Провидение - одному человеку такого груза не снести.

26. Везде. Каждый несет ответственность за прошлое, настоящее и будущее этой планеты, этой жизни, хотя и не каждый это понимает. Но Бог спросит со всех и каждого.

27. Все впереди, если поможет Бог.

28. Контроль, т.е. ответственность перед Богом и людьми изначально заложено в каждой творческой личности. Нет художника без Бога - так о каком еще контроле может идти речь? Набоков? Дали?

29. Каждый порядочный человек об этом задумывался - в таком уж мире мы живем. А для творца проход через самоубийство - необходимый искус. Оглянитесь на историю!

30. Моя жизнь складывается из многих компонентов, так или иначе составляющих творческий процесс: стихи, работа над сборниками неофициальных поэтов, сбор материала для архивов, организация вечеров поэзии... Наконец, самое приятное и полезное из всего - общение с моими друзьями, ленинградскими литераторами и художниками, которых я очень люблю. Другая жизнь и другие люди мне скучны. Исключение - семья и некоторые друзья юности. Словом, почти вся моя жизнь посвящена творчеству - так сколько же часов я ему посвящаю?

31. Христианка хвижних по вере, но с большими симпатиями отношусь ко всякой религии. Не важно, какими путями человек идет к Богу - Бог один.

32. Я не думаю, что нам дано об этом судить. Есть другой суд. Мы можем только бороться со злом в собственной душе. Это борьба, выраженная через творчество, и будет служением высшему благу. Но и к мирскому злу художник не может быть равнодушен: в этом отличие творчества от непосредственного религиозного служения только Богу - без обращения к людям или с обращением в форме чисто религиозной: исповедничество, пророчество, проповедь.

33. Понятия не имею. Многие вещи ходят в перепечатках и списках - поди сосчитай их, читателей! Но к наиболее известным непечатающимся поэтам я себя не причисляю, ибо есть Иосиф Бродский, Виктор Ширали, Виктор Кривулин, Елена Шварц. Их известность широка и достойна ее обладателей.

34. Представлять свои произведения на суд читателей не только долг, но и право поэта. Но в наших условиях поэт поставлен вне закона: он и прав не имеет, и обязанностей с него никто не спрашивает. Мы живем с кляпом во рту.

35. Безусловно. Сотрудник КГБ, возмущенный наглостью наших поэтов, пожелавших опубликоваться в советских издательствах, так прямо и заявил: "Печатайтесь на Западе или в Самиздате!" Отчего не послушаться доброго совета?

36. Как будет угодно ГБ и Богу.

37. "Прочтите или перечтите еще раз "Архипелаг Гулаг" и ответьте на один единственный вопрос: "Хотите ли вы такой жизни для своих детей и внуков? Если "да" - то живите по-прежнему, отворачивайтесь от чужих страданий и заботьтесь о собственном благополучии. И ни о чем не беспокойтесь - ваши дети и внуки за все заплатят!"

5-10.05.76.   Юлия Вознесенская

ОТ СОСТАВИТЕЛЯ:

Знаменитая анкета Сиявина, составленная им /но, пожалуй, слишком ГРАМОТНО/: пункты 15, 17, 29 - вопросы обычно задаваемые в психдиспансере, остальные - в КГБ. Отвечать на подобную анкету могла только идеалистка /идиотка?/ Юлия, ее же ей и инкриминировали на суде.

Мою фамилию, тем не менее, Синявин убрал /ответ на пункт 10/, заменив ее инициалом "К.", хотя я всегда Сиявина именую полностью /с добавлением эпитетов/. В общем, если бы с такой "анкетой" он явился ко мне - то вышел бы крачайшим путем: через окошко.

Но Юлия, как я говорил, была девушка и искала на свою тощую приключений. Нашла, не без помощи "художника-диссидента". Сейчас вот с феминистками связалась. И еще найдет.

УТВЕРЖДАЮ
Прокурор Ленинграда
государственный советник
юстиции 2 класса
С.Е.Соловьев

"   " декабря 1976 г.

Обвинительное заключение
по делу № 66 по обвинению Окуловой
Юлии Николаевны в совершении прес-
тупления, предусмотренного ст.190-I
УК РСФСР

Проведенным по настоящему делу расследованием установлено
следующее:

Гр-ка Окулова Ю.Н., проживая в Ленинграде в течение 1976
года у себя дома по адресу ул.Жуковского, д.19, кв.10 система-
тически изготовляла с целью распространения, а затем распрост-
раняла среди своих знакомых произведения, содержащие заведомо
ложные измышления, порочащие советский государственный и общест-
венный строй.

Так, в апреле 1976 г. изготовила так называемый проект аль-
манаха стихов и графики "Мера времени", содержащий заведомо лож-
ные измышления, порочащие советский общественный и государствен-
ный строй и распространила его среди своих знакомых Волкова, Фи-
липпунова, Андреева, Синявина, у которых указанный проект альма-
наха принятыми мерами был обнаружен и изъят.

В мае 1976 г. изготовила так называемые "Ответы" на анкету,
содержащие заведомо ложные измышления, порочащие советский об-
щественный и государственный строй и передала это произведения
для ознакомления гр-ну Синявину, поместившему его в свой сбор-
ник.

В августе 1976 г. изготовила так называемый документ "Для
прессы", содержащий заведомо ложные измышления, порочащие совет-
ский общественный и государственный строй и передала его своим
знакомым Борисовым, где он принятыми мерами был обнаружен и изъ-
ят.

Допрошенная в качестве обвиняемой гр-ка Окулова свою вину не признала, но пояснила, что все вышеназванные документы действительно изготовлены ею, но что она считает, что они не содержат каких-либо заведомо ложных измышлений, порочащих советский общественный и государственный строй (л.д.375-376).

Однако, виновность Окуловой полностью устанавливается следующими доказательствами:

1. Показаниями самой Окуловой, заявившей, что все вышеназванные документы изготовлены ею (л.д.375).

2. Заключениями графических экспертиз, из которых видно, что тексты произведений под названием "Ответы" и "Для прессы" исполнены Окуловой (л.д.347, 341-342).

3. Показаниями свидетелей:

1. Филимонова, заявившего, что в изготовлении проекта альманаха "Мера времени" Окулова приняла самое активное участие и что этот документ он получил у нее на квартире (л.д.53).

2. Трифонова, заявившего, что в изготовлении проекта альманаха "Мера времени" Окулова приняла самое активное участие и что именно она раздавала машинописные копии этого документа своим знакомым (л.д.85).

3. Показаниями свидетеля Синявина, заявившего, что именно Окулова передала ему так называемые "Ответы" (л.д.44).

4. Показаниями свидетеля Трифонова, заявившего, что со слов Окуловой ему известно, что именно она изготовила так называемые "Ответы" и передала их Синявину, а также и то, что именно она изготовила так называемый документ "Для прессы" (л.д.86).

5. Из содержания всех вышеназванных документов видно, что в них содержатся заведомо ложные измышления, порочащие советский общественный и государственный строй.

Таким образом, вина Окуловой в изготовлении и распространении произведений, содержащих заведомо ложные измышления, порочащие советский общественный и государственный строй полностью установлена всеми вышеприведенными доказательствами.

При выяснении личности Окуловой было установлено, что в 1964 г. она была судима к I году ИР по ст.191-I ч.2 УК РСФСР, по местам прошлых работ характеризуется положительно, однако, в характеристиках отмечается, что Окулова иногда допускала нарушения трудовой дисциплины, в настоящее время нигде не работает (л.д.7, 262-264, 354-359).

На основании изложенного,

Окулова Юлия Николаевна, 1940
года рождения, уроженка Ленин-
града, русская, из служащих, об-
разование среднее, б/п, в насто-
ящее время нигде не работает, су-
дима в 1964 г. по ст.191-1 ч.2
УК РСФСР к одному году ИР, за-
мужняя, имеет двух несовершен-
нолетних детей, проживает ул.Жу-
ковского, д.19, кв.10

о б в и н я е т с я

в том, что она в 1976 году у себя дома по адресу ул.Жуковского,
д.19, кв.10 систематически изготовляла в письменной форме, а за-
тем распространяла произведения, содержащие заведомо ложные из-
мышления, порочащие советский государственный и общественный строй.

Так, в апреле 1976 г. изготовила так называемый проект альма-
наха стихов и графики "Мера времени", содержащий заведомо ложные
измышления, порочащие советский общественный и государственный
строй и распространила его среди своих знакомых Волкова, Филимо-
нова, Андреева, Синявина.

В мае 1976 г. изготовила так называемые "Ответы", содержащие
заведомо ложные измышления, порочащие советский государственный и
общественный строй и передала это произведение гр.Синявину, помес-
тившему его в свой сборник "Петербургские встречи".

В августе 1976 года изготовила так называемый документ "Для
прессы", содержащий заведомо ложные измышления, порочащие совет-
ский общественный и государственный строй и передала его своим
знакомым Борисовым, т.е. в совершении преступления, предусмотрен-
ного ст.190-1 УК РСФСР.

На основании ст.207 УПК РСФСР настоящее дело направляется
прокурору Ленинграда.

Составлено в Ленинграде "   " декабря 1976 г.

Старший следователь   Б.С.Григорович

Список, лиц, подлежащих вызову в судебное заседание

I. Обвиняемый.

Окулова Юлия Николаевна проживающая ул.Жуковского д.19, кв.10
/л.д.10-41,372-376/.

II. Свидетели.

Симонов Вадим Иванович - содержится в следственном изоляторе № I /л.д.52-54/.

Трифонов Геннадии Николаевич - содержится в следственном изоляторе № I /л.д.82-87/

Митяшина Тамара Геннадьевна пр.ул.Жуковского д.25, кв.13
/л.д.105-

Андреев Юрий Демьянович пр. 7-я Советская ул. д.9/20 кв.45
/л.д.91-93/

Борисова Елена Павловна пр. ул. Верности , д.28, кор.I кв.135
/л.д.128-130/.

эксперт -

Справка

I. Настоящее дело выделено из дела № 62 18.II.76.
2. Преступление совершено в 1976 г.
3. Дело принято к производству 24.II.76.
4. Обвинение предъявлено 09.12.76.
5. Вещ.доказательства: Документ под названием "Ответы", "Для прессы проект Альманаха"Мера времени" в 4 экз. - следуют при деле.
6. Следствие закончено   "   " декабря 1976 г.

Старший следователь   Григорович

Ленинград   29-30/XII-76

29 декабря

С: Городской суд в составе судьи Исаковой, народных заседателей Юдина и Сергеева при участии гос. обвинения – товарища прокурора гор. Ленинграда старшего помощника юстиции Васильева и адвоката Хойсмана приступает к слушанию дела по обвинению гражданки Окуловой (литературный псевдоним Вознесенская) по статье 190—1.

С: Мы устанавливаем личность подсудимой.
   Ваше имя?
О: Окулова Юлия Николаевна.
С: Год рождения?
О: 14 сентября 1940 года.
С: Где Вы родились?
О: В Ленинграде.
С: Национальность?
О: Русская.
С: Образование?
О: Среднее.
С: Когда и что Вы закончили?
О: Школу № 38. Когда, не помню.
С: Другое специальное образование у Вас есть?
О: Я училась в театральном институте. Окончила только два курса.
С: Партийность?
О: Беспартийная.
С: Семейная?
О: Замужем. Имею двух детей. Один 1960 г.р., второй 1964.
С: Когда Вас арестовали?
О: 21 декабря 1976 г.
С: Где работали на момент ареста?
О: Нигде. Последнее место работы – Дом культуры имени Шелгунова.
С: Когда Вы уволились и по какой причине?
О: Я была вынуждена уволиться в сентябре 1976 г.
С: Вас уволили или Вы сами ушли?
О: После обыска, устроенного у меня на работе органами КГБ, меня попросили уволиться.
С: Где прописаны и где проживаете в настоящее время?
О: Ул. Жуковского, д.19, кв. 18.
С: С какого времени находитесь под стражей?
О: С 21 декабря 1976 г.
С: Ранее судимы?
О: Да, в 1964 г.
С: За что?
О: По 191 статье – за сопротивление властям.
С: Каким судом Вы были судимы?
О: Не помню, меня это не занимало.
С: Но это было в Ленинграде?
О: Да. Сначала – 2 года, потом – 20% вычетов из зарплаты.
С: Когда Вам вручена копия обвинительного заключения?
О: Не помню.
С: Здесь есть Ваша расписка от 23 декабря.
О: Должно быть, так и было.
С: Есть вопросы по установлению личности подсудимой?
П: Нет.
3-ли: Нет.
С: Оглашается состав суда: председатель судебной коллегии зам. председателя ленинградского городского суда Исакова, народные заседатели Юдин и Сергеев. Дело слушается при секретаре Теряниной с участием пом. прокурора гор. Ленинграда Васильева и адвоката Хойсмана.

С: Подсудимая Окулова, у Вас есть отводы?
О: Я хочу заявить, что буду защищаться сама.
С: Подсудимая Окулова, суд разъясняет Вам Ваши права: Вы имеете права задавать вопросы суду в ходе разбирательства, Вы имеете право заявлять ходатайства, вы имеете право на последнее слово и можете обжаловать действия суда. Вам понятны Ваши права?
О: Да. У меня есть ходатайство: я хочу отказаться от адвоката.
С: Почему вы это делаете?
О: Я надеюсь на свои собственные силы.
С: Это не связано с какими-нибудь финансовыми затруднениями? Может быть, Вы отказываетесь от адвоката в связи с материальными трудностями?
О: Нет.
С: Вы заявляете ходатайство об освобождении адвоката?
О: Да.
С:
А: Мотивы, которыми руководствуется подзащитная, кажутся мне убедительными.
С: Ваше мнение, тов.прокурор?
П: Мотивы мне кажутся убедительными. Я считаю возможным удовлетворить ходатайство.

П: Уточните Вашу роль.
О: Я подписала. Это было дома.
П: Вам сейчас была предоставлена возможность ознакомиться с документом?
О: Да.
П: В предварительном следствии было установлено, что этот документ является клеветническим, в нем содержится утверждение, что в нашей стране нет свободы слова, печати.
О: В этом нет ни слова лжи.
С: Вся редколлегия разделяет эти убеждения?
О: И автор проекта, и другие члены редколлегии разделяют эти убеждения, насколько я могу судить.
С: Это Ваши убеждения?
О: Кого Вы имеете в виду: ваши? Кроме одного, кроме Геннадия Трифонова, все были искренни, у всех искренние убеждения.
С: Что Вы можете сказать о Трифонове?
О: О Трифонове я не хочу говорить. По-моему, он способен сам ответить.
П: Кому конкретно Вы показывали этот документ?
О: Илье Рысакову и Олегу Волкову, художникам, которые первыми откликнулись на эту идею.
П: Кто еще видел этот документ?
О: Не помню, возможно, кто-то и видел.
П: Сколько экземпляров "Ответов на анкету" Вами изготовлено?
О: Я написала один экземпляр.
П: Кому показывали?
О: Я передала написанный экземпляр Синявину.
П: Кому еще?
О: Никому.
П: В "Ответах" содержится ЗАКЛЕПОС. Что Вы об этом скажете?
О: Я в ответах ничего подобного не вижу. Это очень общие утверждения.
П: Вы подтверждаете этот документ или придерживаетесь другой точки зрения? Он соответствует вашим убеждениям?
О: "Ответы" соответствуют моим убеждениям.
П: Документ по своему содержанию является антисоветским?
О: Данный документ можно трактовать так, точнее, демократическим.
С: Что Вы усматриваете в этом документе?
О: Документ содержит довольно резкую критику в отношении политики в области искусства. Для меня это вопрос не простой. То, что сказано по поводу государства и поэзии - это святая правда. Я очень долго обдумывала эти ответы. Я старалась ответить как можно более точно.
С: В целом Вы считаете его антисоветским?
О: Его можно считать антисоветским.
С: Что значит "можно считать"?
О: Его можно назвать так.
С: Вы начали с того, что этот документ соответствует Вашим убеждениям, но является ли он антисоветским в целом?
О: Его можно назвать так. Это "Ответы на 37 вопросов к друзьям". С этой целью он был написан - это ответы на анкету.
С: Объясните.
О: Дело в том, что если я пишу стихи   если я пишу
ответы на вопросы   не политические вопросы.
С: Подсудимая Скулова. Вы уходите от вопроса или не умеете донести Вашу мысль. Вы должны в ходе судебного разбирательства давать ответы на вопросы, которые задаются. Вы не хотите отвечать на вопрос или не можете? Если Вы не хотите отвечать, то скажите, пожалуйста, председателю.
О: Этот документ затрагивает проблемы искусства, поэзии.
П: Вы считаете, что Вы в состоянии дать оценку положению в искусстве, что, у Вас есть достаточная подготовка?
О: Я надеюсь, что мы не будем разбирать здесь такие понятия как та-

лант? Что такое талант?

С: В этом зале о таланте никто не говорит.

П: Вы не хотите отвечать на вопрос?

О: Нет.

П: Переходя к третьему документу – "Для прессы": Вы согласились на
предложение Трифонова помочь ему? Это было предложение с его сто-
роны или это было ваше предложение?

О: Это я предложила написать автобиографию.

П: Кому Вы ее показывали?

О: Никому.

П: Утверждения биографии содержат ЗЛКИКГОС и клевету на интеллигенцию.

О:

П:

О: Никто не будет читать   Уверена

С: Скажите, Окулова, когда, в какое время и по каким причинам у Вас
собирались Ваши знакомые? Были какие-то определенные дни, когда
происходили встречи?

О: Да. это был поши год, 14 сентября, дни рождения сыновей.

С: Был ли какой-нибудь порядок встреч?

О: Было то и другое.

С: У Вас дома люди собирались для празднования юбилеев, отмечали даты,
или был иной порядок встреч?

О: У меня дома устраивались литературные вечера.

С: То есть встречи у Вас дома носили не бытовую, не семейную окраску...
Были ли постоянные дни недели для встреч?

О: Обычно по воскресеньям собирались знакомые.

С: У Вас был определенный день или друзья могли придти в любой?

О: Друзья могли придти в любой момент.

С: А кроме любого?

О: Были еще и литературные вечера. В 1976 году это были среды, которые
начались с празднования юбилея Хармса...

С: Кого?

О: Даниила Ивановича Хармса, одного из интереснейших поэтов-обернутов.
Мы устраивали чтение его произведений.

С: Вы не отвечаете на вопрос: были ли у Вас определенные дни для встре-
чи с друзьями по ул.Жуковского, д.19, кв. 10?

О: Да, был, среда.

С: Иногда или постоянно?

О: Насколько удобно было мне. Были среды, потом пятницы.

С: Бывали ли у Вас постоянные посетители?

С: Да, музыканты, художники, литераторы.

С: Назовите фамилии.

О: Я отказываюсь это сделать. Вам это не интересно с литературной точ-
ки...

С: Не будем же мы с Вами выяснить каждый вопрос. Проще и экономичнее
Вы можете ответить на этот вопрос?

О: Нет.

С: Кто был постоянным посетителем Ваших вечеров? Бывал ли Трифонов?

О: Бывал.

С: Филимонов?

О: Бывал.

С: Синявин?

О: Бывал.

С: Наталья Лесниченко?

О: О Лесниченко я не буду говорить. Она не является участником про-
цесса.

С: Сборник "Лепта" был составлен при Вашем участии?

О: Да.

С: Он был реализован, опубликован?

О: Он был представлен в Союз писателей, а затем в Ленинградское отде-
ление издательства "Советский писатель". Были две рецензии – поло-
жительная и отрицательная...

С: Ответьте, он был опубликован или нет?
О: Нет.
С: Что явилось предпосылкой для создания сборника "Мера времени"?
О: Неудача с опубликованием "Ленты". Пришлось отказаться от идеи публикации вообще.
С: Для какой цели создавался сборник?
О: Он создавался без расчета на публикацию. Это должно было быть уникальное издание. Каждый автор приносил свои рукописи в определенном количестве.
С: Не менее скольки экземпляров?
О: Не менее 10-12.
С: Машинописный текст или какой-нибудь иной?
О: Каждый должен был приносить свои произведения в 10 экземплярах. Кое-кто от руки, большую часть машинописным.
С: Но, как правило, рукописные?
О: Да, в этом вся прелесть.
С: Только в этом "вся прелесть"? Для Вас имело значение, в каком виде и в каком количестве?
О: В "Проекте все написано".
С: Но Вы считаетесь активным членом редколлегии?
О: Поясню проект. Каждому автору предоставлялось 10 страниц. На них он располагался, как ему заблагорассудится.
С: Кто автор "Проекта альманаха "Мера времени"?   при подготовке идеи создания?
О: Я уже отвечала.
С: Ответьте еще раз.
О: Дело в том, что Синявин взял это на себя. Идея этого альманаха была идеей Синявина. Он представлял себе этот альманах отчетливее всех.
С: Кто еще?
О: Общественная редколлегия, выбранная общим собранием поэтов, представителей так называемой / второй культуры", второй литературной действительности, и художников – членов ТОВ: художник Вадим Филимонов, художник Игорь Синявин, поэт Геннадий Трифонов и я.
С: Кто предложил и разработал "Проект альманаха"?
О: Проект разработал Игорь Синявин полностью. Подписан нами и размножен.
С: В скольки экземплярах Вы его сделали?
О: Я отказываюсь отвечать на этот вопрос.
С: Почему?
О: Мне не хотелось бы мотивировать отказ.
С: Он был предложен кому-нибудь для чтения? Был ли передан кому-то?
О: Все, кто хотел участвовать в альманахе, могли ознакомиться с ним...
С: Был предложен тем, кто хотел с ним ознакомиться?
О: Да.
С: Где?
О: Он лежал у меня в доме. Надо было подойти и прочесть...
С: К кому это относится?
О: К Филимонову, Синявину, Трифонову и ко мне лично.
С: Кого познакомили лично Вы?
О: Олега Волкова и Илью Рыбакова.
С: Может быть, еще кого-нибудь?
О: Нет. Отчетливо помню Волкова и Рыбакова, остальных не помню.
С: Еще кого-нибудь знакомили?
О: Конечно.
С: Были ли какие-нибудь возражения против проекта?
О: Да.
С: Какие?
О: Не помню, но возражения бывают всегда.
С: Расскажите суду более подробно о документе "Для прессы". Когда это было?
О: Это было 9 августа 76 года.
С: Объясните суду, по какой причине Вы явились в квартиру к Трифонову.

О: Я приходила к нему почти каждый день. Он был нездоров, находился в угнетенном состоянии духа.

С: Он в это время привлекался к уголовной ответственности. Вам было это известно?

О: Да.

С: За что?

О: По статье 121, части 2, и 120.

С: Это происходило накануне суда?

О: Это было просто 9 августа. Трифонов находился дома в очень плохом состоянии духа.

С: Объясните суду, этот документ Вы изготовили на квартире Трифонова, он написан Вашей рукой?

О: Он записан моей рукой лично под диктовку Трифонова.

С: Для какой цели?

О: В связи с обстоятельствами того времени. Цель — защита, помощь Трифонову, который привлекался к уголовной ответственности.

С: Защита от уголовной ответственности?

О: Да.

С: Почему этот документ, который Вы называете биографией, назван документом "для прессы"?

О: Это очень длинный разговор.

С: Вы не хотите объяснить?

О: Не хочу объяснять.

С:

О: Этот документ назван "для прессы", так как был рассчитан на помощь Трифонову, в том числе и на публикацию. Чтобы Трифонов подошел к нему со всей ответственностью.

С: Для практической помощи Трифонову и для публикации... Он был предназначен для публикации?

О: Этот документ мог быть использован прессой. Для того, чтобы из него черпать отдельные факты, которые могли быть опубликованы в прессе. Это мог быть справочный материал.

С: Для какой прессы он был предназначен?

О: Для той, которая захочет его опубликовать.

С: А конкретнее?

О: Для западной, конечно.

С: Вы отвечаете уклончиво, а ведь Вас характеризуют как лидера, как смелого человека.

О: Не будем обсуждать мои достоинства и недостатки.

С: Вы написали документ полностью под диктовку Трифонова?

О: Да.

С: Без изменений?

О: Боже упаси!

С: Почему Трифонов подписывал каждый лист?

О: Чтобы понятно было, кто диктовал.

С: В одном экземпляре он был изготовлен?

О: Этот документ был изготовлен в одном экземпляре. Другого экземпляра не было. Может быть, в двух — единственное, что можно было успеть — это подложить копирку.

С: Появилась новая версия. У Вас было много времени на переписку...

О: Точно не помню. Можно было, конечно, написать под копирку. Помню, что Трифонов подписывал.

С: Вас спрашивают, в одном экземпляре это было? Вы утверждаете, что Трифонов подписывал каждый лист?

О: Он расписывался на полях каждого экземпляра. В деле они были зашиты в корешок.

С: Вы с позицией Трифонова согласны?

О: Это его позиция.

С: Вы что, выполняли роль секретаря Трифонова?

О: Почему бы мне не стать на три часа его личным секретарем?

С: Надо полагать, что Вы не были здесь поэтом?
О: Я могу быть поэтом и работать секретарем.
С: Трифонов был арестован?
О: Он пропал 9 августа. Его матушка волновалась, звонила следователю.
   Тот ответил, что он вышел с допроса.
С: Трифонов ознакомился с ф этим документом?
О: Он его диктовал!
С: Что Вы с ним сделали?
О: Положила в карман и унесла.
С: Затем?
О: Положила в стол.
С: Что дальше, были у Вас какие-то планы, познакомили кого-нибудь с
   этим документом?
О: Скорее всего, кроме никого. Нет, никого.
С: Может быть, вы не хотите назвать?
О: Не помню, чтобы я кого-нибудь с ним знакомила

С: Теперь про "Анкету". Кто Вам ее изложил?
О: Анкета составлена Игорем Синявиным.
С: Кто, кроме Вас, был знаком с "Анкетой"?
О: Не знаю.
С: Какая цель этой анкеты?
О: Это материал для будущей книги. Синявин собирался написать книгу о
   "второй культуре". Для личных творческих целей.
С: Но не для сборника?
О: Для личного творчества Игоря Синявина.
С: Вы ответили на эту "Анкету"?
О: Да.
С: Кто еще отвечал на эту анкету, Вам известно?
О: Нет.
С: Как Вы сами расцениваете свои ответы? Вы не усматриваете в них ни-
   каких ложных клеветнических измышлений?
О: Я рассматриваю их как свою суть, как свои убеждения.
С: Это ваша суть?
О: Да. В них нет никакой клеветы, здесь одна только правда.
Заседатель: Вы избранная редколлегия?
О: Да, на общем собрании авторов сборника "Лента" и художников ТЭВ.
Заседатель: Сколько человек было на общем собрании?
О: Это было собрание авторов "Ленты" и художников ТЭВ.
З: Вас было больше четырех?
О: Разумеется.
З: На этом собрании вы составили проект. Сколько экземпляров Вы долж-
   ны были подать?
О: Я не печатала, у меня в то время не было машинки. Мне неизвестно.
С: У вас, тов. прокурор, есть вопросы к подсудимой?
П: Нет.

                        Перерыв.

С: Доставлен свидетель Вадим Филимонов.
   Свидетель Филимонов, встаньте. Ваша фамилия? Филимонов?
В: Да.
С: Вадим Иванович?
В: Да.
С: Какого года рождения?
В: 1947.
С: Уроженец?
В: Города Ярославля.
С: Суд предупреждает Вас об ответственности за дачу ложных показаний
   и за отказ от дачи показаний по ст.ст. 180,181 — до двух лет гра-
   жданского заключения.
В: По какому делу я вызван?

С: Я по делу Окуловой. Вам понятна ответственность? Распишитесь, что Вы предупреждены.

Ф: Отказываюсь.

С: Почему? Суд еще раз разъясняет Вам, что Вы за дачу ложных показаний можете быть привлечены к уголовной ответственности. Ну так что же?

Ф: Отказываюсь.

С: Вы можете объяснить суду Ваш отказ?

Ф: Я не знаю, по какому поводу я здесь нахожусь.

С: Вы вызваны в суд для дачи показаний как свидетель. Речь идет об ответственности за дачу ложных показаний и предупреждении Вас об этом.

Ф: Я принял к сведению.

С: Этого недостаточно. Не будем терять время. Что же, будем сидеть и ждать? Вы не хотите говорить? Боитесь, что скажете не то, и по вредите Окуловой?

Ф: Я не отказываюсь говорить.

С: Вы должны подчиниться закону.

Ф: Ах да, я забыл, что я должен подчиниться закону. /Расписывается/

С: Вы Окулову знаете?

Ф: Знаю.

С: Она обвиняется в изготовлении и распространении ряда документов, содержащих АНТИКГОС.

Ф: Я не совсем понял, в чем она обвиняется.

С: Вы давали показания на предварительном следствии. Вы Окулову знаете? Когда и при каких обстоятельствах Вы познакомились?

Ф: Мне кажется, около года тому назад.

С: Кто познакомил?

Ф: Не помню. У нее на квартире.

С: Вы часто там бывали?

Ф: Три раза.

С: Чем были вызваны эти встречи?

Ф:

С: Был определенный день для посещений?

Ф: Не знаю. Я приходил по средам.

С: А кто-нибудь бывал еще?

С: Мне трудно припомнить.

С: Кто-нибудь бывал еще?

Ф: Я не хочу отвечать на этот вопрос.

С: Неужели Вы хотите усугубить свое положение? Вы предупреждены. Отвечайте, был ли кто-нибудь еще?

Ф: Квартира коммунальная. Конечно, кто-нибудь еще был.

С: Вас не спрашивают, кто был у соседей. А на площади, занимаемой принадлежащей Окуловой, в ее комнатах кто бывал у Окуловой?

Ф: Но могу назвать этих людей, так как не знал, кто был.

С: Не знаете по фамилии?

Ф: Да, знаю только в лицо.

С: Как же Вы обращались друг к другу?

Ф: Я мало разговаривал. Я заходил на короткое время.

С: Для какой цели Вы приходили к Окуловой?

Ф: Послушать стихи.

С: Их читала сама Юлия Николаевна? Кто-нибудь еще читал стихи?

Ф: Не помню. Был еще Слянкин.

С: Слянкина Вы вспомнили. А кто еще был?

Ф: Больше никого не помню.

С: Что Вам известно о документе "Проект альманаха "Мера времени"?

Ф: Это проект издания сборника стихов и графики.

С: Что это за проект? Что он предусматривал? Для чего создан?

Ф: Сборник не был осуществлен.

С: Я спрашиваю не о том. Кто готовил этот документ?

Ф: Не помню.

С: Для какой цели?

С: Цель одна – сделать сборник стихов и графики.
С: Чьи это должны были быть стихи, чья графика, чьи произведения?
О: Поэтов, художников. Наших.
С: Кто решил сделать сборник?
О: Не знаю.
С: На предварительном ещё следствии Вы говорили, что он составлен "мной, Окуловой и Синявиным". К Вам обращался Синявин за помощью в составлении?
Ф: Я подписывал, так как был один из составителей.
С: И Окулова тоже?
Ф: И она.
С: Была Окулова и был Синявин?
Ф: Да.
С: Что Вы предусматривали в этом проекте?
Ф: Составить сборник поэзии и графики.
С: Кроме Вас, кто-нибудь решал этот вопрос, или вы втроем? Кто появил инициативу в создании? Или все решалось на общем собрании?
Ф: Не знаю.
С: Был ли документ взят у Вас?
Ф: КГБ взяло его во время отбывания мной 15-ти суток на Каляева.
С: За что Вы сидите?
Ф: По ложным свидетельским показаниям.
С: Я не это спрашиваю. Отвечайте на вопрос.
Ф: Мелкое хулиганство, ст.206. По ложным показаниям.
С: Я не спрашиваю, правдивым или не правдивым. А что изъято?
Ф: Не знаю, когда.
С: Проект "АВ" Вам Окулова передала?
Ф: Я взял себе сам.
С: Для каких целей Вы взяли "Проект"?
Ф: Чтобы помнить.
С: Считаете ли Вы, что в этом документе содержится ЗАКЛЮГОС?
Ф: Никаких.
С: /цитирует/   свойственного бюрократическим организациям.
   Помните?
Ф: Это отрывок из "Проекта".
С: Он содержится в проекте?
Ф: Да.
С: Этот документ, который рассматривается как клеветнический (и т.п.) соответствует нашим убеждениям?
Ф: Считаю, что он соответствует действительности.
С: Вы намерены были опубликовать его или намерены были открыть вопрос о публиковании этого сборника?
Ф: Лично я не собирался, проект определял чисто творческие регионы
С: В каких количествах был изготовлен проект? Для кого он предназначен?
Ф: Не знаю.
С: У Вас что, плохая память?
Ф: Это не в моей компетенции.
С: Что значит "не в Вашей компетенции"?
Ф: Тогда об этом речи не шло.
С: Это записано в проекте, Вам был предъявлен на предварительном следствии.
Ф: По-моему, было
С: Как распространялся проект? Среди круга знакомых?
Ф: При мне вопросы распространения не обсуждались./
С: Представитель гос.обвинения, у Вас будут вопросы к свидетелю?
Д: Как охарактеризовать участие Окуловой в изготовлении проекта? Она была активным участником или просто подписала?
Ф: На этот вопрос я отвечать не буду.
С: Напрасно. подсудимый имеет право не давать показаний, а Вы как

свидетель, такими правами не пользуетесь. Вам понятен вопрос?

Ф: Нет.

П: Как Вы можете определить свое отношение и отношение Окуловой к "проекту"?

Ф: Я отказываюсь от оценки.

П: Ее роль такая же, как Ваша. Вы – подписывали.

Ф: Я не знаю, что я как-то делал. На этот вопрос может ответить сама Юля.

П: Вы обсуждали материалы сборника? Куда вы собрались поместить этот проект?

Ф: Нет, мы не успели.

П: Что поместили в сборник?

Ф: Сборника нет.

С: Вас спрашивают не о Вашем участии, а об участии подсудимой Окуловой. Зачитываю Вам Ваши показания на предварительном следствии. Лист дела № 52 от 21 сентября 1976 г.

Ф: Какого?

С: Вы были доставлены на допрос из спецприемника.
/Зачитывает показания Филимонова/
"Для прессы"
Ряд художников левого направления   ТЭВ
в этот период собираются в мастерских

Вы полностью подтверждаете свои показания?

Ф: Да.

С: Подсудимая Окулова, встаньте. У Вас есть вопросы к свидетелю Филимонову?

О: Нет, я согласна с его показаниями.

С: Пригласите свидетеля Андреева.
/Входит Андреев/
Ваше имя?

А: Андреев Юрий Демьянович.

С: Где Вы проживаете?

А: Седьмая Советская, 7, квартира 45.

С: Вы работаете?

А: Не работаю. Какое это имеет отношение к настоящему делу?

С: С какого времени не работаете?

А: Седьмая Советская, д.7 кв.45

С: Сд какого времени?

А: Седьмая Советская...

С: Сколько раз Вы будете повторять это?

А: До бесконечности.

С: Пожалуйста, ведите себя прилично, без дерзости. Суд Вас предупреждает об ответственности (идет обычная процедура).
Что Вам известно по делу Окуловой?

А: Что Вас интересует?

С: Подтвердите показания на предварительном следствии. Вы их помните?

А: С Окуловой Юлей Николаевной мы знакомы более 10-ти лет. За это время она выросла как поэтесса. Она всегда писала прекрасные стихи. Я очень люблю ее поэзию, ее семью, ее мужа. В Юлии Николаевне много прекрасных качеств, как в поэте, так и в гражданине.

С: Часто ли Вы бывали у нее?

А: Мы ходили друг к другу в гости.

С: На литературных средах Вы были?

А: Ивам.

П: Они носили литературный характер?

С: Вы знакомились с проектом?

А: В мое отсутствие в доме была обнаружена при обыске сумка, в которой находились какие-то бумаги. Среди них был сборник.

С: Как его название?

С: Откуда Вам это известно?

А: Со слов следователя Волошенюка. Следователь пытался продемонстрировать, что в нем было. Со сборником я не знаком.
Синявин оставил у нас свою сумку до следующего дня, чтобы отнести ее на таможню. В нашей семье не принято интересоваться чужими бумагами.

С: Вы были на квартире у Окуловой? Не приходилось ли Вам там знакомиться с какими-нибудь документами?

А: Да, я читал Влиин стихи.

С: А кроме поэзии, не приходилось читать документы, содержащие взгляды на литературу, искусство?

А: Я не могу сказать, что Влия занималась публицистикой. Я заявляю, что Влия прежде всего поэт, а как публициста я ее не знаю.

С: Подсудимая Окулова, встаньте. У Вас будут вопросы к свидетелю Андрееву?

О: Нет.

С: Попросите свидетеля Трифонова.

А: Я хотел бы добавить...

С: Потом, после допроса Трифонова.
Ваше имя, фамилия, отчество?

Т: Трифонов Геннадий Николаевич.

С: Год рождения?

Т: 1945.

С: Уроженец?

Т: гор. Ленинграда.

С: Где Вы работали?

Т: В институте огнеупоров лаборантом.

С: Свидетель Трифонов, суд предупреждает Вас (идет обычная процедура).
Расскажите, что Вам известно по делу Окуловой.

Т: Я не знаю этого дела.

С: Не перебивайте. Это элементарная вежливость.

Т: За эти пять месяцев, которые я нахожусь в заключении, под стражей, я забыл, что такое элементарная вежливость и правила вежливости.

С: Вы клевещете на себя.

Т: За это время у меня было более 20 допросов, тремя (четырьмя) следователями; разными, — что Вы имеете в виду?
Я отказался от дачи показаний.   ... текст...
С 13 декабря я объявил голодовку... Письмо Луису Корвалану...

С: На предварительном следствии Вы давали показания, Вы их должны подтвердить.

Т: Видите ли, я попал в самое некрасивое положение: я не помню, что и когда было сказано мной, когда я допрашивался и по какому делу.

С: Вот мы и разговорились...

Т: И несколько месяцев молчал.

С: Давайте продолжим.

Т: Я знаю Окулову с 1972 года. Я познакомился с ней на вечерах поэзии. Юлия Николаевна бесконечно добрый человек, страстно преданный искусству, что и составляю предмет нашей дружбы. Она талантливый человек и интересный собеседник. Я жду вопроса.

С: Вы ждете наших пояснений.

Т: Сначала мы встречались у Константина Константиновича Кузьминского после его отъезда люди, любящие слово, стали собираться у Юлии Николаевны Вознесенской. Этот дом был широко гостеприимен. В этом доме мы могли обсудить интересующие нас проблемы и современной литературы и современного искусства. Она взяла на себя огромный труд, продолжить в своем доме хорошую традицию. Мы нашли в этом доме то, что потеряли с отъездом Кости. Поскольку люди там собирались вкусные, среди которых были поэты и художники, и для того, чтобы утвердиться как поэту, как художнику и как человеку, нужен был читатель. Мы создали идею сборника стихов, а затем предложить его в издательству.

С: Кто мы?

Т: поэты.

С: И вы решили сделать сборник, который называется "Лента". Предлага-

ли вы его какому-нибудь издательству?
Т:
С: Не надо задавать суду вопрооов.
Т: Я уголовный заключенный. Я убедился за эти месяцы, что предела нет, что нет предела человеческой глупости. С 13 декабря я голодаю...
С: Оставьте это, пожалуйста...
Т: Этот сборник был рассмотрен издательством, но были неимоверно длинные сроки. Мы обошли все учреждения, вложив в эти попытки много сил, много души. Мы обращались в ЛО СП. На сборник было получено две рецензии: положительная и отрицательная - профессора от литературы Выходцева. Мы получили ответ от главного редактора "Совписа". И мы поняли, что перед нами течение, которого не перейти. Мы вынуждены были поставить точку на этом и думать о реальном выходе к читателю. Когда мы поняли, что с "Лептой" ничего не получится и напечатана она быть не может, мы, представители второй культуры, на одном из собраний авторов "Лепты" решили создать сборник "Мера времени" мы приступили к его созданию, но не успели ничего сделать - нас прибрали к рукам. Поэзия перешла в прозу довольно дурного свойства.
С: Что Вам еще известно?
Т: "Мера времени" не была сделана.
С: Окулова принимала участие в создании "Проекта"?
Т: Да, принимала.
С: Активное или пассивное?
Т: Эти прилагательные вызывают у меня ассоциации.

/шум в зале/

С: Отвечайте на вопрос.
Т: Да, активное.
С: Что Вам известно по этому поводу "Ответов на 37 вопросов к друзьям"?
Т: Там была уйма вопросов. Я ответил на все серьезно.
С: Вы отнеслись к ним положительно?
Т: Да.
С: Кому Вы их передавали? Синяшину? Он был автором сборника?
Т: Да, Синяшину.
С: Кому Окулова отдала свои ответы?
Т: Синяшину.
С: Вы знакомились с ответами Окуловой?
Т: Да, я их читал. Юлия Николаевна мне их показывала.
С: Что Вам известно о документе "Для прессы"?
Т: Такого рода документов было много. О каком именно идет речь?
С: Я говорю о том, который был посвящен Трифонову и назывался "Для прессы".
Т: Мне было известно, что он составлен.
С: На предварительном следствии вы давали показания. Вы их подтверждаете?
Т: Надо учесть мое состояние на предварительном следствии. Меня много раз допрашивали. Плохо, что это не учитывается судом.
С: Не следует делать поправки суду. Вы физически здоровы. Вы уже говорили, что подтверждаете свои показания. Еще раз расскажите суду, что Вам известно о документе "Для прессы". Кто составил этот документ? Что вам известно по этому поводу?
Т: Собственно, ничего.
С: На каком основании и в связи с чем был написан этот документ? Где он был написан?
Т: В Ленинграде. На моей квартире. Составлен и адресован прессе.
С: О ком?
Т: О Трифонове.
С: В связи с чем?
Т: В связи с Трифоновым.
С: Понятно, что не о Вас.
Т:

Т: Я и есть Трифонов.
С: В связи с какими обстоятельствами он был составлен?
Т: Мои состоятельства были тяжелы, не лучезарны.
С: Чем было вызвано ваше состояние?
Т: Возбуждением против меня уголовного дела.
С: Кто составлял документ?
Т: Это что — существенно?
С: Составляли ли вы или кто-нибудь другой? Может быть, Окулова?
Т: Это вопрос интимного свойства.
С: Мы можем продолжать заседание при закрытых дверях.
В: Имеются два дневника... ... Закрепить...
С: Составляла Окулова?
Т: Да, она писала.
С: Она писала под вашу диктовку?
Т: Да.
С: Для какой прессы он был составлен?
Т: Для демократической.
С: Это было сделано для того, чтобы оказать Вам помощь?
Т: Этого я не помню.
С: Подсудимая Окулова, у Вас есть вопросы к Трифонову?
О: Да, Геня, ты знаешь, что меня взяли по твоему ложному доносу?
Т: Я не писал ложного доноса.
С: Что Вы называете ложным доносом?
О: Его показания от 5 сентября.
С: Он давал показания или сделал донос?
О: От 7 и 8 сентября.
С: Он не считает их ложными, Вы считаете их правдивыми?
Т: Я не давал ложных показаний
   Я хотел бы после допроса ознакомиться с какой-либо копией.
О: Я хочу спросить, что он может сказать по поводу этих ложных показаний. Что заставило его дать ложные показания?
Т: то, что я рассказывал
О: У меня есть ходатайство к суду. Я хочу возбудить дело против Трифонова о его ложных показаниях.
С: Вот Вы отказались от помощи адвоката. Вам будет трудно...
   Нет ли у Вас еще вопросы к Трифонову?
О: Нет.
С: Прошу увести свидетеля Трифонова и вызвать свидетеля Борисову.
С: Свидетель Борисова, ваше имя?
Борисова Елена Павловна.
С: Адрес?
В: Верность 28, к.1, кв.№ 135.
С: Что Вам известно по делу Окуловой?
В: По никому лежит
С: Вы давали показания на предварительном следствии.
В: Я давала показания по делу в ОБ.
С: По каким дням вас допрашивали?
В: Старались поговорить со мной о бумагах, которые были найдены в на-(
   шей квартире при обыске у моего сына. Там есть мои показания, что
   мне о них ничего нет известно. Но мои показания мне не давали читать
С: Кто принес эти бумаги?
В: Мне это неизвестно. Может быть, друзья сына. Я их не знаю, кто при-
   нес эти бумаги, мне неизвестно.
С: Но Вы их читали?
В: Нет, я их не читала.
С: Но после обыска Вы спрашивали Вашего сына? Он дал Вам объяснения?
В: Да, я спрашивала его. Он сказал, что это не его документы, и нет
   сказал, откуда они появились.
С: Есть вопросы к свидетелю Борисовой?
О: Вы подсудимую Окулову знаете?
В: Окулову не знаю. А Клару Николаевну знаю. Я видела ее несколько раз

и то мельком. Мой сын знает ее, вызовите его свидетелем по этому
делу. Суду известно, что он находится в больнице.
С: Хорошо, Борисова, Вы свободны.
Вызовите свидетеля Рыбакова.
Свидетель Рыбаков, Ваше имя?
Р: Рыбаков Юрий Андреевич.
С: Уроженец?
Р: Уроженец гор.Норильска Кемеровской области.
С: Вам понятно, что суду нужно говорить только правду?
Р: Да.
(обычная процедура)
С: Подсудимая Окулова, свидетель Рыбаков вызван по Вашему ходатайству.
Вы будете задавать ему вопросы?
О: Я хотела бы, чтобы ты рассказал о документе "Для прессы".
9 августа. про Трифонова.
С: Подсудимая, Вы подсказываете ответ - это недопустимо.
Что Вам известно об этом документе? Вы сами читали этот документ?
Р: Мне известно о нем со слов Окуловой. Это была биография Трифонова.
Она была составлена для адвоката.
С: Уточните, Вы говорите, что он для адвоката, я назвал ей "для прессы".
Р: За давностью событий я не помню, как он называется.
О: Показания свидетеля верные, потому что он действительно не знал,
как называется документ.
С: Окулова, Вы показали, что фрагменты из этого документа могли быть
использованы для прессы.
О: Я сказала, что они были сделаны для защиты. Рыбаков говорит о бо-
лее узком значении этого слова. Самого документа он не читал, поэтому
ему его полное назначение ему было неизвестно.
С: Скажите, Рыбаков, Вам известна дальнейшая судьба документа?
Р: После ареста Трифонова часть сумм была отослана к Борисову. Мне
известно только, что документ о Трифонове готовился для адвоката.
С: Речь идет о том, с какой целью, для чего готовился документ, имену-
емый "для прессы".
Р: Для адвоката или, точнее, для защиты.
С: Назван этот документ "для прессы", Вам известно, что он предназна-
чался для публикации за границей?
Р: Значит, это моя ошибка, возможно, эти документы могли быть исполь-
зованы и для этого.
С: Помимо этого документа, известно ли Вам что-нибудь о проекте сбор-
ника "Лера времени"? Кто его организатор?
Р: Слышал. Один раз я услышал от Слинкина об этом сборнике. Он пока-
зал мне этот проект на собрании художников членов ТОВ. В сборнике
должны были участвовать поэты и художники.
С: Он предназначался для печати?
Р: Поскольку я помню, этот сборник предназначался для людей своего
круга.
С: Скажите, в чем участие Окуловой?
Р: Конкретно? Она предложила мне участвовать в альманахе.

С: Сейчас проект альманаха читали?
Р: Да.
С: Предусматривает ли он определенные изменения?
Р: Нет.
С: У прокурора есть вопросы?
П: Кто дали Вам читать проект?
Р: Слинкин.
П: Какого содержание документа для прессы?
Р: Не знал.
                    /Рыбакова уводят/
С: Свидетель Андреев, Вы хотели сделать дополнение к своим показаниям.
пожалуйста.

А: В сентябре 1976 г. у нас с Юлией Николаевной был разговор о том, что

написать его биографию.

С: О том, что она написала под его диктовку?

А: Да. Речь идет о биографии Трифонова, о его творчестве в КТБ.

О: Я не хочу, чтобы кто-нибудь мог подумать, что я пытаюсь переложить
ответственность на Игоря Синявина. В деле есть его показания, я
прошу зачитать их.

Судья читает показания Синявина от 22 /?/ сентября 1976 г.

Рыбакова, Волкова, Окулову, Лесниченко я хорошо знаю. Познакомились
с каждым из них в различное время. Волкова знаю 10—12 лет. Рыбакова
узнал год назад. Они также как и я являются художниками, разговоры
у нас были об искусстве и затрагивали вопросы организации выставок.

В моем присутствии они говорили, что привлекаются к уголовной ответ-
ственности по делу антисоветских надписей. Юлия Николаевна сказала
мне, что Рыбаков, Волков и Лесниченко признали свою вину и дали по-
казания. Хочу сразу сказать, что был поражен, потому что никогда не
мог предположить, чтобы они решились на такое дело. Когда Лесничен-
ко была освобождена из-под стражи, во второй половине сентября 1976
года, идя по улице, я встретил Лесниченко и заговорил с ней и спро-
сил, действительно ли она, Рыбаков и Волков учинили эти надписи. Я
сейчас не помню точно ее фразы, но она дала понять, что надписи сде-
ланы Рыбаковым, Волковым и ею — Лесниченко.

В мае 1976 года у меня возникла идея собрать маленькие произведе-
ния различных авторов и сделать сборник. Назвал его "Петербургские
встречи". В данном сборнике я хотел оказать помощь в осуществлении
их творческой деятельности.
И решил написать книгу, и которую были бы включены иллюстрации ху-
дожников. Я написал анкету, и ответы на вопросы должен был поместить
в свою книгу. Я попросил Окулову ответить на эти мои вопросы. На-
верное, через месяц, я получил ответы. О распространении анкеты све-
дениями я не располагал.

С: Окулова, Вы давали ответы на анкету, не зная, что он собирается вклю-
чить ее в сборник?

О: Тогда он говорил мне, что хочет написать книгу. Эта анкета могла
быть материалом для книги.

С: Суд решил ~~вавоввывававававкхиимм~~ закончить дело в отсутствие сви-
детеля Митяшиной. Окулова, у вас на чердаке были обнаружены матери-
алы?

О: Да, на чердаке был тайник, который был вскрыт.

С: Какие материалы там хранились?

О: Там хранилась переписка по сборнику "Лепта", там было много произве-
дений, которыми я дорожила.

С: Почему вы устроили тайник?

О: Я очень дорожила этими материалами.

С: Судебное разбирательство закончено в отсутствие свидетеля Митяшиной.

Речь прокурора

Дело не представляет особой сложности. Не подвергается сомнению, что
Окулова позволяла себе ~~лишнего~~, в чем вы сами убедились, слушая это
уголовное дело. Окулова систематически изготовляла различные документы
с целью их распространения и распространяла их среди своих знакомых.
Предварительное следствие обнаружило три таких документа.
Одно из них было изготовлено в апреле 1975 года, так называемый про-
ект "Мера времени", в котором содержится ~~клевета~~. Все материалы дела
подтверждают это. Свидетели Филимонов, Синявин, Трифонов, Рыбаков так-

же подтвердили это и ту роль, которую играла Окулова. Кроме того, Окулова активно раздавала эти материалы своим знакомым, она от этого не отказывается, подтверждают это и свидетели.

В мае 1976 года Окулова изготовила и распространила "Ответы на анкету к друзьям", предложенные Синявиным. По своему содержанию этот документ содержит ЗАКИНОТО. "Ответы" были помещены Синявиным в сборник, который он передал Андрееву, на квартире у которого он и были изъяты. Показания Синявина подтверждают, что именно Окулова изготовила эти ответы и передала ему.

Со слов св.Трифонова известно, что Окулова участвовала в изготовлении документа под названием "Ответы на анкету" для передачи этого произведения Синявину, а также она ознакомила его с этим документом.

Авторство Окуловой установлено экспертизой.

В августе 1976 г. изготовила и распространила документ, содержащий ЗАКИНОТО, "Для прессы". Этот документ был изъят на квартире у Бойко на 13 сентября с.г. Окулова не отрицает своего не сознательного участия в изготовлении этого документа под диктовку Трифонова. Свид.Трифонов подтвердил факт написания этого документа Окуловой.

Авторство Окуловой установила экспертиза.

Несмотря на то, что Окулова на предварительном следствии отрицала свою вину, тем не менее она по существу дела не отрицает, что изготовляла документы, содержащие ЗАКИНОТО.

Обратимся к личности Окуловой. По прежним местам работы характеризуется в целом положительно, нарушения трудовой дисциплины не было.

Органами следствия действия Окуловой квалифицируются как ЗАКИНОТО статьей 190-1. Считаю данную квалификацию правильной. Это дает основание объявить Окулову Алию Николаевну ..... что она обвиняется в том, что в 1976 г. в гор.Ленинграде систематически изготовляла ЗАКИ..

А именно, в апреле 1976 г. - "Проект сборника стихов и графики "Времена", содержащий ЗАКИНОТО и распространяла их среди своих знакомых Филимонова, Андреева, Синявина.

В мае изготовила "Ответы на анкету", содержащие ЗАКИНОТО, и передала их гр.Синявину.

В августе 76 изготовила так называемый документ "Для прессы", содержащий ЗАКИНОТО, и передала его своим знакомым.

Статья уголовного кодекса РСФСР предусматривает наказание до трех лет тюремного заключения.

Учитывая, что находящимся у подсудимой двое несовершеннолетних детей и что подсудимую надо трудоустроить, что, на мой взгляд, обстоятельство чрезвычайно важное и во многом определяет позицию суда. Считаю возможным применить ст.43 УК РСФСР и прошу суд о мере наказания мягче минимальной, которая предусмотрена по ст.190-1. Прошу суд о мере наказания в виде ссылки сроком на 5 лет.

Речь Ю.Н.Окуловой /в качестве защитника/

/Смеется/ Прошу простить мне мой смех, но слышать рядом слова "гуманность", "несовершеннолетние дети" и "пять лет ссылки" - стыдно.

Статья 190-1 говорит об изготовлении и распространении заведомо ложных клеветнических измышлений, порочащих государственный и общественный строй СССР. Еще много говорилось о распространении и изготовлении документов, в которых я принимала активное участие.

Судебное следствие выявило несколько иную картину, чем та, которая была нарисована в обвинительном заключении. К сожалению, это не отразилось в речи прокурора, который полностью повторил текст обвинительного заключения. Ничего не было сказано о том, что на следствии Трифонов давал ложные показания, а на суде - истинные об изготовлении документа "Для прессы". Авторство Синявина в изготовлении макета для книги "Времена" также не отмечено. Я вовсе не хочу перекладывать ответственность на чужие плечи, но брать на себя всё было бы стыдно.

Комментарий к УК РСФСР совершенно четко определяет границы того, что есть заведомо ложные клеветнические измышления, порочащие советский государственный и общественный строй:

/цитирует комментарий – проявления и т.п., акты и прочие ... см. комментарий/

... необходимо заведомо лгать. Я же могу повторить все мои ответы в суде, подтверждая каждое слово.

Это мои убеждения, моя правда. Правда нелегкая, выстраданная. Правда "второй культуры". Невозможно говорить о лжи, надо говорить о фактах и обстоятельствах – я говорю о результатах собственного опыта. Может быть, вам этот опыт неизвестен.

Поэт имеет право на контакт с читателем, и отсутствие этого контакта, невозможность его – не наша и не моя вина – это факт действительный, который можно проверить.

У меня варварским способом изъята вся наша переписка по сборнику "Лепта", которая свидетельствует о наших попытках выйти на контакт с читателем при помощи существующих организаций. В изъятых при обыске бумагах были рецензии на "Лепту", рецензии издательства: положительная и отрицательная. Отрицательная рецензия была признана в издательстве основной: сборник не увидел свет. Опыт обращения в издательства и ЛО СП – опыт нелегкий. У нас есть все основания иметь претензии как к ЛО СП, так и ко всем другим организациям, к которым мы обращались... И альманах "Мера времени" – альманах не созданный – был попыткой найти иные возможности обращения к читателю.

О документе "для прессы" – в то время, когда создавался этот документ, Трифонов диктовал его мне, у меня не было ни малейших оснований сомневаться в его правдивости, тем более, что многое подтверждалось документами. Но, как показало дальнейшее, у Трифонова богатая фантазия, насколько он ее ограничивал, мне неизвестно, я не могу этого сказать. Но и в этом случае факта ложного нет, ибо во-первых, я писала документ-биографию Трифонова под его диктовку и он расписался на каждом листе, подтверждая свои слова. Так что вопрос об изготовлении документа вообще не может быть поставлен. Я возбуждаю дело против Трифонова за дачу ложных показаний против меня.

Тот же пункт комментария к УК РСФСР гласит, что если бы даже я вот сейчас узнала, сегодня, что биография Трифонова не имеет отношения к действительности, то и это не было бы заведомо, так как это несоответствие должно было бы быть мне известно тогда, при написании биографии. Сегодняшняя перемена моего отношения к биографии Трифонова /если таковая бы имела место, существовала бы/ – никакого ким значения, согласно комментарию к УК РСФСР, для обстоятельств дела не имеет. В момент создания документа, желая помочь Трифонову, я была полностью искренна.

В том же комментарии к УК РСФСР есть такой пункт: изготовление или распространение произведений, хотя и выражающих отрицательное отношение к советской действительности, но не содержащих клеветы – не влечет за собой ответственности по ст.190-1.

Пороки и недостатки советской действительности я вижу, не считаю возможным их скрывать, считаю своим долгом говорить о них – мои слова и есть попытки говорить. Советская власть не денется на критику, и нельзя говорить о "безпорочности". Существуют серьезные недостатки, они особенно выпукло заметны в Ленинграде. Это судьбами целого поэтического поколения, поколения поэтов, которое не печатают.

По тем же Комментариям к УК РСФСР следует, что подсудимый заведомую ложность своих измышлений должен сознавать.

Я не лгу и лгать не собираюсь. Никто никогда не убедит меня, никакой суд, что мои убеждения, мой опыт не соответствуют истине. Я это осознаю отчетливо.

Говорить здесь о клевете на общественный и государственный строй немыслимо. Эти произведения не порочат, а обличают, и таким образом остается из всего обвинения одно: отрицательное отношение к советской действительности и факт написания трех произведений.

Создание этих произведений я хотела бы разделить с авторами, а не взять на себя целиком. Ответственность за....

Мне кажется весьма странным, что самая основная часть обвинения, как и в самом начале судебного заседания, так и в речи прокурора как-то затемняется и оговаривается. Самая важная часть статьи ...

Я не умею лгать, простите...

В трех документах я искренна. В них протестую против установленного порядка вещей, против официальной практики в отношении ряда поэтов, художников. То, что говорится в этих документах, является истиной. Поэтому эти документы не могут быть использованы как обвинительный материал для приговора по ст. 190-1, которая определяет состав преступления как изготовление и распространение ложного. Обвинение по этой статье я считаю оскорбительным. Это обвинение не доказано материалами следствия и судебного разбирательства.

Это обвинение с отсутствием состава преступления.

Виновной я себя не признаю и требую полного освобождения.

/Аплодисменты в зале/

Судья: Аплодисменты в судебных залах не приняты. Вам нужно знать, как следует себя вести в суде.

30 декабря

Последнее слово

По закону в своем последнем слове подсудимый имеет право обращаться не только к суду, но и к своим друзьям и родственникам. Пользуясь этим правом, я хочу обратиться к своим друзьям.

У нас был очень тяжелый год. Мы понесли много утрат, некоторые из них невосполнимы.

У меня тяжелое состояние. Идет десятый день голодовки. Я нахожусь в одиночке психиатрического отделения тюремной больницы. Я могу сказать, что даже в этих условиях я могу быть очень счастлива, находясь за стенами тюрьмы. Те высокие принципы чести, правды и дружбы, которых мы придерживались, сохранятся во всех условиях. Голодовка меня днем Геннадия Трифонов, который на несколько минут вернулся к тому, каким он был с нами. Он готов ответить за все. Это все говорит о том, что наши принципы действительно выстраданы нами и мы всегда останемся на них.

Я все время чувствую вашу поддержку, в том числе поддержку тех, кто не смог сюда прийти по независимым от них причинам. Среди них и те, кто вынужден был покинуть родину, кого уже нет с нами, как Татьяны Григорьевны Гнедич.

Я прошу передать мой поклон всем, кто хотел приехать сюда. Наташа передала Косте Кузьминскому, что я хотела приехать, но у света много сторон — я еду в другую.

Судья: Подсудимая Окулова, обращаться нужно все-таки к суду.
О: ...

    Я хочу поблагодарить всех, кто принимал участие, я все время чувствую их поддержку. Особенная благодарность Володе Борисову, которого сюда не допустили. Может быть, самую большую поддержку оказала мне Татьяна Григорьевна Гнедич. Она постоянно со мной в камере. Она помогает мне. Я пишу там стихи. Встретимся - прочту.

> Все те же мы,
> нам целый мир - чужбина.
> Отечество нам Царское Село.

Мы не меняемся.
    То, что сейчас происходит - попытка расправиться со мной за мои убеждения. В моих показаниях никогда не содержалось призывов к насилию, в них нет ни слова лжи и они не попадут под статью 190-1.
    Это были и есть мои убеждения, и, как показало вчерашнее судебное разбирательство, их разделяют мои многочисленные друзья. Ни один из свидетелей не отказался от своих слов, ни с кем не было расхождения. Были моменты, которые требовали уточнения, но они были вызваны давностью событий. Основное - это то, что ни один человек не отказался от своей подписи, даже Илья Рыбаков, который не подписывался под проектом утверждал, что там нет никакой клеветы. Люди, уже находящиеся за решеткой, не побоялись усугубить свое положение.
    Не только я, но и все мои друзья придерживаемся наших принципов. Видимо, будем придерживаться их и впредь. Речь прокурора дает основания думать, что процесс, который начался вчера, - не что иное, как расправа над моими мыслями, совестью, душой. Но можно ли мысли, совесть и душу отправить в ссылку? - все это останется со мной.
    Далее я хочу сказать о методах этой расправы. Из вчерашнего процесса видно, что следствие делалось на скорую руку. Очень многие моменты выглядели не так, как представлены в деле /в обвинительной речи прокурора/
    Весь процесс заранее изготовлен.
    Предопределена, видимо, и моя судьба, и обращаться к суду с теми или иными просьбами и ходатайствами просто бесполезно. Поэтому моя единственная просьба к суду - это разрешить мне свидание с моими родителями, мужем, сыновьями. Что касается наказания, которое воспоследует за этим процессом, то никакое наказание /в моем понимании - расправа/ меня не пугает - я готова ответить за свои слова.
    Но при всем моем уважении ко всем узникам совести, политзаключенным всего мира и особенно Советского Союза, где не существует статуса политических заключенных, я все-таки прежде всего поэт, то есть существо, органически связанное со свободой. Поэты - птицы, которые не поют в клетках. И буду бороться за каждый день свободы. Я буду отстаивать свое право отстаивать свои убеждения, право протестовать. Я хочу, чтобы все мои друзья знали: сегодня 10-ый день голодовки и она будет продолжаться до тех пор, пока мы все не встретимся снова на Куковской и я не буду снова различать вам что. У меня длинный кассационный срок - следующая инстанция - Верховный суд. И все это время я буду продолжать голодать, пусть даже полгода. Я заявляю это со всей ответственностью, пусть мои друзья знают это и верят.
    Вот почти что все. Осталось только это - еще раз повторить то,что я много уже говорила вчера: основное мое положение: я отвечаю за то, что каждое слово, вышедшее из-под моего пера - правда, одна только правда и только правда.
    Главный мой свидетель - Бог. Он мой главный защитник. И я вручаю свою судьбу не в руки суда, а в Его руки.

                            30 декабря 1976. Ленинград

я в Воркуте.

Здравствуйте, мои милые люди, феди и дети!

Наконец-то получила возможность написать вам настоящее письмо и отправить его с настоящей оказией, а то до сих пор всё были жалкие попытки зека-дилетанта, арестанта-любителя. Думаю, что ничего путного из них не вышло. Теперь за дело взялись люди более опытные.

Дети мои! Сбылась мечта идиота: я получила наконец ту самую "творческую обстановку", о необходимости которой столько раз говорила. У меня есть всё, о чём может мечтать литератор: 24 часа в сутки полностью свободного времени, чудесные друзья рядом, готовые поддержать в любую минуту и сделать для меня вещи, в местных условиях совершенно невозможные; мне не надо думать о еде, о тряпках, о деньгах, о ГБ, о проблемах Востока и Запада в свете трагического положения второй литературной действительности, мое прошлое - как хрустальный шарик на ладошке: всё видно, всё закруглено, всё сверкает, ни одна грань не стёрлась; будущего у меня сейчас нет, т.е. оно настолько уже не зависит от моих усилий и планов, что нет смысла о нем размышлять. Я совершенно свободна и счастлива! Вот именно - <u>свободна</u>. Остались кой-какие мелкие долги плохим и хорошим людям, но я знаю, что со всеми постепенно расплачусь, и даже в самое ближайшее время. Душа моя в таком равновесии, что как бы ей не упорхнуть от меня! С этого, собственно, и начались счастливые перемены в моей крестовской жизни - чуть-чуть мы с душой не расстались по взаимному согласию.

После суда меня стали держать в одной камере с сумасшедшенькими. Один раз это была белая горячка в самом черном расцвете. Этот ужас в эпистолярном жанре неописуем: трое суток - сплошной вопль, бросания на всех и на всё, поиски ножа, потому как "пора всех кончать", и ни минуты сна. А у меня криз. Чудненькое было времечко. Ну, думаю, крышка. Завтра и меня - в мокрые простынки и на пять узлов, и прости-прощай, светлый ум Ф.Н.Вознесенской! Дошла. Ходить уже не могла. Еле поднималась в постели. Тут меня и перевели из психушки на терапию. Светлая палата, громадные окна с деревьями /это после трех недель, проведенных в склепе с замурованным оконцем/, две чудесные соседки - живём душа в душу и даже без мата! И еще - много настоящих друзей, которые у меня здесь как-то незаметно появились. Ночью горит только небольшой ночник. Засадили в меня ведро глюкозы, тележку витаминов - и ожил покойничек-то! Ожил и записал, и записал /удивления - для Натали!/ - и стихи, и прозу, и даже публицистику /заметки под общим названием "Гусарская осень" с приложением некоторых документов/. Ради Бога, люди, храните всё-всё, что касается этой судебной вакханалии! Умоляю!

А теперь - на колени перед моим умением устраиваться в этой жизни! А по вечерам ей приносили в постель кофе или крепкий чай с лимоном. Ну как? А еще говорят: "Не практичная! Не от мира сего!" Я бы посмотрела, как милору Волошенку понесут кофе в камеру! Словом, господа, я в панике: боюсь, что мне уже никогда и нигде не будет по-настоящему плохо.

Кстати, порадуйтесь и за Гусара. У него тоже здесь были прекрасные отношения с аборигенами. Рассказать, как я об этом узнала? Слушайте. Однажды /это было еще на психушке/ открывается кормушка и появляется нечто огромное и усатое. "Ты - Оля?" "Я." "По 190-ой, первой?" "Да." "Если тебе что-нибудь понадобится, передай в такую-то камеру такому-то". "Спасибо, мне ничего не надо". "Так не бывает. Сигареты есть?" "Есть" "Сколько?" "Пачка" "Книги?" "Нет" "Будут" Через час передают стопку книг и сигареты. Через некоторое время выяснилось, что этого егория ко мне приставил Филимоша, когда узнал, что его собираются положить в психотделение, и велел меня беречь и всё для меня делать. Так-то.

Маленькая неточность. О деньгах должен подумать Окулов. Паша! Целый месяц меня бесперебойно снабжают сигаретами. Это при том, что я ни разу за время пребывания здесь ни у кого не попросила закурить. А как ты думаешь, те, кто меня ими снабжают регулярно и без всяких просьб, они что, Елисеевским за ними бегают? У них что, деньги лишние? Нет десятка в месяц, как у всех. Некоторые из них, кстати, не получают из

И таких егориев у меня целый штат. Иногда я даже не знаю, кто сделал то-то или прислал то-то. Вы знаете, как я всегда была счастлива в друзьях на воле, но здесь!.. Откуда?! А цена этому очень высока - риск не головой, а свободой! Я принимаю всё со спокойной благодарностью, но знаю, что не раз еще потом вспомню их со счастливыми слезами. Сейчас просто нельзя сопли распускать.

Перейдем к прозе. 20-го числа ушла в Москву моя кассационная жалоба. Ох и жалоба же жалоба! Исакова вертелась на ней две недели, всё ждала, что я опомнюсь и пришлю взамен другую, помягче. Но я, как всегда, была непреклонна. Готовлюсь к ссылке. Странное дело: никто из надзирателей не помнит случая, чтобы в ссылку отправляли из Крестов и никто не представляет, как это делается: общим этапом или под индивидуальным конвоем? Хорошо бы последнее. Не хочу, чтобы на меня ночью светили прожектора и лаяли овчарки! Впрочем, это должно быть очень кинематографично, неправда ли?

Ответ может прийти уже через две недели, а может через месяц и даже два. Но мне это безразлично. Хотя не совсем: я надеюсь, что в ссылке смогу нормально работать, но чёрт его знает... А здесь я пишу по-настоящему. А еще вот теперь смогу вам писать, да еще мне прогулки разрешили - чего же мне еще? И даже маленький, совсем крохотный архивчик у меня образовался! Король умер - да здравствует король!

Так, теперь - Трифонов. Я жду суда по 62-ому. Было бы лучше начать это дело перед самым судом. Но боюсь, что суда не будет, пока я в Ленинграде : у них есть опасения, что я на нем всентяки окажусь. У меня тоже есть такие опасения, но я должна заранее знать день суда. Есть у меня один планчик. И еще попробую связаться с Володей Б. Тогда всё пойдет, как по маслу.

Теперь о том, как вы мне пошлете ответ. 27-го числа - ни днем раньше, ни днем позже вы отправите свое письмо по адресу: Л-д 195009 Учреждение УС 45/1, больница, Взяловой Евгении Ильиничне. Это моя соседки по камере. В письмах обращайтесь к ней, к Гене, а текст гоните для меня. Естественно, ник ких подписей типа "твой любящий муж или "твой сын" быть не должно: я-то догадаюсь, кто из вас в каком чине, а опер-части это ни к чему. Пишите все новости.

Теперь просьба к Илье. Илюшечка! Голубчик! Прочти "Книгу разлук" и пришли мне свою рецензию. Будь моим выходцевым, Илюшечка! Илья, дело в том, что я книжку спихнула с плеч и больше она меня не волнует, но поскольку вы там чего-то с моими стихами затеваете, то мне уж не хотелось бы краснеть.

Ну вот, друзья мои, как я ни мельчила, а бумага кончается, а не всё еще сказано. Главное вот: я вас всех очень люблю и радуюсь, что вы у меня есть. Берегите пятавку, берегите друг друга! Единственная моя тоска, это знать, что некоторых из вас я уже никогда не увижу. Но кого? Вот этого я не знаю. От этого предчувствия мои мысли о вас всегда чуть-чуть печальны. Я надеюсь, что тех, кого еще увижу, будет больше, чем тех, с кем я простилась уже навеки. Не забывайте меня!

Юлия

22.01.77.

дому и редач, и на эту злосчастную десятку они только и могут подкормиться. Голодно здесь не только я - все, в общем-то. Ты извини, что я порчу, но я еще когда передала через В.А., чтобы денежку прислали! Вторник за вторником проходит дни выписки, а я по-прежнему по части сигарет - дочь полка.

Привет тебе, декабрьский муж!

Ефим Абрамович с умилением рассказал мне, что ты собираешься следовать за мною в Сибирь. Ну почему так уж сразу и Сибирь, друг мой? Это чтобы меня догонять подольше или чтобы меня загнали подальше? А?

Если меня загонят туда, куда Макар телят гоняет, т.е. не очень далеко, то я тебе сразу же оттуда напишу, скажу, что мне нужно привезти, и ты приедешь ко мне в гости. Если же далеко, то не стоит. Нельзя надолго оставлять детей.

Папа! Скоро тебе позвонят и пригласят на свидание. Беги со всех ног! Тебе передадут законченную здесь "Книгу разлук". Она готова в печать. Можете послать Косте, можете на Мадагаскар. Мне наплевать - книга окончена! Сейчас пишу прозу. Получается что-то вроде сценария. Называется "Диссидентский роман". Пишу знаешь, как? Помнишь "записи по фильму"? Вот так. Я мысленно прокручиваю эпизод фильма, очищаю его от мусора, строго каждый кадр, правлю диалоги, ищу музыку. Когда все готово, просматриваю уже готовый эпизод, а потом + записываю! Нет ничего проще, а всё получается! Интересно!! Половина работы идет без бумаги: лежу себе с закрытыми глазами и кручу фильм. Цветной, с приключениями, погонями, картинами авангардистов, с музыкой /тоже моя, конечно!/. А потом - на бумагу.

Папа, к моим стихам, в том числе к доработке "Книги разлук", если таковая окажется необходимой, разрешаю подходить следующим лицам, но каждому со своим допуском:

Илье - 100%
Володе Борисову - 50% /т.е. под контролем Ильи/
Тебе - 70% /под руководством Ильи/.

Конечно, если бы за дело взялся Илья, я могла бы этой книгой уже не интересоваться: я ему доверяю как себе. Больше никто во мне ничего не понимает.

Папа, я не стала писать дополнений к кассационной: руко не пошла. Неохота. Ничего не могла с собой поделать. Не могу я говорить о детях тому, кто рад был бы искоренить зло до 7-ого колена. Не могу я спорить с этой женщиной! Пускай сидит.

Целую. Спасибо за всё. Юлия.

/Слева, на полях/

Па! Мне нужна денежка. Долго я буду курить чужие сигареты? Месяц на иждивении.

КРОВЬ, О КОТОРОЙ ЗАПРЕЩЕНО ГОВОРИТЬ

одном из провинциальных ...цков, в актовом зале мест-...школы стоят 17 цинковых ...в. Над ними кумачовая ... с надписью "Пал при ис...и интернационального ...". Почетный караул — из ... пионеров. В гробах — вче...е десятиклассники, бро...е заботливой рукой прави...ва в кровавое месиво аф...ой авантюры...

...м известно только об од...случае отдания послед...ей советским солдатам, ...в этой войне. Прочие ...шие в Афганистане умира...по секрету". С недавнего ...ни не везут и цинковые ...оде с мрачным юмором на...от "афганскими консерва...Павших хоронят в братских ...не так-то просто.

...терей погибших сразу же ... вручения "похоронки" за...вызывают в КГБ, где ...ежливо втолковывают, что ...остраняться о случившемся ...оит, "а то сами понимаете, ...может случиться..." Совет...газеты не приводят также ...и награжденных (если та...е имеются) или просто от...шихся в этой колониаль...ойне.

...все же солдаты из Афгани...возвращаются — кто на ле..., кого демобилизуют — и ...ыть этот источник инфор...не так-то просто.

... применении в Афганистане ...ческого оружия мы узнали ...едине февраля. Несколько ...ских солдат прибыло в Ле...ад для лечения химических ...ов, полученных во время ...ой атаки на повстанцев ...тные костюмы у ребят ока...ь непрочными (халтура, де...ычное!).

...фицеры, помнящие Отечест...ую войну, говорят: "Тогда ...линия фронта была: мы по ...ту, немцы — по ту. Аф...ганцы — они везде. Не зна...откуда пулю ждать. Те же, ...участвовал в чехословацкой ...венции) или "Да, это вам не Чехослова...."

...своих боевых действиях ...ные тяжелого оружия пов...

станцы опираются прежде всего на снайперскую стрельбу. Спрятавшийся на пути следования советского отряда партизан берет на прицел офицера, отличая его от солдат по погонам. Офицеры норовят перед выходом плащ поверх погон накинуть, да только солдата трудно обмануть.

Бывает, что берут партизаны пленных. Расправляются, главным образом, с офицерами, причем жестоко: отрезают им конечности и перетягивают жгутами, чтобы те не умерли от потери крови, и в таком виде оставляют, чтобы свои потом подобрали. Целые палаты в военном госпитале в Душанбе забиты этими искалеченными людьми. Они не хотят жить, но их лечат...

Из разговора с двумя солдатами, вернувшимися из разных афганских провинций, удалось выяснить, что иногда повстанцы, зверски расправившись с попавшими в плен офицерами, отпускали простых солдат невредимыми, только разоружив их. Случаи, когда повстанцы долго держали пленных, неизвестны.

Один из солдат, ...тавших в госпитале в Душа... оминал, что там лежало мно... офицеров с пулевы... ранениями в спину, в упор ... солдаты стреляли.

Из афганских деревень доставляют ранены... изуродованных крюч...ми, ножами, вилами.

Широкое применение в афганской ...еют пули со смещенным центром тяжести, которые применяют с обеих сторон. О действии подобных пуль можно судить по эксперименту, который ставился на одном из советских полигонов. Кочан капусты накрывали каской, по которую затем производился выстрел дестабилизированной пулей. Входное отверстие пули было обычным, капуста же, находившаяся под каской, выглядела мелко нашинкованной.

Так и идут через афганскую границу ...а эшелона: туда с новыми ...ренными и оружием, обратно — с ранеными. Вероятно, для наглядной агитации.

Не все отправляются в Афганистан подневольно. Появилась в Советском Союзе новая кате-

гория солдат — наемники. В Москве один этаж в общежитии для иностранных студентов в МГУ занят размещенными там завербованными на спецкурсы топографов и радистов любителями легких денег. Курсы ускоренные, специально для Афганистана, платят стипендию — 400 рублей в месяц. Держится все это в тайне. В период обучения вместо формы, наемникам выдается заграничная одежда, в которой они ...ходят вплоть до дня отправки ...ои принимают их за иностранны... студентов и особенно про... не общаются с ними, ...иваться с иностранцами, ...учающимися в МГУ, им строго ... запрещено.

Од... ...еатор, вернувшийся после ...ния братской помощи ...ой, жаловался на судьбу. Не... расстраивало не то, что ... принимал участие в откровенной интервенции, посылал ...солдат на позорную гибель. Его ...зило, что американцы ему обещали выдать ...по возвращении половину жалованья в сертификатах, а заплатили ... в рублях. "А что на них купишь?!"

Полковник, отправлявшийся в Афганистан, хвастался, что по возвращении у него будет "Форд" — а "Волга" у него ... есть.

На широкую ногу поставлена дезинформация в армии. Один солдат с пеной у рта показывал, что повстанцев вообще не существует, а воевали они против переодетых в штатское пакистанских солдат. Ему политрук так сказал.

Напротив, случается слышать от солдат и такое: "Афганистан здорово мозги прочищает. На многое после этого иначе смотришь. А вот раньше "голоса" не слушал, а теперь слушаю и знаю, что каждое слово — правда".

Вспоминается вьетнамская война — сжигание повесток, медали на ступенях Белого Дома, демонстрации протеста. Спрашиваю ровесников: "А ты пошел бы воевать?" Ответ: "Конечно, история поганая. Одно дело — уми-

рать в чужой стране неизвестно за что. Но если пошлют — куда денешься, пойду..."

Другой возмущается увиденным по телевидению репортажем из Кабула: "Там по улицам жлобы ходили, лет по тридцать каждому, и все в штатском. Им бы по винтовке в руки и пусть сами себя защищают. А то посылают наших ребят!" — "От кого пусть защищают?" — "Как от кого?! От американцев!"

Разговор с интеллигентом: "Я, конечно, понимаю, агрессия — дело малопочетное. Но в СССР тяжелое экономическое положение. Если захват Афганистана может поправить дело — он вполне оправдан. И потом, не думаю, что американцы не соблазнились бы этой страной, не введи Союз туда свои войска".

Это еще ничего, однажды довелось услышать и такое: "Хорошо, что успели. Афганские (!) войска уже на советской границе стояли, к нападению готовились!" К счастью, так думают далеко не все.

Как только в Душанбе прибыли поезда с ранеными, в город кинулись родственники. Положение создалось взрывоопасное. Но коммунисты и здесь нашли выход: легкораненых теперь демобилизуют и отправляют домой, а тяжелораненых грузят на самолеты и прямиком в ГДР — уж там родственники до них не доберутся! А сколько их, родителей раненых и погибших в этой грязной войне? Всех ли удалось запугать? Останутся ли они после перенесенного удара правоверными подданными и смогут ли коммунисты надеяться на их безгласность и покорность и впредь?

Афганская мясорубка пропускает и еще пропустит через себя тысячи и тысячи людей. В какую сторону повернут затронутые ею люди в случае тех или иных событий в нашей стране — предсказать трудно.

АНДРЕЙ ОКУЛОВ

("Посев", 1980, №7)

ИГРЫ ПЛОЩАДНЫЕ...

Я приехал на Запад, честно говоря, с тремя целями: а/ посмотреть все фильмы Тарзана, б/ доделать и издать антологию и ц/ реализовать на практике сексуальные фантазии /порожденные рекламой о "буржуазном разложении"/. Тарзана я посмотрел, не только с Джонни Вайсмюллером, но даже 16-го года, первый, с каким-то шибко волосатым шведом в заглавной роли; антологию я худо-бедно издаю; вот с "разложением" - похуже: Запад абсолютно асексуален, и за этим следовало б ехать на Восток - но кто ж знал! Халиф говорит, что китаянки - они... А Халифу можно верить: он как-то лейтенантшу милиции в парадной и стояка и сзади пользовал, держа за портупею /при этом прозаик Боря Вахтин стоял на атасе/, Халиф знает много.

А фильмики... Моя бывая четвертая рассказывает: ходили они, студенты театроведческого, в кинотеатр "Родина", на детские киноутренники, там дивные старые фильмы показывали: "Потомок Чингиз-хана" /посмотрел уже здесь, в Америке/ и подобные. Сел там некий Вася, об трех десятках и при усах, на детскую лошадку-качалку, качается. Подходит билетерша: "Гражданин, слезьте! Вы же не ребенок!" Посмотрел на нее Вася сквозь усы и говорит грустно: "А у меня, может, немцы детство отняли!"

У кого немцы, у кого - кто. Дети Юлии всё в рыцарей играли, планы сокровищ чертили, бляхи рыцарские отливали. В бытность мою в Вене, обошел я все детские магазины, на случайные гроши /в буквальном смысле: шиллинги там делятся на "гроши", коих сто/ накупил всяких детских пакостей: кусок сахара, а в нем, размешать если - МУХА, а то и похуже; порошок для зуда /за шиворот чтоб/; порошок для чихотки - демонстрировала продавщица когда - весь магазин расчихался!, ну отрезанных пальцев и прочих страшностей я брать и посылать не стал, а купил "монте-карлика" /по выражению Юлии/ - чемоданчик с набором карт, игральных костей и настоящей рулеткой. Переправил контрабандой еще по осени, до Нового года - поэты Юлиины играли, пряча от детишек, а в Новый год - им. И писала мне Юлия, где-то в дневнике, что пацаны ее - так счастливы были! "Если б Кока даже яхту прислал, натуральную - то и то б меньше радость была!" А я будто не знаю! Я ж сам такой, "для себя" и покупал - ну, поиграась малость, и послал. И по сю ножи всякие покупаю и пистолеты /для себя уже/ - увижу, к примеру, крис малайский на Блошином рынке - беру. Или гурку индийскую, новодел. Кольт техасский. Бландербас афганский. Трехлинеечка Мосина-Нагана, и т.п. Стены обвешал саблями, кинжалами, пистолями и мачете - как у Лермонтова в "Тамани" или где там. И чего-то - афганское все попадается - символически?

А детишки уже, при маме-диссидентке, феминистке и пр., и пр. - в другие "игры" играют. Статьи по политическим вопросам пишут, в деятельности НТС или другого какого говна участвуют, активно /на местечковом уровне/ борясь с Советскою властью...

Кто у НИХ - детство отнял? Коммунисты? Или энтээсовцы? Или - мама, затянувшая их в эти игры? Живя НА ЗАПАДЕ - видят только охвостье правозащитное, всех "борцов" поименно знают, в Париж приезжают - на выставки? Как бы не так! На какой конгресс правозащитный. Словом, играют уже в Ульянова-Ленина и Герцена за границей. Но тот хоть писать умел, помимо - издавал непристойные сказочки Афанасьева /которые переизданы лишь сейчас: в Париже и в Калифорнии/. А у Юлииных детей - и юмор политический, "площадной", как, скажем, у Бетаки и Горбаневской - но те хоть постарше... Да и эти - уже не дети.

А. Окулов и А. Окулов

ОТЧЁТ

отчёт о предстоящем конгрессе диссидентов, о необход...

которого говорили все

пьеса

COPYRIGHT НАШ, НИКОМУ НЕ ОТДАДИМ.

ДОЗВОЛЕНО

198

ДЕЙСТВУЮЩИЕ ЛИЦА:

БУКОВСКИЙ

ГОРБАНЕВСКАЯ

НЕКРАСОВ

БОРИСОВ

ФАЙНБЕРГ

ДРАГОШ

МАКСИМОВ

ГИНЗБУРГ

ВОЗНЕСЕНСКАЯ

МАМОНОВА

МАЛАХОВСКАЯ

ЛООЬ

ЛЮБАРСКИЙ

МЕДВЕДЕВ

НИКОЛАЕВ

ЗИНОВЬЕВ

ЕГИДЕС

БЕЛОВ

ВАНЯ ПАЗУХИН /9лет/

НТС

ГФМ

КГБ

ЖДАНОВ

Конгрессу от лауреата

Нобелевской премии А.И.

Солженицына: "Я вас приветствую."

                    Александр Солженицын.

                         Действие первое.

    Зарубежье.Зал.Заседание Конгресса. Все сидят.

Открывает заседание В.Файнберг.Как только он берёт микрофон зал начинает

волноваться.

БУКОВСКИЙ./ Вскакивая с места/ - У вас только десять минут!

ФАЙНБЕРГ. - Сам знаю.Но скажу всё,что считаю нужным, так вот...

Любарский перерезает провод микрофона маленькими маникюрными ножницами.

Речь Файнберга прерывается,но он продолжает беззвучно открывать рот,вдруг

останавливается,вопросительно смотрит на микрофон,потом-на Любарского, рот

его кривится в недоброй усмешке.

ФАЙНБЕРГ./Бросая микрофоном в Любарского/- ||||||||||||||||||||||||||||||||

БОРИСОВ./ Завязывая рукава свитера Файнберга у него за спиной/-Не бузи,

Витька!

Борисов достаёт из кармана бельевую прищепку и скрепляет перерезанный провод.

БУКОВСКИЙ./ Звоня в рельс/- Господа,прошу сохранять спокойствие!

МЕДВЕДЕВ.- Как это "господа"! Я, как левый марксист,..

Борисов,с хитрой улыбкой, достаёт из-под трибуны бутылку водки и кальсоны

и трясёт ими в воздухе.Медведев машет руками и волнуется, его усаживают на

место. Поднимается Драгош, создаёт политическую партию и садится.Партия

разваливается.

МАМОЛОВА.- Слова Ленина "отныне кухарка будет править государством"

сосредоточили в себе высокую надежду на новые взаимоотношения между полами.

И хотите вы этого, или нет,мы будем относиться с вами по-новому.

Борисов громко и непристойно хохочет.

МАМОНОВА./Потрясая в воздухе кулаками/-Фаллократ!

Дверь зала со скрипом открывается, медленно входит НТС. Все делают вид,что

его не замечают.НТС достаёт из кармана мел, рисует на стене огромный трезубец

и крадучись убегает. Кто-то поднимается вынимает из кармана тряпку, стирает трезубец и садится на место.Горбаневская читает стихи.

БУКОВСКИЙ./Бьёт в рельс/- Сейчас не время!

Горбаневская его не слушает.Буковский бьёт в рельс непрерывно.Горбаневская
непереводимо возражает и садится.

МАЛАХОВСКАЯ.-Опять женщинам затыкают рот! Я протестую!

После этих слов Малаховская читает доклад.

МАЛАХОВСКАЯ./Умирающим голосом/- В глубокой древности, когда человеческое
общество ещё только зарождалось, произошло разделение труда на женский и
мужской: охотиться на мамонтов и защищать род от хищников. "Лёгкая женская
работа", о которой с таким пренебрежением говорят сейчас, тогда могла означ
лишь одно: дикий зверь мог растерзать мужчину! Давало о себе знать неравнове
политических, юридических и других прав.

НЕКРАСОВ./С обидой в голосе/- А вот когда я сидел в кабачке на рю... а ну ве
Жжает рукой и садится.

БУКОВСКИЙ.-Это, конечнр, верно...

МАКСИМОВ./Прерывая Буковского/- Ты носорог!

Буковский обижается и уходит в свой внутренний замок с,треском захлопнув
дверь.

ВОЗНЕСЕНСКАЯ./Из переполненого зала/- Что-то мне сегодня одиноко...

ГОЛОСА ИЗ ЗАЛА.- В одиночку её!

БУКОВСКИЙ./Выходя из своего внутреннего замка бьёт в рельс/-Господа!
Вернёмся к повестке дня: во-первых достигнута главная цель нашей встречи-
наконец-то мы встретились!Теперь, когда мы все.../ Его не слушают/

БУКОВСКИЙ./обижено/- Вы меня не слушаете!

ЗАЛ.- Слушаем!

Входит ГФМ начинает собирать пожертвования у всех присутствующих.Взбирается
на трибуну.

ГФМ.- Мы помогаем всем нуждающимся, считаем это своим долгом!

Бурные и продолжительные аплодисменты.В громе оваций ГФМ спускается в зал
и раздаёт собранные деньги всем нуждающимся. Нуждаются все.

Входит Жданов , смотрит на часы.

ЖДАНОВ.- Так.Просьба освободить помещение!

Все бросаются к дверям и освобождают помещение. В опустевши зал вносят больную Тамару Лось.

Перерыв. Все спускаются в буфет, получают по талонам по баночке Кока-колы. Файнберг и Любарский, неотрывно глядя друг-другу в глаза, взбалтывают содержимое своих баночек.

Действие второе.

Из зала выносят больную Тамару Лось. Зал наполняется. На трибуну выходит Евгений Николаев. И начинает говорить на Суахили.

РЕПЛИКА ИЗ ЗАЛА.-Непонятно!

Николаев переключается на Сербско-хорватский.

Никто всё равно ничего не понимает.

Николаев переходит на Амхара.

В зале слышится свист. Николаев довольно улыбается, потирает руки и сходит с трибуны.

Зал заполняют иностранные корреспонденты, Файнберг с Борисовым подходят к ним, и начинают завязывать связи.

ЗИНОВЬЕВ./ С саркастической усмешкой/- Рыболовы Заибанья, Ловите мокрожопуса! Его ловят за фалды и стаскивают вниз.

МАКСИМОВ.-Ты носорог!

Дверь открывается, в зал крадучись входит НТС прикрываясь большим кустом, рисует на стене трезубец и убегает. Кто-то поднимается, достаёт из кармана тряпку и стирает его.

ЕГИДЕС./ В руках у него шесть номеров журнала "Поиски"/- Вот тут у меня...

Борисов достаёт из кармана письмо Радека к Сталину и помахивает им в воздух

ЕГИДЕС./Спокойно/- Это провокация.

Встаёт Файнберг, берёт в руки микрофон.

ФАЙНБЕРГ./ Угрожающе поглядывая на Любарского/-Я считаю нужным заявить...

ЛЮБАРСКИЙ.- А я не считаю!

Грозит ему пачкой бюллютеней " Вести из СССР". Файнберг, ехидно ухмыляясь, достаёт бюллютени СМОТ издательства "Посев", слово "Посев" жирно замазано. Начинают кидаться бюллютенями.

БУКОВСКИЙ.-Не сорить!

ВОЗНЕСЕНСКАЯ.- Не вмешивайтесь в чужие дела!

Поднимается Белов, обклеивает трибуну правозащитными плакатами, приковывает себя наручниками к трибуне, ключ от наручников выбрасывает в окно.

МЕДВЕДЕВ.- Ты кто такой? Пачкун!

Гинзбург достаёт из кармана банку горчицы и кидает её в Медведева, но промахивается. Борисов извлекает откуда-то кусок хлеба, собирает с полу горчицу и отправляет её в рот.

БОРИСОВ. /Жуя хлеб/- В Конгрессе грязи нет!

НЕКРАСОВ.- Подобную горчицу ел недавно в маленьком кафе на авеню де Клиши, когда вспоминал Сталинград.

ФАЙНБЕРГ.-А я не люблю горчицу!

БУКОВСКИЙ. /Бьёт в рельс/- Кто хочет выступить?

ГОРБАНЕВСКАЯ.-Я!

БУКОВСКИЙ.-Выступайте.

Горбаневская выступает. Входит почтальон и вручает каждому из присутствующих по письму, все углубляются в чтение.

БУКОВСКИЙ. /Поднимая голову/- ДА это же НТС нас своими стрелами забросал!

Все прекращают чтение, рвут письма на клочки и топчут их ногами.

БУКОВСКИЙ.-Не сорить!

ФАЙНБЕРГ./ Передразнивая Буковского/- А ни кто и не сорит!

Поднимается Драгош и начинает создавать новую политическую партию, его усаживают на место. Партия разваливается.

Входит Жданов, смотрит на часы.

Жданов.- Так. Конец второго действия!

Вносят больную Тамару Лось.

Действие третье

Все возвращаются в зал. В центре под сдёрнутой со стола скатертью заметно какое-то копошение. Буковский вырывается из толпы.

БУКОВСКИЙ.-Немедленно прекратить! Незабывайте, что наше движение носит сугубо открытый характер!

Сдергивает скатерть. Под ней Файнберг бьёт Любарского микрофоном. По голове.

Их разнимают.

БУКОВСКИЙ.- Нам надо обединиться! /Файнбергу/ А вы как думаете?

ФАЙНБЕРГ.- Угу. /Стреляет из рогатки в Любарского./

РЕПЛИКИ ИЗ ЗАЛА.- Да да обединяться!

БОРИСОВ.- А я уже.

ЗИНОВЬЕВ./Заносчиво/- А я не буду!

ФАЙНБЕРГ./Передразнивая/- Ну и не надо!

Входит Ваня Пазухин /9лет/.

ШЁПОТ В ЗАЛЕ.- Это кто?

МАЛАХОВСКАЯ.- Молодое дарование из альманаха "Женщина и Россия"!

Ваня садится к роялю и играет свою компоэицию "Русско-Советская война".

КРИКИ ИЗ ЗАЛА.- Уберите мальчика с роялем!

БУКОВСКИЙ.- Мы же собирались обединяться.

Ваня краснеет, топает ногой, забирает рояль и уходит.

ЛЮБАРСКИЙ./ Швыряя в Файнберга стулом/- А на какой платформе?

БУКОВСКИЙ.- На прочной!

Аплодисменты.

МАМОНОВА.- Это возможно только при полном уничтожении отцовства!

МАЛАХОВСКАЯ.- И отцов тоже!

ГИНЗБУРГ./Задумчиво/- Нельзя, плодиться перестанете.

МАКСИМОВ.- Носорогини!

ЗИНОВЬЕВ.- И слова то такого нет.

НЕКРАСОВ/-/ Зиновьеву ехидно/- А "Мокрохопус" есть?

ЗИНОВЬЕВ./Указывая пальцем на Некрасова/- Есть!

НЕКРАСОВ./Ударяя ладошкой по вытянутой руке/- Без хамства!

Входит Жданов.

БУКОВСКИЙ.- Что -то вы часто входите.

Жданов выходит.

БОРИСОВ.- Я голоден.

Все бросаются к выходу сбивая с ног больную Тамару Лось. Белов тщетно пытается освободится от наручников.

6._

ПЕРЕРЫВ

Из дверей буфета слышатся возгласы: -Вы здесь не стояли! Носорог!

Четвёртое действие.

Зал полон.

БУКОВСКИЙ.- Мы же собирались обединяться! Чего молчите, СМОТ, ведь вы же у нас

объединение, или как там ещё!

ЛЮБАРСКИЙ.- Совместное Мытьё Одной Тарелки!

ГИНЗБУРГ.- Нет,господа, так дело не пойдёт. Собрались- и то ладно.

Борисов надувает большой презерватив и пускает его.

МАМОНОВА.- Фаллократ!

ВОЗНЕСЕНСКАЯ.- Давайте соберёмся ещё раз! Нам нужно держаться близе друг к

другу.

ЛЮБАРСКИЙ./Вырываясь из железных рук Файнберга/-Это верно!

МАКСИМОВ. /Давясь пеной/- Носороги!!!

БУКОВСКИЙ.-На том и порешим!Первое заседание Конгресса объявляю закрытым.

Аплодисменты. Всё встают.

Буковский бьёт в рельс. Рельс падает в зал.

Конец отчёта

за всем этим чувствуется незримое присутствие КГБ.

Дождь в Петербурге

Печальна тень кариатиды,
балкон несущей за плечами.
Дарован мной, но плачевны
вокруг дрожащие курбины.

Плывут дома различной масти...
Гиперборейская столица
два и при черберти столетья
плывёт, плывёт...
            А всё ни с места.

Июнь, 1976 г.
СПб.

**stihi
yulii**

Скоро уйду за водой,
поплыву по реке,
поплыву.
Пролетит мимо меня
кувшинки цветок на плаву.
Поплывут в воде,
поплывут в воде
мои глаза.
Полетит над водой, —
полетит надо мной
душа — стрекоза.

А куда лететь?
Как в тому взять
все мои грехи?
Тяжело душе
сверху вниз глядеть,
а под, страхи...
А под, страхи
С ....
Слёзы каждого,
кто унижен был,
кто обижен был
много зашибло.

Отряхнись, душа,
отгори, душа,
тело новое:
Господь милостив —
....
....
А меня забудь —
к морю долог путь —
поплыву одна.
....
Всё равно, ...
не увидите дна.
И лицо в воде
и глаза — в воде
только белым
надо мной ...,
но ... .:
точно ....

ЮЗ

ХЛЕБ

Мои знакомые удивляются,
Почему я не ем хлеба.
А у меня от запаха хлеба
Отвращение появляется
Высотою до неба.

— Хлеба! Хлеба! — просили люди
Для еды, если не были сыты,
Про запас, если были сыты,
Хлеб лежал на вселенском блюде,
Хлебом были все карты биты.

Было время, как хлебная честь,
А у времени были поэты.
Очень славы хотели поэты,
А может просто хотели есть
И много о хлебе писали поэтому.

И хлеб приносил им и хлеб, и сардины,
И конъячок с заграничным гербом,
И много денег с советским гербом,
Пропахшими хлебом, тяжелым хлебом.

А человеку-то хлеб не важен,
А человек человеком бы не был,
Да он бы и зверем порядочным не был,
Если бы разумом многоэтажным
Каждая бы только хлеба и хлеба.

Мои знакомые удивляются,
Почему я не ем хлеба,
А у меня от хлебного вашего неба
Отвращение появляется
До самого солнца, до неба.

1959

ПРОШЕДШЕЕ ЛЕТО

Прошедшее лето,
прошедшее лето,
за кругом полярным прошедшее где-то,
мое недоцветшее
и недопетое
Прошедшее лето,
прошедшее лето.
если бы знал ты,
если б узнал ты,
каков я стала
и как я устала,
дела бы ты бросил
и без билета —
ко мне, к ответу.
И стала бы осень
прошедшим летом,
прошедшим летом.

1961

Холодные пальцы едва-едва
трубку держат пудовою гирей.
А-один-девяносто-два-
восемьдесят четыре.

Лицо у тебя злое и гордое.
Слава, Славушка, Славка.
А имя такое доброе-доброе:
"Славка" — ведь это же просто травка,
это птичка — вроде воробушка,
серенькая и славная.
Славка, горькое мое горюшко,
самое мое главное.

1961

Так случилось. Судьбой ли назначено,
Или нами самими наверчено,

Но случилось так, что с тобою
Очень сходное свело судьбою:

Где-то нам отказало мужество,
И возникло наше содружество.

Одинокие, непрекаянные,
Одиночеством накрепко спаянные,

Мы живем, как супруги дружные,
Но друг другу-то, в общем, не нужные.

Мы завистливы до отвращения,
Мы не ссоримся до непрения,

Ну, повздорим чуть-чуть - и хватит.
Наша дружба так плавно катит,

Будто рельсы у ней серебряные,
Крутят, крутят колеса медленные...

А, быть может, и зря мы, дружище,
Нашу жизнь посчитали нищей?

И напрасно мы, может статься,
Так боимся друг с другом расстаться?

Нам кричать бы обоим в ярости,
Чтобы гневу обоих пасти, пасти,

Чтоб смотрели друг в друга гордо мы,
Чтоб ушли нам шагами твердыми,

Чтоб уйти нам от нежности липовой.
Пусть потом будет очень лихо нам.

Не хватает силы и нервности
Нашем очень тоскливой верности.

                    1962

Томный сонный ребенок
головкой приник к плечу.
Хочет ребенок спать.
У ребенка скверная мать,
и очень плохи стихи,
что пишу от случая к случаю,
себя и других мучая,
для продажи пишу даже -
хоть и некому их покупать.

        1962

МОЙ СКВЕР

Я с работы иду. Обгоняет автобус -
Мой автобус, но я на него не спешу.
Никогда не спешу, даже в самый распиковый
                    час:
Пусть уходит. Другой подойдет через час.

Вот и дом, и подъезд, сильно пахнущий
                    кошкой -
Жаль мне очень супругов, живущих в соседней
                    квартире,
В нашем грязном подъезде они не на
                    месте немножко.?

На табличке написано: "К.С.Вознесенское".
Это значит: четыре звонка. Мир нелепо
                    устроен:
Ведь звонки-то мои, все четыре мои,
Но когда я звоню - мне никто не откроет.
И ко мне не звонят: разве, дворник, Ленгаз,
                    да еще по ошибке ГАИ,
/у соседа - машина/.
Я на кухню пойду, поболтаю с соседскою
                    старушкой,
Вскипячу себе чай и там у плиты его пью:
Не тащиться же мне с одною несчастною
                    кружкою -
Через все коридоры в пустую берлогу свою.

А потом буду книгу читать, сев с ногами на
                    стуле,
А потом станет тихо. Ну, вот и уж день промелькнул.
И супруги напротив, наверное, тоже уснули.
Если мне повезет, то и я через часик усну.
Может быть, если вдруг повезет.

                    1962

Светится ночью шкала приемника,
И от луны белизна подоконника
Голубоватой становится.

Комната вся в серебристой песенке,
Будто гномы бегут по стеклянной лесенке,
Бегут и не остановятся.

Молоточки стучат-выстукивают,
В унисон им сердца вытукивают,
Стучат и уже не срываются.

Хорошо им у песенки греться,
Гостьи дальнего-дальнего детства.
Где же песенки днем скрываются?

1962

ДЕВУШКЕ, КОТОРАЯ НИКОГДА НЕ ОШИБАЛАСЬ

Наталье Минкулькиной

Нет, не простенькая ты песенка,
Не кипачевское стихотворение,
От чего-то к чему-то ты лесенка, —
Ты ведь тоже венец творения.

Отчего же ты очень искренне
Преподносишь избитые истины?
Отчего ты как в хлорке выстирана
И такая сугубо лиственная,

Что не можешь иглой светиниться,
Побежать огородными грядками...
Ты как старенькая гостиница
С устоявшимся порядками.

1962

Тропинки я не выбираю —
Люблю протаптывать сама,
В пятнашки с бурями играю,
А в тишине схожу с ума.

Ищу я нового звучанья
Старинных и галантных слов
И потрясаю основанья
Извне навязанных основ.

Живу, смеясь, не зная страха,
Целую солнце поутру
И на воззвания Госстраха
С высот бессмертия смотрю.

1965

Я лес люблю. Ни волк, ни гномики
Меня к себе не унесут —
Есть в городе такая комната,
Где мне страшнее, чем в лесу,
Где и аукнешь — не откликнется,
Где яблоки, как лебеда,
Где очень, очень многоликая
Давно живет моя беда.
Там голос мой и был и не был,
Там не щадят чужих судеб,
Там подадут голодным хлеба,
Но будет горек этот хлеб.

1966

МОСТИК С ГРИФОНАМИ

Был в самом центре Ленинграда
Мой петербургский уголок,
Канала четкая ограда
Была каймой моих дорог.

Туда орган людского хора
От Невского не долетал,
Там у казанского собора
Был узкий мост через канал.

Тугие крылья двух грифонов
Его держали над водой,
Он в памяти остался фоном
Моих хождений за бедой.

Кому-то вовсе непримечен
В обличье сказочно-простом,
он был единственным на свете —
Он между нами был мостом.

Давно в том месте не была я
И не сорвусь, не полечу...
Ты спи, печаль моя былая,
Тебя будить я не хочу.

Развеял ночью телефона
И адрес времени норд-ост,
А златокрылые грифоны
Все так же охраняют мост.

1966

У царскосельского вокзала
Гудят электропоезда.
Всего на год я опоздала,
А получилось — навсегда.

И те стихи, что Вам когда-то
Я не решалась принести,
Теперь в руке моей зажаты,
Как прошлогодние листы.

Мне раньше надо бы родиться...
Но, боже мой, какая грусть!
Я не умела торопиться —
Теперь уже не научусь.

И вот бреду дорогой черной,
Где каждый камень Вас встречал.
Какая злая разлученность,
Какая горькая печаль!

1967

ДОМ РОГОЖИНА

По Гороховой машины мчатся с грохотом,
тишину лишь во дворах она таит.
Между наших домами на Гороховой
особняк Рогожина стоит.

Я иду к тебе. Иду.
                    Самой не верится.
Ты опять к нему рванулась?
                         Ну, смотри...
А в глазах моих двузначный номер вертится
тридцать три. Полтора, 33.

Я выхожу мимо с легким вызовом:
Тридцать три? Христовы годы?
                         Что за бред!
Я иду. Из темных окон под карнизами
кто-то долго смотрит вслед.

1967

Не хватает времени, не хватает времени
для одной единственной утренней улыбки.
Женщины улыбками ясными беременны,
А родят улыбки бледные и зыбкие.

Видно что-то где-то кем-то не-доверено
И потребность в чем-то нам не ясна.
Если улыбаются очень редко женщины,
По утрам рождаясь из глухого сна.

Летчицы, портнихи, скотницы, артистки,
По утрам невольно все мы заодно:
Мы провинциальные бедные актрисы,
Нам с улыбкой к рампе выйти не дано.

И гнусавят арфы, и Чальнивят скрипки,
И плывет оксмина с головы до пят,
И мертворожденные нежные улыбки
Нам глаза закрытые изнутри слепят.

1967

W O

Yulya's Diary

Produced for PBS by WGBH TV, Boston

WORLD

Russian exile Konstantin Kuzminsky--highly talented poet and self-crowned king of Leningrad's "Second Culture"--in his usual workplace. WORLD, WGBH Boston's international documentary series visits Kuzminsky at his home in Texas where he continues to pursue his overriding obsession, the preservation of unpublished verse, in "Yulya's Diary," _____. at _____ on Channel ___. (PBS Airdate: January 8, 9pm. Check local listings.) PHOTO CREDIT: Stephanie Tepper, WGBH.

WORLD

Produced for
PBS by
WGBH TV
125 Western Ave
Boston
Massachusetts
02134

WORLD
is made possible
by grants from
the Corporation
for Public
Broadcasting,
Public Television
Stations,
The Ford Foundation
and The German
Marshall Fund
of the United States

Contact
Terri Park
(617) 492-2777

YULYA'S DIARY

FACT SHEET/CREDITS

YULYA'S DIARY is a dramatized documentary that tells the story of Leningrad's "Second Culture"--writers, artists, and musicians whose work is unofficial and unrecognized because it does not serve the purposes of the Communist Party.

PBS AIRDATE:	Tuesday, January 8 at 9pm (Check local listings)

CREDITS:	Executive Producer, David Fanning
	Producer, Writer, Director, William Cran
	Associate Producer, Stephanie Tepper
	Director of Photography, Werner Bundschuh
	Lighting Director, Ben Blake
	Film Editor, Eric Neudel

UNDERWRITERS:	Corporation for Public Broadcasting Public Television Stations The Ford Foundation The German Marshall Fund of the United States

CAST:	Victoria Fyodorova as YULYA VOZNESENSKAYA
	Rebecca Schull.....Maya Borisova
	Sol Frieder.....Police Interrogator "Bogat"
	Roger Serbagi.....Second Police Interrogator
	Michael Egan....."Katchurin"
	Michael Granger.....KGB Interrogator "Major Voleshniuk"
	George Touliatos.....KGB Deputy Chief "Barkov"
	Nicholas Kepros.....Official Poet "Rozhdestvensky"
	Alex Sirotin.....Unofficial Poet "Krivulin"
	Sam Gray.....Leningrad Party Boss "Grigory Romanov"
	Tony Kahn.....Unofficial Poet "Lev Vainshtein"
	Konstantin Kuzminsky, Ilya Levin and Gum....as themselves

# # #

December 1979

TELEVISION

Soviet actress makes film debut in 'Yulya's Diary'

By TOM JORY

NEW YORK — Victoria Fyodorova, the Russian actress whose search for her American admiral father summoned worldwide attention in 1975, makes her U.S. film debut Tuesday night as a dissident Soviet poet, in *Yulya's Diary* (at 9 p.m. on Channel 13).

"Being an actress in Russia," Miss Fyodorova says, "I was just glad to play. Mainly, I was in propaganda movies, because there was nothing else there to do. When it was done, I could say, 'Well, I did well.' But I really didn't express myself as a person.

"**SO I WAS REALLY** glad to play Yulya," she says, "because now I can really express how I feel, and my feelings are very much like hers."

Yulya's Diary, produced by Boston's WGBH as part of the station's *World* series, is a dramatized documentary, with Miss Fyodorova in the role of Yulya Voznesenskaya, one of a group of Leningrad artists struggling to create despite government persecution.

The hour-long film includes a brief clip of Miss Voznesenskaya at work, but the bulk is dramatized from her diary. The story centers on the efforts of Miss Voznesenskaya and her colleagues to publish an anthology of their poetry, despite opposition from the Writer's Union and, quite routinely, the KGB.

"I think the Soviet government," the outspoken actress says, "is afraid of anything new, of anything it cannot control.

"**THESE PEOPLE ARE** not fighting the government," she says, "they're just fighting to express themselves. But the government does not see a propaganda value in their expression, and they feel if you have the skill to create, you must create in support of the Soviet cause.

"Yulya and the others," Miss Fyodorova says, "they know they cannot win, though they really win just because they attract the attention of the authorities."

Victoria Fyodorova was born in Moscow, the daughter of actress Zoya Fyodorova. Her mother was jailed for treason when she was a year old, and spent nine years in prison. Her father, U.S. Navy Adm. Jackson Tate, was expelled from Stalin's Russia before his daughter's birth.

sure in that museum is great.' Well, fine, but what does that have to do with the Soviet Union?"

Miss Fyodorova says she does not regret having left the Soviet Union, though she does miss her friends, including her mother, who still live there. "I'm lucky I have found a lot of happiness and love and understanding in this country," she says.

She says her mother will visit her in the United States soon. "Maybe they feel my mother has had enough," the actress says of Soviet authorities. "She never did anything to them, she suffered for no reason.

"Maybe they have a little conscience." — (AP)

⑨ ⑬ WORLD—Documentary
"Yulya's Diary" dramatizes the ordeal of Yulya Voznesenskaya, a Leningrad poet whose activism on behalf of unpublished dissident writers led to her confinement in a Siberian labor camp in 1977. Former Soviet actress Victoria Fyodorova plays Yulya. (60 min.)

⑬ MOVIE—Drama
"W.C. Fields and Me." (1976) Rod Steiger and Valerie Perrine play the title roles in this version of Carlotta

HER POETRY DIDN'T FOLLOW SOVIET PARTY
Discover the plight painters and musi
Based on a smuggler
is not officially "recognized."
includes material secretly filmed and taped insid
TUESDAY
YULYA'S DIAR
WORLD
8PM
9PM
WATCH PUBLI
THE LO
This ad made possible by a grant from the Corporation f...

The 1980s: TV GUIDE

Tuesday
7 PM to 8 PM

▷ ⑬ WORLD—Documentary
"Yulya's Diary" dramatizes the ordeal of Yulya Voznesenskaya, a Leningrad poet whose activism on behalf of unpublished dissident writers led to her confinement in a Siberian labor camp in 1977. Former Soviet actress Victoria Fyodorova plays Yulya. (60 min.)

Victoria Fyodorova

SHE FOUND TATE in the United States just before the retired admiral's death. Tate had no knowledge of her existence. Later, Miss Fyodorova married Frederick Pouy, a pilot for Pan American World Airways, and the couple, and their son, now live in Connecticut.

"I ask myself and my friends, many, many times," Miss Fyodorova says of her life as an actress in Russia, " 'How can we live in this place?' And the answer always is, 'What can we do about it?'

"It's very difficult for a common person to do anything about the system. They just live, and take it like it is.

"But nobody believes in communism," she says. "Nobody believes in the system in Russia. They see the party members in their big cars, and they just laugh at them."

MISS FYODOROVA SAYS she has little patience with tourists who visit the Soviet Union and are herded through monuments and museums built 150 years ago. "They tell me," she says of the tourists, " 'The trea-

Search for father brought fame

Russian love-child tel.

By MARGARIA FICHTNER
Knight Ridder News Service

She smiles a lot these days.

She's Victoria Fyodorova, celebrated love child, actress, model, Connecticut homemaker and as, of last summer, U.S. citizen.

Five years ago, she made worldwide headlines when her long search for the father she had never known ended in a two-continent, 33-hour trip to North Florida and a tearful meeting with retired Rear Adm. Jackson Tate.

Today, her Russian countrymen have not forgotten her. "They still write stories about me," she says. "Some of them say the truth. Some of them say I live in a basement.

"Some of them say my husband threw me out or my son is taken away from me. And I just laugh and say, 'By God, five years later, and they're still talking.' There must be no news over there if they're still talking about me."

Nor has she quite managed to forget her homeland. She doesn't carry pictures of her 4-year-old American-born son, Christopher, because in Russia to do so is bad luck, "and I'm superstitious and don't want to tempt things." However, she says, "I don't have the nostalgia anymore."

Fyodorova is traveling, plugging the new paperback edition of "The Admiral's Daughter" (Dell, $2.50), the auto-biography she wrote with Haskel Frankel.

In the next few mon... long-talked-about mov

In the film — to be sl States by an indepen rova will play her moth Fyodorova; who fell i American naval office his child on V-E Day. Tate was expelled from

All his subsequent failed. He lived for dec a father or that the wo an "enemy of the peo early years in poverty

A sequel is possible. her frustrating drive to astrous early marriage

Today, Fyodorova a officer Fred Pouy, who rival in the United Sta Sailor, in a quiet neigh

Three times a wee speech lessons designe upcoming film. Other me. The place where I

ЗОЕ ФЕДОРОВОЙ ОТКАЗАНО В ВЫЕЗДНОЙ ВИЗЕ

Советские власти отказали из-
вестной в 1930-х годах советской
киноактрисе Зое Федоровой в
разрешении на поездку для свида-
ния со своей дочерью Викторией,
живущей в США с 1975 года.

Зои Федоровой родилась дочь,
которую она назвала Викторией.
Против Зои Федоровой было
состряпано дело о шпионаже и ее
приговорили к смертной казни,
которую заменили 25 - летним

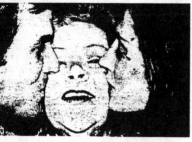

ою Федорову приветствуют в Нью Йорке во время ее предыду -
щего визита ее зять Фредерик Пуи и дочь Виктория

Zoya Fyodorova resumed her ca-
reer after her release from prison.
Her daughter entered acting school
at the age of 16, and became an ac-
claimed performer not only in east-
ern Europe, but worldwide.

ZOYA FEDOROVA, CINEMA ACTRESS

казе в разрешении мотивиро-
... тем, что в 1979 году Викто-
...рова выпустила книгу
...мирала", в которой она
...ла жизнь матери и свою

...сать было о чем. Редкий
...тический роман может
...ться с тем, что выпало на
...обеих женщин. В начале
...х годов Зоя Федорова, быв-
...тогда в расцвете своей сла-
...и таланта, познакомилась в
...кве с молодым американ-
...м военно-морским атташе
...аксоном Тэйтом. Знакомство
...решло в роман. Молодая па-
...бралась обвенчаться, когда об
...зирепел. Атташе Тэйта убрали
...Советского Союза, а на его по-
...тодержать переписку с
...ей Федоровой ему было отве-
...но, что она вышла замуж и про-
...т его оставить ее в покое.

Это, конечно, была ложь...
...вскоре после высылки Тэйта у...гория Федорова.

заключением в исправительно -
трудовом лагере. Крошечная
Виктория осталась в Москве на
попечении родных.

Зоя Федорова оставалась в
заключении около десяти лет.
После смерти Сталина она верну-
лась в Москву и разыскала свою
дочь. Виктория Федорова
начала карьеру киноактрисы,
когда ее мать наконец решила со-
общить ей о ее происхождении.
Виктория решила разыскать от-
ца. Поиски увенчались успехом
и ее отец – теперь уже адмирал
в отставке, – узнав о существо-
вании дочери, пригласил ее в
США. Здесь через некоторое вре-
мя она вышла замуж за летчика.
У нее сейчас четырехлетний сын.

Зоя Федорова регулярно, раз
в год навещала свою дочь. Те-
перь ей отказали в возможности
выехать. "Ваша дочь плохо ведет
себя", – было заявлено ей. Поче-
му же нужно наказывать мать за
грехи дочери? – спрашивает Вик-
тория Федорова.

bittersweet life story

gin work on th.e

and the United
pany — Fyod ·
an actress Zoya
e, a handson.e
and conceived
-month affair,

...ya Fyodorova
he had become
imprisoned as
...ghter spent her

...va grew older,
...er into two dis-
...holism.

American fl.st
...ks after her ar-
...son and pood'e,
...Conn.

New York for
... accent for the
...cularly bothers

'I just laugh and say, 'By God, five years later and they'ro
stil: talking.'' — Fyodorova

ВИКТОРИЯ ФЕДОРОВА В РОЛИ ПОЭТЕССЫ-ДИССИ...ТКИ

Только что закончились съем-
ки полудокументального телеви-
зионного фильма "Дневник
Юлии", который будет показан
в Нью Йорке 8 января в 10 ч. ве-
чера по 13-му каналу. Советскую
поэтессу-диссидентку Юлию Воз-
несенскую, тщетно добивающую-
ся права эмигрировать на Запад,
играет Виктория Федорова.

Актриса тщательно готови-
лась к своей роли, читая и пере-
читывая дневники Юлии Возне-
сенской, который ее друзьям
удалось переправить на Запад.
Федорова считает, что экраниза-
ция фильма поможет поэтес-
се, поскольку предаст ее дело
широкой огласке, чего всегда
опасается советское правитель-
ство. "Я абсолютно уверена, что
огласка может принести только
пользу", — говорит Федорова.

И у нее есть основания так
утверждать. Судьба самой Вик-
тории Федоровой крайне не-
обычна. Она дочь знаменитой
советской киноактрисы Зои
Федоровой и американского
моряка Джексона Тэйта, кото-
рый во время Второй мировой
войны служил в Москве в штате
американского посольства. Ког-
да война окончилась, американ-
ский офицер уехал домой, а бе-
ременную Зою Федорову броси-
ли за решетку.

Джексон Тэйт так и не знал,
что у него в Советском Союзе
растет дочь. Прошли долгие го-
ды. Зоя Федорова вышла из
тюрьмы и вновь стала сниматься
в кино, а ее дочь вошла в ряды
наиболее многообещающих мо-

лодых кино... Случайно е...
история вы... ... ужу, а д...
мирал в отстав... ... стал доби-
ваться свидани... ... ью. Во...
здесь то и помога...

Под давлением ...народ...
ного общественн... ...
кремлевские правите... ...
вынуждены отступить и ...

Виктория Федорова

решение Виктории Федоровой
Тэйт выехать на свидание ...
отцом в США. Здесь она вышл...
замуж за гражданского пилот...
Фредерика Пуи и навсегда оста-
лась жить в Америке, ставше...
для нее гостеприимным домом

Russian Cinderella

Victoria Fyodorova's new life seems too good to be true

By LINDA DEUTSCH
Associated Press

LOS ANGELES — Sometimes, when life seems too beautiful to be real, Victoria Fyodorova shivers with fear — a Russian-American Cinderella who worries that her happiness could vanish at dawn.

"You can never be sure," she says pensively. "Four years ago, who could predict what would happen to me? I was planning to go back to Russia then."

Instead, Victoria Fyodorova, the stunningly beautiful daughter of a Russian actress, found the American father she had never known, met and married a handsome American airline pilot and gave birth to her first child — an American — in an international love story that made headlines.

Her beauty and bubbly personality brought her a modeling career as the symbol for a major cosmetics firm. She even dared to dream of resuming the acting career she left in Moscow.

She has written a book which tells why her escape to this storybook American life is a miracle.

"The Admiral's Daughter," by Victoria Fyodorova and Haskel Frankel, is a vivid tale of political oppression, poverty and ostracism which made Fyodorova's Russian childhood a nightmare and drove her as a young woman into alcoholism, divorce and despair.

"The Admiral's Daughter" story of Victoria and her m Zoya Fyodorova, the top Russi tress who was imprisoned an tured because she gave birth to

WORLD

Russian actress Victoria Fyodorova as "Yulya" in a scene from the dram mentary "Yulya's Diary," part of WGBH Boston's WORLD, _____ at _____ Fyodorova plays the part of Yulya Voznesenskaya--Russian dissident poe tried and imprisoned in 1976. (PBS Airdate: January 8, 9pm. Check loca PHOTO CREDIT: Michael Lutch, WGBH.

"If anyone could tell me then, 'You will have a happy life, a child and a husband who loves you and legitimate daughter by an American admiral.

Victoria Fyodorova was born in 1946, and her name signified the day she was conceived — VE Day, May 9, 1945. Her father, Adm. Jackson Tate, had been expelled from Russia before he knew that his love affair with Zoya had left her pregnant.

Zoya, then the most popular screen star in Moscow, was imprisoned for treason before her baby was a year old. Her "crime" was the love affair with Tate, and her prison torment lasted eight years.

"I think only a Russian could understand the way I was as a child,"

Fyodorova says in her book. "Despised by everyone around me, called an enemy to my face."

She lived in exile with an aunt she believed was her mother. She endured near starvation and abject poverty. Their home was infested with tarantulas.

She learned the truth of her birth only after her mother had been released from prison.

Her mother, who still lives in Moscow, won permission to spend six months each year with her daughter. She and Tate had a reunion before he died and spoke of the belated bond he had found with Victoria.

"But it couldn't be forever," Fyodorova says. "I understood he was a sick man and an old man. But even to the last moment, I thought he would keep going. He had a tremendous will and power."

who you love,' I would say, 'It's a nice movie, but I'm not in it,'" she says earnestly.

Her book may be an effort to exercise the memories which haunt her still.

"Sometimes I am going into myself," she says, "and I tell my husband, 'You know what I'm afraid of? I'm afraid that one day I will get up and that starvation and need of everything will come again.'"

ПРОЛЕТАРИИ ВСЕХ СТРАН, СОВОКУПЛЯЙТЕСЬ!
ПРОЛЕТАРКАМ НЕЧЕГО ТЕРЯТЬ, КРОМЕ СВОИХ ЦЕЛОК!

МАНДА(т)

полоВой орга...

ВЕЛИКОМУ ЛЕНИНУ
ПОСВЯЩАЕТСЯ

СОВЕТОВ НАРОДН... ...ССР

В ЦК ...

ВПЕЧ...

Рассказ Н. Рукавишник...

КРАСНА...
СУББОТ...

ПИЗДА...

ПРИЗЫВНОЕ
СЛОВО ПАРТИИ

Евгений Вистунов

ПРИГЛАШЕНИЕ
В ЗАПАДНЮ

Следует развивать политичес-
кую бдительность советских
людей, их непримиримость
к враждебным взглядам, уме-
ние противостоять идеологи-
ческим диверсиям классового
противника, оппортунистичес-
ким и ревизионистским насло-
ениям на реальный социализм.

Из материалов июньского
(1983 г.) Пленума ЦК КПСС

Лениздат·1984

...DEL
...И УЧЕНЫ...
...РАБОТНИКАМ
...ВЕТСКОЙ НАУКИ

РАЗБИТАЯ ЧАШКА

МОНГОЛЬСКИЙ ОРДЕН
ВОЕННОМУ УЧИЛИЩУ

Edited by
Kamehameha K. Kuzminsky

ЛЕНИЗДАТ О ФЕМИНИСТКАХ:

Сочинители грязного пасквиля, именующие себя зачинателями «феминистского движения в России» и редакторами «первого свободного женского альманаха»,— некие Ю. Вознесенская, Т. Горичева, Т. Мамонова и Н. Малаховская.

Биографии их пестры. Ю. Вознесенская когда-то училась в Ленинградском институте театра, музыки и кинематографии, откуда была отчислена за хулиганский поступок. Она отделалась довольно легким наказанием — годом исправительных работ. Потом Ю. Вознесенская пробовала писать стихи. Не состоявшись как поэтесса и вообще как литератор, она обратила свой «гнев» на всех и вся — и на советский правопорядок, и на Союз писателей, и даже на бывших друзей, пытавшихся помочь ей. В конце концов от словесной хулы нашего строя она перешла к изготовлению и распространению антисоветских пасквилей. И опять же суд гуманно отнесся к ней, дав минимальный срок наказания, хотя на этот раз с лишением свободы.

Вознесенская не образумилась. Она начала искать родственных ей по духу людей, а точнее, таких же, как и сама, клеветниц на советский общественный строй. Так она подружилась с Горичевой, Малаховской и Мамоновой, которые тоже считали себя непризнанными гениями, нигде не работали, вели праздный образ жизни. И конечно же, мечтали громко заявить о себе. Самовлюбленный и эгоистичный «квартет» взяли на примету приезжающие в СССР под прикрытием туристских виз эмиссары антисоветских организаций, таких как Народно-трудовой союз, Русское студенческое христианское движение (РСХД). Нашли с ними общий язык и поднаторевшие на идеологических диверсиях против СССР сотрудники радиостанций «Свобода», «Голос Америки», «Немецкая волна».

Теперь не только о Вознесенской, но и обо всей компании на Западе заговорили как о «загубленных социалистическим строем талантах», щедро раздавая им титулы «видного философа и феминистского теолога» (это о Горичевой), «романистки и очеркистки» (о Малаховской, не написавшей ни одного произведения, тем более романа), «известного художника» (о Мамоновой, чье художническое творчество дальше незрелых проб кисти так и. не пошло). Особых похвал удостаивалась Вознесенская. Она их заслужила: не побоялась уголовной ответственности за враждебную социализму деятельность, представила за рубеж «дневник жизни» в исправительно-трудовой колонии, напичканный небылицами, имеющими особый спрос на антисоветском рынке.

«Дневник жизни» Вознесенской пришелся по душе тем, кто специализируется на идеологических диверсиях против СССР, а в психологической войне, неофициально объявленной социалистическому строю, руководствуется такой, например, инструкцией ЦРУ: «...поощрять людей к тому, чтобы свои личные интересы они ставили выше общественных, усиливать их интерес к частной жизни, дабы уменьшить их участие в решении коллективных и национальных задач, распространять скептические настроения в отношении политических целей и идеологии местных или центральных властей (если они не отвечают целям США), раздувать разногласия и раздоры, вносить дезорганизацию и сумятицу в поведение людей».

В одной из весточек с Запада Вознесенской сообщили, что по ее «дневнику» будет снят телефильм, что эту «прекрасную идею» высказал не кто-нибудь, а административный директор хельсинкской комиссии конгресса США Альфред Френдли. Чтобы Вознесенская сполна оценила интерес американца к ее дневнику, цитировались и его слова: «Америка не читает книги. Зато' вся Америка смотрит телевизор. А уж после фильма издатели сами прибегут».

Телефильм был поставлен по всем канонам режиссуры антисоветских акций. Кроме профессиональных актеров роли в нем исполняли два бывших ленинградца, уехавшие в Израиль «для воссоединения семьи» и оказавшиеся за океаном. Оба они хорошо знали Вознесенскую, числились в ее друзьях и единомышленниках, в былые времена участвовали вместе с ней в пьянках, до которых несостоявшаяся поэтесса была большая охотница. Однако не это обстоятельство определило выбор их на исполнение главных ролей в антисоветском шоу.

По замыслу его постановщиков, Кузминский и Левин привносили в фильм своеобразный «шарм»: в рекламе и рецензиях непременно подчеркивалось, что они такие же, как Вознесенская, «жертвы советского режима», обратившие взоры надежды на страну «всеобщего благоденствия» и «равных возможностей». При этом, разумеется, умалчивалось о том, что Кузминский за несколько лет проживания в США не нашел постоянной работы, что ни музей, ни частные лица не купили ни одного из его художественных творений. Публикуя взятые у него интервью, американские газеты старательно обходили такой деликатный вопрос, как материальное положение Кузминского. Да и сам он старался держать марку, ни разу не обмолвился о разбитых своих надеждах в «свободном мире», о полном отчаянии, доходящем порой до мысли покончить с собой. Об этом знали только он да жена Эмма, сделавшая такую приписку к его бодренькому письму Вознесенской: «Не верь, Юля, ему, хорохорится он, изображает из себя оптимиста. А сам пребывал в полном маразме почти полтора года... Я уже не чаяла, что вернется к жизни, собирался покончить с собой... Я прибегала в обед проверить, не болтается ли на крючке...»[1].

Естественно, что и о Левине американская пресса предпочитала сколько угодно распространяться как о «жертве советского режима», ни слова не говоря о том, на какие же средства он живет в США. В противном случае пришлось бы признать его жертвой капиталистического мира, человеком, потерявшим родину и получившим взамен право полуголодно существовать, клевеща на нее.

Реклама сделала свое дело: телефильму дали «зеленую улицу» в самое зрительское время, о нем упомянули даже солидные буржуазные газеты. По этому поводу Кузминский восторженно писал Вознесенской:

«Фильм прокрутили. Вторые сутки звонки со всей Америки и даже объяснения в любви... Словом, 60 минут такого крутяка, в таком захвате — такого я еще не видел... Даже если больше ничего не сделаю, место в истории обеспечено. Рядом с тобой».

Восторг Кузминского можно понять. Сидевший, по его собственному выражению, без единого цента в кармане, он наконец подзаработал как исполнитель роли в фильме. Удача взбодрила его, побудила другими глазами посмотреть на Вознесенскую, которую он никогда не считал творческой личностью, а тем более поэтессой. До демонстрации телефильма он категорически не советовал Вознесенской «подаваться» на Запад: «Пропадешь, птичка, ни за грош: какая из тебя поэтесса!»

В другом письме Кузминский приводит более развернутые доводы: «Поэты здесь вообще народ одноразового пользования, читают в основном сами для себя. Если соберется человек двадцать — уже аудитория. Так что как поэтессе тебе не фонтан... Разве только примкнешь к лесбиянкам, у них это называется «женщины в борьбе за свободу»... У здешних эмансипаток ты не в почете: ты в «дневнике» о женщинах дурно отзываешься, пишешь, что они — декоративный пол. А они тут требуют равноправия. У них много проблем...»

После телефильма тон его писем стал иным: «Чем черт не шутит, авось и проклюнешься здесь. Бросай все и приезжай...»

Спустя месяц Кузминский сменяет «авось» на твердое убеждение: «Ты, птичка, трусиха. Наслышалась про нас разного: и то, что лижем зады тем, у кого деньги и злость на нашу матушку-Россию, и то, что грыземся меж собой... Все это так, но, поверь, жить с умом можно везде. А ты ведь не дура, ты баба с характером. На черный день у тебя деньги в банке, а там присмотришься, найдешь заработок по своей линии...»

Вознесенская была от счастья на седьмом небе. О заработке «по своей линии» — за антисоветскую стряпню она давно мечтала. И вот на горизонте замаячило реальное воплощение этой мечты. Наконец-то она получит не символические гонорары от каких-то там эмигрантских изданий, вроде энтээсовского журнала «Посев», не дешевые «презенты» от зарубежных эмиссаров, а солидную сумму в инвалюте. Уж ей-то отлично было известно, кто, за что и какими сребрениками платит. Цепко помнила она и слова своего заочного благодетеля Альфреда Френдли: «После фильма издатели сами прибегут».

---

[1] Цитируемые в этой статье письма и документы изъяты при арестах Вознесенской и Лазаревой.

Что да - то да. Письма, найденные при шмоне - мои, и приписки - мышиные. Вычетом последнего: "Ты, птичка, трусиха." - это еще, может, и я писал, но далее - уже явно не я. "Матушкой" - я называю матушку, но никак не - Россию. Это уже стиль, скорее, Синявина. Можно, конечно, и архивы поднять, ведь все письма храню, в копиях - но лень. - ККК

Из США в адрес Вознесенской приходили утешительные известия. Беспробудный пьяница и заматерелый циник Кузминский сообщал: «Твоя капуста (две трети) лежит в банке неколышимо, я так хотел, чтобы не пропить часом (под две подписи только выдают!). А у меня агент вертится, шустрит, когда и добудет денег, только когда? Пиво-то надо завтра покупать...»

А про пиво - это уже точно я. Мой стиль, и лексика, опять же. "Агентом" же моим - была лесбиянка-поэтесса Фрида Верден, но денег она так и не добыла. А Юлины деньги - мы выдали взаймы на театр Игорю Дименту, но он так и не раскачался. Деньги, естественно, переслал Юлии по ее выезде. Следующее же письмо - адресовано вовсе не Мамоновой, стану я этой выдре прыщавой писать! А Юлии. Разобраться не могли, пидеры гнойные, вистуновы-свистуновы! Речь идет о статье Джона Боулта, вернее, о двух его статьях - о Виньковецком и Элинсоне, которые я закомпановал, переправив на Хэлен Буркхарт, сумасшедшую техасскую художницу-музыкантшу, и дал Джону. Профессор Боулт читает и говорит: "Что-то очень знакомое..." Еще бы, говорю! Вот они, профессиональные профессорские статьи, за которые тут деньги платят. Но "продавать ее в печать" - я и не намеревался. "Арт Ньюс", правда, напечатал бы - знай они, кто такая Безумная Хэлен. И очень статьей этой горжусь! - ККК

Один из зарубежных адресатов Мамоновой писал: «Пыталась отговорить тебя от контактов с «Посевом», но ты настаивала, и я сдаюсь». Бывший знакомый Мамоновой, оказавшийся на Западе, ссылаясь на свой личный опыт, учил «делать деньги» так: «Написал я тут статью вчера. Вернее, не написал, а состряпал. Взял две статьи моего директора, перемешал хорошенько, заменил «он» на «она»,— читает сегодня Джончик, и глаза на лоб лезут: что-то знакомое!.. И такую же пулю надо выдать о русской кухне и об экономике. Напечатают!»

А про кухню и экономику - только "мулю", а не "пулю" /надо знать русский язык, господа сов. журналисты!/ - действительно, заказывали. Для техасского кухонного издания, какая-то старая мымра собирала статьи о национальных кухнях. Но "деньги делать" - я не учил, поскольку сам не умею. О чем, правда, упоминает и Свистунов: всех обвиняет в продаже Родины, а я ее - только пропил. Все у него "получают американские деньги", все - кроме меня. Я, правда, почему-то стал "художником", но откуда ж ему знать, что я поэт? В КГБ, полагаю, с моим делом - его не знакомили, а только с Юлиным и феминистками.

А что о них я еще худшего мнения, чем г-н Вистунов - так об этом см. в антологии. Но я их крою - не за советские или американские деньги, а просто так, из нелюбви, скажем. А вот г-да Вистуновы, множественные...

Литературное приложение № 2

Александр Каломиров

Двадцать лет новейшей русской поэзии
(Предварительные заметки)

Александр Каломиров — псевдоним одного из самых серьезных литературных критиков, печатающихся в машинописных ленинградских журналах. Западный читатель знает его по статье о поэзии И.Бродского («Вестник РХД», № 123).

Публикуемый ниже обзор впервые появился в журнале «Се ерная почта» № 1/2, 1979, а затем был перепечатан и в другом самиздатском сборнике. Далее откладывать встречу более широкого круга читателей с этим текстом невозможно: мысль, выраженная в эпиграфе к нему, более чем справедлива. Ряд исправлений к статье последовал тотчас по ее опубликовании: например, в очередном номере «Северной почты» была помещена реплика Ю.Кублановского, который сетовал на то, что в статье совсем не упоминается поэзия Н.Горбаневской, а также делал другие уточнения.

Время тоже вносит поправки. Д.Дар скончался в 1980 году; Э.Лимонов переехал из Нью-Йорка в Париж; К.Кузьминский успел выпустить четыре емких тома своей «Антологии Голубой Лагуны» и др. Однако быстротечное время не отменило главных мыслей этой статьи, которые звучат сейчас вновь особенно выразительно ввиду официального издания в Ленинграде близкого родственника «Лепты» (ровно 10 лет спустя!) — литературного сборника «Круг».

С.Д.

●

*Поэзия — как приобщение к святости.
Прошел год — и человека не узнать.*

Су Ши

1. Общие замечания. Новый поэтический язык.

Новейшая русская поэзия последних двух десятилетий — явление аморфное, невыявленное, даже неназванное. Настоящая статья — первая попытка ее самоосмысления с точки зрения историко-культурной. Существуют стихи, поэмы, книги (к сожалению, далеко не всегда отпечатаны типографским способом). Можно говорить об удачах и неудачах, о талантливых и своеобразных поэтах, о сложившихся в миф или загубленных творческих судьбах, — собственно, именно так и делается в зарубежных статьях.

Менее очевидно, что новейшая русская поэзия, несмотря на аморфность и противоречивость, — явление целостное, имеющее единые эстетические предпосылки, обладающее определенными чертами «большого стиля».

И уже совсем спорно то место, которое занимает новейшая русская поэзия в общемировой культуре. Очевидный, на мой взгляд, провал альманаха «Аполлон-77» означает, что целостность новой русской культуры, будучи ощущаема ее творцами на эмоциональном уровне, еще не осознана как культурологический (а не социологический) факт на фоне других фактов современной мировой культуры. Мы существуем, но наше существование еще не может быть подтверждено вербально — таким образом, чтобы стать самоочевидным.

Итоги подводить рано. Мы, современники, не можем встать над живым процессом, частью которого являемся. Но за последние годы в русской поэзии создано столько действительно значимого, столько написано стихов, удовлетворяющих самым строгим критериям, что настало время оглянуться и спросить себя: а что же все-таки создано? кем? когда?

Предсмертное пророчество Анны Ахматовой о новом расцвете русской поэзии оправдывается. Но оправдывается мучительно и трудно. Это расцвет, скрытый от глаз читателя. Расцвет не для современников.

Главная трудность заключается в несамоочевидности языка новейшей поэзии. За последние 20 лет в неподцензурной поэзии произошла революция поэтического языка, оставшаяся незамеченной и неосознанной не только публикой, но и самими поэтами. Тихая, тайная революция. Незаметно для самих себя поэты заговорили языком, не слыханным прежде в России. Этот язык, повторяю, пока не самоочевиден: он требует к себе ключей. Фактически он находится в безграмматическом состоянии для большинства воспринимающих. Многие не могут оценивать его эстетически, не могут любоваться им: это чужой язык. Язык, состоящий из знакомых слов, соединенных посредством незнакомой (неизвестной) грамматики.

Но если новый поэтический язык принадлежит поэзии, литературе (так же, как повседневная речь принадлежит быту), то его грамматика выходит за пределы литературного ряда. Она образуется из сложного взаимодействия социальных, исторических и биографических факторов. Чтобы понимать такой язык, нужно постоянно иметь в виду, что русская словесность всегда так или иначе тяготела к истории, вырастала из истории (роль Карамзина) и врастала в нее (судьба Мандельштама).

В основе нового поэтического языка лежит принцип свертки исторического опыта в личное слово. Прошу обратить внимание: и с т о р и ч е с к о г о, а не историко-культурного, не эстетического, как это происходило в новоевропейском искусстве в XX веке. Концептуализм был издревле свойствен русской литературе, русской культуре в целом. И если для западного художника объектом «сжатия» и иероглифизации до сих пор остается прежде всего язык художественный — будь то язык предшествующей культуры или язык рекламы и культуры массовой, то в России мы сталкиваемся с почти полным отсутствием представления о специфичности художественного языка на уровне авторского самосознания.

Здесь существовала и существует иллюзия, что сам процесс говорения непосредственно воздействует на мир. Господствует представление, что главное — не смысл сказанного, а историческое приращение смыслов к сказанному. Содержание художественного произведения всегда меньше его смысла. Смысл появляется только тогда, когда обнаруживается стремление текста выйти за рамки собственного содержания. В новейшей поэзии слово может означать что-либо только тогда, когда оно рассчитано на историческое приращение смыслов, больше того — когда провоцирует ход и направление такого приращения.

Сплошь и рядом мы имеем дело с феноменом «человекотекста», не со стихами и с авторами. Опасность полного отождествления слова поэта с его личностью — это опасность возврата к магическому манипулированию со[знанием] и волей того, кто воспринимает этот текст. «Магическое» отношение к слову, внешний взгляд, воскрешает в нас античное понимание поэзии: poeta («поэт») означаетделатель». Но, в отличие от античных поэтов-теоретиков поэзии, «действие» в поэзии имело лишь отрицательную, «враждебную» направленность для литературного начальства. Новое искусство оказалось переимчивым — в самом зародыше оно приняло и усвоило отрицательно-магическое отношение к слову, изменив, однако, социальный вектор этого отношения.

Может быть, именно поэтому о нем легче говорить с точки зрения политико-социологической, нежели с точки зрения историко-культурной. Но язык, выработанный новым искусством, одним фактом своего существования выводит неподцензурную поэзию из сферы социологической. В конечном итоге, это язык утверждения новой реальности, и он не позволяет сводить явление новейшей поэзии к акту социального движения.

Проблема самоназвания

Итак, история новейшей русской поэзии не тождественна социальному движению, вызвавшему ее к жизни. Но она и не отделима от того социального процесса, который получил весьма неточное и чисто негативное название: «ДВИЖЕНИЕ НОНКОНФОРМИСТОВ». Вариант: «ВТОРАЯ КУЛЬТУРА», наименование едва ли не оскорбительное.

«Вторая культура», «вторая литературная действительность», «вторая художественная реальность»... — не думаю, чтобы сами участники движения были удовлетворены этими терминами, имеющими чисто социологическую направленность.

Перед нами пример определения-через-отрицание, определения, онтологически бессодержательного. Однако явление, которое мы стремимся определить и которое стремилось в течение десятилетий само назвать себя, определялось именно через отрицание. Поэзия 60-х — 70-х годов (и только неподцензурная) в целом имела «нигилистический», альтернативный характер. Эстетика нового русского искусства (и поэзии в частности) создавалась из отрицания омертвевшей к концу 50-х годов художественной системы, за которой закрепилось звание «искусства соцреализма».

Неподцензурная русская поэзия 60-х годов в историко-культурном отношении выполняла чисто негативную функцию: она «открывала» целые области культуры, слои быта, табуированные, исключенные из словесного бытия в литературе подцензурной.

До конца 50-х годов печатная литература развивалась в чрезвычайно узком тематическом, идейном и даже лексическом диапазоне. Существовали, естественно, идеологически-мотивированные «запретные зоны»: секс, религия, философствование немарксистского толка и т.п. Но существовали и своего рода эстетические «запретные зоны», которые оказались более устойчивыми в процессе десталинизации, нежели прямые идеологические запреты. Существовали верхние и нижние границы словоупотребления. Верхняя граница лексически дозволенного автоматически отсекала все, что так или иначе соотносилось с духовно-религиозной сферой: Бог, Дух, святость, душа, молитва, благодать и т.д. Некто Кочурин, бывший в течение долгого времени главным редактором Ленинградского отделения издательства «Советский писатель», в разговоре с одним молодым поэтом как на единственный аргумент невозможности опубликования стихов указал на слово «душа»: «И везде у тебя эта "душа "».

Нижняя граница оберегала нормативную поэтическую речь от огромной группы слов, указывающих на непосредственную физиологию, а также от инвектив и сленговых образований.

Перед неподцензурной поэзией с самого начала ее существования встала радикальная языковая задача: уничтожить эти границы или, по крайней мере, указать на их относительность. История поэтического языка в 60-е годы прошла под знаком эмансипации разговорной речи и «обживания» запретных областей. Другая, тоже негативно-революционная тенденция, наоборот, состояла в том, что поэты подчеркивали различие между «вечным» языком поэзии и «собачьим» языком коммунального быта, обращаясь к архаическим пластам словесного сознания — к поэтическим штампам начала XIX века.

Только к началу 70-х годов появилось основания с сомнением относиться к термину «вторая литературная действительность». «Вторая» литература, достроив картину языка и обнаруживаемого через язык мира, выполнила свою дополнительную функцию по отношению к «первой» — и почти перестала ощущать себя особым явлением.

3. «Точки отсчета». Периодизация. Литературная диаспора.

Предполагается, по меньшей мере, три «начальных точки» развития новейшей русской поэзии (см. доклад Бориса Иванова на конференции по проблемам неофициальной культуры 15 сентября 1979 года в Ленинграде). Выбор каждой из них зависит от сферы интересов избирающего. Для одних, будем называть их традиционалистами, «вторая литература» началась еще в 30-е годы и непрерывно создавалась в условиях жесткого не только литературного, но и личностного подполья. Один из примеров — творчество Даниила Андреева (см. многочисленные списки: из последних перепечаток — в журнале «Община», № 2, 1978). На мой взгляд, произведения, созданные в этих условиях, пусть даже гениальные, говорят только об одном — о существовании авторов, человечески и литературно отрезанных не только от единомышленников, но и от всего остального мира. Такие произведения, являясь фактами истории культуры или индивидуального художественного творчества, в то же время не включаются в живой литературный процесс. Они пока еще лежат за пределами литературы и могут быть включены в историю культуры лишь «задним числом» и только будучи санкционированы историей культуры могут осознаваться как факты культуры, а не социологии, психологии и т.п.

Вторая точка зрения может быть обозначена как «либерально-социологическая». Ее сторонники полагают, что толчком к развитию нового искусства в России была смерть Сталина и начало процесса десталинизации, коснувшегося искусства (1956 год). Этой точки зрения, с определенными оговорками, придерживается автор наиболее полной на сегодняшний день (хотя и содержащей множество неточностей, ошибок) монографии о новейшей советской неподцензурной литературе Юрий Мальцев (см. его кн. «Вольная русская литература», Франкфурт-на-Майне, 1975). Первой манифестацией существования новой литературы Мальцев полагает самиздат и последующую публикацию на Западе романа Бориса Пастернака «Доктор Живаго». Слабость такой точки зрения — в ее исключительно социологической обусловленности. Все-таки мы не имеем права при анализе литературного процесса исходить только из факторов внелитературного ряда, сводить все к социологии.

Мне кажется, что явление новейшей поэзии возникло несколько позже, около 20 лет тому назад. Исходная точка: смерть Бориса Пастернака и закрытие в Ленинграде последнего официального турнира поэтов, на котором впервые прозвучали стихи Иосифа Бродского. Именно тогда стала очевидной пропасть между «новой» (официальной) и новейшей (неофициальной) русской поэзией. Это было весной 1960 года. Именно тогда начался сложный и длительный процесс расслоения русскоязычной поэзии.

Процесс этот проходил все ускоряющимися темпами. Первый период условно можно ограничить мартом 1966 года — смертью Анны Ахматовой, которая безошибочно переживается культурным сознанием России как конец целой эпохи. На этот водораздел, в частности, указал С.С.Аверинцев (выступление на конференции памяти М.М.Бахтина в Ленинградском музее Ф.М.Достоевского в 1976 году).

Период с 1960 по 1965 годы отмечен усиленным освоением акмеистического (по преимуществу в Ленинграде) и футуристического (в Москве) наследия русской поэзии. Это был период ученичества, усвоения уже накопленного, наведения мостов между настоящим и прошлым. В это время особенно высоко стоит репутация Станислава Красовицкого, лучшие стихи которого созданы еще в 50-е годы, но стилистически и духовно принадлежат 60-м. Религиозный поэт, он в 1962 году Красовицкий сознательно отказывается от поэтического творчества. К этому, очень важному для истории современной поэзии факту, мы еще вернемся.

С конца 50-х годов становятся известны стихи Геннадия Айги, Всеволода Некрасова, Генриха Сапгира, Игоря Холина. Этих московских поэтов, несмотря на все индивидуальные различия, объединяет повышенное внимание к языковой и ситуативной повседневности, воспринятой непосредственно через призму онтологии (минуя все промежуточные среды, в том числе — сферу культуры), так же, как непосредственно встречаются Жизнь и Смерть в стихах Холина:

Познакомились у Таганского метро.
Ночевал у нее дома.
Он — бухгалтер похоронного бюро.
Она — медсестра родильного дома.

В эти же годы в Ленинграде обнаруживается тенденция противоположная: не бытие просвечивает сквозь быт, но быт вводится в сферу культуры и вследствие своей причастности к этой сфере становится бытийственным. Ведущим ленинградским поэтам той поры необходима была культурно-мифологическая санкция для того, чтобы ввести ту или иную бытовую деталь или ситуацию в литературу. Так возникают осовремененные мифологические мотивы в стихах Виктора Сосноры (а также Александра Кушнера, в «каббалистических» и «герметических» поэмах Анри Волохонского. Но более всего современность насыщена мифологией в поэзии Иосифа Бродского (а также других «ахматовских сирот») — Евгения Рейна, Дмитрия Бобышева, Анатолия Наймана. Особняком среди ленинградских поэтов стояли Владимир Уфлянд и Михаил Еремин, в большей степени ориентированные на футуристическое мировидение, более непосредственные в своем восприятии современности. Но высшее достижение (вышедшее за рамки этого периода) — стихи Иосифа Бродского, где мифологическое и бытовое так органично связаны друг с другом, что одно без другого не может существовать.

Второй период — 1966-70 годы. Это время, когда в поэзию приходит новое поколение, когда становятся известными новые имена и возникают первые попытки организации литературных групп с более или менее четко манифестированной программой. В это время написаны лучшие стихи Леонида Аронзона: именно его смерть и воспринимается как временная веха (1970). В это время заново «открыто» творчество «обэриутов», и знакомство с Хармсом, Введенским (и Вагиновым) является едва ли не самым существенным фактором эволюции поэтического языка во второй половине 60-х годов.

Поэтика абсурда в той или иной степени захватывает всех неподцензурных московских и ленинградских поэтов и становится отправной точкой для дальнейшего движения. «Свертка» поэтического языка по-настоящему стала возможной после знакомства новейшей поэзии с той редукцией языка, которая была произведена «обэриутами». Поэтика абсурда повлияла даже на таких сложившихся к тому времени поэтов, как Иосиф Бродский и Александр Кушнер, но коренным образом не изменила их поэтических систем. Зато более молодое поколение, пройдя через школу языкового и ситуативного абсурда, выработало собственные, новые ценности. Речь идет о таких московских поэтах, как Эдуард Лимонов, Владимир Алейников, Леонид

Губанов, Владислав Лен, Юрий Кублановский и Александр Величанский. В Ленинграде это поколение представлено Тамарой Буковской, Виктором Кривулиным, Борисом Куприяновым, Александром Мироновым, Александром Ожигановым, Олегом Охапкиным, Сергеем Стратановским, Петром Чейгиным, Еленой Шварц, Виктором Ширали, Владимиром Эрлем и др.

Третий период еще не завершен, хотя длится уже почти 10 лет. Последнее десятилетие прибавило немного новых имен: в первую очередь, нужно назвать москвичей Ольгу Седакову и Алексея Цветкова, ленинградцев Игоря Бурихина и Аркадия Драгомощенко. Возникает и развивается концептуальная поэзия — я имею в виду творчество Льва Рубинштейна и участников московской группы «Коллективные действия», а также стихи Дмитрия Пригова.

70-е годы — это время стабилизации. Тенденцию к экстенсификации, к расширению границ поэзии сменяет движение вглубь. Отъезд Иосифа Бродского в 1972 году — свидетельство того, что возможности расширения сферы поэтического внутри России и русской культуры, похоже, исчерпываются. Русская поэзия «выхлестывается» за пределы страны. Уезжают те, для кого в большей степени присущ экстенсивный тип творчества: Эдуард Лимонов, Игорь Бурихин, Алексей Цветков. Начинается диаспора новейшей русской поэзии.

С другой стороны, именно в 70-е годы внутри страны устанавливается неравноправное и неустойчивое, но на удивление длительное сосуществование в рамках одной языковой реальности двух различных эстетических и интеллектуальных «стандартов», двух противонаправленных способов жить.

4. Единство русской поэзии. «Очаги» поэтической культуры

Исследователю, который бы задался целью восстановить целостную картину культурной жизни России в послесталинскую эпоху, предстоит чрезвычайно сложная задача: соединить несоединимое — допустим, стихи, публикующиеся во внутренних советских изданиях, стихи, циркулирующие в Самиздате (их поток был особенно интенсивен в 60-е годы) — и все возрастающее количество стихотворных публикаций в эмигрантской прессе (последнее — характернейшая черта 70-х годов).

Что, казалось бы, общего между Евтушенко и Вознесенским, с одной стороны, Бродским и Лимоновым — с другой, Шварц и Кривулиным — с третьей? А нечто общее, вероятно, есть, хотя нами, современниками, оно улавливается с трудом. Очевидно, например, что в своем последнем сборнике «Соблазн» Андрей Вознесенский демонстрирует стремление освоить и включить в сферу подцензурной поэзии элементы лексического, метафорического и даже тематического строя поэзии неподцензурной. Получается это довольно неуклюже и двусмысленно, но любопытно само стремление:

Поэт, работающий дворником,
выше по иерархии... —

звучит почти пародией на фразеологию, торой пользуются представители неофициальной культуры, принужденные зарабатывать на жизнь именно тем способом, который с высоко оценивается поэтом-лауреатом Го дарственной премии.

К сожалению, наше внимание с большей тонностью сосредотачивается на различ между подцензурной и неподцензурной эзией, даже если эти различия структуры ваны факторами «внелитературного ряда»: географическими, социальными, кружко ми и т. п. Может быть, поэтому до сих пор сделано ни одной сколько-нибудь успеш попытки «внепартийно» осмыслить явле новейшей русской поэзии во всей целост ти. Такая задача требует известной дистан ной дистанции, но необходимо постоя иметь в виду ее возможную постановку д в том случае, если речь идет только о нея цензурной поэзии, локализованной в Моск и Ленинграде.

Я говорю — в Москве и Ленинграде, п му что только в этих городах поэзия смог развиваться относительно свободно. Отд ные провинциальные очаги поэтической к туры (Киев, Таллин, Харьков, Свердлов возникали как явление кратковременное — наиболее жизнеспособное и талантливое « тягивалось» из них и поглощалось столи

Особенно плодоносен был Юг (Украи Имеет смысл, наверное, даже особо выде некую «южную традицию» в новейшей ру ской поэзии. Печать поэтического Юга на творчестве харьковчан Лимонова, Ба няна (теперь оба живут в Нью-Йорке) и риса Чичибабина, как бы ни различались че ческие системы и потенциальные возмож ти этих авторов; криворожца Владимира А никова — одного из самых природно ода ных поэтов; киевлянина (бывшего москви правда) Геннадия Беззубова и других.

Когда в провинции болеют тополя
И свет зажгли и форточку закрыли
Я буду жить пока живет земля
И ласточек надломленные крылья —

эти стихи Алейникова созданы особой атм ферой провинциальных южноукраинских родков, где человеческий быт еще не в вопоставлен природе и урбанизация по-н ящему не коснулась даже крупных промы ленных центров. Однако такие стихи мо быть (и были) написаны только в Москве них отчетливо проступают черты обновлен поэтической речи — раскованный, слегка формированный синтаксис, нарушенная ги гическая структура фразы и т. д. Эти сти как и большая часть поэтической продукц 60-х годов, рассчитаны на определенный соб восприятия. Они предназначены для шанья, а не для визуального восприятия.

5. Изменение способа восприя поэзии

Общая для русской поэзии 60-х годов

...нность — «звуковая» по преимуществу коммуникативность стиха, затрудненность фикции текста воспринимающим. Эта особенность недавно (см. журнал «Ковчег» № 4) быотмечена Геннадием Айги.

...личность поэта, его облик, звучащий голос, манера поведения и авторепрезентация 0-е годы были неотчуждаемы от словесной ткани стихов. Поэзия, как правило, восполняла недостаток экзистенциального опыта — слушателя. С л у ш а т е л е й , а не читателей: будучи даже изданы, перепечатаны или переписаны от руки, стихи воспринимались в первую очередь к а к з в у ч а н и е , а не писаное слово. Живой голос поэта как бы заполнял лакуны в эмоционально обедненной жизни среднего человека — коллектив или «космическая одиссея» восполняют гипособытийность и недостаток движения в жизни чиновника.

...щущая себя в роли «эмоционального мотора» жизни, поэт стремился искусственно делать свой голос более живым, усиливая и тем самым искажая естественное звучание.

...да сейчас слушаешь сделанные в 60-е годы магнитофонные записи стихов, поражает отсутствие общей для всех неподцензурных произведений поэзии интонации — экстатически-восходящая мелодика, непрерывное наращивание звукового напряжения, беспаузное чтение. Интонация, уничтожающая членение строки, на отрезки текста, — имитация смысловой непрерывности... Эта интонация покрывала любое содержание, независимо от того чем были стихи и каков их автор.

...социальный невротизм 60-х годов, волны которого прокатились по Европе и США, имел отзвук и в России. И пока негативная, разрушительная энергия требовала общественного выхода — стихи з в у ч а л и : они стали одним из каналов, по которым эти силы находили выход, чем-то вроде свистка в паровозе. Более того, их содержание не играло существенной роли при восприятии — все решала интонация и степень эмоциональной агрессии.

...Но к началу 70-х годов р у с с к и е с т и х и у м о л к л и , и молчание стало центральным моментом их содержания. Проще говоря, они стали п о к а з ы в а т ь . Сейчас, несмотря на сравнительно частые квартирные чтения, несмотря на многого рода официальные и неофициальные мероприятия с бубнящим поэтом в качестве участника, несмотря на переполненные тысячами любителей Вознесенского концертные залы, поэзия изменила способ связи с ч и т а т е л е м . Именно к ч и т а т е лю, поскольку слово звучащее дискредитировано как способ общения, который принуждает говорящего говорить все более настойчиво, а слушающего слушать все более туго. Так был дискредитирован самый стиль жизни-напоказ, жизни-наружу, особый стереотип нарочито открытого «артистического» поведения. Теперь «на слух» мы лучше воспринимаем уже знакомое по чтению глазами — поэтический шаманизм никого не затра...

вает с той силой, с какой затрагивало голосоведение поэта аудиторию 60-х годов. С конца 60-х годов в обиход вошло словечко «текст». И в 70-е годы мы уже имеем дело не со стихами, а с поэтическими текстами.

«Текст» — это молчащее изображение слова которое обращено скорее к интеллектуальной нежели к эмоциональной сфере восприятия. Интеллектуальный способ восприятия, будучи более опосредованным, изменяет и образ поэта, смоделированный в сознании читателя. «О б р а з п о э т а » (image) все более отчуждается от стихотворной ткани, понятие «текст» направлено именно на п р о т и в о п о с т а в л е н и е а в т о р а и е г о с л о в а . Стихи, становясь текстами, делаются все более без(вне?над?)личными. Даже в тех случаях, когда личность поэта является центральным и единственным героем его поэзии, мы, говоря о современной русской поэзии, должны иметь в виду, что перед нами не лирика в традиционном смысле и что вне оппозиции «автор-текст» невозможно верно оценить такие феномены, как, например, творчество Елены Шварц, где, на беглый взгляд, воссоздается образ эгоцентрически ориентированной и романтически настроенной поэтессы.

Отказ (сознательный или несознательный) поэта от непосредственного воздействия на слушателя или читателя есть нечто принципиально новое в истории русской поэзии. В литературу пришло поколение не только возникшее, но сформировавшееся, достигшее творческой зрелости и отчасти уже вымирающее в условиях «подполья», — в условиях, которые исключали какие-либо профессиональные контакты поэта с внешним миром через его книги.

6. «Лепта». Первые попытки собрать антологию новейшей поэзии

Рассматривая 20-летний путь русской неподцензурной поэзии, нельзя упускать из виду, что общие тенденции ее развития зачастую трудно выявить из-за отсутствия представительного корпуса текстов. Машинописная антология ленинградских неофициальных поэтов «Лепта», составленная в 1975 году, — единственная пока попытка такого рода[*]. Но и «Лепта» страдает некоторой случайностью и несет на себе печать спешки: сборник составлен в кратчайшие сроки — менее, чем за месяц). Значение этой антологии снижает и географическая узость, имевшая тактический

[*] «Лепте» предшествовал только составленный Константином Кузьминским сборник 14-ти поэтов «Живое зеркало» (1974), но это еще не было антологическим собранием — оно отражало только литературные вкусы составителя, зачастую весьма причудливые.

...смысл в момент составления (сборник был предложен в л е н и н г р а д с к о е и з д а т е л ь с т в о). В Москве был подготовлен только проект подобного собрания, так и не

осуществившийся. Насколько мне известно, сейчас в штатном университете Техаса (г. Остин) готовится пятитомное собрание русской неподцензурной поэзии (редактор К.Кузьминский, один из составителей «Лепты»); однако до того момента, пока это издание сможет быть оценено читателями, приходится довольствоваться разрозненными подборками, случайно уцелевшими листками, полными опечаток зарубежными публикациями, нередко даже лишь тем, что уцелело в памяти.

Несмотря на все свои недостатки, «Лепта» оказалась поворотным пунктом не только в судьбах ее составителей и участников, но и в истории новейшей поэзии. Это была первая попытка самосознания, точнее; самоопределения новой литературной реальности, первая попытка опосредования. Именно после «Лепты» термин «вторая культура», видимо, исчерпал себя. Разрушились дутые репутации поэтов, известных прежде только по устным выступлениям (пример — известность Михаила Юппа; в какой-то мере — и Виктора Ширали, первый «официальный» сборник которого вышел в 1979 году).

К моменту составления «Лепты» в среде ленинградских поэтов сложились тесные, скорее дружеские, нежели профессиональные, отношения. Фактор чисто человеческого (реальнее, вакхического) общения значил больше, нежели собственно литературная близость. Объединяло и общее чувство социальной изгойности.

Независимо от направления или характера творчества, все так или иначе были литературными париями, существовали за границами «большой литературы». Любая попытка критической оценки стихов воспринималась нередко как глубоко личное оскорбление: друг друга ругали только за глаза. (Оговариваюсь, — все это были люди в той или иной степени литературно одаренные.)

Так общались друг с другом многие авторы «Лепты». Составители антологии столкнулись не только с запутанным и непроясненным клубком лично-литературных счетов и взаимных обид, но и с явлением «подвальной гениальности». Из 32 авторов, представленных в антологии, не больше пяти-шести не были окончательно и бесповоротно убеждены в своем исключительном первенствующем положении в литературе. Характер общения стимулировал почти в каждом поэте представление о своем особом избранничестве: то была коллективная мания величия, порожденная литературным подпольем и переживаемая глубоко лично — в подполье души. Когда выяснилось, что в антологию не может войти все, созданное всеми, кто решил принять участие в ней, возникла необходимость отбора, воспринятая многими болезненно. Перед составителями сборника встала задача выработки к р и т е р и е в о т б о р а . Понадобилась ценностная иерархия, без которой оценка произведений словесности невозможна. В каком-то смысле писать после «Лепты» стало трудней: сборник, сведя воедино стихи самых, казалось бы, разных поэтов, совершенно неожи данно (и для самих составителей) обнаружил присутствие похожих, повторяющихся мотивов, образов, обилие аналогичных ритмических ходов, синтаксических конструкций и словосочетаний, излюбленных не одним-двумя-тремя, а сразу десятью-двенадцатью поэтами.

Что это было? литературные штампы? постоянные элементы народно-поэтического говорения? «бродячие» мотивы? свидетельства единомыслия? До сих пор однозначно ответить на этот вопрос трудно. Объяснений может быть несколько. Во-первых, общая для многих поэтов исходная традиция — поэзия петербургского «серебряного века», конкретнее — акмеизма. Во-вторых, сам характер пейзажа, стоящего перед глазами разных поэтов. Пейзажа, который в поэтическом преломлении отсылал воображение в определенную эпоху — к началу века, к последним годам «петербургского периода русской истории». Третье — равнодушие к другим (иноязычным) поэтическим традициям и системам. Равнодушие, объясняемое как культурной ностальгией по «серебряному веку», так и попросту невежеством по отношению к современной (а эта «современность» начинается у нас с 20-х годов, когда затруднилась культурная связь России с внешним миром) европейской культуре. Невежество, порождая страх перед «иным», стимулировало еще большую и теперь почти сознательную закрытость поэтов не только от «другого», но и друг от друга.

Как ни парадоксально, «общие места» — следствие всеобщего гипертрофированного чувства особой избранности, собственной гениальности. Общение поэта с поэтом, как правило, было сознательно односторонним: они читали друг другу свои стихи, и они не слушали друг друга. Годами «на слуху» существовали целые книги стихов: глотка заменяла многим поэтам печатный станок, но слушающим не заменяла страниц книги. Поэзия вышла на рубеж устного народного творчества — и черты фольклора не замедлили проявиться в ее облике.

И все же путь каждого подлинного поэта действительно уникален. В настоящей статье будет сделана попытка дать ряд литературных портретов. Выбор имен не претендует на полноту и может представляться случайным. Но, повторяю, информация о современном состоянии неофициальной русскоязычной поэзии, как уже наличествующей, так и доступной нам ныне, недостаточна и фрагментарна.

7. Кружки, группы, литературные направления

В альманахе «Аполлон-77» есть фотография: пятеро членов московской группы «КОНКРЕТ» — Лимонов, Лен, Сапгир, Холин, Бахчанян. Это пример создания литературной группы «задним числом». Выехавшие на Запад поэты и художники там как бы спохватываются — их роль в искусстве не исчерпывается индивидуальным творчеством, им не-обходимо еще и представлять кого-то другого. Формы художественной репрезентации в Европе и США устоялись. Единство нескольких художников или поэтов должно быть эстетически или теоретически манифестировано, то есть формализовано. Но ничего похожего на четко оформленные литературные группы у нас ни в 60-е годы, ни в первой половине 70-х не было. Групповые портреты русских современных поэтов, как правило, не сопровождаются манифестами, не подкрепляются общей художественной практикой. В одной комнате, перед объективом фотоаппарата сгруппировались люди с общими вкусами и антипатиями, но без какого бы то ни было намека на общность творческого самосознания. Это люди, близкие друг другу человечески. Это кружок даже не единомышленников, но людей, волею сходных и часто враждебных обстоятельств загнанных в одно помещение, посаженных перед одной камерой, находящихся в одинаково напряженных отношениях со всем остальным миром. Людей, которых сближает только то, что они принадлежат к общей сфере деятельности — в искусству.

В Москве и Ленинграде таких кружков было множество, но только некоторые из них оказались продуктивными, только некоторые стимулировали и действительно творческому общению. Большинство таких непрочных единств распалось по естественным причинам — смерть участников, ссоры, отъезды. Некоторые в уменьшенном варианте существуют до сих пор, другие продолжают существовать в эмиграции, в полном составе переехав через границу.

Как правило, такие кружки возникали вокруг той или иной достаточно энергической, экстравертированной и харизматической фигуры. Так, вокруг Ахматовой определилась уже упоминавшаяся общность молодых поэтов, впоследствии ставших известными не только в России (Бродский, Бобышев, Рейн, Найман).

Иногда центром кружка становилась диада. Дружба Еремина и Уфлянда, Хвостенко и Волохонского, Сапгира и Холина — вот основа, на которой складывались будущие кружки, а впоследствии — литературные группы и направления. Нередко попытки создания новой литературной школы были просто естественным продолжением человеческой близости — при полном несовпадении эстетических устремлений каждого из участников. Так, в 1962 году Леонид Аронзон и Александр Альтшулер манифестировали создание нового направления — «герметизма». Программа практически отсутствовала, а то, что можно было уловить, — сводилось к произвольному комбинированию истин, известных еще акмеистам и футуристам и декларированных 50 лет назад. Естественно, название просуществовало несколько недель, потом исчезло. Факт создания литературной школы был вызван, скорее, желанием «воскресить» прошлое с его литературной борьбой — это была форма литературной учебы, ни в коей мере не соотно-сящаяся с подлинными проблемами, встав[шими] ми перед современным искусством. Это б[ыла] па, пожалуй, еще игра в «большую литера[ту]ру».

Позже Аронзон стал центральной фигур[ой] ленинградского авангарда и вокруг него о[б]разовался кружок поэтов более молодого п[о]коления. Владимир Эрль, Александр Мирон[ов], Юрий Галецкий (как автор визуальных тек[с]тов) — многим обязаны Аронзону, но оче[вид]ным это стало только после его гибели. Ста[ло] быть, опять о литературной группе появи[лась] возможность говорить только «задним чи[с]лом», в данном случае после смерти ее н[е]формального лидера.

Центром другого ленинградского кружка [в] этот был Константин Кузьминский. В 1967 [го]ду он объявил о создании нового литератур[но]го направления — «школы звуковой поэ[]зии». Но и эта попытка не увенчалась усп[е]хом. «Звуковая школа» на поверку оказал[ась] суженной перифразой кубофутуризма, в д[у]ховные учителя Кузьминского — Тихон Чур[и]лин и Алексей Крученых — значительно [ши]рее» и последовательней своего ученика. [И] не менее, фигура Кузьминского была в бо[ль]шей степени колоритна и привлекательна [—] открытость его дома (явление в последн[ее] время очень редкое), искренний интерес [к] зяина к поэзии и широта его литературны[х в]кусов собрали в его квартире таких разны[х по]этов, как Юрий Алексеев, Виктор Кривул[ин], Борис Куприянов, Александр Ожиганов, О[лег] Охапкин, Петр Чейгин, Виктор Ширали [и дру]гих других.

Иногда «стержнем» объединения оказы[ва]лась фигура, в творческом отношении от[носи]тельно ничтожная. Главный талант мас[титого] того члена Союза писателей Давида Дара, [на]пример, состоял не в умении владеть пер[ом] — но в поразительной способности угада[ть] и живо воспринимать «чужое». Он был «ид[е]альный читатель», которых, может быть, [не] меньше на свете, чем первоклассных лит[ера]торов. Энтузиазм, с которым Дар привет[ство]вал все, хотя бы в малой степени выходящ[ее] за рамки «серого» журнального и книжн[ого] стихослагательства, заражал самих поэтов, [во]обще лишенного какого бы то ни было отк[ли]ка на свое творчество. Его совсем не стар[о]московское (несмотря на возраст) внимание к л[ю]бой попытке словесного эксперимента, по[вы]вышенная эмоциональность оценок — кач[ест]ства, сами по себе замечательные, выдел[яв]шие Дара из среды литераторов — снискали ему в глазах властей дурную [ре]путацию; и его выделенность приобрела [ор]фографическое определенность: сейчас Д[ар] живет в Израиле, изредка публикуя в э[ми]грантских изданиях прозаические отрыв[ки], написанные еще в Ленинграде, и статьи [об] оставшихся в России поэтах. Впрочем, а[по]логетическое отношение Дара к новейшей [по]эзии в целом дезориентировало некотор[ых ав]торов, — слишком к себе требовательн[ых.] Произвольно завышенные оценки и воспи[тан]ный Даром культ литературной гениальн[ости] — все это имело едва ли не губительные следствия, в частности, на мой взгляд, для творчества Глеба Горбовского, Олега Охапкина, Геннадия Трифонова и некоторых других поэтов.

И все же нельзя утверждать, что нерасчлененность литературного бытия новейшей русской поэзии — ее единственно возможное состояние. Начиная с середины 60-х годов возникает если не литературная борьба, то ее подобие; оформляются (правда, недолговечные) объединения поэтов (или, выражаясь по-петербуржски, «школы»), обладающих не только общими смутно выразимыми вкусами, но и вырабатывающих некоторые единые принципы художественной практики. Продолжается игра в «большую литературу», но она переходит границы простого подражания славному прошлому. Возникает необходимость оформления литературных течений, формализация разрозненных явлений литературного процесса.

В Москве в 1965-66 годах функционировало «Самое Молодое Общество Гениев» (другой вариант расшифровки названия: «Смелость. Мысль. Образ. Гениальность») — СМОГ. В число «смогов» входило несколько по-настоящему одаренных поэтов — В.Алейников, А.Величанский, Л.Губанов, Ю.Кублановский; примыкал к СМОГу и Э.Лимонов. Попытки сформулировать общетеоретические принципы СМОГа были смехотворны и сводились к требованию публикаций и выступлений для членов группы. Поражает сейчас, спустя 15 лет, другое — масштаб движения (несколько сотен участников) и его организационная активность. Аморфный и случайный характер творческого единства оттенялся четкой организационной структурой — пародией на структуру Союза писателей и — одновременно — на структуру закрытого конструкторского бюро — с Главным Теоретиком во главе.

В Ленинграде этот процесс принял другое направление. Полное отсутствие формально-организационных моментов затрудняет разговор о существовавших в 60-е годы литературных группах. Однако они были, и в основе их единства — общие для каждой группы эстетические принципы.

В 1966 году в Ленинграде возникла группа «хеленуктов» (Владимир Эрль, Алексей Хвостенко, Анри Волохонский, Дмитрий Макринов и др.). Их объединяла поэтика абсурда. В творчестве Эрля и Макринова заметно преобладали элементы дадаизма, нарочитый инфантилизм, примитивизм, литературная пародия. Комический эффект должен был сопутствовать самым серьезным высказываниям. Несоответствие тона сказанного предмету говорения — основной прием поэзии Эрля:

И на меня хороший дружелюбный
Из подворотни смотрит человек.

Игра перевернутыми смыслами, техника коллажа, впервые примененная «хеленуктами», дают основание говорить об этой группе как о первом подлинно авангардистском явлении в современной русской поэзии. Однако вырваться из застарелой литературной почвы было не так-то просто. Коллажи Эрля — часто всего-навсего пародирование символизма 70-летней давности. Идет интенсивная литературная война с ветряными мельницами. Вот реакция Валерия Брюсова (Эрль) на восстановление чина прапорщика в Советской Армии:

Прапорщик, прапорщик в фартуке белом.
Ныне даю я тебе три совета.

(Ср.: «Каменщик, каменщик в фартуке белом... » и «Юноша бледный со взором горящим, / Ныне даю я тебе три совета...»).

А вот и очередное появление Пушкина, выскочившего в коммунальный интерьер из хармсовских «Случаев»: «Там Пушкин лезет из норы» («Киклоп» — совместный эпос Эрля и Макринова). Волохонский и Хвостенко разрабатывали другие стороны футуристической традиции. Их поэзия орнаментальна, построена на магико-ориенталистских и сакрально-эротических мотивах.

В конце 60-х годов «хеленукты» переживают состояние, аналогичное поэзии протеста на Западе: они прибегают к психоделическим эффектам, переживают влияние поп-музыки, сексуальной революции (стихи Эрля конца 60-х годов, песни Хвостенко). У «хеленуктов» возникает преломленная через культуру «хиппи» своеобразная разновидность социального протеста (песня Хвостенко «Пускай работает рабочий...»). Будучи, в отличие от других ленинградских поэтов, прямо ориентированы на «молодежную» поэзию Запада, «хеленукты» так и остались людьми 60-х годов. Тех из них, кто с повзрослением не отошел от занятий поэзией, почти не коснулись изменения, произошедшие и в обществе и в искусстве в 70-е годы.

«Хеленукты» завершили развитие футуристической ветви русской поэзии, выявив скрытые в раннем футуризме консервативные моменты, превратив открытия «дада», Хлебникова и «обэриутов» в художественные образцы, требующие неукоснительного подражания, а затем — в факты поп-культуры. Не случайно, что наиболее последовательный из «хеленуктов» Эрль прекратил в 70-е годы писать стихи, попытался перейти на прозу, а в конце концов сделался коллекционером и исследователем рукописей, ограничив и здесь круг своих интересов тем, что так или иначе связано с ранним или с позднейшим («обэриуты») футуризмом. Превращение поэта в держателя архива — эту именно футуристическую эволюцию можно было наблюдать еще в 30-е годы.

В 1967 году в Ленинграде возникает еще одна группа — «Школа конкретной поэзии», участники которой исходили в основном из прерванной традиции акмеизма. Представители «конкретной поэзии» — Т.Буковская, В.Кривошеев, В.Кривулин, В.Ширали — пытались соединить акмеистическое внимание к предмету, заостренно-«вещное» видение мира с чисто футуристической констатацией абсурдности самого принципа творчества. «Кон-

кретная поэзия» стремилась не рассказывать не «выражать», но демонстрировать. Зд открывался путь и к визуальной поэзии, но зуальные стихи в собственном смысле появились несколько позже. Поэты «конкрет школы» отказывались от каких бы то ни бы оценок изображаемого — лирических или ческих. Говорить должны были только за предметы словесного изображения, топ «слова предметов», включенные в текст своими уникальными «историями» (в фе менологическом смысле) — и говорить то ко о своих собственных «историях», опери понятиями и вещами обнаруженными сло

«Конкретная поэзия», как и «хеленукт прибегала к автоматическому письму, к тике пародирования и травестирования, к зданию абсурдных ситуаций, но от «хелен тов» ее отличала «мягкость» словесной и с туативной трансформации реальности. Хара терный пример — стихи Тамары Буковск простое перечисление объектов, которые фи сируются во время прогулки, только указыв на «вехи» маршрута. Серия таких указан создает образ уже внепространственный, временной — движение в ограниченном и ко локализованном пространстве перерож ется в движение во времени:

От Мойки-реки до Фонтанки
По Крюковке прямо иди
Сначала Голландскую арку
На Мойке оставь позади.
Потом постепенно увидишь
Два мостика сад и собор
И тоненький крест колокольни
И стройки дощатый забор
Мост Новоникольской постройки
Последних строительных лет
И гнилостный запах настойки
С бульвара и медленный свет
На тумбах старинной работы
Граненых восьми фонарей
Потом вдоль большой галереи
Где охра и мел пополам
Где сырости запах сильнее
Во двор выдыхает подвал
Дойдешь до кирпичного дома
Где школа и тир ДОСААФ.

«Конкретная школа» существовала до 197 года. Затем распалась.

АЛЕКСАНДР КАЛОМИРО

Ленинград, 1979

/Г-н Говномиров оказался, естественно, Витюшей Кривулиным. См. в одном из писем О. Охапкина, "Хроника тикающих событий, т.4Б. Оценку этой статье там уже дал Олег. Я лишь присоединяюсь. - ККК/
D.S. А за сравнение
Ширали/с -Юпом...
— Убего. ХХХ

ПЯТЬ ПИСЕМ ПОЭТУ

"Письма пишут разные
Слёзные болезные
Иногда напрасные
Чаще бесполезные"

/Симонов-Кузьминский/

Иногда, перечитывая труды маститых труповедов, о переписке Блока с Достоевским,
скажем, или кого еще с кем - вычетом писем Маяковского Лиле /за что сестры 2-ой
том "Нового о Маяковском" прикрыли: "Опошление памяти великого поэта", а Лилю -
и из книжек и хрестоматий изъяли, даже в альбоме "Маяковский в фотографиях", в
прошлом, вроде, году вышедшем - ни одной Лили, хотя какие-то сомнительные бляди
на фотах присутствуют, знакомые В.В.Маяковского, и даже в купальных костюмах -
а Лили нет, НЕ БЫЛО Лили, и никогда больше не будет.../ - читаешь - Крейденкова
ли, Омри Ронена, или просто Колосова, кого бы ни - всё как-то ни о чем.
И письма приводятся, но какие-то скушные, вроде отцензурированного Пушкина в
академическом издании - а его же нецензурные ищи где у Флегона...
"Эпистолярис нынче захерел" - говоря словами поэта, и, в особенности, из России.
Дай Бог, в год я получаю оттуда с полдюжины писем - от полудюжины же адресатов.
Письма Гены Трифонова не в счет: он живет перепиской и вообще одной ногой уже
давно на западе, и здесь меня достают все его мерзославистские знакомые: то -
предлагают фильм о Вере Федоровне Пановой писать, о юности ее безгрешной /а я -
требую вставить оптимистическую концовку: расстрел ее, как члена Союза писателей
и в лице ее - всей советской литературы/, впрочем, я всегда путал ее с Антониной
Коптяевой. Фильм же я снял вовсе о Юлии Вознесенской, которая не писательница и
даже не член /но жопа преизрядная/. Жопа, впрочем, в переносном значении: именно
эта часть тела у нее начисто отсутствует /не считая, естественно, головы/, полно-
стью /и утроившись/ переместившись к Лесниченко-Гум /см. фоты/.
Но это, так сказать, отступление. Пишу же я вовсе не об этом, а об письмах поэту,
то есть - мне. Правда, о том, что я поэт, знаю, вероятно, лишь я /и еще жена, ко-
торой зачитываются стихи посторонним бабам/, и даже сборника у меня еще не вышло,
а только сплошные антологии: "Антология советской патологии" /с Г.Л.Ковалевым и
Б.И.Тайгиным/, 1962, "Живое зеркало" /с г-жой Сюзанны Масси/, 1972, "Живое зер-
кало - 2" /без Сюзанны Масси/, 1973, и "2 живых зеркала" /без Масси/, 1974. По-
сле чего последовала настоящая антология "У Голубой Лагуны" /с заочным со-соста-
вительством Г.Л.Ковалева/, свой же сборник, "Ассорти", я сделал в 1962 году, пе-
ред поступлением в Литинститут, куда меня не приняли, а единственный экземпляр
сборника спиздил у меня семипалатинско-павлодарский журналист Альберт Павлов, в
1964-м, после чего, за последние 22 года, сборников я не создавал, ограничиваясь
тематическими книжечками: "Нештяки", "Ель", "Пусси поэмз", "Вазамба Мтута" и т.д.
При том, что написано так - на среднее полное собрание сочинений.
Но я не о том. Антология меня, на сегодняшнее 14-е Февраля 1986 года - остопизде-
ла хуже горшей редьки. Она растет и ветвится, на ветвях зреют вполне неожиданные
плоды, опечатки вычитывать некому, за вышедшие 4 тома /вышедшие, соответствен-
нно, 6 и 4 года назад/ - я не получил еще ни копейки, таков издатель /а другого
нет/, и вряд ли получу когда, и, вычетом торгового процента от Миши Левина, ждать
не приходится ничего. Миша же Левин, помимо того, что в своем журнале "Ами" еще
в давние 60-е годы первоиздал "Москва-Петушки" великого Венички /о чем, украв на-
бор, умолчало христианское издательство ИМКА-ПРЕСС - но я молчать не намерен, и,
если бы Морозов не повесился из-за Солженицына, то я бы сам ему в этом помог, но
поздно/, в 80-е годы соиздал со мной исповедь дщери века, героини Лимонова "Эдич-
ки", поэтессы графини Щаповой де Карли, которая потом тщилась засудить Шемякина
за данные им ейные фоты в голом модельном виде /а поместил их я, /из чего тоже
взять, если мне даже издатель не платит, а на жизнь 10 лет уже зарабатывает жена/
и это ей почему-то не понравилось, хотя самый кайф смотреть на них в приближающе-

мся преклонном возрасте - я вот с изумлением на свое в этом томе смотрю, на фоне картины покойного Рухина - и живота тогда еще не было, вполне стройный мальчик 35-ти лет, а она снималась еще на год, вроде, моложе. Мишу Левина она засудить не могла, поэтому взялась за Шемякина. А Миша Левин взялся субсидировать пленки к антологии, 25 штук, где-то 40 поэтов, живые голоса, но для этого надо сначала продать завалявшуюся у нас Щапову, а также прелестное исследование о Булгакове Каганской и Бар-Селы, изданное Мишей же - после чего у нас появится денюжка, не у меня, у меня она никогда не появится - ну и так проживем.
Жить-то осталось - какую-то треть-четвертинку и может быть, даже, издать свой сборничек. Но это когда я сдам все тому же издателю еще 4 тома: 2 дополнительных питерских и 2 провинции, а сдать я их должен - за месяц. При этом, никто из моих горячих поклонников - не рвется оплатить вилоксы /фотостаты/, они же - фотографии в растр, или, что то же, в точечку/, на что уйдет еще некоторое количество занимаемых и добываемых сотен - но кого это ебет?
Кого ебет, что Мышь, она же Эмилия Карловна, она же Эмма Кузьминишна, с Советского Союзу не была в отпуску /а ежели имеет - то клеит эту клятую антологию, макет доброй половины страниц, а их в каждом томе - 600/, а я до сих пор не был за границей? Так и умру, не побывав за границей.
Все, что я выше пишу - это ответ на помянутые, но еще не ПЕРЕПЕЧАТАННЫЕ 5 писем, потому адресаты мои, даже поэты /вычетом Трифонова/, письма пишут от руки, почерк при этом имея - неразборчивый. При этом, отставной мой со-составитель /г-н Очеретянский, по профессии уборщик, по призванию - библиограф/ кочевряжится, кого оне будут набирать, кого - нет. Отчего вчера и были посланы на хуй. Но из тома не выкину, только с титла - как повыкидывал я всех профессоров, за ненадобностью, и оставил только - Гришку-слепого, своим со-автором, потому - сделал он - больше тысячи зрячих! Зрячие - зрят антологию, но не видят задов.
А на задворках... Антология же, как и выставки мои - это сцена, где марионетками скачут поэты и поэтки, и сам я уже зачастую не знаю - что и кто и в котором томе, не говоря, что и томов-то не знаю, сколько. Идет где-то шекспировская бесконечная драма о Генрихах, различающихся только по номерам. Возвращаюсь, как ветер, на круги - то к Понизовскому в каждом, почитай, томе, то к жалким каплям материалов о Ривине - г-н Левинтон, вонючее рыло, так его еще и не издал /ни там, ни тута/, а только высказал свои замечания - сволочь, прислал бы ВСЕ о Ривине - без запятой измененной, так бы и поместил - а вместо этого эту гниду вспоминай! Сука он, а не литературовед.
Я где-то уже подозреваю к 8-му тому: денег не прибавляется, а даже напротив, издатель - сейчас вот Мишу Левина на него натравил, на его деловые письма он отвечает /хотя материалов затерянных - так еще и не прислал/, из людей вынимаешь материалы в, естественно, не "товарном" виде /перепечатывать, переснимать, макетировать и - еще - коррректировать/, при этом морочат голову мне "копирайтами" - а кому они, на фиг, нужны?, авторы досылают по пол-тома поправок и переделок /при том, что авторов - человек под 100/, и весь этот архив на 300-400 поэтов, 300 же художников и фотографов и с сотню корреспондентов - приходится держать в ящиках между раковиной, изображающей кухню, и сортиром, на площади 2 кв. метра. Сверху же лежат десятки каталогов и пр. Полтора кв. метров у двери в сортир - рабочее место Мыши, кровать поперек комнаты, делимая с тремя борзыми - мой письменный стол. Остальную половину комнаты занимает галлерея. Так и живем.
И держать все в памяти. Пришлет Фима Лицын, после полугода переписки и напоминаний, 4 слайда и 10 строчек Мотрича /по памяти/, плюс стихи Олега Сиганевича - я должен помнить, или, от кого и сколько, или - упомянуть авторство двух фот г-на Винницкого на 200 с лишним фот барачников - помнить, какие 2 из 200, и вежливо промолчать на просьбу о бесплатных томах. Хотя хочется послать на хуй - и Винницкого, и Лицына, и Спицына, и Синицына, и Тупицына, и Очеретянского, и вообще - всю антологию и всех поэтов и художников, и уехать, как Армалинский-Пельцман на Таити, ебать таитянок и не думать ни о чем.
Но увы, не на что, некогда - да и зачем? Сдал вот 9 месяцев назад Шемякину полного Роальда Мандельштама, отредактированного, отмакетированного, набранного, отко-

ректированного, в 300 стр. и при трехстах же фото - Миша в Италии издал 2 тома
своих и мондавошку Юпа, второй сборник стихов, а Роальд - как был составлен и
собран мной 11 лет тому назад - так и лежит. Отдал Грише Поляку 2 года назад в
его "Серебряный век" полного Красовицкого /отредактированного Эрлем и Мейлахом
по собранным нами с Гришкой-слепым материалам/ - лежит. Гриша издает очередную
"Часть речи", набитую средней руки Ходасевичем и дополнениями к комментариям
Н.Я.Мандельштам - славики раскупят! А Стас Красовицкий, великий поэт, не издан
по сю. Алик Ривин - не издан. Еремин - набран Лившицем-Лосевым, но не издан. И
это беру я - только китов. Что ж за корюшку?
А помимо идет вторая антология, "Забытый авангард", с Джерри Янечеком, Очеретя-
нским и Кердимуном, то же - о 20-х-30-х годах, имена Туфанова, Хабиас, Столицы,
Оболдуева - сотня имен, не вошедших в Ежова-Шамурина, десятки школ...
А помимо, с Джоном Боултом, бывшим шефом по институту потемкинскому - книга о
современных художниках - тоже с сотню имен - 5 лет дозревает, лежит...
Письма поэтов поэтам...
Начат труд сей за здравие - а кончается за упокой, как трилогия о мушкетерах
любимого мною /больше всех!/ Александра Дюма...
Да еще алкоголики звонят - тенор-масон Эдик Лехмус, Серега Данилов из Марьиной
рощи, вдова Кузнецова - вешают сопли на плечи, читают стихи...
За лето же, в запое - собрал и смакетировал-откопировал 600 стр. В.Я.Ситникова,
полный архив: все до единого фото, письма брату, работы учеников - в 1 экземпля-
ре, обошедшемся, где-то, под 1000. Заказчики и поклонники - по 300 за дубль не
тянут /это только расходы, без прибыли/, ждут, когда будет стоить 30 или, там,
60... Будет стоить тогда, когда Ситников будет издан тиражно, а Ситников издан
не будет, издателя нет и не светит. Будет - ежели в томе московском, страниц 60
/но не больше!/.
Но до Москвы я еще не дошел.
Я живу в Ленинграде. И в Харькове. Виннице. Новосибирске. Одессе. Таллине. Риге
и Львове. Москва далеко еще...
Возвращаясь домой...
Что же, все-таки, пишут оттуда?
Пишет Милка Попова, подруга еще биофаковская, даже до - со Дворца пионеров, в
каковую я был безнадежно и тайно влюблен - но куда мне тягаться было с Андрюхой
Поповым из параллельного "Б", отличником, силачом и спортсменом - и к тому же -
изобретателем радио, вроде, по деду! А потом уже - Жора Михайлов, Андрюха Генна-
диев, братья художники и меценаты... Пишет Милочка:
"Я тут съездила в Таллин. Большой привет тебе от Тыниса Винта. Если помнишь его -
напиши ему. Я ездила специально на его выставку в Кадриорге /?/ - выставлено бы-
ло более 200 работ графики. Смотрела пьесу Тагора, к которой Тынис оформлял деко-
рации и костюмы. Очень символично, как у него всегда. Воспринимается внешне как
детская сказка. ..."
Как же забудешь? Виделись где-то полгода, в 75-м, перед отъездом. Тынисом оформ-
ляю я Таллин, стихи рукописные Раннита /если дозволит вдова/. "Маре, любовь моя"
- Таллин особая тема. 3-й том, вероятнее, "А". Тынис, Маре, Наталья... 2 визита:
он ко мне, я к нему. И 11 лет. Таллин буду писать - в форме письма к Маре и Тыни-
су, как еще? А стихи будут - Раннита. И немножко мои. Пишет Милка:
"... Недавно побывала в клубе поэтов в новом помещении на Петра Лаврова. Там по-
ка полный хаос - никто не делает ремонт. Сидят на досках, голая лампочка. Народу
собирается 30-40 человек. Читала Оля Бешенковская. Другой раз был разбор творче-
ства Мандельштама. Так что у них разные темы. При нашей бедности духовной это да-
ет некоторое разнообразие."
Не нахожу. Бешенковская-Матки и НЕ РОАЛЬД - Мандельштам - это однообразно. Но об
этом - подробнее - дальше /у Эдика/. При нью-йоркской духовной бедности /на 150
000 поваров-парикмахеров, где-то с 1,5 тыщи полуграмотных итээров и полтораста
безместных поэтов-художников/ - выставился с полсотни художников и прокатил 2 ве-
чера, с десяток поэтов - с ноября по февраль только, народу - с 60-70 платных
человек и и половина от этого еще - на халяву, итого - под 100. При том, публика
- один к одному, что и там: та же итээрня и родственники художников-поэтов. Для

сравнения: в Техасе на моих друзей-американцев, поэтов, ходили - ТОЛЬКО родственники и друзья. Итээр, как класс, здесь интересуется только моргэджами, лоунами и даунпейментами. И ша. Но эмигрантский итээр - еще, по старой памяти, и на стихи идет. Опять же, родная речь.

"Открылась выставка во Дворце молодежи, свободных художников. Тебе, наверно, о ней писали, она уже месяц как открыта. Там и Валоран /?/, и Овчинников, и Белкин, и много совсем молодых. Всего 130 человек. Так что кое-какое потепление вроде бы наступает. Хотя этого жутко мало. Век удивительно бездуховный. Нам не повезло родиться."

Милочка, на бездуховность века - жаловались со времен оных. Пушкин, Лермонтов, Онегин, Печорин, весь 19-ый и до нас - все родились "не тогда". Понял я единственное: НЕТ неинтересных эпох, есть - ОТСУТСТВИЕ интереса. Жить при передвижниках - так же весело - вопрос: КАК к этому относиться? Читаю Эксквемелина, "Пираты Карибских морей" - выписываю рацион пиратов. Не приведи Господь! Такую пакость я и в Сибири не жрал! Что ж говорить за "духовное"? Однако ж, Эксквемелин находил интерес и в оном.

Я не знаю. Антология все более становится "романом века". Хорош он, или херов - решать потомкам. Ломоносовско "на денюшку хлеба, на денюшку квасу" - живо и по сю. Не квасом единым питаюсь, но. А что не хватает на Европы - так и Пушкин туда не езжал, не говоря за Лермонтова. Я свою 35-тилетнюю толику в ней отжил, да 5 лет в Техасе, с детства мечтаемом, да 5 в Новом Йорике.

"Не видел ли Юру Галецкого?"

Не видел я Юру Галецкого. Юра Галецкий окончательно шизанулся, как многие тут - поэт Валентин Чубарь /похоже, фиансе Вероники Долиной - кучу стихов ей напосвящено/ принципиально с русскими не говорит по-русски, буддист же Галецкий пропадает в русских церквах, как и прозаик Витя Носов, как и художник Юра Кучуков - а у меня нет церкови, а протекающая по-прежнему галлерея. Куда они не ходят. Тот же Чубарь имеет брата-чортика, художника, который ко мне не то что ходит, а и выставлялся пару раз. Галецкий же нигде из русских галлерей не объявлялся. Это знакомо. Синявин тоже промелькнул один раз, на улице, когда нес моим лэндлордам протокол своего допроса в ФБР. Он и тут диссидентствует. За что его возлюбил и снимаю всякие обвинения в провокаторстве и стукачестве. Он сейчас возвращенец. Бедная Танька! Но любит за что-то идиота! Полагаю, за то, что он и в идиотизме человек искренний. Люблю вопрекистов. Алек Рапопорт - там вопил, что он еврейский художник /что было вдвое как невыгодно!/, здесь, на вопрос еврейской общины заявил, что христианин. Что тоже невыгодно. Предлагают еврейские темы писать - нет, говорит, хочу - византийские! И вообще хочет в Италию. Откуда явно сбежал бы - по причине итальянской нищеты и "бездуховности".

Следующим имеем письмо Шнейдерманьяка:

"Пиша в пространство, наобум, я, естественно, не стану развозить подробности о нашей быстротекущей житухе /медленной, как ты убежден/, хотя кой-какие новости за этот период, естественно, произошли. И в клубе, который на-днях завершает 4-й сезон своего существования; и в художественной жизни, хотя количественно не идущие в сравнение с вашинской, но качественно, по их значению, могущие быть сопоставимы; и у твоего корреспондента, который, завязав с архивной деятельностью, занялся, как когда-то, текстологической и 8 месяцев вкалывал для Б-ки поэта "и... и... и... /цитирую тебя/. Не имея уверенности, что это письмо достигнет своей цели, т.е. тебя, ограничусь лишь сообщением об открытии в к/т "Спартак" кинотеатра старого фильма. Здесь теперь крутят всё, что когда-то показывали и открыто, и полуоткрыто. Прошли уже абонементы Феллини, Куросавы, Бунюэля, были с Любой на всех фильмах: "Андалузский пёс" /1928/, "Золотой век" /1930/ - рафинированно сюрреалистские фильмы. ... "М" /Германия, 1931/, "Земляничная поляна", "Голубой ангел" /Германия, 1930-32/ и мн. др. лучшие фильмы прошлых лет. И еще упомяну о введениизакона о борьбе с алкоголизмом, который здесь озадачил многих и благодаря введению которого /продажа сп. напитков с 14 до 19 час., кроме воскресенья, когда всякая продажа запрещена/ и высвобождаются огромные средства для посещенья "Спартака" и других культурно-массовых мероприятий". /9.6.85/

Дааа, Эдик. О художественной жизни я уже писал: за американскую не знаю, а русс-

кая - в основном, у меня в галлерее /около 50 "неоффициальных" художников/ и в
трех галлереях Нахамкина в центре /пятеро "оффициальных": Шемякин, Неизвестный,
Тюльпанов, Целков и пятеро "перкелей" - от "саатана перкеле", что неточно пере-
водится, как "чорт побери", но означает "чортова задница" - бойкие рижане, одес-
ситы и москвичи: Перкель, Александров, Окштейн, Красный, Онуфриев, бывшие когда-
то художниками, а ставшие - товарняком, на четырех гениев не тянут, зато -
товар!/ Гении, впрочем, выставляются и у меня /Шемякин/, а Эрнст - посещает. Ка-
сательно же фильмов - в кино не хожу, сходил только на "Детский сад" Евтуха, по
его приглашению /где в зале было 30 зрителей, а к концу осталось - 20, включая
пятерых своих/, смотрю по теле. "Собаку" я видел у своих друзей-киношников на
дому и, вроде, "Ангела", остальные не идут, хотя такие театры тут есть. 99 и 9/1
по пяти массовым каналам - американское говно, а по 13-му "некоммерческому" - 1
стоющий фильм в месяц. Смотрю, в среднем, по 50 фильмов в месяц - с 1920 по 1980
но похоже, все уже пересмотрел. После американских фильм посмотреть любой европей
ский - что глотнуть холодной воды после кока-колы ежедневной.
Но пишет Эдик /от 3.8.85/:
"О наших новостях. Клуб закончил 4-й сезон. Наш 1-й сборник - "Круг" - в произ-
водстве, в издательстве, должен, вроде бы, выйти до конца года. Как только /если
появится, опишу подробно, - не сейчас, чтоб, как понимаешь, не сглазить."
Появился. Армалинский-Пельцман, грохнувший 6-ой сборник своих "стихов о любви и
похоти" /как значится в рекламе; "у меня, по прочтении, 3 месяца не стоял"- как
значится в рецензии, потерянной куда-то издателем из 4-го "Б" тома, а жаль!/,
уже прислал копию оглавления "Круга" - ба, знакомые всё лица, и знакомые стихи -
см. антологию. Ну и слава Богу, а читать мне его ни к чему.
Я письма читаю:
"Делаются и другие сборники. Кроме - разные чтения, в подавляющем большинстве -
внутриклубные, на П.Лавр. /из музея нас давно изгнали/ и на мансарде на Черныше-
вского. За эксплуатацию обоих помещений платит Союз. Стали регулярны - по 2 р. в
сезон - вечера в Доме писателя. Вот в мае был вечер Вити Кр./ивулина/ и Лены,
/Шварц? Игнатовой? - ККК/ при огромном стечении публики /правда, не в главном,
а в конференцзале/, после кот. - бурно - часа 2 - обсуждали /кроме наших, высту-
пали Майя Борисова, Ботвинник, Малярова и др. "союзовцы".
Аксельрода /А.Ник.? - ЭШ/ стихи я читал в немалом количестве и - не в восторге
/лучшее - 3-строчное: "Десять дохлых мух на окне: / Вот и все, что осталось от
лета, / Вот и все, что осталось от лета" - если б остальное было так коротко и
прекрасно!.../ - так вот, то, что он сообщил о, как ты выражаешься, "неооберіут-
ском хэппенинге" - их было уже 2, это уже 2-ое, но мне и 1-го хватило, а не пи-
сал тебе о нем, т.к. не вдохновило. Обожаю форму, но это напоминало выступление
невысокой квалификации фокусников. Фантазии, таланта маловато."
Так же, Эдинька, отозвался Шкловский или Чуковский о выступлении обэриутов: "Ху-
лиганить не умеете, молодые люди!" Фантазии у них, надо полагать, было маловато.
Зато у Кривулина-Игнатовой - ее в достатке. Когда я запустил Диму Пригова на на-
ших акмеистических вонючек у Юлии - им тоже не понравилось. Как тут, 17-го генва-
ря, после завывавшей Иосипом Марины Темкиной и томно пародировавшего Шварц милоч-
ки Бахыта /Кенжеева/ - я врубил немецкую запись московских "Мухоморов" - публика
и Бахыт были сражены, а Темкина, полагаю, "не заметила". Тем более, о ей фильм
сымали /потом досымали выставку ее мужа, Блюмкина, у меня в галлерее в прошлую
суббоТь/ - а я уже разлюбил питерскую протухшую школу своих недоучившихся учени-
чков, один Эрлюша был мне близок. О хэппенинге помянутом - см. в этом томе, а о
Некрасове-Пригове-Монастырском и "Мухомарах" - когда дойдем до Москвы.
"Читали неск. раз московские "бригады" поэтов - это гораздо интересней /Парщиков,
Шелихов и другие, поскучнее, как то В.Коркия /? - ККК/из "Юности" - это было в
мае/. Про наших напишу как-нибудь в другой раз."
А я испугался, что "про Парщикова и Еременко" - архив Чубарей, с Хаткиными, Мат-
киными, Парщиковыми и прочими - я, прочтя, передал в обработку двум братьям Мело-
мидовым, это их ровеснички и друзья, пусть и разбираются. Я там, на дюжину поэтов
ничего нового не усмотрел, как, впрочем, и в альманахе "Майя", который по запарке
и в полемике с Опупкиным - расхвалил /в 4Б/. Братьев Меломидовых я тоже выпустил

7 ноября 85-го на вечере "семи поэтов и одной бардессы" /в которую я влюблен за
фактуру/, а поэты были - сначала Бар-Ор и Близнецова, потом 2 брата Меломидовы -
это, так сказать, акмеистическая часть, потом пела Таня Лебединская и брат ее чи-
тал рассказец, а потом уже - пост-футуристы: Очеретянский с верлибрами /который -
неожиданно - не замучил ими публику/, Худяков, по ошибке перед выступлением поев-
ший и еле блеявший оттого, и я, сначала в халате с "хуем" на спине, а потом в мо-
чальной юбочке - на сорока языках. Прошло нормально, и публика даже не была шоки-
рована моими голыми яицами. Записал на видео. Эдик, Эдик... Стареешь!
"На этой неделе навестил Гришку /Г.Л.Ковалева - ККК/, кот. из Купчина перебрался
в центр - на Старо-Невский. Большой чудак - схватился за корякский язык и кайфу-
ет на нем."
При мне, 22 года назад, Григорий Леонович /он же Лукьянович/ изучал язык ассам-
ский. Эк его заносит! За что и люблю. Он занимается самым бессмысленным, а потому
и самым ПРЕКРАСНЫМ делом. А что Кривулины и ты - так, паразитируете, литературо-
едствуете. Потому именно - ЕГО, а не вас - поставил я в СО-АВТОРЫ и СО-СОСТАВИТЕ-
ЛИ данной антологии. Потому что она, как и ассамский язык /а также язык "лы"/ -
абсолютно бессмысленна и бесперспективна. Надо вот с заразы-издателя стребовать
не использованные и замыленные им фотообложки к томам, где на одной "4а" - на
заду Эрль и Элик, а на "4б" - как раз Ковалев с Охапкиным. Не говоря, что за от-
макетированые эти обложки он ни копейки не заплатил. Это я платил /точнее, Мышь,
с ее зарплаты/. А переснимал Аркашка-мондавошка, одессит, которого я однажды по
юности принял за мальчика и чуть по ошибке не трахнул. Сейчас у него морда хитрая
как жопа. А оба походят на Юпа. Оба ошибаются у Шемякина. Ко мне не вхожи.
Да, Григорий Лукьянович... И извольте меня не поправлять на "Леонович" - не один
ли хуй нанайский? Нехватает мне вас, а без почти всех остальных я легко обхожусь.
Впрочем, люди везде есть. И тут тоже. Г.Л.Ковалевых вот только нема...Да и Очере-
тянский на уровень Эрля не тянет. Ладно, и так доживем.
"За последнее время были две выставки авангардистов /или нонконформистов, - чет-
кого названия у них нет/. Осенью - в д.к. Кирова - "Грани портрета". Особенно ин-
тересны - Розин /живопись и - выдал 6 больших скульптурных портретов, несмотря
на значительную деформацию, жутко живых и похожих на портретируемых/, Богомолов
/"Герои и рабы древнего Рима" - тяжелая густая живопись/, из молодых - Тыкоцкий;
десятки других, все более не менее узнаваемы. В марте-апреле - грандиозная выста-
вка во Дв. молодежи: все увешано от пола до потолка, и с потолка кое-что свисало.
Интересного, конечно, много, хотя наши пижоны ворчат о сумбуре, хаосе, "невероят-
ной перегруженности малогабаритного зала". Но на подобных выставках вопросы экс-
позиции для меня несущественны, - важнее, что это есть и /развивается неудержи-
мо. Опять очень сильный, м.б. самый существенный - Розин /теперь он подписывает-
ся: С.Россин/; Овчинн./иков/, Белкин; из молодых - график А.Пуд, жив. - А.Гуре-
вич. Весьма оригинальны функцио-коллажи Воинова /из старинных, полузабытых пред-
метов/ и скульптурки из болтов и обрезков железа Ордановского /некое ожившее же-
лезо/. Но это надо видеть, на словах не расскажешь или надо долго описывать.
Ну чо, Россин уже написал мою матушку, портрет отсняла подруга, помещаю. Помимо -
еще есть что-то о нем, вроде даже фотографии. Помещу. Я же выставляю - напряжен-
ный металл легендарного Олега Соханевича, который занимает соседний магазин-жилье
в Некрасовке и издаю его прозу и стихи /см. в антологии/. Уж его железо - куда
как оживає! Пилил тут в подвале свои скульптуры на выброс, отпилит болт - аха-
ет, как пушка, 2 матраса прошибает, напряженка! И 2 еще валяются во дворе, сняты
Марьяной Волковой, женой Соломона /"Мемуары Шостаковича"/, откуда переходим к
музыке:
"Некая пикантность: весной в Малом зале филармонии был авторский вечер Б.Тищенко
/сейчас он, ученик Шостаковича, - один из самых значительных композиторов в стра-
не/. Так вот среди прочего исполнялся его старый цикл /1962 года/ "Грустные пес-
ни" и одна из них - "Рождественский романс" /в афише это название было заклеено
на "Прощание"/. Вероятно, это первое /по крайней мере, публичное/ исполнение."
Отстал от жизни, Эдинька. В январе67-го мы с Володей Фрумкиным делали в Доме ком-
позитора вечер "Поэзия и музыка", где Тищенко исполнял его на рояле с бабой, а я
читал его же в манере Бродского. Кларе Плешкиной дали потом по полиомиэлитной пи-

зде мешалкой за этот вечер, а меня больше в Дом композиторов не приглашали. Зато Тищенко по моем отъезде вывозил на свои концерты мою матушку, которую ты, сука, забыл. И матушка мне всегда об нем писала. Но об этом см. в главе /узле/ о музыке.

"В ЛОСХе была большая хорошая посмертная выставка Валерия Ватенина, прекрасного живописца из "группы одиннадцати", как их называют /2 выставки на Охте, в 1972 и в ? 1976-м, лосховский авангард, куда входили и Аршакуни, Ватенин, Крестовский, ныне ослепший, Ткаченко, скульптор Симун - это основные/. Он был отчаянный мужик, в 77-м разбился на мотоцикле. Валера Мишин очень активен, неск. персон. выставок."

И опять всё знакомо: и выставка 72-го, на которой я был, и Крестовский, один из четырех участников "персональной" выставки Шемякина /по каталогам/ в журнале "Звезда", и Костя Симун /см. памятник Аронзону в 4А/, и, наконец, прозаик-юморист и график Валера Мишин-Буковский, приведенный циклом рассказов "Зима високосного года" в антологии "Лепрозорий-23", недонабранной моим вторым издателем Шлаксом, который обанкротился в прошлом году, и потому никогда невыйдущей, и ни одной работы его у меня: одна литография моего интерьера подарена Сюзанне Масси, а две - мой портрет и мужик на корове - "в архиве Нуссберга", и т.д.

И забыл про выпивку, потому что не актуально. На тему вашего сухого - вас бы в Тексаркану, проезжали с Сиднеем: в кои-то веки похотелось пивка - хуюшки: Тексаркана город сухой и даже пива не дают. Надо ехать за 30 миль в другой штат. Во Нью-Йорке же, хотя и пито чего ни попадя, и помногу, в 9 вечера ликерные закрываются и - соси батон. Правда, можно до полуночи пивка прибарахлить, и даже "Джинни- или Гинни, правильней - Стаут", ирландское черное, убойной крепости, доллар пинта, но пить надо подогретым, лучше забирает, я тут, перед запоем, пошел и у пуэрториканцев - ящик купил, еле допер, 24 бутылки, но ежели поделить на 3, пинта это треть, то - всего 8 литров, плюс тара, которую никто не сдает, 5 центов на приемке, стоит ли тащить, бьют об тротуары, отчего собачки вечно порезанные. И вообще, в летошний запой, чтоб не тряхнула белая, пил неделю по литру французского коньяку в день и постепенно перешел на 2 литра французского же вина, отчего и запой, правда, затянулся на 3 месяца. Пить нездорово, особенно в Нью-Йоркскую жару и при моей толщине. Но не пить тоже.

С Эдиковыми двумя письмами я завязал и перехожу к письму Грана, которое воспроизвожу без комментариев, до них ли?

СПб

Misterъ Костяъ.

Давно нет от вас писем,
бандеролей /банд-роллей/, пиано,
пьяно, анно. Мы тут в сельхоз
угаре забылись, все чёрной
лыжнёй труету труетят.
Сплошные глоссалалии.

Чикин в Якутиях расфиздия-
вывает, Охакин болен, я
хожу в полиметаллических
бруках и собивраю посуду
:, а ймено: то бишь стелко-
брутто тару-бару. Умерщвлений
не предвижу, но зубной тех-
ник снится, или старуха

на десяти ногах, но это
с отечественного виноделия.
Нева получила ваши 3 /ТРЫ/
бандеролии.
На службе ебучии пидармоты
мой адамсяблокохурмуму
не кусают. Воще здесь

уж снег и пыль. Тебя
здеся по телеви-селяви показа-

ли. И Вознесу Ю и меня
даже /когда под паратроешу-
том гули-хули разводили/.
Крутовня для пиздронов и
слабонервных.
Воще, бэ буду паркер, осизна
не дает скусать. Не то что у

Вас? Помнишь ли дубовую
кашу в бредовом лесу, я
иду по кепи, брыло без затыл-
ка, в лайковых перчатках
кобели лижут умирающую
хрысу, кончилась парнера
пионера, надменность истекает
в пустотелье, и гладь как

                    пядь, и

и́ голос дна в волне.
Ты к январю быть должо́н
дважды дедом.
. . . .
Пока, старая кочерга, твой
                Ваш   Б.К.

Обстоятельно, что там говорить, изложено, и дважды дед я уже год.Закончим же от-
крыткою Олега:

6.1.85 г.
С.П.

Дорогие Костя и Эмма, с Рождеством Христовым и новолетием. Посылаю вам стихи
ваших знакомцев. Может быть, вам будет интересно. Видел т.1 и т.4Б, другие не
видел. Вот если бы со всеми познакомиться!... Поздравляю с окончанием большой
работы. Интересно какие отзывы? Эпоха новейшего расцвета русской поэзии в общих
чертах вполне закончилась и твоя антология своевременна. Как бы там ни было, а
всё ж таки можно составить впечатление от этой странной эпохи благодаря твоим
стараниям.
P.S.Видел внучку твою Ксюшу. Румяная толстуха.

                    Пишите. Олег.

И два текста приложено, упущенная "Руфь" Пазухина и Чейгин. В факсимиле. Так и
пущу. Но стоит ли Олегу отвечать? "Какие отзывы?" А вот - такие, в лучшем случае.
Это - оттуда. Тут - см. "Мулету-Б" /Париж, 1975/, диалог Милославского-Волохонс-
кого, и по-русски - всё.По аглицки - см. статью Тайтуника в "Славик ревю". Всё.
На 1-й том было штук шесть, на следующие 3 - покамест упомянутые 2. Но ведь и вы-
шли-то всего - тому 4 года!
Уж ежели Олег столь краток /может, потому что - не в стихах?/, то подождем, что
скажет Евтушенко. По лету у меня купил 4 тома /по рыночной цене - советским ски-
дки не даем!/, сейчас тут голосит и светит, но не заходил. И к Гуму тоже. То ли
не понравилось ему, как я о нем, то ли поэты не понравились, то ли мой текст -
сижу, гадая на кофейной гуще. Должно, прочел. Но в интервьях о ней не говорит -
иначе мне б сказали.

Ну, вот и кончились "пять писем" на восьми листах. Восьмой лист будет факсимиль-
ный. Поговорили, пора и за работу: копировать и клеить.

НЕ ДО БАБ. /А Евтуху - всегда до баб, заметим в скобках. "Редерер" в честь Пушки-
на мы пили с - как ее, забыл? - бывшей женой моего друга-виолончели, Марка./ Но
об этом - особо.

Е. Пазухин

Руфь

Возлёг Вооз на ложе сна,
В ячмень, под стог его
Открой у ног его.
Отверсты ложесна.
Подставь под сток его,
Открой у ног его.

Шатром Воозово крыло,
Ложись под кров его.
И чтобы, плоть и кровь его,
Семя-дитя в тебя вошло,
Открой у ног его,
Подставь под сток его.

Там в вышине - пернатый Бог,
Мелькает хвост Его.
И капли слёз Его
Сверкают промеж ног.
Подставь под сток Его,
Открой у ног Его.

Да! Бог. Он муж любой жене,
Вооз сосуд Его.
Бог влился в уд его
В ревущей тишине.
Открой у ног его,
Подставь под сток его.

В. Кривулину

Мой 30летний паук отнятый хмурый
любуется этой сушеной клинтурой;
Комар ли, муха, жук - творения едино.
возьми меня к себе, но в виде ... паутины

82 г.

В ГОСТЯХ У ФЕДОРА МИХАЛЫЧА

Да нет, еще скрипят, чирикают. Пишет мне друг:

"Клуб-81" существует и функционирует. На днях закончился сезон. Всего прошло 12 вечеров - по 2 в месяц. Цель - познакомиться всем со всеми, ну, зал маленький, членов - 60, так что гостей немного, но всегда переполнено, хотя пускаем не всех, чтобы не вышло пьяных скандалов, терпение директриссы не лопнуло и нас всех не выкинули. И так на вечере нового джаза пианист так лупил рояль кулачищами, что как только струны выдержали, а знаменитый в союзе чекасин /? - неразб./ из Вильнюса играл сразу на 2-х саксофонах - это в храме русской литературы!!! Был вечер ИЗО, весь зал увешали живописью. Выставки-однодневки - жив. или фото устраивали еще. А литераторы читали: 22 поэта и 13 прозаиков всего. Фамилий не называю, в общем, все знакомые + неск. молодых - эти, на мой вкус, слабее - громоздкие, вторичные, точно сразу хотят в классики. Да, был вечер москвичей /Седакова - мумия, Пригов - наиболее живой, Лен, Кублановский и др. - всего 7 ч-к/.

Вообще клуб наделал шуму в союзе:

"оживили работу с молодыми", кот. там собираются, не так много, и читают стихи, чинно, с оппонентами, обстановка скучная, я сбежал через пол-часа. Организовали турнир! поэтов и прозаиков! - помнишь в 60-м был городской турнир с участием Бродск/ого/, Морева, Горб/овского/, Кушн/ера/, Соснора и др. Ну, это не то, - 4-х ЛИТО - "Нарвской заставы", Кировск. з-да и еще двух, под председательством Вяч. Кузнецова, автора 33 сборников со стихами в лучшем случае типа: "красивая как лето" / = котлета!/. Все эти мероприятия типа "алло, ищем таланты!" призваны "сконцентрировать и мобилизовать" и - явно - отвлечь от нас "здоровых молодых". Так что - забавно.

Да, Володя Э/рль/ стал кочегаром; кажется, все, кроме меня, в клубе - кочегары, сменяют др. друга в котельных, = клуб кочегаров."

/Из письма от 12.6.82/

Подпольны жители, по Достоевскому. И, естественно - в доме у него. Не у Пушкина-Гоголя-Некрасова, а именно в музее-квартире Ф.М.Достоевского, что у Кузнечного рынка. В том самом музее, где я служил на должности - домового /без оклада, но с правом кричать в дымоходных трубах, знать все сплетни и водить бесплатно иностранных друзей и просто иностранцев/. В том, для которого афишу делали художница Герта Неменова /ученица Ларионова-Гончаровой/ и скульптор Гришка Израилевич /фото самого здания/, при моем непременном участии. В том музее, где служили чернорабочими Чейгин, Охапкин, экскурсоводами - прозаик Федя Чирстков /лауреат премии Даля в Париже/, поэт Костя Баршт, в музее, где собраны потрясающие коллекции видов далеко не "современного" Петербурга-Ленинграда работы офортиста В.Левитина, художников Шемякина, Вильнера и чорт его знает, кого. С самого своего открытия в где-то, 70-м музей стал штаб-квартирой нынешних "неофициальных" - по дозволению ли, по попустительству, по традиции - но стал, и только.

И продолжает быть. "Свято место..." - оно, конечно, но - мало ли "святых" мест в нынешнем Петербурге? Почему-то - не квартира Блока, или поминавшихся выше а именно - Федор Михалыча?

Пусть - 60 человек /в основном - "кочегаров"/, но жизнь, хоть и уйдя в достоевское "подполье", а - продолжается. Читают. Выступают. Слушают.

Спасибо и за эту малую информацию Эдику - всё лучше, чем откровения Охапкина-Чирского и какого-то масона о Блоке, опубликованные в журнале "Вече", а также в Вестнике РХД. /Пусть возможный читатель - сам разыскивает, в каких номерах: я эту западную сортирно-"христианскую" литературу, проглядев - выбрасываю в завалы/.

Но по музею Достоевского - случается, ностальгирую...

Жизнь, куда ее девать, продолжается.
И наконец, настояний многих после, пишут подробнее:

/Из письма от 10.03.83/

"... "Клубе-81", о котором писал прежде. В нем уже состоит около 70 членов, разбитых на секции: поэтическую, прозаическую и критическую /куда входят и переводчики из-за тех и др. малочисленности/. Собираемся по-прежнему в музее Достоевского /почему получили неофициальное наименование "Клуб имени Достоевского"/ дважды в месяц, а теперь еще кроме того - на П.Лаврова, где получили /выбили/ помещение, podval. Если в прошлом сезоне были ознакомительные чтения - по неск. человек за вечер, то поэтов, то прозаиков, а то и /1/ - переводчиков, то в этом сезоне правление решило делать персональные вечера. Были уже вечера Е. Шварц /на нем я не был, хотя высоко ее ставлю, узнав всех ныне действующих в Л-де неофиц. поэтов/ и Ширали /на кот. был, хотя ставлю его не очень высоко за врожденное порно/ - /Эк, друже, хватил - это Ленка Шварц сексуальная маньячка, см. хотя бы ее "Хоррор эротикус", журнал "Ковчег", №5, стр.29-32, с образами типа: "Целует наклонясь пупок, / потом с улыбкой ломаной и нежной / Он автомат прилаживает к паху / и нажимает спусковой крючок", и где под конец она-таки виебла ангела, а Ширушка тут никак ни при чем - но на вечере Шварц отправитель не был. - ККК/ Наш руководитель, вернее, куратор от ЛОСП, - Ю.Андреев /критик из ПД - неясно, что за контора? - ККК/предпринимает усилия для продвижения в печать произведений клубников. Пока удалось пробить подборку Нестеровского в "Неве" /№ должен уже выйти, но я еще не видел его/. Кажется, я уже писал, что мы составили 4 сборника членов клуба, куда вошли все, в каждом - стихи, проза и критика. Андреев из 4-х на 1-ый случай отобрал материал на один, кот. должен предлагаться в изд-во. Но - подождем результатов.
Недавно произошло событие можно сказать этапное для клуба - 22 февр. был поэтический вечер Клуба в Союзе. Читали /в порядке чтения/: Охапкин, Игнатова, Стратановский, О.Бешенковская, Ширали, я /1 отд./; Нестеровский, Куприянов, Драгомощенко, Кривулин, Шварц /2 отд./. Зал был битком набит. 1/2 б/членов клуба и их людей, др. половина - союзовских. Говорят, что в целом прошло успешно. Читали, правда, - об этом заклинал Ю.А. - только отобранное для сборника. Но ведь - свое, и то, что сами в сб. предлагали. Так что контраст с "ихней" поэзией получился явный. ....

И о том же "клобе" - другой поэт уже пишет, можно сказать - сторонний: Гена Трифонов:
/Из письма от 28.2.83/

"Дней за 10 до ноги /сломанной - путем высоких американских каблуков - ККК/ занесла меня нелегкая в Литературный клаб, возглавляемый мосье Кривякиным и расположившийся в квартире-музее Федора Михайловича. Был там устроен авторский вечер Лены Шварц. Она читала прекрасные стихи прескевернейшим образом, облачась в какие-то цыганские тряпки и юбки. Вид ейный был кошмарен, к тому ж поэтесса, по своему обыкновению, была под "Портвейном", свита - тоже под значительным градусом. Набилась в зал "элита". Я притулился с магнитофоном - для Вас! - в уголку. Т.к. я давно там не бывал /и вообще впервые, надо сказать/ и был на сей раз со своим другом, имеющим совершенно американскую внешность плюс все мои одежды, то меня первоначально приняли за "фирму". Кривякин усиленно зазывал в члены. Я откланялся и поспешил к постеле, благо я к ней всегда расположен. За сим и кончилось. Говорят, давали бал с ликерно-водочными изделиями. Многое говорят, да мне насрать. Ужас весь в том, что мы с В.К/ривулиным/ -

соседи, приходится спотыкаться о литераторов, направляющих свои стопы к патриарху. Хоть с квартиры съезжай /я живу на Блохина подле Владимирского собора, он же на углу Большого и Пионерской.*Пользуемся одним троллейбусом и выходим на одной остановке. Вот проклятье!!! Иных литературных и около- впечатлений не имею.

*) Там, где застрелился Свидригайлов. Я В.К. не раз намекал на это обстоятельство. /Прим. Г.Трифонова/

ПРИМЕЧАНИЯ И ПРЕДИСЛОВИЕ.

Семь лет, как я уехал из Петербурга. Семь лет, как меня держит память о друзьях. Семь лет, как я делаю эту проклятую антологию в, похоже, уже семи томах /и более: 1 издан, 3 в печати, 3 - в последней стадии работы, А Я ЕЩЕ НЕ ДОШЕЛ ДО МОСКВЫ.../

И за СЕМЬ лет - ничего, в принципе, нового. Как говорится в пьесах - на сцене те же, входит Ю.Андреев. Справился у Гума. Гум знает все. Когда осьмнадцати лет он работал в Публичке - библиотекарша указала ему на критика Ю.Андреева: бывший детдомовец /как и Гум, и Миша Макаренко/, честный - и единственный, кто написал рецензию на члена ЦК Кочетова, на его роман "Чего же ты хочешь?" - заслуженные члены и маститые критики предпочли не рисковать. Сейчас ему, надо понимать, под 50. Ю.Андрееву. Судьба, схожая с Мишей Макаренко, но без лагерей /пока/: тот тоже - отгрохал в Академгородке в Новосибирске галлерею, где, помимо Шагалов и Филоновых - рискнул выставить и Шемякина, тогда еще из молодых и ЖИВОГО. По мертвякам - ударять и удобней и выгодней, сейчас этим занимаются напару американские либеральные искусствоведы - с консервативными советскими: устраивают в апреле коллективное поедание трупа Филонова в музее Гугенхайм. Я туда не пойду, а то еще кому-нибудь в морду врежу - или советскому, или американскому, что, впрочем, не имеет существенной разницы. Живыми там не занимаются.

Я же занимаюсь живыми. Потому и привожу эти письма о музее Федора Михайловича, что жизнь - какая она ни есть - продолжается.

Без изменений. НИ ОДНОГО нового имени за все эти 7 лет! Поминаемая "элита" - провозгласила себя таковой еще в 1975-м, когда нам с Юлией Вознесенской и Кривулиным удалось сбить "до кучи" 32 неофициальных поэта для сборника "ЛЕПТА". Сборник, естественно, не вышел - да и не мог, но хоть поразвлись.

А покамест - загнали "элиту" в подвал /или в подпол/ и прикармливают полуофициальными выступлениями-чтениями для избранных, для немногих и - обещаниями коллективного сборника. Аналогичная политика, рассказывают москвичи, велась и там по отношению - к художникам, кафе "Синяя птица": раз в неделю разрешалась персональная одновечерняя выставка кому из "неофициалов", напитки и прочее. Десяток-другой друзей можно было пригласить, остальные были от комсомолии. В таких малых масштабах - нетрудно было проследить: кто, как и с кем. И - своего рода - отдушина: выставился же!

Похоже, что и лавочка Федора Михайловича - из того же разряда. Там, где в экскурсоводческой на шкафу - стоит бюст Достоевского, работы Неизвестного /опять информация Гума! Я там трезвым не особо чтобы бывал, потому и не помню/. Притон подпольных жителей, еще живых...

А молодых - то ли в природе нет, то ли - скорее - "элита" не допускает, и это знакомо: ранги, ранжиры, местничество...

Всё то же.

СИНОДИК. КОММЕНТАРИИ ДЛЯ МАЛОСВЕДУЩИХ И НЕСВЕДУЩИХ.

СЕДАКОВА Ольга. Московская поэтесса "с внешностью Ахматовой и такими же стихами", объект стихотворных посвящений для многих ленинградских поэтов.
ПРИГОВ Дмитрий. Московский поэт и художник, концептуалист. Публиковался на Западе в журнале "А-Я" и изданиях Карла Проффера /"Ардис"/.
ЛЕН Владислав Константинович. Московский поэт и ученый, мой Сальери и побратим. Выпустил в Вене альманах "Бронзовый век", совместно с Роз-Мари Циглер. В основном представлял себя. Попутно и других.
КУБЛАНОВСКИЙ Юрий. Из Рыбинска. Был встречен на Западе, как ведущая фигура в современной русской поэзии /см. его интервью в НРС и "Русской мысли"/. Отставной СМОГист, ученик поэта Александра Величанского.
БРОДСКИЙ И.А. Классик. В России, вычетом переводов и стихов в "Костре" и "Ленинских искрах", практически не публиковался.
МОРЕВ Александр. Поэт, художник, прозаик. Покончил с собой несколько лет назад. Небольшая посмертная публикация в журнале "Аврора".
ГОРБОВСКИЙ Глеб. Русский советский поэт. Член СП.
КУШНЕР Александр. Русский, но не очень советский поэт. Член СП.
СОСНОРА Виктор. Русский антисоветский поэт. Член СП.
КУЗНЕЦОВ Вячеслав. Просоветский, но не поэт. Член СП.
ЭРЛЬ Владимир Ибрагимович. Поэт-абсурдист, теоретик. Под редакцией Эрля и Михаила Мейлаха - на Западе выходят полные собрания обэриутов Хармса и Введенского.
ШВАРЦ Елена. Самая талантливая поэтесса Ленинграда, монстр и алкоголичка. Публиковалась на Западе в журналах "Эхо" и "Ковчег".
ШИРАЛИ-ЗАДЭ Виктор Гейдарович. Самый элегантный лирический поэт Ленинграда. На родине опубликован один сборник, "Сад", года 4 назад.
ОХАПКИН Олег Александрович. Самый плодовитый поэт Ленинграда. На родине опубликованы отдельные стихотворения /в сокращении/.
ИГНАТОВА Елена. Самая толстая поэтесса из неофициальных. Христианская тематика.
СТРАТАНОВСКИЙ Сергей Георгиевич. Сын переводчика Геродота. Поэт.
БЕШЕНКОВСКАЯ /МАТКИ/ Ольга. Единственная из перечисленных не вошедшая в антологию "У Голубой Лагуны", но упомянутая в романе "Хотэль цум Тюркен" /неопубл./ см. ее письма ко мне во 2А томе /в печати/.
ШНЕЙДЕРМАН Эдуард. Поэт, литературовед, друг покойного Коли Рубцова и мой.
НЕСТЕРОВСКИЙ Владимир Мотелевич. Поэт-хулиган, люмпен-интеллигенция. Монстр.
КУПРИЯНОВ Борис Леонидович. Самый любимый ПОЭТАМИ в Ленинграде поэт. Живет в Сарском селе. Ученик Т.Г.Гнедич. И мой.
ДРАГОМОЩЕНКО Аркадий. Лучший поэт Винницы и один из первых в Ленинграде. Работает дворником.
КРИВУЛИН Виктор. Нынешний мэтр ленинградской поэзии, мой ученик. Печатался, в основном, заграницей и, по определению Наталии Горбаневской, "за храбрость" - см. ее письма ко мне во 2А томе /в печати/.
ТРИФОНОВ Геннадий. Замечательный лирический поэт, гомосексуалист /пэссив/, отсидевший 5 лет в жутких лагерях за ... совращение. Ученик и друг Д.Я.Дара и мой. Сейчас его активно переводят и пропагандируют в Беркли /Калифорния/, Канзасе и на Кристофер-стрит.

Все вышеперечисленные поэты приводятся - текстами, статьями и фото - в антологии "У Голубой Лагуны", под редакцией К.К.Кузьминского и Г.Л.Ковалева /см./.

Юрий Колкер

ЛЕНИНГРАДСКИЙ КЛУБ-81

Я никогда не был членом содружества ленинградских писателей, столь неудачно названного Клубом-81; но возникло это объединение у меня на глазах, и поскольку на Западе все еще недоумевают относительно его природы, то мне и кажется небесполезным поделиться моими наблюдениями и соображениями.

Идея клуба (или даже профессионального объединения неподцензурных писателей, которых в этом городе десятки, если не сотни) давно носилась в воздухе, а с конца 1980-го, после подавления машинописного литературного журнала *Тридцать Семь* и обыска у одного из его редакторов, поэта Виктора Кривулина, сделалась предметом диалога с охранкой. Рассказывали, что гебисты, потребовав от Кривулина прекращения журнала, предложили ему в качестве альтернативы нечто вроде дискуссионного клуба, а он, будто бы, отказался. Достоверно известно, что 7 декабря 1980-го, телефонным звонком на Запад, Кривулин декларировал создание в Ленинграде Свободного культурного цеха, существующего на правах профсоюза, – а также и то, что цех этот был всего лишь декларацией и реально никогда не существовал. Затем идея была подхвачена кругом составителей и авторов журнала *Часы*. (Это машинописное издание, начатое около семи лет назад, продолжается и по сей день вышло более сорока книг журнала объемом в 400-500 страниц, содержащих решительно все мыслимые в журнале разделы.) Между литераторами и гебистами начались телефонные разговоры и полуофициальные встречи. Я тогда служил сменным мастером (потом – кочегаром) на Первом Октябрьском участке Адмиралтейского предприятия Теплоэнерго-3, проще говоря: треста котельных, и среди моих сослуживцев постепенно оказалось несколько литераторов, известных в Ленинграде и на Западе. Один из них, Борис Иванов, был всецело поглощен идеей объединения, он же был в числе первых парламентеров и затем в группе учредителей Клуба-81. Позже он отрицал какую-либо инициативу сверху, называя Клуб победой общественности над КГБ; но мне запомнилось другое: рассказ о звонке из КГБ – в котельную к Иванову. Впрочем, я не был свидетелем ни этого, ни других таких разговоров, слышанный мною рассказ мог быть неизбежной данью литературной легенде, а самый вопрос об инициативе перестал казаться мне важным после достижения договоренности между сторонами. Разрешение было дано, Клубу отвели для собраний лекционный зал музея Ф. М. Достоевского (позже – еще и большую пустовавшую квартиру по улице Петра Лаврова, 5), а в качестве *куратора* над этой небывалой организацией поставили научного сотрудника Пушкинского Дома, доктора наук и члена Союза писателей, Юрия Андреева, тут же прозванного *Андропычем*, человека вполне ничтожного, о котором вскоре стало известно, что он – инструктор ЦК КПСС по литературной части. Был составлен список из примерно 80 предполагаемых членов содружества. На организационное собрание пришло человек тридцать. Инициаторы выдвинули обширную культурную программу, далеко перекрывавшую область собственно литературы; например, предполагалось прослушивать и обсуждать классический джаз: среди людей, близких к инициаторам, были литературный критик и пианист-виртуоз. Был зачитан проект устава Клуба, любопытный документ, проникнутый духом компромисса, полный унизительных двусмысленностей и недомолвок, — но в котором, однако, вполне открыто формулировалось требование отказаться от зарубежных публикаций. Пункт этот был для меня неприемлем, но несравненно больше меня задело то, что активисты, как вскоре выяснилось в кулуарах, вовсе не считали его для себя обязательным. Обсуждалось и было отвергнуто предложение просить приравнять участие в Клубе к общественно полезной деятельности: некоторые опасались, что Клуб может стать еще одной бюрократической препоной типа Союза писателей, способной и вовсе поставить вне закона авторов, желающих остаться в стороне. Слушая прения, я пытался понять, что мне и другим может дать этот клуб в творческом отношении, и не находил ответа. Доводы в пользу легальных собраний и выступлений, о возможных в будущем публикациях, не убедили меня. Чтения в частных квартирах привлекали меня больше, чем в казенном месте: публиковаться, хоть и крайне трудно, но можно в России, — при этом литератор сохраняет гораздо больше свободы, осуществляя обе свои потребности в обход советской власти, а не в силу объявленного соглашения с нею. Постепенно я уверился, что истинными мотивами инициаторов Клуба были, с одной стороны, дурной коллективизм, желание заседать и председательствовать; с другой стороны, коллаборационизм, признание пусть лишь временно совпадающих, но все же общих с режимом целей. Мне же он был всецело и окончательно чужд.

Отношение мое к Клубу определилось не сразу, до организационного собрания я был сторонником объединения, видимость общественной деятельности в безгласной стране заворожила меня. Несмотря на мой отказ подписать устав, я еще некоторое время продолжал получать по почте приглашения, и два-три раза побывал на собраниях Клуба. В эти редкие посещения в конце 1981-го, вместе со стихами Елены Игнатовой и прозой Наля Подольского (вскоре получившего за нее прокурорское предостережение), мне запомнилось и другое: покровительственный, начальственный тон членов правления Клуба в обхождении с рядовыми участниками, и у них же — занятная смесь подобострастия и дерзости перед Андреевым; до сих пор вижу поэта А. Драгомощенко, с искательной улыбкой и в полупоклоне пожимающего руку статному, молодящемуся, излучающему спокойное достоинство куратору.

Следующая запомнившаяся мне встреча происходила уже не в музее Достоевского, а в одной из котельных, бывших до недавнего времени местом работы и эскапизма для многих неподцензурных авторов. Борис Иванов и поэт Сергей Стратановский собрали здесь тех, кто не пожелал вступить в Клуб. Таковых, кроме меня, оказалось пятеро: поэты Тамара Буковская, Елена Пудовкина, Владимир Ханан, Олег Охапкин и Владимир Эрль; присутствовал также литературовед Иван Мартынов, уже потерявший к тому времени статус советского ученого, но к участию в Клубе не приглашенный. Целью представителей правления было переубедить нас. Помню долгие и бесплодные споры, сцены нетерпимости и непонимания. Пятеро остались при своем; поэт Олег Охапкин подписал устав и быстро сделался одной из наиболее заметных фигур в Клубе.

Последний раз я участвовал в акции Клуба как слушатель и зритель. В конце 1983-го удалось, наконец, провести публичное выступление поэтов содружества. Центральный зал Дома писателя был переполнен, публика толпилась на лестнице. Я не имел пригласительного билета и оказался внутри буквально чудом. Там мне дали отпечатанную типографским способом программку, в которой значилось: выступают члены литературного объединения Клуб-81... Лишь человек, долгие годы наблюдавший местную литературную жизнь, мог оценить, сколько уничижительного смысла вложили организаторы в эту казенную реплику. Уже начав действовать, Клуб долго не имел имени. Никакими усилиями не удалось заставить Андреева ввести в название слово *писатели* или хотя бы *литераторы*. Итогом препирательств явилось странное, ничего не значащее сочетание, отдающее площадью и балаганом. Одно забавное происшествие показывает, что Андреев защищал здесь не только партийную, но и народную точку зрения. Однажды, в вестибюле музея Достоевского, посетитель спросил, здесь ли выступают писатели; гардеробщица решительно возразила ему: нет; посетитель предъявил приглашение.

— А, эти-то, *самодельные?* Здесь, проходите, — был ответ.

Итак, в программке нельзя было употребить слово *поэты*, и непосвященный не знал, будет он слушать стихи или прозу. Но словосочетание *литературное объединение* было уже не вынужденной уступкой бытующим нравам, а просто плевком в адрес выступавших: так или иначе известных авторов, пишущих не первое десятилетие, в возрасте около и даже старше сорока, приравняли к членам рассеянных по городу любительских кружков, посещаемых юнцами и пенсионерами и доставляющих легкий хлеб их руководителям, членам Союза писателей. Едва сообразив все это, я увидел, как Андреев выводит на сцену своих подопечных: Ольгу Бешенковскую, Елену Игнатову, Елену Шварц, Сергея Стратановского, Олега Охапкина, Виктора Кривулина, Эдуарда Шнейдермана, Виктора Ширали, Бориса Куприянова, Владимира Нестеровского и Аркадия Драгомощенко. Здесь их ожидали новые унижения. Куратор решил предварять каждое выступление краткой характеристикой автора. Обнаружилось, что благообразный сотрудник Пушкинского Дома плохо владеет словом и не понимает стихов, но очень хорошо знает свою роль: все представляемые (лучше знакомые аудитории, чем ему) оказались у него людьми хоть и не бездарными, но все же еще далекими от подлинного профессионализма. Но этого мало. По мере того как поэты, один за другим, заканчивали свои выступления, я увидел, что читают они не лучшие и, в основном, старые свои вещи. Выяснилось это по окончании вечера: Стратановский, а за ним и Игнатова, не дожидаясь моего вопроса, рассказали мне, что было решено читать лишь из сборника, составленного в Клубе в 1981-м и теперь проходящего шлюзы Горлита. Книга эта и по сей день ожидается. Выйдя на улицу, я вздохнул с облегчением и очень захотел забыть поскорее этот грустный спектакль.

Из моих наблюдений не следует, что среди членов Клуба-81 нет людей талантливых и добросовестных. Таковые есть — как есть они и в Союзе писателей. Человек, не мыслящий себя вне России, не может уклониться от коллаборационизма, вынужден в той или иной степени сотрудничать с режимом. Но писателю следовало бы сознавать это, стараться свести соучастие к минимуму и уж во всяком случае не искать *с ними* сближения и диалога. Что же касается властей, то с их стороны Клуб-81, конечно, никакая не уступка, а всего лишь попытка селекции писателей – для последующей трансплантации части второй литературы в первую, быстро теряющую читательское доверие.

"22", N 39, Израиль

И пишет мне Лён:

Итак, как мы живём? – любознательно для вас много больше, чем нас – всё одно в ваших делах мы ни хуя не понимаем /"почему русские ссорятся?"/, а вы в наших – о-хо-хо! Так вот, организовала в Питере "контора"/сами они свою ГэБуху теперь так называют/"клуб поэтов" в музее Достоевского /теперь директриса их уже выперла – в пизду – поэтов и особенно поэтесс/, чтобы, значит, все на виду были. альманах пообещала – один в 10 лет на 100 гавриков и –Боже! – что тут началось! – куда до них Максимову с Горбанихой. "В начальники." – Боря Иванов, песок сыплется, с "часовщиками" по головам, без Кривулина-шустряти – седьмой брак оффициально зарегистрировал, уже разводится, детей наплодил, полквартиры у бедалаги оттяпали – поэты никак не могут "клубить", старушка Лена Шварц – на подхвате, Дорогомощенко – на сцене, толмачём, по-аглицки, но и начальником тоже, я уссался со смеху, когда недомерок-Стратановский подошёл ко мне процензурировать мои "тексты" перед выпуском на сцену, а Б.Иванов с меня "честное, благородное" слово взял, что "Четыре пролетарских басни – горькую, бедную и голгную, но толстую" читать не буду – так ведь всё равно через день на меня в московскую "контору" пришла телега из питерской! "Всё интриги, интриги!" – говорит старушка-уборщица, переведённая из одного клозета в другой, и гаврики по указке пишут какие-то верноподданические письма, кто-то /Эрль/ их не хочет подписывать, его изгоняют, принимают новенького, составляют оглавление альманаха, 7 раз пересоставляют и т.д., и т.п. Охапкин – совсем уже болен, "твоя" Зузанна пытается его подлечивать, как я понял из его нечленораздельной уже речи, обещаниями. Боря Куприянов, вросли в семью, бросил писать – нельзя поэтам бросать! – Пить. Вожусь много с Соснорой – мы с ним плотно сошлись после твоего отъезда: ты, конечно, уже слышал о его клинической смерти в августе 82 г. – 21 день в реанимации, рекорд в Тартусской клинике – я туда приехал, увидел его, высушенного и в седой щетине, не узнал, но чуть не рёхнулся! Выходила его третья жена, из лито, хорошая девушка Нина. Выходила и ушла. Но её судить не за что. Сейчас Соснора – глухой, катаракта, послеоперационная грыжа – нужны две операции. Хочу ему к 50-летию отжалеть полностью выпуск "Бронзового века", но врядкашу сварим – больно хилый работник, да и далеко, в Питере, хотя стихи пишет. И – отличные!

Единственно, кто меня радует в Питере, так это – Белкин, Овчина и Петрачёк=толстячок! – весёлые, сытые, пьяные. Лудят что-то всё время. Продают. Ходят по жидким четырём консульствам – их только и приглашают. Да ещё Дышло, который выкарабкивается из инсульта посредством молодой жены. Да Игоря Куркова, не помнишь ли такого?

В Москве – климат получше. В прекрасной форме Сапгир. Айги – на седьмом небе от счастья. Холин не пишет, растит 10-летнюю дочь. Величанский года три тому написал необычную книгу стихов "Росстань", истинно фольклорную, по его счёту, интересную, и занялся переводами /прозы/ по договорам и, по-моему, усох: деньги пошли, пить бросил. Но, я думаю, всё это временно. Алейников, как всегда, пьян и терроризирует аборигенов, не важно каких – криворожих, так криворожих, кривоколенных, так кривоколенных. Из бахытян скукожились остатки – Гандлевич да Сопрович, но попивают и по-старинке пописывают. Последний, получив в июне второй отказ, написал "венок сонетов" и теперь собирается рожать. Боле всех шустрят "концептуалисты", догоняя упущенное в 60-е – в начале 70-х время, но до Севы Некрасова, который дальше пишет, им не достать.

В обеих столицах появился молодняк, и довольно крепкий. У меня шайка – "список действующих лиц", у Кари Унксовой – вот кого надо напечатать! – начинали было "НЛО", но эти пожиже. В Питере Колкер /только что свалил в Израиль/ и др. составили ещё одну антологию "Острова" – порядка ста поэтов. Да в Москве сейчас – сотни две. Но прозы хорошей – мало: Владимир Казаков, да Игорь Шевелёв /моя находка!/, да аз грешный /пишу новый роман "Девушка русской литературы", непереводимого "Иноходца Мишу Барышникова" перевожу на английский в Оксфорде/. Плюс Ерофеев, который уже писать не будет, сочиняем "Манифест русского недоромана". Хорошо бы Сашу Соколова подключить – мой дружок-математик Миша Ершов – сейчас в Австрии – был его однокашником. Очень мне Соколов – в жилу.

Ну, хватит трепаться на кухне. Целую тебя и Мышь. Лён.—

круг

ЕМШАН КОЛКЕРА

Надо же процитировать-представить и автора статьи "Клуб-81", написанной кондовым советским языком и опубликованной в Израиле, в журнале "22", упоминаемого Лёном в письме - Юрия Колкера. Который составил антологию в 100 поэтов.
Поэта Колкера, рожд. 1946 г., Ленинград - в России не знал. Думал, что это композитор. Композитора тоже не знал.
Однако, встретились. В сборнике "Встречи, 1985", Филадельфия, куда меня, промежду старичков и баб, зачем-то засунул Миша Крепс. Я правда не сопротивлялся. Там и Коржавин, и Лия Владимирова, и Елагин, и Борис Филиппов - все мои любимые поэты. У Филиппова - обнаружил текст "Отгул шагов..." - это у него про собор, а не про отпуск за переработанное. Но он по-русски - с войны не говорит.
Колкер же говорит по-русски. И даже пишет.
Текст его озадачил меня, уже первый же: выражением "сильнее, чем емшан". Не найдя емшана ни в словаре Ожегова, ни в Дале - кинулся звонить Козловскому, который выпустил четырехтомник "блатной музыки", а сейчас выпускает словарь жопников, где активно цитирует меня /точнее, из антологии/, но Чалидзе ему урезал. Не это, а цитаты. Но все равно Володя увял. Что такое "емшан" - он и отродясь не слышал. А больше звонить было некому. Кроме меня, Седыха и Козловского - никто в Америке русского языка не знает. Они его преподают. Косцынский же помер. А Флегон - далеко, в Англии, да и человек, говорят, нехороший.
Колкеру я писать не стал, не зная адреса, но текст привожу:

> Конец июня, зной и лень,
> Густеет синева,
> И в полночь на Иванов день
> Цветёт разрыв-трава.

> Найти её! Зажать в горсти
> Разящее быльё,
> Былое вырвать прочь! Прости,
> Отчаянье моё!

> Вот разрешение оков,
> Свободы дивный клад!
> Неразделённая любовь
> Утрачивает яд.

> Трава прекрасна и горька,
> И от сердечных ран
> Целит вернее, чем строка,
> Сильнее, чем емшан.

> Беру, поправшую поправ
> Минутой торжества,
> Из всех отечественных трав
> Тебя, разрыв-трава.

Да, с емшаном он меня достал! Теперь у всех спрашиваю. У израильтян не спрашивал только. А может - иврит? Но Сайз, "пиша о Киеве", месяц глаз не кажет. У кого бы?

КРУГ

литературно-
художественный
сборник

Константин!
До меня дошло конкурирующее
"Антология"
издание с "Антологией"
Шлю из-за небарраличности
имён.
И. Арт

Советский писатель
Ленинградское отделение

1985

СОДЕРЖАНИЕ

"ВОЗВРАЩАЕТСЯ ВЕТЕР НА КРУГИ СВОЯ,
не шумят возмущенные воды.
Повторяется все, дорогая моя,
повинуясь законам природы..." -

из стихов белоэмигранта Шполянского /Дон-Аминадо/, за чтение которых полетел из руководителей лит.объединения "Нарвская застава", ученик Сельвинского, Игорь Леонидович Михайлов. По доносу библиотекарши. Все идет по циклам, по кругу."Круг" писателей, последнее независимое издательство 30-х годов - и "Круг" 80-х.
Начиная с обложки художника Юры Дышленко /старшего, младший, Борис Иванович - график и прозаик/, и кончая редактором Колей Коняевым /второй редактор - А.Л.Мясников, не знаю/ на последней странице, где выходные данные: "КРУГ. Сборник. Л.О. изд-ва "Советский писатель", 1985, 312 стр. Без объявл."
Что означает это "Без объявл.", я не знаю.
Но сборник вышел. Составители - Боря Иванов и Юра Новиков /муж хакаски, приятель Ю.Вознесенской, искусствовед - который, похоже, и засунул 8 фотографий Птишки, в том числе и украденную покойным Проффером, 5-ую/.
И вообще - знакомые всё лица.
И немудрено. Это ж - комбинация 10 лет назад затеянных "Лепты" и антологии прозаиков, но сведенное к числу избранных: 10 прозаиков и 24 поэта /и 1 фотограф/. Стихи поэтов перепечатывать ни к чему: почти все они, но в гораздо лучших подборках были в "Лепте" и имеются в Антологии. Правда, процедили их - на совесть.
Прозаиков процеживать сложнее. Разве уж - целиком. Поэтому проза там представлена круче. Половина имен мне и неизвестных, но стоящих. Чувствуется рука Бориса Ивановича. Поэтов же подбирали - явно Кривулин и Драгомощенко, а на их вкус я не положусь.
Словом, добились своего мальчики /и девочки!/, "Клуб-81". "Высокая печать, 10 000 экземпляров" - печаталась, вдобавок, в типографии на Красной, рядом с моим домом, откуда, в свое время, выносились непереплетенные Пастернак-Мандельштам. Не мною - мне-то они на хуя? А поклонниками Кривулина.

Добывал я этот "КРУГ" с трудами велиими. Сначала Эдик написал. Потом погоревший миллионер Армалинский - прислал титул и оглавление. Потом мать в Ленинграде достала, но выслать не смогла: уже и НОВЫЕ книжки надо оформлять через Публичку! Потом, наконец, Крейденков прислал из Айовы.
Но рецензировать мне его расхотелось: поэзия - "тех же щей, да пожиже влей", а проза, хоть и заинтересовала /и Адамацкий, и Аксенов, и Бартов, и - далее по алфавиту/, требует сурового разбора - а если половина авторов мне неизвестна?

В принципе, как ФАКТ - это событие весьма значительное. Попытка группы "Горожан" в начале 60-х /Марамзин, Ефимов, Алексеев, Губин и другие/ выделиться в самостоятельную единицу, независящую напрямую от Союза писателей - 20 лет спустя осуществилась. Книга подцензурная, но ни в коем - не проститутская.

И ВСЕ-ТАКИ ЭТО НЕ ТО.

Не то, о чем мечталось и 20, и 40 лет тому. Формалистов - я попросту не встретил - не брать же за формализм невинные верлибры Драгомощенко? Так, неоклассицизм с неупомянутым уклоном в христианство. "Бог", даже у святоши Игнатовой - с маленькой буквы. Значит, не только формализмом поступились...

Ну, дай им Бог! Они-то, все-таки, там, а это здесь я - "рецензирую"...
Опубликовались - и то хлеб. Но далеко не все, конечно.
И ДАЛЕКО НЕ ТЕМ.

КРУГ ПОИСКОВ

Бывают литературно-художественные сборники — и я встречал таких немало, — где разных авторов под одну обложку собрано много, но все творения написаны будто одною и тою же робкой рукой, так все в них сглажено и стилистически однообразно. Вот уж чего не скажешь о сборнике «Круг»! Несходство бросается в глаза сразу — так же, как тематическое многообразие практически у всех представленных здесь авторов. Что же свело столь различные творческие индивидуальности в этот общий «Круг»? Коротко можно ответить так: стремление к поиску, к эксперименту, ассоциативно-метафорическое мышление, преобладание усложненной литературной формы.

Авторами сборника являются члены творческого объединения литераторов, образованного решением Секретариата Ленинградской писательской организации и получившего — по дате своего создания — наименование «Клуб-81». За малым исключением все авторы, представленные здесь, участвовали ранее в работе различных литературных объединений. Некоторые имели публикации в сборниках и журналах, получали положительные оценки на конференциях молодых литераторов Северо-Запада.

Я говорил о несходстве творческих манер авторов: обратим внимание в этом плане хотя бы на два публикуемых здесь прозаических произведения, принадлежащих перу Е. Звягина и А. Тиранина. Сколь различно конкретное художественное наполнение в каждом из случаев!

В «Корабле дураков, или Записках сумасброда» Е. Звягина господствует поэтика фантасмагории.

«Балалаечник», притча А. Тиранина, я сказал бы, напротив, в геометрично-рациональной манере рисует противоречие жизни художника-творца: с одной стороны, он вечный пленник и данник своего дара, с другой — своего быта, простых, но повседневно необходимых забот о доме, о хлебе насущном, о семье, вверившей ему свою судьбу.

А вот перед нами новый круг проблем, иной жанр — едкая сатирическая проза В. Аксенова, посвященная бездуховной жизни людей, полоненных «зеленым змием».

И снова иная проблематика, другой жанр, своя стилистика: в жанре психологических изысканий работает Ф. Чирсков — безусловный интерес представляют его картины восприятия симфонической музыки человеком.

Мне кажется, на диаметрально разнесенных позициях этого круга творческих поисков членов «Клуба-81» стоят И. Адамацкий и Б. Улановская. Если первый дает резкое, без полутонов воспроизведение самих изображаемых событий, то вторая всматривается прежде всего в рефлексию, раскрывает поток сознания человека, осмысляющего подчас даже не сами события, а лишь след событий.

Мне видится явный отзвук жизненного и профессионального опыта практически во всех представленных здесь вещах: режиссер театра мима Н. Подольский воспроизводит не столько Город, сколько романтически-загадочную декорацию его; инженер И. Охтин точно строит конструкцию своего юмористического рассказа по принципу «необходимо и достаточно»; математик-программист А. Бартов методом перебора ситуаций высмеивает безмыслие тех романистов, которые как раз главное-то и опускают в своих якобы дотошных исторических описаниях; матрос и художник П. Кожевников рисует действительность в широком диапазоне ассоциаций человека, обладающего приметливым глазом, и т. д. и т. п.

Поиск целостности характерен для многих стихов В. Кривулина, С. Стратановского, Б. Куприянова, О. Охапкина, А. Миронова. Поэты, преодолевая рамки субъективности, ищут суть вещей не столько среди внешних реалий, сколько на карте истории и культуры. Далекие по времени и месту явления и ценности сближаются. Поэтический язык либо уплотняет историю до некоторого общего итога, либо раскрывает в предметах повседневного историческую глубину. Отсюда ретроспективность как способ осмысления настоящего, расширение лексики за счет включения в нее архаизмов и использование интонационно-синтаксических оборотов допушкинской поры.

Иногда, как, например, у Е. Шварц, читатель встречается с опытом реконструкции образной системы древних мифов. Достаточно привести только названия некоторых стихотворений сборника, чтобы отметить серьезный интерес их авторов к отечественной и мировой истории и культуре: «Гоголь в Иерусалиме» С. Стратановского, «В ночь на Невскую сечу», «Квадрига (памяти А. С. Пушкина)» О. Охапкина, «Голландия. XVII в.» А. Илина. Можно было бы назвать немало стихотворений, обращенных и не к столь дальней истории, например к нашему городу, но отмечу лишь цикл монологов В. Шалыта. Поэт стремится воспроизвести речи, которые могли произнести палачи и жертвы гитлеровского нацизма. Чудовищная система насилия обнажается изнутри. История перестает быть просто историей, она становится голосами, вплетающимися в голоса наших современников.

Художественное оформление сборника принадлежит члену «Клуба-81» Ю. Дышленко.

Юрий Андреев

ДУПЛЕТОМ ПО ПОЭТАМ /из В.Меломидова/

Иногда надо не дуплетом, а прямо - дубиной. По создателям и участникам сборника "Круг", начиная по алфавиту - с Ю.Андреева. На предыдущий "КРУГ" /издательство 30-х/ это мало похоже. Разве - по прозе, проза в сборнике крутая. Но увы, у меня ан-тология "поэзии". И всю прозу, желаемую привести - никак не вместишь. Не вместишь целиком и поэзию. Разве - цитациями, с некоторым комментарием.

Начинается все с Бешенковской Ольги, которая явно "двоюродный плетень троюродному забору":

* * *

Двоюродный лире певучий кувшин
И галькой Селеновой эллипс лимона
Прохладны глазам, как телам крепдешин
В полуденном зное, томящем до звона
В ушах, до мифической связи сирен
С оливковой мухой, в девицах — навозной,
Вулкана — с букетом, — сарьяновский крен
Июльской природы, готовой на воздух
Взлететь из последних расплавленных сил,
Снимает, как приступ, сквозная терраса
Миражем осенним, и дышит настил,
Не сдавленный ворсом и пылью паласа
Полянного... Кто изобрел витражи?
Наркотик для зренья, эффектный двояко:
Сперва одеяльце лоскутное лжи,
А после — мозаика памяти, яда
Целебная доза... И падает жар,
И столбик венозный бледнеет, как будто
Снижается в воду оранжевый шар,
Висящий над сыном, сидящим как будда;
И бой в барабанных, слабеющий в стон
Настенных... И оспа газетного фона...
И вот проступают кувшин и лимон —
Бессмертная и совершенная форма!

Форма - она "бессмертная", как бессмертен - банал. Незаконный плод Ахматовой и Ку-шнера, с трихомонадами Мандельштама. Недаром я ее обозвал "Бешенковской-Матки", в романе. Да, еще Кривулин тут основательно ночевал, третьим.
Вторая - С.Востокова /Софья? Светлана? Сусанна? В оглавлении - тоже только инициал.
Еще одна "простая дудочка" у весьма "неумелых губ", и на той же "одной ноте":

* * *

Простая дудочка у неумелых губ —
И звуку на одной высокой ноте биться.
В тумане влажном тень на берегу,
Взъерошенная, будто птица.

Вот дунула — как тонок долгий звук,
Как он дрожит, пространство заполняя,
Его, как облако, порывы ветра рвут
И плачу детскому уподобляют.

В такую ночь едва ль возможна встреча,
Свободный путь тяжел и бесконечен,
Бьет по коленям мокрый плащ,
И моря шум невнятен и враждебен,
Смешалось все: звук дудки, ветер, плач.
И нет звезды спасительной на небе.

НЕ комментирую: НЕЧЕГО. За ней - христианка Елена Игнатова, ''всем поворотом'', надо
понимать, органичная помесь Ахматовой и Цветаевой. При этом ''Господь'' с малой бу-
квицы, ''Гоморра'' же и ''Содом'' - с больших. Содом, надо понимать, милее Господа -
не отстояла!

Жена Лота

— Ты обернешься...
                              — Нет.
— Ты обернешься!
                              — Нет!
— И в городе своем
Увидишь яркий свет,
Почуешь едкий дым —
Пылает отчий дом!
О, горе вам, сады —
Гоморра и Содом!
— Не обернусь! Святым
Дано — соблазн бороть.
По рекам золотым
Несет меня господь!
— По рекам золотым
Несет тебя господь,
А там орет сквозь дым
Обугленная плоть...
— О чем ручьи поют?
— Там пепел и зола!
Над ангелом встают
Два огненных крыла!
— Они виновны.
                              — Так.
— Они преступны!
                              — Так!

На грешной наготе
Огня расправлен знак!
Ребенок на бегу —
Багровая звезда...
Ты плачешь?
                    — Не могу...
Всем поворотом:
                    — Да!

Но зато - содомно-геморройные реминесценции, "на грешной наготе" ея.
Я отбираю - не худшее, а лучшее.
Зато Кривулин меня - случайно - порадовал. Текст "Синий мост" можно дать обратной
иллюстрацией к гуашам Ротенберга. Полагаю, что видел - у Каценельсона, хотя бы.
Но не посвятил. Я, вместо него - посвящаю. Жене Ротенбергу /см./

Синий мост

где сиреневая мрела
перевернутой дугою
тень от Синего моста —
там совсем уже другое
состояние, и, стоя
изумленно и смиренно,
вижу новые места

не успеешь кончить фразу —
тень от синего моста
стала ржавой или рыжей.
и такая духота
все охватывает сразу,
что за маревом не вижу
дальше собственного глаза,

дальше синего моста

Остальное - типичное кривулинское занудство, и стихи, в основном, знакомые. Текст
"Натюрморт с головкой чеснока" уже мне более не посвящается - ну и хуй с ним.

Дальше идет Боренька Куприянов, заблекотавший таким псевдо-клюевским языком, заумью, что прочесть не смогли - помещаю только отрывок. Там еще страницы 2-3 такого
же бреда.

2

Досыта в тоню наято седьмин,
Захребетевших ветвей и плетений.
Небо и небыль, один на один...

Лес повторивших себя средостений,
Может быть, высажен в славе такой,
Что недостоин признать. За строкой

Проще легчает. Во множество «за» —
Больше не сеется семя страданья
Литературного. Тушка-слеза
Не зависает, и в миг расставанья
Не прожигается кожа лица
Именем вещи. Стило из свинца

Водит и ведает: смысл и нанес!
Место свидания переносимо.
И назначается часто всерьез
Туча, плывущая мимо,
Невозвратимым путем торжества,
Царским подарком признанья;

- это мне уже не по зубам, как и последние поэмы-стихи в томе 4Б. Но нравится -
пусть себе блекочет. Читать мне это - не нравится.
Неизвестный мне Владимир Кучерявкин - и то лучше:

В саду

Да, это я здесь, в саду,
Где женщины на скамейках
Похожи на постаревших сирен
С тяжелыми головами,
Где мужчины, как темные птицы, проходят в траве,
И дети ровным светом горят, и в пламени этом
Слышится гул столетий.
Все говорят негромко, знакомо звучат голоса,
И будто бы все это — я.
Ворона чернеет в ветвях, и она беспредельна,
Как и эта игра, продолжение смерти, твой голос,
Потерявшийся в тканях моей болезни.
Когда бы мы были мертвы, пробирались во тьме
И ощущали лишь то, что мертво!
Но утро медленно сходит сюда,
Где под ногами влажная бродит земля,
Всплывает трава из глубин потрясенных семян,
И мы ожидаем своей череды.
Сад проходит сквозь нас,
Тихими лапами пробуя наши сердца,
И больно цветем мы, про все позабыв,
Что сейчас перед нами.

Не иначе, как Драгомощенко протащил, за верлибр. Очеретянский, к примеру/см./ - за любое говно хватается, лишь бы "верлибром". При этом он, правда, РИФМЫ у Бурича не разглядел - но таковы уж здесь спецы.
Александр Миронов, такой, аронзонисто-эрлезиастый.

* * *

текут песочные мотивы
и циклопичные следы
где бледный конь вершит правленье
где насекомых слышно пенье
сюда дитя крадется тенью
коснуться ножкою воды.

Между прочим, покойников неопубликованных - тут нет, а ЛЕПТА, к примеру, открывалась именно ими: Аронзоном и Роальдом Мандельштамом, отчего вторичный Миронов и смотрелся бы соответственно. Эрля, впрочем, в "КРУГЕ" - тоже нет. Он не хочет играть: "Встаньте, дети, встаньте в круг!" А Нестеровский - хочет, о как он хочет! Привожу, параллельными текстами - официального и неофициального друга Синявина:

Июль

Листьев крепкие ладошки
На ручищах статных кленов.
В душной кроне шорох мошки —
Как шептание влюбленных.

То июль, листвой могучий,
То июль, детина ражий.
Ключ пробился из-под кручи
И бежит струей в овражек.

Подожди за далью, август,
Дай нам летом насладиться.
Ночь не дремлет, словно Аргус,
И светла небес водица.

А плоды, конечно, будут,
Будут дыни и арбузы.
Лягут, сочные, по пуду
В погреба тяжелым грузом.

О июль, в соку мужчина,
Ты у нас на сельской службе.

Моя Даная

Моя Даная боится света,
Моя Даная давно отпета.
В окне не облак – в окне завеса.
Ее аборты не от Зевеса.
Не бедра – номер ночного клуба.
Тупая похоть разносит губы.

Ах, что за тело, ах, что за нега!
Белее гноя, пышнее снега.
Колодец счастья, блаженства база –
Гостеприимней унитаза.

Бессильны чувства, красоты слога.
Родит Даная, да не от бога
(Не божья влага ее кропила) –
Родит случайно, родит дебила.

Гетера, гейша а ля Европа!
Со всей округи к ней ходит гопа.

Алкают люди, алкают звери.
Колени настежь и настежь двери.
Живет свободно и беспечально,

Есть, июль, на то причина
Быть с тобой сегодня в дружбе.

Я с тобой имею сходство:
Ты средина, средний возраст.
Мы сейчас без сумасбродства,
Глубоко вдыхаем воздух.

А плоды, — они созреют;
Мы не все испили соки.
Видим небо чистым зреньем,
Вдохновляемся высоким.

Предстоят еще и встречи,
Мы не раз восславим женщин.
Сорок лет — еще не вечер.
Пламень в сердце не уменьшен.

Случайно любит и ест случайно. .
Кто что прихватит за труд постельный:
Бутылку водки, сто грамм отдельной.
Весь день в постели, грязна посуда.
Богиня срама, богиня блуда!

Ах, славный Рембрандт, теней художник!
Приди к ней ночью, поставь треножник,
И в сердце кисти окуная,
Изобрази мою Данаю.
В тот миг, когда сияя тонко,
Она, как бога, ждет подонка.

Гимны женщинам он поет - существенно разные. Одни - чтоб заинтриговать не шибко взыскательную публику /в основном - художников/, другие - чтоб удовлетворить взыскательного советского редактора. Вот и помещаю - оба.
Охапкин же - обрадовал меня публикацией "Бориса и Глеба", я этот текст с первых его чтений на квартире Мыши помню - с 69-го, стало быть. За то и возлюбил.
Дабы текст его, зело продолговатый, не резать /я теперь, от лени и от спешки, не набирать чтоб - просто на машине копирую и вмакетирываю в печатаемый на машинке текст!/, а один он - на две страницы,
отвлекусь и поговорю за этот самый сборник. Дошли мы уже до "О" /там, правда, на "Ш" - до шиша будет!/, а нового я ничего не зрю. И тексты у всех /знакомых/ поэтов - в большинстве своем - старые, т.е. до 1975 г., а иные и того постарше, но, надо же понимать, что это - так сказать - "первая публикация". И отбиралось "что пройдет". Я сам - ТУТ - для Миши Крепса /в альманах к старым вонючкам/ или для Глезера чего попроще даю, и без мата /Глезер очень мата не любит!/, а вот в антологию сую чего ни попадя. И мат перекладаю через каждую строчку. Так что неча, например, Нестеровского винить, что он не "Данаю" предал тиснению, или что Олег дал старые. И еще ведь и отбирали - помимо участников, Эдик пишет, что Ю.Андреев - из трех или четырех годовых альманахов сделал один, чтоб все было проходное. Прозу он так и не смог отцедить /тут - либо бери, либо нет/, а со стихами ему /и им/ удалось. Невпечатляющая такая, серая, жвачка. Хоть и попадаются хорошие тексты /и я их привожу/, но в целом - впечатление благополучное и - скучное.
Кроме того, усредненный /по акмеизму/ подбор - Гаврильчика там, к примеру, нет, и скажем, Димочки Макринова /который теперь отец Алексей/ - нет ни одного формалиста, я уж за визуальные стихи и не говорю - у Ежова и Шамурина, в 1925 - пропущен Крученых, Зданевич, железо-бетонные графические поэмы Каменского - в ту антологию не стандартные тексты тоже не лезли; но нет, в общем, всего тома 4А, хотя все "б" из 4Б - наличествуют. И даже приумножились. Генделев, наверняка, туда тоже попал бы - не уедь он, по глупости, в Израиль. Меня бы там тоже не было, разве, как в "Континенте" - уговорили на вкус какого васибетаки /как Крепс, к примеру, уговорил, или как Петрунис у Глезера - не решается пустить мою шрифтовую поэмку/. А потом меня Верники спрашивают: "Что ж Вы утверждаете, что футурист? Я Вас вполне традиционное читал, в "Континенте". Так и тут.
Какой с них спрос, когда - и отбирают не они /ими же, правда, даденное - но ими же уже и ОТОБРАННОЕ: кто там порно-поэму Ю.Андрееву в публикацию понесет?/, но они - отбирают НАПРАВЛЕНИЕ. Поэтому - трансфуритов /см./ в сборнике нет, а верлибристы - уже явление ортодоксальное, Г.Алексеева, вероятно, уже и в Союз приняли. Знакомо.

В ночь на Невскую сечу

В годину невзгоды, во время
Позора Батыева плена
Запомнило русское племя
Военные шведов знамена.

Обыкновенная сеча.
Но что-то в ней неизгладимо.
С восхода — Батыева туча,
С заката — безумие Рима.

С Востока — ярмо и нагайка,
Невежества желтая сила,
А Запад — грядущего гайка,
Златая средина, могила.

И в это-то время лихое
Нам было не то что виденье,
Но знаменье, правда глухое,
И живо в народе преданье.

В ту ночь по Владимире князе,
Почтив его светлую память,
Отряд новгородцев в железе
Ушел нас навеки прославить.

И вел Александр их. Ижорца
Пелгусья, Филиппа в крещенье,
Заутра, до свету, до солнца
О вражеских войск размещенье

Разведав, он ставит при входе
В Неву, поручив ему стражу
Двух русл, дабы враг при отходе
И здесь ущемил себе грыжу.

И вот, чуть светало, с залива
Внезапно повеяло чудом,
Как будто бы грохот прилива,
Как если бы русским народом,

Поднявшимся разом на сечу,
Дохнуло пространство и время,
Всходившему солнцу навстречу
Дохнуло видения пламя.

Реченный Филипп обернулся
На шум, распахнувший до неба
Простор, будто спал и проснулся,
Он видит Бориса и Глеба.

Корабль, и на нем двое рослых
Мужей в одеяньях червленых.
Ладья выгребает на веслах,
По-русски в бортах укрепленных.

В насадах гребцы, как бы мглою
Одеты, лишь двое над ними
Светлы и зарей золотою
Очерчены чудно, как в дыме

Два пламени жарких и ясных,
Обоих же руки на плечи
Друг другу возложены. В грустных
Их жестах — печаль, не иначе.

И слышен в рассветном просторе
С ладьи доносящийся голос.
В том голосе крепкое горе
Так жгло, что пространство пугалось

То вещий Борис-страстотерпец
За русскую землю ко Глебу
Рече: «Брате Глебе, мой братец,
Помочь с тобой сроднику любу

Должны мы, иначе сегодня
В беде настоит он великой».
И Глеб: «С нами сила Господня».
В округе дремучей и дикой

Опять все спокойно. Филиппу
Уж мнится, — не сон ли все было?
И что не взбредет с недосыпу
В башку!.. и водой брызжет в рыло.

Однако, одумавшись, тут же
Спешит к Александру с докладом.
А тот ему: «Тише ты, друже!
Чай, Биргер услышит. Он рядом».

После двух страниц Охапкина надо бы передохнуть, и для передышки идет нечто сред-
ненькое, Олег Павловский. О козодое /не путать с козоёбом!/ - так, ничего себе.
Безделка. Остальные стихи - еще хуже.

* * *

Где обитает птица козодой?
Над пахнущей стрекозами водой.
Козодоенье — неказистый труд,
куда важней вязанье козьей шерсти
и прибыльней, и знатоки не врут...
Но козодой далек от совершенства!

Кричи, кричи! Я не слыхал твой крик,
а выдумал и вычитал из книг.
Леса обложек, пыльная прохлада —
где обитает птица козодой?
На Кронверке, на ветке золотой,
на Петроградской, в центре Ленинграда.

Стратоновского понесло куда-то в раннего Городецкого, остальные все его тексты в
антологии есть, подборка крепкая /как и там/, но привожу еще, для комплекту:

* * *

Желто-бог у Зелено-бога
Выиграл в шашки шалаш орешник
Пруд лягухин и тайны детства
Зелено-бог взял зеленый посох
Шапку листвы
                и ушел чуть всхлипнув
В джунгли львов многокрасочных,
                в Африку нашего детства.

И ему вослед потянулись птицы.

* * *

Мне цыганка рябина
Милей хоровода берез
Их славянский наркоз
Снимет боль, но не вылечит сплина

> А рябина целит
> Зрелой яростью ягод кровавых
> И по селам царит
> И цыганит в дубравах

Что-то такой Стратановский мне скучен стал. Язычествует, а для ча?
Ширали - "Джазовая композиция". Из неудачных, в антологию я ее не брал. Нашел вот один небольшой - привожу:

* * *

> Любить тебя. Как труден этот труд. Забыть
> тебя. Года все перетрут. Все переврут.
> Зачем тогда? Забыть? Зачем тогда люблю
> тебя? Любил тебя. Любить! А тем? А той
> другой, которая сейчас со мной? Как? А ту?
> Ату! И ту? Всю перетру. Всю переврую.
> Но не умру. Опять. Любить тебя. Люблю тебя.
> Любил тебя. Люблю тебя. Любил тебя.
> Люблю тебя. Любить!

Сегодня, кстати, 1 апреля. Но обманывать никого не хочется. Меня обманули. Этим альманахом. Вроде и есть он - но вроде бы как бы и - нет. И радоваться, вроде бы, надо - вот, ребят напечатали, и - не в радость это. Так, средняя, осторожная читка, скажем, в Союзе писателей. А ведь и там, случалось - читали ЛУЧШЕЕ! Я там "Томь" прочел, в 62-м, больше, правда, меня не приглашали, а даже напротив, а Бродский - скажем, на турнире 1960-го? Ведь ВСЕ лучшие тексты выдал! И "Еврейское кладбище", и "Пилигримов", и "Стихи под эпиграфом". Дали рот открыть - сказал.
А тут, вроде, и дали - и НЕ ДАЛИ.
Шнейдерман, к примеру - чистый, романтичный, но - не самый сильный. Сравни с текстами в антологии. "Работа скульптора" - посвящена жене, Любасе. Но "тяжелые руки и потная спина" - это не о ней, она маленькая, как обезьянка уистити, а, скажем, об Эрнсте Неизвестном, который опять поясницу сорвал, а она у него и так раненая. Или об Эдике Берсудском, с вечным радикулитом. Но опять же - романтизируется "пот" /как я, в стихах о балете - в 1960-м, работая в Мариинке/, т.е. переносится доблестный труд - в стахановское творчество! Те же дела, что и в 60-м. Но ведь на дворе, вроде, 86-ой? Эдик живет по старинке. Парочка жаргонных слов - вот и вся его смелость! Привожу, что ж, для типажу /хотя Шалыта, куда как типичного - НЕ ПРИВОЖУ, а он тоже в сборнике!/

Работа скульптора

Л. Добашиной

> Они занимают подвалы и полу-,
> В которых проходят хорошую школу.
> На девичьих спинах, на торсах мадонн
> Крепче стоит коммунальный дом.
>
> Каморка снимается под мастерскую.
> «Ах, где вы хоромину взяли такую?»

— «Я терся по ЖЭКам, я клеил начальство».
— «Такая удача бывает нечасто!»

Пока вы на службе, читатель, корпите,
Замочена глина в огромном корыте,
Построен каркас. Он радует глаз
Добротностью сцепки. И вот началась

Прокладка. Лопату азартно вонзаешь,
Наваливаешься, ломоть отрезаешь
И шмякаешь на задрожавший каркас
И, накрепко дабы она прижилась,

А после не хрупнула трещинкой-ранкой,
Мнешь пальцами и подбиваешь киянкой.
Так, за день раденья, как сдавленный крик,
Искомой фигуры возник черновик.

Не мрамор, не бронзу, — кембрийскую глину,
Тяжелые руки и потную спину
Я воспеваю, — ведь скульптор — не бог —
Создатель, — он душу вдохнуть в нее смог,

Но рано ликую, словами играя.
То стеком, то пальцами, в кровь их стирая,
Он мнет и корежит творенье свое.
Терпенье, терпенье! — тут жизнь настает.

Ворчит, недоволен: «Все криво и косо!»
Ан глянул: какой-то кусок средь хаоса
Высвободился. Он дышит! И вот
Сама себя дальше работа ведет.

Вот так, над стихами ссутуливши спину,
Мы — мнем и кромсаем словесную глину.
Всё переиначим, кромсаем и мнем,
Покуда строку не наполним огнем.

Что — слава, успех, суета, гонорары, —
Есть только работа, творимая яро,
Правда работы. Прочее — ложь.
Отступишь, оступишься — душу убьешь.

Пора просыпаться, ленивое тело.
Пора приниматься за верное дело.
Глина готова. Но прежде чуть-чуть
Свежего воздуха надо глотнуть.

Второе, про галантерейщицу, еще длиннее и, вычетом слова "скурвиться" - интереса
не представляет. Из цикла его "туалетных" поэм, как я их называю /про "туалетчицу
тетю Пашу"/.
Но зато Лена Шварц - хороша. Не лексически, лексика у нее, в основном, ахматовская,
а - метафорой. Привожу один только текст /остальные не хуже/, но он стоит многих.

Зверь-цветок

Предчувствие жизни до смерти живет.
Холодный огонь вдоль костей обожжет —
Когда светлый дождик пройдет,
В день Петров, на изломе лета.
Вот-вот цветы взойдут, алея,
На ребрах, у ключиц, на голове...
Напишут в травнике — elena arborea,
Во льдистой водится она Гиперборее,
В садах кирпичных, в каменной траве.
Из глаз полезли темные гвоздики,
Я — куст из роз и незабудок сразу,
Как будто мне привил садовник дикий
Тяжелую цветочную проказу.
Я буду фиолетовой и красной,
Багровой, желтой, черной, золотой,
Я буду в облаке жужжащем и опасном
Шмелей и ос заветный водопой.
Когда ж я отцвету, о боже, боже,
Какой останется искусанный комок,
Остывшая и с лопнувшею кожей —
Отцветший полумертвый зверь-цветок.

Типичная монстрик-Шварц. Черный монстрик. Как ни странно, но она мне чем-то напо-
минает ... Нестеровского. От обоих все чего-то ждут - этакого. Ну, устраши! И -
устрашают. Но мне от Шварц не страшно, а скорее - скушно. Она сама - куда страшней
своих стихов! А вот у Бродского - наоборот...
Дальше - Шельвах. Ну, Шельвах, как Шельвах. Чем больше я его разыскиваю - тем мен-
ьше хочется искать. Когда-то я его упустил, лишь мельком встретившись на чтениях-
заседаниях ЛЕПТЫ, потом долго разыскивал /путем Армолинского/, но находя - не удо-
влетворялся. Всё ждал. А вдруг - открытие? Но и в КРУГЕ он - почеркушками на уро-
вне тех, что в антологии...
Похоже, что такого поэта нет. Ширали вот - есть, и даже Эдик Шнейдерман малость,
а Шельвах - за 10 лет /плюс, сколько-то до/ - так и не прорисовался. И Шендрик
искомый - тоже. И Биляк. И Вензель. Но Вензель хоть личность! А Леша Шельвах - так,
отварная картошка в мундире: ни вкусу, ни запаху. Армалинский еще может считать
его за поэта /поскольку сам - графоман/, а я - увы! - нет. Не могу. Не пенисится,

как говаривал Юрик Климов, тоже не состоявшийся, как поэт. Привожу оба-два текста из сборника, и будя.

* * *

Именно мы — и варвары и дети —
и были поэтическая школа.
Щиты из кожи и мечи из меди.
Из букв и букв героика глагола.

Пехота юная в одеждах алых!
От воздуха мечи дрожат, как свечи!
Смотри, не высыхает соль на скалах!
И воины воскреснут в устной речи.

* * *

Вот Феб летит, бледней Луны,
весь в облаках, от солн белых!
Я сплю, не смаргивая сны,
я снами озарен, как берег.

Любимый я, написан Фауст.
Судьба прозрачная струится.
Бела, как полоумный парус,
при свете совести —
                                    страница.

А парусник ползет подробно
и море меряет собою.
И шелестит громоподобно
серебряная ветвь прибоя.

В заключение - еще одного поэта, фамилию забыл - Владимир Шенкман, не мудрено и.
Он как бы суммирует всю это нео-акмеистскую шоблу - и лексикой, и темой, и даже
УСРЕДНЕННОЙ ИНТОНАЦИЕЙ.
Всё это - увы! - поэты даже не для сов. ширпотреба /как Евтух, или Бэлочка, или
кто там еще?/, а для усредненного сов. инженера - и красиво, и грамотно, и знако-
мо, и слова какие-то все - "жена Лота", "Феб", "Геллеспонт"...
Ну, напечатали - и ладно. Рад за них, но восторгов - не будет. И еще по одной при-
чине: ЛЕПТА хоть была ДЕМОКРАТИЧЕСКОЙ, пошире, а эта - зело камерно.
И фотографии подобраны - ПТИ, а не ГРАНА, скажем. Гран покруче, но потому - и не
по зубам. А здесь - всё по зубам, даже по моим, вставным, так - манная кашка.
На чем и прощаюсь.
Читайте Шенкмана! /Щёкотову я, пардон, не включил./

Петрополь. Петроград. Все тот же Петро...
Поэзия гекзаметра и ветра,
Дома и улицы все те же пой.
Но полюбивший канувшие камни
Не встретишься с булыжной мостовой,
Лобастой, угловатой. А вчера
Она была еще в Дегтярном переулке,
Что для меня был шириной с проспект.
Подумаешь. Каких-то двадцать лет...
Лишь внутренность Апраксина двора
Мне иногда Садовую напомнит.
И Балтика дыханием наполнит
Пустые недопрожитые дни,
Что как бы географии сродни,
Где переулок — контурная карта.
Шевелится булыжник под асфальтом.

Счастливый век, как просто быть поэтом,
Когда почти отменены запреты,
Захочешь — и плыви в Геллеспонт!
И дальше, там, где остров среди моря,
В Гортину, где развалины и тьма
Булыжного линейного письма,
Где буквы выпуклы, где камни, отдавая стих,
Напомнят страшно голоса булыжных мостовых.

И единственный по-настоящему поэтический текст, который я обнаружил в сборнике - принадлежит перу вовсе даже прозаика В.Аксенова /неужто Василий Палыч Аксенов печатается заодно и в Ленинграде?!/. Ну, если там еще такие Аксеновы водятся, то -

> Вот опять сентяберь закружил листву
> Толи снега ждать толь дождя
> Скоро гуси принесут нам зиму
> И зима в природе не здря
>
> Козий Пуп, Козий Пуп, Козий Пуп.
>
> И не только это не здря
> Все идет своим чередом
> Снега запах чует ноздря
> Чует норка — зима за углом
>
> Козий Пуп, Козий Пуп, Козий Пуп.
>
> Не хватило в чернилке чернил
> Чтобы этот стих дописать
> Синей кляксой иссяканных сил
> Суждено видно мне умирать
>
> Козий Пуп, Козий Пуп, Козий Пуп.
>
> Но не умер пиит без чернил
> У пиита есть карандаш
> Карандаш мне Нордет одолжил
> На мол с получки отдашь
>
> Козий Пуп, Козий Пуп, Козий Пуп.
>
> И изрек я Нордету тогда:
> Век мне щедрость твою воспевать
> Пусть за трактором грейдер всегда
> Будет нашу дорогу ровнять
>
> Козий Пуп, Козий Пуп, Козий Пуп.
>
> И коль жизнь тебе рыкнет: да!
> Не спеши отвечать ей: нет
> Вот когда она скрипнет: нет
> Как топориком рубани ей: да!
>
> Козий Пуп, Козий Пуп, Козий Пуп.

литература русская не сгинела! Как стихи капитана Лебядкина или Козьмы Пруткова – смотрятся ПОЭЗИЕЙ на фоне рифмованных завываний их современничков.
Так что можно закончить этот "обзор" - на оптимистической ноте.
Прозы там, малость, в сборнике есть. Боря Иванов отбирал?
Или просто - СОЗРЕЛА?
Долгонько я этого ждал. А Кривулина - пусть Коля Решетняк читает. И почитает.

РУССКИЙ ГОЛОС

№14, 3 апреля 1986 г.

Не можно не поинтересоваться, грех - раскопают ли они могилску злосчастного Осип Эмильевича, или так и умолчат: что, когда, где?

Рассказывал мне Комогор, что когда он загорал в больничке, в 42-43-м, рядом на нарах доходил рыжий поэт. Доходил, читая себе вслух стихи, прекрасные и сильные по технике и образам.

Но Лене Комогору было не до него, он и сам был в кондиции. Запомнил, что стихи были удивительные. Потом он справлялся у соседа, но ему сказали, что поэта дернули на этап, и боле о нем не слышали.

Что за поэт, кто - а кто его знает? Рыжим был поэт Арго /Гольденберг/, но советская литература ждет еще своего "Архипелага ГУЛАГа". Кто, когда, где сидел, кто чем кончил - все это предстоит еще выяснить и, естественно, не комиссии в составе дудиных-рождественских. Гранин и Каверин не почешутся, Лидия Гинзбург - ? Паперный, который боится, что его пародии тут появятся? Ник. Старшинов, который нигде, ничем и никогда не прославился?

Остается - Кушнер. Но он осторожен почти как Л.Озеров, словом...

КТО был этот рыжий поэт? К Комогору у меня нет претензий, я сам в дурдоме, на Пряжке, не шибко за 1 000 часов интересовался искусствами и ху из ху - не до искусств было.

Материалы же, даже поимев, направлять в рекламируемую комиссию - не буду. Направлять их туда - явно не следует. Разве при множестве копий.

Комиссии, комиссии... А Осипу Мандельштаму от этого - ? Зато - члены и публикаторы прибарахлятся. Я на своих пятистах поэтах - пока заработал пятьсот же. По доллару с рыла. При том, что расход - минимум, - выражается в полтинник. Это если учест и фоты, и макетаж, и перепечатку, и, наконец, мои предисловия-разносолы Но все-таки приятно, что хоть один приличный, свой, человек в комиссии А.Скушнер, лапушка. Он - не проститут. Он хороший. И Лидия Гинзбург.

Комиссия по литературному наследию О. Э. Мандельштама

Решением секретариата правления Союза писате л е й СССР создана комиссия по литературному наследию О. Э. Мандельштама в следующем составе: Р. И. Рождественский — председатель; члены комиссии — И. М. Бузылев, Л. Я. Гинзбург, Д. А. Гранин, М. А. Дудин, В. А. Каверин, А. С. Кушнер, А. П. Межиров, Л. А. Озеров, З. С. Паперный, И. М. Семенко, В. Н. Соколов, Н. К. Старшинов, П. М. Нерлер — секретарь комиссии.

Комиссия по литературному наследию обращается ко всем читателям с просьбой присылать письма, документы, фотографии, связанные с жизнью и творчеством О. Э. Мандельштама.

Направлять материалы следует по адресу: СССР, Москва 121825, ул. Воровского, 52, СП СССР, Комиссия по литературному наследию О. Э. Мандельштама, П. Нерлеру.

Советские шахмат

508

A.НИК /АКСЕЛЬРОД/:

Мне кажется, что снова в Ленинграде
Иду по улицам и вижу, что дома
Как люди, состарились внезапно.

И в зеркалах витрин малосодовских
Себя я вижу: то старого, то молодого,
То вовсе мёртвого в гробу.

Мне кажется, что снова в Ленинграде
Лежу в гробу сугроба и по руке
Читаю завещанье.

26.X.75. Прага

ККК: Из книги "ГРАТИС" /1973/

            Либидо и лебеда
            мамма италиано
            там звезда
            и тут звезда
            а жопа деревянна

            там чухна
            и тут чухна
            с неким кудряковым
            деревянная шахна
            сбоку кудревата

            собирает иванов
            на дворе таблетки
            всё равно
            и всё гавно
            кроме пятилетки

            пей шахиня мой до дна
            сбоку кудревато
            не достигнет он до дна
            вьется кучерявый

            уезжает аксельрод
            так ему и надо
            не бери шахиня в рот
            кроме лимонаду

            либидо и лебеда
            мамма италиано
            тут звезда и там звезда
            а жопа деревянна

            /положено на музыку А.Б.Ивановым /

ПИСЬМА ТЕСЛОВОЙ - ЦВЕТАЕВОЙ / АКСЕЛЬРОДА - КУЗЬМИНСКОМУ/

11.12.84. Прага

Дорогой Костя! Летом я был в Питере. Видел много знакомых. Пять лет я там не был и наконец-то решился. Был я там месяц и очень устал. По Невскому знакомые не ходят. "Не ходи по Невскому," сказали мне, "Все равно никого не встретишь". Все правильно, но я все равно ходил, никого не встретил, лишь шальных туристов. Люди там совсем раскололись на всякие непонятные группы, все друг друга боятся, м.б. и меня боялись. О.Охапкин лежал в Кащенко, т.к. выскочил из окна 2-го этажа в носках, а Ширали тож прыгнул, только с 3-го этажа и лежал весь в гипсе.
Читали мы и стихи, я тебе потом об этом подробнее напишу. ... "Лагуну" я не видел, но слышал о ней. В Л-де ее не было, вроде в Москве у кого-то.
В Питере уже 5 миллионов жителей. Метро во все концы города. Даже и в Новой деревне. На станции Черная речка стоит смешной бронзовый Пушкин. В Сайгоне несколько старых знакомых, молодежь ходит неизвестно куда. Каждый день на улице Ракова пил портвейн, там и с Овчиной встретился. Тот однако не пьет. В Елисеевском продают только коньяк и я разумеется был разочарован. Почти все знакомые поменяли квартиры, развелись или нечто в таком духе. Чайник ... пьет, хулиганит и крадет что попало. Его я не видел. Зато видел Т.Мишину, которая меня не изменилась, но заявила, что я постарел, заявила и в кино пошла. Больше я ее не видел. Даже на чтение не пришла. Им там многим не по вкусу наши нов. стихи, трансфуристические. Миронов с бородой, Кривулин тоже + нов. любовь. Он - мэтр, или же делает вид что мэтр. Пришлось немного его пощекотать, ему не пондравилось. В.Э/рль/ какой-то болезный. Гранд странный, осторожный и т.д. Я разумеется тоже изменился, но никто не скажет как. Вот теперь сижу дома и думаю у кого бы занять деньжат до завтра. Завтра получка. Напиши мне обязательно.

Делать новое каждый день,
Каждый день забывать о старом.
Если не о чем говорить - лучше выть
И удобно усевшись за стол - мечтать перегаром.

21.2.77

Грибы как попугаи
    чирикали в саду.
Прекрасная крестьянка
    мочилась на ходу.

28.4.78

См. приложение - "ДОТЫ"

Из письма от 12.04.85:

А Бога нет.
Земля в затменье,
Лишь баба на дороге
    Лижет белый снег.
"Откуда и куда идете?
    Не боязно?"
Чего бояться,
    Бога нет.

7.04.85

Вот такие мысли ночью приходят. Писем мне приходит что-то мало. В Л-де знакомые умирают как мухи. Еще один пьянчуга с Малой Садовой умер. Это уже 5-ый человек с М.С. Возраст что ли? Я ленюсь, ничего не делаю, пью чай, пиво и читаю книги. ...

Европа плачет:
Быка украли,

                    Поди пошел на мясо он.
                    А бычьи яйца
                              Кому продали?
                    Европа плачет.
                         Уж больше не увидит их.

19.04.85. Прага.

Дорогой Костя! Получил твое второе послание. Пришло во-время, всего за 10 суток. Из Питера дольше тащится.

На все твои вопросы попросил ответить Сига, он все сам это придумал, пускай и отвечает через меня. Пили мы кажись Айгешат /Ай гешефт/, который подорожал. Как только придет ответ из Сигейска, сразу же и пришлю.

Я никогда не переставал писать, писал письма, стихи и прочее. Все было и есть у В.Э., даже больше чем у меня, а он почти ничего никому не показывает и даже мне, но обещал вскорости - однако не пишет чтой-то.

"ПРАГА ЧЕЛОВЕКА НЕ ПУСТИТ. У ЭТОЙ МАМАШИ ЕСТЬ КОГТИ."

                                   F.KAFKA

Последний Прагу ненавидел и все норовил из нее убежать. Ты говоришь, что он нудил /nüda/ - чешск. скука. Т.е. скучал? Но не совсем. У него часто были любовные истории с девицами и он даже имел ребенка, но не знал об этом. Ребенок вроде потом умер. Почти все, кто мог о нем рассказать, умерли в Освенциме. Собственно почти все пражские евреи. Я одно время ходил на работу и пересаживался с одного автобуса на другой, а между - кладбище с стрелкой "К могиле док. Фр.Кафки". И всегда я здоровался с ним, проходя мимо железной решетки за которой была тропинка к нему. Вообще-то я кладбища не люблю.

Гашек пил как царский офицер и водил с собой по разным кабакам разных дамочек. Многие люди и теперь называют его просто пьяницей и не понимают почему издали марку с его мордоцкой, словно президента какого. Но есть тут конечно и общество, которое им официально занимается. И каждый год празднует его день рождения.

/Дальше идет бытовое, а про Кафку я ему писал, что тот был нудистом - ККК/

В Л-де умер еще один пьяница с Малой Садовой, некий Электров. Верно спился. Это уже 5-ый по счету с Малой. Юрий Иванов, худ./ожник/, Сабинецкая Леночка, князь Сорокин Алексей, еще кто-то.

Из Макринова Дм. стал отец Алексей, монах в академии, ктр. не признает всего написанного им кроме духовного и вообще вроде испортился. А какой человек был веселый и в гостях у меня тут был и письма присылал смешные. Все течет, все изменяется, и мы не те. Я уже привык к пиву и отвык от водки.

20.04.

Собственно Сигов, он Сигей, т.е. Сиг, проживающий в г.Ейске, что недалеко, в пяти /5/ шагах от Азовского озера, в котором икра плавает еще, а выше упомянутая рыба Сиг ест ее глазами, потому что дорого, 50 р. за 1 кг, что?

У нас была мечта /идея моя/, сделать книгу из моей и всех остальных со мной и многими другими, т.е. книгу писем, переписки под названием ктр. придумал Вээша, "Ауреника", т.е. Аура Ника. И начали, но теперь /опять эти 3 последнтх года/ все заглохло. Кроме того разногласия, в структуре, содержании и про. Я хотел чтобы было 3 000 /тысячи/ страниц. По словам Бор.Мих.Аксельрода это МОНСТРУМ, ктр. рождается в муках.

Еще же я написал кучу стихов, "Описание лета" /это проза/, потом всякие рассказы, "Грузинскую тетрадь", т.е. проза и стихи, "Та повесть, та", это рассказы о детстве и родственниках, "Пустые предметы" /9 секс. рассказов/, одну книгу стихов по чешски + несколько рассказов, тоже... Да, еще "100 листов к Дм.Б.", т.е. Макринову, т.е. отцу А. .../Подожди, закурю, пью чай т.е./ Ну вот, закурил.

                    Ничего себе хуёвинка,
                    Вся в хуёвинках она.
                    Вот она лежит в постели,
                    В рот два хуя набрала.

                                   /прошлогодний год/

Пошлю и еще одно пахабной, надо найтить.

Я еще не говорю о всех тех текстах, что я написал в Л-де /"ХАМЛЕ"/. И нов. транс-
фур. "ША", "UL", "ЕНЬСОСА", "ПЛЮХ"с иллюстр. Сига + "Сон о Фелмори", т.е. "сны" о
Фелмори". Я уже писал, что их 5 книжек, в каждой по 41 сну. В пятой еще не присни-
лось примерно 12 снов, а перепечатано 2 книги, 3-я хромает, а всё НАРЗАН!!!

..... Если бы я не писал, то вероятно давно с ума сошел бы. ... Всякое со мной тут
было. Одно время коллекционировал старые утюги. Написал даже потом рассказ /пошлю/
и стих о том. Теперь вдруг начал искать старые жестяные коробки из-под чая и пр.
Еще покупал графику, но теперича на это денег нету и поэтому стараюсь рисовать сам.
Кончу вершем.

    Чуть спелая совсем
     Она идет кругами
    Вокруг да около
     столба

       24.4.85

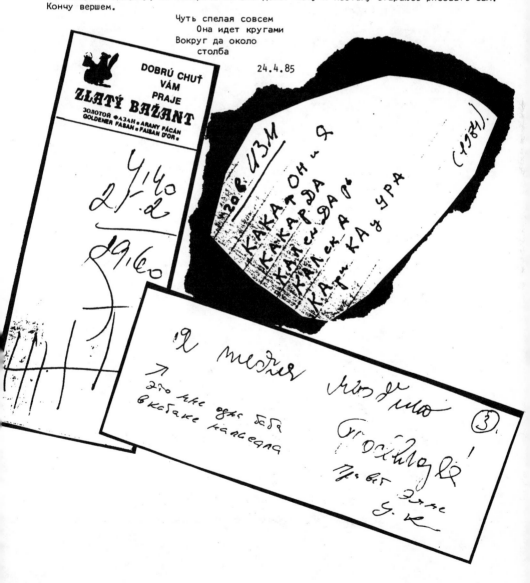

512

13.03.85. Утро

Дорогой Костя!

Твоё красивое письмо получил, но сразу ответить как-то не получилось. Иногда живёшь как болото заселенное и в таком состоянии нет спасения, но не сидя в берегах ищу спокойно и там, там. там!

[...] и [...]
по-видимому не буде, т.к. его написал без [...], т.е. мне ещё не послали, но я однажды вдруг [...] в основном день, но 3 дня, через месяц и портит всё. Вот, тот портфель, был в программе выступления, но лишь по росписи, а я его вроде как не всё видел. Но это ещё не всё. Может и потом когда - разбор [...]

Все эти вещи о нас давно имеются «Описаны в В.Э.» Надо будет только просмотреть. И ждать будут, к сожалению ни одного о тебе. Комментарий к рурфорфомаксу, но Затем транскрибируют все и мои стихи. Я в это время или сидел здесь на работе или пил пиво. И вообще пусть пишут комментарии комментаторы, мне это, честное слово, не по силам. Я тут занимался своими скази, уже почти 5 × 41 = готово. Они все вроде правились, а теперь вроде не совсем. Все течет, все изменяется как говорил приятель Швейк. Все-то ли растеряли, ни здорово изменились. К лучшему вряд ли. Стараюсь на кого не сердись, а обидеть всех.

рукоятка рукоя[т]

межд[у]н[а]ж[а] к[а]т[о]ч

в глаз [а]сл[я]ч[а]с толчка

зла кон[ч]аетъ папур[о]ч

1985

Между прочим существует рассказ ККК д[о]т. В.Э. не фр[...]. Д[...] [...] ег[о] сл[...]ва про[...]сл и вероятно перечи-та[ю].

А.Ник "Доты"

Б. М. А.

Известная русская художница Наталья Черногорова пришла как-то к писателю и общественному деятелю Н.И. Аксельроду в гости. Последний лежал в старом, довольно грязном и притом рваном халате на диване и плевал в потолок.

— Ты это что в потолок плюёшь? — спросила розовощёкая, с мороза пришедшая художница.

— Слюну. — коротко ответил ей общественный деятель. — Это лучше чем в душу-то — пояснил он и для примера плюнул ещё раз в потолок и уехал в город Прагу искать своё счастье.

А художница Н. Черногорова в последствии изобразила на одном из своих полотен коричневые от крепкого чая на белом фоне потолка квартиры Н.И. Аксельрода, что расположилась на проспекте Щорса.

В настоящее время там находится штаб-квартира Русской литературы.

Мастер на все руки Аксельрод каждое утро в 12 часов дня пел с похмелья во весь голос песни своего собственного сочинения: о холодном пиве, графинчике и кислой капусте. В таком состоянии духа и находили его многочисленные знакомые и друзья, а также родственники.

— Ишь ты, разошёлся-то как! Опять вчера до ночи где-то шлялся. — качали они своими головами и бежали за бутылкой в гастроном.

После первой стопки Аксельрод переставал петь и начинал плакать. После второй переставал плакать и начинал икать. После третьей переставал икать и начинал хвастаться. После четвёртой бежал к телефону и звонил знакомым женщинам. После пятой звонил знакомым и приглашал их в гости, с бутылкой. После того, как бутылка была пуста мастер на все руки Аксельрод пел пахабные песни. К сожалению никто из пьяных друзей, ни сам певец не оставили нам записей текстов этих песен. После десятой все гурьбой выходили на улицу и покупали на базаре на последнии деньги семечки. Рассыпав их по карманам, друзья усаживались в ближайшем садике и кормили голодных птиц плевками. В последствии многие друзья отвернулись от Аксельрода, заявив, что ничего подобного не было и что всё было наооборот. Дисскусии по этому поводу совершенно излишни, ибо — сколько людей, столько и плевков. Была бы как говорится слюна.

Любимой игрой Аксельрода была игра в шахматы. Играл он не на деньги, на этот пустой звук, а на плевки. После каждой съеденой фигуры сопернику полагалось плюнуть в лицо противника. По воспоминанию друзей Аксельрода он ни разу не был оплёван, так как обладал очень быстрой, цитирую дословно, б о к с ё р с к о й реакцией и

вовремя увёртывался от плевка. Сидел же он по своему обыкновению
спиной к открытому настежь окну.

Как-то, представив себя черепахой, Аксельрод хотел подсчитать
сколько же ему на самом деле лет. Ощупав себя и убедившись, что он
не настоящая черепаха, так как вместо панциря у него была самая
обыкновенная спина, он огорчился и смачно харкнул перед собой на
несколько дюймов. Сколько дюймов,^{x} столько и лет решил он и принялся
за подсчёты. Оказалось, что ему было 27 лет, 30 дней, 15 часов, 41
минута и три /3/ секунды.

^{x}Дюйм - шаг /прим.автора/

- Наплевать! - сказал Аксельрод и положил телефоную трубку на
рычаг.
- Наплевать! - словно эхо послышался голос аксельродовской
бабушки с кухни.
- Наплевать! - кричал на улице пьяный голос.
... но и в море плевков не потонет кораб.   Откуда это?

                    Пётр Самуилович Юркин
                    5.01.1976г.

A.Ник "ДОТЫ"

Сказано, сделано. Достал из буфета рюмку, бутылку и налил себе
из крана воды. Чтобы запить. Но пока шёл к крану и наливал воду,
передумал пить. Сказано, сделано. Взял рюмку, бутылку и спрятал их
в буфет. Закрыл дверку и снова очень захотелось выпить. Сказано,
сделано. На всякий случай шёл сначала к крану, чтобы лишний раз не
монипулировать с рюмкой и бутылкой. Но пока шёл к крану, не разду-
мал, и пока пускал воду, не раздумал, а потом её выпил и вернулся
к буфету. Достал рюмку, бутылку, налил водки и хотел было её выпить,
как обнаружил, что воды в кружке уже нет. Пришлось идти с рюмкой
и кружкой к крану. Но пока шёл, раздался звонок. Пришлось быстро
опрокинуть рюмку не запивая водой, вернуться к буфету, спрятать
всё и, подбежав к дверям, спросить - Кто там?

Как кто? - раздался за дверью удивлённый нежный девичий голос
Аксельрода.

Однажды у Аксельрода сломался зуб. Он тут же, не откладывая в
долгий ящик, пошёл за советом к своему лучшему другу Макринову.
    - Что будем делать Димыч? - спросил он Макринова, указывая при
хем этом на сломанный зуб.
    Макринов с большим вниманием выслушал Аксельрода и сказал - Мы
его заговорим.
    - Да что ты, как же можно заговорить сломанный зуб?! - удивился
Аксельрод.
    - Очень просто - улыбнулся хитро Макринов и заговорил Аксельроду
все зубы.

Было серое туманное утро. Делать нечего, вот Аксельрод взял да и
сел в трамвай. Трамвай довёз его до дома его лучшего друга Горбунова.
    - Кто там? - спросил на всякий случай Горбунов, хотя прекрасно
знал что в такую рань может появится только Аксельрод. Тот и сказал
    - Это я.
    Дверь открылась, Аксельрод вошёл в квартиру и обнаружил, что
Горбунова нет. - Где ты Вова? - спросил он, приложив ко рту руку
сложенную трубочкой. Ответа не последовало. Тогда Аксельрод пос-
ледовательно, шаг за шагом обошёл всю квартиру, но Горбунова так
нигде и не нашёл. Вот ведь неприятнось какая, подумал он. Был чело-
век и пропал. На всякий случай он закричал ещё раз, но голос ему вдруг
показался таким чужим, что он даже испугался и решив проверить ещё

раз, сказал первую пришедшую на ум фразу - Садитесь, уже вторник. И на этот раз голос оказался чужим, но что самое страшное, это был голос Горбунова. - Да что же это такое! - с такими словами Аксельрод рухнул на диван. - Вторник - вдруг послышался откуда-то голос Аксельрода и в комнату вошёл не выспавшийся, запутавшийся в своих собственных проблемах, Аксельрод.

Как-то Аксельрод сидел на скамеечке в Собачьим садике и нюхал сорванную им розу. Роза дышала свежестью, любовью, а главное здоровьем.
- Ты что это брат пальцы свои нюхаешь? - спросил подошедший Аксельрод-младший.

Как-то Горбунов решил купить себе автомобиль и для этого пригласил к себе Аксельрода. Тот как известно разбирался во всём.
- Что ж - сказал Аксельрод, внимательно осматривая Горбунова, - Покупай, только я тебе не советую.
- Это ещё почему? - поднял брови Горбунов.
- Тебе как другу могу сказать - немного зарделся Аксельрод, - Он у меня без мотора, но, - уже с нотками гордости в голосе, - ездит.

Город Дорога Аксельрод Дурак Клава Аксельрод Дракон Надежда Аксельрод Дерево Ольга Аксельрод Дом Миша Аксельрод Дьявол Лида Аксельрод Дикарь...

У Аксельрода было много родственников, но больше всего он любил своих знакомых. Родственники узнав об этом, решили как можно быстрее познакомиться с ним. Но дружба, как и любовь даётся годами, вот почему Аксельрод, когда составлял своё генеалогическое дерево, на всех ветвях вырезал только одну фамилию, то есть свою. А потом, вдоволь налюбовавшись на красивый лист бумаги с деревом, он позвонил в бюро прогноза погоды и поинтересовался прогнозом погоды на следующий день. Дождь, предупредили его в трубке. Дождь, радовался Аксельрод. Будем цвести.

Пили как-то кофе два лучших другу не разлей вода - Горбунов и Аксельрод. Пили кофе, мирно беседовали и не спеша жевали пирожки. Их задушевный разговор прервался с приходом Макринова.
- Только что по радио сказали, - сообщил он, - что те, которые

съели пирожки на Малой Садовой, немедленно явились в ближайшую поликлинику.

Конечно настроение у закодычных друзей было испорчено вмиг. Только потом они вспомнили, что пирожки съеденные ими были домашние и они рассмеялись в лицо подошедшим с пирожками в зубах А.Нику и Вл.Эрлю.

У Макринова от всего этого очки на лоб полезли.

Пошёл как-то Макринов в лес за грибами. С собой прихватил и Аксельрода. И вот шли они по лесу, дышали полной грудью, носом и не разговаривали. Так шли молча, боясь вспугнуть дикую птицу то тут, то там порхающюю в ветвях деревьев. Но всё-таки через некоторое время счастливые и радостные они посмотрели друг другу в глаза и не в силах выразить тех накопившехся радостных чувст свободы и воли, сказали только одно слово.

- Пиздец! - сказал радостный Макринов.
- Пиздец! - как эхо отозвался счастливый лесной дух Аксельрода.

- Жопа! - кричал восторженно Горбунов.
- Жопа! - заливался Аксельрод.
- Жопа. - щурился на чью-то жопу Макринов.

И действительно, если лежать на спине на тротуаре, то что первым делом увидишь? - ну конечно же ... задницу!

19.II.74. Прага

/продолжение следует/

A.Ник "ДОТЫ"

Коля Николаев вернулся из гостей домой, открыл дверь своей комнаты и, войдя в неё, повесил на гвоздь забитый в стену своё демисизонное пальто. Гвоздь не выдержал тяжести и упал на пол, но пальто продолжало висеть.

- Ну и дела! - подумал вслух Коля и нервный смешок пробежал по его членам. Почемуто боясь посмотреть на гвоздь лежащий на полу, Коля рванул пальто и надел его на себя.

Утром, когда он проснулся, гвоздь был снова в стене, а он, Коля Николаев, лежал на диване в своём пальто. Встав с дивана, он подошёл к гвоздю и пристально, с недоверием его разглядывая, подумал: "Так сон это был или не сон?" Успокоившись тем, что это был всё-таки глупый сон, Коля попытался снять пальто. Пальто не снималось.

+++

Однажды утром в комнату Коли Николаева впорхнула птичка, обыкновенный серенький воробей.

- Аха, - сказал радостно Коля, - на ловца и зверь бежит. Сказал это радостно и, сделав из указательного пальца правой руки револьвер, отчётливо, так чтобы его услышал и воробей, и соседи, произнёс - БАФ! После этого символического выстрела воробей рухнул на обеденный стол и подох. - Что я наделал!" - ужаснулся Коля и посмотрел на палец. Вместо пальца на Колиной руке красовался железненький гвоздик.

-++

Коля Николаев был радушным хозяином и с большой радостью принимал гостей. Однажды он позвал в гости Сашу Миронова. Саша конечно пришёл, прихватив с собой своего друга Серёжу, бутылку коньяка и букет роз Суперстар.

- Всё понимаю, - удивился даже очень растроганный Коля, - ... то что ты с Серёжей, это очень хорошо. И коньяк нам не помешает ... а вот розы, зачем Суперстарные?

- А ты их поставь в воду. - сказал Саша, начиная раздражаться.

Коля заметался по комнате в поисках посуды и найдя банку, побежал на кухню за водой. Когда он вернулся, ни Саши, ни Серёжи не было, а в пустой бутылке из-под коньяка торчала одна единственная Суперстарина. Тогда Коля, подозревая неладное, предложил сначала выпить коньяк, а уж потом в пустую бутылку поставить розы.
....
Коля отложил в сторону авторучку и не мог решить какой из двух вариантов конца рассказа лучший. В это время в дверь постучались

и вошёл Саша Миронов с Серёжей Танчиком и бутылкой коньяка.

- А где же розы? - всполошился Коля.

Саша и Серёжа переглянулись недоуменно и с любопытством посмотрели на Колю. Будто бы очнувшись от столбняка, Коля вскочил, извенился и побежал на кухню с листком бумаги. Быстро, чтобы гости не обиделись, он дописал конец рассказа:

- Ах, розы. - улыбнулся грустно Саша. - Это твоей маме, она ведь тебя родила.

+++

Коля Николаев не любил спать в пижаме, но понимал, что так положено и что очень культурно встать утром и открыть двери знакомому в пижаме. "Я в пижаме или знакомый в пижаме?", спросил он себя мысленно. "Если я открою знакомому в пижаме, то знакомый не может придти с улицы в пижаме.", почему-то подсчитывал на пальцах Коля. "Очень странно, у меня нет знакомых с улицы да ещё таких, которые носят пижамы. Но всё равно!", отбросил он от себя эти мысли. "Встану культурно утром в пижаме и пойду открыть дверь знакомому. А тот наверное уставится на меня и спросит: Ты уже готов? Тогда не буде_м терять времени и пойдём! Ну а что я?", в предчувствии смеха зычно ликовал Коля. "Что же я ему на это отвечу? Ха, ха, ха, ха!!!"

Утром раздался звонок и Коля выпорхнув из-под одеяла, побежал открывать дверь. На пороге стоял и хмурился из-под очков Дмитрий Макринов.

- Ты уже готов? - спросил он. - Тогда не будем терять времени и пойдём.

- Готов, готов... - прервал его нетерпеливо Коля. - Дай хотя бы пижаму снять.

- Какую ещё пижаму? - недоуменно окинул Дмитрий с ног до головы фигуру Коли в длинном демисизонном пальто.

+++

Коля Николаев был удивительный человек. Он всегда ходил с портфелем.

- Что у тебя там в портфеле Коля? - спрашивали его друзья-приятели.

- Валенки. - скромно отвечал им Коля.

Приятели конечно смеялись и просили Колю открыть портфель. Коля соглашался и открывал его. И действительно, в портфеле лежали валенки.

- Зачем они тебе Коля? - удивлялись присмиревшие приятели-дружки.

   - Ноги зябнут. - уверенно отвечал Коля и закрывал замки портфеля гвоздиком.

+++

   - Могу. - ответила она и, опустив глаза вниз, потупилась.
Это Коля Николаев спросил у своей жёнушки не смогла бы она ему сварить бульон из воробышка.

+++

   После того, как я написал этих шесть поучительных историй, я увидел, что на полу валяется маленький кривой гвоздик. Удивительно, подумал я, чудеса да и только. Какие ещё чудеса, услышал я вдруг голос Коли и вздрогнул. Отдай сейчас же мой палец! Я взрогнул ещё раз, но гвоздик Голосу не отдал.

Пётр Кркин
22.X.75.

А.Ник "Доты"

И вот тогда В.Кривулин достал печать
из жилетного кармана и приложился ею
к полированному столу на трёх ножках.
Тогда все ринулись к столу и внима-
тельно всмотрелись в оттиск. Вот, что
они в нём увидели:

Пишешь, спросил Витя Кривулин Витю Кривулина. Пишу, ответил тот.
А что пишешь, снова спросил Витя. Стихи, ответил тот. Хорошо, скорее
вслух подумал Витя нежели проговорил. Помолчали. Ну, а ты что пишешь,
спросил Витя Кривулин Витю Кривулина. Пишу, ответил тот, очень хоро-
шие стихи пишу. Очень хорошо, подумал про себя Витя, выходит я пишу
стихи, а ты очень хорошие стихи. Нехорошо это. Помолчали. И прозу
хорошую пишу, обернулся Витя Кривулин к Вите Кривулину, но того уже
и след простыл.

Помолчим и мы.

Однажды Витя заболел тяжёлой болезнью и болел три месяца и три
дня.

Вот послушайте как Витя узнал о том, что болезнь подходит к
концу и что он уже поправляется.

Прекрасным майским утром Витя проснулся и увидел, что левая его
рука чуточку длиннее нежели правая. Витя не испугался, а обрадовался.
Рука ростёт, торжествовал он, значит дело идёт на поправку.

С этого дня каждое утро Витя смотрелся в зеркало и убеждался, что
действительно дела его хороши. Только один червячёк шевелился в го-
лове его: Витя не мог понять ростёт ли это левая рука или правая
укарачивается. Если левая ростёт, то до какого размера выростет, а
если правая укорачивается, то на сколько? Не могло бы случится так,
чтобы правая совсем пропала, а левая была бы длинной как, как...?
Вите помог совет докторов. Они категорически запретили ему смотреться
в зеркало, даже убрали его из палаты. И через три дня после этого
Витя окончательно поправился и писал стихи левой и правой рукой
одновременно, чтобы симетрия была соблюдена.

Как-то раз, возвращаясь домой из гостей, Витя Кривулин увидел на
фонаре повешенного пьяного человека с высунутым языком. Витя обошёл
несколько раз фонарь и подумал: "Странно это. Висит человек, а я с
уверенностью могу сказать, что этот человек пьян. Непонятное явление.
Хм."

Только дома, в постели Витя разгадал эту, казалось бы не разре-
шимую загадку. От повешеного разило п е р е г а р о м! "Вот ведь
как всё просто.", подумал Витя. "Можна ли тогда в таковом случае
сказать, что на фонаре висел пьяный труп?"

Философская мысль родилась в голове его: "И после нашей смерти
мы оставляем на Земле свои запахи. Надо будет завтра это записать",
подумал ещё наш философ и уснул сном аристократа.

— У меня жена была, она мне изменила. — напевал Витя Кривулин
по цыгански.

— Ты что это Виктор, опять пьян? — спросила впорхнувшая в комнату
его супруга.

— Не пьян я, трезвый я, рифма ускользает. Не могу её найти, вот
и пою.

— Какую ты рифму ищеш Витёк? — смягчилась жена. Вместо ответа
Витя снова принялся напевать:

— У меня жена была, она мне... Что, что? — очнулся словно бы от
забытья Витя и проткнул вилкой паука прохаживающегося по его тарелке.

— Паук!", закричал Витя и приблизил вилку к глазам. Мёртвый пау-
чище ещё сжимал в своих лапах невинную жертву — рифму-муху.

13.01.76.

Для чего тебе понадобились вилка и нож, если ты рисовую кашу еш,
а не порядочный кусок мяса?, спросили как-то друзья известного
романиста В.Рунина. /Надо ещё пояснить, что было лето./ Это очень
просто объясняется, улыбнулся Рунин. Лето, мухи, помните Пушкина?
И не успели друзья вспомнить о каком ещё Пушкине упомянул Рунин,
как последний мгновенно поймал ножом и вилкой муху. Сотая за сегодня
похвастался Рунин и кинул пленицу свернувшемуся клубочком на старой
пишущей машинке жирному коту Рорику. Котище не открывая глаз прогло-
тил муху. Сотая, мяукнул, падло...

14.01.76.

П.Кркин

А.Ник "Доты"

— Сколько раз ты в неделю моешься? — вдруг спросил Ципа.

— Я не моюсь, у меня кожи нет.— мрачно ответил Цива и задрав брючину, предоставил на рассмотрение всю анатомию нижней конечности.

x

— Руки по швам! — приказал сердитый генерал. Но Ципа вместо этого стал оглядываться вокруг себя, при этом даже ощупывая себя.

— Что вы там ищете солдат? — поинтересовался гневно-нервный генерал.

— Швы. — с виноватой улыбкой ответил Ципа.

x

Пили пиво. Мимо профланировала уборщица. Ципа её за задницу ущипнул.

— Ой! — та улыбнулась и провела мокрой тряпкой по лбу, прядь седую смахнув как слезу.

— Ты что это? — удивился Цива. — И я хочу, как ты её?

— Очень просто: два пальца складываешь один к другому и чувствуешь как мягкое под ними напряжённо колышется.

— И я хочу её за тохас. — грустил Цива. — Только у меня пальцов нет.

— Не грусти, — пообещал Ципа, — как только она мимо пройдёт, я её за тебя ущипну.

Пили пиво.

x

Цукен оторвал голову Циве и приблизив её близко к своим глазам, спросил — Ну что, Цива?

— Шутки в сторону. — приглушённо ответила голова. — Я из-за тебя ещё горло простужу сукин ты сын!

x

Цукен спал сидя за столом, уронив тяжёлую голову на сложенные руки. Спал и видел сон, как под столом разлилося море широко, не видно нигде берегов. "Товарищ, ты едешь далёко?", потряс его за плечо подошедший Цива.

- Ты был когда-нибудь женат? - спросил Цива Цукена, а Цукен
Циву и они расмеялись дружно, представив себе лежащих рядом
обглоданных остов некогда жизнерадостных половин.

х

Цива кинул камень в окно. Стекло конечно разбилось. Из окна
высунулась возмущённая рожа Цукена. Цива метнул второй камень и
рожа исчезла. Наверное в голову попал.

х

- Куда ты скачешь гордый конь? - спросил Цива у Цукена.
- По делам. - улыбнулся Медный Всадник.

х

Ципа открыл дверь и вошёл. Неприличная картина встала перед е
глазами. Цукен ходил по потолку, а Цива лизал собственые пятки.
- Вы что ребята, спятили что ли? - спросил Ципа.
- Мы только что встали! - дружно ответили парни.

х

- Иванов!
- Я!
- Петров!
- Я!
- Сидоров!
- Я!
- Ципа!
- Дрыпа.

декабрь 1974. Прага

"IOO писем к Б.С."

Письмо тридцатое

20 - 24 июня 71г.
о.Голодай. Город.

На этом, тридцатом письме, я решил закончить свой цикл моих
писем, посвященных простым людям городского и сельского типа. Тем
людям, с которыми нам так часто приходится встречаться на улицах,
зоопарках и даже в банях. Я ещё не выяснил, кризис ли жанра произо-
шел в моём творчестве или же мои герои с татуировками на руках,
грудях и других частях тела мне надоели. Так или иначе, я на время
оставляю их и предоставляю им возможность спокойно жить и не
бояться, что о них кто-то думает и притом не так, как бы они того
хотели. Следующие свои письма я хочу посвятить одной улице нашего
города и тем многочисленным её почитателям, которые настолько по-
любили её, что большую часть своего времени ходят по ней взад и
вперёд. В этих письмах /ещё не зная их количества/ я постараюсь
быть достаточно правдивым и объективным. Вот почему они будут
вряд ли интересны кому-нибудь кроме Вас и меня. Это будут очень ин-
тимные письма, которые если и появятся на свет для всеобщего проч-
тения, то только после того, как я исчезну на некоторый срок /?/ из
поля зрения своих знакомых. В этом я всецело полагаюсь на Вас.
    И закончу я это письмо небольшой исторической справкой о самой
короткой улице в нашем городе.
    "Сначала это был Шуваловский переулок. Потом переулок переимено-
вали в Екатериненскую улицу. Через некоторое время опять меняют
название. Теперь она уже Малая Садовая. Но на этом не могли успо-
коиться, и снова другое название. Она становится Пролеткультовской.
И не понравилось. Снова она стала Малой Садовой. И что же Вы ду-
маете, дальше? Вот она опять Екатериненская, а через некоторое
время - Шуваловский переулок."

Письмо №3I

Утром как всегда по тихой улочке катила коляска. В коляске сидел
человек. Какие-то люди хотели убить этого человека, но им помешали
это сделать. И коляска покатив дальше, скрылась за поворотом. В кон-
це улочки показался молодой человек в чёрных брюках и белой рубашке.
В руках он держал портфель. Молодой человек двигался шаркающей поход-
кой, дико озирался, вскидывал голову вверх как-то боком и при этом
ожесточённо чесал рукой заросшее густой щетиной лицо. Губы его что-то
шептали и кривились в усмешке. Молодой человек дошёл до дверей мага-
зина "Кулинария" и вошёл в него. В это время в очереди за кофе стоял
ещё один молодой человек тоже с портфелем, в чёрных брюках и белой
рубашке. Сквозь стекло витрины он увидел как прошёл странный молодой
человек. Скривив губы он подумал: "Опять этот идиот волочится!" А
идиот, войдя в магазин и так же дико озираясь, стал в очередь.
Стоявшие в очереди, со страхом и жалостью смотрели на идиота.

Молодая энергичная экскурсовод заволокла толпу иногородних турис-
тов в полутёмную, вонючую подворотню.

"Каляска катила вдоль этой улицы, а он стоял здесь, где стою я, и
сжимал в своей мужественной руке свёрток с бомбой.", громко, нарас-
пев проговорила экскурсоводша. "А отсюда мы пойдём дальше." Очумев-
шие от жары туристы соприкоснувшись с историей, молча двинуль вдоль
улицы сжимая в своих руках фотоаппараты. Один из туристов вдруг
оторвался от группы и бросился назад, к подворотне, открывая на ходу
футляр своего фотоаппарата. Добежав до неё, он принялся фотографиро-
вать, забыв при этом снять колпачок с объектива. Куривший в подво-
ротне Витя Козлов побледнел. С этого момента мысль о самоубийстве
не покидала его.

Последний потомок из рода Елисеевых вышел рано утром из своего
особняка в Финляндии, посмотрел на солнышко, радостно улыбнулся и
сел в автомобиль.

В то же утро я вышел из дома, мрачно посмотрел на солнце и сел
в автобус. Елисеев любил утром выпить чашечку кофе в городе. Авто-
бус довёз меня до Елисеевского магазина, где по утрам я пью кофе.

Перед входом в Екатерининский садик сидит на возвышении человек
с глупым и отекшим лицом. Сидит он перед весами. За пять копеек че-
ловек взвешивает на весах прохожих. Вместо рук у него толстые, ко-
нусообразные культи, которыми он ловко двигает гири. Люди охотно и
радостно идут взвешиваться уже издали замечая человека, его лицо,
обрубки рук. Мне тоже захотелось встать на весы и смотреть с какой

ловкостью двигают красные обрубки гирю.

Как-то мы ехали с приятелем в автобусе. Вдруг я увидел Вас. Вы стояли опираясь на стену какого-то дома. "Смотри!", сказал я приятелю. "А вот поэт Витя К. стоит." И где-то потом появилась строчка: "Мы ехали в автобусе и вдруг увидели поэта Витю К. Он стоял и гордо подпирал собой фасад пятиэтажного крупноблочного дома".

"Милый! Уже весна. Так хочется в поле, в цветы. Город пыльный и злой. Может ты зайдёшь ко мне сегодня? Зайди!"

"Ужасно болит голова, а тело какое-то зыбкое, водянистое. Я смотрю на него и не могу понять зачем оно мне. Твой брат напоил меня вчера каким-то зельем, а потом приставал. Я разделась и танцевала на его письменном столе. Он хохотал и читал стихи про пончики. Твоё имя он и слышать не хочет."

Ты входишь и кидаешь лакею на поднос визитную карточку. Лакей молча уходит и через минуту появляется вновь. "Просят!", говорит он. Тебя с улыбкой встречает жена хозяина дома. "Милости просим, прошу присаживайтесь!" Подходишь к хозяйской ручке, мило улыбаешься и усаживаешься в кресло. В комнату влетает резвое дитя, на ходу присядет и летит куда-то дальше. А вот и он сам. Подобрел, длинные волосы ещё без серебра, густая чёрная, как смоль, борода. "Дорогой! Сколько лет!?" Голос у него зычный, бархатный. "Каким ветром?" Обращаясь к жене: "Душенька! Распорядись чайку."

Так вслух мечтал Таранов, сидя передо мной на диване в грязном халате. Я смотрел на него и мне очень хотелось чаю.

Вчера собрались в доме у поэта К. Читали стихи Кузьминского, Чейгина, Хлебникова, Ваши стихи. Стихи Хлебникова всем очень понравились.

Мы все насквозь прослюнявились.

Я вижу небольшой жёлтый домик. В домике комнату. Посреди комнаты стоит стариный письменный стол. На столе пожелтевшие бумаги, пепел, сор. Часть комнаты огорожена железной решёткой. За решёткой сидит человек и о чём-то напряжённо думает. В комнату входит женщина и просовывает человеку картофелину с куском хлеба. Потом она вздыхает и выходит из комнаты. Сквозь стенку человеку слышны голоса. "Ну что, ест?", спрашивает старуха. "Ест.", отвечает женщина.

Человек безвучно жуёт, а из глаз его капают слёзы.

Улица, двор, второй двор, снова улица, через улицу в следующий двор. Последняя курица жмурится.

Теперь-то я знаю кто Вы! Долго я думал, гадал, сравнивал. Вы и Ваш братец долго водили за нос весь город. Но со мной у Вас этот номер не прошёл. Я слишком хорошо узнал Вас обоих и теперь-то знаю, что не существуют два брата, которые якобы ненавидят друг друга. Есть одно лицо, один человек. Трепещите, теперь я узнал эту Вашу тайну.

     Копают землю в садах
     И только пустые бутылки находят.

Крови было сколько угодно. Она текла поспешно и послушно, словно радуясь представившейся ей свободе. Было совсем не больно и даже радостно, что она так споро льётся. Казалось, что это весенние воды ломая всё на своём пути, рвутся вперёд, чтобы заполнить собою море, зажечь его и осветить на миг мир.

Коля Лысенков сел на скамейке в садике, достал из портфеля шариковую ручку, лист бумаги и нервно оглянувшись, принялся писать ровным, детским подчерком:

"Я, Лысенков Николай, писатель и поэт, года рождения..."

Тут он задумался, вспоминая дату своего рождения, а потом вспомнив, продолжал писать:

"... года рождения 1947-ого, теперь сижу на скамейке в садике под названием "Собачий". Кто найдёт сию записку, пусть вспомнит, что и я не из последних русских поэтов был здесь. И сколь ещё Вас таких будет здесь, о юнши, мои потомки-поэты! Таких же обездоленных, голодных и таких же гордых как я. Пусть Вас все будут презирать, не любить, третировать, пусть! Не падайте духом! Живите как жил я, в гордом вакууме. Никто и никогда не напишет обо мне. У меня нет друзей, свою судьбу, своё имя я вручаю Вам, своим братьям потомкам. А если и напишут про меня, то только плохое, но это не верно и Вы не верьте этим басням. Однажды зимой я шёл по улице и передо мной упала огромная глыба льда. Ещё немного и она упала бы мне на голову, и тогда бы я сразу попал в царство небесное, но я благодарен Богу, что остался жив. Я нннхх должен был что-то оставить людям: свои стихи, свою прозу. Я понял, что у меня талант, я актёр. Очень многие фильмы мне нравятся и актёры тоже. Любите же так как я белые ночи. Можно ходить по набережным, думать о чём угодно: о пустяках, о своих новых носках, о маленьких девочках. А потом возвращаться домой и мечтать уже лёжа. Однажды я растил бороду. Она сильно чесалась. Лучшее женщины Петербурга любили меня. Любовь! Моя мама и папа уезжали на дачу, а я оставался один и любил."

Коля кончил писать и свернул лист бумаги трубочкой. Затем он достал из портфеля бутылку вина, открыл её и стал пить из горлышка жадными глотками. Изредка он отрывался от бутылки и озирался по сторонам. Когда бутылка была опорожнена, Коля аккуратно засунул в неё своё послание и заткнул бутылку полиэтиленовой пробкой. Затем он поднялся и пошёл за кусты, где у него заранее была выкопана ямка. Он положил в неё бутылку и засыпал её землёй, а затем отправился пить кофе в кофейню. Подпирая стену, у кофейни стоял Витя К. Увидив его, Лысенков засуетился, полез в порфель, достал лист бумаги и дал его Вите. Витя читал, а Коля с гордостью говорил ему - Я поэт Витя! А в это время в садике, давно наблюдавший за Колей алкаш, достал из ямки бутылку и выковыривал из неё Колино послание.

На нём нелепая шляпа похожая на старинный котелок и потом у него какое-то придурковатое выражение лица. Он стоит и говорит с какой-то девушкой, а затем, улыбаясь, подходит к нам. Кажется я ошибся, он не глупый, он хитрый. Читает Шекспира и острит. Наша знакомая хохочет. Женское нижнее бельё должно быть взрывом бело-розового, говорит она ему. Все вместе идём пить кофе.

— Ну ты идиот, иди сюда, я тебе кофе взял!

Идиот бежит и хватает чашку.

Ах, какая она вся светленькая! Но только зачем у неё эта резиночка от шапочки под подбородком? Какой-то старушечий вид у неё из-за этого. Ведь и горлышку наверное больно, нельзя разве по-другому шапочку носить? А этому барсучку что от неё надо? Увивается, лебезит, хочет понравится наверное. Только я думаю, вряд ли у него это получится. У светленькой такой надменный вид и смотрит она куда-то мимо, рассеянно. Может о чём мечтает или может она шизнутая?

Почему-то все фотографы очень громко смеются. Когда я был фотографом, то тоже очень громко смеялся. Может это от того происходит, что фотографы больше видят чем остальные люди, или же видят всех людей насквозь. Теперь я смеюсь очень тихо, я давно уже не фотограф.

А сколько их было, есть и будет молодых талантливых сторожей на авто-стоянках! Когда этот, с тихим голосом и в очках, говорит о голодовках как о способе вылечивания болезней, я замечаю как у него текут слюнки в предчувствии вкусного обеда. И ещё этот тонконогий ублюдок... Эти его наглые глаза и кривые причмокивающие губы. Эта его идиотская манера разговаривать на блатном жаргоне. Это красное от вина и крови лицо готово вот-вот лопнуть и растечься красной лужицей. Этот потерянный шлейф с протянутой рукой -Тряснем старик!

Мне кажется, что когда-нибудь мы все узнаем о неприглядной роли, которую играет один из наших знакомых. Я почти уверен, что он существует этот человек, но кто? Этого пока никто не знает.

Театр. Скоро начнётся комедия. Театр комедии. Потоком люди и солдаты. Все суровы как подводные лодки. Между входными дверьми в театр на полу стоит патефон. Шведов сидит на корточках и ставит пластинку с вальсом. Это единственная пластинка. Март месяц. На улице весна. Хочется всех обнять, поцеловать и ещё - выпить вина. Продаём патефон и в парадной выпиваем. Хочется ещё, но денег боль-

ше нет. На улице уже темно и холодно. Становится тоскливо и про-
тивно. Нет, с меня сегодня хватит. Скорей домой с этой улицы, а
то ведь и с ума сойти можно, были же здесь такие случаи!

Письмо №34

"Ночной горшок прохаживался по квартире." Великолепно!, подумал
Хватов и продолжал писать. "В темноте он наткнулся на бабку. Та, в
свою очередь наткнувшись на горшок, подумала, что вот она уже и
старуха, и те великолепные годы молодости, когда любовники приносили
ей ночные горшки и прямо в постель, прошли. Что теперь ей, старухе
с подагрой приходится идти самой в туалет да ещё сталкиваться в ко-
ридоре с неизвестным ей ночным горшком. И откуда он взялся? Наверное
соседский. И почему они его не запирают в комнате когда уезжают на
дачу? Горшок насупился." Тут Хватов расхохотался представив себе как
будет читать знакомым этот рассказ и как всем будет смешно, когда
они услышат о думающем ночном горшке. Хватов смеялся и брызги слюны
разлетались из его рта в разные стороны. За этим занятием его и
застал подошедший худой, сутуловатый юноша. "Прости, что я опоздал",
начал говорить он. "Я тебе деньги завтра отдам. Давай договоримся
на завтра. Позвони мне домой утром." Вот ведь сволочь, подумал
Хватов и сказал: "Ладно, не к спеху. Послушай я тебе свой рассказ
почитаю. Только он ещё не до конца написан." Молодой человек по-
леднел, но однако сел рядом с Хватом и приготовился слушать. Пока
Хватов заикаясь и захлёбываясь читал, сутулый юноша представлял
себе ночной горшок из чистого червонного золота и ещё много других
дорогих вещей.

I.0.0I4.   Тусклое освещение Невского сменяет темень
             Малой Садовой. Огни у входа погашены. Швей-
цар отказывается впустить, жестами показывает, что мест
нет. Извозчик торопит. Ответными жестами умоляю открыть
дверь. До трагической развязки дело не доходит. За стёк-
лами возникает длинноволосая голова Введенского.

        Игорь Бахтерев. Когда мы были молодыми. - "Воспомина-
        ния о Заболоцком". М., 1977. /ЗК № 38/.

6.0.020.   Вот огибаю газетный киоск /кто-то наступает
             на ногу, кого-то толкаю/ и замечаю рыжеборо-
дого родственника в мышином пальто и заячьей шапке, куря-
щего; рядом марк аврелий[x]со сломанной рукой.

        Тексты из книги "Записки блудного сына"
        Бориса Ванталова /Бор.Мих. Аксельрод/ 1978.

    /х марк аврелий - Валера Шведов. А ручку ему тогда
       сломал художник Клыков./ прим. моё¸ Ника.

535

Читай и перечитывай!
/Каки Игоря Северянина/

Как жизнь без роз сера!

о

Поцелуй головку флейты —
И польётся нежный звук.

о

Так вот где ты покоишься! и — как!

о

Я кончаюсь в неясном усилье...

о

Что ни верста — всё шире, шире
Его надменная струя.

о

О мы! О белочка! О птенчик!

о

Мой палец /... белый червь .../ —
        любовник.

Игорь Северянин "Стихотворения" Л-Д 1975.

А.Ник.
С.Сигей

А. Ник
В. Немтинов

с т и х и
в а к у у м н ы е с т и х и
п р о с т р а н с т в е н н ы е с т и х и
П Р О Т О П Ь Е С Ы

в т о р о е   в ы с т у п л е н и е

Т Р А Н С – П О Э Т О В

ры   никонова
бээм констриктор
а. ник
сергей сигей

при скромном участии гран-бориса кудрякова

3 июля 1983 года
ул. Петра Лаврова, 5

л е н и н г р а д

Программа выступления транс-поэтов 3 июля 1983 /Ленинград/

I.   Ры Никонова. Протопьеса "Их-Вох". Действующие лица и исполниели:
          Первая толпа - Бээм Констриктор
          Вторая толпа - Сергей Сигей
          В роли паяца - книга Ярослава Мареша и Властимила
          Лапачека "Живая природа" /на чешск. яз/
          Голос паяца - Ры никонова

          По окончании протопьесы "Их-Вох" без антракта исполняет-
          ся протопьеса "Шелест шагов".

       /Коля! Это было вот как: Борис и я швыряли друг другу книгу с
       воплями. Он: Вох, а я: Их. Книга постоянно падала и тогда Анна
       говорила: I/ Ой, 2/ Больно, 3/ Ужас, 4/ Хватит, 5/Ох и тэ дэ.
       Затем мы поворачивались к публике спиной и очень медленно шар-
       кая подмётками двигались к столику, за ктр сидела Анна, отда-
       вали ей книгу и она произносила текст пьесы "Шелест шагов"
       "Любой балет как драматическая пьеса /замедлить всё"/. Публика
       внутренне выла/.

II.   А.Ник Стихотворения /исполняет Сигей/.
       /я читал наиболее заумные твои стихи, особенно мне удаётся
       про " пал брюх
            цах хахе"/

III.   Ры Никонова. Стихотворения.
       /Анна читала нарочито медленно, обособляя каждое слово - у неё
       очень четкая дикция/

I .   Ры Никонова. "Компресс" /исполняет автор и Бээм Констриктор/.
       / Это было ещё хлеще, чем протопьесы. Встал Борис, взял свой
       стул, вышел и сел спиной к залу; Анна подошла, показала
       публике картонку с буквой " Ц " на ней и приложила эту кар-
       тонку к Борисовой шее, а потом примотала картонку к шее
       шарфом. Затем слегка отошла в сторону, а Борис весьма невн-
       нятно промямлил: цс. После чего Анна, сделав строгое лицо,
       сказала ему: Цэ! После чего Борис, выхватил из кармана
       пиджака картонку с чёрной "Ц" и неистово проревел: "Цэ!!!".
       Публика взвыла самонатурально, а небезызвестный тебе
       Александров заревел: Браво! и долго хлопал/.

V.   Бээм Констриктор. "Цагендон".

/естественно, что после "Компресса" Борис мог читать только про начинающееся с буквы Цэ/.

VI.   Ры Никонова. Стихотворения.

VII.   Сергей Сигей. Стихотворения.

/Анна выступала впервые в жизни ж с чтением стихов, но читала как заправский марсианский диктор: слоги и буквы повисали на ушах ничего не смыслящей в фонетической поэзии публики. Я же читал стихи в прозе: это было натуральное описание пузырька, потом "кулинарный" рецепт "Баба на скорую руку" и "Зарифмумию стиха АэС Пушкина"

Пред испанкой мармолотной
Двое рыцарей острощ
Оба смело мастрихотно
Прямо в очи леоньяно   и тэдэ/

VIII.   А.Ник. Стихотворения /исп. Констриктор/

/здесь шло повторение твоих стихов из первого - февральского - выступления/

IX.   /Борис Кудряков был приглашён мною прочесть что-либо. Он сидел в зале, вышел и понес какую-то дикую ахинею в прозе, позволив публике хотя бы дух перевести от нашей скорострельной на неё охоты/.

X.   Сергей Сигей. Мишень №4 /№ 246/ пртивная с конфетти для публики.

/это объявлял не Борис, ибо у него нелады с буквой "р", а объявила Анна. После чего я пошёл в публику и раздал вчетверо сложенную здоровенную мишэнь. В ней были прорезаны буквы и собуквы так, что получались дыры как после стрельбы /имитация детских криков:/ кх, тц. дж и проч. Естественно, что те счастливчики, ктр досталась сия К Н И Г А , поспешили её развернуть и обсыпали свои коленочки вырезанными буквицами. Особенные любители поэзии поспешили все до единой буквицы собрать даже с грязного пола - особенно усердствовал Александров, Уфлянд и мы. другие хорошие люди/.

/ Здесь был перекур
минут в пять /

/ затем началось второе отделение: /

I. Бээм Констриктор. Рым Ром - транспонированная книга Елены
    Благиной
    /надеюсь, что этот перл транс-поэзии тебе
    известен/

II. Ры Никонова. Стихотворения из кн. "Количество судьбы" и про-
    топьеса "Сколько".
    / Это было лучшее во всём чтении стихов:
    стихи из цифр и букв, стихи из алгебраических
    корней, дробей и пр. - читала Анна здорово:
    арифмометр - четко и сухо, как щелчки по носу
    Были и стихи с демонстрацией картинок: напр.
    произносит строго, медленно и размеренно "55",
    а показывает цифру "57". И тэ дэ /.

III. Бээм Констриктор. Верёвка.
     / когда это его стихотв. мы поместили в
     тр.,он и ВэЭ страшно возмущались, что
     мы выдаём за стихи какие-то - де почер-
     кушки. Ан вон как пригодилось! Борис
     неожиданно вскочил со стула на ноги и
     вытянул вверх руку, из ктр свисала нату-
     ральная верёвка, с прицепленными к ней
     бумажными буквами: "Верёвка". Выждав и
     выдержав "немую сцену" он сел под анонс:
     "Бээм Констриктор! Верёвка!"/.

IV. /Пока всё это происходило Кудряков делал мне из-за спин пуб-
    лики умоляющие знаки и пришлось этого "любителя производить
    впечатление" на юных любительниц поэзии, выпустить ещё раз.
    Теперь он соизволил читать то, что я его и просил прочесть
    заранее: стихотворение "Рыба Солнца". Гран-Борис имел блес-
    тящий успех у публики, но ему всё-таки не повезло. В конце
    вечера хармсоед Александров сказал ему: "Мне понравились
    Ваши стихи, но знаете, их можно писать километрами"/.

V. · Сергей Сигей. Консервированная букводка.
     / Борис объявил этот номер неверно и мы с ним
     даже громогласно поспорили: я требовал, чтобы
     он произнёс название полностью, а он упирался,

уверяя, что у него в програмке записано только
одно слово: "Букводка". Это не было запрограмми-
ровано и только подогрело публику. Наконец я
поставил на край стола, за ктр мы все сидели,
бытулку водки, пустую банку и спец. консерв.
машинку. После чего "вырезал /всё молча и пре-
дельно серьёзно/ из трёх кусков бумаги белую,
коричневую и чёрную буквы. Вначале "Х", потом
"Ц" и наконец маленькое "О" /т.е. обыкновенное
"ухо", но публика-то рассчитывала иначе!/ Опус-
тил буквы в банку, открыл водку /сунул её по-
нюхать первым рядам обалдевших зрителей/ и вы-
лил до капли в банку. Затем закрыл крышкой с
этикеткой: "Серг. Сигей. Консервированная бук-
водка" и закатал машинкой по всем правилам.
Возможно, ты представишь себе, как реагировал
зал, особенно некие г.г. литераторы. Тут я
расскажу сразуже то, что было "за кадром". Ещё
до выступления Борис слезно умолял меня заме-
нить водку хотя бы вином; а после выступления
жадно оберегал артефакт от посягательств кол-
лекционеров искусства". Когда приехали домой,
он уговорил меня всё-таки эту водку выпить.
Ты бы видел наши рожи, когда выяснилось, что
водка-то несъедобна! /Буквы дали чудовищный
ей вкус!/
Потом я рассказывал об этом Харджиеву и старик
справедливо и радостно заявил: "Разве можно
было рассчитывать, что произведение позволит
себя выпить! Вообще, это всё равно, что сже-
вать Джоконду!"/.

I. Бээм Констриктор. Вовка Зам ружье ж - 22.
/ Этот текст сделан по способу метамтекстоза
- в готовый текст вживается новый. В прин-
ципе, "Рым Ром" - тоже самое, но "Вовка"
лучше, ибо имеет основанием инструкцию по
использованию винтовки. Таким образом, весь
вечер шла стрельба по мозгам /.

II. Ры Никонова исполняет стихотворение "Клавиатура порезов" из
книги "Литература и вакуум".

/ Анна вышла из-за нашего столика и, держа, словно скрипку, небольшую рамку, с натянутыми в ней полосками белой бумаги, "сыграла" нечто грациорно--безмолвное /почти, ибо слышался отчётливо звук "ломающихся струн": полоски рассекались бритвой и повисали, рука двигалась музыкально-ритмично/./

VIII. Сергей Сигей. Надписатель - рычаг /транспонированная книга".
/ Об этом рассказать нечего, этот текст надо просто читать./

IX. А. Ник. Стихотворение /исп. Ры Никонова/.
/ это твоё стихотворение про:

> Вам это всё приснилось
> повернитесь на правый бок...

Оно предваряло финал, давая неожиданный и важный левый смысл всему предыдущему /.

X. Ры Никонова. Протопьеса "В своём ли мы уме! Действ. лица и исполнители:
Первый артист - Бээм Констриктор
Второй артист - Сергей Сигей.
/ Борис и я встали и надели одновременно на себя через головы два громадных круглых воротника: белый и чёрный. После этого разошлись параллельно рядам зрителей как для дуэли. Он говорил мне яростно: Да! А я отвечал изворотливо-хитро: Нееет! Потом менялись местами, и так несколько раз. Это и есть вся пьеса. На репетициях это было с большим блеском, ибо Борис придумал закончить дуэль-спор двойным утверждением: Дада /Дада /, но в концерте забыл, гад, об этом. Кончилась пьеса тем, что мы вновь стали лицом к публике и разорвали свои воротники/.
По окончании публика готова была сидеть недвижимо ещё битый час, и мне, чтобы вывести её из шокового состоя, пришлось сказать традиционное "всё".

Кроме того, в течение всего вечера я исполнял своё стихотворение "Носки, буквы и прищелки" /первое исп. в 1971г. в Свердловске сни -

малось на киноплёнку/, т.е. на вороте рубашки на прищепках у ме‍
висели настоящие носки вперемежку с буквами - "нос".
  Надо сказать, что мы все имели, конечно, бешеный успех. Но н‍
обошлось и без интриг...................................‍

Сергей, 15 июля 83г.

На фото:

Сергей Сигей и
Ры Никонова

С.Сигей и Ры Никонова

А.Нику. Теперь же ссобщая Вам все возможные подробности о трансфу-
ристах, анархистах-футуристах, уктусской школе. Меня зовут Сергей
Сигей, я р. в 1947 году и с 1962 по 1965 был "анарфутом" в Вологде,
а с 1968 - членом Уктусской школы в Свердловске и одно время - ре-
дактором ее журнала "Номер" /основанного в 1965 г. Ры Никоновой/.
/ Анарфуты, они же футуродадаисты, они же общество "Будущел" - по-
мимо деклараций и манифестов писали стихи и устраивали то, что те-
перь называется энвироументом. Например, таковой была их "выставка
в темноте", т.е. выставка акв. и гуашей в абсолютно темном подвале
жилдома /1963/. Акцией был и манифест "Ряв!" - это слово, напечатан-
ное на машинке, раздавалось прохожим в один из вечеров на центр. пл.
Вологды /13 апреля 1963/. Свои произв. мы "печатали" в ркп сборни-
ках: "Ряв!кнула собака", "Анархизм-футуризм", "Тетрадь футуродада-
истов", "Незапучтое пузо" и пр. В приложениях к этому письму я по-
сылаю некоторые манифесты означенных "будущелов". Уктусская школа
оформилась в Свердловске в 1965 году / Е.Арбенев, В.Дьяченко, Ры
Никонова, А.Галамага и мн.др. - по преимуществу художники/. Я туда
попал последним. Галамага умер в 21 год, оставив сотню рисунков и
десяток стихов. Большинство "выбилось" в люди", став членами Союз.
худ. в Св. и Л-де. Но это были в в основном абстракционисты и экс-
прессионисты. Дьяченко же работал параллельно концептуалистам и в
1967 году писал концепт. "Номер" был "открытым" журналом, главным
в нем был отдел "Впиши своё", затем - Вклей, Вложи, Вынь и пр. Он
вых. только в 1 экз., но на каждой стр., благодаря колонке "Критика",
в нем участвовало оч. много народу. Стихи в нем "печатавшиеся" были
по-преимуществу абсурдными и сюрреалистскими, а с 1970 - заумными
и абстрактными. Всё это существовало до 1973 года и этот год был
последним для Уктусской школы / Уктусс - гора под Св., известн.
трамплин для лыжников /. В истории группировок в Росси этим двум
придется найти место, поскольку они оказались трамплином для транс-
фуристов, они же произошли следующим образом. С 1974 года Ры Нико-
нова и я живем в собственном доме в Ейске, что на берегу Азовского
моря, и мирно занимаемся искусством. В конце 1977 я послал почтой
наши стихи, оформл. книжками, Игорю Бахтереву, а в сл. г. Н.И.
Харджиеву - оба они ответили и с тех пор - это наши друзья. В 1978
я привез в Л-д идею трансфуризма, придуманную нами в Ейске. Там я
познакомился с Вл.Эрлем и Борисом Констриктором. Последний писал
тогда стихи в типично ленинградской манере: акмеизм, смешанный с
Лао-Цзы и прочим Востоком. В 1979 году он выдал свои первые заумно-
-абсурдные стихи и с этого началось его становление - сейчас это
вполне самостоятельный визуально-концептн. поэт. В 1980 - он женил-
ся на сестре Ры Никоновой. Ры, я и Констриктор в этом же г. сообща

сочинили "манифест трансфуристов", а в 1983 начали выступать в л-де
с перформансами и чтением стихов. Еще в 1981 г. Кривулин предложил
Ры и мне вступить в члены "Клуба-81" /официального объединения нео-
фициальных поэтов и писателей при Союзе писат. в л-де/, но мы отка-
зались. При этом мы никогда не отказывались выступать в помещениях
клуба; с 1983 их в Л-де два: подвал на ул. Петра Лаврова, 5 и чер-
дак на ул. Чернышевского, 3. Прилагаю к этому письму описания пяти
выступлений трансфуристов и прочие материалы, относящиеся к этому
делу. Летом же 83 года возникло небольшое ответвление от трансфу-
ризма - ирфаеризм и свомество с Д.Приговым был написан соответст-
вующий манифест. В Москве мы выступали приватно. / Визуальные же
стихи, которые большинство здесь принимает за "живопись", можно
пытаться выставлять. С 1983 года в л-де существует Товарищество
Экспериментального Изобразительного Искусства /ТЭИИ/ - неофициаль-
ное объединение, но с правом двух в году официальных выставок /120чл/
Для нас эти выставки ценны тем, что мы в них участвуем /и в роли
худ. тоже/. Хотя нас практически все в обеих столицах знают и мы -
соответственно, но никому из наших знакомых как-то не пришло в го-
лову посодействовать реальному изданию произведений либо наших,
либо трансфуристов в целом; собиралась что-то предпринять Кари Унксова,
но машина ей помешала. Идея трансфуризма проста: мы полагаем необ-
ходимым развитие всех достижений наших предшественников и синтез
этого традиционного уже русск. авангарда с современной поэтич. куль-
турой. Ры и я неплохо знаем прежней русск. авангард, в моем распо-
ряжении немало и неопубл. футуристов и заумников /неопубл.,правда,
только в типограф. смысле, поскольку я не из чего не делаю секрета/.
Письмо занимает 10с. м/п , кроме того, к нему следует приложение
двух страниц стихов, легко поддающихся машинке. Если Вы захотите
продолжения, то оно незамедлит последовать.

из ркп сб. Футуродадаистов "Будущел" "Незапучтое пузо 2", сент.64 :
ЭЙ!ЭЙ! / Читающим нашу грозную баячь плевок в рыло шлют футурода-
даисты. Вот вам мусолящие книги наши смелые опусы. / 3 мая этого
года впервые услышали о могущественных друзьях слова и Велемира
Хлебникова - б у д у щ е л а х . / Мы подняв красный стяг футуризма
смеясь в лицо / Репиным / Пластовым / и проч проч проч / смело
штурмуем в лицо музеи заваленные реалистическим хламом и заявляем: /
1. Только самовитая буква и самоценное слово то бишь заумность оп-
ределяют талант / 2. Только абстрактная живопись шагает в ногу с
веком и дает грандиозные картины / - понимая под абстрактной жи-
вописью кубистов футуристов экспрессионистов ташистов / Вознесенский
обмолвился, иль мы ошибаемся, что имеет нечто общее с Миро и Кор-

бюзье... ?▮ Брось, Андрюха, это тебе не в кабаках дыры просиживать!
/ Евтушенко - дряной символик, акмеистик, декадентик... / Прочь
прочь прочь контрреволюционные поэтишки... / Революция - камень, на
котором стоят футуродадаисты, а вокруг накипь иль пены волн куски /
Эй поэты-реалисты! Штопайте газеты рифмованные строки. Прочь от
поэзии, маменькины сыночки, держащиеся за подол юбки дряхлой няньки -
Сани Пушкина. Хей - тара! Гви - у - у - зув - ув - иу иу ! /Реалисты-
-художники! Бездарные пачкуны с вислыми носами / бросьте кисти на
полку! Живопись - не стилизаторское копирование старых мастеров, то
бишь родной природы. Долой мещанское эстетство! Слушайте левых то-
пот... / Мы бьём в барабан говоря вам наше новое ЭЙ ! ЭЙ! / сергей
сигей / якоб северилин / александр гуз / 4 сентября 1964 г.

из ркп сб. "анархизм-футуризм" /манифесты, декларации, заявления/,
63 г.

з а я в л е н и е : "я вдохновляюсь запахом куриного помета и не
могу писать стихи без аромата сортиров / сергей сигей / июль 1963 .

из "декларации": "пусть выписанные с натуралистической точностью
голые тела рассекаются прямыми линиями. наше искусство должно стать
машиной для возбуждения низменных половых инстинктов. / поэт может
использовать самые отвратительные ругательства. это единственные
слова из старого языка, которые мы переносим в новый". декабрь 1963 .

в апреле 1970 года я написал единоличную декларацию "демо и рево
заумно":

1. Её древо: / плёт корней - / заклинанье,/камланье, / зывы - /
гадали, считали, перёд сказанного, черёд мечтанного / - время прош-
лого, / а теперь: - желание народное иметь свою собствую речь-речугу./
Её крона - / корона народовой юнички: / мать - узвучивание, зак-
репление фразы в ее объеме-форме - болты, гайки ; однообразный фон,
подчеркивающий смысл обычных слов; украшательство, как почву удобр-
яют навозом; ░░░░░░░░░░░░░░░░░░░░░░░ брод в уме, его отдых и
тэ пэ / крик, выкрика скорость -сокращения; увеличение частей и зву-
ков; / стон по экзотике речистой - таково пение песен занародных,
спетое по-загарничному и по-заумному - сиамское; чтение романов,
где ласкают заумные имена: маркиз дэ сад, монтэ-кристо, тулуз лотрек
монофа, френсис пикабиа,, резкое приближение в свой р е ч е к ▮
соленой словам маркиза дэ мат и барона фон трипербах; счет нечислами▮
губ: аты-баты, эники-ебеники и тэ дэ; / нет меры Рево исказителей,
ведь уничтожали тех, кто говорил: огуэц; / тарабарские речи, где
слова подготовлены как струны рояля -Д.Кейдж -, где к слову допол-
нили от у смысла отнятое. И проч и тэ дэ и далее даль этц... /

Соки ствола: Рево иль Вера - дух, протест, двиги-слух - : не уймут
что поймут не поймают: бормочу-рмочу - что немолчу -щелкаю зубами
тарабарно - междуметко - растобарно./
2. Писать заумно - одевать свой зад на голову сов.чтецу и летать
наслаждением от чего - сегодня, /быть наслаждением - завтра./ Речарю:
/ заужасничай речью сам! /следует превзойти каждого в словах - быть
п у г а л о м : / изысканности, / грамотности, / неграмотности, /
диалектности, / жаргонности, / матерности. / з а у м ь - искусство
рыть ходы, обрушивать своды, во имя свободы. / СПБ. апрель 1970 г.

"Приказ по банде из кусств № 3" / Предлагается сдать оружие и ра-
зойтись по рабочим местам - по кустам -. Под конвоем и по канве.
/ Всем молчать. Хватит недоносков. Декламируйте поведением. Всем
молчать. / Д' я / Сигей / 13 февраля 1971 г.

этот "приказ" был единственным в своем роде во время "уктусской
школы", из него получилось многое в практике: свое представление о
перформансе, своя интерпретация флаксуса - д'я был единственным из-
вестн. мне флаксистом тогда и мы с ним освоили флакс-переписку на
обычн. почтовых карточках, из нее родилось лигатурное письмо, нап-
ример. а из "приказа" возникло еще "искусство дополнений", которое
привело затем к ирфаеризму - см. далее. идея дополнений - звукобук-
венных - была высказана мной еще раньше - в "узвученной" поэме
в.хлебникова "шаман и венера" в 1969 году сама идея - в чистом виде -
еще раньше в кн. рисунков на чертежах - ры никоновой /начало - 68г./,
но "приказ" этот, обязывая декламировать поведением, вынудил писать
новое прямо в старом, сверху, или отсекая путем выкрашиваний лишнее.
приведу отрывок из "шамана и венеры":
"шаМБана встречаЗ и ХвенерНы / была такАМБА кратка и яснаРа / Фона
воРшла пРод свод пеХщерНы / порывБам СЛрадости веснаРА / и тэ дэ -
когда десять лет спустя этот текст попался на глаза Харджиеву - это
едва не стало причиной ссоры, но он моментально понял всё и переси-
лил своё "научное" ради нового подхода. В 1971 же году следом за Ры
Никоновой я стал писать поверх текстов и фотографий. Сейчас это при-
вело к фотостихам и визуальным диафильмам /поверх негативных фото-
пленок - образование знаков поэзии/. Недавно мы записали кассету,
где исполняем и "шамана и венеру" и "пиф-паф-текст сегодня" ры ни
коновой №1970/ - свой текст на чужом. к сожалению, все сразу расска-
зать невозможно. поэтому обратимся к самому главному манифесту:
"ТРАНСФУР - МАНИФЕСТ I - декларама /Сохранить нить поэтического
авангарда, то бишь перелить в себя, пропитать собой, перенести в
чужое, пронести сквозь подобное, передать всем, пронзить всё. /

Отношение к смыслу и мысли - два разновеликих великана -. Мысль всегда возможно вычленить из стиха, этим стих несовершенен, разбиваем, осколочен. Нерасчлененность смысла - первый знак стихотворения. Думать не в стихах, а возле них. / Вздор - главная услада трансфуристов, его София - город Глупов. / ТРАНСФУР - МАНИФЕСТ 2 - програма - 1. осознание поэзии нарочитостью, интонационность стиха - кости мамонта. / 2. увеличение плоскости стиха. Квантовая разработка текста. Пульсация цитат. / 3. полистилистика / вольный размер Хлебникова, сдвиг Гнедова и Крученых - начало. / 4. восстание слов, индивидуальная грамматика - раскрепощение союзов, дублирование слогов, увеличение гласных. Тавтологизм. / 5. осознанные паузы - эмансипация или альтерированность, использование письменных масс стиха - собуквы, иероглифы подчеркивания, росчерки, маргиналы, зачерки, цвет. / 6. чистый всеобъемлющий звук, обертонное письмо, альпециозное письмо, кластеры. / 7. об основных приемах поэтехники трансфуризма говорится в "Теопракте" "Инструментарии поэту", "Эмансипации паузы", "Пересказах", "Букводействиях", "Обертонне стиха", "Кластерах", "Частицах петуха" - эти статьи в "транспонансе" представляют собой канву, по которой предлагается вышивать любым поэтам, ежели они ощущают себя таковыми / ры никонова, борис констриктор, сергей сигей, авг. 1980". теперь я приведу еще один из таких манифестов, а затем - про ирфаеризм. "манифест номер три": основу поэтики т р а н с п о э т о в составляет убеждение в необходимости развития и синтезирования достижений в с е х поэтических школ и направлений когда-либо существовавших и где-либо существующих. / инструментом интеграции и синтеза мы объявляем т р а н с п о н и р о в а н и е. / основу п о э т е х н и к и транспоэтов составляет теория заумной поэзии, разработанная тифлисскими авангардистами в 1918 - 1920 годах./ на основе этого фундамента поэзия преображена нами решительно и бесповоротно. тем более это явственно при сопоставлении нашей продукции с произведениями крученых, терентьева, зданевича. / транспоэты не просто аккумулируют в с е созданное до них, но и такое ч т о е щ е н е с о з д а н о . / мы не признаем однообразие и стабильность раз найденных и установленных тем, приемов и материалов. /идея о б н о в л е н и я и п л ю р а л и з м поэтехники - вот истина транспоэзии / ры никонова, борис констриктор, сергей сигей, 1983. приведу еще один текст, важный для понимания характера наших выступлений: к у л и н а р т / в чертог восторга и продажи / ведут съедобные очки / а.крученых, в.хлебников "игра в аду" / в последнее время нередки случаи употребления продуктов еды как материала для искусства: / уорхолл с его консервами, попартисты с их мясом и колбасой и пр. / но эти художники только д е м о н с т р и р у ю т еду, делают ее элементом картины, процесс же п о г л о щ е н и я п и щ и стал распространенным фактом искусства главным образом в перформансах. к у л и н а р т - это кулинарное искусство с большой буквы, саморазрушающаяся структура, с необыкновенной наглядностью идущая на пользу человечеству. художники ближе продвинулись к такому пониманию искусства, чем поэты. в этой связи можно вспомнить тем не менее первого поэта-кулинартиста - алексея чичерина, гениального русского концептуалиста начала хх века /1924/ его конструкция "авеки веков" - издание пряни чное, вкусное, с обильным присутствием мяты, тема образована шоколадом, доска резана в сергиевом посаде,печатана и печена в количестве пятнадцати штук в моссельпроме, что у мясницких ворот. вот именно, нигде кроме как в моссельпроме это и произошло. и к сожалению продолжения не имело... к у л и н а р т - это прежде всего акция, причем акция одухотворяющая одну из распространеннейших человеческих - да и не только человеческих - функций: поглощение в своем одухотворении этого процесса к у л и н а р т во многом сходен с христианством /"сие есть тело мое"/ и мифами - и диаметрально противоположен некоторым акциям боди-артистов. дионисийство, первобытность - вот настоящая подоплека таких акций, тяготеющих к сфере возможностей тигра. я же мечтаю об очеловечивании животной сферы в нас, а также о процессуальной ваккуумности. то есть когда вакуумная поэзия не дана нам сразу, а появляется в результате полного исчезновения объекта - не разрушения -. можно вспомнить помещённую в "транспонансе" № 15 фотографию моего стиха "литературная пряность", где изображена тарелка с буквами. там не было указано, что эти буквы из варенья и при исполнении стиха их надо слизывать. второй кулинартистский стих - "заумные бутерброды для публики" - родился непосредственно перед вторым чтением транспоэтов и не был исполнен из-за недостатка средств - они ушли на "консервированную букводку" сигея, которая некоторым образом также имеет отношение к кулинарту, особенно тот кулинарный момент, когда транспоэты с отвращением пытались ее выпить. / особенно пикантно, что съедение стиха, то есть исчезновение поэзии, приносит человеку не вред и горе, а совсем наоборот: человеческое тело становится пусть на короткое время с о с у д о м для стиха. а это приятно / да здравствует сладкое, соленое и маринованное искусство внутри нас! / ры никонова, 1983. далее - "манифест ирфаеризма": ры, констриктор, сигей, 7 , 6 , 5 , 4 , 3 , 2 , I , пригов! / после чего начинается история ирфаеризма ца - ца - ца / как всякий термин, не имеющий сколько-нибудь достаточной истории общеупотребительного существования или этимологического изведения из известной корневой основы, и р ф а е р и з м

имеет - или будет иметь - то значение, которое ему приписываю авторы.
во всей определенности, конечно, он представнет только в процессе
взаимоотношений с феноменом, который он описывает. еще не вдаваясь
в его конкретное значение, отметим, что для уха в нем просвечивают
"эйфория", "афера", "фраер", "файер" - англ. огонь - "арфы", "ризы",
"аир" - англ. воздух /. это нисколько не говорит об этимологии, но
только об естественном эффекте внесения любого букво-слово-сочетания
и силовое поле живого языка. / 1968 гац оца дац ры никонова прояляет
чертежизнь чертежей / 1970 гоу оу до дьяченко и сигей обсуждец
"впиши своё" / возникновением же термин обязан фактуе обработки
названия книги - адыгейской - , в че и был, собственно, заложен ос-
новной принцип ирфаеризма, с прибавлением естественного для всякого
подобного явления окончания "изм" / с помощью голографического взг-
ляда на систему искусства потребитель получает возможность стать
соавтором уже готового объекта искусства, то есть потребитель
вводится в сферу существования сделанной картины, стиха, фильма и
т.п. / 1971 уг то югд ры никонова создает "шваль" и другое, а сигей
создаёт первую д о п о л н е н н у ю книгу "вор оков" и переписы-
вается с эмилио изигро, который после этого начинает выкрашивать
части слов в британской энци-клопо-комедии медиа. / какой же феномен
описывает и р ф а е р и з м ? / название возникло на основе осмыс-
ления готового объекта искусства - текста адыгейской книги, обрабо-
танного различными приемами. в этой работе оказались аккумулирован-
ными многие тенденции авангардного искусства. и не было бы причины
выдумывать новый термин и как-то обособлять это произведение от
всех прочих, если бы авторам не представлялось, что почти все они -
тенденции и приемы авангардного искусства - оказались вписанными в
новый более широкий контекст, или по крайней мере, рассмотрены под
новым углом зрения. / ирфаеризм предполагает овладение следующими
приемами: транспонирование, описание, обмысливание, изучение, клей-
мизм - определение масштаба - , ассамбляж. / 1980 сигей показывает
всем "ир-фаер", но только констриктор вспахивает ее страницы гусе-
ницами своего мозга. / и р ф а е р и з м - это использование гото-
вой формы в целях создания новой готовой формы. / пользование гото-
вой продукции уже давно стало нормой со времени авангарда 10-х-20х
годов. основными принципами работы с готовой продукцией были: пере-
мена знака функции - ради-мэйд, поп-арт - , наложение языков опи-
сания - концептуализм - , фактурные эффекты - кубизм, дада - ,
транспонирование. все они составляли просвечивающий в конечном ре-
зультате деятельности функциональный или эстетический уровень це-
лостности пользуемного объекта. то есть будучи культурой второго

этажа, работали с предметами культуры первого этажа, постулируя неот-
меняемость их конструктивной организованности на любом уровне целе-
направленной человеческой деятельности. / 3891 гуцо дац сигей поливает
пригова, после чего подсовывает ему "ирфаер". / ирфаерическое транс-
понирование - это изменение готовой формы до стадии готовой формы при
просвечивании старой./ транспонирование на формальном - вещественном -
уровне пользуется приемом де-конструкций, дополнений и замещений / то
есть деконструкций компенсируемых /. в деконструкцию в свою очередь
входят: сдвиг, корректура - зачеркивания -, манипулирование географией
объекта, некоторые элементы вандализма, кулинарт и тому подобное. /
в дополнение входят такие элементы вандализма как наложения на готовый
объект отпечатков физической личности вандалирующего - отпечатки губ,
ступней, пальцев и пр. / замещением может быть исполнение, то есть
просто интерпретация. / в смысловом варианте транспонирования возникает
перемена целевого акцента - использование объекта не по назначению
или, напротив, гиперболизация или отмена целевого акцента вообще -
экранирование -. / ирфаеризм утверждает обращение к предметам первого
этажа культуры как к некоему результату случайной человеческой деятель-
ности, не имеющего для него знака жесткой сконструированности на любом
уровне, заставляющем художника учитывать ее, либо быть в каком-либо
отношении к ней. в случае с данной книгой - репрезентующей собой ог-
ромное количество печатной продукции, смысл которой давно смыт до прос-
того типографического набора / художник предстает как заитересованный
читатель, вычитывающий из первобытного материала свой личный авторский
текст. это предполагает, что для следующего автора-читателя новые
тексты могут снова предстать ни к чему не обязывающим материалом. к
единственной оговоркой должно быть их тиражирование, так как внедрение
в рукодельный подлинник есть акт личностного взаимоотношения, что ир-
фферизм рассматривает как недопустимый акт вандализма по отношению к
ирфаеризму. / 1983 гир офа ерд ры никонова и пригов спорят, отчего
пригов создает ирфаеризм, а сигей эйфорует инфарктиду. /ры никонова,
дмитрий пригов, сергей сигей, июль 1983. при написании совместном
этой телеги ужасно спорили и ругались, писалась же она в ейске, где
многие у нас бывают. для пояснения сего манителега прилагаю неск.
фотографий из "ир-фаера", а теперь перехожу к документациям - сло-
весным - выступлений трансфуристов - их было шесть, посылаю только
описания:
21 февраля 1983 в приватном холле в л-де выступали сигей, констриктор,
эрль. кроме своих стихов, все трое читали произведения отсутсвовавших
авторов: ры никоновой и а.ника. об этом чтении написала татьяна ни-
кольская следующее: " в е ч е р   п о э т о в - т р а н с ф у р и с-

т о в / Выступало трое поэтов. Читали стихи свои, друг друга и
третьих лиц, посему расчленять тройку не буду. Отмечу три особен-
ности, вспомнив стихотворение К.Олимпова "Тройка в тройке". Первое -
единение под знаком зауми. Присутствовали в стихах все виды зауми,
выделенные А.Крученых в "Декларации заумного языка", за исключением
экстазной - глосс аффекта. Отзвук последнего типа прозвучал в нес-
кольких строчках цыганских мотивов, напомнивших мне места из пер-
вого варианта "Улялаевщины". Наиболее широко поэты пользуются раз-
ломом и насыщением слов, полусловами и их причудливыми сочетаниями.
Изредка встречалась и комбинация языков на заумной основе. Второе -
чтение подтвердило установку зауми на произношение вслух /стихокар-
тины - особая статья/. Создается эффект неожиданный и новый. Мне
довелось слышать магнитофонную пленку с записью Крученых. О том как
он читал свои стихи уже писалось. Известно и что Маяковский, Ка-
менский, Ильязд были замечательными чтецами. Но дело не только в
индивидуальной манере, а и в удовольствии которое доставляет произ-
несение зауми органами артикуляции. Третье - поэты никого ни с ка-
кого парохода не сбрасывали. Они знают и любят своих предшествен-
ников - компанию 41°, обэриутов и других авангардистов. И не сты-
дятся своей любви. Сюда примыкает отсутствие эпатажа, скандала,
хэппенинга. Работа ушла в слово. Апофеоз зауми на вечере - позма
памяти Василиска Гнедова, в которой прозвучала полифония зауми.
Заумь персонифицировал Ильязд, но по другим законам. Перед слуша-
телями прошло две жизни - два мифа Василиска. Двое в одном - андро-
гин. Такого еще не было". привожу необх. комментарий к этой заметке:
цыганские мотивы - это стих а.ника "цыганочка-пацаночка" в моем ис-
полнении; отсутствие эпатажа - это было сознательно, поскольку выс-
тупали впервые, но чтение кончилось исполнением "Четырех точек" ры
никоновой, когда я грохнул трижды кулаком по столу, а четвертый раз
- погрозил им публике; позма памяти В.Гн. называется "Томбо" : на
смерть в 1978 году в Херсоне поэта-футуриста Василиска Гнедова" и
написана мной в 1978-1980 г.г. - с этим футуристом я был в переписке
в последние годы его жизни. теперь привожу описание второго выступ-
ления трансфуристов, которое состоялось 3 июля 1983 года в л-де на
ул. п.лаврова, 5 в подвале, являющемся офиц. помещением "клуба-81".
описание это существует в виде "письма а.нику". выступали же четве-
ро: ры никонова, борис констриктор, борис кудряков, сергей сигей.
итак: письмо а.нику. / программа выступления транспоэтов 3 июля
1983 года. / I. Ры Никонова. Протопьеса "Их-Box". Действующие лица
и исполнители: / первая толпа - Борис Констриктор, / вторая толпа -
Сергей Сигей. / в роли паяца - книга на чешск. яз. "живая природа"./

голос паяца - Ры Никонова. / по окончании протопьсы "Их-Вох" без
антракта исполняется протопьеса "Шелест шагов". Коля! это было вот
как: Борис и я швыряли друг другу книгу с воплями. Он: Вох, а я: Их.
Книга падала постоянно и тогда Ры говорила: I. ой; 2. больно; 3.
ужас; 4. хватит; 5. ох и тэ дэ. Затем мы поворачивались к публике
спиной и очень медленно шаркая подметками двигались к столику за ко-
торым сидела Ры, отдавали ей книгу и она произносила текст пьесы
"Шелест шагов": "Любой балет как драматическая пьеса - замедлить всё".
Публика внутренне выла. / 2. А.Ник. Стихотворения /исп. Сигей/. -
я читал наиболее заумные твои стихи, особенно мне удается про "пал
брюх, уах ха хе". 3. Ры Никонова. Стихотворения. - Ры читала нарочито
медленно, обособляя каждое слово, у нее оч. четкая дикция. 4. Ры Ни-
конова "Компресс" - исп. автор и б.Констриктор. Это было еще хлеще
чем "Протопьесы". Встал Борис, взял свой стул, вышел и сел спиной к
публике. Ры подошла, показала всем картонку с буквой "Ц" на ней и
приложила эту картонку к борисовой шее, а потом примотала картонку
к шее шарфом. Затем слегка отошла в сторону, а Борис весьма невнятно
промямлел: цэ... После чего Ры, сделав строгое лицо, сказала ему: Цэ!
После чего Борис выхватил из кармана пиджака картонку с черной "Ц" и
неистово проревел:"Цэ - э - э!!!" . Публика взвыла самонатурально.
/ 5. Борис Констриктор. "Цагендон" - естественно, что после "Компресса"
Борис мог читать только начинающееся с Цэ. / 6. Ры Никонова. Стихот-
ворения. 7. Сергей Сигей. Стихотворения - Ры выступала впервые в
жизни с чтением стихов, но читала как заправский марсианский диктор:
слоги и буквы повисали на ушах ничего смыслящей в фонетической поэзии
публики. Я же читал стихи в прозе: это было натуральное описание пу-
зырька, потом "кулинарный" рецепт "Баба на скорую руку" и - "За-
рифмумию стиха АзсПушкина": Пред испанкой мармолотной / Двое рыцарей
острау / Оба смело мастрихотно / Прямо в очи леоньяно / Блещут оба
миоцэнно / Оба серцем кальцеолы / Оба мощной плиоценой / Оперлися в
марцзолы. / 8. А.Ник. Стихотворения - здесь шло повторение твоих
стихов из первого - февр. выступления. 9. Борис Кудряков читал свою
прозу. IO. Сергей Сигей. Мишень № 4 / № 246 пртивная с конфетти для
публики. это объявила Ры, после чего я пошел в публику и раздал
вчетверо сложенную здоровенную мишень. В ней были прорезаны буквы и
собуквы так, что получались дыры как после стрельбы - имитация
детских криков: кх, тц, дж и пр. Естественно, что те счастливчики -
тираж 25 шт. -, которым досталось сия книга, поспешили ее развернуть
и обсыпали свои колени вырезанными буквами. Особенные любители поэзии
поспешили все до единой буквицы собрать; Уфлянд и др. хорошие люди.
- Здесь был перекур минут в пять, а затем - второе отделение. I. Бо-

рис Констриктор. Рым Ром - транспонированная книга - чтение. 2. Ры Никонова. Стихотворения из кн. "Количество судьбы" и протопьса "Сколько" - это было л у ч ш е е во всем ч т е н и и - стихи из цифр и букв, стихи из алгебраических корней, дробей и пр. читала Ры здорово - арифмометр - сухой и четкий, как щелчки по носу. Были стихи и с демонстрацией карточек: например, произносит строго, медленно и размеренно: "55", а показывает цифру "57" и тэ дэ. / 3. Борис Констриктор "Веревка" - когда мы поместили это его стихотворение в "транспонансе", Эрль страшно возмущался, что мы выдаем за стихи какие-то почеркушки - ан вон как пригодилось! Борис неожиданно вскочил со стула на ноги и вытянул руку вверх, из нее свисала натуральная веревка с прицепленными к ней бумажными буквами "веревка". 4. Здесь опять Кудряков читал, но уже стихи - "Рыбу солнца". 5. Сергей Сигей "Консервированная буквдока". Борис объявил этот номер неверно и мы с ним даже громогласно поспорили: я требовал, чтобы он произнес название полностью, а он упирался, уверяя, что у него в программке записано только одно слово "буквдока". Это не было запрограммировано и только подогрело публику. Наконец я поставил на край стола, за ктр мы все сидели, бутылку водки, пустую банку и спец. консервир. машинку. После чего вырезал /все молча и предельно серьезно/ из трех кусков бумаги белую, коричневую и черную буквы. Вначале "Х", потом "У", наконец, маленькое "о" - то есть обыкновенное "ухо", но публика-то рассчитывала иначе! опустил буквы в банку, открыл водку - сунул ее понюхать первым рядам зрителей - и вылил до капли в банку. Затем закрыл крышкой с этикеткой "сергей сигей. консервированная буквдока" - и закатал по всем правилам. Возможно, ты представишь как реагировал зал, особенно некоторые г.г. литераторы. Тут я расскажу сразу же то, что было за "кадром". Еще до выступления Борис слезно умолял меня заменить водку хотя бы вином; а после выступления тщательно оберегал артефакт от посягательств "коллекционеров искусства". Когда приехали домой, он уговорил меня эту водку все-таки выпить. Ты бы видел наши рожи, когда выяснилось, что водка-то несъедобна! Буквы дали ей чудовищный вкус! Потом я рассказывал об этом Харджиеву и он справедливо и радостно заявил: "Разве можно было рассчитывать, что произведение позволит себя выпить! Вообще, это все равно, что сжевать Джоконду!" / 6. Борис Констриктор "Вовка вам ружье ж - 22" - этот текст сделан по способу метамтекстоза - в готовый текст вживляется новый. / 7. Ры Никонова исполняла стихотворение "Клавиатура порезов" из кн. "Вакханалия пустоты". Ры вышла из-за нашего столика и, держа словно скрипку, небольшую рамку с натянутыми в ней полосками белой бумаги, "сыграла" нечто грациозно-безмолвное - почти, ибо слышался отчетливо звук "лопающихся струн": полоски рассекались бритвой и повисали, рука двигалась музыкально-ритмично. / 8. Сергей Сигей. Надписатель - рычаг - транспонированная книга - об этом расс- казывать нечего, это надо читать. / 9. А.Ник. Стихотворения - испол- няла Ры Никонова / IO. Ры Никонова. Протопьеса "В своем ли мы уме". Действ. лица и исполнители: Первый артист - Борис Констриктор, Вто- рой артист - Сергей Сигей. / Борис и я встали и надели одновременно на себя через головы два громадных круглых воротника: белый и черный. После чего разошлись параллельно рядам зрителей как для дуэли. Он говорил мне яростно: Да! а я отвечал изворотливо-хитро: Нееееет! Потом менялись местами и так несколько раз. Кончилось тем, что мы вновь стали лицом к публике и разорвали свои воротники. / По оконча- нии зрители готовы были сидеть еще битый час и мне, чтобы вывести их из оцепенения, пришлось сказать традиционное всё. Кроме того, в те- чение всего вечера я исполнял свое стихотворение "Носки, буквы и при- щепки" - первое исп. в свердловске в I97I году, то есть на вороте рубашки на прищепках у меня висели настоящие носки вперемешку с бук- вами: н, о, с." это письмо было написано мной, а остальные описания других выступлений или совместны, или же - написаны Ры Никоновой. привожу их. 6 января 1984 г. в "клубе-8I" состоялось третье выступ- ление транспоэтов. На афише значится: Ры Никонова / вечер с и с - т е м н о й поэзии / при участии Бориса Констриктора и Бориса Куд- рякова - афиша, разумеется, самодельная. Вот отрывок из вступит слова Ры: "Сделать вечер системной поэзии, да еще и нескольких поэтов - дело довольно трудное, ибо с и с т е м а включает в себя мно- жество стилей, иногда существующих еще на уровне приемов, а иногда уже вышедших на стилистический простор. Проиллюстрировать их все дос- таточным количеством стихов не всегда представляется возможным, ведь автор имеет обычно характер, склонности, любовь к какому-то опреде- ленному набору стилей и нелюбовь или просто неспособность к другому набору. В сущности, все это будет очевидно в данном выступлении... я вижу качественность поэзии в широте использованных средств, в плю- рализме поэтического арсенала, в богатстве, разнообразии стилистики. Вовсе не обязательно все это демонстрировать в одном стихе, хотя и это , как видно по конгломератам, неплохо. Но богатство арсенала должно ощущаться в самом поэте, во всем его творчестве. Поэт, вла- деющий одним приемом, скучен, но и поэт, владеющий 3 - 4 приемами, не Бог весь что. Поэт должен быть адекватен природе, а она доста- точна разнообразна. Одно мне ясно: все стили взаимосвязаны, все име- ют равные возможности выбиться в направления. И потому мельчайшие приемы я рассматриваю наравне с большими стилями. Кто знает, какая судьба ожидает захудалый приемчик или раздувшийся стиль. Более того, каждый стиль может быть рассматриваем и употребляем на самых различных уровнях: от каллиграфического элемента до векторной ориентации. В нашем выступлении значительна опора на конструкцию, менее значительна - на композицию. Смысловая арена не пуста: это поле мы пытаемся возделывать даже с некоторым изяществом, особенно в вакуумной поэзии; но основной упор - на конструкцию, как в математике, на операционность, даже на процессуальность литературы. Наше выступление поделено на две части: стихи чисто литературные и стихи интеграционные, то есть соприкасающиеся с живописью, математикой, театром и пр. ... / далее - описание: "Шестого в шесть" / Канун Рождества. Подвал на Петра Лаврова... Действ. лица: Ры Никонова, Борис Констриктор, Борис Кудряков. Лица действующие, но отсутствующие: А.Ник и Сергей Сигей. Действуют так же стихи, молоток, рупоры, хлеб, масленка, солонка, нож, нарукавники, гвозди. Третье чтение транспоэтов, начавшееся в седьмом часу, весьма отличалось от двух предыдущих своей структурой. Это было с и с т е м н о е   чтение. Вначале Ры Никонова давала определение литературного стиля-приема, согласно своей системе, а затем этот прием иллюстрировался чтением стихов Ры, Констриктора и А.Ника. Выступление началось с бутерброда. Ры Никонова разрезала булку хлеба вдоль, намазала одну из половин ее маслом, уложила сверху несколько лавровых листьев, посолила, посыпала мелкими гвоздями, но есть бутерброд не стала, ограничившись фразой "Здесь, как и во всяком искусстве, что-то съедобно, а что-то нет". Затем начался перечень стилей-приемов, подкрепленных стихами, стихами-акциями и пр. ...После "реализма" последовали стихи из одних согласных и из одних гласных в исполнении Ры. Затем - в а н д а л и з м, когда Ры разорвала на четыре части сборник своих стихов и разбила молотком фарфоровое блюдце, сопроводив сие фразой: "Пусть звон осколков заменит нам сегодня карканье ворон". Затем следовали вакуумные стихи /в том числе и "Клавиатура порезов"/ и вакуумные же стихи-акции. Взяв белый рупор, Констриктор словно в бинокль обозрел зрителей, произнося: один, два, три и тэ дэ, а Ры, глядя в зал в черный рупор, пересчитывала присутствующих в обратном направлении. После чего читались абстрактные, модуляционные, серийные, пневматические, ошибочные и линеарные стихи, перемежающиеся акциями типа "Компресса" или "Упакованного молчания" / Ры взяла книгу и заклеила ее крест-накрест изолентой, затем перевязала ее несколько раз своим шарфом, завернула в платок и сунула в громадный мешок / . В разделе топографики Констриктор удачно исполнил стих А.Ника "Хамле". Каждый элемент этого стиха, написанный на отдельном листке бумаги /акционная аранжировка Ры Никоновой/, Констриктор прочитывал вслух и бросал на пол... Затем Ры Никонова читала математические стихи и демонстрировала цветные рупоры в качестве цветовых элементов / существенных для ее стихов из сб. "Флюсцвет" /. В разделе ж е с т о в о й   поэзии она исполняла также стихи движениями рук. При этом она надела на одну руку зеленый, а на другую красный нарукавники, что придало жестовым партитурам красочную выразительность. В разделе к о н г л о м е р а т о в   читал свои стихи Борис Кудряков. Потом демонстрировался к у л и н а р т : макая кисточку в брусничное варенье, Ры Никонова написала на блюдце абстрактное стихотворение, затем вытерла его коркой хлеба, которую и съела. "Очень вкусная поэзия" - сообщила она публике. В конце выступления Констриктор исполнил "Швырок" Сергея Сигея: слоги и буквы одного стиха, написанные на толстой пачке бумаги, он бросил в зал. привожу заметку бориса констриктора о четвертом выступлении трансфуристов: Ч. Ч. / четвертое чтение транспоэтов, состоявшееся 10 июля 1984 года в л-де - театральная студия на пр. Чернышевского, 3 - прошло вяло. Собственно, и предыдущие чтения не имели бурного успеха, заторможенность - если не закомплексованность - ленинградской публики с одной стороны и слабая режиссура самого чтения - вот две главные причины этих полупровалов. Непривычка публики к невербальным операциям на уровне третьей сигнальной системы иногда ведет к профанации таких феноменов аки заумь, концепт, акция... Публика, воспитанная на замшелых кульбитах поэзии серебряного века, все еще алчет алых парусов гортани, хождения кадыка за три моря, ритмической качки и непременной демонстрации духовных прелестей рапсода. Транспоэты, разделенные в пространстве тысячами километров, просто физически не успевают в редкие мгновения встреч откорректировать программу выступлений. Поэтому главный эффект авангардного действия - заразительность - катастрофически мал: по-настоящему растормошить ленинградского ~~мастеидя~~ мастодонта еще пока не удалось. Конечно, проще всего винить публику, но публика в данном случае просто невинна. Это публика-подросток на пороге половой авангардистской зрелости. И первоочередная задача транспоэтов может быть сформулирована так: в о с п и т а н и е   ч у в с т в. Идеальной формой такой педагогики явилось бы создание специального клуба, в котором ограниченный контингент вольнослушателей постепенно бы освоила заумь. Но сие, увы, невозможно... В самом ч.ч. можно отметить следующие существенные новые моменты: хоровое исполнение стихов Ры Никоновой /"Кластер", "Шряц" и т.д./, исполнение роли Сигея ассистентом /которому редакция "транспонанса" выражает живейшую признательность за этот отнюдь не легкий мартышкин труд/, а также чтение критических материалов и комментариев к стихам транспоэтов. во время

этого выступления исполнялись некоторые новые акционные и топогра-
фические стихи, напр., "стих-эксперимент на слушателе" Ры Никоновой
/"Кто не побоится дать мне руку для фиксирования на ней стиха?" -
на пятом, следующем, чтении отбоя от желающих не было/, "карта ле-
нинграда" - накливание крупных букв на кой-какие здания и кварталы,
кулинартистские опусы и в том числе "Бутерброд обычный столичный"
Ры: "В каждом стихе должна быть прежде всего платформа, например
самая обычная: хлеб, масло / В стихе должна быть соль / а также
гвоздь / неплохо, если будет что-нибудь сладкое - конфета / красивое -
цветок / или старинное - гусиное перо / стих должен опираться на
родную почву, в данном случае ленинградскую - кусок земли / стих
должен быть изысканным - духи / а также возвышенным - перекрестить
/ всё / бутерброд готов". Ассистент мой выступал в белой полумаске и
бумажном черном длинновласом парике. Кроме того читались стихи А.Ника.
На этих четырех чтениях публики побывало в общей сложности не более
200 штук, поскольку приглашения рассылалось администрацией клуба.
Пятое выступление трансфуристов, состоявшееся 23 августа 1984 года,
собрало само около двухсотен народу, поскольку публику приглашал я
самолично. И была она не такой квёлой, а отборной, более или менее
представляющей что ее ждет. В пятом выступлении впервые трансфуристы
выступали все вместе: Ры Никонова, Борис Констриктор, А.Ник, Сергей
Сигей. Дело происходило опять-таки на Чернышевского, 3 и мы исполь-
зовали имеющуюся там звукоаппаратуру. Собственно, фонетические
/абстрактные/ стихи, модуляционный абстракт и прочая заумь звучали
так как им и полагается. Тем более это было существенно для полифо-
нических стихов Ры, исполнявшихся хором /тут же фигурировала ревер-
берация - так что оглушенности залу было не занимать стать. Программа
началась с прорыва ударом кулака бумажного планшета /это "Гзыбгз"
Ры Никоновой/ и "Распила" /акциоонно-фонетического стиха: распил
оклеенной цв. буквами доски сопровождался из произнесением - ритм,
темп, сигей/. Затем следовало чтение стихов А.Ника /в авторском ис-
полн./, стихов Констриктора, рупорных стихов Ры /рупоры в этот раз
использовались не для усиления звука, а для обозначения цвета, пос-
кольку визуальная партитура этих стихов включает его / ее же стихов
жестовых / произносимым гласным соответствует правая рука, сгласным -
левая / , а также ее же прозы "дух в кубе", чтение которой сопровож-
далось автором изготовлением рисунков на пластмассовых табличках
/проза интеграционная - с графикой/, таблички затем достались публике.
А.Ник читал пьесу "Игра в кости" и "Старые стихи", толково заигрывал
с публикой. я читал стихи 70-х годов: заумные и абстрактные. Совер-
шенно замечательным получился финал: вместо моего единоличного выс-

тупления с поэмой "Ять с молотком" /до одурения долго и интонационно различно произносится "Ять, ять, ять..." под грохот молотка по чему--угодно/ произошел общий буйный восторг: Констриктор стал швырять будильники об пол / пружинки выскакивали в публику/, Ры дула в бумажную цветнопёструю "флейту", а А.Ник с бешеным грохотом свалился со стула - это под молоток и восхищение зала. /после вечера народ утащил с собой около полусотни книжек трансфуристов, мой молоток /слишком был цветным и красивым/, и прочую документацию. Через несколько дней после выступления Игорь Бахтерев дал интервью ж. "транспонанс", привожу этот текст: "вопрос: какого Вы мнения, Игорь Владимирович, о последних выступлениях трансфуристов? ответ: Если бы эти два выступления совершались в те далекие годы, когда существовали обэриуты и они были бы на этих выступлениях, то о н и в с е в п о л н ом с о с т а в е ии выразили б ы с в о е в о с-х и щ е н и е , ибо все наши принципы нашли у трансфуристов свое разрешение. / и тогда бы соединялись и в наших выступлениях поэзия и театральность. выступления обэриутов только в какой-то степени, но все же предвосхищали эти. / в четвертом выступлении меня просто покорил дублер сергея сигея - идеей и зрительным воплощением ее. / во пятом - реверберация, придавшая особую выразительность. / Я специально ничего не говорю о собственно литературе / ибо здесь есть и совпадения и различия между обэриутами и трансфуристами, но это разговор особый..." /17 сентября 1984, транспонанс № 24/. На этом я останавливаюсь в перепечатке документов разного свойства и приведу пару десятков стихов, /которые, к сожалению не дошли, потерялись по дороге как и фотографии - прим. моё - ника/ а если понадобится большее количество, то это уж в другой раз. сергей сигей, 353660 Ейск, ул. Свердлова, 175.

Здесь Сигей остановился, а я приведу ещё один документ. А именно...

программа выступления трансфуристов в клубе-81 9 июня 1985 года

п е р в о е   о т д е л е н и е

1. Ры Никонова : посвящаю графу аракчееву / стихотворение-палка, исполнение стиха состоит из одного удара /.
2. Ры Никонова: роман из двух фраз / две фразы в 63-х вариантах с жестами, пением, рупорами, полифонией, инверсией, балластом, откусами, графиками, цветом, мульти-тавтологией, наложениями и переплетениями, моделированием и модуляциями, гипер-акцентами, топофонией, корректурой, дуализмом тембров, обертонами, вакуумностью, серийностью, заме-

щениями, интеграцией с математикой, живописью, музыкой, балетом и тэдэ/.

3. Сергей Сигей : <u>прерванное сновидение</u> / поэма-перформенс, исполняется автором лежа на визуально-акционном агрегате - раскрашенной раскладушке, которую по окончании "романа из двух фраз" Ры Никонова опрокидывает, отчего Сигей падает на пол, а публика получает возможность созерцать визуальный стих "о - о - о" /.

4. Борис Констриктор: <u>стихотворения</u> заумные, пневматические, интерпретационные / исполнение стиха фета с наложениями других текстов, а также выключением света в зале, разбрызгиванием нашатырного спирта и прочее /.

5. Ры Никонова : <u>плюй и целуй</u> / поэма-перформанс, состоящая из перебирания пестрых картонок с буквами: гласные буквозвуки произносит целует и складывает, а согласные произносит, оплевывает и швыряет на пол /.

6. Сергей Сигей: <u>обструг</u>, <u>распил</u>, <u>ять с молотком</u> / стихи-перформансы сопровождение заумно-абстрактными текстами обстругивания рубанком визуального стиха на доске; распиливания ножовкой визуального стиха; избиения стихом-молотком визуального стиха на доске; результат обстру га упакован в полиэтилен с этикеткой и брошен в публику /.

7. Борис Констриктор: <u>марш-бросок</u> / стихотворение-перформанс: автор скачет через авансцену на стуле, переодически голосуя правой рукой и правой ногой, въезжает таким образом в туалет, после чего слышен шум спускаемой воды /.

в т о р о е   о т д е л е н и е

I. Ры Никонова: <u>стихотворение для двух флейт</u> / Ры и Сигей, сидя на стульях, раздувают бумажные конструкции, отчего составляющие их полоски бумаги издают характерный звук, прерываемый произнесением абстрактного текста /.

2. Сергей Сигей: <u>рулонная поэма из книги "одуряка"</u> / автор впрыгивает на стол и бросает в публику разворачивающийся при том бумажный рулон, на котором нанесен визуальный текст. конец рулона автор держит в руках и не спеша сворачивает поэму - без звука /.

3. Ры Никонова: <u>прототидизм зеркальный</u> / автор наносит на правые руки Констриктора и Сигея цветной визуальный текст, затем прижимает правые руки подопытных к их же левым рукам и получает отпечатки стихотворений. результаты демонстрируются публике с предложением оные понюхать /.

4. Борис Констриктор: <u>последняя капля</u> и <u>стихи, неприятные для слуха</u>

/ стихотворения-перформансы, в последнем использование звука ножа по оконному стеклу /.

5. <u>Стихотворения из книги "Ирфаер"</u> / Ры Никонова, Борис Констриктор и Сергей Сигей поочередно читают визуальные /полупроизносимые/ стихи из означенной книги /.

6. Сергей Сигей: <u>полёт</u> / топофонное стихотворение: текст его разнесен по неск. бумажным самолетикам, оные запускаются в публику /.

7. Сергей Сигей: <u>упакованное голосоведение</u> / стихотворение-перформанс, состоящее из текста по поводу авторского влезания в полиэтиленовый мешок, рвущийся при этом по частям и целиком /.

8. Ры Никонова: <u>ритм опасности</u> / отбивая ритм стихом-палкой по металлической абстрактно-вакуумной картине, автор поет вокальные упражнения, переплетающиеся со звучанием металла /.

9. <i>Лиловый негр</i> / совместная импровизация участников выступления: Ры Никонова поет романсы вертинского. Сигей и Констриктор читаю тексты тютчева и элиота слева направо, а также справа налево и сверху вниз - синхронно-непрерывное наложение /.

10. Ры Никонова: <u>подарок слушателю</u> / вокальная модуляция, переходящая в нестерпимый визг /.

11. Сергей Сигей: <u>грядущая война</u> / это стихотворение автор ис. в противогазе /.

12. Демонстрация через диапроектор стихов-слайдов Ры Никоновой /из кн. "литература и вакуум"/ и Сергея Сигея /сплав цвета, буквообразований и фотонегативов/.

Выступление сопровождалось выставкой стихокартин Сигея и графики Ры Никоновой и Бориса Констриктора.

Формула портрета (по Хлебникову)

Сигней

ВЗОРПТИЦА БРЮХОНОГИ
ЦИСТЭРНЫ СДЕРНУЛА
ИДЕИ,
ВОТ
ВИЁ ВИДЕИ

— ПТИЦЦА
ГЮЖЖА
ДЛЯ
СТИХ
ХА

ЭТЖ
БОЛЬЖЕ
РЫБЖЕ

Сергей Сигей, оттиск из книги «Собуквы ради ять", 1977.

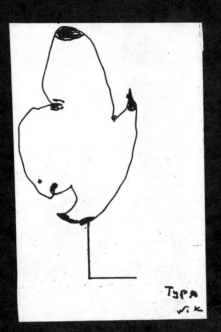

TYPA
vik

RESTAURACE

JÍDELNY.

Millon

07.80.

USCHOVEJTE V CHLADNU – URČENO K RYCHLÉ SPOTŘEBĚ

SALÁT

9,80 Kčs

200 g

POTRAVINY PRAHA – ZÁVOD 12-16

Дворец конгрессов в Праге
9 мая исполняется 40 лет со дня освобождения (1945) Чехословакии от фашистских захватчиков. Национальный праздник народов Чехословакии.
40 лет со дня подписания (1945) акта о безоговорочной капитуляции германских вооруженных сил.
40 лет со дня освобождения (1945) немецкого народа от фашизма.

МАЙ   СРЕДА

☉ Восх. 5.31		Полнолуние
Зах. 21.23	**8**	4 мая
Долгота		Восх. 1.44
дня 15.52		Зах. 7.20
—128		+237

1917   1985

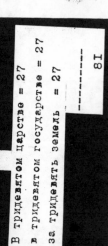

В тридевятом царстве = 27
В тридевятом государстве = 27
За тридевять земель = 27

Vl. Čížek

E. D. 1920

Биляк

РУССКИЕ ПОЭТЫ ШЕЛЬВАХ, ШЕНДРИК, ВЕНЗЕЛЬ И БИЛЯК

> "В одну пизду макали мы хуи,
> но в разные -
> обмакивали перья!"
>
> /Шир-Али/

Отлов этих поэтов я безуспешно веду годы и годы. При том, что натыкаюсь на их друзей - по всему, можно сказать, миру. То часами пиздим с Лозинской по телефону о Биляке и Вензеле, то скулптор Леня Лерман /родом из Одессы, но - мухинец/ волокет, вместо паспортных фот - скульптурные изображения Жени Шендрика и новые стихи его, то актер и прозаик Юра Ольшанский пускается в воспоминая о Вензеле и Биляке, то, наконец, Пельцман-Армалинский, прекратив суходрочку на своих импотентных стихах - шлет мне новые Алеши Шельваха.
И при этом - я по-прежнему знаю не более, чем годы назад.
Лозинская переписала от руки единственный недопроцитированный мною текст Биляка.
Ольшанский потщился и на обороте мемуаров о Шильмане - изобразил несколько отрывков из Вензеля, а один текст - даже целиком вспомнил и изобразил.
Вся эта публика /минус Шендрик и Шельвах/ была околотеатральной богемой. Мать Ленки Шварц - работала сценарие-чтицей /или как эта должность?/ в Пушкинском, Биляк - кончил режиссерский Библиотечного, Лозинская - Театральный.
Я же, как женившись на внучатой племяннице Мейерхольда и внучке директора Дома ветеранов сцены и заслуженной актрисы - в театр более не ходил, даже обучаясь. Ответы на экзаменах писал в стихах, а рецензии - не побывав на спектакле. Отчего и связи мои с театром были, можно сказать, даже не половые.
Биляк же с Вензелем - резвились. Выпускали газету "Вести из лесу", где были такие объявления:

КУПЛЮ ДЛЯ ФЕРМЫ -
ПОЛЛИТРА СПЕРМЫ

Кому-то, вероятно Биляку, Вензель писал:

> Ты мой единственный читатель,
> Ценитель всех моих заслуг,
> За то люблю тебя, мой друг,
> Что ты - притоносодержатель.

Вензель - поэт бо-мота, что так редко в наше несколько серое время. Привожу:

> На пятой неделе запоя
> Мне сон идиллический был:
> Поляна - там всё голубое,
> Венеция или Тагил...

Это всё с каракулей Ольшанского, других источников не имеем:

> Я погибну в Петрограде
> В шутовском своем наряде
> /Смерть? распад?/.... гнили
> Вижу надпись на могиле:
> "Божьей милостью помре
> В Петербурге в декабре".
>
> ... Я умер, про меня забыли
> Смерть выела мои виски
> Когда ж разъехались автомобили
> Чернь растащила с кладбища венки.

Вензеля мне почему-то не лень разыскивать, расшифровывать и перепечатывать:

Тихо, как мышка, шуршала девица
....

Хитрый хозяин с надувшейся жилой
Бабьим угодником став не вполне
К жизни тянулся ....
..... А телом тянулся к жене
Верный старинным семейным заветам
Он от гостей утаил и припас
Булки кусок, чтобы к новым объятьям
Сил освежить оскудевший запас.

Или, ну как не сохранить:

Я ношу свою кепочку набок
Я съедаю на завтрак лимон
Обожаю я толстых прорабок
В хриплом мареве их панталон

И:

ПИСЬМО ДРУГУ

Н.Биляку

Едва ли города утроба
От сброда мерзкого полна
И нету англицкого клоба
И чернь повсюду разлита.
Но где ж еще найдем друг друга?
Когда стемнеет небосклон
То ярче солнечного круга
Во мне сияет твой притон.
Но можно звать его приютом.
В юдоли нашей и тоске
Где всем и цезарям и брутам
Найдется место в уголке.
Где жены новые хлопочут
И курят старые друзья
И наша странная семья
То плачет вместе то смеется.
Жалел и денег и жратвы
Всегда для бедственного брата
Скажи, в каком конце Москвы
Твоя больничная палата?
Ведь то, что пропил я, дружок
Ты тем бы мог и прокормиться
Как не пошла мне водка впрок
Пусть впрок пойдет тебе больница
Ты мой единственный читатель
Ценитель всех моих заслуг
За то люблю тебя мой друг
Что ты притоносодержатель

Концовку я уже приводил ранее, в таком порядке идет материал, о какой больнице
речь, мне не ясно, Биляк фигура красивая и трагическая, женился на дочке маршала
и наградил ее трепаком, прорепетировав брачную ночь на Московском вокзале, подума-
ешь, я во время съемок "Чайковского", когда изображал толпу педерастов, путем за-
поя - с полдюжины подруг облагодетельствовал оным, и даже не помнил, кого. Таковы
театральные нравы, почему в театр - я и тут не хожу.
Лежу и печатаю антологию.

Ник. Биляк

Люби зиму в начале мая
когда смертельно белый снег
Еще искрясь, напоминает
О неудавшейся весне

Люби Вселенскую печаль
Учись веселью расставанья
Умей слезами различать
зимы стареющей распады

Надежды юношей питают
Светлы их юношеские силы
Цыплята осенью считают,
Что их оставят до весны

/Автограф Е.Лозинской, ок. 1984/

573

9 ноября 84.

Здравствуйте, Константин!

Только что получил две строчки от Алёши Шельваха, которые, уверен, стоят этого письма:

Вдумчиво и аккуратно напиши простую точку.

Привет Элле.

Всего доброго

Мих. Армалинский

Автограф г-на Армалинского, автора "Стихов о любви и похоти", по прочтении какового творения - у меня 3 месяца не стоял, о чем было в рецензии в томе 4Б, каковую рецензию утерял издатель, перенумеровывая страницы /и не перенумеровав, о чем мне сообщают даже из России, матушка/.

АЛЕКСЕЙ ШЕЛЬВАХ

Булыжники, булыжники, булыжники,
как зёрна кукурузные блестят.
Снежинки
          или слаломные лыжники
по воздуху
петлистому скользят?

А я стою, как вымазанный мелом
под фанарём, как в солнечных лучах,
и маленькие хрупкие спортсмены
беззвучно гибнут на моих плечах.

....

В голове трактаты-тараканы.
А судьба как шапка-невидимка.
Великаны прыгают в стаканы.
Волком воет шавка-нелюдимка.

И на ложе сна, отнюдь не в розах —
дева, словно чёрная дыра,
при Луне и при звездах-неврозах
дышит, дышит в спину до утра.

....

Избиение младенца.

Голубым бревном луча
в лоб младенцу бьёт Луна!
Он очнулся, трепеща.
Видно, получил сполна.

О Луна, нещадно бей
лоб, невинный лишь на вид!
Сколько /миллион!/ скорбей, —
станет старше, — претворит!

Пусть почувствует он лбом,
что замыслил он в мозгу!
Голубым ему бревном
в темя! Или по виску!

О, трепещет, озарён!
Не забудет и вовек!
Спи,
     быть может, вразумлён,
Царь Вселенной, человек.

575

10/21/83

Получил новые стихи Алёши Шельваха:

ВОСПОМИНАНИE

Птицы на секунду замолчали.
Воздух неба стал как полотно.
Юными прозрачными очами
дождь глядел в открытое окно.

Или юность,в миг сердцебиенья,
в тополя упрятав бледный лоб,
прошептала мне стихотворенья,
чистые, прозрачные как лёд?

     ж   ж   ж
Поэтом буду — не забуду
прозрачную, как водка, ночку!
Евгении везде и всюду
толпятся гордо в одиночку.

О осиянные сиренью!
По возрасту им не до сна!
И на устах — стихотворенья,
и девушка, как сон, нужна.

Блистают чёрные каналы
в тени классических колонн.
У девушек ланиты алы,
глаза как лёд, власы как лён.

И до чего разумны речи!
А робкая /как рок/ рука
летит Евгениям на плечи...
Ищи, дурёха, дурака.

Статейку мою о Вас подсократили без моего ведома, да и вопрос
ей предварён про Фому, а она — про Ерёму, что тоже мне было не
ведомо. Такчто необессудьте.

    Большой привет Эмме.

Лерману Лёне от Шендрика Евгени[
с верой в ЛЮБОВЬ,ДОБРО И КРАСОТ[

ВЕЧЕРНИЙ ЛЕНИНГРАД

Одним-конец,
другим - начало века.
Метро.Кинотеатр.Телефон.
По тротуару гонит человека
всё дальше бесконечный марафон.

Беспаспортные сдвоенные тени
зоводят детективную игру,-
стираются об острые ступени
и рассыпают чернь по серебру.

Дорожный знак
со схемой пешехода
застыл в движеньи чёрный манекен.
Вот дом 17
и с того же года
пенсионер с клюкой на поводке.

Я рву слова,
как родственные узы;
моё мрлчанье - заговорный клад,-
пусть признаются царственные музы
тебе в любви,Вечерний Ленинград.

какая-то в нём тоска, а сегодня я получила от него письмо. Он сейчас работает матросом на катере, пишет стихи, вот например:

Рейзом — память.

Я помню... лес ночной
и талый запах снега,
и чёрное проталины земли;
посыплют звёзды, как огни ковчегов,
и пролетают близко журавли.

Стволы блестят,
древесиной пахнут потом,
игру играет старым серебром, —
но лес уже захвачен перелётом —
и манит мне взволнованно крылом.
Вода в ручье
блестит, как лебедь чёрный,
как пласт угля, поднятый с
глубин;
и, обхватив извилистые корни,
две молятся стареющих сосны.
Или вот ещё одно его стихотворение, он мне оста-
вил их некоторое количество
но мне не все и не всё
в них нравится.

Гора не идёт к Магомету —
стих не идёт к Поэту:
мимо жизни, праздом;
предметов
беспредметное народонаселенье,
для совести угрызения.
Всё ниже и ниже падаю —
вот уже и ползком:
лусер, цели, —
вместо крыльев —
полы гоголевской "Шинели".
Одна из разновидностей смерти —
разлагаться заживо в кресле,
перебирать бесконечные "если б".
Душа ещё летит по инерции
я выхожу из тела
на остановке сердца.
вещи вокруг ощетинились
настолько, что стал существовать.
Блюстители законов природы
— это я о вещах.
В душу аукаю, как в пустоту..
жду дождусь ли посмертного?
Слова настаиваю на нервном спир
как отражение в зеркал.
                                        ТУ

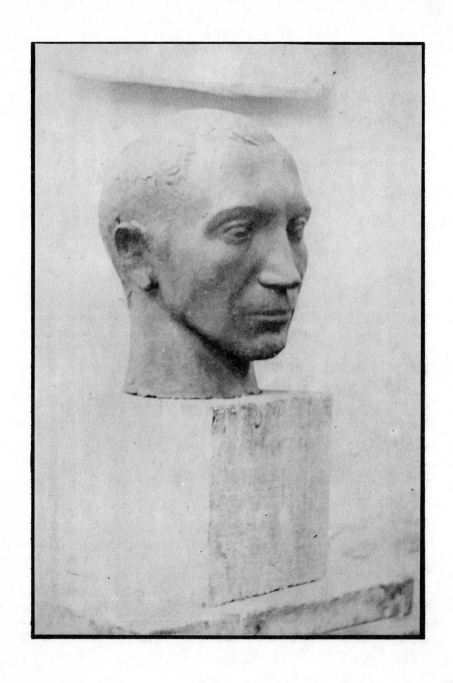

АБЕМИТ И ИЖЕ

Много чего не вошло в антологию - по причине места ли, или условий, а чаще - по причине лености, распиздяйства и охламонства авторов.

Еще года 3 назад заходил ко мне в подвал Риго Парка Тюльпанов, в поисках жены, полагаю - он у нас ужасно ревнив, и всё не по делу - и рассказал, походя, о том, что издавали они рукодельный журнал "АБЕМИТ" со товарищи: Александр Баскин, Евгений Мордвинов и Игорь Тюльпанов, откуда и аббревиатура. Баскин был за поэта, которого единственное известное мне четверостишие изображено на картине Тюльпанова "Осень", которая картина была выставлена у Нахамкина на Мэдисон авеню осенью позапрошлого года. Выставка так и называлась "Одна картина Тюльпанова". Там еще, правда, Красный висел /не по делу/, а Нахамкин жирным колобком крутился у картины и восхищался. Сейчас великого галлерейщика Нахамкина передают по 5-му каналу /Си-Би-Эс, что ли/ - открывает уже третью галлерею, и ресторан "Петрушка" или "Калинка", где готовить будет искусствовед Ромка Каплан. Узнав об этом, я сказал: "Наконец-то они своим делом занялись!" Потому что вычетом превращенного в товар Шемякина - смотреть там попросту нечего. Художники "Плейбоя". Один к одному.

Но о Тюльпановском "АБЕМИТЕ". Вычетом того, что вышло номера 3-4, со стихами Баскина, прозой Мордвинова и рисунками Игоря - ничего более не знаю. И знать, честно говоря, уже не хочу.

И так всплывает повсюду недоопубликованный материал. То -

П.П.ЧЕЙГИНУ,
РОТМИСТУ ГУСАРСКОГО ПОЛКА,
УВОЛЕННОМУ ЗА ПЬЯНСТВО

наступают заморозки
улетают зимородки
гусары пьют выморозки

написанному мною, то еще куски из Сэнди Конрада /Кондратова, т.1/, сообщенные О.Чураковым:

- Куда летишь ты, кречет?
- Полёт мой строго засекречен,
И не скажу, куда лечу я, -
Ответил он, подвох почуя.

Или, его же:

Иванов дорожку гаревую знал
Ему тренер Начмудинов помогал
Он помогал ему советом
И умным планом тренировок.
Прошла весна. Настало лето
И Иванов уменьем ловок
На 18 километров
Превысил прежний результат
"Наш Иванов - быстрее ветра"
О нем в народе говорят.

Иванов большую гирю поднимал
Ему тренер Начмудинов помогал
Он помогал ему советом
И умным планом тренировок
Прошла весна. Настало лето
И Иванов уменьем ловок
На 18 килограммов
Превысил прежний результат
"Наш Иванов - силен как мамонт"
О нем в народе говорят.

Великой Октябрьской социалистической революции

9

⊙ Восх. 6.41
Зах. 20.24
Долгота
дня 13.43

● Новолуние
10.08
Восх. 6.54
Зах. 20.44

—99 +266

АПРЕЛЬ СРЕДА

Весна
Художник Е. Лансере

что Александр Аронов - был преподавателем литературы в школе, где учился Володя Козловский /а после него преподавал Юлий Ким/. Ищу и - обряскиваю. Годы и годы спустя. Нашел у Ириши Корсунской - не одну, а несколько фот Красовицкого, да еще и с Хромовым! Получил с полдюжины фот седого Айги, а Танька Габриэлян - еще и портрет на день рождения нарисовала, подарила. В результате - чем больше работаю, тем больше материалов неопубликованных...
А я-то думал уложиться в один том. Потом - в три. Потом - в пять. Но и тома начали делиться дихотомическим делением, уже их каждого - по два, 4 вышло, сейчас должен сдать еще 5 - а до Москвы - как до неба. На Москву меня явно не хватит. То вот страницу Сереже Олефиру отвожу, то перевод Азадовского нашел, то вот мемуары Ильиной в "Новом русском слове" появились, о Юлии и ее окружении - куда их? И конца этому не видно...

"Я ОТ ЖИЗНИ БЕЗУМНО УСТАЛ" -
писал 16-тилетний Сережа Олефир, ошиваясь у меня и Юлии. В армии он, очевидно, отдохнул, и сейчас печатается уже в отрывном календаре - а это, что ни говори, рост. ОХОТА НА ПОЭТОВ - самое увлекательное занятие. Отстрел их, правда, в настоящее время сильно ограничен, но поиски - окупают все расходы. Узнал, что ассириец Михаил Садо /см. т.1/ - заложил своих друзей /Игоря Огурцова/ по делу ВСХСОН. Нашел Котрелева, ныне переводчика. Или

С любовью к природ

Каждую весну, как только откроютс первые проталины, бросаю все дела и то роплюсь в тайгу. Еще на ветках ни одног листочка, еще на реке синеет лед, а вс равно весна пришла. По тропинке бежит погулькивает озорной ручеек. Теплый ве тер покачивает ивовые сережки.

У речки над старой ивой токуе конек. То завьется жаворонком в высо кое синее небо, то, выписывая плавнь круги, устремится вниз, а то начнет сме шно подпрыгивать в воздухе. Весен нюю песню играют зуйки-галстушники Для этого случая надели они белые ру башки, черные галстуки и узкие очки полумаски. Словно эти кулики выря дились на свой самый большой празд ник.

Вот и цель моего путешествия — лис венница. А на ней — целый хор пти «Пью-пью-пью-пью! Тля-ля-ля-ля» — м линовыми колокольчиками льется на тайгой песня удивительной красоты. Э самые звонкие солисты нашей тайги - пеночки. Но почему же они поют вмест Может, им сообща легче охранять сво гнездовье? А может, в самом деле песн у них для красоты и радости?

С. Олефи

И еще:

99. ОЛЕФИР С.М.- РОСОМАХА-ЗВЕРЬ СЕРЬЕЗНЫЙ,повести. ГЕОРГИЙ ШАЙДАКОВ- ТРЕХЛАПАЯ. АНАТОЛИЙ ХАРИТОНОВ-ЧИНЬКА-ЧИНЬКА. М.."Современник". 85 220 стр   2.50

БЛИЗНЕЦОВА О ФЕНЁВЕ

И ослепительные чары,
И злой гипноз.
Блестят тромбоны и фанфары
В бесстыдство слёз.

Что мне скрывать, и я не скрою,
Оркестр, я твой!
Да можно ль быть самим собою
Наедине с тобой?

И ослепительные чары,
И злой гипноз.
Гремят тромбоны и фанфары
в бесстыдство слёз.

Саша Фенёв. Никогда не видела Фенёва, но всё, что слышала о нём от общих приятелей и единственный мной читанный его стих помню. Тараканова бы потрясти, да пойди найди его в bella Italia.
     Фенёв -
- в коммуналке на Петроградской стороне, которую подруга моя Надя Вилько делила с двумя старыми девами, чуть не институтками (забавные бывают комнатушки в стольном граде Питере. Кто там только не кантовался потом. Я жила с месяц зимой, разбитое окно занавесив одеялом. И стоило высунуть нос за дверь, как отчаявшиеся старушки бежали ко мне с горестными воплями и требованиями уплаты за свет что-то за год, за три за телефон, а очередь мусор выносить была просрочена, я понимаю, с потопа. И за речами их грозно маячило домоуправление.) В этой-то квартирке Фенёв пел Вагнера на разные голоса по очереди за все инструменты. Всех женщин, которые ему нравились, он звал "Катюля". "Катюля, пвольте ручку поцеловать",- прощался Фенёв с Наденькой, и убедительно, - "без всякого блядства!" Любознательные божьи одуванчики в ужасе хлопали дверьми.

- Управдом приходил справиться о роде занятий Фенёва. Ответствовал, что работает компьютером. Управдом записывал: компьютером.
Об этом управдоме в какой-то мистерии Фенёва было так:
"Управдом велел спилить все антенны на крышах, чтобы они не мешали свободному полёту кладбищенских крестов над городом".

- В магазине электротоваров Фенёв осведомлялся у молоденькой продавщицы, когда в продажу поступят электроклиторы. Девочка бежала выяснять.

- Был сон Фенёву. Идёт он по Питеру, со всех сторон люки открываются, и из каждого люка - по пролетарию.

- Тараканов с Фенёвым пошли курей воровать. Холодильников нету, продукты народ держит в ящиках за окном. Вот забрели они в темнющий двор-колодец, и по водосточной трубе забрались: Тараканов на второй этаж, а Фенёв на третий. Ящиков было мало, курей в них летом не было и вовсе, а надо думать, и зимой не было. Зато как раз на третьем этаже сушилась таранька. Раннее утро. Подбирается это Фенёв к тараньке, ан форточка открывается, и встрёпанная баба желает узнать кому и чего от ейной тараньки надо. Тараканов спрыгнул и собрался было в бега, а Фенёв, одной рукой держась за трубу, завёл речь: "Голубушка, кто же так сушит тараньку? В тёмном колодце, в сырости!" Укорив так ошалевшую бабу, слез с трубы и ушёл.

Ну, и последний, коронный.
- Фенёв с Таракановым работали в пункте приёма посуды на Кировском проспекте на Петроградской стороне. Рядом столовка, куда хаживали кушать киношники. Вроде, Леонов бывал там, Евстигнеев, Филиппов. А выпить заходили в чуланчик оного пункта, где потом и сдавали посуду. За постой платили чистоганом: когда сорокоградусной, когда креплёным. Ну, друзья наши и не просыхали. Однажды Фенёв отрубился, и Тараканов от греха подальше закрыл его в подвале, где транспортёр, и оставил проспаться. Утром нашёл он Фенёва в углу трезвым и тихим. А что было. Фенёв, в своих блаженно-лунатических перемещениях свалился на транспортёр и нажал на кнопку. Его потащило наверх, стукнуло хорошенько о железную крышку люка и он оттуда слетел, голубь.
Отойдя, сам он рассказывал так: "Пришел в себя, первым делом шарю вокруг - бутылка. Пустая. Дальше шарю - бутылка. Пустая! Хожу, вокруг штабеля ящиков, в них бутылки, и все пустые..."
Фенёв понял так, что попал в ад для алкоголиков.

Иня Близнецова,
под полночь 13 мая

Фенёв, тщетно разыскиваемый, был привезен Инкой и Ромкой уже под завязку, когда я донумеровывал последний том. Не могу сказать, что открытие, стихи Фенёва я знал маленько, да и его самого, пито было с ним и Тараканом на Малой Садовой и по домам изрядно, и что-то было у него даже напечатано, но прославился он тем, что как-то перепечатал стихи Дудина и послал в газету. Там ему ответили, что, мол, молодой человек, не мешало бы походить в какое литобъединение и поучиться. Этим отзывом он намеревался шантажировать Дудина, но того это вряд ли бы проняло. Похохотал бы и предложил бы выпить. Дудин - говорят, хороший человек. А Фенёв - интересный.
И, как явствует из вышевспоминаемого - почитай, легендарный.
Примчались Бар-Ор и Близнецова чуть не в полночь и сами тому немало дивились, но Фенёв стоит того.
Помещаю.

НОВОЕ РУС

NOVOYE RUSSKOYE
USPS 398—960

th AVENUE., N.Y., N.Y. 1000[

СРЕДА 20 МАЯ 1981 ГОДА

ПОЭТ И. БРОДСКИЙ И ПРОФ. Г. ЧУДНОВСКИЙ — ЛАУРЕАТЫ ПРЕМИИ МАКАРТУРА

Вчера фонд Джона Д. и Катеины МакАртур, штаб-квартира оторого находится в Чикаго, рисудил пятилетние субсидии ескольким "исключительно таантливым лицам". В числе изранных – два эмигранта из оветского Союза: поэт Иосиф родский и профессор матемаики Григорий Чудновский. Осльные девятнадцать стипендий

Проф. Григорий Чудновский, 29 лет, математик и логик, также живет в Нью-Йорке и работает в Колумбийском те. Он прославился возрасте 15 лет предсный доклад на межд конференцию. Как заявил о своем намере рировать, его лиши нимаемых академичес

Поэт Иосиф Бродский.

Проф. Григорий Чудновский.

исуждены лицам самых разноразных профессий – писатем и ученым.

Иосиф Бродский и его истоя хорошо известны читателям шей газеты. Его преследовали Советском Союзе за "тунсядво", выразившееся в том, что о поэтические произведения соответствовали коммунистиским канонам. Он даже отбыл ок заключения за "общественой паразитизм", и, в конечном ете, вынужден был покинуть дину. В настоящее время он

тов и не выпускали, пока, нак нец, советские власти не сдали под давлением международны кругов. Он и его брат Давид также математик, покинули Со ветский Союз в 1978 году.

Стипендии фонда МакАртуров выдаются сроком на пять лет. Размер их колеблется от 24.000 до 60.000 долларов в год. Фонд располагает капиталом в 840 миллионов долларов и считается одним из самых богатых фондов в США. Он был основан два года

А ВЕДЬ ПРОПУШЕНЫ ЕШ

КУМПАН

ГАЛУШКО

РАЧКО

БОРИСОВА

ВДОВИНА

ЩИПАКИНА.

И ЩЕКОТОВА

Надежда
ПОЛЯКОВА

СЕСТРЫ МИЛОСЕРДИЯ

Солдаты, пропойцы, калеки.
Безумства спрессованный миг.
Над ликом двадцатого века
Сестры милосердия лик.

В какие одежды рядили
Мы то, в чем признаться нельзя?
Как нас беспощадно судили
За то, что глазами — в глаза.

Над нашей цветочной метелью
Годов леденящая мгла.
А в парках хохочут качели,
Кривые свистят зеркала.

Я, души озябшие грея,
В чужом увязаю снегу.
И ткает мною время
В моем воспаленном мозгу.

Но, пренебрегая злословьем,
Лицо над собратом склоню
И лоб над его изголовьем
Я красным крестом осеню.

1968

*Наденька Полякова, не столько - учитель-
ница, сколько - рачительница, талантов
и юных душ наших.*
Сестра милосердная.
*Матушка рассказывала: Наденька ей приз-
навалась, что если "Костя похвалит - я
смело читаю эти стихи", это когда мне
было 20.*
*Сейчас мне 46, но, Надя - СМЕЛО ЧИТАЙТЕ
эти стихи. Они чисты и прекрасны, и -
выстраданы, как многое - вашим поколе-
нием. Мое - пишет другое.*

Но эти стихи - хороши.

ПУБЛИКУЮ.

"ДА, БЫЛИ ЛЕДИ В НАШЕ ВРЕМЯ..."

Ирэна Сергеева обладала душой поэта и телом богини. От колен и до подбородка, с широким тазом и гибкой талией, божественной грудью с розовыми сосками, китайским шелком волос на лобке - она была само совершенство. Кожа молочной голубизны, руки узкой кисти - подобно Лерке, модели Шемякина /см. в разделе "Петербург Гофмана"/. Но Ирэна не позировала. Она отдавалась. Она способна была подойти к мужчине и сказать: "Я Вас хочу." Мужчина падал. "Костик, - говорила она, Вы знаете, если я называю мужчину на "ты" - это значит, он не имеет никаких шансов стать моим любовником!" Ленечку Палея она называла на "ты".
Ирэна была моей любовью с января по май 61-го, и осталась ею навсегда.
О поэзии она говорить не любила, того менее - о политике. С нее хватало своих забот. Писала она стихи - короткие и тонкие, как пастели. Я ими восхищен и по сю.

        Ты не здешний, конечно,
        Ты - гость.
        Ты, я знаю -
        Морская вода.
        Я сжимаю,
        Беру тебя в горсть,
        И тотчас же теряю
        Тебя.
        Я теряю тебя
        И держу -
        Словно льда голубого
        Кусок.
        ... На разжатые пальцы гляжу,
        На сухой,
        Ненасытный песок.

Мне она писала:

        СТАРЫЙ ДОМ

        Старый дом,
        Серый дом,
        Синий дым
        Над ним.
        Мы вдвоем
        Не придем,
        Чтоб побыть
        Одним.
        Чтоб побыть,
        Полюбить,
        Через час - уйти.
        Через час
        Позабыть
        Эти ра-до-сти.

        Не сердись на меня,
        Не сердись на меня,
        Уходя от меня -
        Оглянись на меня.

И я оглядываюсь уже 25 лет...
Лишь единожды - оговорилась она "о политике":

        Памятники - не фабрики,
        Памятники не окупаются.
        Памятники современникам -

От времени разрушаются.
... Но от времени и до времени -
Не от времени разрушаются...

1961

Все ее стихи у меня пропали, вычетом единственного:

НЕИЗВЕСТНОЙ ВОЗЛЮБЛЕННОЙ ПОЭТА

След красоты былой,
Память любви бесследной.
- Аннушка, ангел мой!
Аннушка, ангел бедный!

- Бабушка, вам кого?
Десять ступеней стёртных.
Нет его, нет его -
Нет его среди мертвых.

Слава его жива,
В розах его могила.
Ты все еще жива,
Та, что его любила.

Каясь в своем грехе,
Просишь его прощенья.
....Ни на одном стихе
Нет тебе посвященья.

1962

Если это Ахматовой-Гумилеву, то мне это нравится. Если нет - тоже.
Увы мне, стихов Ирэны я особенно не запоминал, да она особенно ими и не трясла, в
"нонконформистках" не ходила, предпочитая - разумный конформизм.
Кончила она библиотечный, работала библиотекарем в Первом медицинском, путем чего
имела врачей для абортов и прочих несложных медицинских услуг. И себе, и подругам,
да и друзьям тоже.

Летом 61-го я уехал по экспедициям, в Крыма и Сибирии, и осталась промежду нас -
только дружба.
Лет 10 спустя были мы с ней приглашены читать стихи в летний лагерь слепых, где-то
под Комарово. На ночь нам отвели палатку - и всю ночь я проворочался на своей рас-
кладушке, но на соседнюю - не переместился: слишком дорога была ПАМЯТЬ.
Поутру - отобедали в какой-то вшивой кафешке и зашли в "Аврору" к Гладкой.

К Гладкой мы и перейдем.

2

"Аврора" устала, ее утомило,
И Делия встала, касаясь кормила..."

/Мое, 70-е/

Здесь красная кровь заливает асфальт,
Здесь русское "Стой!", как немецкое "Хальт!"
"Каховку" поют на чужом языке,
И венгр умирает на русском штыке.

/1956/

Лидия Гладкая, тогда - жена /или подруга/ Глеба Горбовского.
И затем, на Сахалине:

```
              Опошляют здесь сытые суки,
              Как редактор -

                             красу строки...
И:

              За право работы,

                             которой отдаться,
              Но не предаться,
              Не потерять /......./ лица.
              Драться -
              Так драться уж до конца!
```

Не могу я претензий к Лиде. Это ей я писал - свои "Венгерские звезды", под эпигра-
фом из нее:

```
              "Аврора" устало

                             скрипит у причала:

              Мертвою зыбью -

                             ее укачало.
```

Мои стихи, хороши или плохи, я здесь не помещаю, важно - что написал я их. Ей. В
той далекой давности - в 59-м году.
И в глаза я Лиду не видел. Где-то, до 67-го. Когда и посвятил ей "Делию", уже -
заву отделом поэзии в журнале "Аврора". Осудил, конформистку.

Осуждаем мы - очень легко. Потом - каемся. С возрастом ли, или просто - как лихо
я в 1-м томе прошелся по Гладкой! 2 строчки - и нет поэта. Дуплетом по поэтам -
уворовывая уже у, сравнительно юного, москвича Володи Меломидова.
А Лида была поэтом. Может и осталась - да я не разглядел. Не похотел разглядывать,
поскольку за бунтаря - держал я уже себя.
Может, будь у меня роман с Лидой - а она удивительно красива, даже после Глеба и
Сергуненкова, и сахалинских лет - я бы посмотрел по-другому...
Но нет - и во мне - чуткости к поэтам. В первую голову - я сам поэт. Поэтому - за-
дираюсь, херю и харю, то Генделева, то Бобышева, то Нестеровского, то Лену Игнато-
ву...

```
              Оскверняют здесь сытые суки -
```

было у Лиды, перевpал, по памяти... Осквернить, отмордасить - это нам знакомо. А
услышать голос - хотя бы Юпа - уши воском залепляем, как Улисс или Одиссей /или -
это одно и то же?/ Таковы поэты...

3

А поэтом была и Нонна - с еврейским отчеством - Єлепакова. Я ее в глаза не видел,
и поэтому держал - за русскую. Как и мужа ее, Мочалова. Но сначала она была заму-
жем за Моревым. И писала ему /в коллективном сборнике "Венок другу" - см./:

```
              Кого люблю я более, чем Сашку?
              Кому отдам я всё, как не ему?
              Отдам бюстгальтер, лучшую рубашку,
              У Элки даже денег я займу.

              Уйдет он в Новгород, пропоица несчастный,
              Бюстгальтер и рубашку там пропьёт,
              Кисть вытрет о штаны, что в краске красной,
              А деньги на любовниц изведёт.
```

И знал я эти стихи еще в 60-м, судил же по:

```
              За синею, синею речкой,
```

>   Где ясно привольным закатам,
>   Медведь раздобыл человечка,
>   В подарок своим медвежатам... -

покладенному на музыку Клячкиным, поскольку и подсунуто было - мною. А вот образ
"Кисть вытрет о штаны, что в краске красной" - отскочил, проскочил мимо.
И если бы не Лозинская...
Сексуальная подруга Слепаковой, соучастница многих и многих приключений - уже здесь
она проела мне всю плешь ПОЭТОМ Слепаковой.
Нонна была пышной еврейкой, в драгоценностях, для хлеба и оных - писала всякую муть,
для души же и друзей - зело отличное:

>   Ы-буква - слов не начинает,
>   "Ы!" - блядь кричит, когда кончает.

>   /совместно с Мишей Германом/

Вполне на уровне лучших строк "Кадетской азбуки". И даже - выше.
А:

>   Подарил мне милый платье
>   Цвета модного "бордо".
>   А я голая в кровати,
>   В ожидании Годо.

>   /от Киры Сапгир или Иры Нагишкиной,
>   тоже легендарные дамы!/

И она ли это писала, или - но уж она точно:

>   Однажды я, Нанока,
>   Венцом прикрыла грех,
>   Решив, что слишком много
>   Одной меня на всех.

И все тетради у меня исписаны Слепаковой, цитируемой мне по телефону Лозинской.
Частушка:

>   Из-за леса, из-за гор -
>   Показал мужик топор.
>   Он не просто показал -
>   Он на палку привязал!

А песня, про Надежду Полякову и инженера-путейца:

>   ... Он ей говорил до утра:

>   "Какие у Вас локоточки,
>   Какой у Вас пламенный стан!
>   С фуражки моей молоточки
>   За Ваш поцелуй я отдам!"

>   ... Вчера Полякова Надежда
>   Прыгнула с Тучкова моста,
>   Ее голубая одежда -
>   Осталась на ветках моста.

Надо понимать, уже народная. Лозинская же сообщила, что автор текста "По аллеям
центрального парка / С пионером гуляла вдова..." - СЕРЕЖА ВОЛЬФ. Ничего себе!

Но так обидно, что Нонну Слепакову я не знал. А она была и любовницей Охапкина...

Да, были лэди в наше время...

Наталья ГАЛКИНА

ОСЕННИЙ КАРНАВАЛ

Наталью Галкину весьма часто поминает Гозиас в своих мемуарах, поскольку она ему приходилась женой. Ко мне она приходила уже с Чейгиным и Куприяновым, почему и не запомнил. Предпочитал более юных дам, а не ее ровесниц, которых ебать — как полкового товарища. Не в кайф. Помимо стихов — обнаружил и фото ее, на выпускной фотографии архитектурного техникума 1952–1956, поскольку там же — и моя жена, 5-ая.

1. Пролог

Как сад мой сумрачен, как на паденья падок,
Неутешителен, не склонен утешать.
На осень реже он и выше на порядок,
В тиши затверженной намерен он ветшать.
Щелкунчик времени защелкивает челюсть,
И желудь хрупает, и отлетает час.
В затихшем воздухе листвы не слышен шелест,
Пейзаж молчит, как сад, ожесточась.
Здесь юность — выдумка, а зрелость — пережиток,
Сад признает одну игру — в «замри».
Пространство сверстано без сносок и без скидок,
Соосна с осенью сегодня ось земли.
Как сад мой сумрачен, как прячет он тревогу
В безукоризненном наборе позолот.
Покуда Оберон своим волшебным рогом
Терпеть и трепетать его не позовет.

2. Театрик

— Как ваш театрик? — Все, как всегда:
Плещется рядом речная вода,
Млеет партер и рыдает раек,
И за прологом идет эпилог.
В яме сидят музыканты ладком,
Первый любовник со всеми знаком;
Грим, парики и котурны при нас,
А на часах-то двенадцатый час.
— А что за пьесу сегодня дают?
— Вроде там плачут, а может, поют;
То ли погоня — аминь да авось —
То ли герой с героиней поврозь.
То ли хозяин ругает слугу,
То ли пикник на зеленом лугу.
— А режиссер-то в театрике кто?
— Что и сказать вам, не знаю на то;
То ли сапожник он, то ли портной,
Сами не поняли, кто он такой.
— Как ваши зрители? — Все на подбор!
Плачут, смеются и смотрят в упор.
Есть среди них маляры и зятья,
Маня, Мария, Маруся и я,
Школьник суровый, веселый отец,
Старый холерик и юный певец.
И среди прочих различных родов —
Пара влюбленных в одном из рядов.

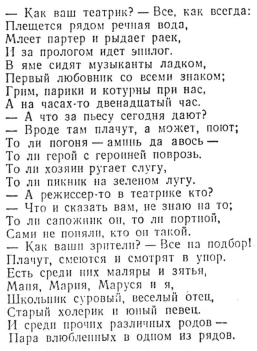

3. Письмо любимой

Перо гусиное оставь,
Перо совиное ступи,
Пером сорочьим напиши
Письмо любимой,
И пусть она тебе в ответ
Нелепой вставочкой скрипит,
Поскольку вечное перо
Давно сломала.
Письмо любовное сожги,
Письмо служебное порви,
Письмо заветное отправь
Своей любимой;
Не вздумай авиа послать,
Ни заказным, ни доплатным,
Но старой почте жизнь доверь:
Той, голубиной.
И пусть она тебе в ответ
Пришлет со штемпелем привет,
С почтовым индексом привет
Под маркой с видом:
Читай каракули навзрыд,
Читай взахлеб тот текст,
          что скрыт
За океанами корыт,
За сушей-бытом, —
Ту, с перышка нездешних крыл,
Живую капельку чернил —
Должно быть, дрогнула рука,
Когда она издалека
Тебе писала...

4. Образ

Опять лицо твое забыла!
Оно меня весь день дразнило:
То замаячит, то пройдет,
То промелькнет, то пропадет.

И ученическою мукой, —
Невыученною главой, —
В меня учительша-разлука
Втемяшивает образ твой!

5. Под занавес

Чуть осень заступит на свой круглосуточный пост,
Меня ожидают стволов золотистые стяги:
Места, где любой стебелек, как космический мост,
Где в каждом дупле по дриаде, по дятлу-трудяге.

Мы лето пропели и прожили весны вчера,
Смещается музыка и обновляется мода;
Но в этом саду я сама городская пчела,
Неспешная, поздняя, сонная данница меда...

Рисунки автора

Виктор МАКСИМОВ

Сказка про казака Мамая

...И наконец он домчал до заката.
И на холме, где бессмертник цветет,
огненный бархат отвел воровато
и заглянул на полжизни вперед.
Вздрогнул казак. Зажурился казак.
Так он сказал: «Мое дело — табак!..»
Там, под луною постылой, бродячей
кралась, талан свой злосчастный кляня,
тень его жизни за тенью удачи,
как тень цыгана за тенью коня...
Плюнул казак. Выпул острый свой нож.
Так он сказал, бедолага: «Ну, что ж!..
Уж чему быть, того не миновать...»
Хлеб он достал, да цибулю, да сало.
Сел на холме вечерять-пировать.
Думать-гадать, как луну своровать,
чтоб его тень по степи не блукала...

Байка

Только я за порог —
тут и черт поперек:
— Ты куда?
— На Кудыкину гору!

Я — бегом до горы,
там, где тартарары
с высоты открываются взору.
До горы добегу,
покурю табаку,
так и этак умом пораскину,
сигану, где обрыв,
отряхнусь, коли жив,
коли нет — так и пальцем не двину!

Наяда

«Полюби! — заклинала наяда.—
Два полтинника — тоже ведь рупь!
Половинь, коли целой не надо:
хвост выкидывай, бабу голубь!
Полюби хоть вполсердца!.. Послушай,
не отыщешь такую нигде,
чтоб молчала, как рыба на суше,
чтобы топла, как баба в воде!..»

С полуслова смекнул дурачина —
рубанул ее саблей, хитер!
Все, что бабье,— швырнул, где пучина,
все, что рыбье,— до дому попер.

Грешно не поместить такие стихи знакомца юности, Витюши Максимова, хоть они и от-
друкованы в "Авроре" №8 за 82-ой год. Когда-то, в 60-м, до его армии - малость
знакомствовали, хотя они с Сергеем Макаровым - были из ЛИТО "Смены", а мы - у
Наденьки, Поляковой. И писано было на его стихи пародий, с Леней Палеем.

Разошлись пути-дороженьки... Это когда нам было по 19 - одно дело, а сейчас по
под-полтиннику, он на годок моложе. И сборников его я не видел, изредка - в "Ав-
роре", да и то, большей частью - портяночная, армейская поебень. Плюс - военные
реминесценции детства.
Но видно и по этим текстам - что работает, что не совсем засох. Макарова-то читать
попросту нельзя: стиль рюс, как и начинал, но рожа - уже поперек себя шире. Гнусь.
А Максимов, Гум говорит, пьет. И пишет. Вижу, что пишет. К членам он не пристал, а
от неофициальных и богемы - армия оторвала.
А он и не лез в непризнанные. В признанные - тоже не очень лез. Как Ирэна Сергеева,
о которой, пиша, я забыл привести ее песню:

> Ах, я не сплю, не сплю, не сплю, не сплю...
> А уж заснуть - так лучше б не проснуться!
> Ах, ты не бей, не бей на счастье блюдца,
> Ах, ты вина - не пей!
>
> Ах, ты не пей, не пей, не пей вина,
> Ах, ты не бей, не бей на счастье блюдца!
> Ах, ты испей, испей его до дна -
> Он может не вернуться.

Ирэна, впрочем, вина не пила. Горького. Кайф - она умела ловить и без него. Мы же
пили. Понятно, что Максимов - пьет.

С ним бы я - выпил...

ФЕМИНИСТОК

НА ФОНАРЬ

ККК–81

ДЕМОНСТРАЦИЯ СУФРАЖИСТОК

Вашингтон, 27 авг. (ЮПИ) — В Вашингтоне группа в 21 поборницу женского равноправия устроила демонстрацию перед входом в Белый Дом. Современные суфражистки сковали себя цепями и загромоздили тротуар, требуя ратификации поправки "о равных правах". Они отказались выполнить требование полиции освободить проход по тротуару и были арестованы.

Пользуясь связанным положением, в полиции их основательно выебли, после чего отпустили по домам расцепляться.

Из дневника феминистки Юлии:

28 декабря 1975 года

... Из детской комнаты доносятся мужские голоса. "Сколько их пришло за мной?" - спрашиваю Папу шепотом. "Пятеро" - отвечает. "Батюшки!"

Оделась я весьма обдуманно: вниз шерстяные рейтузы, носки, безрукавку, но зато сверху — самую нарядную свою блузку с кружевами. Как же! В такой день да без кружев? Правда, ВМЕСТО ЮБКИ НАТЯНУЛА ДЖИНСЫ - КТО ИХ ЗНАЕТ, ЭТИХ МЕНТОВ!

ОПЯТЬ ЭТОТ ПРОКЛЯТЫЙ ЖЕНСКИЙ ВОПРОС!

глубокое горе.

му ворота были заперты.

10 февраля 1981

ФЕМИНИСТКИ ВСТУПАЮТСЯ ЗА ВДОВУ МАО

Рим, 9 февр. (ЮПИ). - Группа итальянских феминисток бросила бомбу в помещение посольства Тайваня при Ватикане. После покушения неизвестная женщина телефонировала в агентство печати АНСА и заявила, что женская группа "Организованные товарищи за власть женщин" намерена была отомстить за приговор, вынесенный в Пекине вдове Мао Цзедуна, но по ошибке бросила бомбу не в посольство Китайской Народной Республики, а в представительство Тайваня.

---

6 июля 1980

ДИССИДЕНТКА ПРОСИТ ...ОВА

Копенгаген, 25 июля. - Для ...астия во Всемирной конферен... женщин ООН из Вены в Ко... ...нгаген прибыла Наталья Мала... ...ская, одна из трех феми... ...ток, изгнанных из СССР.

Наталья Малаховская выехала ... СССР с 10-летним сыном, ос... ...вив в Ленинграде сестру и ро... ...телей. Вместе с ней изгнаны ...тьяна Мамонова и Татьяна Го... ...чева. Все они лишены совет... ...го гражданства. Австрийское ...авительство выдало им вре... ...нные паспорта, и они надеются ...оре получить гражданство ка... ...либо другой страны.

...Малаховская отрицает феми... ...тскую направленность выпус... ...шегося в Сов. Союзе ...льманаха "Женщины и Россия".

ПЯТНИЦА 31 ИЮЛЯ 1981 ГОДА

Женщины-курильщицы, женщи... ны-насильницы, - Господи, куд... этот мир катится? Свобода оч... видно идет людям во вред. ... часто думаю о том, что все пло... хое, что со мной случилось, свя... зано с тем, что я - женщина. На это можно бы возразить. Вед... все плохое, что со мной случи... лось, связано с тем, что я - муж... чина.

... вижу ясно, что детская безо... говорочная безоглядность жен... ского движения уже позади. А ... сегодня есть разные взгляды, ... есть спор, есть условия для по... исков истины.

НИНА ВОРОНЕЛЬ

Еще одна феминистка вынуждена покинуть Советский Союз

12 ф

22 января из Советского Союза эмигрировала ленинградская писательница Софья Соколова, член независимого женского клуба «Мария». Еще одна талантливая и бесстрашная женщина вынуждена была оставить родину под давлением КГБ. И на этот раз власти использовали в борьбе против женщины-матери самый подлый и коварный прием — ей угрожали расправой над ее единственным сыном Андреем. Еще весной прошлого года его без всяких оснований исключили из института и угрожали отправкою в Афганистан, несмотря на то, что Андрей по состоянию здоровья был освобожден от службы в армии. В течение ...ода продолжалась борьба одинокой женщины против хорошо отлаженной репрессивной машины. Непрекращающиеся обыски, аресты и вызовы на допросы, ...рямые угрозы заставили ее согласиться на выезд.

В течение почти десяти лет Софья Соколова участвовала в развитии неофициального искусства в Ленинграде. В 1979 г. она была одной из активнейших ...частниц первого в СССР феминистического журнала «Женщина и Россия». Весной 1980 г. она вместе с подругами подготовила создание женского клуба «Мария» и была одной из его основательниц.

За рубежом Софья Соколова намерена продолжать свою феминистическую ...еятельность.

Клуб «Мария»

..., кото...
особен...
ССР ...
она, ...
...рабов". ...
...группа, ...
...менует ...
...овыва... ...
...ой пра...

...ан при... ...СССР, ...их му... ...ся от... ...очение ...не. Из... ...призы... ...льство ...Афга...

...истана.

Наталья Малаховская

Неизвестно, позволят ... ...лаховской выступить на ... ...ренции, поскольку она ... ...ется представителем ак... ...ванной делегации. Скор... ...делегации стран восточн... ...ка постараются отстран... ...участия, но она готов... ...у здания, где проходит ... ...ренция и обращаться к ... ...кто только ей ответит.

Women East and West

The dramatic expulsion of the Soviet Union's three leading feminists focuses attention once again on strains within the Soviet system, and, in the words of the Socialist weekly *Le Nouvel Observateur* of Paris [July 26], shows that feminism may be a greater threat to the Russian regime than any other form of dissidence.

It quotes one of the women, fifty-year-old Julia Voznesenskaya, as saying, "In spite of official support for equality between the sexes, women's lot is still much harder than men's. With the shortage of meat...the consumption of vodka has increase!...compounding the suffering of women who are beaten by their alcoholic husbands."

Tatania Mamonova, an artist and poet who founded the first Soviet feminist magazine and edited it until her expulsion, thinks the women's movement in Russia will grow. "Living conditions in the U.S.S.R. are becoming intolerable because of food shortages and the anxieties created by the Afghan war.... Major changes are inevitable, and feminists will play a leading role."

—DONALD R. SHANOR

в этой стране. 13 февраля 1981

АВАРИЯ САМОЛЕТА В ЛУИЗИАНЕ

Хьюма, Луизиана, 12 февр. - Рухнул на землю и взорвался небольшой двухмоторный частный самолет. Пилот и три пассажирки самолета убиты. Пилотировала самолет также женщина.

...РЕННОЕ

Только у Юлии Вознесенской прозвучал призыв к терпимости в отношении марксизма. Она считает, что всякая теория имеет право существовать и развивать себя. «Я не против марксизма, но против большевизма, т.к. он — бандитизм...» Как пример, она указывает, что добровольно отдала на обыске книгу художника-коммуниста Нинкери, надеясь, что после этого Нинкери покинет ряды компартии.

Вадим Нечаев

C. Александровский (подпись)

МАТЬ ТЕРЕЗА И ДВЕ СОВЕТСКИЕ ФЕМИНИСТКИ.

БЕДНЫЙ ПАПА.

> "Разнесчастный римский папа,
> Ватикан с ним мучится:
> Не везет он их тележку,
> Ничему не учится..."
> "Генрих Бёлль, "Глазами клоуна"/

Добрались-таки бабы и до папы. Ну, мать Тереза, нобелевский лауреат, выступающая против абортов - это еще можно понять и простить: девушка ж небось, монахиня, и слов-то таких не знает, и опять же - детишек любит. Я и сам так дочку породил. Но я - за аборты.

Эти же девушки... Сначала они дают интервью /чем-то пахнущее/ в откровенно лесбиянский журнальчик "Ms.", после этого, теми же руками /но, полагаю, не с теми же вопросами/ - лезут к папе. Княгина Шаховская, из женской солидарности, все это печатает.

Хильда Горичева и Соня Соколова, "чудище обло" - указаны стрелкой на фотографии. Стрелки я не разобрал, да и самих красавиц, но факт, можно сказать, на лице. Папа, он христианин, он, в отличие от меня, послать их куда не может, да и откуда ему знать, что это за гули? Юродствующие завывания Хильды к "сестрам из России" я ни приводить, ни перечитывать даже не хочу, да и газета куда-то, к чорту, завалилась - не искать же!

Почему молчат о поэтах? Почему на фиг никому не нужна эта антология, а пятерых дур - провозгласили чуть ли не духом и совестью России?

Да, блекочут они что-то об абортах, никак не сходясь с сестрой Терезой. Но и без них ежу известно и ясно, что не с радости делаются они там. Как моя подруга, горняшка в Репино - на столе в общежитии, после праздненства, среди объедков - негр-медик, по дружбе, выскреб ей - а КУДА ей ребенка - без прописки, без жилплощади, на зарплату в 60 р? Мать Тереза этого, возможно, и не одобрила бы - в Третьем мире и хуже живут, но, повторяю, не с радости велией и не от разврата и блядства подруги в России на это идут. Не те, которые "представляют" советских женщин тут, а те, кто - там. И не блекочут они о христианстве, не лезут к папам и в монастыри, не дают интервью дурацких, а просто - живут и любят. И поэты - их... Вот о них - молился бы папа! А то...

МАТЬ ТЕРЕЗА — В БЕЛОМ ДОМЕ

АБОРТЫ В СССР

Москва, 5 июня (ЮПИ). - Заместитель начальника социального отдела Государственного комитета по планированию Александр Смирнов заявляет, что в Советском Союзе число абортов ежегодно превышает число рождений. "Мы пытаемся отговорить женщин от этого, но в конечном счете это - их решение", - сказал он.

Смирнов также сообщил, что смертность среди младенцев в возрасте до 5 лет увеличилась. В 1960-1964 гг. она равнялась 24,8 промилле. В прошлом году она достигла уровня в 29 промилле. Он приписывает это недостатку медицинского обслуживания в сельских районах.

Вашингтон, 5 июня (ЮПИ). - Лауреат Нобелевской премии мира католическая монахиня мать Тереза, прибывшая с кратковременным визитом в США, была приглашена на завтрак Белый Дом. На фото: президент Рэйген и первая леди провожают гостью, которая на днях покидает страну.

Письмо
к ленинградским подругам

Женщина XX века.

БАБЫ У ПАПЫ

Осточертели мне эти юродствующие "христиане". Один, выкрест Наум Подражанский, на полном серьезе, с по-

НА СНИМКЕ: Папа Иоанн-Павел II беседует с Т. Горичевой /указана стрелкой/ и с С.Соколовой /рядом с ней справа/. В картинке - кто есть где - разбирайтесь сами. Я не смог.

Татьяна Горичева

активистка женского движения в России, редактор альманахов «Женщина и Россия» и «Мария». Вместе с Н. Малаховской и Т. Мамоновой 20 июля 1980 г. была вынуждена покинуть Советский Союз. Сейчас живет в Западной Германии.

мощью толкового словаря Даля и полудюжины церковных книг, доказывал мне, что в пост - жрать бородинский сдобный хлеб, намазанный в палец растительным салом - можно, а пирожок с рыбой за 4 копе-

ки - нельзя. Другой выкрест, всю плешь мне проевший рассуждениями о канонах униатских и православных церквей - в жизни не одолжит какой сотни: это "не в его правилах". Насмотрелся я на этих христиан. Я человек простой и, можно даже сказать, примитивный: как примирить феминизм с христианством /я уж не говорю о гомосексуализме и лесбосе!/ - мне неведомо.

Ведомо зато - Хильде Горичевой. Цитирую из "письма" ее:

"Уже в первые месяцы нашего пребывания в Европе тысячи людей промелькнули перед глазами - интерес к русскому женскому движению огромный."

Комментирую: по юродству, по нечистоплотности, или по глупости - "русские феминистки" давали по приезде интервью, кому ни попадя. Интерес, действительно, огромный. Как к гомосексуализму в Америке: профессора-педики обнаружили у меня одного /из 150!/ гомосека в антологии - и вот его-то и начали бурно пропогандировать и переводить. Профессорша-феминистка, жаловавшаяся мне в Союзе, что несчастным дискриминированным женщинам ... приходится носить лифчики /при ее-то двух прыщах, в добавление к тем, что на морде!/, и вывезла из Союза - только стихи "поэтесс". Словом, насмотрелся. И нанюхался.

Но подвалила свежая волна. И пошла во все тяжкие "свидетельствовать": "Римские феминистки отличаются особой одержимостью - вот уж истинные "дщери вавилонские". На пресс-конференции, которую мы дали с Соней Соколовой..." - Дали-таки! А как насчет гигиены? Но:

"На следующий день я забыла о страстях пресс-конференции, потому что неожиданно для меня нас пригласили на аудиенцию к папе Иоанну-Павлу 2-му. Мы с Соней стояли в первом ряду, и Папа, обходя площадь, несколько минут говорил с нами." "В тот день он читал проповедь о браке, на пяти языках, чтобы быть услышанным всеми и каждым. Он говорил о том, что брак - это подвиг, что настоящая любовь требует аскезы и жертвы, что тело - не данность, а задача. Только очищенное от страстей, только через воздержание и отказ от эгоизма, может тело соединиться с духом. ... Эти столь естественные для православного человека /это папа-то "православный"? Он, по-моему, католик, что, впрочем, не делает разницы - ККК/ рассуждения казались мне в тот день захватывающе смелыми и покоряли бескомпромиссностью: ведь в то время в Италии обсуждался закон об аборте, и общественное мнение было явно на стороне тех, кто требовал узаконить убийство."

Комментарий: изнасилованная двумя неграми соседка моя, Салли, с ужасом сказала мне: "А если я забеременею?" Ей, почему-то, не хотелось рожать этот плод любви, и она согласна была на "убийство". Но Горичева ей не позволит. По-христиански осудит. Мать Тереза, как и Святой Францизск /коего люблю очень/, имеют право быть придурковатыми: от добра, и Царствие Божие - их, но ведь Хильда и философию читала! А ныне они "в меру своих слабых сил свидетельствуют о том, что происходит сейчас в России." Бедная Россия! Свидетелей понаползло...

WOMENSPACE
PRESENTS

JANUARY

Jan. 7   Terry Galloway - Poet

Jan. 14 Women and Prisons - Perspectives on Local, State
         and Federal Prisons

Jan. 21 Blasts From the Past with Cynthia Leigh at the
         Piano (Donations for piano rental)

Jan. 28 Issues of the Women's Movement in the Mid-70's -
         A Discussion with Representatives From: Austin
         Lesbian Org., Austin Women's Political Caucus,
         Mexican-American Business and Professional Women's
         Assoc., National Org. for Women, WomenSpace

FRIDAY NIGHT
coffee at 7:00, speakers at 8:00

472-3053
WOMENSPACE   2330 GUADALUPE

Women and Prisons

Julia Vosnesenskaya, a wonderful girl and a poet from Russia. She is now being sentensed to 5 (five) years in Siberia prisoner camps. For what? For defending artists and poets. Secret police (KGB) frowned upon her. May be You can help a woman? I was discriminated against to speak here about her. Now I am publishing her diary with Alla Burago. Pick up on it, it will be in the book-stores by March. Read and Help.

ДЕМОНСТРАЦИЯ В ЗАЩИТУ САХАРОВЫХ В ГЕРМАНИИ

Несмотря на некоторый спад активности кампании в защиту Андрея Сахарова и Елены Боннэр, в Западной Германии почти ежедневно проводятся собрания, информационные вечера, собираются тысячи подписей под петициями в защиту Сахаровых.

Международное общество прав человека провело 15 сентября, перед показом фильма о Сахарове по западногерманскому телевидению, две демонстрации — перед советским посольством в Бонне и перед представительством СССР в Западном Берлине. В полдень группа бывших советских политзаключенных, в их числе художник Герман Бердник, Юлия Вознесенская и Махмет Кульмагамбетов приковали себя наручниками к воротам советского посольства в Бонне. На шапках этих ...

тив "антисоветской провокации", однако отказалось дать какие-либо разъяснения журналистам относительно судьбы Сахаровых.

Западногерманские газеты сообщили об этих демонстрациях, причем "Ди Вельт" подчеркнула, что "западные правительства не столь решитель-

ны в своих действиях, как смельчаки — бывшие политзаключенные из стран восточного блока. Если бы мы последовали примеру этих людей, Советы, возможно, не смогли бы действовать столь самоуверенно и безнаказанно".

Франкфурт-на-Майне, ФРГ

Демонстранты у ... советского посольства в Бо... е. Слева напра... ...бетов, Ю. Вознесенска... ...орреспондент

THE NEW Ms.

NOVEMBER 1980
$1.25

MALE STRIPPERS?

EXCLUSIVE!

FIRST FEMINIST EXILES
FROM THE U.S.S.R.

INTERVIEWED BY ROBIN MORGAN

Help from the Job Experts:
Are You About To Make the Wrong Move?

The Empty Nest:
It's Dad Who's Crying Now

Sylvia Porter Tells How She
Manages Her Own Money

14255

Peter Lehner

If you don't go to find the politics, the politics come to find you...."

Yuliya Voznesenskaya *is a poet, a well-known literary figure in Leningrad intellectual and dissident circles, who has been in prison and forced-labor camps. She is 39 years old, divorced, and the mother of two sons, ages 15 and 19.*

I was a bit luckier than my friends because my ways of life were set early. When I was 18, I found out that if I wanted to raise a family, I had to supplement my poetry by some other kind of work; I learned that there was official poetry and unofficial poetry, and it was clear that I would take the direction of the unofficial poetry. My parents were permissive, but were never dissidents. My father is a real Communist, dedicated to the Party. The name Lenin for him is sacred. But in 1949 when intellectuals were being suppressed and some of my parents' friends were arrested, they explained to me what repression means.

Then again, in 1949, there was a big wave of anti-Semitism. I was dedicated to medicine then, and in some book I had found the word "syphilis" and had asked my mother what kind of illness that was. She said, that's a bad type of illness you get if you move in a bad kind of society. A few days later, I heard that anti-Semitism was good and I asked her what *that* was—and she said, that's the same, a disease too, you can only get in a bad kind of society. That was my education.

When Khrushchev's era started, when we were promised democracy, I had been prepared for it. So when Khrushchev and his group came to their senses, so to speak, and poets were again forbidden, I couldn't change back again.

In the 1960s we organized a club of unofficial poets. I was about 20 then. Of course, we were watched by the KGB—I suspect they even allowed us to form that club in order to have us all together. At that

---

In January the authorities again started a case against me. But at that time the Boston public TV rescued me. They made a documentary film in which an actress played me. It was shown on January 8, 1980. I was arrested a week later. The KGB had no knowledge of that film being shown. So I said, "Take me, this is very good publicity for my film." Five hours later, I was free. I know, by the way, the documentary talked about me as a poet and someone who had been in prison, but did not say one word about me as a feminist. That's probably because of my male friends in the West who were consultants for this film. They are upset by my new feminism, afraid because they think I have gone too far. I would like to thank, through *Ms.,* the Austin, Texas, feminists, who organized a conference about women in prison in 1978 or 1979 and talked about me personally.

СЛЫШАЛА ЗВОН...

"Однако, я знаю, что фильм говорил обо мне, как о поэте и ком-то, кто был в тюрьме, НО ОНИ НЕ СКАЗАЛИ НИ СЛОВА О МОЕМ ФЕМИНИЗМЕ. Это вероятно потому, что мои МУЖСКИЕ ДРУЗЬЯ на Западе были консультантами фильма..."

В дневниках Юлии, цитируемых и не, НИ СЛОВА О ФЕМИНИЗМЕ. А по ним и делался фильм. Более того, моя бывая литературная агентша Фрида, поэтесса-бисексуалка и феминистка, ОТКАЗАЛАСЬ продвигать дневники Юлии, поскольку "там она говорил о женщинах без уважения". Ну и что, говорю, о мужчинах она говорит еще с меньшим уважением - но это меня не колышет: книга ж гениальная! Не, лидерша феминизма Фрида Юлию не ест.

"Я хочу поблагодарить через "Мс." феминисток Остина, организовавших конференцию о женщинах в тюрьмах в 1978 или 1979 и говоривших персонально обо мне." - излагается Юлия. На конференцию "Женщины в тюрьмах" меня говорить о Юлии НЕ ДОПУСТИЛИ, сославшись на "пол" - что они там, еблись, что ли, на заседании?, предложив прислать переводчицу, поэтому единственным упоминанием Юлии - были ли мои "афиши", коими я покрыл все ступеньки входа в эту грязную /и не в переносном, а в прямом смысле, полов и лестниц там никто не моет: эмансипировались/ лавочку, напился с горя, стоял у входа и показывал хуй. Ну, хуй, я, положим, не показывал: озвереют девушки, с голодухи и эмансипации, набросятся, а - дубинку, увесистую и при этом материл их на всех языках мне известных /а знаю я много/. Прошмыгивали, бляди, как мыши - заседать о своих тюрьмах. Прямо по Юлииной морде перли - я ж все ступеньки обклеил, и это было единственное "упоминание" ее на этой конференции.

Вот так и создается "художественная правда" - скверные "мужские друзья" не помянули о ее феминизме /да кто ж ее, ...дюгу, знал, что она из оных - в феминистки пошла? там она - этими самыми - не брезговала, не пропускала/, делая фильм. Пардон, "консультируя", по ее выражению. Консультантом, действительно, был Илья Левин, а я только перевел дневник с Аллой Бураго, набрал начало, ну и изображал самого себя в фильме. О феминизме я, действительно, не говорил, поскольку говорил о Юлии и о поэтах, а об этом пусть она сама фильм снимает.

Печатаю это - и слышу русскую речь по американскому телу: мадам Солженицына призывает каждого туриста везть в Россию минимум одну Библию, как самый насущный духовный харч. Какая-то мерзкая рожа, на христианина вовсе не схожая, объясняет, что будет это стоить 4 доллара, каковые нужно послать... И совесть у любого туриста будет спокойна: сделал все для распространения веры Христовой в странах тоталитарного блока. И пошлют ведь!

А издать альбом "Порушенные храмы Севера" /есть помимо и фильмик о церквях Украины, 8 мм/ - мне попрежнему не на что, лежат тысячи фот, фактов сотни подобраны - но ткнулся я тут к христианским издателям в Вако - НЕ НУЖНО им это.

Кому что - кому надо свой феминизм пропагандировать /все зло - от "фаллократии", а по мне - и пиздократия будет не лучше/, УЩЕРБНОСТЬ свою демонстрировать, а - и о чем говорить? Привожу просто светлые лики остальных борчих, но даже цитаты из них - переводить неохота. Так, иллюстрации для.

ПОЧЕРКУШКИ МАМОНОВОЙ НА ВЫСТАВКЕ В Д/К ГАЗА, 1974.

Peter Leitner

Different lines of thought are now evolving in Soviet society. All of the old men now in power will go fairly soon...."

Tatyana Mamonova is a painter who also writes poetry. She conceived and edited "Woman and Russia," the first feminist magazine (published as a "samizdat") in the U.S.S.R. She is 36 years old, married, and has a five-year-old son.

After I had left *Aurora* in 1970, I got involved with the "nonconformist painters." I organized a few exhibitions and I was the only woman taking part in the first exhibition of nonconformist painters. I do mainly watercolors and miniatures, but I was not allowed to bring a single work of my own from the U.S.S.R.

Although male artists were often against my taking part, I am proud to say that many people who came to see these paintings—and these included correspondents and diplomats who were interested in unofficial Russian art—paid more attention to my miniatures than to those big paintings by the men. My male painter colleagues got jealous of me and I left that movement. Thereafter my contact with diplomats from different countries got more extensive; they would send their friends to Leningrad to my home to view my paintings, and I supported my family by selling

(continued on page 107)

like a gulp of fresh air after Stalinism. What happened in literature and in the arts—Valentina Tereshkova in space—this was a positive movement. If liberalization had continued, other women would have had the chance to come to some power, to change our society.

ХУДОЖНИЦА МАМОНОВА

... Нет, нельзя такие перлы без внимания оставлять. Они нужны для истории. Помимо Валентины Терешковой в литературе и искусстве, как положительного явления /от слова "положить", как и Фурцеву - об этом см. у Тарсиса, "Недалеко от Москвы", в образе Катьки Фугасовой/, имеем и другое.

Заявление Мамоновой об "организации нескольких выставок" не комментирую: может, и выставляла что по моем уже отъезде, но то, что она была "единственной женщиной на первой выставке /в ДК Газа/" - то что же говорить о выставлявшейся покойной Тане Кернер, живой Леночке Захаровой, еще какой-то прибалтийке, и о половине баб в группе стерлиговцев? Их не было? Была одна Мамонова? Да, ТАКОГО уровня - была она одна. Остальные были профессионалами.

Но оказывается, ушла она из движения, поскольку "мужские коллеги" "стали завидовать ей". Было бы чему.

Повторяю, с полной ответственностью за свои слова: БОЛЬШЕГО ГОВНА С ТОЧКИ ЗРЕНИЯ НЕПРОФЕССИОНАЛИЗМА, ЛЮБИТЕЛЬСТВА И УБОЖЕСТВА - на выставке, действительно, НЕ БЫЛО.

Мне не на что печатать не только женщин, но и мужиков, да и негде, но: см. рисунки Е.Захаровой в разделе "Петр Брандт" /т.4Б/, там же статью и репродукции Татьяны Кернер, а здесь уж, раз пошла такая пьянка, привожу разворот двух учениц Стерлигова /женского пола, что никак не умаляет их талантливости/. Они, согласно информации г-жи Мамоновой, на выставке тоже "отсутствовали".

Или, может, они не женщины? Во всяком случае, они не феминистки, это я точно знаю. Может, и еще кого из баб забыл, но каталог, поскольку печатать его некому, уже разобран мною по частям: чтоб хоть ЧАСТЬ покрыть...

Мамонову я тоже привожу.

На предыдущей странице.

Ее работы министерство культуры не пропустило, полагаю, от полного отвращения. За русское искусство стало стыдно.

Нет, не могу я стерлиговок рядом с таким дерьмом помещать! См. в отдельном разделе: "Стерлигов и ОБЭРИУ".

НЬЮСМЕЙКЕРЫ. ПОЭТЕССА МАМОНОВА — ЖЕНЩИНА
И РОССИЯ.

Известно всем, что отнюдь не золото всплывает на поверхность. Западные "ньюсмейкеры" - гребают это лопатой или совком и бойко размазывают по странице. А "читатель" - жрет. Читатель западный, как и читатель советский, давно уже привык ко всему. Вот и попадает советская феминистка, "поэтесса, художница и редактор" Татьяна Мамонова на 59-ю страницу "Ньюсуика" от ноября 1980 г. В джинсах и бабушкиной ситцевой кофте /и где она такую на Западе откопала?/ рядом с парижскими моделями Шанель, Кензо и Сен-Лорен, рекламой.

Заметка называется "Проткнутый миф о равенстве". Проткнутый - чем? Поскольку речь идет - о сексуальном неравенстве в России, как раз. На примере подпольного журнала "Женщина и Россия" /на снимке - у нее на коленях, с довольно мерзкой обложкой, вероятно - Мамоновой е/. Статьи, стихи и акварели - отражают отчаяние современной жизни, как пишет обозреватель. С русскими женщинами зачастую плохо обращаются их мужья, они занимают низкооплачиваемые должности, почти не имеют возможности контролировать рождаемость, и вынуждены пользоваться антигигиеническими яслями и абортариями. И всё, в принципе, правильно, только не из ее бы уст...

"Мамонова приехала в Штаты поделиться своим опытом. Одно из препятствий, с которым сталкивалась феминистка: "Мужские диссиденты /иначе не могу перевести идиому "male dissidents", хотя и звучит, как "мужской половой хуй" - ККК/ - итак, эти злобные мужские диссиденты "говорили, что журнал слишком прелестен, чтобы принимать его всерьез," - сообщила Мамонова."

Ну, если она украшала журнал своими пописушками и почеркушками - то прелестными их назвать нельзя. Стихи ее знаю году с 68-го, когда Васька Бетаки представил мне юную прыщавую поэтессу, свою тогдашнюю пассию. Стихи были попросту бездарны и могли нравиться только Ваське /как и автор их/. С "живописью" Мамоновой я столкнулся уже в 74-м, когда она просочилась на выставку 53-х художников в ДК Газа четырьмя самодеятельно-безграмотными почеркушками и потом пыталась просочиться же в составляемый мною каталог. Причем не сама, а засылая ко мне своего дискриминированного мужа. В ответ на мое заявление, что говна не держим, что у меня и на серьезных-то художников денег нет /Таню Кернер/, предложила заплатить... Абы только узреть себя в каталоге. Девушке славы желалось. Имеет.

NEWSMAKERS

When **Tatyana Mamonova's** underground journal, Woman and Russia, appeared in the West last spring, it punctured the myth of Soviet sexual equality. The articles, poems and watercolors detailed the frustrations of contemporary life. Russian women are often abused by their husbands, hold the lowest-paying jobs, have little access to birth control and must use unhygienic maternity or abortion clinics. Exiled along with three other women who worked on the journal, Mamonova is in the United States to tell about her experiences. One obstacle the feminists faced: "The male dissidents said the journal was too pretty to be taken seriously," says Mamonova.

Mamonova: Punctured myth of equality
Bettye Lane

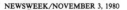

A swirl of fashions by Kenzo, Miyake, Chloé: 'Pants, shorts, skirts, take your pick'
Photos by Geoffrey Thomas—Transworld

NEWSWEEK/NOVEMBER 3, 1980

else?—Russian vodka and caviar.
CATHLEEN McGUIGAN   59

Russian men say: 'She whom I beat, that's whom I love.'"

Natalya Malakhovskaya is a novelist and essayist who is now the representative of the Russian feminist journal, "Maria," in the West. She is 32 years old, the mother of a 10-year-old son, and is divorced.

Yuliya Voznesenskaya reports that "One of the most idiotic ways of terror the KGB uses on women is faking a sexual attack"—letting the woman escape at the last moment but leaving her terrorized. She says, "Once such a KGB 'maniac' waited in front of my house until two in the morning. It was near a street where there were many official and unofficial prostitutes, but he was waiting only for me—that's KGB. Snow had fallen, and you could see the footprints he'd made while he paced for hours in a circle. You learn to tell the unofficial rapist from the official rapist."

Homosexuality

Although the Soviet Union officially denies that it has any "problems" with homosexuals, there is a special article in the criminal code that states that the punishment for homosexuality is imprisonment for a maximum of eight years. Usually only men are brought to court; they are more visible and have their own (illegal) bars, at the discretion of a bribed militia.

Yuliya Voznesenskaya feels that lesbians are tried and sentenced more infrequently than men because "lesbianism itself is rare in Russian life," but Tatyana Mamonova claims this is because lesbians are put into psychiatric clinics instead of prison. "There are many contacts between women," she says, "but they are forced to keep them secret. There are small ghettos and a woman is checked well before she is allowed in, because the women there are afraid that she might report on them."

Female homosexuality seems most "public" in women's prisons and labor camp dormitories, and in textile towns where more than 60 or 70 percent of the people are women. Voznesenskaya claims to have witnessed sexual force used by women against women in prisons, but adds that "prison brutalizes everybody." In the society at large, she says, she supports freedom of sexual choice that harms no one: "Sexuality is your own expression, like writing poems." Mamonova believes lesbian rights to be an intrinsic element of feminism, and thinks that the Soviet attitude toward male homosexuality, while bad, is not as severe as that toward lesbianism. She thinks this is "perhaps because whatever men do is more acceptable than what women do."

Violence Against Women: Official and Otherwise

There are as yet no shelters for battered women or rape victims in the Soviet Union, although battery and rape are common, according to the Russian feminists. Tatyana Mamonova points out that there is a law stipulating five to seven years in prison for rape—but only one percent of raped women report the crime, because the woman is blamed and ridiculed; rape in marriage, she notes, is prevalent, but not covered by law. Both crimes are furthered, Mamonova adds, by widespread male alcoholism, which is caused "in part by frustration with the falseness in society but which also comes from Russian male tradition."

Peter Lehner

"The church is the only place where women can talk about their problems."

Tatyana Goricheva is a philosopher and feminist theologian. She is 43 years old, divorced, and has no children.

Reproductive Freedom

The Russian feminists report that effective contraceptives are almost unavailable in the U.S.S.R.: diaphragms can seldom be obtained; there are no IUDs; and the Pill is not manufactured. The contraceptives that are available (but even in Moscow and Leningrad cannot be found in drugstores) are vaginal suppositories, plus prophylactics for men, which the men don't like to use.

The feminists think that the scarcity of contraceptives is due to the Soviet Union's not considering women's needs an industrial priority; furthermore, they suspect that the government wants Russians to have more children, because of its racist concern about the greater growth of the ethnic populations in the other Soviet republics.

Natalya Malakhovskaya says: "People who have contacts abroad ask their friends to bring contraceptives when they visit. Everybody is embarrassed, but there is no other way." Tatyana Mamonova adds: "I know that women in the West are fighting for abortion rights, but we have a different problem: for lack of alternatives, a Soviet woman is forced to have frequent abortions—eight or ten during her life, on the average—under very bad conditions."

An abortion by a private doctor, with

anesthetics and antiseptics, is illegal, difficult to find, and very expensive (between 50 and 100 rubles). The State abortion clinics are legal, but in the words of the Russian feminists, they are "butcheries," where women are made to feel immoral. Sick pay is given to a woman who falls ill, but not to a woman in hospital for an abortion.

Many women terminate a pregnancy by going to midwives, who perform simple curettage at an early stage or a full abortion later—but done with any instrument available, on a couch, and without anesthetics. Some midwives pour vodka into the uterus: this brings on a heavy hemorrhage and disinfects at the same time, but burns the uterus. Voznesenskaya says: "Another widely used method is for a woman to drink all kinds of dangerous liquids—solutions of soap and manganese, or solutions of saffron and tobacco elixir—or sometimes a woman may get an intravenous injection of Synestrol to contract the uterus. Usually, there are severe complications, especially blood poisoning. When the woman goes to the hospital, she must face doctors who are trained to refuse her medical attention until she tells them who performed the illegal abortion. She is tortured, in a way. Many women die in such a situation."

ГНЕВ НАР
СОТРЯСАЕТ СТЕНЫ
ПОЛМИЛЛИОНА АМЕРИКАНЦЕВ ВЫШЛИ НА УЛИЦЫ ВАШИНГТОНА,

НИКОГДА еще, по мнению «Вашингтон пост», столица США не становилась местом проведения столь мощной политической демонстрации. По явно заниженным официальным данным, количество ее участников превысило четверть миллиона человек, а по мнению некоторых газет, полмиллиона, намного превзойдя ожидания ее организаторов и по численности сравнившись с маршами противников агрессии США в Индокитае. Я прошагал от стен Капитолия до подножия памятника Джорджу Вашингтону и всюду видел нескончаемые ряды демонстрантов, над головами которых возвышались щиты с названиями мест, откуда они съехались на День солидарности.

Щитов было много, но еще больше плакатов с лозунгами, содержание которых может пояснить, почему в Америке простых людей снова зреют гроздья гнева. «Первая линия обороны Америки — защита системы образования», «Работы, а не вооружений!», «Кормите народ, а не Пентагон!», «На американцев уже сбросили нейтронную бомбу. Это — рейгановский бюджет» — гласят надписи. «Президент попал в кризисную ситуацию в своей внутренней и внешней политике гораздо быстрее, чем он сам или кто-либо другой мог предположить», — пишет в воскресном номере «Нью-Йорк таймс» Джеймс Рестон.

В этих словах жесткая, но верная оценка положения правительства США и объяснение того, почему всего лишь через восемь месяцев после прихода республиканцев к власти члены американских профсоюзов, более 40 процентов которых в ноябре голосовали за Рейгана, сейчас в своей массе отвергают его программы.

Вот что говорят простые люди Америки. Электрик Энтони Фонсека (г. Спрингфилд, штат Массачусетс): «Мы почти полвека по кирпичику строили фундамент своего благополучия, а нынешние хозяева Белого дома одним махом хо-

тят его разрушить». Почти слово в слово с возведенной напротив Капитолия трибуны это повторил президент Национального совета пенсионеров Джекоб Клейман: «За 46 лет, что существует закон о социальном страховании, на него не покушался ни Рузвельт, ни Трумэн, ни Эйзенхауэр, ни Кеннеди, ни Джонсон, ни Никсон, ни Форд, ни Картер. Нынешний же президент отдает распоряжение сократить выплаты тем, на кого этот закон распространяется».

Идея проведения демонстрации зародилась несколько недель назад в профсоюзных низах и быстро захватила американских трудящихся. Профбоссы из верхушки АФТ — КПП встревожились: не остаться бы за бортом набира-

ющего ход движения — ведь из-за их соглашательской политики с 1950 года процент трудящихся, входящих в профсоюзы, упал с 35 до 21. Вот почему лидеры объединения поспешили вскочить на подножку уходящего поезда, а потом и смело пробраться в голову состава. Во всяком случае, формально походом в Вашингтоне командовала АФТ —

КПП. Это
заться на
форме д
рании и
щих масс
за коренн

Попыт
благоприя
вышении
акций и п

Простые американцы съехались 19 сентября в Вашингтон со всех концов страны на День солидарности, чтобы сказать решительное «нет» антинародному курсу американской администрации.

ЭХО БУРИ: КУДА ВЕДУТ «

ПОЛМИЛЛИОННАЯ ДЕМОНСТРАЦИЯ ПРОТЕСТА ПРОТИВ НЫНЕШНЕГО КУРСА АДМИНИСТРАЦИИ Р. РЕЙГАНА, СОСТОЯВШАЯСЯ В ВАШИНГТОНЕ, ВЫЗВАЛА ШИРОКИЙ РЕЗОНАНС КАК В САМИХ СОЕДИНЕННЫХ ШТАТАХ, ТАК И ЗА ИХ ПРЕДЕЛАМИ.

● НЬЮ-ЙОРК

«Рейган столкнулся с кризи-

Телекомпания Эн-би-си подчеркивает, что манифестация в

одного широкого
новской коалиции, объединяющей различные круги общественности США.

● ПАРИЖ

Недовольство, выраженное

му, почти равную той, которая была истрачена на военные цели за последние 20 лет. Это беспрецедентное усилие осуществляется за счет урезания ассигнований на социальные

«Через
вступила
ность, —
стоявшая
монстра
бой возм

РОДА

ГНЕВ

КАПИТОЛИЯ
ГНЕВ

РОТЕСТУЯ ПРОТИВ ПОЛИТИКИ РЕЙГАНА
СОТРЯСАЕТ:

могло не ска-
ициальной плат-
страции, кото-
гаивала на сох-
ус- кво работаю-
щев, не предла-
ограммы борьбы
реобразования.

момент для по-
х политических
дшие в оппози-

цию демократы. Их представи-
тели—особенно те, кто помыш-
ляет о высоких постах в госу-
дарстве, обратились к демон-
странтам с заверениями в под-
держке. Наряду с обычной в
таких случаях демагогией про-
звучали и примечательные сво-
ей трезвостью оценки. «Я хотел
бы напомнить некоторым высо-
копоставленным деятелям
нашей страны,— сказал, обра-

щаясь к участникам такой же
демонстрации в Сан-Франци-
ско, бывший вице-президент
У. Мондейл,— что непоследова
мере непоследова
держивать ход соб
ше, подрывая и ра
и разрушая профсо
собо...

На снимке: участники манифеста-
ции.
Телефото ЮПИ — ТАСС.

—амери-
корр.

ДРУЖЕСТВЕННАЯ БЕСЕДА

ПРОТЕСТ НА КРАСНОЙ ПЛОЩАДИ

Москва, 22 июля. — Итальянец
Энзо Франконе, прибывший в
Москву на Олимпийские игры,
попытался приковать себя наруч-
никами к ограде собора Василия
Блаженного и развернуть плакат
с протестом против жестокого
преследования гомосексуалис-
тов в Советском Союзе.

Однако он не был готов к
сверхбдительности советской
милиции. Не успел 32-летний
итальянец достать из кармана на-
ручники, как на него навалились
блюстители порядка и уволокли
в отделение милиции. Итальян-
ское посольство считает, что
Франконе будет выслан из Со-
ветского Союза.

Итальянский гомосексуалист
заявил, что он собирался выра-
зить протест "против подавления
тела" в Советском Союзе и имен-
но во время Олимпиады — "фес-
тиваля тела", как он выразился.

Одновременно советские аген-
ты задержали трех западных жур-
налистов и после короткой борь-
бы на Красной площади конфис-
ковали отснятую пленку и чети-
рех фотографов и телевизионной
бригады, сопровождавших Энзо
Франконе. Арестованные журна-
листы были скоро отпущены, невин...

А. ПАЛЛАДИН,
соб. корр. «Известий».
ВАШИНГТОН.

ИЗГНАННИЦЫ ПРИБЫЛИ В ВЕНУ

Вена, 22 июля. — В Вену при-
были изгнанные из СССР три со-
ветские женщины, основавшие
первый в стране феминистский
журнал "Женщины и Россия". На
прошлой неделе вышел его тре-
тий номер, в котором опублико-
ван призыв к советским женщи-
нам убедить своих мужей и сы-
новей скорее предпочесть тюрь-
му, чем отправляться воевать в
Афганистан.

Эти трое — Татьяна Мамонова,
издавшая первый номер журна-
ла, философ Татьяна Горищева и
филолог Наталья Налачоская,
выпустившая два последних но-
мера.

Женщины, прибывшие в Вену
со своими семьями, заявили, что
они не являются феминистками
в западном смысле этого слова,
но просто выступают против
всей советской системы в целом.

Журнал "Женщины и Россия"
вышел в самиздате, но затем по-
пал на Запад и был издан в Пари-
же.

■ (ТАСС).

ТЕСНОЕ СОТРУДНИЧЕСТВО

ОЛИДАРНОСТЬ»?

вает
Ва-
вы-

ть месяцев после
Рейгана в долж-
«Матэн»,— со-
Вашингтоне де-
ознаменовала со-

начинают открыто выражать
недоверие администрации.
● ЛОНДОН
Восемь месяцев пребывания
у власти Рейгана, пишет лон-

ступлениями в США в период
агрессии во Вьетнаме. Интере-
сам большинства американцев
не отвечают планы Рейгана,
основу которых составляет

У франкфуртского стенда

Традиционный «антисоветский» стенд у советского павильона на Международной книжной ярмарке 1982 года во Франкфурте-на-Майне. В этом году, благодаря стараниям нового руководства КГБ, мы могли не только говорить о репрессированных литераторах, но и представить посетителям выставки книги, за которые эти люди подверглись репрессиям. Сборники «Надежда», выпущенные под редакцией Зои Крахмальниковой, и книги арестованного в этом году писателя Леонида Бородина вызвали большой интерес у пришедших на выставку. В то время как работники советского павильона выражали протест по поводу незапланированного стенда, рядовые посетители тут же на выставке подписывали протесты по поводу преследования Зои Крахмальниковой и Леонида Бородина.

Вот текст одного из таких обращений:

«Москва, Кремль, Леониду Брежневу.

Господин Генеральный Секретарь!
На интернациональной выставке во Франкфурте-на-Майне я узнал о судьбе русской христианской писательницы Зои Крахмальниковой и получил возможность увидеть составленный ею сборник «Надежда». Я убедился, что этот сборник носит исключительно религиозный характер. Я узнал, что именно за выпуск этого сборника Зоя Крахмальникова 4 августа 1982 года была арестована и теперь ей грозит суд.
Я призываю Вас персонально воспрепятствовать этому акту вандализма и освободить Зою Крахмальникову.

Франкфурт/М.   Октябрь 1982 г.

Ю. ВОЗНЕСЕНСКАЯ

ВЕСТИ ИЗ СССР

В ночь на 1 мая 1982 в Ашхабаде загорелось здание ЦК КП Туркмении.

Стало известно, что 1 нояб. 1981 произошла фашистская демонстрация в г. Кургане. В ней участвовало более 100 чел. старшеклассников в рубашках с нарукавными повязками с

Я тоже выражаю "протест" по поводу занятий такого рода хуйней, за деньги - если не КГБ, то ЦРУ. От этих закордонных "патриотов", мнящих себя Герценами и Лениными - меня блевать тянет. Будто ЦРУ /а заодно и Сюртэ, и Интеллидженс Сервис/ спят и видят Россию - сильной, свободной, независимой и демократической. Да во гробе они ее видели! Ни Гитлер, ни Рейган, ни Помпиду-Тэтчер не заинтересованы в малейшем процветании соперника. Почему и содержат - "Волны" и "Голоса". На которых работают ярые патриоты, продавая Россию - по шиллингу, доллару, рупии и франку. Пока еще чохи китайские не предлагают. А европейская валюта - в ходу. Гум тут спросил у Алика Гинзбурга: как же он, бунтовавший против КГБ - теперь шпионов для ЦРУ обучает? "Ну, это же не одно и то же!", сказал диссидент Алик. А по-моему - один хуй. И тоже на три буквы приходится, что я тут фэ-бэ-эрщикам и сказал. Сдержанно, и без энтузиазма поржали.
Помощи же подобные выступления "на панели" - по моему, 10-летнему опыту, никому не приносили. По принципу, полагаю: собака лает - ветер носит. Сейчас уже 3 года вопят о поэтессе Ирине Ратушинской, бубликаций ее - вдвое больше, чем у Бродского. Проку? Только то, что даже я - перестал стихи ее читать, не говоря за включать в антологию. Обрыдло. 300 поэтов печатаю за свой счет, полста прозаиков ожидают, а деньги идут на франкфуртскую пропаганду и в карман патриоту Щаранскому. И противно мне за Юлию, что и она там... А я - нигде. Тут.

OTTO WEININGER и его "Geschlecht und Charakter": /К 100-летию базара/

на Этне меня больше всего поразило удивительное безстыдство кратера

всю половую жизнь Вейнингер по детски рассматривает, как какой-то приготовленный сундучок

касаясь женщины, приходится говорить не об антиморальном, а аморальном бытии. женщина - аморальна

абсолютная женщина не знает никакого "я", никакой души

абсолютным доказательством безстыдства женщин является тот факт, что женщины не стесняются между собой совершенно раздеваться

выдающиеся люди любят всегда только проституток

бесконечно большую роль в женском движении играет стремление от материнства к проституции

как целое, женское движение скорее является эмансипацией проституток, чем вообще женщин

женщина с сильным содержанием Ж должна быть признана полнейшей идиоткой

женщина должна искренно и добровольно отказаться от половых сношений

символом еврейского является муха. в пользу этого говорит многое

сам Вейнингер с самого начала обнаруживает все признаки вырождающегося дегенерата и притом с сильной примесью истерии

                                        Д-р Пробст, психиатор

2

в то самое время, когда женское движение, которое Арна Габорг называет величайшим явлением XIX столетия, идет шаг за шагом...
Ядвига Дом делит их на четыре категории

заблуждения этого одинокого гения, его странное суеверие, его наивную фетишистическую любовь к гаремной системе, этому продукту чудовищного разума Азии

под закон подводится затем и явление гомосексуализма

в половых органах, этих "фокусах воли", как их называет Шопенгауэр

вывод относительно того, что гомосексуалистов не следует ни запирать в сумасшедший дом, ни подвергать уголовной ответственности, а следует предоставить им находить удовлетворение тем способом и там, как и где они могут его найти, совершенно правилен

женщины наделяются признаком "мужественности", если они занимаются науками или спортом, или не носят корсета но ведь усматривал уже Ницше в чтении газет женщинами признак уподобления их мужчинам и выражал опасение, что Европа от этого "обезобразится"

настоящих мужчин вообще не особенно много

напротив того часто встречаются высокоодаренные женщины, которые в то же время отличаются очаровательной женственностью

гомосексуальная любовь делает больше чести женщине, чем гетеросексуальные отношения

последняя "продала" свою повесть Достоевскому для помещения в его журнале... женщина, которая сегодня "продает" свою повесть, может завтра продать свою любовь

несомненно, что среди мужчин было несравненно больше гениев и несравненно более сильных, чем среди женщин. но...

что доказывают имена великих поэтесс, которые выдвинулись за какихнибудь последние пятьдесят лет, когда женщины начали больше работать в этой области

то обстоятельство, что женщинам, наконец, надоело идти в проститутки

так, например, еще ни одна женщина не описала своих ощущений и чувств в период беременности

в этом приняли участие и женщины, их писания правда, не всегда блещут талантом или проявляется он в незначительной дозе, но зато в них много неустрашимого мужества

но вслед за этим он упоминает о женщине-архитекторе, как "образе внушающем почти сожаление"

возможно впрочем, что это объясняется и меньшей способностью их к музыке, так как нельзя отрицать, что в некоторых областях женщины обнаруживают меньшие способности, чем мужчины, например это несомненно имеет место в области хирургии

и бальные впечатления у нее заметно поблекнут

абсолютная женщина не имеет никакого "я"
историческим обоснованием его взглядов является ссылка на китайцев
они ведут счет только мальчикам

впрочем в этом отношении и у нас много сходства с китайцами

развитие до полного мужчины для нее конечно невозможно. так заявляет Стриндберг

Стриндберг, который в течение тридцати с лишним лет явно, пред лицом всех "страдает от женщины"

одну уже "готовность допускать легкие дотрагивания и прикосновения" он называет "инстинктами проститутки"
так на основании мифа о Леде делается заключение, что женщина более склонна к содомскому греху, чем мужчина
кто пользуется еще и теперь на востоке для половых сношений козами, кобылами, курами, мужчина или женщина?!

Грета Майзель-Гесс, феминистка

ЧТЕЦ АНАТОЛИЙ ШАГИНЯН и ККК у павильона Росси. Белые ночи 1974. Фото Б.Смелова.

ГЛАВА О ЧТЕЦАХ, обещанная,
с отступлениями и дополнениями.

Чтецов не люблю с детства. С тех пор, как самого заставляли декламировать - не то, что хотелось, а чего-нибудь из классики. Однако с чтецами Ленинграда знаком. Знакомство это началось с детства же, когда тетка затащила меня в Филармонию послушать завывающего стихи Блока какого-то идиота - не то Ларионова, не то Лактионова, но словом - знаменитость. Не помню уже. Она же /первая пионерка города Ленинграда, а пропос/ таскала меня на встречи с советским фантастом Георгием Мартыновым, автором бездарнейшей повестушки "220 дней в звездолете", актером не то Кожевниковым, не то Кадочниковым и, сколько помню, 5 лет читала Тыняновского "Пушкина". Другая тетка вообще ничего не читала, поскольку была учительницей /во вспомогательной школе/, но волокла на себе весь дом, и меня тоже, поскольку мать постоянно была в больницах. Но она хоть не таскала меня на встречи. Тетка, да и мать тоже, предоставляя самообразовываться и пряча от меня "Собор Парижской Богоматери" /который я, естественно, извлекал из-за шкафа и вычитывал оттуда сексуальные сцены с Эсмеральдой и капитаном Фебом./, мне не мешали.

Но я не о тетках, а о чтецах. Однако, увлечение моей младшей тетки советской и не, классикой, спасло меня как-то; т.е., как и Пахомова /см. у Лимонова в 1-м томе, "Московская богема"/, спас сын Фадеева. На одном из поэтических сабантуев /наехало шушеры из Москвы/, находясь в запое, а мать в больнице, явились обе тетки меня стыдить. Или даже три, не помню. Уселись поганками у стенки, в своих жутких фиолетовых шляпках, и ну меня стыдить-костерить, и всю мою компанию. А был там Лён, его любовь поэтесса О.Кавалли /она же Ольга Витович/, еще кто-то, и тихий и мирный Миша Фадеев. "Тише, говорю теткам, это - Миша Фадеев, сын "Молодой гвардии"! Растерялись, особенно младшая, читательница; перестали. Так Миша Фадеев меня спас от злобных теток. А я его не заметил, и не припомню - тихо сидел, не пил, хотя деньги, по-моему, были и его.

Так вот, начиная с теток, у меня идиосинкразия к чтецам. Особенно на сцене. Однако, с иными дружил. Началось с Владимира Таренкова, который у меня гвозди в пиве варил /накалит над газом, а потом - в пиво: "Так, говорит, железистей, и для печени тоже."/ Больше ничего о нем не знаю. Стихов не читал. Пили. Пили мы и с Левой Елисеевым , но читал ему уже я. Приходим с Палеем чуть не вполночь, а они на Фонтанке, напротив БДТ жили - Лев в майке сидит, здоровый такой коренастый крепыш, а жена его Ритка Батуева, актриса, в халатике, голова в мокром полотенце и исправно в тазик блюет. Естественно, водка у них еще была, а потом на Московский к таксерам сгоняли, и всю ночь я Льва учитывал молодыми и старыми. Лев слушать умел, и сам гениально исполнял "Тенериф" Горбунова и жуткие сюрры из пьес Островского. Но это уже потом. Утром мы, освежившись, на Галича нарвались, а потом, в ЦПКиО, где Лев исполнял омерзительно-слюнявую "балладу" Лившица "О куске хлеба", я не выдержал, но кажется, сблевал. А уж стошнило меня точно. Игорь Озеров, который тоже там чего-то исполнял, а потом сидели в поплавке, где Лев с воодушевлением рассказывал об одной подруге: "Ее, говорит, звали - Сталиной. Я ее ебал, как врага народа!" Ну чем не Юз. На какого-то круге я сошел, и тело мое на такси было отправлено в дом /за их счет, конечно/, а они поехали еще в Зеленогорск, и там подкалымить. А с Игорем потом мы даже подружились, и он очаровал мою матушку - потомок драматурга Льва Озерова, чать!, но работы с ним не получилось /см. во 2-м томе/. Зато узнал я /или писал уже?/ романтическую историю про чтеца и актера. Быв призван на трехмесячную, захворал он на флотах дизентерию. Ректоскоп /или, правильней, народное - перископ/ надо в жопу совать, а он стесняется. "Дайте мне, говорит, врача-мужчину!" Ну дали, не все ли равно, кому трубу совать. Стоит он в позе рака, одной рукой очки в элегантной золотой оправе поправляет, а другой старается тельняшку на зад пониже натянуть. И тут вкатываются две молодые практиканточки: "Простите, это Вы - Ленского в фильме "Онегин" играли?..." Чуть не лишились мы потомка до-пушкинского драматурга! Мне, когда в Институте Скорой помощи, сифонную клизму в зад совали, хоть было и не до смеха, рассказывал практиканочкам этот же эпизод, отчего они, от смеха, чуть ведро мыльной воды на голову не вылили, но вылилось в меня. И цитировал им Швейка.

Игорь человек мягкий и интеллигентный, и с готовностью пытался нас читать, но ему не дали. А вот явился ко мне Толик Шагинян - этого я уже понес. "Пастернака, гад, говорю, читаешь? Испанских поэтов? Блока? Что почище? А нас когда же?!" А он, попыхивая Эренбурговской трубочкой - "Но ведь это же ЕЩЕ не поэты!" Мы, мол, по классике и по западным. Интересно, чего он, гад, в Мюнхене для НТС читает, выехав на жене-француженке /к ней же я, к Мишельке, сквозь кордоны во французское посольство прорывался, кстати, с шемякинским вызовом когда/. А тут этот чистюля потешает "антисоветски настроенную публику", за те же деньги. Много таких чистюль повыехало, теперь в профессорах и завредакциях.

Напомнил он мне литературоведа Владимира Орлова - тот тоже "нечистыми" /и теми, и теми/ не занимается, а Блоками, сидит на собраниях в Союзе, натурально при костюмчике, и цедит: "Ну вот, эти еще, молодые - ..." Однако ж не по Прокофьему докторские защищал, и не по Саянову - хотя и жрал с ними из одной кормушки. Эти-то чистюли и бесят меня больше мужлана Дудина.

Больше с чтецами я не встречался. Начал читать сам. Впрочем, я и всегда читал, но только 2 раза - за деньги. 20 рублей, которые потом пришлось отдать, потому что нелегально, студенты Военмеха собрали, и из-за меня чуть не погорела дивная девчонка, устроительница вечера - а читал я под 20 молодых и себя, во 2-м отделении. Сейчас она здесь, ну, пусть она и пишет воспоминания. Еще на вечере был Нуссберг, но он тоже "пишет".

2

На Западе я уже читаю только за деньги. Только читать некому.

Но хватит о чтецах. Поговорим о бабах. Или нет - служил я тут помощником библиотекаря, за харч и клетушку, на Ясной Ферме /она же Толстовская/. Полгода почти. Работу по каталогизированию за меня делала жена, а я запоем читал книжки. Библиотекарь был милый белорус, который подбирал книжки по переплетам, а от дешевых - нос воротил. Дочка же Лео Толстого - до книг не касалась, собирала только издания отца, в особенности полные собрания сочинений. Каталог мой по редким первоизданиям поэзии /а там были такие!/ пошел насмарку, поскольку перепечатать было "не на что", а за бесплатно - я уже не хотел. Оставил им женой рукописанный. Книгами, я говорю, дочь графа-писателя не занималась, только в первый день просила у жены: "А он не футурист, часом? Я футуристов не люблю. Не читаю." И имел с ней одну аудиенцию, больше не приглашали. Время она проводила /и давала квартирки и комнаты, займы на машины и на "дэло"/ с бывшими фарцовщиками, спекулянтами и валютчиками, активными борцами с Советской властью. Но графинь я и до нее знал, и графьев тоже, сейчас уже князей перестал считать, а озверел я оттого, что когда жена мне сказала, что на ферме КНИГИ ЗАРЫВАЮТ В ЗЕМЛЮ - я кинулся, и из свалки, куда зарывали мусор, книги и машины - увидел торчащие корешки! Обмыл, спас, что мог /но и по сю воняют/, а потом меня перевели в подвал. Там, плесневея, лежали сотни томов, в основном - на аглицком, и разрешили за разбор официально "прибарахлиться". Вытащил я себе все первоиздания "Тарзана" /кроме первой книги, а она сейчас у коллекционеров - не то 600, не то за 1000 стоит, видел передачу по теле, но я не знаю, я не продаю/. Вытащил и кучу изумительных детских - сказочные издания "Алисы", "Винни-Пуха", с боем добился поставить в общей гостиной барака на полочку: детишки же у всех, пусть хоть полистают! Нет, не прошло. Там еще один друг, из второй эмиграции, по прозвищу "Сашка-француз" повыдрал из уникального, нумерованного собрания Эжена Сю роскошные гравюры: "На стенку, говорит, прикноплю." Плюнул я. С трудом удалось несколько ящиков русских и редких западных - чуть не контрабандой! - затащить в библиотеку, но места не было, фарцню было негде селить, и остальные пошли по центу за фунт тому же Марку. Заодно он прихватил и те, что я оставил для детей: "все равно они не читают, а смотрят телек!" Но пожалуй, самая странная находочка, с той же ПОМОЙКИ, публикуется ниже. Книга, принадлежавшая Качалову и с его же пометками в тексте Блока: сокращал! И опять мы переходим - к чтецам...

РАБОЧИЙ

ЧТЕЦ-

ДЕКЛАМАТОР

СОСТАВИЛИ
С ГОРОДЕЦКИЙ
И Е ПРИХОДЧЕНКО
С ПРЕДИСЛОВИЕМ
А ЛУНАЧАРСКОГО

РАБОЧЕЕ ИЗДАТЕЛЬСТВО „ПРИБОЙ"

ЛЕНИНГРАД
1 9 2 5

Сборник "Рабочий труд экламатор"
принадлежал крупнейшему русскому
актёру В.И. Качалову, который,

уезжая из Америки подарил его моей жене, Тамаре Христо-
форовне Дейкархановой. Особый интересс представляют
страницы 129-139 "Двенадцать" Александра Блока. Возмож-
но что это единственная запись как Василий Иванович
читал это стихотворение. Качалов был очень дружен с Блоком
и читал его много. Концепция Блока "в белом венчике из
роз впереди Исус Христос" очень подходила к миросозерцанию
В.И. Он начал читать "Двенадцать" и "Скифы" в 19м году, похо-
дя в Предлаг Деникинской Армии. Если не ошибаюсь, в
Новороссийске, а 3тем в Югославии, "офицеры" южных армий, не
смотря на огромнейшую популярность Качалова, иногда протестовали
против этого. Как то видно, из Карандашных помёток и
вычеркиваний Качалов не следовал точно тексту Блока.
Перешлю эти изменения: 1) стр 130. Сейчас же за 4ой
строчкой сверху Качалов вставлял 6 строчек из IX
главы : "А рядом жмется шерстью жёсткой" и до "поджавши
хвост". 2) На странице 131 Качалов выпускал 17 строк и
Сокращая 2ую часть со слов : в Зубах цигарки, примят картуз
и до "Тра-та-та". 3) на стр 132 он выпускал 4 строчки:
"Свобода, свобода" до "чем замолю" и "Кругом — огни (2 строк.
4) стр 137 - IX часть. 6 строк выпускались, а 6 строк
Как указано выше переносились в часть I. 5) из X
выпускались 2 строчки 6). стр 138 - Строчка : "Рассуди,
подумай здраво". (действительно звучащая интеллигентски-
дидактически) переделана Вас.Ив. "Рассудить должён
Ты здраво" - что более народно. строчки: Или руки не
в крови из за Катькиной любви" выкидывались. 6) Та же
XI читалась бу 12 строк . Слово "вьюга" заменялось
"пурга". По размеру слова иду "вьюга" должна была бы
читаться с ударением на а, что ничего не изменило но.
7) стр 139 - Третья строчка переделана: Тихо, только
нищий пёс голодный" — Все это показывает как Величайший
актёр Качалов работал над текстом величайшего поэта Блока. Сообщил
Вас.....

РАБОЧИЙ
ЧТЕЦ-ДЕКЛАМАТОР

составили
С. ГОРОДЕЦКИЙ
и
Е. ПРИХОДЧЕНКО

с предисловием
А. ЛУНАЧАРСКОГО

РАБОЧЕЕ ИЗДАТЕЛЬСТВО „ПРИБОЙ"
ЛЕНИНГРАД :: 1925

Замечательному артисту
русской сцены
Б. И. Качалову
на память

В. Н. Давыдов(?)

25/IV. 25 г.

ДВЕНАДЦАТЬ

I

Черный вечер.
Белый снег...
Ветер, ветер!
На ногах не стоит человек.
Ветер, ветер —
На всем божьем свете!

Завивает ветер
Белый снежок.
Под снежком — ледок.
Скользко, тяжко —
Всякий ходок
Скользит — ах, бедняжка!

От здания к зданию
Протянут канат.
На канате — плакат:
«Вся власть Учредительному собранию!»

Старушка убивается — плачет,
Никак не поймет, что значит,
На что такой плакат,
Такой огромный лоскут?
Сколько бы вышло портянок для ребят,
А всякий раздет — разут!...

Старушка, как курица,
Кой-как переметнулась через сугроб.
— Ох, Матушка-Заступница!
— Ох, большевики загонят в гроб!

Ветер хлёсткий!
Не отстает и мороз!
И буржуй на перекрестке
В воротник упрятал нос.

A рядом [?] теперь, [?]
стоит буржуй, как пес [?]

А это кто? — Длинные волосы
И говорит вполголоса:
— Предатели!
— Погибла Россия!

Должно быть, писатель —
Вития...

А вот и долгополый —
Сторонкой — за сугроб...
Что нынче не веселый,
Товарищ поп?
Помнишь, как бывало
Брюхом шел вперед,
И крестом сияло
Брюхо на народ?...

Вот барыня в каракуле
К другой подвернулась:
— Уж мы плакали, плакали...
Поскользнулась
И — бац — растянулась!
Ай, ай!
Тяни, подымай!

Ветер веселый
И зол, и рад,
Крутит подолы,
Прохожих косит,
Рвет, мнет и носит
Большой плакат:
«Вся власть Учредительному собранию»...
И слова доносит:
...И у нас было собрание...
...Вот в этом здании...

180

...Обсудили —
Постановили...
На время — десять, на ночь — двадцать пять...
И меньше — ни с кого не брать...
...Пойдем спать...

Поздний вечер,
Пустеет улица,
Один бродяга
Сутулится,
Да свищет ветер...
Эй, бедняга!
Подходи —
Поцелуемся...

Хлеба!
Что впереди?
Проходи!

Черное, черное небо.
Злоба, грустная злоба
Кипит в груди...
Черная злоба, святая злоба...
Товарищ! Гляди
В оба.

II.

Гуляет ветер, порхает снег,
Идут двенадцать человек.

Винтовок черные ремни...
Кругом — огни, огни, огни...

В зубах — цыгарка, примят картуз,
На спину-б надо бубновый туз!
Свобода, свобода,
Эх, эх, без креста!

Тра та-та!

Холодно, товарищи, холодно!

— А Ванька с Катькой — в кабаке...
— У ей керенки есть в чулке!
— Ванюшка сам теперь богат...
— Был Ванька наш, а стал солдат!

— Ну, Ванька, сукин сын, буржуй,
Мою, попробуй, поцелуй!

Свобода, свобода,
Эх, эх, без креста!
Катька с Ванькой занята —
Чем, чем занята?

Тра та-та!

Кругом — огни, огни, огни...
Оплечь — ружейные ремни...

Революционный держите шаг!
Неугомонный не дремлет враг!

Товарищ, винтовку держи, не трусь!
Пальнем-ка пулей в Святую Русь —
В кондовую,
В избяную,
В толстозадую!

Эх, эх, без креста!

III

Как пошли наши ребята
В красной гвардии служить —
В красной гвардии служить —
Буйну голову сложить!
Эх ты, горе — горькое
Сладкое житье!
Рваное пальтишко,
Австрийское ружье!

Ты лети буржуй, воробушком!
Выпью кровушку
За зазнобушку,
Чернобровушку...

Упокой, господи, душу рабы твоея...

Скучно!...

IX

Не слышно шуму городского,
Над невской башней тишина,
И больше нет городового —
Гуляй, ребята, без вина!

Стоит буржуй на перекрестке
И в воротник упрятал нос.
А рядом жмется шерстью жесткой,
Поджавший хвост, паршивый пес.

Стоит буржуй, как пес голодный,
Стоит безмолвный, как вопрос,
И старый мир, как пес безродный,
Стоит за ним, поджавши хвост.

X

Разыгралась чтой-то вьюга,
Ой вьюга, ой вьюга!
Не видать совсем друг друга
За четыре за шага!
Снег воронкой завился,
Снег столбушкой поднялся...

— Ох, пурга какая, спасе!
— Петька! Эй, не завирайся!
От чего тебя упас
Золотой иконостас?
Бессознательный ты, право,

Рассуди, подумай здраво —
~~Али руки не в крови~~
~~Из-за Катькиной любви?~~
— Шаг держи революционный!
Близок враг неугомонный!

Вперед, вперед, вперед,
Рабочий народ!

XI

... И идут без имени святого
Все двенадцать — вдаль.
Ко всему готовы,
Ничего не жаль.

Их винтовочки стальные
На незримого врага...
В переулочки глухие,
Где одна пылит пурга...
Да в сугробы пуховые —
Не утянешь сапога...

В очи бьется
Красный флаг.
Раздается
Мерный шаг.
Вот — проснется
Лютый враг...
И вьюга пылит им в очи
Дни и ночи
Напролет...

Вперед, вперед,
Рабочий народ!

XII

... Вдаль идут державным шагом...
— Кто еще там? Выходи!
Это — ветер с красным флагом
Разыгрался впереди...

Впереди — сугроб холодный,
— Кто в сугробе — выходи!...
Только нищий пес голодный
Ковыляет позади...

— Отвяжись ты, шелудивый,
Я штыком пощекочу!
Старый мир, как пес паршивый,
Провались — поколочу!

... Скалит зубы — волк голодный —
Хвост поджал — не отстает —
Пес холодный — пес безродный...
— Эй, откликнись, кто идет?

— Кто там машет красным флагом?
— Приглядись-ка, эка тьма!
— Кто там ходит беглым шагом,
Хоронясь за все дома?

— Все равно, тебя добуду,
Лучше сдайся мне живьем!
— Эй, товарищ, будет худо,
Выходи, стрелять начнем!

Трах-тах-тах! И только эхо
Откликается в домах...
Только вьюга долгим смехом
Заливается в снегах...
Трах-тах-тах!...
Трах-тах-тах!...

Так идут державным шагом —
Позади — голодный пес,
Впереди — с кровавым флагом,
И за вьюгой невидим,
И от пули невредим,
Нежной поступью надвьюжной,
Снежной россыпью жемчужной,
В белом венчике из роз —
Впереди — Исус Христос.

ТРЕТЬЯ ОСЕНЬ

Вой, ветер осени третьей,
Просторы России мети,
Пустые обшаривай клети,
Нищих вали по пути;

Догоняй поезда на уклонах,
Где в теплушках люди гурьбой
Ругаются, корчатся, стонут,
Дрожа на мешках с крупой;

Насмехайся горестным плачем,
Глядя, как голод, твой брат,
То зерно в подземельях прячет,
То душит грудных ребят;

В городах, бесфонарных, беззаборных,
Где пляшет нужда в домах,
Покрутись в безлюдии черном,
Когда-то шумном, в огнях;

А там, на погнутых фронтах,
Куда толпы пришли на убой,
Дым расстилай к горизонтам,
Поднятый пьяной пальбой!

Эй, ветер, с горячих взморий,
Где спит в олеандрах рай, —
Развевай наше русское горе,
Наши язвы огнем опаляй!

Но вслушайся: в гуле орудий,
Под проклятья, под вопли, под гром,
Не дружно ли, общей грудью,
Мы новые гимны поем?

Ты, летящий с морей на равнины,
С равнин к зазубринам гор,
Иль не видишь: под стягом единым
Вновь сомкнут древний простор!

Над нашим нищенским миром
Свет небывалый зажжен,
Торопя над встревоженным миром
Золотую зарю времен.

Эй, ветер, ветер! поведай,
Что в распрях, в тоске, в нищете,
Идет к заповедным победам
Вся Россия, верна мечте;

Что прежняя сила жива в ней,
Что, уже торжествуя, она
За собой, все властней, все державней
Земные ведет племена!

143

ЕСЕНИН — О ДЕМЬЯНЕ БЕДНОМ

Я часто думал, за что его казнили,
За что он жертвовал своею головой?
За то-ль, что, враг, — он против всякой гнили
Отважно поднял голос свой?
За то-ли, что в стране проконсула Пилата,
Где культом кесаря полны и свет и тень,
Он с кучкой рыбаков из бедных деревень
За кесарем признал лишь силу злата?
За то-ли, что, себя на части разодрав,
Он к горю каждого был милосерд и чуток
И всех благословлял, мучительно любя
И маленьких детей и грязных проституток,
Не знаю я, Демьян. В «евангельи» твоем
Я не нашел правдивого ответа.
В нем много бойких слов, — ах, как их много в нем,
Но слова нет достойного поэта.
Я не из тех, кто признает попов,
Кто безотчетно верит в Бога,
Кто лоб свой расшибить готов,
Молясь у каждого церковного порога.
Я не люблю религии раба,
Покорного от века и до века, —
И вера у меня в чудесное слаба, —
Я верю в знание и силу человека.
Я знаю, что, стремясь по нужному пути,
Здесь, на земле не расставаясь с телом,
Не мы, — так кто-нибудь, ведь, должен же дойти
Воистину к божественным пределам...
И все-таки, когда я в «Правде» прочитал
Неправду о Христе блудливого Демьяна,
Мне стыдно стало так, как будто я попал
В блевотину, изверженную спьяна.
Пусть Будда, Моисей, Конфуций и Христос —
Далекий миф, — мы это понимаем, —
Но все таки нельзя, как годовалый пес,
На все и вся захлебываться лаем.

Христос — сын плотника когда-то был казнен.
Пусть это миф, но все-ж, когда прохож[?]
Спросил его: «Кто ты?», ему ответил он:
«Сын человеческий», а не сказал он: «Божий».
Пусть миф Христос, как мифом был Сокра[?],
Так что ж из этого, — и надобно-ль подряд
Плевать на все, что в человеке свято.

Ты испытал, Демьян, всего один арест
И ты скулишь: «ах, крест мне выпал лютый».
А что, когда б тебе Голгофский дали крест
И чашу горькую цикуты?
Хватило б у тебя величья до конца
В последний час его примером тоже
Благословлять весь мир под тернием венца
И о бессмертии учить на смертном ложе?

Нет, ты, Демьян, Христа не оскорбил,
Ты не задел его своим пером ни мало.
Разбойник был, Иуда был,
Тебя лишь только не хватало...
Ты сгустки крови у Креста
Копнул ноздрей, как толстый боров,
Ты только хрюкнул на Христа,
Ефим Лакеевич Придворов.

Но ты свершил двойной тяжелый грех
Своим дешевым балаганным вздором —
Ты оскорбил поэтов вольный цех
И малый свой талант покрыл большим позором.
Ведь там, за рубежом, прочли твои стихи,
Небось злорадствуют российские кликуши:
Еще тарелочку Демьяновой ухи,
Соседушка—мой свет, пожалуйста покушай»...
А русский мужичек, читая «Бедноту»,
Где образцовый стих печатался дублетом,
Еще отчаянней потянется к Христу
И коммунистам «мат» пошлет при этом...

ЕСЕНИН.

*) В только что вышедшем в Брусселе новом еженедельном журнале «Зарубежный Вестник» напечатано воспроизводимое нами стихотворение покойного Есенина. Его стихотворение представляет достойную отповедь на гнуснейшую кабацкую проповедь на Евангелье, которую Демьян Бедный (его подлинная фамилия Придворов) печатал в «Правде».
Ив. Джанумов

В. И. Качалов вложил эту бум. в архив Есенина. В СССР об этом
не знал. Он читал Есенина после Блока [...] группа ...

ПАРДОН, ЕЩЕ ПАРДОН...

Беру свои слова взад. Переубедила меня газета "Новое Русское Слово", а, точнее, статья в ей - "Летняя школа и библиотека на Толстовской ферме", подписанная инициалами "А.С." /писателем А.Сиротиным?/. Я и понятия не имел, где нахожусь. Итак, на ферме "существует отличная библиотека имени А.Л.Толстой, насчитывающая около 30 000 книг." Включены в это число закопанные в помойку, сгнившие в подвале или купленные Марком по цене цент за фунт - мне не ведомо, а в статье об этом нет. Итак, "... к четырем часам все снова собрались у отремонтированного и несколько расширенного здания библиотеки им. А.Л.Толстой. Писательница Сюзанн Масси, приехавшая в этот день на ферму со своим мужем, писателем и журналистом Робертом Масси, перерезала ленту у входа, и двери были широко раскрыты для посетителей." - Ну, Сюзанна ни одного "русского" торжества не пропустит, будь то выставка борзых, открытие библиотеки или прием у принца Поля и принцессы Ольги югославских. - Меня она, кстати, и привезла из аэропорта Кеннеди прямо на оную ферму, где я и просидел полгода, между фарцней и аристократией, не относясь ни к тем, ни к другим, и найдя общий язык только с мужиком Кузьмичом, лет за 70, с которым мы пахали навоз. На приемах не присутствовал. Вызывали жену, показать званым и именитым гостям борзую нуссберговскую собачку /жену, впрочем, тоже к столу не приглашали, стояла у входа/. Заработал паханьем навоза 100 долларов, которые мне пришлось выбивать из князя Голицына, управляющего фермой. В библиотеке, повторяю, работал за харч /готовили бывшие столовские работники из Черновиц и прочих "Метрополей", волокли с кухни, по старой привычке, ведрами, сготовленное же жрать было никак не возможно, почему жена мне приносила только второе - а уж я ли к советским столовкам не привык!/ и квартеру.

Итак, "благодаря стараниям библиотекарши Тани Чертковой /не родственница ли литературоведа Лени? - ККК/ и "волонтерши" Нины Иодко, которая много поработала над приведением в порядок и сортировкой книг, в библиотеке сейчас царит образцовый порядок. /Следует восторженное описание помещения библиотеки и фотографий из Ясной Поляны. - ККК/ Т.К.Багратион и управляющий фермой кн. К.В.Голицын провели несколько приглашенных на второй этаж, где хранятся резервы и особенно ценные издания." Мне ли не знать! Туда и пёр ящики со спасенными из подвала книгами, со скандалом и жалобами на "тесноту помещения", втискивал их на стеллажи из необтесанных досок - но ни Теймураза, ни Голицына за полгода в библиотеке не видел, возможно, они появляются только в сопровождении "нескольких приглашенных", по случаю каких торжеств.

"Библиотека имени А.Л.Толстой уже сейчас, бесспорно, одна из лучших в эмиграции США."

Посылал туда пачками профессоров-славистов. Книг, указанных мною, в библиотеке не было. По неофициальным /не газетным/ сведениям - книги эти надобно искать у покупателей "Руссики", куда дочь Лео Толстого, по наплевательству и за ненадобностью, вмазала их еще при жизни. То же сообщает и моя агентура в местной /американской/ русской букинистике. Мир праху их...

Stan Ashley '81

ЯСНАЯ ФАРМА

/пиеса в нескольких действиях,

с прологом, но без эпилога/

ПРОЛОГ:

и тут мне все стало ясно. небеса прояснились, ясени зашевелили вшивой листвой, балерина спесивцева сделала па, запела настасья дежкина, запел родион, "русский мишенька", стиль де-кадавр.

кузьмич понюхал лопату, кузьминский воткнул вило в навоз. стихами: "коровы надрывно мычали, / снабжая графинь молоком". но: бил долго. молоток ковал коническую шляпку гвоздя, пахло свиньями. по покосившейся дорожке ехало трактор. сено косили. забор и амбар, бык заходил по яичники в воду, мудро мычал. целомудренно отворачивались телки. пахло поляной.

сначала построили индюшатник. цесарки, пулярки и дупеля выводились стадами. озимая рожь колосилась. в кузне бренчало железо: кузьмич наковальню ковал. в лесу рос пойзонок. крепостные чесались.

девки за пяльцами пели народные песни. стук ложек, коклюшек и плошек. в сарафане пришла староверка, долго вертела до жопы косой. взяли в горняшки, а также читать псалтирь для преклонной графини.

князь пошевелил усами. рачьи глаза его, маслом подернулись: "аннушка!". та повела белоснежной плечой, муж на счетах сидел. плохо. дробно застепелил по аллее. пощупывал баб, тараканил. нужно поспеть. выдал беременную за арапа. подавала на стол. пало: надо машину купить.

ухали морячки, мичманки набекрень, чалься на камбуз, полундра! макароны по-флотски, затируха на завтрак, бананы, хана. "князь, а князь!" "ну, чего вам?" "дай выпить!". дал. поллитру тянули втроем. подвывали, бродяги: московская, ясно, от марка. один мотанул в вашингтон, поехал полпредам сдаваться. дали, впрочем, не срок. но свое ведь, родное. позвонила жена - ху ли делать? морковка.

не вжились. князю в рыло бананом, и по шмарам, шутихи пускать.

ДЕЙСТВУЮЩИЕ ЛИЦА:

Кантесса Толстая, сидит в кресле, диктует.
Г-жа Шауфус, диктатор елецкого масштаба.
Князь Голицын, обладатель пары усов.
Грузинский князь Теймуразь Багратион, фигура за кадром.
Аннушка, прокурор.
Марк Пилсудский, ее муж, бизнесмен с Малой Садовой.
Параша, староверка, при сарафане и в прыщах.
Три морячка, одесситы.
Вонючий мужик Кузьмич.
Поэт в кожаных штанах.
Два наряда полиции.
Шеф полиции, гомосексуалист.
Арап и его жена.

Фарцовщики, балерины, кухарки, дантисты, мясники, диссиденты, обитатели нерсинг-хоума /не появляются/, отец Георгин, Пуделяй-Шморгайко, власовцы, аристократы, биндюжники, фраера.

ДЕЙСТВИЕ ПРОИСХОДИТ НА ТОЛСТОВСКОЙ ФЕРМЕ, КАНУН ПЕТРОВА ДНЯ.

Действие 1-е, сцена 1-я.

КАНТЕССА /в креслах/: Параша! Неси свечу, писать хочу.
ПАРАША: Свечи все вышли. /Зажигает электричество/.
Г-ЖА ШАУФУС: Саша, тут опять диссидента привезли. Бунтует.
КАНТЕССА: А подать мне 14-й том Толстого!
Г-ЖА ШАУФУС: Говорит, что поэт.
КАНТЕССА: Футурист? Я футуристов не люблю. Не читаю.
Г-ЖА ШАУФУС: Да вроде с бородкой.
КАНТЕССА: С бородкой, говоришь? А бородка докуда-то?
Г-ЖА ШАУФУС: Почитай, до грудей.
КАНТЕССА: До грудей, говоришь?
ПАРАША /вмешиваясь/: Молоденький такой, и с женой, и с собачкой.
КАНТЕССА: С собачкой, говоришь? А собачка-то борзая?
ПАРАША: Борзая, вестимо.
КАНТЕССА: Ну, тогда, с Богом, пускай. Да сначала том-от подай, 14-й, дура!

/Вводят поэта. Он в кожаных заплатанных штанах, при бороде и с клюкой./

КАНТЕССА /ласково/: Шашлыка хочешь?
ПОЭТ: Хочу.
КАНТЕССА: А граф Толстой мяса не ел.
ПОЭТ: Известно.
КАНТЕССА: И я не ем. Папенька все больше пахал, а я сеяла. /Запевает басом/ "А
    я просо сеяла, сеяла!"
ПОЭТ /подхватывает/: "А мы просо вытопчем, вытопчем..."

/ЗАНАВЕС/

Сцена 2-я.

Поэт пашет землю с мужиком Кузьмичем.

КУЗЬМИЧ: Известно, графиня. А ведь я постарше ее буду. Опять придет, сеять уч-
    нет. А что сеять-то? Апрошлый год опять макароны сеяла, итальянские, го-
    ворит.
ПОЭТ: И выросли?
КУЗЬМИЧ: Известное дело, выросли. Я же их и косил. Коровки сжевали, да и она то-
    же.

/По полю пробегает князь Голицын, угрожающе шевеля усами/.

КНЯЗЬ ГОЛИЦЫН: Кузьмич, бросай борону, запрягай корову, вези доски-бревна, гра-
    финя велели индюшатник построить!
КУЗЬМИЧ: Ну, вот, опять, дупелей ей подавай! Куриные яйца не жрет, гитарианка.
    Апрошлый год поросятник задумала строить, об трех этажах. С паровым по-
    дъемником. А кормить их чем? Вот и кормили курями, в "Сейфвее" покупали.
    Потом они друг друга жрать зачали, да двух свинарок... того. Слава те,
    хоть из второй эмиграции, никто не пожалился. На нерсинг-хом списали. А
    то козьего молока ей захотелось, от подагры, говорит, того, лечит. Ну,
    купила козлов. А доить не умеет. Через месяц, она - во, а козлы - тово,
    сдохли, значить. А в первые-от дни - от полиции покою не было. Троих за-
    бодали. Теперь вот индюшатник ей подавай. А на всю ферму - один Кузьмич.

Поэта вот прислали, а прошлый раз - дентиста, что ли, он у всех быков зубы повыдирал - практикуюсь, говорит, надо американский диплом защищать, и ко мне уже подбирался, ну, дентист ничего, а вот власовцы, теи весь скот в Канаду угнали, да токо что на границе их задержали, сидят. Сено, к примеру, косить, а она ходит и сеет. Да еще с собой наведет: "Сейте, говорит, разумное, доброе, вечное!" А косить кому? Такого в летошнем году понасеяли, что смотреть стыдно. Американцы, те, известно, свою Иванада-Марью сеют, Хуан да Мария по ихнему, а русские всё артишоки, да спаржу. А куда их косить? Ни кочна и ни стебля. А туда ж, приезжают. Дочь генерала Самсонова, из Мюнхена, а сама вся в мехах, ходит и сеет, и все одной ручкой, а другой платок затыкает: воздух, говорит, у вас нездоровый. Или князь Теймуразь, один раз и видел его - так и сеял, не выходя из машины. /Поэту/ Ну, выпрягай корову, что ли!

Сцена 2-я.

Спальня кантессы Толстой. Ночь

/Кантесса возлегает в кресле, рядом на скамеечке Аннушка,
в углу на табуретке - поэт./

КАНТЕССА: Почитай-кось мне Уголовный Кодекс, Аннушка. Не спится что-то.
АННУШКА /читает с затруднением, по слогам/: "Совершение в государственных и общественных учреждениях и предприятиях религиозных обрядов, а равно помещение в этих учреждениях и предприятиях каких-либо религиозных изображений - влечет за собой
      исправительно-трудовые работы на срок до трех месяцев или
      штраф до трехсот рублей."
КАНТЕССА: Вот-вот, и граф Лев Николаевич то же говорил. Узников в церковь по воскресеньям заставляли ходить!
ПОЭТ /в сторону/: Сбылась мечта идиота!
АННУШКА /читает дальше/: "Преподавание малолетним или несовершеннолетним религиозных вероучений в государственных или частных учебных заведениях и школах или с нарушением установленных для этого правил влечет за собой - исправительно-трудовые работы на срок до одного года."
КАНТЕССА: И то, лучше бы сказочки почитали, про кашу там, или масло.
ПОЭТ /полушопотом/: "Сказочка про Алика Гиневского. Один мышь упал в постное масло. Но он читал Льва Толстого, и начал дрыгать лапками. Так и утонул."
КАНТЕССА: Ты что там шепчешь?
ПОЭТ: Нет-нет, это я сказочку вспоминаю, как Маша чужую кашу съела и в чужой постели очутилась.
КАНТЕССА: Ну, то-то же. А ты читай, читай дальше.
АННУШКА: "По статье 179-а Уголовного Кодекса РСФСР с изменениями на 1 июля 1950 года за производство посевов опийного мака и индийской конопли без соответствующего разрешения следует лишение свободы на срок до двух лет или исправительно-трудовые работы на срок до одного года с обязательной конфискацией посевов."
КАНТЕССА: А у нас, бывало, все поля маком засеяны, про коноплю я и не говорю. Лев Николаевич очень уважал индийскую философию...
ПОЭТ: Закурить бы...
КАНТЕССА: А ты не кури, не кури! Читал "Порочные удовольствия" графа Толстого? Там все описано. Папенька чуть до моих лет не дожили, а все потому, что не курил.

ПОЭТ: Да я не об конопле... "Честерфильду" бы...

КАНТЕССА: И Честерфильду нельзя. Эк у тебя язык поворачивается!

/К двери/ Ну, кто там еще?

/Робко входит Татьяна, жена Туммермана./

ТАТЬЯНА: Муж вот приехал. Так нельзя ли ему на ночь остаться?

КАНТЕССА: А ружжо у него есть? Нет, ты скажи, ружжо у него есть? Может, под пиджаком прячет. Я ружжей не люблю, боюсь.

ТАТЬЯНА: Говорит, что нет.

КАНИЕССА: Нет, говорит? А ты посмотри, посмотри! Все они, бомбисты.

ТАТЬЯНА: Да он нет, он в комитете прав человека. Защищает...

КАНТЕССА: Комитетчик, значит? Я комитетчиков...

/Входит Шауфус./

Г-ЖА ШАУФУС: Подозрительного тут задержали. Рваный такой. В полицию его, или куда?

КАНТЕССА: Фамилия-то как?

Г-ЖА ШАУФУС: Да говорит Есенин-Вольпин...

КАНТЕССА: Есенин, говоришь? Вольпин? К чаю, к чаю! Параша, неси самовар! /К Шауфус/ Сродственниками, никак, приходимся, по Соньке Толстой. Кузьминский вот тоже... По Татьяне. Спокою с ними нет, с сродственниками. Поэты! В шею бы их всех! Ну, зови, зови...

/ЗАНАВЕС/

Февраль 1978
Техас

На этом пьеса, не совсем чтобы начавшись, кончилась. Войдет, полагаю, в роман "Хотэль цум Тюркен", буде будет время дописать таковой. Читать его явно будет некому, как некому и играть сию пьесу.

Впрочем, и у Пушкина есть неоконченные сценки. Да и зачем кончать? Не "Плоды просвещения", денег не заплатят. Так что оставим так.

ККК

ПРИМЕЧАНИЕ:

Восторженную оценку пиесы князем Теймуразом Багратионом-Мухранским - не привожу, поскольку, как мне объяснил другой князь, запузыривший сию пиесу уже в западный "самиздат", т.е. пославший ее Багратиону - "по законам вне СССР /социальным и моральным/" - без согласия князя это не можно. Писать же, чтоб меня вычислил князь Мухранский - я отказываюсь, потому что он опять пристанет ко мне с тремя стами долларами, недоплаченными за переезд в Америку - а за антологию кто, Лео Толстой платить будет? Князьев, чего-то, последнее время разлюбил. Вот с графьями /точнее, графинями/ у меня никогда не было разногласий, вычетом дочки классика. Машенька и Оленька Разумовские, чей предок построил мост поперек Дуная, чтоб не давать кругаля /от лености, полагаю/ - и по сю мое сердце исполнено к ним благодарности, о чем см. в неопубликованном романе "Хотэль цум Тюркен", за их неистребимую доброту и помощь, и долларов они с меня никогда не требовали, напротив - сами давали. Но это уже сугубое исключение в могучей семье русской родовой аристократии: Великий Князь /Владимир Кириллович?/, наследник русского престола - торгует подержанными автомобилями в Барселоне, есть среди них банкиры, лэндлорды, коллекционеры и проч., и проч. - но помогали поэту только библиотекарша Машенька и кассирша авиалиний Оленька, за что им искренний и глубокий поклон. Остальным - ...!

А за что мне быть особенно благодарным? Из выдаваемых АМЕРИКАНСКИМ ПРАВИТЕЛЬСТВОМ Толстовскому фонду 3 000 доларов на белого эмигранта /на вьетнамцев дают 1 000/, на содержание меня в Европе истрачено: по 5 доларов в день на харч, плюс, скажем, столько же за комнату с выбитыми стеклами в пансионе Кортус, за полгода – 1 800 /включая жену и собачку/, перелет в Америку "чартером" – 300 /за собачку платила Созанна – ее дело/. Итого: 3 900 доларов экономии в карман Толстовского фонда. Князь, должен отметить, со мной не "возился": я его и в глаза не видел – только заочно интересовался купить собачку. На ферме – жена мыла жопы в доме для престарелых, а я – каталогизировал библиотеку и пахал навоз. "Русское гостеприимство"/а равно – грузинское/ на поэтов не распространялось. Оно для фарцни.

115 EAST 86TH STREET
NEW YORK, N.Y. 10028

12.12.8?

Дорогой Никита,

Спасибо за пьесу Кузьминком. Очень смешно. Талантливо. Советская благодарность за русское гостеприимство. Возились с ним как с "писаной торбой", еще нам должен за проезд $300, (т.е. с Фев. 1976 г.)

Нине привет и поздравляю с Новым Годом, а Нине желаю Merry Christmas.

Ваш Теймураз

Выше приводится автограф самого князя Теймураза, с пометкой его-моего друга, лондонского банкира, сколько и с какого числа я должен. Князь перебьется, и фонд тоже. Граф Лео Толстой заплатит, со своих гонораров. Или – дарю сию пьесу фонду, в погашение долга. Более ничем не обязан.

АВТОР

ХУ
ИЗ
ХУЙ?

евтух
максимов
синявин
и я

документы и
свидетельства

ПОЛЕМИКА РЕДАКТОРА МАКСИМОВА С ПРОФЕССОРОМ Е.Г.ЭТКИНДОМ

/к характеристике поведения носорогов в естественной среде.
По материалам прессы/

Париж, 17 октября 1979

Уважаемые коллеги,

считаю нужным донести до Вашего сведения следующее.

В октябре вышла в свет пятая книжка издающегося в Париже русского журнала "Синтаксис", содержащая мою статью, которая критически оценивает памфлет В. Е. Максимова "Сага о носорогах". В понедельник 15 октября — около девяти вечера — моя жена подошла к телефону и услышала сиплый мужской голос, который произнес несколько непечатных ругательств и заявил: — Скажи ему, что, когда я его увижу, набью публично морду. Гадина. Сволочь".

К чести звонившего надо признать, что он не разыгрывал анонима и в конце "разговора" сказал: — Это Максимов говорит.

На нас пахнуло привычной советской провокацией. Сомневаясь в том, что известный писатель и редактор крупного журнала способен на откровенно террористические действия и на хулиганское оскорбление незнакомой женщины, я сразу же — для проверки — позвонил Максимову. Тот же хриплый голос заорал в трубку — он произнес несколько матерных ругательств и, после гнусных политических инсинуаций, перешел к угрозам физической расправой: — Ты узнаешь мою тяжелую руку! Я тебя прикончу! Ты моей жизнью себе благополучье покупаешь...

Так главный редактор "литературного, общественно-политического и религиозного" журнала "Континент" ведет литературную полемику.

Поскольку — в ответ на мою статью — В.Максимов угрожает мне физической расправой и даже убийством, я желаю, чтобы общественность была об этом осведомлена. Другой защиты у меня нет. Обращаться к французской полиции я считаю недостойным и, во всяком случае, преждевременным.

Профессор Парижского университета

Е. Эткинд

Владимир Максимов — человек «интересной судьбы».

Проследим за превращениями этой личности, точнее, личинки.

Настоящее его имя — Самсонов Лев Алексеевич. В 1945 году Лева, имея за плечами пять классов, удрал из дома, бродяжничал, воровал и в итоге попал в колонию, где скрыл свое настоящее имя и выдал себя за Разумовского Льва Тодоровича. В 1947 году Самсонов в очередной раз «слинял» — бежал из колонии, приобрел себе документ на имя Максимова Владимира Емельяновича и, таким образом, снова «переродился». Но на свободе Самсонов — Разумовский — Максимов оставался недолго. В 1950 году его снова осудили за воровство.

Выйдя в 1953 году по амнистии, он, что называется, решил начать новую жизнь. До 1960 года работает в одном из колхозов на Кубани, пишет заметки в газеты, балуется сочинением стишков. При этом куколка обнаруживает способность к мимикрии — окраска стишков смахивала на патриотическую. Перебравшись в столицу, Лева-Вова пополз в «большую литературу». Полное превращение куколки в жука еще не закончилось, идет глубинная, не видимая миру перестройка. Пока что литературный мир видит только, что Максимов спивается. По коридорам правления Союза писателей бродит алкоголик с распухшим носом и мутными глазами и, нехорошо выражаясь, жалуется на отсутствие свободы самовыражения.

Пил Максимов все, что попадало под руку. Трижды находился на стационарном лечении в психоневрологической больнице с диагнозом «шизофрения вялотекущая, психопатоподобная, осложненная алкоголизмом». А вот еще красноречивая выдержка из истории болезни: «По специальности работает мало, последние годы почти ничего не пишет. Периодически наблюдается состояние подавленного настроения с чувством внутреннего напряжения, тревоги, подозрительности, для купирования которых прибегает к алкоголю — пьет дома один. Настоящий запой в течение 7 дней, перестал спать, видел кошмары... Но оставался высокомерным, необщительным, пренебрежительно относился к лечению, себя больным не считал, некритичен к сложившейся ситуации».

Впрочем, врачи были не вполне осведомлены. Кое-что Максимов втихую пописывал. Он преуспел в сочинении всяческих пасквилей, порочащих советскую действительность, и эту продукцию ему не терпелось сбыть на Запад.

Покупатели нашлись. Антисоветские «Русская мысль» и «Посев» напечатали-таки «избранные места» одного из клеветнических опусов Максимова. Это окрылило жука, и, радостно затрещав крылышками, он перелетел на Запад, в Париж. Полное превращение завершилось.

ПАМФЛЕТ

А. БАЛАКИРЕВ

А это уже не ГЛЕЗЕР, а ШУТ БАЛАКИРЕВ, из какого-то последнего номера "КРОКОДИЛА". Там еще проходятся по интиму, что герр Максимов ебет Наталью Дюжеву из "Русской мысли", а Гладилин – так и вообще выписывает себе баб из Москвы. Единственно сочувственно помянут Виктор Платоныч Некрасов, которому предстоит "погибнуть с голоду", но он еще не погиб, а напротив, пьет /по сообщению кларнета Юлика/, после того, как Максимов выдворил его из "КОНТИНЕНТА" – единственного писателя на всю эту лавочку прихлебателей графоманов Вову, включая суку

ДВА АВТОГРАФА КЛАССИКА РУССКОЙ СОВЕТСКОЙ ЛИТЕРАТУРЫ В.Е.МАКСИМОВА

/размывчатость можно отнести к пьяным слезам адресата, дрожание
руки - гм, - к состоянию классика/

*Константину
Кузминскому
от имени
Вих авторов,
с б... благодарностью.*

27.1.76.

*С тзрю б...
Благодарность
и пожиняе...*

27.1.76.

Володе Емельянычу МАКСИМОВУ
чтоб не плакал, носорог сраный,
за свой грех в 1-м томе!

Посвящается
ХАМАРХАНОВУ
Комару и Меламиду
и Катюшке Арнольд

РОДИНЕ НАШЕЙ ВЕЧНО /ПЛЕСЕНЬЮ/ ЦВЕСТИ

/кантата для смешанного хора без сопровождения/

Музыка Николая Гана,
слова Л. Палея и К. Кузьминского

1. ГОРОД

Белые ночи плывут над водою,
город туманом объят.
И монументы над сонной Невою,
как часовые стоят.

Брошены солнца лучи золотые
на Петропавловский шпиль,
и словно чайки на ряби залива
лодки усталые спят.

Беглые ветры торопятся к морю,
вести к причалам неся.
Город, мой город, без хлеба мне можно,
а без тебя мне нельзя.

Гордостью Родины город, который
вырос у моря, как каменный сад -
город легенд Ленинград.

2. ПОДВИГ

Здесь окопы легли,
как морщины земли,
и легли в эту землю солдаты.
Не забыть никогда
когда плакали мы,
не забыть никогда
когда падали мы -
но вставали во имя твоей красоты,
город мой, ибо верили свято,
что победа рассветом над нами взойдет -
через боль, через жизнь,
но победа взойдет,
мой город, о, мой город.
И гремят над Невою салюты,
обелиски немые не спят -
они память хранят, они память хранят,
мой город, о, мой город.
И горят твои окна ночами,
и величье твое и молчанье -
отстояли они,
мой город, о, мой город.
Через жизнь, через смерть,

через кровь, через ад,
ты пронес свое имя,
город мой Ленинград,
мой город, о мой город.

3. РОДИНА

Ты, Родина моя,
единственный мой свет.
Ты мой единственный маяк
в любых моих морях.
И знаю я всегда,
что ты моя судьба,
ты самый строгий мой судья
в суровых, светлых моих днях.

Всюду живу одной тобою,
верю тебе одной, как сердцу,
взлетаю ли в небо,
бреду ли тропою,
как верят весною
растения солнцу.

Глубиною твоих рек,
высотою твоих гор
мерим дело своих рук.
Здесь родился Человек,
его именем горд
нашей веры новый век.

Над Родиной моей
его высокий свет.
И он - негаснущий маяк
в любых моих морях.
Всюду идет он рядом с нами,
как песня и знамя -
Ленин, Ленин, Ленин.

4. ЧЕЛОВЕК

Зачем живешь, человек,
зачем ты пришел в этот мир?
Я пришел , чтобы жить,
чтобы сеять и жать,
чтобы ветром дорог
полной грудью дышать,
чтобы строить дома,
чтобы видеть дымы
жарких домен моих
на просторах страны.

Зачем живешь, человек,
зачем, скажи, ты пришел в этот мир?
Я пришел, чтоб любить
эту жизнь, как жену,
и поэтому я
в этом мире живу.

Чтобы песню свою,
словно радость разлить.
Я пришел в этот мир,
чтобы сына растить -
для любви.

Зачем живешь, человек,
зачем ты пришел в этот мир?
Я пришел в этот мир,
мир, который мне мил,
чтобы мир сохранить
от разрывов гранат,
от падения бомб,
от убитых детей.
И поэтому, мир,
я иду в этот бой,
ныне и вечно иду в этот бой.

О чем задумалась, земля,
кровь и плоть моя?
Костры и звезды твои горят,
горят для меня.
О людях, рожденных тобой,
думаешь ты, земля,
а люди думают о тебе, земля.
Плачут дожди над тобою, земля,
ветры синие птицами реют,
солнце светит для тебя, земля.

О реках расскажи земля, кровь и плоть моя,
о лунах, отраженных в них,
о дюнах Балтики юной расскажи ветрам,
о людях своих расскажи, земля.
Смотри, смотри, человек,
ты видишь, как мир твой прекрасен.

Гаснут солнца лучи,
светят звезды в ночи,
в желтом свете луны
плещут волны Невы,
и стоит над водой,
над Невою седой,
город, ставший навек
красотой и судьбой.

Смотри вокруг, человек,
смотри, твой город все лучше с каждым днем.

Людям и городу вместе расти,
общее наше дело детям по жизни нести.

Родине нашей вечно, вечно цвести.

/Издательство "Советский композитор",
Ленинград 1972 - Москва, тираж 833 экз.,
цена 67 коп., исполнена 26 апреля 1974 г.
народным хором Ленинградского технологи-
ческого института им. Ленсовета/

КТО ЕСТЬ КУЗЬМИНСКИЙ?

Об этом сообщает литературный критик В.Соловьев, ему ли не знать!:

"The same evening I had a telephone call from K.K. He was the leader of the group of poets, although he was better known for his exotic way of life and his sexual perversions than for his poetry. Everyone was amused at his bold behavior. "He'll overdo it," people would say of him, "and get sent to prison." And indeed, his scandalous way of life did seem to violate all acceptable norms. Furthermore, against the dull backdrop of the Leningrad scene, it seemed like the highest form of dissidence.

It turned out that what K.K. wanted to ask me was the same thing Chudinov had asked me: whether I wouldn't write a critique of the group's poetic miscellany. This time, however, declining was easier.

What really amazed me about the whole business was not so much K.K.'s duplicity but the thoughtlessness - almost the frivolity - with which the KGB sacrificed its victims. And I must admit that this was one of the reasons, although not the chief one, for my decision to stay as far away from the "Committee" (of Human Rights - KKK) as possible."

(PARTISAN REVIEW/2, 1982, p.173)

Вроде бы, я действительно, звонил Соловьеву, наряду с Грудининой, Поляковой, Гнедич, Д.Я.Даром и кем-то еще, кого мы считали честными. Списки, кого пригласить в рецензенты, приводятся в материалах Юлии.

Но Соловьева, более или менее известного сов. критика, я и в глаза не видел до славистской конференции в Охайо в 1978. Меня туда привез Джон Боулт отчитать лекцию по украинским формалистам 17-18 веков, там же вертелись эти две мондавошки Соловьев-Клепикова. Видел я их смутно, поскольку перманентно был пьян, а они были заняты поисками места на этой ярмарке невест. Невест без шансов и, в основном, естественно, дурнушек. Коротенькие Соловьев и Клепикова - шарахались от моих кожаных штанов, козьей куртки и бороды. Они посещали лекции /но не мою!/.

Вполне приличные люди. И в Союзе они были приличными. Соловьев с ужасом рассказывает, как разглядывал свой хуй /стыдливо называемый им "penis" на предмет сифилиса от ... рукопожатия с кагэбэшником /p.169, ibid./. Не знаю, я руки кагэбэшникам не пожимал, да они и не предлагали.

Другой вопрос: откуда Соловьеву известны мои "сексуальные извращения",* а не литературные труды? Ну, со вторым понятно: в той же статье Соловьев признается, что рецензировал только "печатные произведения". Отчего и сейчас, печатаясь в закордоньи - ни стиля, ни метода, ни языка - не сменил. Он же у него естественный, советский. И норм - он не нарушал и не нарушает.

Так что то, что я попал в стукачи в компании с Солженицыным-Сахаровым-Синявским и Чалидзе, меня не волнует, но, если бы я в свое время прочитал статьи этого сов. лит. критика, или увидел бы воочию эту мондавошью гниду - фиг я стал бы ему звонить даже по поручению инициативной группы "ЛЕПТЫ".

Ползают по обширной мошонке Америки эти соловьевы и клепиковы, как ползали там, ну и пусть их. Еще парочкой славистов прибавится в университетах Штатов, специалистов по великой советской литературе.

И нет на них политании...

* которых у меня нет. Себе только, по мере сил и возможностей...

Writing Without Roots

Continued from page 1

The New York Times,
Book Review, Sept. 23, 84, p. 38

Russian émigré writers, from the left, Arkady Lvov, Lev Kopelev, Vassily Aksyonov, Sergei Dovlatov, Yuz Aleshkovsky, Joseph Brodsky.

...des some of the finest living Russian
...dr Solzhenitsyn, the poet Jo-

been translated into the ... quotes a line
he says he remer... ... Amer-

hand and pretentious on the other. All of ... at Gil
w...ters thought our books were not ...
...al reas... But some were ...

A Borzoi 'Poodle' Slips by Soviet Customs

By JOHN F. BURNS

When a group of refugees from Eastern Europe stepped off Flight 833 from Vienna at Kennedy International Airport yesterday, the most pampered of them stood only two and a half feet high. The refugee, with a long nose and doleful eyes was a borzoi bitch, one of a very few to come out of the Soviet Union since the Revolution.

"She's my connection with Russia," said Constantine Kuzminsky, a 35-year-old poet from Leningrad who left the Soviet Union five months ago with his wife, Emma, 38, and Nega, the borzoi, given to them as a going-away gift by a painter friend in Moscow.

'Half Poodle'

The dog, carried in the cargo compartment during the eight-hour flight from Europe, was reunited with the Kuzminskys in customs. While Mrs. Kuzminsky consoled the pet and fed her biscuits taken from the galley of the aircraft, her husband explained that Soviet regulations forbade the export of borzois, a not un-

common breed in the United States, but now very rare in its native Russia.

"I told them she was half poodle," said the poet, laughing through the cloud of smoke from his cigarette. "Our customs officials in the Soviet Union, they don't know."

Because they brought the borzoi with them, the Kuzminsky's did not go to a hotel, as most refugees do, but were taken instead to the center run by the Tolstoy Foundation in Valley Cottage, near Nyack, N.Y. Mr. Kuzminsky, who speaks English, hopes to make a living

lecturing about the "unofficial" arts in Russia, and his wife, a park architect, plans to study English in the hope of finding a job in her field.

Jobs a Problem

According to Jim O'Connell, a social worker at the Tolstoy Foundation, it may not be easy for the Kuzminskys to make a living in their chosen fields. Mr. O'Connell said that the Russians now living at the Latham Hotel in Manhattan at the foundation's expense, including an itinerant clown, a mathematician, a physicist, two electrical engineers, were fin... bo..

...as, where he has ... e friends.

that it is not easy to get professional employment, especially for those who speak no English.

Mr. O'Connell said that the clown, Oleg Panov, was a "go-getter" who was likely to land on his feet, despite being robbed of $300, all the money he had, while walking around in the Times Square area the day after he arrived. During his walk, Mr. Panov wandered into the nearby office of Ringling Brothers and Barnum & Bailey Circus and, despite his lack of English, succeeded in arranging a tryout with a small circus in ... bama.

A good friend of the poet who lives in the US received from him a letter full of rage and despair, dated January 23, 1986.

Trifonov's mother, who valiantly stood by him and did everything she could to secure his release during his years at the hard labor camp (1976-1980), has suffered a stroke since the recent developments and is now unable to leave her bed. In the letter of January 23, Trifonov wrote that he was still free, but had been warned by the authorities that the complaint against him was being investigated and that he could expect to be arrested any day. A portion of this letter reads:

If you think that I'm scared you are wrong. What I feel is shame! I am ashamed that, as I near the age of forty, my country which I love has permitted me one career only, that of a convict. Here I am NOBODY and NOTHING. I live in dire poverty, my social profile arouses disgust, my po-

BURY ME IN LAWRENCE, PUT ON MY GRAVE ANY KIND OF STONE YOU WISH, PROVIDED THAT IT BEARS THE INSCRIPTION "FREE AT LAST."

Konstantin Kuzminsky, the Russian poet and anthologist, who now lives in New York, considers that Trifonov's most recent poetry places him on a level comparable to that of the other great Russian literary artists who were homosexuals, such as Mikhail Kuzmin (1875-1936) and Nikolai Kliuev (1887-1937). But while these predecessors were honored in pre-Revolutionary times as the major poets they were, Trifonov has to endure literary obscenity and brutal persecution. Like Trifonov's other friends, Kuzminsky believes that the best way of helping him now is to give his situation the greatest possible publicity in the West. Letters to Soviet embassies and consulates would be of value. Letters of encouragement to Gennady Trifonov himself (in any language) can be addressed to:

Gennady Trifonov
191065 Leningrad
Poste restante
USSR.*

The New York Review
of Books, Apr. 10, 86, p. 44.
(Additional information provided by Konstantin Kuzminsky and Michael Biggins.)

The New York Review ... at prosec... ...uport statements about criminal cases ...ould be vulnerable to damage suits for the violation of defendants' rights. The warning resulted from a damage suit ...

The Other

International

Visa is poignant f couple.

Reporter's notebook and Angolan war

Soviet said to carry ments to Angola

France flies 800 Djibouti.

Lisbon prepares fo rebuilding effort

Portuguese Sociali Communist bid.

Jamaican leader curity council.

Argentine minist aided terror gro

Senate acts to c kickbacks.

Japan's Socialists heed inquiry.

South Korea is cal continue.

Jordan's Parliame election delay.

Government and

McCarthy's runnin auto heir.

Grand jury to hea commissioner.

Bentsen goes all ou homa delegates.

Ex-Senator pledge hails Reagan.

Foes of Concorde l Senate.

Hays joins move to funding.

Hirschfeld support -a business profi

Simon is optimisti fiscal outlook.

Carey tax-revenu tions disputed.

Rickles to seek Pe gressional seat.

General

ПОХОЖЕ, ЧТО Я НЕ ПИСАТЕЛЬ, А СПЕКУЛЯНТ БОРЗЫМИ И ПЕДЕРАСТ. За 10 лет я дважды был упомянут в "центральной прессе" - один раз - трудами Сюзанны Масси, по приезде - в собачьей колонке, второй раз - в статье о поэте-гомосексуалисте Гене Трифоно-ве /после первой статьи в "Крисчен Сайенс Монитор" от 8.77-м - меня завалили признаниями в любви гомики, в том числе из тюрьмы/. А в писателях-поэтах на сентябрь 84-го, по выходе уже 4-х томов антологии - я все еще не числюсь. Потому что вечно печатаю то Трифонова, то Бродского, а себя - не очень. Зато в писателях ходит Аркадий Львов, получивший грант Кэннона, в котором мне - на антологию - отказали. Но он пишет про евреев и Осипа Мандельштама, а я печатаю Мандельштама же, "не за это". Почему и да. Половина поэтов в антологии - евреи, и есть даже гомосексуалисты, но ценю я антология по вечерам и в выходные/, а в "писатели" не приходится жене чертежницей вкалывать /плюс макетировать добрую треть антологии по вечерам и в выходные/, а в "писатели" не еще не скоро попаду /если попаду вообще/. Пока я - на прессе суда - гомосексуалист и контрабандист борзых щенков. Тоже сла-ва. И еще я известен как "эксгибиционист"! /что подтверждаю и многочисленными фото в разных томах./ чего бояться? Переживем.

Знакомый почерк Ильича

ПИСЬМО ОТСЮДА

Известно, что ленинградцев редко балует местная пресса. Они привыкли открывать газету с четвертой страницы, и если нет фельетона или кроссворда, „долистывают" ее до второй и откладывают в сторону. Но вот 18 января их решили отвлечь от газетной жвачки и подкормить чем-то „новеньким". На этот раз это было пространное „письмо оттуда", то есть отсюда, из США, где живем мы с вами и автор этого послания.

Эту вырезку из „Ленинградской правды" передал в редакцию наш постоянный читатель, и мы решили полностью опубликовать текст открытого письма ленинградцам, чтобы вы могли судить о нем совершенно объективно.

ПИСЬМО ОТТУДА

ЕСТЬ ПИСЬМА, совершенно не нуждающиеся, на мой взгляд, в комментариях. Публикуемое ниже — из их числа. Лишь несколько строк в пояснение того, как появилось оно на страницах «Ленинградской правды».

В февральском номере журнала «Нева» за прошлый год было напечатано стихотворение ленинградского поэта В. Нестеровского, члена творческого объединения литераторов, созданного по инициативе секретариата Ленинградской писательской организации в 1981 г. и получившего по дате своего рождения наименование «Клуб-81» (мне доверено руководство этим клубом). Вот это стихотворение.

И. СИНЯВИНУ

Уезжает мой друг
  из Отечества,
Уезжает из молодечества,
Из бузы, из игры, из огня, —
Из меня.
Знал с юбью он близких
  упрямо,
Но скажи, наново за морями
Песнь чужую тянуть
  соловью, —
Не свою.
От овечьих яслей,
  от истоков

Дул на Запад —
  вернешься с Востока,
Доказав, что планета
  круглá.
Без угла.
Вы — отступники,
  вы — побирушки,
Поменяли страну
  на игрушки.
Дяди Сэма безродный
  племяш,
Наш — не наш.
Знаю, вас обеспечат
  прекормом,
Только будет ли там
  непокорно
Колоситься твоя борода, —
Как всегда?

Стихотворение посвящено художнику, другу автора, отправившемуся за океан в поисках иллюзорной, якобы существующей там «свободы творчества». Как мы явственно увидим из письма, борода И. Синявина, пользуясь образом поэта, вынуждена была там «заколоситься» совершенно непокорно, ибо американский «звездный мир» открылся для беглеца как пропасть бездуховности и делячества. Как, впрочем, и для других, поменявших родину на миражи буржуазных «свобод». Э. Лимонов, к примеру, упоминаемый в этом письме, издал в Нью-Йорке книгу «Это я — Эдичка» (о ней писала «Литературная газета» 10 сентября 1980 г.), в которой с горечью отразил всю безнадежность и приниженность свою и других эмигрантов: «Русские не могут быть полноценными вне Родины», — писал он. К подобному выводу пришел и И. Синявин.

Известно, что «Неву» № 2 за прошлый год он получил. Публикуемое письмо — своеобразный его ответ на стихотворение В. Нестеровского. В публикации сделаны небольшие сокращения: опущены детали сугубо личного характера и убрана критика в адрес американских властей предержащих (ибо этому художнику и так пришлось претерпеть от них немало). Несколько сокращены рассуждения по поводу модернизма в искусстве. Не со всеми суждениями И. Синявина можно согласиться, но главное — духовное прозрение человека.

Ю. АНДРЕЕВ,
доктор филологических наук

...де хорошо пишут про нашу родину.

Слово берет И. Синявин. Русский голос,—говорит он, —занимает совершенно особое положение среди русскоязычных газет в Америке. Потому на газете лежит большая ответственность в деле помещения материалов, ведь «Русский голос» читают как его друзья, так и недруги. На мой взгляд нужно печатать статьи, освещающие как негативные стороны сегодняшней американской действительности, так и позитивные. От этого газета только выиграет».

ОТСТАИВАЯ ДОСТОИНСТВО РОДИНЫ

Знакомство с одаренным журналистом интересно всегда. Что бы он ни писал: публицистику, рецензии на книги, его беседы-интервью или дискуссии с корреспондентами. Несколько лет тому назад, когда я впервые открыла «Русский голос», сразу же обратила внимание на статьи Игоря Синявина. Мне понравились его стиль /прямолинейный, четкий, логически точно построенный, и основа его творческого мировоззрения /непримиримость к антисоветчикам, честность и принципиальность/. Процитирую

отрывок из его ответа корреспонденту В. К. /«Русский голос» №17 от 25 апреля 1985 г./, в котором И. Синявин пишет о своих теплых чувствах к Советскому Союзу: «...к моей родине, достоинство которой я и отстаиваю по мере сил в своих статьях». Эту фразу можно взять эпиграфом к творчеству И. Синявина.

Он всегда отстаивает истину в споре со своими идеологическими противниками, причем выступает с открытым забралом, никогда не пользуясь псевдонимом.

Круг интересов И. Синявина очень широк. Философия и искусство /интервью с Евгением Евтушенко/, проблемы теории государства и права /критический анализ книги А. Федосеева «О новой России. Альтернатива»/, размышления о проблемах сохранения русских культурных ценностей за границей, социология /о свободе слова в Америке/.

И. Синявин также является автором прекрасной статьи «Помогая Родине», где рассказывает о том, как русская прогрессивная общественность Америки помогала сражающемуся советскому народу в годы второй мировой войны. И хотя И. Синявин и не являлся свидетелем тех событий, но на основе документального материала ему удалось воссоздать обстановку того героического времени очень хорошо.

Сейчас И. Синявин печатается не только в «Русском голосе», его статьи появляются и в Советском Союзе. Так, «Письмо оттуда» было напечатано в «Ленинградской правде» в январе 1984 года. Большая статья «Заболеть? только не в Америке» появилась в «Голосе Радзімы» в середине 1985 г. Печатался И. Синявин также в газете «Московский комсомолец» и других изданиях.

Г. РОЙТМАН,
Нью-Йорк.

ЕВГЕНИЙ ЕВТУШЕНКО:

«Американцы и русские не должны бояться друг друга»

Советского поэта Евгения ЕВТУШЕНКО хорошо знают в Соединенных Штатах Америки. Недавно здесь закончились его выступления в «Концерте для всей Земли», где поэт читал стихи в сопровождении американского музыкального ансамбля Пола Винтера. В беседе с нашим корреспондентом Игорем Синявиным он сказал:

—Моих читателей, думаю, прежде всего интересуют мои творческие планы. Я написал сценарий по книге Александра Дюма «Виконт де Бражелон» —последняя часть эпопеи о трех, позднее четырех мушкетерах. Обычно экранируют, да и читают, лишь первую часть. Создав в первой яркие образы героев, Дюма в последней части подводит итог их жизни. По философской насыщенности «Виконт ле Бражелон»—наиболее весомая. Герои во времена задорной молодости перекололи массу людей. Они оглядываются на прошлое и начинают задумываться. В них просыпается помимо чести—человеческая совесть.

Сейчас я ищу во Франции таких финансовых вкладчиков в будущий фильм, которые не ограничивали бы мое творчество режиссера коммерческой цензурой.—Это не пойдет, потому что не найдет спроса у массового зрителя.» Но кто делает массового зрителя? Кто воспитывает его вкусы? Кормите его пошлостью—и он привыкнет к ней. Несите ему высокие образы искусства —и он отвернется от мыльных опер.

Фильм я предполагаю снимать во Франции—только там ~~~ но найти соответствую-

Shooting on location in Suzdal.

жем создать обстановку древней Франции, иначе это будет напоминать американскую «Анну Каренину».

—Каков ваш подход к экранизации Дюма?

—Я оставляю от Дюма лишь несколько фраз. У меня король умирает, а новый, на которого возлагали большие надежды, не лучше старого.

—Как вы оцениваете противоречие, которое может возникнуть. Чем сильнее произведение, по-современному интерпретирующее классику, тем большая вероятность, что новый образ вытеснит образец.

—Эта проблема сейчас обсуждается в советском литературоведении. Но я вкладываю в уста героев лишь те слова, которые, по моему мнению, вложил бы им сам Дюма, если бы экранизировал. Я ни в чем не отступаю от духа его романа.

Я также закончил поэму-роман. Название еще не найдено. Поэма представляет собою коллаж. Документальные куски прозы перемежаются стихами. 126 страниц. Я писал ее год, но в ней опыт всей жизни.

Там есть документально записанные мои разговоры с Че Геварой. Эссе о Гитлере. Мне хотелось понять—почему ~~~ ~~~ ~~~ копии его

мании величия. Мания величия—всегда патология.

Там исследование, касающееся Христофора Колумба, показывающее ~~его в совершенно~~ новом свете. Я был влюблен с детства в Колумба —гениального человека, отважного путешественника. Но когда я приехал в Санто-Доминго и увидел своими глазами в музее орудия пыток, которые он вез на своих кораблях, предназначая их для туземцев... Когда узнал, что он ест собак, специально натренированных для охоты на людей, мне стало страшновато. Я перечитал его дневники и понял, что этот человек— герой, но преступник, захватчик. Не всякий героизм оправдан нравственно.

Там есть кусок о Берни, о заседании жюри венецианского кинофестиваля по поводу профашистского фильма «Клевретта». О моем голодном детстве в 41 году.

Поэма включает в себя гигантское количество проблем, казалось бы, не связанных, но все же сцепленных внутренней энергией.

—Каковы ваши другие планы?

—Я поставил себе цель—

написать 12 романов. Хочу испытать себя в жанре, которого еще не касался: пьесу для театра.

Передо мной встает сейчас проблема времени. Тем более, что по пути могут встать новые задачи.

Мне придется отказаться от многого, в том числе от поездок за границу. Некоторым кажется, будто я провожу большую часть жизни за границей. Неправда. На это уходит примерно одна десятая часть жизни. Я более люблю ездить по нашей стране и не представляю себе существования без этого.

Евгений Александрович, ваше творчество развивается на стыке поэзии и философских размышлений. О поэтах, на чье творчество вы опираетесь, вы высказывались не раз в своих произведениях. Скажите, какие философы оказали влияние на становление вашего мировоззрения?

—В поэзии я не следую слепо за образцами. Я преклоняюсь перед Пушкиным, но и в его творчестве есть вещи, которые мне не нравятся. Так же я отношусь и к философии. Нельзя все безоговорочно принимать, или целиком отвергать. Например, не все положения Маркса и Энгельса применимы сегодня. Это не значит, что они не были талантливыми людьми. Человек не может все предположить до конца. Маркс, Энгельс, возможно и Ленин, не могли предвидеть что между социалистическими странами могут образоваться противоречия, как, например, между Китаем и Советским Союзом.

Мое собственное мировоззрение складывается из всего прочитанного мною, но в то же время и из реального опыта. Человек, погруженный только в книги—беден. Но и тот, кто отворачивается от книг, заключенного под обложкой книг—тоже беден.

Поэзия не может существовать без осознания высочайшего значения чистого искусства, но когда она интересуется социологией, политикой—она теряет многое. Поэт утрачивает талант, свое назначение, обедняет свое творчество и себя самого.

Если говорить об общественном идеале, то я прежде всего подхожу к нему как коллективист. Потому работа режиссера меня и захватывает. Да, на съемочной площадке режиссер—голова, но иногда и от простого шофера или

электрика многое зависит.

Писатель в своем творчестве все же одинок, хотя в процессе работы над произведением незримо участвуют и его друзья.

Я коллективист. Но я за такое общество, которое ничем не будет угнетать индивидуальность, если эта индивидуальность не угнетает других. Но я против абсолютной свободы человека. Она преступна. Если мы дойдем до того, что Достоевский определил как «все дозволено»—то это будет ужасно. Общество эгоистов—чудовищно, с другой стороны— общество стандартизированных людей—отвратительно. Я вижу будущее общество коллективным, в котором не будет стерта ничья индивидуальность. Сколько бы ни хвасталась капиталистическая система, называя себя «свободным миром»,—реальность далека от идеала. Доходит до пародии. Гид у электростанции, построенной на Ниагарском водопаде, заставил рассмеяться самих американцев: «Вы видите самую великую электростанцию ✔ свободного мира!».

Это все пародийно... Я мечтаю о том мире, о чем мечтали Циолковский и Федоров— это мир без границ, без государства—об этом мечтал и Ленин. Без полиции, без армии... Сознание людей поднимется настолько, что не будет нужды в управлении ими. Внутренний контроль у них будет настолько высок, что им не потребуется полиция.

Может это никогда и не осуществится. Но может, и придет, если не окончит человечество свой путь атомным самоубийством. Для этой почти безнадежной цели надо работать.

—Вы подошли к определению целей и задач искусства. Не считаете ли вы, что концепция, которая утверждает, что задача искусства сводится к стремлению вечного,— при этом под «вечным» понимается и вечное стремление человека к лучшему будущему, и любовь, и правда, и справедливость, и красота—как вечные идеалы человеческого духа,—что эта концепция универсальна, обнимает все остальное?

—Я вас понял. Иногда писатель отворачивается от злободневных тем: это, мол, тема для газет, а не для будущего, не для писателя. Они начинают писать с расчетом на вечность. Как правило, они терпят поражение. Вечными оказываются те произведения,

Во время беседы.   Фото Т. Кордонского.

ЕВТУШЕНКО И СИНЯВИН

/"ГОЛОС РОДИНЫ" И "ПЛЕЙБОЙ"/

Все-таки недаром я запузырил в 4-Б
томе коллаж "Ночь с Евтушенью", на-
пихав туда хуёв и пёзд. Евтуха пе-
чатают и в "Плейбое". Да еще в пере-
водах Апдайка. Синявина не печатают
уже нигде. Тем более - в газетах на-
ших эмиграций! Газетки-то ведь - од-
на кошернее другой. Правовернее право-
верных. Новые патриоты, бля. А Игорь
пытается - критиковать! Не позволят.
При этом на Евтуха - валит все та же
правоверная советская ебигрань. Они
у него - "Бабий Яр" уважают. При мне
учитель скрипичный - вытащил и подал
Е.А. на автограф полузатертые, выцве-
тшие вырезки газетные - начала 60-х.
Потому что про евреев.
Синявин пишет про всех. Не соглашает-
ся. Возражает. Признает эмиграцию -
ошибкой. За это его вдумчиво мордуют
поклонники Евтушенки. Которого печа-
тают и в Союзе, и в "Плейбое". Прав
был Генрих Худяков, сказав, что сей-
час эпоха не гениев, а суперзвезд.
По 5-му каналу сейчас идет фильм "Са-
харов". О диссидентах. Типичное аме-
риканское гавно. Но Сахаров, как и
Элизабет Тейлор, и Евтушенко, и Вил-
ли Нельсон - для них "суперзвезды".
Сейчас в суперзвезды вылез и Щаран-
ский, фарцовщик и хлюб, получающий
миллионные гонорары за свои воспоми-
нания. О чем? Самое мое главное от-
крытие на Западе было то, что "говно
везде пахнет одинаково" - что здешние
"слависты", что "патриоты". Синявин
для меня - понятнее и ближе Евтушен-
ки. И похоже, Евтух это понял: в сей
приезд - он уже в Некрасовке не рисо-
вался. Продолжает оглуплять америкот-
ню и, по-прежнему советских, эмигран-
тов. Антиподы мы. И я опять - в одном
лагере с Синявиным, что бы он ни нёс.
"НИ СССР, НИ США" - его и наш лозунг.
А Евтуха - "и там, и тут". Проститут.

"Let's hu... ...ion as it is."

151

FOUR NEW POEMS BY YEVGENY YEVTUSHENKO

with english translations by james dickey, john updike and others

CRAIG

KAMIKAZE

And I shudder
                    and come to my senses—Look!
His elbows dug into the green table,
a former kamikaze pilot—a dead man, Japanese,
truly—is talking about Raskolnikov.
At a "Symposium on the Novel," he's forty-five,
an old man. He's like
polite sobbing . . .
                    he's like a scream
strangled by a necktie. And through us
and somewhere past us,
through shimose flak and the shade of Lazo*
like the yellow shine of Hiroshima,
reeling,
        his face flies past.
But in his throat you can't tell
whether it's a lump of tears
or a cough lump, or what.
                    The Emperor wanted him to grow up
humble, his death already assigned . . .
                            a kamikaze.
Sure, it's great to swim along
hands and bouquets, to be slapped on the back by the military
thère, at the parade. Sure,
it's fine to be a "hero of the people." But hero
in the name of *what?*
                    With a few buddies,
this one shucked off his hero status
and said he'd just as soon stay
alive.

That took more guts than exploding
for a goddamned lie!
                    I'm supposed to be hell-for-leather
myself,
        but what of my life and death, really?
What *do* I think, sinful and mortal,
among sinful, mortal people?
                            We're all assigned our deaths . . .
We're kamikazes. The "divine wind" . . .
the wind of death whistles in our ears:
Every footfall on this bomb-cratered planet
is a step toward death.
                    So what if I get busted up and crushed
but not because a dictator says so? I'll pull the control column
up by the roots,
                fire-wall the throttle
on collision course, and go out
like the last battering-ram.
                            But, sons, daughters,
descendants,
                though my body sifts down in ashes, I'd like,
from the scraps of my plane, something good to explode
through to you.
                How strange it is, though,
to seem to yourself always dying
                            in the sky for not
anything! To turn out to be lied to
and still living in the face of your death
assignment, and to be evil
as well! Yes, a living evil
long since supposed to be gone!

—TRANSLATED BY JAMES DICKEY

152

*Sergei Georgievich Lazo, a Soviet commander in Siberia in 1920, was captured by the Japanese and then burned alive by the White Guard.

CRAFT

LIGHT DIED IN THE HALL . . .

Light died in the hall. . . . Yet while, upon the boards,
Darkness arose and played the only role,
There poured through all my veins, in icy chords,
The chill of an inaudible chorale.

I knew that there, prepared for the prolog, seen
By none, perhaps, but the wide eye of God,
Like a sliver of the darkness, like a lean
Shade among shadows, slim and alive, you stood.

I had not God's high vision, yet within,
Like the voice of God, I felt the music rise,
And I saw, not with my sight but with my skin,
As with a thousand small, concerted eyes,

And there, in the dark, in the intermittencies
Of someone's breathing, the dense transparencies
Of the incorporeal shadows, I discovered
With a wild guess, and could in rapture tell
That point, apart from paradise or hell,
Where, waiting for its flame, a candle hovered.

And you were kindled, and the light reuttered,
And the chaos of strange blackness was no more,
And only a little golden forelock fluttered
Before me, like a wind-whipped tongue of fire.

—TRANSLATED BY RICHARD WILBUR

BROWN

LERNER

STOLEN APPLES

Fences careened in the storm;
we stole through the bitter shadows
like thieving children warmed
by shirtfuls of stolen apples.

The apples wanted to spill;
to bite them was frightening.
But we loved one another
and that was the great thing.

Secluding us criminal twins
in a cosmos of dirty waves,
the snug cottage whispered,
"Be brave and love . . . be brave. . . ."

The cottage's owner, an ex–
soccer hero, from his photo
dim on the glimmering mantel,
urged, "Be bold . . . plunge through. . . ."

So, pivoting and twisting,
we burst through the penalty zone,
slipped past the last defender,
and billowed the nets of the goal!

Rest period. Above us, in dust
we seemed to dream,
tiny soccer shoes oscillated
on an invisible field.

"Play," each mote insisted,
"Play, but play earnestly.
The earth's heavy globe is a speck
Like us, essentially."

We played again; we kicked.
The game perhaps was stupid
but we did love one another
and that felt splendid.

Drugged by its roaring, the sea
mumbled of something profound,
but then a golden fish, your bang,
splashed upon your brow,

and I was unconcerned to know
that once on the storm's other side,
for all my bravura folly,
I'd sink back with the tide.

Let slander pursue me.
Love isn't for the feeble.
The odor of love is the scent
not of bought but of stolen apples.

What matters the watchman's shout
when, wrapped in the sea's far hiss,
I can cushion my head between
two salty apples I've filched.

—TRANSLATED BY JOHN UPDIKE

DAMP WHITE IMPRINTS . . .

Damp white imprints dog the feet;
snowbound trolley, snowbound street.
Her tip of glove to lip and cheek,
"Goodbye." Go.
Deathly, into soaring snow
and stillness, as expected, go.
A turn:
        the plunge to the Métro.
A blare of lights. A melting hat.
I stand, am spun in drafts, see black
take the tunnel, train and track,
sit and wait as others sat,
touch cold marble, chill my hand
and, heavyhearted, understand
that nothing ever really happened,
ever would, ever can.

—TRANSLATED BY ANTHONY KAHN

Е. Евтушенко в белой кепочке перед нар[...]

Зрители на премьере „Детского Сада" в к/т „Фильм Форум", фото к
N.Y. Лето. 1985 г.

б Алтарь К.К.К. в Waco, Техас. By Steve Ishley.

Е. Евтушенко, Джон Айберри, К.К.К и Е. D. Руш.   Фото И. Кофман

Те же, в кабаке.

ГАВНО ВЕЗДЕ ПАХНЕТ ОДИНАКОВО

Это было моим величайшим открытием в Вене. Далее пошли подтверждения. Западный издатель Карл Проффер - оказался говном и, жуликом /хотя, по мнению Бродского он - Гутенберг и Иван Федоров, в чем Бродскому правоверно вторит Довлатов/. Советского поэта Евтушенко я уже знал за говно, но таким же говном оказался и его закордонный друг Аллен Гинзберг, который в "Парис Ревю" пишет, пишет о нем и о Вознесенском, который как пидер любовался на трогательные трусики Аллена в отеле - интересно, отпялил Гинзберг Вознесенского, или нет? В интервью об этом Гинзберг умалчивает.

Говном оказался Джон Апдайк, переводящий Евтушенко для "Плейбоя", который "Плейбой" - оказался сексуальным аналогом "Правды" - и там, и там - печатают Евтушенко и, похоже, одно и то же.

Абсолютным говном оказались американские славики, за славистов, на добрую треть пидеров - и говорить нечего.

Словом, раскидался.

Аллену в Техасе я сказал, что если в России нас кормили просто говном, то его стихи - это "сэндвич с говном", после его выступления в университете. Его друг /и друг Керуака/ Стив Аллен, ныне голливудский продюсер - производит просто говно, каковым и кормит с экрана привычную к говноедству американскую публику.

Синявин - я уже говорил, что говно, но начал испытывать к нему симпатию за "вопрекизм" - чинит он дверь какого-то оффиса докторского в Квинсе, а рядом стоит его ван, и на всю Ивановскую /она же 63-я/ орет из репродуктора советские песни. Старушки пугаются и просят доктора заткнуть его, а тот не может: свобода. В Союз его не пускают, вот он и террориризует сов.эмиграцию песенками отечественного звучания. Лобьют его когда-нибудь - и, вроде, уже били. Но это говно мне симпатично.

Несимпатичен мне Евтущенко. Правда, в первый приезд он умудрился почти очаровать меня и всю некрасовскую шоблу - пил, закусывал пуэрториканским салом и читал стихи - Глазкова и свои /в этой последовательности и процентности/, профессионально очаровывал - и - должен заметить - удачно, но временами - глазики его становились точь-в-точь как на фото шемякинском в четвертом "б" томе - пустые, остекляневшие, чуждые. Забывался на момент. Но - встряхивал головой, улыбался - и опять очаровашка. "Женя, говорю, как Вы умудрились сохранить такую детскую улыбку в свои 60 лет?" Обиделся и сказал, что ему всего 53. Так же, кстати, улыбался бич Валька Глухов в 60-ом в тайге, когда, нашкодив или нашумев - спасался проверенным очарованием.

"Я, говорит, не коммунист. Я - социалист." /Это не Валька-бич, а советский поэт Евтушенко/. Расчувствовался я: вот ведь, свободен человек, Глезер - к примеру - не может заявить, что он не антикоммунист, со службы попрут, деньги перестанут давать, а Евтушенко - может. Что, мол, не коммунист он. Но не я же писал в 60-м поэму "Считайте меня коммунистом", и не я печатал ее в "Юности". Я его тогда же уже заподозрил, даже раньше - после "Нигилиста" в той же "Юности", но об этом я уже писал.

Говном /с одеколом/ оказался и фильм Евтушенко, по зрелом размышлении. А тогда, после премьеры, я сказал ему, что "на 50% гениальный, а на 50 - говно". Но и "гениальность", по остраненному размышлению - оказалась ловкой спекуляцией. Сцена базара, к примеру - воры, мужик, продающий мёд, интеллигент босиком в носках, обменявший штиблеты на капельку чуда /и гусь босоногий, по снегу, параллельными кадрами!/ - а всё правильно и правоверно: и мужик - КУЛАК, частный сектор /даешь погром в "Земляничных - или ягодных? - местах"!/, и воры, украв карточки с похоронкой, возмещают награбленное жемчугом, и немецкий офицер благородный, и бородатый раввин /поэт Семен Сорин?, как объяснил интересующемуся Игорьку Кофману в кабаке Евтушенко/, и цыгане, едущие на фронт - все это липа. ЛОЖЬ. И говно. Правда, с одеколоном. И запах ностальгии по прошлому, по пережитому - зачастую перешибает ядреный народно-партийный дух, в каковом-то и суть, а не в каплях одеколона... Фильм - 100%-но СОВЕТСКИЙ, и "недозволенное" спокойно влезает в рамки дозволенного. Евтушенко боролся...

И выборолся.

Меня он купил - похоронками, базаром, нищетой /завуалированной/, свадьбами, голой бабой /передранной с Пластова, "Весна"/, постреляным пастушком /с Пластова же/ - то есть - купил БУКВАЛЬНО НА МЯКИНЕ. И я купился. Добровольно. Фильм - стоит смотреть - даже - если поймешь - что это - СПЕКУЛЯЦИЯ. На Западе такого не дают. У них - свое...

Не знаю я, господа и дамы. Что-то уж больно всё в этом мире похоже - приезжали
вчера французские телевизионщики, очередную лажевку о русско-еврейской ебигрант-
щине снимать, для 3-го канала, приезжали с уже готовым не сценарием, а - решени-
ем /"ностальгия", "диссидентство", "недовольство", "возвращенство", "водка",
"секс" - на последнем, когда я их помянул, оба-два, и Патрик и Лилян, задробились,
зашевелились - фрацузы ж, хотя он и еврей/, я им сыграл стандартного себя - си-
дел в зеленом саронге малайском, сам пошил /кусок ткани х/б, шириной в метр, во-
круг бедер/, и меховой безрукавке, во дворе, жарил говяду на вертеле /изобретен-
ном скульптором О.Соханевичем/ и блекотал по аглицки всякую хуйню. Писали. Снима-
ли. Потом снимали на фото отдельно, Игорек ружжо /бердану без затвора/ приволок
и челюсь упросил вынуть, изобразил фотографу вампира с одним клыком, мне не жал-
ко, я не на службе. Валял ваньку, нёс Америку и Союз, хвалил Израиль, как колы-
бель русской культуры в Закордоньи, словом, развлекался.
А снимут - очередную социалистическую агитку, как и Офра Бикель, и Билл Крэн - и
не все ли равно? Гавно есть гавно.
И даже во Франции оно пахнет тем же. А не духами "Коти".
Лежу, дописываю пропущенные 10 страниц - ну не умею я нумеровать, не мое это дело,
как не умею и упаковывать: пёр по жаре 2 тома /в 2 пуда!/ на плече 10 кварталов
до пошты пуэрториканской - не приняли. Не так. Обратно попёр. Упаковщиков тут не-
ма. Второй раз на колясочке вез - один пакет приняли, другой нет, обратно попёр.
И выяснилось, что не откопировал. А издателю только дай единственный экземпляр -
взад получишь рожки и опять же ножки ж. Никак нельзя. Вот Профферу я дал - все фо-
ты поворовал, правда, негативы вернул. Гутенберг сраный!
А Некрасовка гуляла. Пока у меня французы во дворе снимали, а потом, по моему у-
казанию, Сайза /он же Саша Ямпольский, см. киевский том/ на крыше, с видом на Ман-
хэттен, подруга оператора с Беларусьфильма и израильского танкиста Женьки Рожко-
ва устроила на соседней крыше шоу: легла на стол и сняла трусики. Худяков из око-
шка - "театральные, говорит, очки надел: хоть на полдиоптрии, а поближе", пока
Шурка Некрасова это безобразие, проснувшись, не прекратила.
У нас свои шоу.
В "Плэйбое", впрочем, меня тоже не печатают. Послал им "Пусси поэмз", по аглицки,
лет 7 назад. Возвернули. Но хоть ответили, что "не заказанные материалы не прини-
мают". Стало быть, Евтушенке - они заказывают? Или Апдайку?
Разувжал я за это Апдайка. Впрочем, я им и раньше - больше по наслышке, "Кентавр"
мне никак не понравился, разве за сексуальные сцены, но они мне нравятся у всех. И
Апдайк тут ни при чем. Говно американское.
На фильм и после фильма Евтушенко приволок Джона Ашбери, какого-то американского
поэта-классика, с юным поэтом Ричи /который работал переводной альманах-антологию
"Гнозис" с Ровнером/, таким, весьма мальчиком, у них это модно. И какого-то сына
сенатора. И Джерри Сильвермена или Сильверстона, еще одного "ДинаРида" американс-
кого - пел. Я стихов не читал, это Евтух в мою честь, как "антологиста", тосты про-
износил. Предварительно произнеся таковые за Ашбери, сенатора, Сильер-что-то, по-
том уже за меня. Но я не обидчивый. Сидел, с "ХУЕМ" на спине, а Игорек снимал. И
евтушенкины поцелуи. Все-таки приятно, хоть я его и не уважаю.
Целовала меня Лиза Тейлор, Евтушенко, Целков и другие - есть о чем вспомнить!
А "Пусси поэмз", хоть и по аглицки, придется поместить в антологию. В образец то-
го, чего в "Плэйбое" не печатают.
Хотя разумней было бы отдать эти страницы - цитациям из "Мемуаров диссидентки" Эми-
лии Ильиной /Новое Русское Слово, с 1 по 9 апреля 1986/, где она с антипатией пишет
о Юлии, с антипатией о богеме /в том числе о Ширали/, а Синявина просто называет
"фюрером". Но во-первых, лень, во-вторых, некогда, а в-третьих - а на хуя?
Если кой чего из Юлииного тома не вынесет - так и Ильина не поможет, а вынесет -
так на кой Седыху-Мандусу рекламу давать?
Надоело мне всё это: Синявин, "Плэйбой", Евтушенко, Седых, французское теле, Ма-
ксимов и Глезер, полемика Солженицына с Синявским, сборники "Из-под глыб", кошер-
ные журналы израильские и вообще еврейский вопрос, "... опротивела марксист-
ская вонь. Хочу внепрограммно лущить московские семечки, катаясь в гон-
доле по каналам Венеции. О, ca d'Oro! O Ponte Dei!" - и это уже не Кузь-
минский, а в чистом виде Александр Александрович Блок, цитацией из мое-
го романа "Хотэль Цум Тюркен" /неопубл., частями в "Мулете"/. Полностью согласен.

PUSSY POEMS

TO CYNTHIA

And when we were all
fallen to the earth. I
heard a voice speaking
unto me, and saying in
the Hebrew tongue. Saul,
Saul, why persecutest
thou me? It is hard for
thee to kick against the
pricks.

(THE ACTS 26:14)

1.

This pussy was so poetical
That I dedicate her an article
I put on my nose some spectacles
To see where vanished
                    my testacles.
But, Cynthia, do not be practical
Remove your material obstacle
Your pants are well moistened
                    and mystical
I hear over here your Pussy call

2.

Cynthia, isn't it bad
You have abandoned my bed.
I have a doubledong head
'Cause you are driving me mad!
You are as calm as a cod.
My noodle is confused at your nude.
Bow deeply and give me a nod,
Play on my cynsitive flute.

3.

Cynthia, where is the lock?
Now I look at yor leg.
Dear, I find it OK,
Cries at the dawn little cock.
Here it is a good log,
So I say you "good luck".
Give me a kick or a fuck:
I long to be stuck in your muck.

4.

The breeze which raises your skirt
Fills my mind with dirt
Your attitude is so pert
Oh, open your soft ocean port
My steamer is working so hard
The boiler is making it hot
My fan won't make any hurt
Please, Cynthia,
                raise up your skirt!

5.

Your nipples resemble me medals
I want to tear off all your petals
Prepare the wonderful noodles
And, feed all the wandering poodles
Since you don't give me your cuddles
I walk all around a muddle
My burning and stiffening metal
Oh, Cynthia, cool it in puddle

6.

Now I do know that I can
Smoke a cigarette "Kent",
Visit your elderly aunt,
Say to the uncle: "Gesund",
Nieces and nephews I'll hunt,
We'll stay in loneliness ... und,
I'll pull you under the tent
Oh, Cynthia, show me your fund!

№12 (1018) · 1985

РОМАН-ГАЗЕТА

ISSN 0131-6044

ВЛАДИМИР ЕВТУШЕНКО

ГАРУСЕНОВСКИЙ ЛЕТОПИСЕЦ

The Kindergarten
YEVGENY Yevtushenko reads his own poetry with such ferocious emotional clarity that audiences cheer as for a diva. His first feature film, an autobiographical chronicle of a young boy's eventful train escape from Moscow... his Siberi... birthplace d... ing WWII, is si... larly charge... His variations... tone give the f... the energe... resonance a... immediacy... shared expe... ence. And wh... those peasa... sing and danc... a wedding. ... some bit of fu...

—Bannon

Yevgeny Yevtushenko's Kindergarten marks the Soviet poet's directorial debut

MARCH 1986 EAST VILLA...

ПРАВДА   8 июня 1986 года   ● № 159 (24781) ●   3

Евг. ЕВТУШЕНКО

Из новых стихов

Сокровище

Медсестра райбольницы —
                    Марья Никифоровна,
если даже покрикивала на больных,
все же лишнего ни на кого не накрикивала,
отделяя хмельных
                    ото всех остальных.
И однажды
          про язвенника Разгуляева
так сказала,
            вконец заклеймив алкаша:
«Наш советский больной
              должен быть управляемым!
Если неуправляемый —
              лечится пусть в США!»
И главврач лишь вздыхал,
утонувший в бумажном сугробище:
«Правда, получудовище,
         но, как работник,— сокровище!»
Поражался болеющий и навещающий
                         русский народ:
«Не берет…»
Медсестра непростая была она —
                         старшая,
и суровость была непростая,
                    а ставшая
чем-то вроде участливости участкового,
сознающего важности участка рискового.
Поправляла она одеяла особенно,
                         фирменно,
а уколы как делала —
                    даже приятца в заду!
И висела вторая,
       такая же строгая Марья Никифоровна,
на почетной доске,
              словно в личном,—
                    в больничном саду...
И мерцала ее седина неподкупно.
Указующий перст подымался:
«Товарищи,— чтение лежа преступно!»
Всех задергав,
         сама она тоже ходила задерганной,
лет пятнадцать —
              все в той же шубейке затерханной,
и чулки были вечно чиненными,
                         дряблыми.
Одиноко жила.
Умерла на субботнике с граблями.
А единственный сын
              из Москвы не приехал на похороны.
Диссертацию он защищал:
         «Дух наживы с его лжепророками».
И когда ее комнатку вскрыли —
              там было убого и пусто —
только сын в разных видах,
                    лишь не было бюста.
Сын висел на обоях
              ее разновозрастным идолом:
толстый мальчик
         с губами, измазанными повидлом.
В суперджинсах студент с комсомольским
                         значком.
Аспирант,
    к академику нежно прилипший бочком.
И покойницу стало всем людям собравшимся
                         жальче и жальче,
потому что в России жалеют лежачих —
в гробу безответно лежачих.
Но когда тетя Дуся,
    всплакнувшая няня больничная,
отворила покойницын шкафчик,
              то ахнули все:

там стояли рядами лекарства,
                    ворованные,
                    заграничные,—
пузырьки и коробки
              во всей дефицитной красе.
А в шкатулке покоилась,
         руки свидетелей пачкая,
переводных почтовых квитанций
              с резинкой аптечною пачка,
и все поняли,
    будто бы опухоль взвыла у каждого
                    где-то в боку,—
продавала лекарства,
              а денежки слала сынку.
И глаза опустили врачи,
                    и медсестры,
                    и нянечки,
потому что лекарства украсть у больных —
              пострашнее украденной наволочки.
Сколько было лекарств
         воровскими руками навыковыряно
из чужих, наболевших,
              кроваво сочащихся язв!
Что же ты понаделала,
                    Марья Никифоровна,
Ты украла посмертную добрую память из нас.
Медсестер уважаю,
         но столькие боли не выговорены,
столько грязи с эпохи,
              и с кожи своей не соскреб.
Смерть сама по себе не страшна.
         Страшно, Марья Никифоровна,
если смерть, как больничная нянечка,
                    плюнет на гроб.

Ну и сука же Е.А.,
пропагандист полу-
правды в газете аб-
солютной ЛЖИ.
Поэтика, патетика,
коммунистическая
этика, а суть -
сучья.
С чего это медсестра
лекарства ворует? И
не простые, а ЗАГРА-
НИЧНЫЕ! В Америке -
почему-то - советских
лекарств никто не во-
рует. Да и американс-
кие - выбрасывают. То
ли лекарства советские
такое говно, то ли -
купить дешевле, а
не воруют. Даже если
сын - наркоман. И это
проще купить.
В стране Евтушенок
же - воруют.

Чтобы потом Евтухи получали зарплату, обличая воров.
О зарплате медсестер советский поэт-правдоискатель -
умалчивает. И о цене заграничных лекарств /кои сам
получает бесплатно, или - просто привозит/ - тоже.
Медсестра, которая "НЕ БЕРЕТ"... Народ - поражается.
Потому что берут - все. И Евтушенко берет. Когда -
в рот, а когда...
УПРАВЛЯЕМЫЙ поэт.
Прошлым летом, в разговоре, патетически излагал:
"В дневниках малоизвестного литератора Полевого
имеется запись: "Вчерась, проходя мимо Третьего
отделения, увидел - г-на Пушкина, выходящего из
него. До чего докатилась русская литература!..."
У Пушкина же - продолжал Евтушенко - имеется за-
пись: "Отчаявшись получить монаршее разрешение на
постановку "Бориса Годунова", решился на последнее
средство - обратиться ко всемогущему Бенкендорфу..."
- Вот, - восклицал Евтушенко, - ДАБЫ СПАСТИ пьесу!
- Женя, - говорю, - а может, Полевой - был честнее?
На это у Евтуха ответить не нашлось.
Отвечает он мне уже год - стихами в "Правде". И о
Филонове поминанием, и о Гумилеве восторгами, и о
вредоносных медсестрах. Жду - о врачах-отравителях.

Продолжение следует...
Пора на Евтуха заводить - ДЕЛО...

БЕСЕДА-ДОПРОС В ФБР /НА ПРАВАХ РУКОПИСИ/

Звонок. "Игоря Синявина" - "Кто звонит?" - "Вы меня, наверное, помните - я из ФБР - М.М." - "Это Вы ко мне в прошлом году приходили домой?" - "Да, это я. На этот раз Вы должны приехать сюда, в здание Сити-Холл на 28 этаж. У нас будет к вам много вопросов", "Имею я право отказаться от беседы?" - ."Да, можете, но мы обратимся тогда в эмиграционный отдел". - "У меня не остается выбора. Я приду". - "Не волнуйтесь, мы - не КГБ . Для вас удобно будет в пятницу, 29 марта в 11 часов?" - "Хорошо".

Всю неделю я жил в давно забытом чувстве, которое охватывало каждый раз, когда приходилось идти на допрос в КГБ. Впереди полная неизвестность, которую заполняешь воображением развитым на описании всяческих ужасов, творимых в подо[б]ных учреждениях.

Позвонил своему знакомому месяц назад побывавшему в ФБР на допросе, главной темой которого была проблема - является ли он агентом КГБ. По существу вызвали его из-за статей, помещенных в газете "Русский голос". Статьи расходились с официальной американской идеологией. Неясность последней воспринимается большинством за бесконечность, в которую по их мнению все существующие на земле мнения способны уложится без всякой для них опасности. Мой знакомый в этих статья[х] возлагал на Рейгена вину за подталкивание мира к новой войне.

После устной беседы ему предложили надеть на себя щупы /электронные датчики для вскрытия картины внутренних эмоциональных реакций/. Детектор лжи. Уже в этом обиходном названии скрыт тот подход, который обязывает исследователя подходить к подопытному с недоверием, выискивая его негативные стороны, а не правду и добро.

Даже когда применяют эту аппаратуру и методику к людям находящимся под подозрением в совершении уголовного преступления, то и в этом случае допускается нарушение презумции невиновности. Ссылаются на "добровольность", но отказ истолковывается как страх перед разоблачением. Моего знакомого шантажировали: "Иначе при получении гражданства мы не сможем подтвердить вашу незапятнанность".

"Я решил посмотреть, что это такое и согласился". Скорее всего "любопытство" - самообман для поддержания чувства собственного достоинства.

Обложили его проводами, присосками и потекла череда вопросов из длинного списка. На вопрос: "Вы относитесь положительно к сионизму?" - вместо однозначного ответа "да" или "нет" сказал: "Я же не в Израиле. Странный вопрос".Испортил всю программу. Начали снова. На этот каверзный вопрос подсказали ответ: "Скажите "да".

Несколько ночей после допроса он плохо спал, болело сердце, никогда о себе раньше не дававшее знать.

Если в задачу тайной полиции входит не только пассивное наблюдение за лицами, представляющими опасность для существующего государственного порядка, но и активное воздействие на людей, неугодных в идеологическом отношении, то использование "детектора лжи" может быть "углублено". С его помощью могут быть получены соответствующие данные для воздействия на человека в определенном направлении. Что помешает пойти по этому пути? Никто не знает,что делается за закрытыми дверями в лабораториях.

Все тайные полиции ориентированы на сбор темных сторон человечества, поскольку их задача - "борьба со злом" /увы, сами могут становиться рассадником/. Такова уж наша цивилизация. Даже церковь волнуют прежде всего грехи человека, основа личности, по ее мнению, - греховна.

Не иначе, как Синявин - все-таки, от ДИАВОЛА: материал этот пришелся, в аккурат, на стр. 666, что, как известно, есть число - ЗВЕРЯ. Текст этот - заходил уже в американском САМИЗДАТЕ, и я отблагодарил свою новую Родину-Уродину - размножением онаго на копировальной машине. Не можно не привести этот документ, поскольку он полностью реабилитирует Синявина в глазах потомков: стукачом он не был, а все его поступки - диктуются идеализмом /или - идиотизмом, что одно и то же/. Юлия оказалась более прагматичной дамой, по сравнению. Вот так и складывается роман-антология: отрицательный герой к концу повествования становится положительным, романтическая же героиня - становится феминистской выдрой шипаной, антисоветчик - просится на Родину, патриотка - таковую продает ЦРУ. Парадокс-с, гм?

Сосущая тоска в душе, от которой я года три избавлялся после выезда из Союза, вновь зародилась и стала пронизывать меня. Может и выгнало-то меня с родины желание избавиться от этого постоянного ощущения, не покидавшего когда-то ни на минуту. Даже тогда, когда твоих одиноких фантазий и размышлений никто не слышит. "Туда, на свободу, где могу я без оглядки думать и говорить".

И вот вновь, как и раньше... "Нет нам места на земле, людям, свободно мыслящим. Птица имеет где голову преклонить, а сын человеческий не имеет", - развивал я тему в разговоре с приятелем.

В ФБР

При допросе присутствовали двое. Ведший беседу владел свободно русским языком, лишь иногда ударения подводили. Другой понимал, но говорить затруднялся. Я сказал, что буду записывать беседу. "У вас магнитофон?" - привстав и с тревогой, - "Нет, я на бумагу буду заносить кратко, это нам не помешает. Вы же пишете." - "Пожалуйста, пишите."

- Вы работаете? Сколько получаете в неделю?

Вопрос не формальный. В литературных доносах и по радиостанции "Горизонт" меня зачислили в платные агенты КГБ на том основании, что сижу, мол, на велфере, а дети учатся в частной школе. Под псевдонимом "Я. Костин" скрылся Марк Поповский - это он и запустил в ход клевету, зная, что так или иначе сработает. Его же недвусмысленно перечисляли в числе прочих доносчиков еще года 4-5 тому назад, когда мне пришлось побывать на первом допросе в соседней комнате. Тогда поражались обилию доносов со стороны третьей волны. "Там потеряли почву под ногами, к эм приехали тем же заниматься. Сейчас вам смешно, но это обилие грязи свое дело сделает." - высказал я свое мнение собеседникам. Антисоветизм мой был на должном уровне и со мной говорили доверительно. Мой прогноз оказался верным. Если в тот раз со мной беседовали через переводчика, то теперь уже оба владели русским. Доносы для тайной полиции превращаются в снежный ком. Любая реакция на них порождает новый слой, давление растет и втягивает в себя новых сотрудников полиции, которые уже не окажутся безработными. Того и смотри - начнется охота на ведьм. Дело   - яйца выеденного не стоит, если вообще с самого начала не спровоцировано, но ему придали общегосударственный размах.

- Работа временная, сейчас работать трудно - нога после перелома не выправилась. Получаю, примерно, 100 долларов в неделю, когда есть заказы.

/ Мой литературный доносчик черпал средства из спецфондов, да занимался афе рами с "телевизионной программой на русском языке" когда я, отложив в сторону костыли и подставив тубаретку под колено, красил квартиры и подвалы. А сколько этих двурушников осталось в Союзе советских писателей ?! /

«доил одновременно иудаистов и баптистов»

- Где работает ваша жена, Таня?

- Там же, где Вы последний раз с ней беседовали.

/ Один из вопросов к ней был: "Какие вопросы вам задавали в КГБ?" - "Пример но такие же. Советовали развестись. А вы будете?" /

- Были ли вы за границей? Есть ли выездной документ?

- Был в Канаде. Срок документа истек. В прошлом году подавал прошение на новый - не выдали, ответа не получил.

- Как по-вашему, почему Вы здесь?

- Из-за моих статей и доносов.

- Какую школу посещают ваши дети?

- Католическую.

- Беспокоит ли вас включение детей в американскую культуру?

- Мы не отгораживаем детей от всего хорошего, что есть в американской культуре./ Естественно, нас тревожит необузданная порнография, пошлость, вывернуты наизнанку ценности./

⚹ В скобках буду добавлять то, что не успел высказать на допросе.

Поскольку я не пользовался магнитофоном, а записывал лишь кратко вопрос и основную мысль ответа, то данный пересказ не есть запись слово в слово. Но за границы беседы я не выхожу, иные суждения не высказываю, тем более, что все основные мысли были уже ранее высказаны в печати.

— На каком языке вы говорите с детьми?

— На русском, мы же русские. Англо-американским дети владеют на том же уровне, что и их сверствики американцы.

— У вас есть знакомые американцы?

— Мало

— У вас есть документ, дающий право на постоянное жительство в США?

— Есть

— Нет ли у вас планов принять американское гражданство?

— Я оказался здесь как политический беженец, таковым остаюсь по своему внешнему положению, хотя внутренне уже не нахожусь в конфликте с властью моей родины. С самого начала своего выезда из Советского Союза я знал, что никогда не изменю родине - не приму иностранного подданства.

— Вы хотите кофе?

— Нет, не буду, не нужно.

— Все, что Вы пишете, это ваше личное мнение?

— Никто никогда мне не диктовал тем и решений, ни с кого не списывал.

— Не пишете ли Вы, надеясь заработать этим возврат?

— Никто мне не намекал, чтобы я высказывался определенным образом для получения разрешения на возврат. По мере того, как я убеждался, что США не являются монополистом истины, справедливости, свободы, пребывание вне родины все более теряло для меня смысл. Я ищу правду, взвешивая наичьей она стороне.

/ Когда я в Советском Союзе сталкивался с властями, мне не задавали каверзных вопросов:"А не хотите ли Вы себе этим заработать будущую синекуру в США?"/

— Посещаете ли Клуб русской книги при ООН?

— Мы ходим туда смотреть фильмы.

— Как часто?

— Когда идут интересные фильмы, в среднем пять-шесть раз в год.

— Есть ли у вас там знакомые среди советских представителей?

— Нет, хотя я и знаю некоторых в лицо.

— Были ли кто-нибудь из советских граждан у вас в доме, в гостях?

— Нет, не были, хотя я был бы и рад, если бы оказались.

— Состоите ли в переписке с официальными учреждениями и лицами из Советского Союза?

— Обменялся двумя письмами с Казанли - представителем белорусского общества по связям с соотечественниками "Родзима".

— О чем писали?

— От него поздравления. Ему - просьбу прислать газету и книги писателя Быкова

— Звонили ли в советские учреждения, находящиеся в США?

— Звонил. Хотел узнать - нельзя ли детей на лето отправить в детские летние лагеря.

— Какой ответ получили?

— Только для американских граждан через общество американо-советской дружбы.

— Как Вы узнали телефон?-Позвонил президенту русского клуба при ООН.

— С кем из родных переписываетесь?

— С родителями жены.

— Ходатайствовали ли Вы о возврате в Советский Союз?

Не ходатайствовал.

Но Вы же хотите вернуться?

Если бы мы были уверены, что нам разрешат, то еще раз обдумали бы все, ежде, чем ходатайствовать. Но если бы у нас сейчас сложилось определенное ение, то все равно не имело бы смысл подавать прошение, поскольку никого пускают.

Почему не пускают. Люди возвращаются.

- Я только один случай знаю, а хотят многие. Всем отказывают. Москва слезам не верит.

- Вы считаете, что если бы вы подали, то и вам бы отказали?

- Я не вижу для себя каких-либо преимуществ сравнительно с другими. К тому же они могут думать, что еще не угомонился. Зачем протягивать руку, если в нее могут плюнуть?

- Это ваша статья в газете "Русский голос" от 26 1.84 года под названием "Через горький опыт к истине"

- Да, моя. Все статьи за подписью "Синявин" мои, никто за меня не писал.

- Вы пишете: "Я покинул Родину и ныне оцениваю это, как своего рода предательство". Объясните.

- Я выехал из-за столкновения с властью, но как оказалось покинул не политическую систему, а нечто большее - свою родину. Если бы Христос или Сократ спаслись бегством, какую истину они нашли вне своего народа? Там, где человек рожден - там он и призван трудиться, улучшать жизнь, искать правду. Даже тогда, когда невыносимо, нельзя покидать землю, где лежат кости предков. Разве можно спасаться самому, бросая на произвол свою семью? Своя нация, народ - та же семья. Мне грозила тюрьма перед отъездом. Но лучше было отсидеть в тюрьме, чем благоденствовать за границей. Хотя я и уверен, что не пришел бы к тому мировоззрению которым обладаю ныне, без лицезрения другой стороны земного шара. Невозможно было избавиться от иллюзий. Многие мои друзья из оставшихся обошлись без дальних путешествий в выработке здравого взгляда на вещи. Мне это далось через нелегкие испытания.

- Вы пишете: "Я приехал сюда с мыслью, что нет худшего зла для русского народа, чем советская власть, что Запад - форпост свободы и спаситель человечества. Но первые же шаги на чужбине окунули в ту реальность, которая весьма далека от образа, преподносимого радиостанциями Западной Европы и Америки." Таким образом получается, что ныне Вы поняли, что советская власть не зло, а таковым является Запад. Это следует из вашего пассажа?

- Вы слишком обострили. Хотя это и можно вычитать, как один из вариантов, но это не моя мысль.

- А что же другое следует из ваших слов?

- Следует различать народ, политическую систему и нынешнюю власть. Я не считаю народ Запада врагом России. Но властители Запада смотрят на Россию как на препятствие к мировому господству и потому они натравливают свои народы на мой народ. Когда разговариваешь со средним американцем, то он без всякой вражды относится к России, к русским, к русской культуре. Но ему сверху прививают ненависть ко всему русскому.

Но независимо от любви и ненависти народов существуют два мировых плюса: Восток и Запад, центрами которых ныне являются Штаты и Россия. Два мира могли бы сотрудничать друг с другом и не по вине России между ними вражда. Она исходит со стороны власть имущих на Западе, и была до существования советской власти. В дореволюционной России было слишком много поклонников Запада, ныне опять появились. Сказываются результаты мощной западной пропаганды. В этом опас-

ность для сохранения самобытности. Если бы Запад не вмешивался не в свои дела
и не претендовал на руководство всем миром, то он не был бы врагом России.

- Скажите, каким образом была напечатана ваша статья в "Ленинградской правде"?

/ Опять вопрос, вытекающий из доноса Костина-Попоского. Он построил схему,
согласно которой вся операция по публикации была проведена под контролем КГБ./

- Это не статья, а часть моего личного письма приятелю Нестеровскому - полуофи-
циальному поэту из Ленинграда. Я ему послал ответное письмо, в котором подыто-
вал свои размышления и опыт. Основная мысль сводилась к тому, что творческой
интеллигенции нельзя ориентироваться на Запад, на Америку. И по причине их вра-
дебности к России, к русским, и оттого, что культура на Западе подменена анти-
культурой. Каким образом письмо оказалось в распоряжении редактора газеты, я
не знаю. Хотя его и сократили на четверть и оттого произошла смена акцентов:
письмо стало критикой Америки и пиететом России, исчезла проблема "модернизм-
классическая культура", - но я не протестую против публикации его и в таком виде
Это мои мысли. Тем кто остается в иллюзиях, в каковых и я пребывал накануне
выезда, полезно ознакомиться с моим опытом. Перестать пресмыкаться перед Запа-
дом и унижать свое национальное достоинство.

- В своем письме, или статье, как хотите, вы пишете, что Россия обладает
вселенской миссией. Объясните.

- Все великие нации выдвигали свой идеал, высшую цель, ради которой они сущест-
вуют в истории. Без этой цели существование нации и государства бессмысленно и
они становятся второстепенными, обслуживающими. Так Франция выдвигала идею
просвещения, Рим - универсального права, Израиль - господства над народами не
считаясь со средствами, Китай - срединной империи. Америка сосредоточила все свои надежды на свободе и демократии. Россия осознает свою миссию
шаг за шагом, претерпевая великие переломы судьбы. Ныне становится очевидным,
что она несет миру идею содружества равноправных наций, в котором каждый член
не теряя своей самобытности вступает в круг семьи народов. Нация, на базе кото-
рой образовалось это содружество, - русская нация при своих первых шагах на ис-
торической арене отличалась светлым, восторженным восприятием бытия, прославле-
нием величия жизни. Отсюда и стремление нашего народа к миру.

- А как Вы оцениваете Горбачева?

- Думаю, что после оцепенения, которое охватило власть при правлении стари-
ков, он внесет живую струю, даст творческий толчок. Выглядит он не чинушей,
а эмоциональной, самостоятельной личностью.

Но такие вещи, как надисторическая цель, вселенская миссия - это свершает-
ся в веках, незаметно для глаз непосредственного наблюдателя. И руководи-
тель страны может не отдавать отчет, что является помимо своей воли и созна-
ния исполнителем предначертанных историей путей.

- А коммунистическая партия является исполнителем миссии России?

- Является, хотя это и не заложено в ее теоретических основах и программе. Марк-
систы пришли к власти с идеей мировой революции, отказом от государства, с пре-
рением к истории России, но оказались вынуждены собрать распадающиеся куски, отказались от коминтерна, повели международную политику в интере-
усилить государственный аппарат, вернуть народу его историю. сах России. Христианство тоже
в свое время зародилось как религия индивидуального спасения, рассматривало
римскую империю как зло, а затем превратилось в идеологию, которая укрепляла
государственную власть.

- Вы говорите, что США обладают общенациональной идеей - свободой. Как вы оцени-
ваете эту идею?

- В системе духовных ценностей "свобода" занимает подчиненную роль, она не мо-
жет заменить собою другие ценности, подчинить их. Если это происходит, то лич-

ность дезориентируется, порядок в обществе разваливается. Свобода является лишь условием, средством, которое желательно для плодотворного осуществления каких-либо дел, творчества. Но она недостаточна. Посадите человека на остров - он будет в полной свободе, но если он будет обладать только свободой - он погибнет. Потому и процветает у вас преступность, что преступники уверены, что они осуществляют свое понимание свободы. Сама по себе свобода бессодержательна, пуста. Не свобода наделяет истиной, а наоборот.

/ Идея свободы - лишь осколок, доставшийся от Европы времен борьбы с абсолютизмом. : С ее помощью разрушили монархический порядок, но как конструктивный элемент она не работает. Теперь Запад обращает разрушительную силу идеи свободы против СССР. Но может оказаться, что нападающий разложится изнутри прежде, чем разрушит противника. При исчезновении препятствия идея свободы начинает разрушать самого носителя. Берегите своего противника - СССР. /

- Вы рассуждаете об общественном идеале. Как вы понимаете это?
- Общественный идеал должен быть духовным, религиозным. Если он умещается в границы реальности - он быстро исчерпывается.
- Каким связующим идеалом обладает Советский Союз.
- Идеей коммунизма. Подлинное равенство всех. Не только юридическое, но и социальное, материальное, культурное. Эта идея объединяет ныне общество. Если общество разбито на классы, из которых одни снимают сливки, а другие трудятся в поте лица с утра до вечера, то нет единства. Но равенство - это тоже лишь необходимое средство, но не конечная цель.
- Какой единый идеал для всей земли вы видите?
- Сейчас опасно ставить задачу единого идеала для всей планеты. Под какой бы идеей ни возникло единое государство на земле, оно будет тюрьмой для человечества. Ваши претензии ныне ограничиваются Россией, претензии коммунистов-марксистов - Западом. Люди могут взвешивать достоинства и недостатки сторон.
/ Вот если человечество будет поставлено на край гибели из-за начавшейся мировой войны - . тогда и возникнет необходимость единства, единого идеала. И кто начнет - тот проиграет, фашизм предлагал свой вариант объединения всей земли - развязал войну - и проиграл. Чтобы объединить человечество нужно идти по пути Циолковского и Федорова./

- Вы называете советскую власть "кольчугой, хоть и сдерживающей наши движения, но надежно выполняющей главную свою функцию - защиту от врага, жаждущего разорвать Россию в клочья". Вы считаете, что против советской власти выступать грешно?
- Не грешно, а неразумно.
Американские власти придерживаются закона 86-90, требующего от президента проводить политику, направленную на расчление моей родины, подготавливают молниеносную войну. В этой ситуации подрыв существующей власти - национальное преступление. Когда над кораблем буря - смена капитана и помощников самоубийственна. Чем больший риск войны, тем большее единство между властью и народом требуется.
- Вы считаете Запад врагом России? /Цитирует:/ "Запад - геополитический враг России...."
- Да. Со стороны Запада Россия постоянно на всем протяжении ее истории подвергалась военным нашествиям. Были порабощены родственные славянские племена в Прибалтике, на Карпатах. Крестоносцы, Наполеон, Гитлер - его подталкивали в сторону России. Даже США побывали на нашей земле. Ныне НАТО окружает Россию кольцом военных баз. Россия постоянно готова к сотрудничеству, в ответ -встречает лишь вражду. США запугивают мир опасностью тоталитаризма, который, мол, расползается по земному шару из советской России. Но то, что называют тоталитаризмом, есть неизбежная защита от превосходящих сил противника. С демократией и "свободой" типа американской наше государство не выдержало бы того колоссаль-

ного давления, которому подвергается извне. Так что Запад порождает жесткость
внутреннего режима нынешней России. Забота о свободе русского человека со сто-
роны Запада - лицемерие.
- Вам предоставили политическое убежище, а Вы вместо благодарности хулите Аме-
рику.
- Я не занимаюсь идеологическим подрывам американских устоев. Это не моя зада-
ча. Лишь защищая свои национальные ценности от вашего поношения, я косвенно
высказываюсь о противоположном мире. Когда ваш президент заявляет, что Совет-
ский Союз - цетр зла от,которого необходимо избавиться в этом веке, то тем са-
мым моей стране, моему народу отказано в праве на существование, в праве самим
решать какой власти быть в государстве. Ныне только уничтожив страну и народ
можно силой устранить одному государству власть в другом государстве.

Успехи русских замалчиваются, недостаки преувеличиваются, унижается их
национльное достоинство. Если бы народ в Советском Союзе видел в каком карика-
турном виде его страну, нацию демонстрируют пред массовой аудиторией! Благода-
рите тамошнюю власть, что она не оповещает народ о безудержной русофобии в
Америке. Там критикуют только политику американскую и социальные порядки. Но
никогда не унижают национальное достоинство АМЕРИКАНЦЕВ.

Неужели молча .выслушивать? Русские терпимы, но до известного предела.
Приходит время напрячь все духовные силы и взвесить на весах правды и совести
достоинства и недостатки одной и другой стороны. Вы заверили себя в праве реша
судьбы всех народов мира. А мы беспристрастно посмотрим - годитесь ли вы в
мировые судьи.

У вас нет ни общей вдохновляющей идеи, ни общенационального патриотизма,
ни общественной справедливости, ни порядка. Семьи разложены, любовь заменена
сексом, нет почтения к старшим, в культуре - маразм. Как вы можете навязывать
ваши мнения другим. Вам лишь 200 лет, а вы хотите учить тех, кому тысячу и
более. Сначала надо доказать свою жизнеспособность в течение длительного перио-
да истории, преодолеть жесточайшие удары судьбы. Вы парниковая страна. Считаете
Советский Союз тюрьмой народов. Вам ли судить? Что вы сделали с коренной циви-
лизацией и народом?

/Все это вам нужно напомнить, чтобы вы были скромнее в своих претензиях.
Вам же на пользу. Сможете преодолеть свои коренные пороки и слабости. Если вы
будете видеть в таких людях,как я, своих врагов, то как бы не пришлось видеть
врага в самой правде. /
- Различаете ли Вы Россию и СССР.
- На этой лингвистической проблеме свихнулись американцы русского происхождения
СССР - это нынешняя политическая форма существования России, которая до 17 го-
да существовала в форме Российской Империи, а еще ранее в именовалась "Землей
русьской". Россия - это вечное, а политическая форма и политические названия -
это временное. Даст Бог будет Россия в какой-то иной политической форме сущест-
вовать или в трансформированной советской.
- Вы пишете: "НЕ вечевой строй Новгорода объединил страну, а единоначалие
Москвы." В каком смысле?
- На Руси перед нашествием монголов тоже была княжеская демократия. При первом
же решительном сражении у Калки соединенные силы князей потерпели поражение.
Часть покинула войско, часть спокойно взирала как избивают тех, кто решил пер-
вым, без согласования с остальными вступить в бой. Сказалось отсутствие единого
управления. Утрата независимости научила нацию, что лишь организация государств
по принципу военного единоначалия может объединить силы для противостояния
внешним врагам. Москва, унаследовавшая монархический принцип от Византии и
Монгольской империи, которой он достался от Китая, возвела подчинение всех еди-

ной воле на уровень религиозного долга. Утрата индивидуальной независимости
окупилась спасением и укреплением русской земли.
/Герои Новгорода - не богатыри-защит
ки земли Русской, а эзотер васька
буслаев и садко. богатый купец.
такими идеалами не объединишь стран
- Вы считаете, что советская власть возникла "не только исторически, но и логи
чески". Объясните.
- Запад ставил своею целью разрушение сравнительно мягкого для народа царскогс
режима. Марксизм пришел с Запада. Когда началась революция-из Нью-Йорка и Бер-
лина финансировали ее развитие. Разрушили прежнее государство. Нация поняла
необходимость создать более жёсткую и непробиваемую идеологическими диверсиями
власть. И она пошла за большевиками. Такая огромная страна не может существова
без единомыслия, которое закрепляется официальной идеологией. То, что предназ-
началось для разрушения России стало ее цементом. В русском брюхе долото сгние
Не лезте в наши дела, вам же хуже будет. Историю не обхитришь, не нам с нашим
временным сознанием переделывать ее. Советской власти вы стали бояться больше,
чем царской. Снова хотите разрушить. Если удастся, ответ истории будет для вас
непоправим.
      Это исторически. А логически потому, что должны быть два полюса политичес
ких на Земле, так же как магнитных. Если бы Россия превратилась вдруг в систе-
му подобную вашей, то у вас возникла тоталитарная власть. Так оно и будет, ког
да вы будете находитьея в состоянии защиты.
- В каком смысле вы говорите о трансформации советской власти?
- Повторение революции 17 года было бы самоубийственно для народа, для страны,
под какими бы лозунгами она не развивалась. Поэтому ставить вопрос о смене
власти - национальное преступление. Может идти речь лишь об эволюции, о посте
пенном преобразовании, о трансформации в нечто иное, в котором все лучшее от
нынешней будет сохранено. Отсюда для блага родины должно быть сотрудничество
с нынешней властью в делах, направленных на благо народа. Власть эволюционируе
естественным ходом, ничто не стоит на месте.
- Вы пишете: "Единство России - залог свободы всех народов, составляющих сло-
жившийся союз наций". Можете пояснить?
- Если бы Россия была согласно американскому плану расчленена на 20 кусков, то
все они попали бы в кабалу экономическую, культурную, этническую, военную. По
одиночке независимость не отстоять. Государства Западной Европы, экономически
мощные, с традиционной культурой - и те попали в зависимость от США. В культур-
ном отношении размываются американской попкультурой. А что говорить о каком-то
Идель-Урале, который по американским планам должен возникнуть в числе прочих
из распавшейся России? Был бы заселен неграми, засорен мусором, жвачными резин-
ками, наркотиками, преступлениями. Все сидели бы не отводя глаз от экранов с
бесконечными мыльными операми, но при этом считали бы себя самыми свободными
людьми на земле.
- Считаете ли вы, что советская власть объединяет общество?
- Общественное единство в Союзе более прочное, чем в Штатах. Во-первых, Россия
традиционно исповедывала не индивидуалистические ценности, а общенациональные,
коллективные. Затем революция уменьшила социальную диспропорцию. Различие меж-
ду низами и верхом в США горозло большее, на индивидуализме объединить людей
не возможно.
- Поддерживаете ли Вы советскую власть?
- Всякую власть нужно терпеть. Даже тогда, когда она жестока. Значит за грехи
послана.
- Как Вы относитесь к публикации вашего письма в "Лен. правде"? Если бы у вас
спросили разрешения на публикацию, Вы согласились бы?
- Я уже об этом говорил. Я не протестую. А если бы был запрос, то может и не
вышло бы в печать - я бы требовал полностью, они могла бы отказаться. Главное,

меня поразило то, что были напечатаны куски, не вяжущиеся с официальной идеологией. Например, о Миссии России.

- Вы полностью высказываетесь в своих статьях?

- Пришлось убедиться, что нет ни одного печатного органа без цензуры. Где бы я ни печатался - у "демократов", у монархистов, у националистов, в советской печати - везде я подвергался обрезанию.

- Не лучше ли помолчать?

- Там советовали помолчать, здесь советуют. Где же говорить? А что не в полном объеме высказываешься, так не смертельно. Здесь кусок, там кусок. Раскопают архивы лет через 100, соединят все вместе. Посмотрят, кто был прав.

- Как Вы понимаете идеальную форму единоначалия?

- В таком государстве, как Россия, в которой принцип централизации власти проверен историей и не может без разрушения страны устранен, организация власти должна быть возвратом к древним формам. По тому же принципу, что древняя община или семья. Во главе отец, который поддерживает порядок любовью и авторитетом.

- И КГБ переименовать в "Комитет любви"?

- Это вы из Орвела. Действие все же происходит в Англии.

- Но в Советском Союзе такая книга не могла быть напечатана.

- Поживем еще лет 100, тогда посмотрим, что будет печататься там и здесь. Как раз я прочитал Орвела и "84 год" и "Скотский хутор" там.
/ Вот вы называете свою цивилизацию иудейско-христианской. А ведь при своем превращении в официальную идеологию христианство запретило и уничтожило всю предшествующую литературу. А советской власти и 100 лет нет. И хотя там Орвел не печатается, зато дети в безопасности, избавлены от проповеди извращений. Слишком большую цену приходится вам платить за "свободу печати", которая тоже в известных пределах - наша с вами "беседа" тому доказательство.

Если сравнить тамошнего и здешнего жителя, то несмотря на кажущиеся вам запреты, он более информирован, чем здешний. Здешний смотрит и слушает только свою пропаганду, а тамошний обе. Я не встречал здесь людей, слушающих советское радио на английском языке, а там в деревне на всю улицу западные "голоса". У кого же свобода мысли большая? /

- Вы называете советскую власть "кольчугой". Кольчуга - для защиты от кого? От Америки?

- Не для защиты от населения США, а от агрессивных намерений руководства США. Не Советский Союз предъявляет территориальные претензии Соединенным Штатам, а Соединенные Штаты возвели в закон требование уничтожения России - закон о расчленении 86-90. И чем более агрессивную политику проводит Рейген, тем эта "кольчуга" неизбежно будет крепчать. Так что русским благодарить Рейгена не за что.

- Рейген выбран на второй срок большинством в 60%.   Он представляет Америку.

- В Штатах сколько - 250 миллионов? А за Рейгена голосовало миллионов 20-30, я не знаю точно цифр. Получается около 10%.

- 60% - значит большинство страны.

- Что внушат средства массовой информации - тому и будет следовать большинство. Доверчивость и наивность американцев большая, чем у русских. /Если бы политика Рейгена была волей американского народа, то между нашими странами существовали мир, дружба, сотрудничество. Идея демократии - фикция, государство - не деревня./

- Отрицая Рейгена, Вы отрицаете всю систему США.

- Да вы сами снимаете своих президентов без всякого основания, хотя их и выбрали большинством пришедших на избирательные участки. Мне нет дела до американских порядков. Для америки ее система может и хороша, а для России не подходит. Пуст сами американцы разбираются в своих делах. Только тогда, когда вмешиваются в наши - тогда и приходится давать отпор. Как только американское руководство откажется от агрессивной политики по отношению к моей стране, а пропаганда США перестанет унижать национальное достоинство русских - тогда от меня и от других можно требовать видеть одно лишь хорошее в Штатах. А так что?- в лицо плюют, а ты и не вытрись? Но даже сейчас я не упираю лишь на негативные стороны, в письме содержались и положительные оценки. Технология и материальный уровень США поразительны. Но это как раз и опасно - соблазн для других и мощь в руках безответственных...

/ В области культуры Америка находится на этапе первоначального мифологического накопления. Все эти Супер-мены, Спайдер-мены, И-ти, Вандер-вумен - все это Горгоны, Медузы, Гераклы. Еще до аполлоновского пласта не дошли, а уж что говорить о следующих ступенях. И эта культура наползает на мир. Это пострашнее атомной бомбы./

– Не считаете ли Вы, что еще не заслужили право на возврат? Что свою измену, как Вы теперь оцениваете свой выезд, Вы должны отработать? И все ваши статьи не являются ли путем для возвращения?

- Я оцениваю бегство с родины, как измену родине. Если бы я состоял в коммунистической партии и вышел из нее, а потом понял свою ошибку, то оценивал бы как измену коммунистической власти. Если раскаяние в измене родине искренне, то никакого другого прощения и отработки не требуется.

Конечно, что для вас значат мои заверения. При желании можно истолковывать мои статьи так, как это делаете Вы. И я все же скажу, что руководствуюсь лишь правдой, а не выгодой. Часто в ущерб себе. Приведу пример.

Когда я подал прошение на выезд в США (у меня было приглашение от Татьяны Шауфус - это помогло устроить американское консульство)- в ОВИРе с меня потребовали лишь одно условие: сидеть тихо пока решается мое дело. Я отказался от каких-либо сделок. А в это время мне   друзья-художники бросали в лицо: ты потому занимаешь такую экстремальную позицию по отношению к властям при переговорах о выставках   что добиваешься выезда из Союза.

Я хотел выехать с советским паспортом, чтобы не потерять возможность вернуться, но   продолжал действовать как мне подсказывала совесть. В итоге выставили меня в визой без возврата, с утратой гражданства.

/ В КГБ не копались в мотивах, когда выдвигали обвинение в нарушении общественного порядка. По сути дела организация неразрешенных властями выставок в условиях Союза и была нарушением общественного порядка. Если доискиваться побудительных мотивов действий, то это путь опасный. Мотивы начинают изобретать за обвиняемых. Смотрите, как бы не соскользнуть в "Комитет любви". Разве в Америке недостаточно различных течений в области идей, чтобы они нейтрализовали друг друга? Разве я представляю опасность со своими статьями, которые прочитали от силы человек 100, не имеющих никакого веса в общественной жизни США? /

– Мы вас не обязывали ехать в Штаты, это ваш добровольный выбор. А теперь вы занялись критикой и осуждением нашей страны.

– Да, надо было быть умнее. Но иные учатся не на чужих ошибках, а только на своих. Чтобы разобраться на чьей стороне правда, мне пришлось ехать сюда. Там пребывал бы я в иллюзии, под воздействием вашей мощной и ловкой пропаганды. Возьмите часть вины и на себя. Если бы не односторонняя пропаганда "Свободы" и "Голоса Америки", то я бы не был бы здесь, не потерял бы родину, а вы не имели хлопот со мною. Дайте мне хоть малую долю времени на этих радиостанциях, и вы уже не встретите здесь таких людей, как я.

-- США вправе вас депортировать. Вас приняли как политического беженца, нене Вы не являетесь таковым. Основания для вашего пребывания здесь исчезли.

- Куда же вы меня депортируете?

- В Советский Союз, если он вас примет.

- Что ж, поговорите. Или обменяйте с каким-нибудь тамошним критиком. А если Советский Союз не примет?

- В Италию, откуды вы прибыли в США, или в какую-либо другую страну, которая согласится вас принять.

- Сначала заманили, а теперь выбрасываете. Когда сталкивался с вашим соперником - нужен был, как не укладываюсь в вашу идеологию - выбрасываете. Переезд дело нелегкое.

- Я вам сочувствую. Но мы вас не заставляли сюда ехать. Вы совершили ошибку... Что же... Вместо благодарности - пишете об Америке, сравнивая ее с Россией: "Америка - это черная дыра, Россия - это светило". Лично меня это оскорбляет. Я верю в Америку, ее ценности. Как бы это могла "дыра" просуществовать 200 лет

- "Черные дыры" в космосе - образования не менее устойчивые, чем звезды. Думаю лет через тысячу Америка выйдет из состояния "черной дыры", может раньше, если у нее найдется достаточно людей, которых будет волновать не собственный карман а благо страны. Даже то, что США не развалились до сих пор, говорит о том, что эти люди в Штатах были и есть.

"Черная дыра" - это прежде всего мое собственное ощущение. Я сюда прехал полный мечтаний. Дело не в том, что они не осуществились. Весь мой идеализм на фоне американской жизни, пропитанной прагматизмом, стал выглядеть нелепо. Только то здесь реально, что дает деньги. Святость, честность, идеализм могут существовать и их будут ценить лишь в той мере, в какой они дают доход.

Я вижу людей, которые в Союзе готовы были идти на плаху за правду, как они ее понимали. Оказавшись здесь, они пикнуть боятся. Держат нос по ветру, боятся как бы завтра не оказаться без лишнего доллара на счету. Утратили личность.

- В "Письме оттуда" /публикация Лен.правды 18.1.84/ Вы пишете: "Сша - страна демократии, которая есть результат гипертрофии единственной идеи - самодостаточной индивидуальности." Что это такое "самодостаточная индивидуальность", как Вы понимаете?

- Россия и Запад имеют различные истоки.

Русь зародилась на основе общинного начала. Защита Земли Русьской - высший долг каждого. На Западе - индивидуализм. Мой дом - моя крепость, личная честь была единственной заботой. Индивидуальная независимость от целого. На Руси - достоинство личности оценивалось в меру исполнения ею общественного долга. На Западе личность мыслится самодостаточной, на Востоке - вне общего личность пус та. Идея свободы, как она мыслится в Штатах, - это гипертрофированное желание индивидуальной независимости, желание избавиться от всякого долга - перед обществом, перед семьей, даже избавление от долга духовного самосовершествова ния. Человек становится свободен от всего. От закона, от морали.

- Вы пишете: "Негры, цветные - те видят в коммунистической России опору для бунта против богатых белых". Вы мечтаете о таком бунте?

- Революция 17 года, которая ударила по верхам и подняла низы - ориентир для всех находящихся внизу социальной пирамиды. Но бунт черных и цветных был бы величайшим несчастьем для Америки и отразился бы он на других странах.

Вы берете под опеку советских диссидентов, советская пропаганда - черны;
так что квиты. Естественно, лучше бы не разлагали друг друга.
- Ответьте на вопрос: "Могли бы Вы служить в армии США?"
- Я не гражданин США, как Вы можете задавать такой вопрос?
- Вы можете не отвечать на этот вопрос, если хотите. Но я знаю случаи, когда
люди, не будучи гражданами США служили в армии.
- Странно, предоставляется право умирать за страну, не отказано участвовать в
выборах. Случаи может и были, да противоречили закону.
- Вы отказываетесь отвечать?
- Вопрос лишен смысла.
- У вас есть документ на право постоянного жительства в США.
- Да, есть. Грин-карта.
- Почему Вы ее получили?
- Она не обязывает меня быть гражданином США. Один мой знакомый, выехав-
ший в Италию, когда обратился в американское консульство для продления
срока пребывания, чуть было не лишился права на возврат за свою статью,
содержащую критические суждения об Америке. Когда узнали, что у него грин-
карта, препятствия к возврату исчезли. Вообще-то я подал прошение на визу
не слишком разбираясь в юридических тонкостях, связанных с получением этого
документа. Никто никаких клятв с меня не требовал, никаких обязательств,
противных моей совести я не подписывал.
- Вы пишете: "Лучше трагический конец, чем сытость на чужбине".
- Я, действительно высказался туманно. Газеты и журналы, в которых меня
иногда допускают - не моя собственность.
   Перед выездом из России я был поставлен перед выбором: ехать в восточном
или в западном направлении. В Америку, или в Сибирь - в лагеря пилить дро-
вишки. Если бы не эмигрировал, мой надрыв только увеличивался. В итоге - сло-
мал бы себе шею. Но здесь года через три после приезда охватила такая тоска по
родине, что дышать не мог. Понял, что лучше было погибнуть, чем покидать то
место, которое отведено судьбою. Самая горькая жизнь на родине обладает большим
смыслом, чем благоденствие на чужбине. Да, научила горюна чужая сторона.
- Не вы первый, не вы последний оказываетесь в подобном положении. Все думают
вернуться не запятнав совесть. Старая песня.
- Вас не убедить. Если бы я зарабатывал у власти возврат, так проще всего - пи-
сать ура-ортодоксальные статьи. Но я, если бы и захотел - не смог. Не по душе
песня, так и ноги в пляс нейдут./Неужели Коненков, Вертинский, Алексей Толстой
были завербованы ? Проще всего рассматривать возвращающегося как агента./

Раздается звонок. Я смотрю на торчащий из потолка жучок и спрашиваю: "Что,
пора заканчивать?"
- Да, скоро.

   И после нескольких вопросов вышел. Спрашиваю оставшегося: "Вы понимаете
наш разговор?" - "Да, понимаю, только мне трудно говорить." - "Не оскорбляйте
русских , у нас найдутся люди постоять умом и духом за свою родину!"
Первый вернулся и сразу же:
- Я узнал, что в армии США могут служить люди, которые не являются гражданами
США. Но Вы можете не отвечать.
- Я отвечу, хотя и понимаю, что мой ответ не будет в моих интересах. Если бы
мне предложили добровольно служить в армии США, я бы отказался.
- Спасибо за прямоту.
Подумав, добавил: "Но если бы на США напали марсиане, то я бы с оружием в руках
защищал вашу страну." /Как часть человеческого общества./

- Вы считаете США черной дырой в целом, или какую-то часть?

- В целом. Но если здоровая часть этой страны будет работать в верном направлении, то пройдет время и страна преобразуется. Потенция есть. Но пока что официальные идеалы разрушительны для самой страны и других.

- Вы пишете, что"жизнь вне родины бессмысленна"? Статья "Свобода слова в"свободной" печати", газета "Русский Голос" от 7.3.85.

- Да. За правду, за благоустройство жизни можно бороться там, где родился, где лежат кости твоих предков. Искать чужое счастье - нарушать предначертанность своей судьбы, лишить себя смысла жизни. Все "борцы за правду" из третьей эмиграции, в основном бывшие работники"идеологического фронта" в Советском Союзе - предатели своей родины. Плоха та птица, что гнездо свое марает.Если бы они оказались в новой ситуации - с тем же рвением, как собаки на поводке, лаяли из-за забора на вас. Сами американцы смотрят на этих перебежчиков с презрением.

   Мои ноги не на земле моей родины, но душа там. Положение невыносимо трудное. Как это видно.

- Ваша жена,Татьяна, сообщает вам секреты, связанные с ее работой? Вы их можете передать советскимпредставителям?

- Вы же сами знаете, что это ерунда. Ни с какими секретами она не связана: отдел зарплаты - не секретный. Организация по охране гражданских заведений - не секретная. Для нас было бы ударом потерять ее работу.

- Я считаю, что Вы связаны с КГБ.

- Что?!! Каким образом?! Где у вас данные?

- Ну не с КГБ, а с советской властью, для меня это одно и то же. И поэтому я сообщу неприятную для вас вещь. Вы должны прийти сюда на следующей неделе и подвергнуться испытанию на "детекторе лжи".

- Я отказываюсь. Я свободный человек? Не арестован? Имею право отказаться?

- Вы свободные человек. Можете отказаться.

- "Детектор лжи" - это инструмент интеллектуальной пытки. Безнравственное вмешательство в эмоциональный внутренний мир человека. Под видом поиска доказательств вины может происходить исследование психического склада личности для воздействия в нужном направлении. Считаю незаконным и аморальным само предложение для людей не согласных с официальной идеологией пройти через щупы полиграфа. На каком основании Вы предлагаете мне ?

- Вы не говорите правду.

- И для того, чтобы узнать правду, Вы хотите посадить меня под щупы? Работайте головой. А так - будете ссылаться на показания "детектора", хотя сами знаете, что он ошибается.

   Какую же правду вам нужно? Чтобы я начал вслед за "Новым русским словом"* отвечать на ваши вопросы, как положено стопроцентному антисоветчику? Или Вы с помощью графиков хотите решить основные проблемы бытия и личности?

   Вы называете Советский Союз тюрьмой для человека. А для нас, прибывших оттуда, оскорбительно даже снятие отпечатков с пальцев. У вас же на каждом шагу. Въезжаешь, получаешь документы устраиваешься на работу, сдаешь экзамены. Тем более ваши "детекторы лжи". И все идут безропотно на это.

- Я вас прошу о нашей беседе никому не говорить. Можете рассказать Тане.

- Согласен. Но дайте полную инструкцию, что я могу делать, что не могу. В Советском Союзе я четко знал, что можно делать, а что нельзя. А здесь говорят, что все можно, а говорить на деле...? Года четыре тому назад в соседней комнате ваш коллега на мой вопрос: "Может вам не нравятся мои статьи?" - ответил: "Вы можете писать все, что угодно, только не вступайте в контакт с КГБ и не занимайтесь террористической деятельностью". С тех пор я и придерживаюсь этих границ. Кто из вас говорит правду?

* антисоветская газета на русском языке

- Я не могу вам сказать, что писать, а что не писать. Если человек просил поли-
тическое · убежиша, а затем выступает против Америки, то его согласно американс-
ким законам могут депортировать.

- Укажите мне закон, согласно которому за определенного рода мнения , высказан-
ные в печати могут выслать из США. / Вы соблазняете русскую интеллигенцию"сво-
бодой слова". Но такой свободой, какой она оказывается на деле : защищать су-
ществующую систему и поносить противоположную - они и там обладают. Приехали
за тридевять земель киселя хлебать./ Если бы я был гражданином США, то
опротестовал бы ваши заявления и требования, но я здесь гость, и потому обязан
Я благодарен США за гостеприимство и безбедное существование, и считаю себя обязанным исполнят:
подчиняться власти страны. Раз Вы ссылаетесь на существование этого закона,
то, что вы требуете.
предоставте мне его текст. Мне нужна ясность.

- Если хотите разобраться, пойдите в библиотеку и поищите законы, относящиеся
к депортации, или обратитесь в эмиграционное агентство.

- Кому я должен посылать на цензуру свои статьи пред их публикацией?

- Могу еще раз вам сказать, что Вы можете писать все что угодно, но за подоб-
ные статьи, которые выходят из-под вашего пера, Вы будете /или "можете" - забыл
депортированы из США.

НЕ ДЛЯ ЧТЕНИЯ НЕДРУГАМ.

АВТОГРАФ ИГОРЮ СИНЯВИНУ

Снимаю начисто все обвинения в "провокаторстве". Перед нами - просто кли-
нический случай. "Dissidents are forever" - перефразируя Джеймса Бонда,
или - "Once a dissident - forever a dissident" - как я излагал тут амери-
канским студентикам и студенткам из Пратта, которых навела ко мне героиня
Лимонова, Розанна-Сюзанна. Синявин диссидентствует и тут. И лажа, что "пла-
тят" ему - знаем мы гонорары тутошних газеток, что НРС, что "Голоса Родины"
- копейки. За то же интервью с Евтухом - ну, полсотни. На это даже в Союз
не вернешься. Евтух тут, а пропо, пия у меня в Некрасовке и закусывая пуэр-
ториканским салом, восклицал: "Как же Вы такую грандиозную работу /антоло-
гию/ сделали?!" "Женя, - говорю, - "на зарплату жены-уборщицы. Готов на нее
хоть у ЦРУ, хоть у КГБ деньги взять!" "Ну не у КГБ же!" - поморщился Евтух.
Сам он получает деньги - от смежной организации, в КГБ он не служит. Как и
Синявин.
На выставке в Газа в 74-м Игорь стоял у пустого холста, рядом со своими же
испачканными, и всем совал фломастеры: "Распишись!" Подошел и ко мне, дай-
те, мол, автограф. "Не дам!, - говорю, - Не дам." И повернулся к нему задом.
А потом, задним числом, спустя, вспомнил: обидел, как ребенка. Такое у не-
го выражение лица было. Радость тут, "концепт" человек сочиняет, голый холст
выставил - а я...
Так что, задним числом, Игорь - расписуюсь. Не на самом холсте, а на гишто-
ринеской фотографии, пусть останется.
И хотя Евтушенко меня "купил", симпатии все мои - на стороне диссидента Си-
нявина. КГБ и ФБР - я однозначно ебал. Один хуй - на три буквы приходятся,
что я им и сказал, еще в Техасе, когда разбудили поутру, проверка эмигран-
тов биса. Ну, я им и зачел стишок: "КГБ, ЦРУ, Ф-Би-Ай, Гес-та-по..." Что ж
Вы, говорят, нас с такими сравниваете? "Да так, говорю, - на 3 буквы прихо-
дитесь." Бить сапогами, однако ж, не стали - цивилизация, демократия!

ИЗ АРХИВА И КНИГИ А.БАСИНА

Даем слово Нестеровскому:

МОНОЛОГ МУДАКА

Приятелю N - тонкому специалисту
по мудаку /Прим.: Расшифровка сво-
евременна; N - Гаврильчик./

Я по призванию МУДАК,
Что значит попросту МУДИЛА,
Я провокатор, заводила,
Организатор склок и драк.

Тоскливо станет - я мужу,
Набрав компанию попроще.
Подзавожу жену и тещу -
И радость в этом нахожу.

Споткнется кто-то - я польщен.
Приятно порезвиться в морге.
Иль высунуть в окошко орган,
Который в прессе запрещен.

На торжестве припомнить мать.
Средь ночи прореветь медведем:
"Пожар!" - и всполошить соседей,
А самому шмыгнуть в кровать.

Прохожий ищет гастроном -
Отправлю к черту на кулички.
Дам детям сигарет и спички
Иль угощу кота вином.

Когда остротами теку,
А теща и жена не близко -

Сморкаюсь в собственную миску
Или кричу "кукареку!"

МОЛИТВА БОГОРОДИЦЕ

Иосиф твой за верстаком,
Устав, придет под градусом
И приласкает матюком, -
Мария-дева, радуйся.

Не дух святой тебе вещал -
Тебе вещало радио.
Всю жизнь цвести твоим прыщам, -
Мария-дева, радуйся.

Иосиф твой совсем не горд
Божественной наградою -
Тебя толкает на аборт, -
Мария-дева, радуйся.

Иосиф твой, ханжа и трус,
Извел тебя тирадами.

С бельмом родится твой Иисус, -
Мария-дева, радуйся.

К яслям с охапкой постных слов,
За чуткость к людям ратуя,
Пришлет месткой своих ослов, -
Мария-дева, радуйся.

Твой сын Иисус, блатной пророк,
Воспитанный парадами,
В шестнадцать лет получит срок, -
Мария-дева, радуйся.

Дружить он будет с Сатаной,
Его не купишь ладаном,
Он в бочке крестится пивной, -
Мария-дева, радуйся.

Его зароют на ходу
И обнесут наградою,
Не крест поставят, а звезду, -
Мария-дева, радуйся.

Он примет смерть не на кресте -
Он погорит на краденом,
Его ухлопает кастет, -
Мария-дева, радуйся.

КАРАКАТИЦА

В.Кривулину

Каракатица, страшилище, моллюск!
Рано утром шприцем солнца уколюсь
И, на Невский отправляясь, помолюсь.
Окружай себя завесой из чернил.

Утверждаясь, взгромождаясь, очернил,
Лупит глазки - эволюции укор, -
Иллюстрирует естественный отбор.
Каракатица, страшилище, моллюск!

В мутном омуте живет головоног.
Вместо черепа с чернилами мешок,
Не среда его обидела, а Бог -
За наследственную трусость, за грешок.

Тянет щупальца, по темени скользит.
Ты, пескарик, дурачина, не зевай.
Присосется, впрыснет яду, паразит!,
Заглотает - и как звали поминай.

Ах, как выродку тоскливо одному!
Он мечтает, страхолюдина, о том,
Чтобы вся земля бултыхнулась во тьму,
Превратилась в богадельню, в трупный дом.

ЗАВИСТЬ

О зависти электрошок!
О желчи рвотный порошок!
Не оценить, где лепота -
И слепота, и глухота.

В очах туман, тоска в очах.
В мозгу разрыв, больной очаг.
При виде вас его корежит,
Подробный умысел на роже.

Завидует уступ вершине,
Речушка - морю, конь - машине,
Кузминский - мне, "сайгонец" - Пете,
Нуль - единице, четверть - трети;

Общественник - бездумной гопе,
Пролог - финалу, глотка - жопе,
Босяк - попавшему в тюрьму...
Лишь благородство - никому.

Ширали

Его б держали короли
За хулиганский нос на харе.
Он редкий зверь, он - Ширали, -
И он попал в мой бестиарий.

Известно всем, что он вандал,
Имеет кровушку лихую.
В его поэзах - о скандал! -
Засела мысль тревожным хуем.

Но он прославлен, Аполлон,
Не знаю, как насчет барокко, -
Он силой ляжек наделен,
И это всем выходит боком.

По вечерам трюхает в рейд,
Чтобы мужьям потом икалось.
Конечно прав насмешник Фрейд:
Нас на стихи толкает фаллос.

И я люблю постельных муз
На амплуа меньшого брата,
И я тоскую, что Союз
Печатает стихи кастратов.

ПОХВАЛА БЕЛОЙ ГОРЯЧКЕ

В.Ширали

Жара была, была жара,
Стекала в прорву просинь,
И я наклюкался с утра
И до сих пор не бросил.

Да, я алкаш, на том стою -
И поступаю мудро.
Я пью в обед и в ужин пью,
А похмеляюсь утром.

Не то, чтобы я был буян, -
Но не держите лезвий,
Когда я трезв, тогда я пьян,
Когда я пьян - я трезвый.

Поддав, я вижу всех васквозь,
Кто чем живет и дышит.
Пойдет реальность вкривь и вкось,
Снуют гробы, как мыши.

Вокруг вампиры, черти, псы,
Везувиевы глотки,
Двойные лбы, глаза, носы,
Тройные подбородки.

Мои друзья впадают в страх,
Но мне за них неловко:
Коль поезд мчит на всех парах,
Опасна остановка.

Я сам и зритель, и кумир,
Я принцепс, я и ликтор...
Но не таков в застолье Шир -
Мой друг капризный - Виктор.

Пускай он заворчит в ответ,
Пускай посмотрит косо,
Но, верю, неплохой поэт,
Но никакой философ.

На вечеринке - просто срам:
Все шумны, пьяны в стельку,
А он хлебнет какой-то грамм -
И тут же ищет целку.

Вино идет ему не в прок,
Он пьет с греховной целью.
Он не напишет пары строк
С глубокого похмелья.

Ему бы, по его уму,
Писать весомо, крупно,
Но он сластена - и ему
Прозренье недоступно.

Я думаю, он волей слаб,
Он проявляет узость.
Менять поэзию на баб
Пристойно лишь французам.

Плетут: знавал и он чертей.
Оставьте, право, стыдно!
Он выведет закон смертей

В порыве суицидном?

Я столько раз, назло врачам,
Метался страшный, потный.
Я десять раз с собой кончал -
И доведу до сотни.

Когда ты пьян, какой наплыв
Божественного риска!
А женщина собьет порыв:
Она матерьялистка.

Когда снимают вас с креста
И ставят на карачки,
Тогда поэзия чиста,
Как белая горячка.

СВОБОДА ВОЛИ

                В.Кречетову

Позволительно все, что себе я позволю,
Позволительна грубость, гордыня, плевок.
Если я не в себе - значит я алкоголю.
Мой язык - на словесной реке поплавок.

Позволительна дерзкая гласность интима,
Позволительна ненависть, злость, прямота.
Если скажут: возмездие неотвратимо, -
Успокою усмешкой друзей: ни черта.

Я себя не рождал, не заказывал шкуру.
Я такой как я есть: самолюб, индивид.
Если глотку себе перережу я сдуру,
Никого моя выходка не удивит.

На руках моих швы, в биографии ранки -
Это хаос, опара пасхальная прет.
Отвергаю табу! Есть одни только рамки:
Те что определит созидающий рот.

Признаю над собой только высшую волю.
Если против мораль - не моя здесь вина.
Я позволю себе - то, что вам не позволю:
Лечь под поезд судьбы. И налейте вина!

_____

В заключение уместно будет привести
эпиграмму Гума на публикацию Нестеровского
в журнале "ЗВЕЗДА":

"Знакомы будем: я - мудак!"
И это так. И сладко верить,
Что не пизда,
                а что "Звезда"
Спешит о том удостоверить.

Средь нехристей, средь подлецов
Я – человек, в конце концов.
Я – человек, до неприличия.
Страдаю манией величия

Моя легенда
Д. Я. Дару

Я – из города Шнапсграда,
Из района Бузотерки.
За неискренние взгляды
Получал всегда пятерки.

Я – штукарь, репьем увитый,
У меня стихи – волчата.
Тот слепец, дурак набитый,
Кто решит меня печатать.

Я – ехидна и кусатель,
Мой отец – пройдоха Бендер.
Раз сказал мне Дар-писатель:
Есть стихи, но нет легенды.

Что ж, для славы это важно,
Нет – так будем, я не гордый.
Поступаю эпатажно:
Бью в кафе поэтам морды.

Злобно режу правду-матку,
У кино мочусь на стенды...
Дайте, Дар, взаймы десятку,
Без отдачи... для легенды...

Моя Даная

Моя Даная боится света,
Моя Даная давно отпета.
В окне не облак – в окне завеса.
Ее аборты не от Зевеса.
Не бедра – номер ночного клуба.
Тупая похоть разносит губы.

Ах, что за тело, ах, что за нега!
Белее гноя, пышнее снега.
Колодец счастья, блаженства база –
Гостеприимней унитаза.

Бессильны чувства, красоты слога.
Родит Даная, да не от бога
(Не божья влага ее кропила) –
Родит случайно, родит дебила.

Гетера, гейша а ля Европа!
Со всей округи к ней ходит гопа.

Алкают люди, алкают звери.
Колени настежь и настежь двери.
Живет свободно и беспечально,
Случайно любит и ест случайно.
Кто что прихватит за труд постельный:
Бутылку водки, сто грамм отдельной.
Весь день в постели, грязна посуда.
Богиня срама, богиня блуда!

Ах, славный Рембрандт, теней художник!
Приди к ней ночью, поставь треножник,
И в сердце кисти окуная,
Изобрази мою Данаю.
В тот миг, когда сияя тонко,
Она, как бога, ждет подонка.

Пейзаж моей души

Н.И. Любушкину

Пейзаж моей души —
Репей да паутина.
Художник, напиши:
Забавная картина.

Пейзаж моей души —
Барханы серой пыли.
Гуляли алкаши —
Посудину забыли.

Вгрызаясь, словно крот,
Владычествует время.
А в отдаленый грот,
Где паранойя дремлет.

Не воздух, а желе,
Цветочки — словно шутки.
И я не на земле,
А где-то в промежутке.

Художник-сюрреалист

О. Рабину

Он рисует — злодей! —
Полусгнивший труп,
Натюрморт из грудей
И салат из губ.

Он художник-садист,
Он чертей созвал,
У натуры, как лист,
Ногу оторвал.

Посмотри, как орет
Девица-краса:
Что-то лезет ей в рот,
В каше волоса.

Доказательств полно,
Не спастись ему,
Надо, гада, давно
Посадить в тюрьму!

Жираф

По-моему, Синявин, ты жираф.
Самодовольный, как зулусский граф.
И если бы не вежливая дружба,
Нас безусловно б завертела тяжба.
Попробуй доказать, что я не прав.

Ты прозорлив и видишь далеко,
Ты четко расправляешься с врагами,
Но то, что происходит под ногами,
Тебе заметить, видно, нелегко.

На всех глядишь с холодной высоты
Монументальной, неподвижной шеи.
Тебе во мнениях упасть дешевле,
Чем подарить приятелю холсты.

Пятнист, рогат? Возможно и рогат.
Ты в логику впадаешь, а в итоге
Тебе пройдохи наставляют роги.
И вечно ты обманут. Так-то, брат!

Чтоб поскорее понял ты мой стих,
Я для тебя на дерево залезу.
Соедини с душевностью железо,
Чтоб гул твоих товарищей утих.

В.М. НЕСТЕРОВСКОМУ
за его "философские" стихи

МОНОЛОГ БЕЗРАЗЛИЧНОГО
это не о тебе, а обо мне к твоим стихам

люди небезразличны к тем,
кто пробуждает в них
заложенные их от природы
духовные и эмоциональные начала,
расшатывающие дисциплинированный
космос. из хаоса личность
сама уже чеканит свое подлинное "я".
тебе поэтесса Данаева:
"Почему пускаешь по рукам свои стихи?..
украдут сравнения, образы и обороты".
ты: "Мне не страшно:
из моего стиха их не вырвать".
ранее так и было:
слово "жопа" вне твоих стихов
остается просто жопой,
    "мудак" — мудаком.
но унитазы, гной, твоей поэзии хаоса
выходили в манифест небезфилософский,
отливая золотом
в моем отклике
на твой стих.
Цветы зла усадебной флорой:
    "Тюльпаны — балерины,
    Тюльпаны — каре солдат..."
— не то удобрение.
в простом застолье ты уместней,
чем в чужой философской тарелке —
эта сервировка
не для покойного "Сайгона", где
    рек Исус ученикам:
    нету ложки — ешь руками
и где кофе стоило 8 коп.,
а для твоего "Ольстера",
где чашечка по 16 коп., да вход — 2 руб.
вот и весь кальмитек.
Кальмитек — отброс общества.
это звучит гордо.
    если ты, как женщину,
всеми гранями-ребрами
вертишь поэзию,
    так и ждешь порядка
    поворотов женщины —
    бедра и т.д.,
то и ясна и ожидаема
и легко воспринимаема
демонстрация качеств искусства стиха...

А. Басин

Попугай

На день рождения взамен слова,
О други!, подарите попугая.
                    В.Нестеровский.

Быть хорошо Калюжным и Шалытом,
Ходить в Союзе с рожей неумытой,
Печататься в "Авроре" и в "Звезде",
В "Мурзилке", "Крокодиле" — и везде.

Быть хорошо Охапкиным Олегом:
Порою жить без хлеба и ночлега,
Но вызывать везде девичий гам
И выезжать в Москву по четвергам.

Неплохо быть Игнатовой Еленой,
Кривулиным, Гаврильчиком Владленом,
И Юлей Вознесенской можно быть:
Родить детей и мужа возлюбить.

Кузминским быть — так это просто прелесть!
На Запад посылай любую ересь,
Печатай "ништяки" и "звукописки"
И проживай в Париже без прописки.

Быть хорошо таким как Куприянов.
Как Чейгин, Эрль или Ожиганов.
А Широм быть — так это просто радость.
Но Нестеровским быть — такая гадость!

Пиши стихи — и мучайся и майся,
И непечатным делом занимайся.
Сжигай себя, но зная, что опять
Придется снова все испепелять.

Читай стихи невежде и уроду.
Надеясь просветлить его природу.
А свой же брат, поэт Охапкин, сдуру,
Не разобравшись, как на амбразуру
Набросится и, затыкая рот.
Тебе кричит: "За родину! Вперед!".

И ты простишь таланту эту дерзость...
Нет! Нестеровским быть — такая мерзость!

С любовью и уважением в день рождения
Ю. Вознесенская. 19.2.75 г.
Дружеская пародия на стих. Нестеровского
"Быть русским".

СТО ТЫСЯЧ ДОЛЛАРОВ ЩАРАНСКИМ

В мае по приглашению мэ- ра Нью-Йорка Эдварда Коча и еврейских общественных организаций в США приедут с визитом из Израиля Анатолий и Авиталь Щаранские. Они выступят в ряде городов Со- единенных Штатов.

В программе поездки — по- сещение Вашингтона. Прези- дент Рейген примет их в Бе- лом доме и вручит Щаранско- му чек на сто тысяч долларов — за проявленное мужество и защиту прав человека. Будет устроен большой прием в Конгрессе.

Щаранские будут почетны- ми гостями на выпускном тор- жестве в Колумбийском уни- верситете. В Филадельфии и в Лос-Анджелесе они возглавят парад в честь советских евреев.

Несколько видных издате- лей обратились к Щаранскому с предложениями издать его книгу воспоминаний, предла- гая баснословные гонорары: если Щаранский подпишет та- кой контракт, он станет миллионером.

ПАВЕЛ ФИЛОНОВ
И ГЕША ГУТКИНА

Публицистика

Георгий Молотков

НА ЧЕРНОЙ ТРОПЕ

В недавно принятых постановлениях ЦК КПСС «О дальнейшем улучшении идеологической, политико-воспитательной работы» и «Об улучшении работы по охране правопорядка и усилении борьбы с правонарушениями» подчеркивается важность непримиримой борьбы с любыми проявлениями чуждой нам идеологии и морали, необходимость неукоснительного соблюдения советских законов всеми гражданами и должностными лицами.

Лагерь антисоветизма использует весь арсенал самого различного оружия, применяет коварные методы и средства для борьбы с Советским государством. Наши противники не гнушаются ничем, все пускается в ход: ложь, клевета, дезинформация на разные «голоса». Все более активизируют свою антисоветскую деятельность и сионистские центры в США, и не только в США. Сионистская пропаганда зовет в дорогу «на родину предков» доверчивых и легковерных. На Западе не брезгуют ни контрабандистами, ни валютчиками, ни спекулянтами, ни всякого рода другими отщепенцами. Им обещают убежище и безнаказанность за все преступления, совершенные ими в нашей стране.

Поднятые с места этими «голосами» некоторые лица, покидающие страну, рассчитывают на поддержку, злоупотребляют гуманными законами нашего государства, позволяющими им свободно выехать за пределы страны, и совершают тяжкие государственные преступления: пытаются контрабандным путем вывезти за рубеж ценности — предметы искусства, антиквариат, составляющие национальное, культурное достояние советского народа.

В публикуемом ниже очерке рассказывается о том, как сотрудники Управления Комитета государственной безопасности по Ленинградской области разоблачили и обезвредили две такие преступные группы.

Брест. Западные ворота страны. Международные экспрессы. Два нескудеющих потока — те, кто прибывает к нам с Запада, и те, кто выезжает, — пересекают здесь государственную границу СССР.

Неизбежная проверка документов, таможенный досмотр. В руках сотрудника таможни паспорт, предъявленный иностранцем, прибывшим поездом из Москвы.

— Все ли предъявленные вещи принадлежат вам? — спрашивает таможенник.

Raya Rybokova, left, stands with her sister Gene Gutkina in Leningrad 20 years ago

Sister of Russian dissident tries to secure her release

United Press International

SAN ANTONIO — The sister of one of Russia's foremost leaders of dissident artists said Thursday she was pleading with U.S. officials to help win the release of the imprisoned Jewish "madonna of young artists" from an icy Leningrad cell.

Gene Gutkina, 58, who was jailed in Russia on what her sister said were trumped-up KGB charges of smuggling religious paintings, for years worked to foster the growth of underground Russian art.

She was sentenced in 1978 to 10 years at hard labor in what the Soviets called "the trial of the century."

Her sister, Raya Rybakova, said Ms. Gutkina will die from tuberculosis and heart ailments if she is not moved from her unheated cell in Leningrad, where temperatures were below zero.

Ms. Rybakova said she was working through the office of Sen. John Tower, R-Texas, to seek political pressure to win her sister's release and also had telegrammed Soviet President Leonid Brezhnev with her request.

"Gene has helped the artists with their life and death struggle to be themselves," said Ms. Rybakova, 60, a Russian language instructor at Lackland Air Force Base in San Antonio. "She promoted young art-

ists whose ideas were contrary to the ideas of so-called Socialist realism — the only official way art should be in Russia.

"No illegal exhibition could be done without Gene's presence or approval or advice. The KGB (Soviet police) sneered at me and told me, 'Your Gene was the madonna of young artists.' She even now is thought of that way."

She said the Soviets were especially eager to jail her sister because "they are anti-Semites, Jew-haters."

She and her mother came to the United States on borrowed money and have been working to help Ms. Gutkina for more than a year.

Ну не перепечатывать же всю эту лажу - 25 стр., достаточно привести
цитату из соседней книги, "Приглашение в запиндю" Евгения Вистунова,э
Лениздат, 1984, где пишется еще об одной защитнице Е.Б. - Наталье
Лазаревой, подруге Ю.Вознесенской:

на страницах «Посева»
рассказывается история о «безработной» Лазаревой,
о других «феминистках», якобы не нашедших работы,
достойной своих талантов, а на самом деле не поже-
лавших добросовестно трудиться. И не только в «тес-
ных рамках официального искусства», но и везде, куда
они время от времени устраивались. Даже и на скром-
ных постах, которые, например, выбирала себе Лазаре-
ва: преподавателя в кружке рисования, оператора в ко-
тельной, сторожа...

Полное пренебрежение Лазаревой к работе соответ-
ствовало и ее отношению к устройству своего быта.
В этом она была верной ученицей Вознесенской. Живя
в прекрасном районе Ленинграда, в благоустроенной
отдельной квартире, Вознесенская обменяла ее на две
комнаты в коммунальной, сознательно превратив их в
подобие трущоб.

Зная, какой именно
«товар» требуется Вознесенской, Лазарева рискнула и
сама взяться за перо. Но о чем писать?

В недавнем прошлом она привлекалась к судебной
ответственности за изготовление и распространение
клеветнических измышлений, порочащих советский
государственный и общественный строй, а также за
подделку документов. Учитывая раскаяние Лазаревой,
обещание впредь противоправовой деятельностью не
заниматься, суд ограничился тогда мягким наказани-
ем — десятью месяцами лишения свободы.

Урок не пошел впрок. Лазарева сочинила статью, в
которой сознательно извратила факты своего участия в
изготовлении и распространении клеветнических из-
мышлений, опорочила органы правосудия и социали-
стический правопорядок. В другой своей статье, пред-
назначенной для журнала «Мария», она, опять-таки
подтасовав факты, выступила в защиту уголовницы,
осужденной советским судом за содействие в тайном
вывозе за рубеж художественных коллекций, представ-
ляющих национальное достояние страны.

Знала ли Лазарева, что защищает не невинно осуж-
денного человека, не «жертву советского режима», а
матерую преступницу, нанесшую государству серьезный
материальный ущерб?

Я знал, и достаточно близко, "преступницу века" Гешу Гуткину. Преступление ее заключалось в том, что ей не нравилась Советская власть и советские порядки. И кроме того, она была сторонницей частной инициативы. Привел ее ко мне отъезжант Гарик Элинсон в январе 73-го. Евгении Борисовне было лет 60, жила она рядом, на Герцена, в аккурат напротив ЛОСХа, с матерью и Раисой Рыбаковой, сестрой "Кортика". Квартира на втором или третьем этаже, окнами во двор, в 3 или 4 комнатки. Не хоромы. Выпуклые глаза, одышка, явная сердечница. По профессии - искусствовед, работала в Худфонде, занималась 20-м веком. И ЖИВЫМИ. Сиживали за чайком, ЕБ интересовалась и моими писаниями, и тем, что мы делали с АБ Ивановым. Заказала ему серию "Неделя", по сотне, вроде, за лист графики. Шемякин, к слову, продавал и за тридцатник, и рад был. Не ей, а однорукому бандиту Перфилову. Помимо, ЕБ стала и просто помогать: оказывается, она давала нам на коммуну /через АБ/ по сотне в месяц. ПРОСТО ТАК. АБ, правда, мне эти деньги не показывал, но это уже его дело. Поскольку негде ему было жить - дала ему и ключи от кооперативной квартиры. Он же - обшмонал там все письменные ящики. Но это - о наивности "матерой спекулянтки и преступницы" ЕБ. Людям она, почему то, верила.
За чайком - мечтали мы о Голландии, где она намеревалась купить дом и поселить там художников. Чтоб рисовали и столовались. За так. Геша проделывала какие-то крупные гешефты, окруженные таинственностью и конспирация, но и в конспирацию эту - она ИГРАЛАСЬ. Звонить ей можно было только из автомата, хотя и мои визиты к ней, и прочее - было как на ладони. Не говоря, что АБ стучал. Но отличить художника от стукача - матерая преступница не могла. Я, правда, тоже, но я не очень и старался. Мне-то прятать было нечего. Антологию в 10 томов - в карман не спрячешь.
Геша была прирожденным патроном. Переправляла картины кучи художников за кордон - Элинсона, Рапопортика, Виньковецкого, это тех, кого я знаю. Видел я у нее и работы прибалтов, словом, крутилась.
Отправила и нас, дав на дорогу толику денюжки, проводила многих. Сама же - так и пробиралась: то одно надо было докончить, то другое. Говорили ей: "Вали!", но Геша крутила дела. И, как выяснилось, крутые.
Влупили ей десятку лагерей, за контрабанду ценностей. Не наших - картинок и рукописей, они ценности не представляли, хотя и драли, суки, за них - по 60 рэ пастели Элинсона оценили, Русский музей - "Так покупайте", - Гарик говорит. "Нет, это ВЫ - платите!" И платили художнички за намалеванные ими же холсты, платили этому сучьему государству, которое и с изгоняемых жидов - последнюю тряпку рвет. Геша не платила. Напротив, платила - ХУДОЖНИКАМ.
Кашу заварила она знатную. Пол-таможни было у нее на откупе, пропустили бы хоть слона из зоопарка. Но главное - сбагрила она за кордон Филонова, "Бегство в Египет", у сестры купленное, до того еще, как она всё в Русский музей отдала. Чтоб никто уже, кроме очередного Армана Хаммера, и не увидел. Я пытался прорваться, отснять, мальчики у меня там работали. Но все картины коммуниста Филонова были упакованы и опечатаны. Не на показ, надо понимать. И когда Гешу взяли, на суде, спрашивают ее: "Переправляли что-нибудь за кордон?" "ДА, картины великого художника Филонова, которого не выставляют на родине!" Весь процесс - в пропаганду Филонова превратила! Спрашивают: "Переправляли серебро?" "Да, и картины художника Филонова, о котором никто в России не знает!"
Первым за комиссара Филонова сел, тоже авантюрист, Миша Макаренко /о нем - см. в "новосибирском" томе/. Тоже, зачем-то, выставил. Не Иогансона, а Филонова.
В Геше сочетался идеализм и практицизм. Сестра ее, Раиса, была просто влюблена в Гешу, как, впрочем, и я. Геша была паханша. И когда узнал я, что она - в лагере, за ее статус там я беспокоиться не стал. Она умела заставить себя уважать. А вот здоровье... Здоровья не было совсем.
Раису выпустили, после того, как Геша сказала: "Не признаюсь ни в чем, пока ее не выпустите!" Но Раиса без Геши - ... Приехала, плачет, тычется, мать сумасшедшая уже, от всех переживаний, нельзя старуху ни на секунду оставить - на улицу выползает, под машины, Раисе с ней мучиться - и о Геше... Письма просила меня писать - писал, и сенатору Джексону, и Амати, и чуть не бельгийской королеве...
Но шибко Советы на Гешу злы были, выпустили - за пару недель, помирала от рака в Питере, Геша Гуткина, авантюристка, умница, чистая душа, меценат...

ГУГЕНХУЙ

В апреле 1983 состоялась совместная советско-американская конференция по Павлу
Филонову. Либеральные американские искусствоведы - не погнушались пригласить
Ларису Жадову /жену Симонова/, Женьку Ковтуна, Новожилову и прочую шваль. В это
же самое время - в лагере подыхала Геша Гуткина, получившая срок за контрабанду
картин Филонова за бугор. Все холсты, оставленные сестрой /вычетом сбагренных
Гешей/, были уже в 75-м опечатаны и закрыты наглухо в подвалах Русского музея
директором Васей Пушкаревым, и мои мальчики, работавшие в Русском - не могли
прорваться к ним. Слайды, отснятые фотографом Левой Поляковым еще в 74-м - уже
выцвели, но так и оказались никому не нужны. Как никому не нужна была старуха
Геша Гуткина - выпустили ее в июне, надеясь, что помрет по дороге в Ленинград,
но она проскрипела еще пару недель, умирая от рака. Ее в числе приглашенных на
симпозиум-конференцию в музее Гугенхайм - не было.

В апреле же и я получил ответ от фонда Гугенхайма. Первый раз я попросил помощи
не у друзей, таких же нищих как я, а у государства, институции. И Гуго, и Хайм -
показали мне согласно ... И нечему тут дивиться. Я просил на антологию современ-
ных поэтов. Попал в число 2 700, не получивших стипендии. Помимо прислали брошю-
рку на верже - удостоенных оной. Перелистал, подсчитал /люблю статистику/. Из
300 стипендиантов - 250 полные профессора /на ставке/ и с полста независимых
актеров, скульпторов, фотографов, художников, поэтов, журналистов. Сунулся счи-
тать дальше: из профессоров насчитал 150 гуманитариев. Темы /русские/, удостоен-
ные, таковы: Д-р Джозеф Н.Франк, Принстон, Жизнь Достоевского между 1865 и 1870.
Д-р Эдвард Василек, Чикаго, Толстой после своего религиозного преображения. Д-р
Ричард Стайтс, Джорджтаун, Символы, песни и ритуалы русской революции. Темы, ку-
да как животрепещущие, насущные. Сунулся в список отборочной комиссии: 6 профес-
соров во главе с 7-ым, плюс 5 арт-критиков и художников с правом совещательного
голоса по визуальным искусствам.
Путем чего пришел - выводу, что Академия, государственные службы, службы секрет-
ные - единообразны для всего мира, разве что разнятся в степени давиловки: в
КГБ наступают на яйца, а в ФБР - на язык, и то не сильно. А Пушкинский дом или
Институт "Современной" Русской Культуры - занимаются, в принципе, одним и тем же.
Как и оба Гугенхайма, музей и фонд.
На живых /да и на мертвых, пока не станут великими/ - и тут, и там всем насрать.
Профессора изучают творчество Толстого или, на худой конец, Филонова. Книга о
современных художниках, моя и Джона Боулта - лежит во втором уже издательстве,
у Корнельского университета - тоже нет денег напечатать 300 /вывезенных контра-
бандой/ фотографий выставок и художников. Поэтому и помещаю их - в антологию,
благо биолог Саша Коган мне ПО ДРУЖБЕ - за бесплатно печатает. А на остальные
расходы - моя жена, чертежницей, заработает. Или друзья подкинут.
К Гугенхаймам я более не обращаюсь. Живу в подвале и - колебал я всех!

20 июля 83

ОЧЕРЕДНОЙ ГУГЕНХУЙ

22 марта 1986. Очередной Гугенхуй. 31-го, если Миша Левин не протянет, мне сдавать
еще 5 томов. На сей раз, по совету Ричарда Костелянца, нью-йоркского блестящего эс-
сеиста и поэта-формалиста, подавал я - на собственное творчество. Я же, между прочим,
поэт. И прозаик. И даже, немножко, художник. Костелянец таким макаром тиснул с дюжи-
ну-другую своих концептуальных книжиц, целый мешок мне подарил год назад. Покупать
их все равно вряд ли будут - они, того, концептуальные. Как у Бахчаняна, но поскуч-
ней.
Не вошел в число 272 удостоенных из 3700 аппликантов. Правда, Сайз, он же Саша Ямпо-
льский /см. киевский том/, сказал мне, что надо рассылать не менее 300 аппликаций
на разные гранты зараз. Это, не считая труда - по доллару штука: марки, копировка,
конверты - а где их взять, 300? Шемякин тоже мне как-то посоветовал: "Играй в лоте-
рею. Я, - говорит, - на 300 долларов билетов купил - и 3, не то 4 тыщи выиграл."
"Миша, - говорю, - а где взять начальные 300?" На это друг мой промолчал.

"Я УМЕЮ ТОЛЬКО ТАМ, ГДЕ БОЛЬНО" /ШИРАЛИ/

Следует сегодняшнее письмо от матушки:
*Говорят, чудес не бывает, нет бывают. Ширали летел с 5-го этажа, подо-
брали мешок с ломаными костями. Сколько времени прошло, не знаю - 1
год, полтора, а он ходит и даже без палки, правда настроен опять лечь
в б-цу для удаления гвоздей. Мне плакался, что ему 40 лет, а он ниче-
го не умеет, хорошо что есть мать, которая его кормит.*
"Я умею только там, где больно" - писал Шир-Али в 75-м, и:
"Кроме музыки мне нечего уметь" - и того ранее.
Ширали умел и умеет создавать мелодии боли и любви, о которых десятый год вспоминает
Гум, уже в Нью-Йорке, которые помню я - и каждый, кто слышал Ширали.
Этого - мало?
А жить он, действительно, не умеет. Как не умею и я. Если бы меня эти десять лет /и
предыдущие - десять/ не кормила жена - гугенхуй бы делал эту антологию и все мои книж-
жки.
Сейчас звонила Ленка Довлатова - закончила, солнышко, набор 30 стр. Люсика Межберга
об Одессе и одесских художниках, а перед тем набрала 40 стр. Пинча о Бельцах. Надо -
платить, а в банке, при работающей жене - глухо. Да еще поперли нас месяц назад, за
15 долларов недостачи. Пуэрториканская сволочь, взял и закрыл счет. А через
день - чек от Ромки и Инки пришел, на 400, в поддержку антологии. По сю не можем по-
лучить. Ромка звонит китайскому уже суперу, я хожу: "Зявтра будет". И сидим без ко-
пейки, Гум 2 сотни одолжил - но тоже чеком, а сигареты кончаются...
Надо где-то занимать.

НИ СССР, НИ США

Таково название книги Вальки Пруссакова, друга Лимонова. И я с ним согла-
сен. Что бы делал Ширали, выедь он, не дай Бог, сюда? Гум, при всей любви, содержать
бы его не стал. Советского диплома у него нет. Преподавать он не умеет. Он "умеет -
только там, где больно". А это не товар. Сидел бы он, как Халиф, на велфере, правда,
он и ветчину воровать не умеет /в отличие от/. Получал бы фудстампы, как какой пуэр-
ториканец, и сосал бы банан. Издавать его попрежнему было бы некому, а читать - кому?
На Брайтон-Биче - слушают Гулько и Шульженку, Ширали не товар. И жить по бабам здесь
не очень-то, как повторяет Инеска Левкова-Ламм мною сказанное: "Русских баб здесь не
ебать, а - плакать хочется", когда посмотришь, как они ТУТ - задрочены. Выживаловка.
За квартиру - плати, за свет, телефон - и не так, как там /опять из письма матушки/:
"... То Егорку надо везти в Москву, а Дима пропил деньги, то обрезали
свет, т.к. Дима не платил 1,5 или 2 года, накопилось больше 100 р." -
идиллия! Здесь свет отключают через месяц неуплаты, и не в рублях, а в ДОЛЛАРАХ, я
вот краску для копировальной машины не могу получить: "Придет чек - тогда и вышлем".
А как ему придти, когда он не выписан, в банке - нуль, ну, украли пол-банки краски
на работе - биг дил, как говорит Семушка. А если попрут? Без работы здесь - не то,
что там... Так и живем, работаем. Я и Мышь, и 3 собачки, борзые...

ЗДРАВСТВУЙ, ВЕРМОНТ!

Sic!

Снова здравствуй, штат Вермонт! Здравствуйте, горы, похожие на задумчивых зеленых слонов. Здравствуйте, утренние туманы, такие густые и сладкие, как убежавшее из крынки в небо козье молоко. Зравствуйте, бессчетные водопады, играющие на серебряных струнах свои шумные песни! И главное, здравствуйте, милые на Хубиак, Валентина Гитина, Галина Динкевич, Юрий Фельштинский, Анна Зельдис и др.

Студентов ждал интересный сюрприз, в этом году семинар по литературе ведет писатель Виктор Некрасов. А о поэзии говорит с ними один из честнейших людей нашего времени, поэт и мудрец — Наум Коржавин.

Славянский фестиваль

люди, студенты и преподаватели Норвичского университета.

Причина нашей встречи — начало летней программы русской школы. В этом году школе исполняется 25 лет. За это время здесь побывало около 3 тысяч американских студентов и аспирантов. Школа внесла неоценимый вклад в изучение русского языка на Западе. Ее создала Марианна Артемьевна Полторацкая, известный педагог, первый директор школы. Она передала эстафету профессору Николаю Всеволодовичу Первушину, а сейчас возглавляет школу профессор Валерия Иосифовна Филипп.

Как и всегда, в этом году занятия ведут отличные преподаватели, но и среди них выделяются мастера высокого класса, профессора Леонид Ржевский, Николай Первушин, Милан Фрышак, В. Гребенщиков, Валерия Филипп, Тамара Епифан, Агния Ржевская, Игорь Михайличенко, Владимир Фрумкин, Вероника Штейн, Любовь Мандель. И молодые преподаватели талантливо, увлекательно ведут свои предметы: Ирина Белодедова, Валентина Баслик, Лиля Штейн, Джон Кемерер, Мариан-

Можно позавидовать энергии и живому уму старейшего профессора школы 88-летней Екатерины Александровны Волконской. Появились и новые преподаватели: Георгий Дурман, Нина Голуб, Лариса Фрумкина, Лия Бродская.

Студенты здесь из всех штатов, многие — из других стран. Вот Костя Лангер, старожил школы, он, конечно, не совсем Костя, но здесь принято брать русские имена. Поэтому и ходят вокруг американские Пети, Вани, Яши.

В прошлом году Костя и другие аспиранты выпускали со мной летнюю газету "Русский водопад". Я как-то сказал ему, мол, зачем так дерзко говорить об одном из известных деятелей университета. Кудрявый Костя резонно возразил, что у нас здесь в Норвиче свободная Россия, а значит, и свободная печать...

А вот тихая девочка из Камбоджи, ей 20 лет. Красные кхмеры убили всю ее семью. Девочка сумела перебраться во Вьетнам, вошла во француз-

ское посольство, ей помогли уехать на Запад.

— Почему ты учишь русский? — спросил я.

— Очень его люблю, этот язык.

В этом году в русскую школу Норвича подали заявления более 300 студентов. Конечно, в этом еще и бесспорная заслуга координатора школы Нэда Квигли и его помощницы Линды Холби. Костя Лангер прав, здесь маленькая свободная Россия. Через несколько лет полученные знания очень пригодятся уже не просто студентам, а дипломатам, бизнесменам, славистам, научным работникам.

На английском здесь говорить опасно, сразу слышится голос профессора В. Филипп: "Говорите по-русски! По-английски можно говорить и дома". Программа школы очень насыщенная, надо много успеть, а потом — экзамены. Ходят вокруг живущие от Нью-Йорка и до самых до окраин парни и девушки в джинсах, и лишь слышно : "глагол"..."Братья Карамазовы".... "Архипелаг"...,"Руслан"..., "Бумажный солдат"..., "Сахаров"...

Как и всегда, в этой летней программе — несколько главных событий. Ну, во-первых, 9-10 июля состоялся традиционный литературный симпозиум под руководством профессора Л. Ржевского. Участвовали многие известные писатели, критики, журналисты, ученые. Потом будет славянский фестиваль, огромный концерт, который покажут по телевидению, — американские ребята исполнят русские песни и танцы. А еще смешной "капустник" под руководством Вероники Штейн И наконец, "домашний театр", где талантливый режиссер Анатолий Антохин второй год подряд ставит классические русские пьесы. Всей художественной программой руководят профессора Татьяна Родзянко и Ульяна Осоргина.

В общем, здесь и "делу — время", и "потехе — час". И красота вокруг, и талантов много, и борщи отменные...

Но главное — что в центре Америки серьезно изучают великую литературу, великий язык, главное, что здесь радостно и звонко живет маленькая Россия.

МИХАИЛ МОРГУЛИС

НАИВНОЕ ДИТЯ МОРГУЛИС

Моргулис: Вот некоторые критики и писатели склоняются к мнению, что американская славистика отстала от русской литературы лет этак на тридцать-сорок. Что вы думаете?

/Из интервью с поэтами Чинновым и Бобышевым на конференции славистов . "Лит. Курьер", №3, 1982/

Эк, спохватился! Средний возраст американского слависта - 60 лет. /Для сравнения, средний возраст члена Союза писателей СССР - 65 лет/. Большая часть из них кончала славики /тогда еще - германо-славянские отделения/ лет тому 30, а то и больше, назад. Изучали язык по классикам: Чехов там, Достоевский, Тургенев. Разговорный - откуда? В бытность мою профессором и приглашаемым лектором /1976-77/ в Техасе и по Америке - предпочитал я лекции славистам читать .... по аглицки: оно, доступней.

В хрущевский период в Америке понаоткрывали славиков: надо же с коммунистами говорить о торговле. Наготовили специалистов. Потом, правда, выяснилось, что с коммунистами можно объясняться на пальцах: ты ему - два, он - один. И переводчики тут ни к чему. Увяла славистика: 60-летние твердо занимают "теньюры" /постоянные ставки, до пенсии/, помоложе, 40-летние - скачут по славикам: полгода тут, годик там, на подхвате.

Студентов на славику калачом не заманишь: кому нужно быть с дипломом, и без работы? Вот я и преподавал в 76-77-м учебном году: полудюжине аспирантов и тому же количеству - профессоров. Должен отметить, что профессура на лекции - ходила исправней, повышала квалификацию. До того повысила, что двое из них взялись Хлебникова переводить, грант в сколько-то тысяч схлопотали.

Русский язык на славике преподавали албанцы, чехи и, конечно, американцы. "Нэйтив спикер", говорящий на современном русском, был один, аспирант, в прошлом - выпускник Герценовского пединститута. Ежегодно приглашался один американский профессор с другого славика, по обмену. Два раза это были профессора Иерусалимского университета, один даже родом из России.

Лекции читались по Толстому, Чернышевскому, Достоевскому, Чехову и иным современным /профессорам/ писателям. Студенческие объявления пестрели орфографическими и грамматическими ошибками, никто их не поправлял. На "ти-шертах" у студиозусов значилось: "ПИТЬ ДО ДНЯ - НЕ ВИДАТЬ ДОБРА", что переводилось: не надо начинать пить слишком рано, до ланча. Американский принцип.

Естественно, существовал "Русский клуб", где устраивались танцы у самовара и пеклись пирожки по испорченным отечественным рецептам. Студентки, ездившие на практику в Союз, немедля выходили замуж, после чего, естественно, разводились. Не по причине "фиктивности" брака, а по причине его неэффективности и поголовного пьянства мужей.

Словом, наблюдал я эту "потемкинскую деревню а ла рюс" в течение 5 лет, после чего надоело. Книги они получают по обмену с Советами /то, что - дают/, а журналы выписывают - те, что существовали с до-эмиграционного времени: "Грани", "Посев", "Новый журнал", на современые - урезаны фонды. В библиотеках - художобедно представлены классики /советскими собраниями сочинений/, затем классики советской литературы - ну, и по дюжине-другой случайных стоющих книг, заказанных профессорами для самообразования. Никого это не колышет.

Покойный Давид Яковлевич Дар, хулиган и ерник, в письмах изъяснял мне, что все встреченные им американские слависты - с успехом могли бы работать в Пушкинском доме. А они и работают - по обмену. Ездят туда на конференции по Достоевскому, после чего пересказывают их тут - своими словами, но при этом, натурально, по аглицки. Чему я как-то и был свидетелем: сначала встретив завкафедрой одного из ведущих американских славиков в музее Достоевского в 1975-м, а потом его же - в 78-м /или 77-м/ в Техасе, где он излагал услышанное там за свое, чему я немало подивился. Но выступать не хотелось, и - проку?, поэтому - просто напился на последовавшем банкете а ля фуршет. Дешевым калифорнийским вином.

В целом американские слависты народ цивилизованный, усталый и равнодушный, им бы по "Вишневому саду" еще одну докторскую защитить, а "Эдичку" читать им и некогда, и не под силу, опять же, по-русски написано. Но это касается только американо-американских славистов. Что же до русско-американских, то эти делятся на две категории: ДО и ПОСЛЕ. Те, что "после" - это подтвердившие советский диплом по Шолохову /сейчас они преподают Солженицына/, вполне нормальные и родные советские слависты. А вот "до" - эти уже старая гвардия - и по чину /по рангу/, и по возрасту. У этих - язык завершился /закончился/ в 1917-м, после чего остался только язык "парижской школы" и русско-американского зарубежья. Для этих - даже Набоков-Сирин крайний новатор.

Весь русский язык нынешнего дня /и нынешней России/ принято /ими/ считать несуществующим. Или - несущественным. Эти-то мастодонты и занимают посты завкафедрами на многих американских славиках. Современная литература для них - это, в лучшем случае, "джентельменский набор": Цветаева-Пастернак-Мандельштам-Ахматова, коих комментаторами и составителями сборников они являются.

Должен отметить, что единственно где изучают русский язык - это в военных школах, в системе Пентагона. Туда - и только туда - берут "нэйтив спикеров", при этом заботятся, чтобы комсостав американской армии - ознакомился и с диалектами, и с жаргоном, и прочим. Но преподавать там приходится по сугубо жесткой программе, при этом в стенах вмонтированы подслушивающие устройства, чтобы преподаватель - упаси, Господи! - не понес чего своего, не свихнул доблестных офицеров в сторону пацифизма или еще чего похуже. Платят одну пятую полной профессорской ставки, форму носить не обязуют, диплома и докторской степени по Чернышевскому-Достоевскому не требуют. Латынь и греческий тоже сдавать не надо /для славиков - надо/. Но бубнить приходится "от и до", "то-то и то-то", отчего армейские школы являются последней степенью падения русско-язычных специалистов, что в Калифорнии, что в Техасе.

Почему я и не профессор. А так, безработный поэт.

25 мая 82
Нью-Йорк
подвал

И - не о славистике уже, но связанном. Автор вышеприведенных "ЗАДУМЧИВЫХ ЗЕЛЕНЫХ СЛОНОВ" был на протяжении полудюжины выпусков - моим ... редактором.
Киевский речник, прозаик и баптист Миша Моргулис /сейчас руководящий крупным религиозным издательством в Чикаго/ издавал на протяжении 5 лет журнал-газету "Литературный курьер". Вышло с десяток номеров, последний уже в этом году, где печатал и меня. Выдал мне даже страницу "Записки из подвала", где я поливал и рецензировал и плел чего хотел. И даже платил - по 5 долларов за страницу. Если б "Курьер" выходил хотя бы еженедельно - хватило б аж на сигареты. Но выходил он, ежемесячник - 2 раза в год.
Таковы судьбы русской периодики за рубежом. А слависты - читают "Правду", "Известия" и "Крокодил", и им - хватает.Потом они создают - энциклопедии и даже антологии. И создали их немало. От не хуя делать, на зарплату - которую не получаю я.
В баптисты пойтить, нешто? Если уж не в профессора.

ВАДИМ КРЕЙД

almanac panorama /213/ 931-2692 issue 253 february 14 — 21, 1986

американская энциклопедия ру(

Изданная в прошлом году, эта энциклопедия явилась, конечно, событием — по крайней мере, для специалистов. Тысячи статей о русских писателях и литературных явлениях написаны сотней ученых-славистов. Большого размера книга, 558 страниц петитом, имеет целью представить всю русскую литературу в одном справочнике. Естественно, сюда вошли и статьи, каких не найдешь в советской литературной энциклопедии. Например, статья о цензуре или, скажем, "Литература эмиграции". За эту обширную статью я и принялся прежде всего.

Я и раньше знал, что среди части славистов не обходится без снобизма по отношению к литературе третьей волны. "Зачем вы печатаетесь в этих местечковых изданиях?" — сказала мне профессорствующая дама, увидев в руках у меня номер "Стрельца" с моей статьей "Судьба эрмитажной картины". Еще один скептик — не первой молодости, аспирант российского происхождения, знающий климат престижных небес, хмыкнул: "Гарвардские профессора не читают этих журналов". Не знаю, правда ли это, но сказано было авторитетно.

Итак, читаю про литературу эмиграции. С детальной обстоятельностью повествуется о первой волне, несколько меланхоличнее — о второй, о третьей же — просто скороговоркой: "Русские авторы второй волны, и еще более третьей, в значительной степени отрезаны от культурной традиции Западной Европы". В дополнение узнаю еще, что третья волна издает какие-то небывалые журналы, в частности "Мы и наше время" (?) и "С (?) А до Я". Кто же представляет нашу литературу, богата ли она? Увы, количественно беднее, чем литература чукчей. Представлена она скоропостижно придуманным триумвиратом: Бобышев, Бродский, Коржавин. И это все — хоть шаром покати. Все трое, оказывается, приехали в Штаты

в неопределенное время, где-то "начиная со Второй мировой войны". Как автор данной статьи проглядел Сашу Соколова, Вл. Максимова, Аксенова, Синявского, Войновича, Марамзина, Цветкова, Галича, Горбаневскую? Они в этой гигантской статье просто не упоминаются. В то же время о каждом из них есть отдельные статьи в энциклопедии, написанные другими авторами. Читая в этой статье об эмигрантской литературе обстоятельнейший перечень представителей прежних "волн", можно было бы ожидать чуть больше осведомленности о третьей эмиграции. Ведь упоминаются же (порой не раз) такие корифеи зарубежной словесности, как Павел Ирталь и Елизавета Базилевская-Роос, "бежавшая из Эстонии в Польшу, а позднее в Германию".

Редактор и составитель энциклопедии Виктор Террас оставил эту разбалансированную статью о писателях рассеянья без редакторской правки — в деликатной неприкосновенности. Однако он компенсировал это недоразумение, включив в энциклопедию немалое число отдельных статей о писателях третьей волны.

В статье об Аксенове, например, говорятся вещи прямо противоположные тому, что цитировано было выше — о том, что мы и не нюхали западной культуры приземлившись на тутошние аэродромы печенегами: в аксеновском "Звездном билете" целое поколение показано как "независимое **связанное с западными субкультурами,** отбросившее двойственность в высказываниях и стремящееся к независимым суждениям". И однако, прочитав эту статью об Аксенове, видишь, что для автора статьи все достижения Аксенова в прошлом, не здесь, а там — в Совсоюзе. Неожиданно точно сказано в небольшой статье об Алексее Цветкове: "Он, несомненно, среди самых блестящих, если не самый блестящий русский поэт нашего времени. Затем более конкретно и аналитически преречисляются его художественные достоинства и делается забавный вывод: в результате наличия в его поэзии чего-то такого, чему нет точного названия, стоит выучить русский язык — хотя бы для того, чтобы читать Цветкова в оригинале. Цветков, конечно, яркий поэт, но даже и ради Шекспира мало кто английский выучивает.

В сравнении с советскими справочными изданиями, преимущество этой энциклопедии в том, что она включает самиздатских авторов — Венедикта Ерофеева, Евгению Гинзбург, Надежду Мандельштам и некоторых других. Впрочем, число таких имен меньше, чем я ожидал. Не включен лучший поэт из ныне живущих в Ленинграде — Олег Охапкин (для Суркова место нашлось). Может, причина в том, что Охапкин, автор доброго десятка поэтических сборников, до сих пор не издал ни одного — по неподвластным ему причинам? Но если критерий отбора — опубликованные книги, а не манускрипты, то почему же нет в энциклопедии Роальда Мандельштама, одного из лучших поэтов второй половины двадцатого века? Ведь его книга вышла (посмертно) в Израиле, много его стихотворений собрано в Антологии К. К. Кузьминского, и кроме того, о нем публиковались статьи.

Ни разу не упомянуты во всем огромном томе такие значительные поэты, как Кривулин, Стратановский, Пригов, Уфлянд. Академический подход временами имеет нечто общее с ментальным процессом той самой жирафы, до которой доходит не сразу. Однако академическое "не сразу" может длиться десятилетиями. Ленинградец Владимир Уфлянд еще в 56-ом году заявил о себе как о видном поэте, с тех пор оставаясь популярным самиздатским автором. Его стихи вошли в ряд антологий, изданных вне России. Они были переведены на английский.

Книжка его стихов вышла несколько лет тому назад в Мичигане. Несомненно, за последние тридцать лет он занимал определенное место в русской неофициальной поэзии. Оказывается, при всех самиздатских заслугах и тридцати лет мало, чтобы быть отмеченным энциклопедией.

Дельная и компетентная статья, называющаяся "Самиздат", все же кое-чем удивила меня. Говорится в ней, между прочим, что ранняя самиздатская поэзия была "любительской". То-есть использовано слово, подчеркивающее самодельность, доморощенность, непрофессиональность. Но ведь ранняя поэзия самиздата, в основном, состояла из стихов Глеба Горбовского, Роальда Мандельштама и Красовицкого. Вслед за ними появились и со скоростью экспресса распространились по большим городам песни Окуджавы и других бардов.

Любительские стихи никогда не имели заметного хождения. Самиздат всегда отличался хорошим вкусом. Любительская чепуха стала встречаться в самиздате как раз не в начале, вопреки мнению ученого автора, а позже, когда самиздат стал потоком, рогом изобилия. Помню, в конце шестидесятых годов один мой приятель сказал мне, что уже полгода он ничего не читает, кроме самиздата. А он, надо сказать, работая кочегаром, не жалел времени на чтение. Его признание свидетельствует о количестве, обилии, потоке самиздатской словесности, хлынувшем к концу шестидесятых. В этом потоке встречались и "любительские" вещи, но не в пятидесятые годы и не в начале шестидесятых, когда самиздат превратился в массовое явление, во вторую культуру.

Любая литературная энциклопедия — это функция канона. Это канон в формальной золоченой раме. Как возникает, как вызревает канон? Иногда просто записывают в литературные святцы тех, кто шумел больше других. Таким образом "народный вития" Роберт Рождественский попадает в энциклопедию (читай — святцы), а более культурный, но камерный Всеволод Рождественский не попадает. Я отнюдь не стою горой за Вс. Рождественского, отрекавшегося от своего учителя (Гумилева) в тысячу раз чаще, чем апостол Петр — от своего. Но, по крайней мере, Вс. Рождественский на заре туманной юности издал два акмеистических сборничка, которые и сейчас читабельны. А Роберта Рождественского, хоть расшибись — ни строки не вспомнить.

Я бы мог продолжать задавать недоуменные вопросы, связанные с включением в канон-святцы-энциклопедию тех, а иных имен, и пожалуй, продолжу. Почему нет Горбовского? Некогда самиздатский поэт, он прошел через метаморфозы; вылечившись от алкоголизма, он утратил и дух независимости. Он стал знаменитым советским поэтом, обремененным официальными заслугами, автором двадцати книг — и все-таки, как ни странно, сохранил свой большой талант.

Возьмем серебряный век. Канон оперирует готовыми "обоймами" имен. Обоймы переносятся из книги в книгу. Всегда все те же достойнейшие Белый-Блок-Брюсов-Бальмонт. Но ведь было множество других, которые своими сердцами и своими руками сделали серебряный век, никогда не бывший результатом труда горстки избранников. Где Борис Садовский — прозаик, поэт и выдающийся критик? В энциклопедии его нет. Где Владимир Пяст, друг Блока и сам оригинальнейший поэт, автор трех поэтических сборников и нескольких поэм, критик, исследователь, автор едва ли не самых лучших мемуаров о деятелях серебряного века? Где Потемкин, остроумный поэт, печатавшийся во многих журналах, в том числе и в "Аполлоне", душа "Бродячей собаки",

плодовитый автор и более чем кто-либо сын своего века? Где князь Василий Комаровский, царскосел, стихи которого любили и Ахматова, и Гумилев, и Мандельштам? Ведь он-то не забыт. Стихи его недавно были переизданы на Западе. Где Виктор Гофман, у которого среди хороших стихов встречаются гениальные строчки? Где Владимир Гиппиус, первый декадент, а впоследствии учитель Осипа Мандельштама? Где Надежда Львова и Аделаида Герцык? Все они оставлены за шлагбаумом канона по недоразумению, а не из-за недостатка места или какого-нибудь рационального критерия. Ведь равные им малые поэты Сергей Соловьев и Лозина-Лозинский включены в "святцы", и кажется, лишь потому, что о них вспомнили эмигрантские авторы из третьей волны Томас Венцлова и В. Блинов. Кажется, что слова Пушкина — "мы, русские, ленивы и не любопытны — начинают устаревать.

Занятно, что в этой энциклопедии, которую ее редактор скромно назвал "справочником", рядом со статьями эмигрантов всех волн, знающих почем фунт социалистического лиха, благополучно соседствуют девственно-невинные либеральные панегирики Троцкому и Луначарскому. Вот как говорит один из авторов о Льве Троцком: "величайший русский оратор"; еще раз: "величайший оратор в русской истории"; и еще раз: он показал величайший революционный образ русской революции". Вдобавок он же написал шадевр "Моя жизнь", а также "самое замечательное коммунистическое исследование о литературе". Далее автор этой статьи восторгается богохульным и утробным юмором этого массового убийцы. Он цитирует Троцкого: "Крошечный лирический кружок, состоящий из Ахматовой, Цветаевой и Господа Бога — врачевателя их женских жалоб". Зато, в отличие от Ахматовой, — пишет либеральный

706

автор статьи, — Троцкий написал "**благородную** поэму в прозе об освобождении коммунистами человечества", когда средний человек поднимается до высот Аристотеля, Гете и Маркса. Подобными научными изысканиями, к счастью, не щедро инкрустирована эта энциклопедия. Большинство ее авторов не хуже нас с вами понимают, что к чему на одной шестой земного шара. И все же непонятно, как многоопытный редактор мог включить эту лажу и подобную ей в этот серьезный труд, равного которому еще не было на английском языке.

Правда, есть еще одна более подробная американская энциклопедия русской литературы, но издание ее еще не закончено. Что касается советской "Краткой литературной энциклопедии", то она посвящена мировой литературе. Издать энциклопедию русской литературы режим за 68 лет ни разу не удосужился. А в Америке это уже вторая энциклопедия, посвященная исключительно русской литературе.

Несмотря на некомпетентные статьи о Троцком и Луначарском, все в этой энциклопедии было бы, в основном, приемлемо, ежели б не вкрапления

клюквы. Сообщается, например, что Гумилев учился в царскосельском лицее, которым заведовал Иннокентий Анненский. Гумилев ни дня не учился в пушкинском лицее, а окончил просто гимназию, хотя и называлась та "Николаевской, императорской, царскосельской". Директором этой гимназии одно время был Анненский, а к лицею отношения не имел. Сообщается также о Волошине: он-де наименее мистический поэт из числа символистов. Да ведь без знакомства с антропософией, которой всю жизнь увлекался Волошин, часть его стихов просто понять невозможно. Волошин, наоборот, один из самых мистических поэтов, по сравнению с другими символистами. Из статьи "Акмеизм" можно понять, что знаменитый журнал "Аполлон" был органом акмеистов с самого начала, т.е. с 1909 г. Однако он стал таковым только с января 1913 г., когда Гумилев стал заведовать литературным отделом и сразу же напечатал акмеистические манифесты. Но какая энциклопедия свободна от ошибок! Можно с энтузиазмом приветствовать это издание, за вычетом авторов, разводящих свою дубовую идеологию в статьях о Троцком и Луначарском.

На фото:

Алик Гинзбург у меня в Техасе.

Помимо присутствуют: Джианна Кирцли, Яков Виньковецкий и картина Инфантэ.

Фото Мары Звягинцевой, американки, жены художника Юры Звягинцева, американца, моих техасских друзей.

Из опубликованного в "Литературном курьере" Мишей Моргулисом:

КОМУ НУЖНЫ ПОЭТЫ?

"В Москве, как сообщают "Известия" в последнее время Госиздатом зарегистрировано 140 частных издательств."

/Летопись Дома Литераторов, 1922, 8-9, стр.12/

Но - "вот и кончились дни золотые / воровской непроглядной любви..." В Москве сейчас зарегистрирован один ГОСИЗДАТ. 60 лет утекло.

А на Западе? На Западе издательства не регистрируются /не обязательно/, но поэты нужны не более. Из двух-трех дюжин моих знакомых-друзей американских поэтов, статистика показывает: 2-3 из них - "полные" академики /т.е. имеют постоянный доход/, вроде Билла Мервина, Кристофера Миддлтона, Роберта Лоуэлла /не знаю, последний - жив ли? В 70-х меня переводил/ - это поэты "элиты", классики текущей литературы - 300-400 копий издано - удача, распродано - успех!; 3-4 еще - последние битники, представители вымершего поколения 50-х: Аллен Гинзберг /не путать с Аликом Гинзбургом, тоже моим знакомым!/, Грегори Корсо, Гэри Снайдер - эти "слились" с природой, попутно почитывая какой-нибудь курс за копейки, к ним можно отнести и Рикардо Санчеса, классика американо-индейской поэзии, "чиканос", он безработный с тремя дипломами, а остальные мои друзья, помоложе - просто хипня. Еще, скажем, дюжины две, оставшиеся.

Поэтов считать на дюжины? - возразит мне читатель. Возражали. Пишет, к примеру, по поводу 1-го тома моей антологии /не видев/ некий ленинградский литературовед Левинтон: "Что это за поэзия, в которой несколько сот имен, поэтов должно быть, ну, 10, ну - 20, но не 200." И тут же оговаривается: "Я в общем саму эту поэзию /современную - ККК/ не особенно люблю." Чувствуется. Таковы, впрочем, все литературоведы. Им поэзию ни к чему любить. Они ею - занимаются. За что имеют зарплату. Но мы отвлеклись, хотя -

Средний заработок американского писателя - 4 000 долларов в год. Полагаю, и поэты входят туда. На телевизионном интервью в Техасе, которое давали мы с Алленом Гинзбергом и Энди Клаузеном, Аллен сказал, что в среднем он /поэт "нумеро уно" среди американских битников 50-х/ зарабатывает в год литературным трудом - 4 тысячи. При этом ведущий программу профессор Джо Круппа, специалист по поэтике помянутого Гинзберга, признался, что зарабатывает вдесятеро больше: 40 тысяч в год. Если учесть, что Энди Клаузен /он же Андре Лалу, из канадских французов по матушке/, вообще ничего не зарабатывает /приходится работать таксером/, то цифра 4 000 значительно понизится. А если включить сюда писателей "не профессионалов", т.е., большинство "молодых", в возрасте 30-33 лет, печатающих свои стихи в бесчисленных малых "прессах" /частных маленьких издательствах, в основном, без- или малодоходных/, то среднегодовой заработок поэта может снизиться - до 40 центов.

За 9 месяцев работы над вышепомянутой антологией /плюс 19 лет на сбор материалов/ объемом 606 стр., 97 фото, 40 поэтов - включая сюда набор, расходы на фото и макет /"камера-рэди" - готовый к печати/ самой книги, автор этих строк заработал 17 долларов с Би-Би-Си /за передачу/. За саму книгу, вышедшую 2 с половиной года назад - автору причитаются 10% "после проданных первых 250 копий". А поскольку, как мы видели, тиражи даже классиков не превышают полутысячи экземпляров, доход ожидающийся - невелик.

Но не в деньгах дело. Хотя счастье, может быть, и в них.

Тридцати с чем-то-летний Пушкин писал братцу своему, прося о помощи отца: "Изъясни отцу моему, что жить пером при нынешней цензуре никак невозможно, столярному же ремеслу я не обучен. Правда, мог бы преподавать четыре правила грамматики и арифметики..." /Цитирую по памяти, желающие найдут в письмах А.С.Пушкина/. Да,, у Пушкина и расходы были побольше - по смерти его Государь Император

Николай Первый, "ярый гонитель" и поклонник поэта, выплатил за него 30 тысяч до-
лгу и положил вдове пожизненный пенсион - но ведь не все же Пушкины! Скажем,
друзья его - Вяземский, Боратынский, Дельвиг и компания - жили не хуже, но так
уж жили тогда все аристократы.

       Но-ведь-ты-же-не-Пушкин! Эту логику мне пришлось впервые услышать от Коли
Скрыпнева, ректора Библиотечного института имени Крупской /ныне Институт Культу-
ры или "Ликбез"/ в Ленинграде, когда я туда сунулся поступать в 60-х. Листая мою
трудкнижку с бесчисленными экспедициями, Мариинскими театрами, ликерно-водочными
фабриками и прочим - "Почему столько мест работы?" "Да вот, хотелось посмотреть,
поездить." "Ну и ездили бы за свой счет!" "Простите, я говорю, не Рокфеллер, я в
этих экспедициях вкалывал, да и на фабриках тоже..." "М-м-да, ... с такой трудк-
нижкой..." "Простите, я говорю, а если бы Вам свою трудкнижку показали Гиляровс-
кий, Горький или Илья Львович Сельвинский?" "Ну, Вы себя с ними не равняйте!"
"Простите, говорю, но если бы я Вам сказал, что такая же трудкнижка у моего дру-
га Валерика Молота, Вы бы мене спросили - а кто такой Молот!, поэтому я Вам на-
зываю имена, которые, возможно, Вам знакомы..." В институт меня, естественно, не
приняли. Вероятно, потому, что я не Пушкин. Впрочем, Пушкиных из этого института
тоже мало выходило, как и из Литературного /куда меня тоже не приняли/.

       Так может быть, поэты пишут сами для себя? Пушкин, почему-то, считал,
что он пишет для других и даже хотел получать за это деньги. Бывало, он очень
сердился на брата Левушку, который пускал его стихи в "самиздат", т.е., просто
по рукам и спискам, отчего свежие стихи теряли всякую ценность у издателей. А
зачем Пушкину деньги? А так, в картишки поиграть. Шампанского выпить, "Клико",
как-то, к примеру, в его годы, на Сенной потолок протек, кинулись смотреть -
гусары пировали, шампанское пролили! У нас не проливают, у нас грамотно, в пара-
днячке. И не шампанское, а бормотуху.

       Американские поэты, почему-то, не пьют. Сидят, как сычи, с одной банкой
пива целый вечер - единственный, кто пил, так это мой друг-журналист Джон Келсо,
техасский Марк-Твен, кандидат в президенты по прошлым выборам /пока он нас, поэ-
тов, представлял, мы с Гумом его бутылку водки за кулисами выжрали, ну, на доны-
шке оставили, натурально, по-братски/. А выборы он проводил под лозунгом: "Отче-
го-то все президенты у нас не блещут умом. А он, Келсо, известный техасский ду-
рак, шут. Так уж выбрали бы его, всяко хуже не будет!" И баллотировался, по те-
левизору передавали, рядом с Риганом и прочими - те речи толкали, а Келсо пока-
зан был играющим в пивной в автомат. И предвыборную кампанию мы с ним в пивной
проводили /я, правда, ему на Гитлера намекнул - тот тоже в пивнушках начинал, но
Келсо, скорее, от Гашека, организовавшего в пивной "партию умеренного прогресса
в рамках законности", и тоже баллотировавшегося/. Я должен был при нем /если б
не прогорели/ занимать пост политического советника, и объяснял избирателям, что
Бжезинский, или Кузьминский - мало разницы, я тоже из поляков. Жаль, а то бы я
вам такую жизнь устроил! А уж Советам!...

ПОЭТ И ОБЩЕСТВО

       И отсюда мы переходим ко второй функции поэта, "анти-социальной". Почему-
то, приличных людей /в "общепринятом" смысле/ среди поэтов не встречалось. Пока
их не пригладят академики, и не обсосут читатели. Пушкин - эпиграммист, пьяница,
бабник, венерик /"Первая .... болезнь была и первою кормилицей его поэмы" -
пишет Тургенев Вяземскому 18 декабря 1818 года - расшифровать болезнь не берусь,
у Губера она точечками - "Старое пристало к новому и пришлось ему опять за поэму
приниматься - радуется кн. Вяземский, - Венера пригвоздила его к постели." - там
же, см. сноску/, задира, бретер, дуэлянт /ну,   расшифровывать не надо, хотя по
Зощенко, "Возвращенная молодость", увы, нет под рукой - Пушкин за последний год
жизни сделал 14 вызовов на дуэль, а до?/ - так это одно, а Пушкин на полочке -
это красиво. Там, скажем, "Сказка о старике и о золотой рыбке"

                              и т.д.

Байронический демонист Лермонтов, автор кадетских стихов /см. мрачноватую поэму "Гошпиталь", изданную, по-моему, у Проффера, "Ардис"/, отличавшийся столь мерзким характером, что его лучший друг, Мартынов, пристрелил, а уж в приличном обществе мамы его к дочкам не подпускали.

Впрочем, по меркам своего времени и своего социума, они вели себя не хуже, а даже лучше Есенина, век спустя. Не нужно и американского фильма "Айседора", где Ванесса Редгрейв так и не сумела веса до прототипа добрать, худовата она для Дункан, но характер Есенина общеизвестен. "... А за гущей критиков, рифмэтров и любопытных / В далеком углу сосредоточенно кого-то били. / Я побледнел. Оказывается, так надо: / Поэту Есенину - делают биографию." - несколько злоязычно, но метко выразился Сельвинский в своих "Записках поэта".

Такой Есенин или Пушкин, естественно, не годится "для широких масс". Поэтому и книга пушкиноведа Губера, изданная в России в 1923 году, была переиздана лишь полвека спустя. В Париже. Поэтому и совершенно безгрешный "Роман без вранья" Мариенгофа - переиздан лишь сейчас. Здесь. О как нас оберегали! Оберегают и по сю. Сексуальная жизнь полупокойного премьера Брежнева - это государственная тайна №1. Но знавшие его по Молдавии / и по молодости/ - рассказывают многое про чорнобривого парубка, в молодости он был хорош!

Брежнев, правда, не поэт. Но писатель. И даже печатается. Кто его покупает, кроме негров из института Патриса Лумумбы, я, право, не знаю, как и не знаю, писал ли он стихов. Сталин - писал. "Помните, любите, изучайте Ильича - / Нашего учителя, нашего вождя!" Рифма тут несколько хромает, но не надо забывать, что со времен семинарских стихов он занимался, в основном, экспроприациями банков /вместе с легендарным Камо, который в 20-х начал предаваться воспоминаниям бурно проведенной молодости в компании с Сосо, отчего его задавил единственный тогда на Москву автомобиль/ и партийной борьбой. Гитлер рисовал, и неудачно. Я тут, было, намекнул об актерских данных нашего нынешнего президента /за его фильмы 50-х - вполне можно было Сталинскую премию давать, или просто пускать в советский прокат, заменив титры/, так на меня зашикали. Сталина - можно, а Ригана - нельзя.

Вот так и все у нас нельзя: и особенно нельзя писать нехорошо о любимых поэтах. Цитирую, опять же, Губера: "Показания лиц, душевно близких к поэту, разумеется, гораздо мягче и выдвигают на первый план более симпатичные черты." Вот и моя жена считает, что я гениальный поэт, профессора же и прочая публика - полагают, что я алкоголик. Что есть, то есть. И гениальность, и алкоголизм. Иду я как-то по Якубовича, встречаю поэта и чтеца Марка Троицкого, под два метра ростом, строителя Кедрограда и комсомольского вожака. "Все пьешь," - говорит. "Ну так что, говорю, вот и Блок пил, и как! Запирался у себя в кабинете с ящиком коньяку и выходил через неделю, выбритый /в отличие от Есенина/, и с кругами под глазами. Синими." "Блок никогда не пил!" - истерическим басом восклицает Троицкий. "Пил, лапушка, пил - успокаиваю его, - и Маяковский пил, да как!" "Мне с тобой не о чем разговаривать!", выкликает Марк и отправляется строить Кедроград. Пить нехорошо, да и что тут хорошего. Однако ж, пьют. Поэтика Гофмана, вся его гофманиана - строится на "делириум тременс" /белая горячка/ от шнапса - у любого психиатра-нарколога спросите! А По? Прочтите книгу Леонида Борисова о нем. Получается некая речь у меня, в защиту алкоголизма. Вернемся к поэтам.

Поэт должен быть чинным и благородным, как чиновник, но что-то не получается. Лорда Байрона, как известно, выдворили из Англии не за политику, а за грехи - гм - более плотские: совратил собственную сестру, не считая того, что с поэтом Шелли они обобществили жен задолго до коммунизма и сексуальной революции, Оскар Фингал Уиллз Уайлд О'Флаэрти, более известный под именем Оскара Уайльда, сел в тюрьму не за дендизм, а за более распространенное сейчас в Америке преступление: гомосексуализм. Здесь сейчас за это не сажают, но сажают - в Союзе. Замечательный и тихий лирик Геннадий Трифонов /о нем дальше/, отсидел по этой статье полную пятерку в самых гнусных лагерях. Не тех любил, кого положено. А кого положено любить? Главное ведь - любить. И Альфред Мюссе, тончайший Мюссе, любил, накурившись опиума /как мне сообщил только что поэт Лев Халиф/, любить двух девушек сразу. Ну, век назад он себе мог это позволить. Но вот - обращаясь к возможному читателю - слышал я, что в Харькове, в конце 50-х, доблестными органами были раскрыты два подпольно-сексуально-поэтических общества: "Голубые Лошади" и "Черные Бабочки", и вроде бы, об этом писала сама "Комсомолка", приводя на страницах /цитируя/ их поэтический манифест.

Сейчас в американской славистской и славянской прессе разгорелся жаркий спор между профессорами /с уклоном/: был ли Есенин гомосексуалистом, или не был? Меня это, по честному, мало волнует, но если исходить из того, что его приемный отец в поэзии, Николай Клюев, им был - то почему бы не быть? Клюева в 30-е посадили, но не за это, тогда за это, вроде, не сажали, а как певца кулацкой деревни.

Вряд ли личность вора, поэта и разбойника Франсуа Вийона вызовет у кого-нибудь из нормальных людей благоговейный трепет, но стихи его - читают. И уже который век. Но представляю себе кафедру французской литературы, пригласившую оного поэта на банкет! Поэтому поэтов на банкеты не приглашают. Или приглашают - посмертно. Сейчас вот, в мае, будем банкетировать покойного Давида Бурлюка, отца русского футуризма, который в 30-х ходил по Нью-Йорку в продранных ботинках, пытаясь лекциями заработать денюжку жене и детям на хлеб. Бурлюк, правда, не пил. И даже не воровал. Однако, от имени его шарахалась Академия и все тогдашнее благопристойное общество: хулиганы! футуристы! /что звучало синонимами/. А поэт - всегда хулиган. Шарль Бодлер выкрасил себе волосы в зеленый цвет и в таком виде шлялся век назад по Парижу /это не считая того, что они с Эдуардом Мане на пару покуривали опийчик, впрочем, и Мопассан нюхал эфир, очень он уважал это занятие, я тут в стихах Анны Андреевны наткнулся на строчку: "Качаясь на волнах эфира..." - а вдруг? Не, нельзя, ахматоведы и -еды зажрут!/, поэт Иван Коневской в конце прошлого века проскакал по Невскому голый, привязав к пальцам собачьи когти, а к голому заду - хвост. Поэт Иван Приблудный /20-е/ вечно шлялся голый же, но в трусах, по парапету у Летнего сада и по улицам, отчего приятель его, Сергей Есенин, старался перебежать на другую сторону /см. в мемуарах/. Есенин голым ходить не любил, он, как представитель "грядущего российского хама" /выражаясь Мережковским/, предпочитал - смокинг. И цилиндр. Каковыми цилиндрами они с Мариенгофом терроризировали послереволюционную Москву. Зато поэт-футурист, "футурист жизни", как он себя называл, и йог, Владимир Гольцшмидт, был выслан в тех же 20-х из Москвы, пройдясь голым, с четырьмя голыми же девицами, по улицам столицы, демонстрируя красоту человеческого тела. Красоту демонстрировать не положено. Тут тебе не дом моделей. Красоту положено прикрывать, отчего она становится еще более красивой. Это прекрасно знали французские куртизанки, всегда оставляя на себе хоть что-нибудь, ну - хоть подвязку /об этом смотри в романе почти уже не современного советского писателя Васьки Пратолини, писавшего на итальянски, "Повесть о бедных влюбленных", страницу не помню, про чулок на Авроре, героине/.

Гумилев и Мандельштам любили расхаживать в жару в шубе, а когда я, в единственной имеющейся у меня козьей куртке и шемякинских кожаных штанах, ввалился в Техасе на лекцию профессора Герценовского института /изгнанного/ Ефима Григорьевича Эткинда, то был мягко укорен, что "мог бы одеться и поприличней". Не мог, ей-богу, не мог. К тому времени мое годовалое профессорство уже кончилось, а купить жилетку и фрак я не поспел. Укорил меня мой друг, переводчик и ученик Эткинда, ныне тоже полный профессор, Жора Бен, упирая на то, что и Элиот ходил в приличном костюме, и Киплинг был похож на бухгалтера. Не знаю. Не нравится мне Киплинг, "похожий на бухгалтера".

Желание отличиться, выделиться, "не походить" - свойственно поэтам и, естественно, молодежи. "Пьем за яростных, за непохожих, / За презревших грошевый уют..." - "Бригантина" Когана. При этом, трактует он поэтов, как пиратов, равнозначно. Здесь есть, безусловно, знак равенства. "Все поэты - жиды", писала Марина Цветаева. В значении - "отщепенцы", "изгои", или ... "избранные". И тут переходим к серьезным материям.

712

КТО КОМУ НУЖЕН?

"Высокоорганизованная саморегулирующаяся и саморазвивающаяся система включает в себе три необходимых и достаточных элемента: управляющий, управляемый и нарушающий. При неэффективном функционировании управляющего или исполняющего /управляемого/ элементов неизбежен рост беспорядка вплоть до хаоса и гибели системы. С другой стороны, при неэффективности работы нарушающего элемента рано или поздно наступает застой или /и/ опять же гибель системы... ... Несколько перифразируя братьев Стругацких: избавьте общество от этого элемента - и оно заболеет социальной цынгой. "Отщепенцы нужны каждой стране и человечеству в целом. Нужны люди, которые ведут себя не так, как большинство, экспериментируют на себе /и - увы! - на своих близких/... Само по себе наличие отщепенцев - вещь естественная", - писал В.Турчин в "Инерции страха". ✳ ✳

Тут уже заговорили философы, но, как ни странно, мудро. Выпивая с Турчиным, все в той же козьей шкуре, я упрекал его за инженерскую визитку. А что делать, если ему в присутствие, в службу, то-есть, ходить! В американских корпорациях - козьи шкуры тоже не приветствуют. Отвлекся.

Так вот, такова СОЦИАЛЬНАЯ функция поэта. И хотя писалось это, скорее, о диссидентах - не вижу принципиальной разницы. И на Красную площадь в 68-м - вылезли поэты: Галансков, Бокштейн и даже одна поэтесса с детьми, ныне занявшая "несуществующий пост редактора отдела поэзии в "Континенте", как она сама кокетливо признается, Наталья Горбаневская. Не поэтом был Володя Дремлюга, но сидел за это, как и поэты. Отщепенца Галанскова уморили в лагере, полусумасшедший поэт Илюша Бокштейн - живет в Израиле на нищенскую пенсию и "жрет не каждый день", как пишет мне поэт и отщепенец Юра Милославский, тоже не из миллионеров - к слову сказать, в долгой /поэтической/ жизни моей - встретил лишь двух "зажиточных" поэтов, да и то, один из них был кандидатом каких-то там наук и зятем академика, поэт Слава Лен, и бизнесмен и поэт Миша Армалинский /от бизнеса ему не то что рассказы - стихи писать некогда!/.

Вероятно, потому, что поэту положено быть нищим, голодным и гонимым. Сытого поэта /вычетом Демьяна Бедного и свиноморды Прокофьева/ - себе не представляю. Поэтам от этого не слаще. Следовало бы создать "Общество защиты поэтов", наподобие такового же по защите дельфинов /вчера послал дельфинам 15 долларов ~~хихххваюхххилильнхеерийдахххлхаюхющейхХехвхх~~
из своего хилого кармана: жалко же!/. Хотя...

И тут мы перейдем к следующей теме: чем поэт отличается от дельфина?

ПОЭТЫ О ПОЭТАХ /следует/

1. П.Губер, "Дон-Жуанский список Пушкина", Изд-во "ЛЯВ", Париж.
2. Александр Абрамов, "Одухотворенные гнилой", "Новая газета", апрель 24-30, 1982

ПРИМЕЧАНИЕ К ПРИСПОСОБЛЯЕМОСТИ:

Поэтому-то, "не поэт" Дремлюга /которого я переименовал - в Кремлюгу, в очередном выпуске своей газеты МАНДА/т/-2/ здесь - заделался лэндлордом: потрудился, скупил брошенных домов, починил и - рвет теперь семь шкур с поэтов и эмигрантов, моим мадьярцам с борзыми предложил дом /недоремонтированный/ за ... 750, минус одну борзую /убрать, продать, убить?/ и по 10 часов работы на него в неделю, плюс на мою мадьярку гнойный глаз свой положил - а тем куда деваться? Снял им студию на Брайтон Бич - я, поэт, а не Дремлюга.
Дремлюгам и здесь живется - лафа. Так что, может, не зря их там сажали? Я бы - и от себя добавил. Одной акулой капит,ализма - было бы меньше.
Но о Дремлюге и о московской диссидентне - будет в московском томе. И то, поминать его - много чести. Убить грязным мешком - и дело с концом.

КОМУ НЕ НУЖНЫ ПОЭТЫ
/продолжение/

Нет, поэты - не дельфины... Дельфины - спасают друг друга, поэты - ...

За городом вырос /какой-то/ квартал
На почве неровной и зыбкой.
Там жили поэты, и каждый встречал
Другого - надменной улыбкой...

/Блок/

У поэтов есть такой обычай:
В круг сойдясь, оплевывать друг друга...

/Кедрин/

За годы и годы знакомства с этой шатией /братией - ее никак не назовешь!/,
имел несчастья убедиться, что поэты - эгоистичны, эгоцентричны, равнодушны к по-
эзии собратьев, ревнивы, завистливы и, вообще - ведут себя, как бабы. Уместно
привести слова все еще "молодого поэта", как его называют в прессе /1936 г. ро-
ждения, a propos/ - Дмитрия Бобышева, коему посвящала стихи А.Ахматова, а теперь
Ю.Иваск - из интервью, взятого Мишей Моргулисом для "Литературного курьера" /№3,
1982, стр.3-4/:
    " - Поэтов можно сравнить с красавицами, хоть это многим из нас не нрави-
тся, но это надо всегда иметь в виду. Красавицы не любят быть в толпе красавиц..."
- почему-то заговорив о "мужских поэтах" /калька с английского, дарю Козловско-
му!/ в женском роде. Ну, "красавицами" и даже "красавцами" я бы помещенных на
этой странице поэтов не назвал... Но признание - ценно.
    Проштудировав два тома записок Лидии Чуковской об Анне Андреевне, я вынес
оттуда следующие оценки великой поэтессы творчества классиков и ее современни-
ков:
    Разговор ... приводит нас к Толстому. Анна Андреевна отзывается о нем не-
сколько иронически. ... Мусорный старик... /с.21/
    А бывают и дутые репутации, например, Тургенев. ... Как он плохо писал!
Как плохо! /с.23/
    А у Байрона и без того ума не слишком много. /с.30/
    Я спросила, любит ли она Шевченко. - Нет. ... "Мамо", "ходимо" - она по-
морщилась - не люблю. /с.48/
    О Хэмингуэе: - Да, большой писатель, - сказала Анна Андреевна. - Я только
рыбную ловлю у него ненавижу. Эти крючки, эти рыбы, черви... Нет, спасибо! /с.52/
    - Бухштаб прислал мне Добролюбова. Я прочла весь том, от доски до доски.
Какие стихи плохие! Слова точно слипаются в строчке. А каков Дневник! Ничего и
никого не видно. Еще в начале чувствуется быт, брезжит кое-что. А уж дальше -
скука и женщины. И более ничего... Я НИКОГДА НЕ ЧИТАЛА БЕЛИНСКОГО, НИ ОДНОЙ СТРО-
ЧКИ /выделено мною - ККК/ - что, он тоже так плохо писал? /с.72/
    О Есенине: - Нет, я этого не понимаю. Я только что его перечла. Очень пло-
хо, очень однообразно... Тема одна единственная - вот и у Браунинга была одна те-
ма, но он ею виртуозно владел, а тут - какая же виртуозность? /с.82/
    О Пастернаке /который "с бурной похвалой отзывался о стихах Всеволода Ро-
ждественского" и Сергея Спасского/: - А Мандельштама он терпеть не может, он за-
был, что говорил мне об этом раньше. /с.90/
    /Не будем приводить, что говорил Пастернак о Мандельштаме - Стали-
ну.../ Но главное признание - дальше, на стр.91:
    - А ваши стихи он любит?
    - Вряд ли. Он когда-то читал мои стихи - очень давно - и позабыл их. ...
А вообще-то стихи ему ни к чему. Вы разве не замечали, что поэты не любят стихи
своих современников? Поэт носит в себе собственный огромный мир - ЗАЧЕМ ЕМУ ЧУ-
ЖИЕ СТИХИ? /выделено мною - ККК/ В молодости, лет 23-24, любят стихи поэтов сво-

ей группы. А ПОТОМ УЖЕ НИЧЬИ НЕ ЛЮБЯТ - только свои.

Это не я, это Анна Андреевна разоткровенничалась. И почему я - должен "любить ее стихи"? Пусть их любят Бродский и Бобышев. Однако ж, и выступать против ее стихов не дозволяют. Не говоря уж - против ее ЛИЧНОСТИ.

Прочитав же, как АА отзывалась не о классиках, а о СОВРЕМЕННИКАХ - поневоле возомнишь себя ангелом! Из современников - АА не брезговала общаться с Фединым и Сурковым , во всяком случае, не называла их лично-публично "говном" /чего они, по мнению не только современников, стоили!/, сама же - укоряла Пастернака, что тот "часто хвалит из самой наивной, ГРОШОВОЙ политики"...

Какую "политику" вела Анна Андреевна, давая свои стихи на отбор - помянутому Суркову? Уже КОГДА ЛЕВА ГУМИЛЕВ БЫЛ ДАВНЫМ-ДАВНО НА СВОБОДЕ, в 60-е? Зачастую мои многочисленные оппоненты объясняют стихи Ахматовой "Песня мира" и "В пионерлагере" /такого фуфла даже Суркову было не написать!/ в сборнике "День поэта" за 1956 год - "БОЯЗНЬЮ ЗА СУДЬБУ СЫНА". Ну, а потом она чего боялась?

А как эта святоша проходится по современникам!

- Сологуб печатал дрянные рассказики в ничтожных журнальчиках и жили они пышно... /с.118/

И опять о Толстом: - И не защищайте, пожалуйста, этого мусорного старика! /с.124/

- Я читала книгу пошляка Цвейга о Леонардо да Винчи... /с.124/

Рассматривала разные издания Пастернака, стоявшие у меня на полке; побранила "Второе рождение" /"попытка быть понятым"/... /с.124/

О "Спекторском": - Это неудачная вещь... Я ее всегда не любила. /с.129/

Еще о "Втором рождении": - Не люблю эту книгу... Множество пренеприятных стихотворений. /с.134/

О Татлине заявила, что он - клинический сумасщедший... /с.136/

О Блоке: - На днях я перечитала "Песню Судьбы". Я раньше как-то ее не читала. Неприятная вещь, холодная и безвкусная. /с.148/

- Кузмин был человек очень дурной, недоброжелательный, злопамятный. /с.150/ ... Был совсем лишен доброты. /с.151/

А "СИМОНОВ тут хорош." /151/

О Вяч. Иванове: - ... При такой глубине понимания, сам он писал плохие стихи. /156/

... К Лермонтову иногда трудно бывает подойти, потому что у него много графоманского... /с.158/

О Тургеневе: - Мелко у него все, люди мелкие и события, и сам он мелковат, - сказала Анна Андреевна. /с.168/

О Багрицком /издания "Малой серии", 1940/: - Совсем неинтересно. ... Я читаю впервые. Меня поразила поэма "Февраль": ПОЗОРНЕЙШЕЕ ОПЛЕВЫВАНИЕ РЕВОЛЮЦИИ. /с.178/

А вот это уже интересно! Что же предлагает АА в качестве контр-меры?

- Удивляюсь редактору книги. ЗАЧЕМ БЫЛО ЭТО ПЕЧАТАТЬ? А вступительная статья Гринберга! Какая безответственность! /с.178/

Узнаете лексику брата Васи? Комиссар Багрицкий "позорно оплевывал революцию", о чем сообщает беспартийная Анна Ахматова - в доверительной беседе с Чуковской /потом, во 2-м томе - она еще круче несет Пастернака за "Доктора Живаго"/.

Может, хватит? Может, достаточно - и этих цитат? Не переписывать же оба тома /а есть, вроде, еще и 3-й/, где все то же:

"ПРИШЛА И ... ТОРОПЛЮСЬ ЗАПИСАТЬ ЕЕ ДОРОГИЕ СЛОВА". /Л.Чуковская, Записки об Анне Ахматовой, ИМКА-ПРЕСС Париж, 1980/.

Поневоле хочется повториться: ЗАЧЕМ БЫЛО ЭТО ПЕЧАТАТЬ?

А затем, что Анна Андреевна - классик. А классиков надо печатать в полном объеме, что бы они там в лужу ни ... вякнули. Тиснул Бродский в "Костре" - препохабнейший перевод "Йеллоу сабмарин" - и переиздают его здесь, в "Новом американце", друзья поэта - Довлатов, Лившиц и Шарымова /НА, №47, стр.27/, не подозревая, какую медвежью услугу знаменитому поэту и БЛЕСТЯЩЕМУ ПЕРЕВОДЧИКУ этим оказывают... Так и Чуковская: она ж "от всей души" записывала "дорогие слова" Анны Андреевны... Когда же я, к примеру, послал страничку "Бродский и битлз" бывшему редактору "НА" Сереже Довлатову - ответа не последовало. А писал я нижеследующее: "Чтобы вытащить подобное говно /и беспардонную халтуру/ на свет Божий - надо крепко любить Бродского. Где были армянские очи Сергея Довлатова, редактора этой новой многотиражки? ... Или друзья Иосифа считают, что стоит помазать именем Бродского любой кусок дерма, как горчицей - и все проглотят?" Довлатов утверждает, что письма этого не получал, как не отвечает мне и нынешний редактор, Петрунис, на посланную статью "Базар вокруг хозар и Анна Ахматова" - ДАЖЕ из "Плейбоя" я получил ответ, когда они завернули мои "Пусси поэмз"! Русские же печатают и читают - лишь письма "классиков" - так надо понимать?
   ПЛОХО ЧИТАЮТ.

   О чем и речь в настоящей статье. Я с поэтами Бродским и Бобышевым уже лет 20 /быть точным - 23/ воюю, ЗНАЯ из стихи - первый сборник Бродского, "Стихотворения" /Inter-Language Literary Associates, Washington-New-York, 1965/ был составлен мною и Григорием Ковалевым /слепым , в БУКВАЛЬНОМ смысле, поклонником новой поэзии и собирателем/, а переправлен за кордон Аликом Гинзбургом; первый сборник Бобышева "Партита" - набирала моя машинистка, Эстер Вейнгер /затерявшаяся где-то в израиле/, для нас же - но зная этих поэтов столько лет, вижу, что права Ахматова /см. цитату о Пастернаке, с.91/ - поэты "НИЧЬИ СТИХИ НЕ ЛЮБЯТ - ТОЛЬКО СВОИ." И, если Бобышев в интервью признается, что "открыл для себя поэтов Иваска и Чиннова" - то, надо понимать, из поминаемой АА "грошовой политики"? Все ж таки - авторитеты! Хоть никто их не читал в России, не читает и НЕ БУДЕТ ЧИТАТЬ.
   Имею я право иметь о литературных трупах эмиграции свое, особое мнение? Или - "Барону - можно, а мне - нельзя?" /вместо эпиграфа, употребленного ранним Бродским в "Стихах под эпиграфом": "То, что дозволено Юпитеру, не дозволено быку"/. Юноне - можно, а мне, Меркурию, скажем - нельзя?
   Как-то укорили профессора-слависта Сиднея Монаса, когда он сравнил Бродского с Овидием в изгнании - как можно?! На что Сидней ответил: "НА ПАРНАСЕ МЕСТАМИ НЕ ДЕЛЯТСЯ. ИЛИ ТЫ - ТАМ, ИЛИ - НЕТ."
   Однако, и на Парнасе существует российское местничество - "ахматовские сироты" /4 штуки, из них - сирота №1, Женя Рейн - все еще "в золушках"/ признаны и западными академиями - а их соратники-собутыльники-современники - ждут еще своего часа: НИ В ОДНОМ ИНТЕРВЬЮ БРОДСКОГО-БОБЫШЕВА я не встречал имен их друзей и соперников. Впрочем, чего от них ожидать? Классик Бродский, в каком-то из интервью, признается: "Может, я переоцениваю свое участие в русской литературе /именно участие/, НО МНЕ ЭТО, В ОБЩЕМ, НАДОЕЛО." /выделено мною - ККК/. Что ж, поставил изречение классика - эпиграфом к одному из томов моей 5-ти /а то и более/ томной антологии "Голубая лагуна", покрывающей, в общем, четверть века поэзии, где-то под ТРИ СОТНИ имен - так ли это много для страны с 250-тимиллионным населением? Можно, конечно, и одной мадам Ахматовой обходиться - откинув в сторону Мать Марию /Скобцову, Кузьмину-Караваеву/, Марию Шкапскую, Любовь Столицу, Нину Хабиас /Комарову-Оболенскую/, поминаемую Ахматовой Марию Петровых - и иже, и иже, и иже - ее СОВРЕМЕННИЦ, поставить на полочку двух поэтесс - Ахматову и Цветаеву - или двух поэтов на "Б" - но куда же тогда девать Лившица-Лосева, представляемого тем же Бродским /"ЭХО", №4, 1979/, где он сравнивает его ... с Вяземским - а вот, между прочим, в антологии русской поэзии Боуинга, 1820 /Лондон, в переводах на английский/ - ПУШКИНА НЕ ЗНАЧИЛОСЬ, хотя были и Костров, и Нелединг-Мелецкий, и иные... Надо понимать, Жуковский "не представил".
   Поэты, поэты...
   НЕТ, ПОЭТЫ - НЕ ДЕЛЬФИНЫ.

                                                   1 ноября 82, НЙ, подвал.

716

ПОСЛЕСЛОВИЕ КО ВСЕМУ

Мышам и собачкам.

В искусстве, как и в жизни, справедливости не существует - те же особня-
ки и богадельни, равенство и братство - строятся по плану социальному -
Шемякин танцует с Ростроповичем, Неизвестный поет с Барышниковым.
Богема и истэблишмент, как справедливо заметили Вайль-и-Генис - полярны
- но - по "Интернационалу" - кто был "ничем", стремится стать "всем".
Сколько бы ни говорилось, что искусство - награда в себе, хочется - и
иных наград.
Полярность Аронзона и Евтушенко, Роальда Мандельштама и Робота Рождест-
венского - очевидна, но каждый нормальный мандельштам стремится стать -
бедным. Который Демьян, и есть его уху.
Поместьями и крепостными, капиталом и камер-юнкерством - Бог мое поколе-
ние обидел, остается идти по стопам олефира-ли-макарова, либо - не идти.
Пишут и малюют, изображают театр, играют на гитаре и на дудочке, а про-
ку?
Или искусство "вещь в себе", или - просто "вещь". Каковую продать, обме-
нять, вдуть, махнуть, просто вмазать и - поиметь.
Поиметь капиталы, поместья, машины, круизы и антрепризы.
Все это идет от тех времен, когда искусство было - товаром.
"Купил на 2 марки ультрамарина на плащ святому Мартину" - сообщает в
дневниках Альбрехт Дюрер. Плащ этот, вместе с завернутым в него святым
Мартином, он потом вмазал - и не за "две марки".
"Я надеюсь, что хоть некоторые из моих картин будут когда-нибудь прода-
ны", писал Ван-Гог брату, о чем сообщает мне Бахчанян.
Безумный Бейн требует с меня гонораров, не понимая, что он - не товар.
Все бескорыстные поэты и певцы, ваятели и плясатели - желают стать то-
варом.
При этом, чтоб самим за товар - платить поменьше. Или, по возможности,
вообще не платить. А в этом мире чистогана - и набирать-то за бесплат-
но никого не найдешь. Не говоря, клеить-макетировать. Вот и пашем, напа-
ру с Мышью, она - после 8 часов чертежничанья на харч, я - просто так.
А "продана" - ни эта, ни иная антология - не будут. Не товар.
"Ты делаешь великое дело", - твердят друзья, уезжая на каникулы по Евро-
пам и покупая дома. "Как это Вы такую грандиозную работу сделали?", -
справляется Евтушенко и отъезжает по Лужникам и Англиям.
Не товар. И свои стихи-проза не товар, и - уж тем более - стихи этих
всех 300-500 поэтов - НЕ ТОВАР. Ни порознь, ни даже вместе.
"Играй на дудочке и пой" - казалось бы? Но и дудочка - стоит денег. А
где их взять-заработать-достать - это уж твое дело.
Мне и так - десятки людей помогали за просто так. Их я перечислял в
предшествующих томах. Но если и сложить все эти суммы и усилия вместе -
не наберется и на 2 тома. А их уже 9.
Нет, искусство - не товар. Товар - это политика /100 000 долларов Щаран-
скому, миллионы на оплату диссидентствующих по "Голосам"/, то есть - всё
как и там.
"Чудак, надо же делать политический капитал!", - объяснял писатель Неча-
ев-Бакинский диссиденту-аспиранту Левину, устраивая выставки неофициаль-
ного искусства в своей квартире. Сделал. Теперь служит при "Русской мыс-
ли" и европейских "Голосах".
А я капитала не делал. Для меня капитал - все эти стихи. И картинки. И
фоты. Потому что мне они - дороги и нравятся.
Хотя и я, как Ван-Гог или Осип Мандельштам - не возражал бы, если бы мне
заплатили. Презренным златом. Которое я потратил бы - скажем, на баб. И
съездил бы в какую Полинезию.
Но заплатят - потом. Не сейчас. А сейчас - надо на что-то отправлять 5
томов издателю /влетит где-то, в сотню/ и терпеливо ждать 9 месяцев ее
родов. И - приниматься за Москву... Еще 2-3 тома.

Вальс

одиночество

эмигранта

посвящается
Родине

автор оригинала Э.К.Д. (1984-1986 гг.)

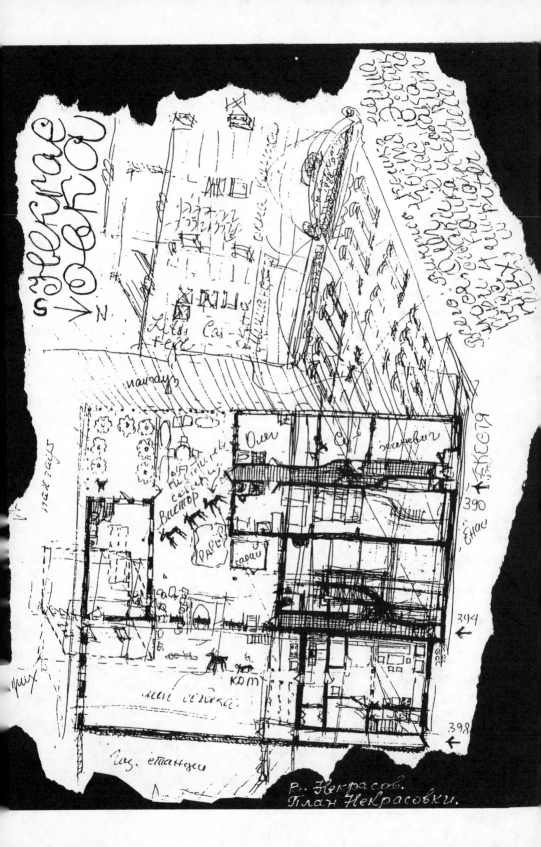

К.К.К, Соломон Волков и В. Некрасов. Фото И. Волковой.

К.К.К. и Мариана Волкова. Фото С. Волков.

1.
письмо тридцать восьмое

искусство принадлежит народу и требует жертв *

По улице бежала курица. За ней гнались евреи. Они хотели отрезать ей голову. Курица это знала, но надеяться ей было не на что: пустынная бруклинская улица вела к реке. Там, прижатую к водной преграде , ее бы и зарезал шойхет местной синагоги.

Но тут распахнулись двери одного из домов, и курицу втащили внутрь. Она была спасена так же внезапно и неоправданно, как героиня плохого вестерна. В Некрасовке появился еще один жилец.

* Из В. Бахчаняна

художник Вл. Некрасов

Лет шесть-семь назад в одном из самых мрачных районов Нью-Йорка купили дом муж и жена Некрасовы. Дом этот больше походил на трущобу. Даже пол там, кажется, был земляным.

На новоселье пришел веселый седовласый отец Викторин и освятил новое владение Некрасовых. Уже тогда стало ясно, что в жизнь эмигрантского Нью-Йорка вошла еще одна фантасмагория.

Некрасовы, хоть и художники, но люди мастеровые и практичные.

Они пристроили к дому баню, кое-что починили, кое-что прикупили, и вскоре их невзрачное жилище обросло пристройками, сарайчиками, подвалами и двориками.

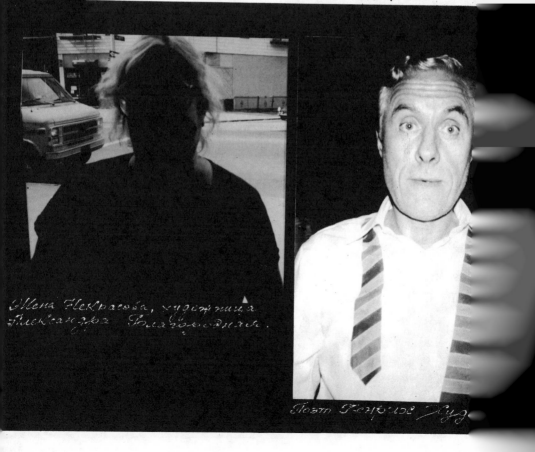

Жена Некрасова, художница Александра Благомыслия.

Поэт Генрих Худ.

Василий
Ситников   В.Некрасов

Серёжа
Довлатов

Херувимун, поручик

К.К. и В.Некрасов

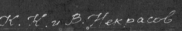

Скульптор, Олег
Соханевич

Володин,

Лиманский и Саша
Скоров.

Мышь и художник Виктор Володин

Постепенно сюда перебрались представители эмигрантской художественной интеллигенции, выгнанные из своих квартир за неуплату и антисанитарию. Сейчас здесь живёт множество легендарных людей — скульптор по напряжённому металлу Соханевич, который переплыл Чёрное море на резиновой лодке, знаменитый конструктор сверкающих пиджаков Худяков, крестный отец российской поэзии Кузьминский и многие другие.

Лиманский. Некрасов

Марк Марьяновский и Лариса-булочн

ПОДВАЛ

Новеллист Сергей Д.

...ша Соколов и К.К.К.

К.К.К. Нечека, В.Черкасов, Шурочка, С.Довлатов

Кроме людей, в Некрасовке живут и животные. Одних борзых — то ли две, то ли три, то ли даже четыре штуки. Кстати, эпизод с курицей имел характерное продолжение. После того как ее спасли от евреев, курица заскучала. Она не привыкла к одиночеству. Обитатели Некрасовки решили помочь ей обзавестись семьей и купили петуха. По неопытности в сельском хозяйстве вместо петуха купили еще одну курицу. Семьи не получилось, и пришлось приобрести новую особь. На этот раз уже определенно мужского пола. Теперь в Некрасовке целый птичий двор. Курицы гуляют по крыше среди подсолнухов, которые специально посадили, чтоб птицы не тосковали по природе. С появлением в Некрасовке Кузьминского жизнь колонии приобрела определенный статус. Он присвоил своему жилью название "Подвал" и стал устраивать выставки русских художников. На эти вернисажи съезжается, как говорили раньше, весь эмигрантский Нью-Йорк. Гости бегло смотрят картины, осторожно перешагивая через длинных борзых, пьют водку и жадно общаются. Засиживаются в подвале буквально до петухов.

Некрасовка стала столицей русской богемы в изгнании. Все двуногие, четвероногие и пернатые обитатели этого Ноева ковчега чувствуют себя прекрасно, жизнь кипит, хотя денег, естественно, нет.

Саша Ямпольский.

Московский художник Василий

К.К.К.

Миша Левин.

К.К.К.

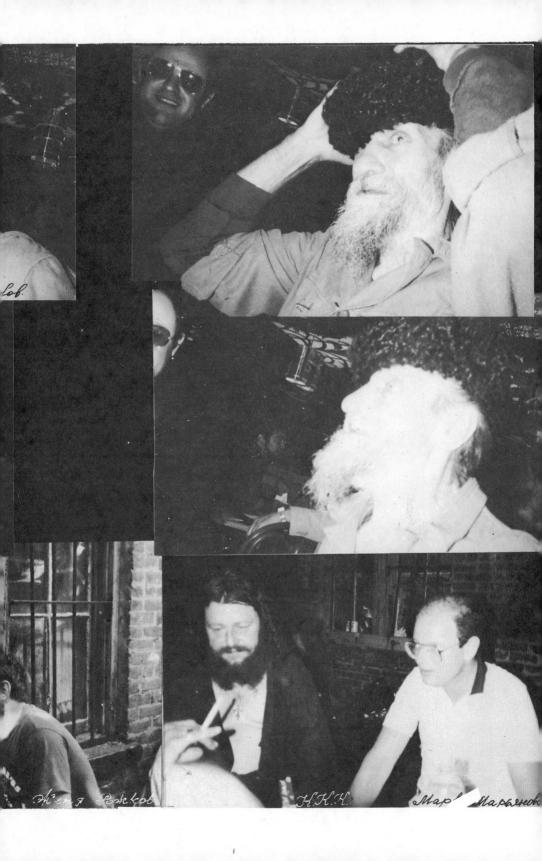

ов.

Жен. Режков   Н.К.К.   Мар Марьянов

Владимир Паперный
Екатерина Компанеец

ХУДОЖНИКИ И ЗАГРАНИЦА

отрывок из статьи

Заграница представлялась чем-то в высшей степени заманчивым, каким-то земным раем... Быть за границей казалось мне до того соблазнительным, что как-то не верилось, что когда-нибудь я сам там побываю.

Александр Бенуа.[1]

Вы кто, педерасты или нормальные люди?.. Дайте мне список тех, кто хочет за границу, в так называемый «свободный мир». Мы вам завтра же дадим паспорта и можете убираться.

Н.С. Хрущев на выставке в Манеже, 1962 г.[2]

Я испытываю истинное счастье от того, что оставил все свое имущество на разграбление. И если Бог не даст мне возможности развернуть и показать умение изготовлять картины редкой красоты, и я навсегда останусь бедняком, нищим, то все равно буду чувствовать себя счастливым тут. В Свободной Америке и Благословенном городе Нью-Йорке. Русский эмигрант Василий Яковлевич Ситников. 1985 год. Сентябрь, 3. Понедельник. 05 ч. 23 м.[3]

Посмотрим теперь, как живут сегодня некоторые из художников-эмигрантов. Выбор художников совершенно случаен. Это не «лучшие» и не «худшие», а просто те, к кому мы успели попасть в течение пятидневного пребывания в Нью-Йорке в сентябре 1985 года. Вот несколько страничек из нашего нью-йоркского дневника.

Некрасовка. Слово «некрасовка» придумал поэт и издатель К. Кузьминский. Так он назвал два чуть покосившихся кирпичных дома, принадлежащих художнику Владимиру Некрасову, где живет целая художественно-эмигрантская коммуна: Константин Кузьминский, Василий Ситников, Виктор Володин, Олег Соханевич и Генрих Худяков. Знакомство с «некрасовкой» Кузьминский предлагает начинать с крыши. Мы поднимаемся на пятый этаж, а затем лезем по шаткой приставной лесенке, но попадаем отнюдь не на «всклоченный сеновал», как предположил бы всякий знаток Мандельштама, а на залитую гудроном крышу. В одну сторону открывается живописный вид на бруклинские трущобы, а за ними - как сказочный град Китеж - сияющий в желтоватых лучах осеннего солнца Манхэттен. С другой стороны крыши, если перегнуться через невысокий парапет, открывается вид на «некрасовский» двор с надувным бассейном

Визуанс Толстого, Сайза и...

МАТЬ ПОРЯДКА

МАТЬ

16 а

Костя Кузми-нс-

Шура и Аня Полонская

К.К.К. и Торсий →

К.К.К. и Шу...

...пинсково, в Некрасовке, на на берегу Ист-Ривер. 16 апреля 1 985

АНАРХІЯ
МАТЬ ПОРЯДКА

Тетерятников

Конев
1986 года

Муж жены Бобышева и Т. летъй

Витя Володин

гумины
и Экус

Борзые

Кузьминского и поржавевшими стальными скульптурами Соханевича вперемежку с кирпичами и сломанными стульями.

Владимир Некрасов. Спустившись с крыши, мы выходим во двор, а из двора, с помощью еще одной приставной лесенки, влезаем в окно мастерской Некрасова. Почему надо влезать в окно, и существует ли вообще дверь, никто объяснить не в состоянии. Некрасов - это крепкий немногословный русый бородач. Родился в Новосибирске. Учился в Ленинграде в Академии художеств. Участвовал в неофициальных выставках в Ленинграде. Уехал с женой в 1976 году. Скопил денег, работая на двух работах - днем и ночью - и купил два дома в Бруклине. Большинство работ в мастерской - живопись и графика - выполнены в 1970-х годах. Это одновременно и трезвый и вместе с тем поэтичный взгляд на современную российскую действительность. Многие сцены изображают сцены насилия, но сделано это без карикатурности, с большой долей остранения.

Эти работы трудно себе представить в галереях Нью-Йорка, не потому, что в них чего-то нехватает, а скорее наоборот, потому что в них есть нечто, что должно отпугнуть потенциального американского зрителя, а именно: наполненность иными смыслами и реалиями. Для нормального, не очень знакомого с европейской живописью, а уж тем более с историей СССР, американского зрителя, эти листы и полотна должны выглядеть как фильм на иностранном языке.

То общественное воодушевление, которое сопровождало неофициальные выставки 1970-х годов, было связано во-первых, со стремительным перебором западно-европейских художественных стилей, недоступных в годы сталинского академизма, а во-вторых, с постепенной политизацией содержания, то есть с постепенным осмыслением своего социального бытия. Увы, ни то, ни другое не может всерьез взволновать сегодняшнего западного зрителя. Для него форма этой живописи покажется вторичной, а политические аллюзии потребуют долгих разъяснений. Почему, например, рисунок «Столпники», где на столбе сидит человек с табуреткой, а у него на голове другой играет на гармони, имеет еще и другое название «Единство партии и народа»?

На противоположной стене висит работа, которую Некрасов делает за деньги, - эскизы для витража. Кузьминский поясняет, что здесь приходится потакать вкусам заказчика, а заказчик любит XIX век. На большом двухметровом листе уверенной рукой нарисованы три пышные грации. Рядом лежат фотографии из американских журналов, откуда они частично перерисованы. Эти грации, если их чуть приодеть и дать в руки по серпу с молотом, вполне могли бы украсить какой-нибудь павильон на ВДНХ, что всего лишь указывает на уровень заказчика, вкусам которого приходится потакать.

У нас сложилось впечатление, что Владимир Некрасов, сильный и интересный художник, потеряв аудиторию, которая обладала с ним «общностью судеб», не нашел еще для себя той судьбы, которая установила бы коммуникацию между ним и новой аудиторией. Пока что судьба, которую он себе выбрал («некрасовский» микромир) скорее указывает на желание продлить общение со старой аудиторией, чем установить его с новой. Если для писателя такая ориентация в принципе возможна, то для художника она вызывает некоторые сомнения.

Конечный продукт творчества писателя - это чаще всего книга, отпечатанная типографским способом. Книга по самой своей идее предназначена для транспортировки. Нет ничего необычного или

Очеретянский

Супруги Очеретянские, скульптор Неизвестный и Эрнст

К.К.К. Володя Рутеибе комп'юте

Марк

Роман Бар-Ор.

Мыше

Рут.

Гаррик Шапиро

Бах.

Ирина Савина.

Оберейянский

Эрнс Неизвестный

К.К.К.

Рут.

БАХ

К.К.К.   с Аней Грэм.

театровед
Людмила Фокова

Мышь

Художница
Римма
Новашинская

Баучанян

Рутенберг

Художник
Кучуков

Эрнст Неизвестный

странного в судьбе писателя, покинувшего свою родину, (или изгнанного из нее), книги которого разными путями достигают читателя на родине. С художником все обстоит иначе. Большинство традиционных художественных жанров ориентированы на уникальность и неповторимость. Холст, написанный художником, предназначен для непосредственного разглядывания, а репродукции до сих пор существуют главным образом для справочных целей. Даже в литографии основным элементом ее ценности становится номер оттиска и подлинная подпись художника. Поэтому художник-эмигрант обречен творить для для тех, кто в состоянии придти (приехать, прилететь) и посмотреть на его произведение, то есть, для жителей Парижа, Нью-Йорка, Рима, Лос-Анджелеса. При этом не очень важно, являются ли эти жители эмигрантами из СССР или нет. Всякий большой город обладает властью над судьбами своих жителей. Разница между эмигрантами и не-эмигрантами существует лишь в пределах одного поколения, а срок этот, с точки зрения судьбы искусства, ничтожен.

Виктор Володин. Мастерская Володина находится во флигеле. Сюда можно войти через дверь. Здесь чисто. Видно, что хозяин любит порядок. Он родился в Вятке, учился в Мухинском училище в Ленинграде. Эмигрировал в 1980 году. За это время написал на заказ 40 икон и расписал православную церковь в Нью-Хэйвене. На мольберте стоит заказная работа для местной католической церкви: расписное деревянное Распятие. Незадолго до нас приходил заказчик и был поражен качеством работы. Остальные работы в мастерской заставляют вспомнить одновременно об иконе, о Григории Сороке и о Петрове-Водкине. От иконы - сознательное смешение масштабов фигур и «развернутость» плоскости земли на зрителя.

Вообще говоря, идея иконы проникла в нон-конформистское искусство 1970-х годов скорее через технику, чем через идеологию. Художники, часто не проявлявшие большого интереса к религии, вдруг стали месяцами покрывать доски левкасом, а потом писать на них яичной темперой - хотя и на вполне светские сюжеты. Секреты левкаса, грунта, яичного желтка передавались только близким друзьям. Вспоминается, например, как художники М. Рогинский и Л. Повзнер часами обсуждали в конце 1970-х годов, как нужно готовить доску под левкас, и как его наносить. Постепенно среди художников, интересующихся иконной техникой, выделилась группа действительно религиозных живописцев. Но их было сравнительно немного. Большинство видело в иконе просто специфический живописный язык, противопоставляя его и официальному академизму, и официальному сезаннизму.

Интересно, что последним художественным событием, которое нам удалось увидеть в СССР, была полу-подпольная (или скорее полу-официальная) выставка 1981 года «Русские мотивы» - разумеется в Секции живописи при Горкоме графиков. Там тоже основным мотивом и основной техникой была икона. Но чтобы «продать» идею Распятия, живописцу из Горкома графиков приходилось уравновешивать ее фигурами космонавтов или рабочих. Нью-Йоркская католическая церковь готова покупать Распятие без дополнительных аксессуаров.

Станковая живопись Володина пока, видимо, своего покупателя не нашла. И все же это пример счастливой художнической судьбы: он с удовольствием пишет иконы, а у него их с удовольствие покупают. С художественной жизнью Нью-Йорка - с его галереями, выставками, журналами, вернисажами - эта деятельность, видимо, не связана

такж ... и К.К.К. Альбина гулинька на фоне картины Толстого.

Гоахьт Кенжеев.

фото К.К.К. Мышь. Кларнет Милкис. Кнлж...

...кофьев, ККК и Генрих ...

ККК и Шурочка

Бахыт, Саша Сумеркин и Марина Тёмкина

и Есаул.

К.К.К.

ЕПИСКОП НА
ВЫСТАВКЕ ЦЕРКВЕЙ

Вообще говоря, идея иконы проникла в нон-конформистское искусство 1970-х годов скорее через технику, чем через идеологию. Художники, часто не проявлявшие большого интереса к религии, вдруг стали месяцами покрывать доски левкасом, а потом писать на них яичной темперой - хотя и на вполне светские сюжеты. Секреты левкаса, грунта, яичного желтка передавались только близким друзьям. Вспоминается, например, как художники М. Рогинский и Л. Повзнер часами обсуждали в конце 1970-х годов, как нужно готовить доску под левкас, и как его наносить. Постепенно среди художников, интересующихся иконной техникой, выделилась группа действительно религиозных живописцев. Но их было сравнительно немного. Большинство видело в иконе просто специфический живописный язык, противопоставляя его и официальному академизму, и официальному сезаннизму.

Интересно, что последним художественным событием, которое нам удалось увидеть в СССР, была полу-подпольная (или скорее полу-официальная) выставка 1981 года «Русские мотивы» - разумеется в Секции живописи при Горкоме графиков. Там тоже основным мотивом и основной техникой была икона. Но чтобы «продать» идею Распятия, живописцу из Горкома графиков приходилось уравновешивать ее фигурами космонавтов или рабочих. Нью-Йоркская католическая церковь готова покупать Распятие без дополнительных аксессуаров.

Станковая живопись Володина пока, видимо, своего покупателя не нашла. И все же это пример счастливой художнической судьбы: он с удовольствием пишет иконы, а у него их с удовольствие покупают. С художественной жизнью Нью-Йорка - с его галереями, выставками, журналами, вернисажами - эта деятельность, видимо, не связана никак.

Василий Ситников. Если выйти из мастерской Володина и пересечь двор, то попадаешь в PODVAL Кузьминского. На самом деле это не подвал, а первый этаж. Мы проходим через кухню и упираемся в лежащий на полу большой двуспальный матрас, на котором проживают сам Константин Кузьминский с женой Эммой Карловной Подберезкиной и тремя огромными борзыми. Чтобы попасть в выставочную часть квартиры, надо шагать прямо по матрасу (другого пути нет), стараясь не наступить на томно раскинувшихся собак и, иногда, самого хозяина.

После володинского благолепия попадаем прямо в то, что в Америке называют soft porn, «мягкая» порнография. Употребляем этот термин без всякой оценки, просто в целях классификации. Кузьминский, называющий себя новым Дягилевым, поселил Ситникова в своем Подвале, развесил его работы и даже подсказывает ему некоторые сюжеты, в частности появление рисунка, который мы деликатно назвали бы «Похищение Европы», целиком заслуга Кузьминского.

В 1960-х годах Ситников был настоящей знаменитостью. Про него ходили легенды. Согласно одной из них, его университетами была работа «фонарщиком» у искусствоведа Михаила Алпатова. Фонарщиками называли тех, кто на лекциях показывал диапозитивы. Поговаривали, что когда он бывал недоволен каким-нибудь теоретическим положением Алпатова, то заводил с ним научные споры. Другие говорили, что никаких споров не было, просто иногда Василий Яковлевич упрямился и не хотел показывать того или иного слайда.

Развешенные работы в основном выполнены в 1960-х годах. Одна

Выставка Василия Ситникова.   „Учительница" Василия С
лета, 1985 года.

Генрих Худяков под „Уч..........ницей"

Боля и Мышь.

Меж

Эрнст Неизвестн..... и „Учит.....ельница". Генрих Худяков и „Учительница

...ена Лозинская и Э. Некрасов

К. К. К. и Лёня Колмогор.

Наташа Риковская.

Галерея "..."

...ек, Аня П...лонская и Мышь и Нежка. Люда Бокова с сыном Алёшей - художн...

относится к серии «Монастыри», остальные - обнаженная натура и эротические сцены. Художник Н. Герман рассказывал в 1966 году, что над «Монастырями» Ситников работал вдвоем с соавтором. Сами монастыри, по словам Н. Германа, писал художник Фредынский, работавший реставратором в Загорском монастырее, а Ситников густо покрывал их потом снежинками. Насколько эта версия достоверна, неизвестно. Она частично подтверждается тем, что, во-первых, на всех работах монастырской серии явно изображен Загорский монастырь, а во-вторых, эта серия резко отличается от остальных работ В. Ситникова. В конечном же счете для зрителя не очень важно, работал ли Ситников один или, как Рубенс, пользовался услугами подмастерьев. Важен результат, а в случае с «Монастырями» результат явно симпатичный.

В. Ситников пользуется чрезвычайно трудоемкой техникой. Некоторые рисунки состоят из миллиардов точек, сделанных шариковой авторучкой. Другие выполнены с помощью сапожной щетки. Он приходит в ярость, когда вспоминает, как два американских искусствоведа, из тех, кто приезжал с американской выставкой графики, по ошибке написали что он пользуется сапожной щеткой и сапожной ваксой.[16] Сапожная щетка - да. Вакса - никогда. Это различие для него, по-видимому, чрезвычайно важно.

Работа над некоторыми холстами и рисунками продолжается по многу лет. Многодельность и трудоемкость - часть общего замысла поразить Запад «картинами редкой красоты». Когда Ситников жил в Москве, это частично удавалось, благодаря упомянутому выше феномену «подпольного искусства». Как только он перебрался из московского «подполья» в бруклинский «подвал», феномен исчез. Но в Нью-Йорке он счастлив. Он мечтал об этом всю жизнь. На вопрос, говорит ли он по-английски, Ситников отвечает гневным монологом:

– Нет, не говорю. И не собираюсь. Это же не язык, а издевательство над людьми. Меня отец в детстве драл, если я какое-нибудь слово произносил неразборчиво. Ты, говорит, людей уважать должен, Ты, говорит, так произнеси слово, чтобы человеку стало понятно. А эти... Никакого уважения. Еле-еле губами шевелят. Тьфу!

Видимо уроки отца не пропали даром: монолог этот произносится необыкновенно внятно и отчетливо.

Олег Соханевич. Мастерская Соханевича заперта, и сам он сейчас в Европе, но у Некрасова есть ключ, и они с Кузьминским повели нас осматривать. Все некрасовцы говорят о Соханевиче с восхищением: герой, сбежал через Черное море в Турцию. Видимо из тех, что руками подковы гнут. Скульптуры: огромные металлические балки, крюки и трубы согнуты нечеловеческой силой и скручены гигантскими болтами – забавы супермена. За перегородкой – деревянный идол с гигантским половым органом, который, как гласит некрасовская легенда, однажды ночью, в самый неподходящий момент, со страшным стуком отвалился.

У входа стоит очень старый велосипед, который тоже показывают как достопримечательность – на этом велосипеде Соханевич объехал всю Европу. В этой пещере великана столько чудес, что мы уже ничему не удивляемся. Если бы Кузьминский с Некрасовым стали уверять нас, что именно на этом велосипеде Соханевич переплыл Черное море, мы бы поверили, во всяком случае, следы ржавчины на нем есть.

Генрих Худяков. Чтобы попасть к Худякову, надо спуститься по слабо освещенной лестнице уже в самые недра некрасовки. Здесь

Мулета "Б" в New York'e.

Кевин Кларк (,,Красный диван»

Борис Кердимун.   Мелинда и ле

Борис Вельберг   Алик Рабинович

В. Козловский и снике Толстого

Мемберг и Василий Ситников.

К.К.К.   Роман Бар-Ор, Огеретямский   Марина Темкина и Саша

художник Борис Штернберг

Толстой Миша Левин.

ечс Вельберг и К.К.К.

пахнет землей и таинственно журчит вода в свисающих с потолка трубах. В биографии Худякова интересны два момента. Первое, его путь от слова к изображению, второе, его путь из Ленинграда в Нью-Йорк (с остановкой в Москве). И в том, и в другом случае большую роль играла случайность, точнее особые взаимоотношения Худякова со случайным.

Он окончил филологический факультет Ленинградского университета в 1959 году. Примерно с этого же времени начал писать стихи. Интерес к визуальному творчеству возник случайно. «Когда однажды в 1962-м году, - рассказывал Худяков, - мне захотелось переписать в тетрадь разбросанные по клочкам рифмы и обрывки слов, оказалось, что все это смотрится не совсем так, как представлялось... Вскоре я начал передвигать слова по бумаге, чтобы достичь наилучшей композиции».[17]

В 1968 году его визуально-стихотворное произведение «Кацавейки» было опубликовано в нью-йоркском авангардистском журнале SMC, где Худяков оказался в одной компании с такой знаменитостью, как американский дадаист и сюрреалист Мэн Рэй. Художником Худяков стал уже в Нью-Йорке, куда он переехал в 1974 году. Переезд в Нью-Йорк он объясняет не случайностью, а скорее поисками случайности: «За два года до эмиграции я почувствовал себя выдохшимся. Случайности обходили меня стороной... Случайность, вообще-то, - спичка брошенная на творческий темперамент, как на стог сена, а мое сено было к тому времени скормлено».[18]

Нью-Йорк оказался чрезвычайно мощным стимулятором творчества. Возник интерес к деланию реальных вещей - пиджаков, рубашек, пластиковых мешков для продуктов (shopping bags). Не исключено, что за ярко и сложно декорироваными пиджаками стоит неосознанное желание обрести утеряный социальный статус. Но вот за идеей создания рубашки, на которой нарисован развязанный галстук, по словам Худякова, стоит сострадание к жителям душного и жаркого Нью-Йорка: «Мне становилось как бы эстетически неловко за тех, кто в жаркий день развязывал галстук, оставляя концы болтающимися по обеим сторонам рубашки».[19]

От делания пиджаков Худяков перешел в последнее время к изображению их на холсте. Пиджаки написаны плоско, яркими люминисцентными красками. В последней серии появились религиозные мотивы, что оказалось неожиданностью и для самого Худякова. Для него это была очередная случайность.

- Я когда написал, - говорит он, - сначала не понял, что это, а потом вдруг увидел, что это Он в телевизоре. Он мне сначала во сне показался. Я все думал, как бы увидеть Небесный Чин. Вот они у меня и появились, сначала в пиджаках, как невидимки. Голый король наизнанку: пиджаки есть, Чинов нет. А последнее полотно, это как Апокалипсис, появился Он на экране телевизора и угрожает людям.

Если внимательно приглядеться к худяковским пиджакам - не нарисованным, а сделанным - то внезапное появление божественной проблематики уже не кажется таким неожиданным. Пиджаки украшены крестами, и вся структура орнамента отчасти напоминает церковные ризы. Как же получилось, что именно Нью-Йорк - среди бесконечного числа эпитетов которого «божественный» будет, пожалуй, наименее употребительным, если уж искать библейских аналогий к нему, то на ум придут скорее всего Содом и Гоморра, - как же получилось, что именно Нью-Йорк вызвал к жизни эту неожиданную серию, в которой /остальное не влезло, см. статью, когда опубликуется - ККК/

...и Гинзбург на выставке «Харьков».

Толстый и Тетерятников

Фотограф Саша, Наташа Раковская и Вл. Некрасов

Художник Кучуков.

Вл. Тетерятников

Художница Зоя Красновек

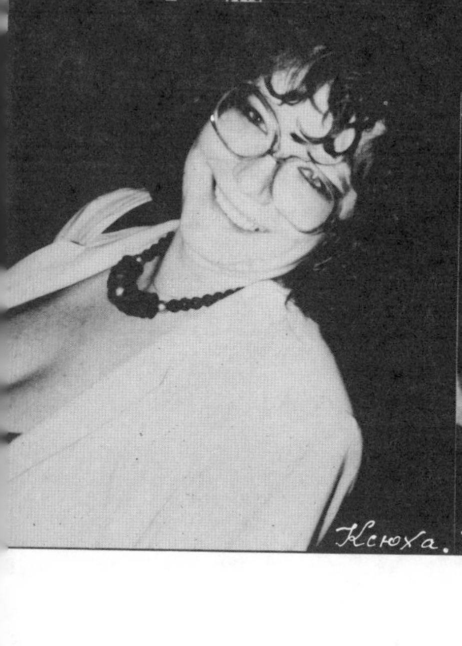

Ксюха.  Художник Простаков.

Саша Соколов и ....

К.К.К. и бар

Нерюнька

наш лендлорд.

Некрасов   Володин   Шурочка   К.

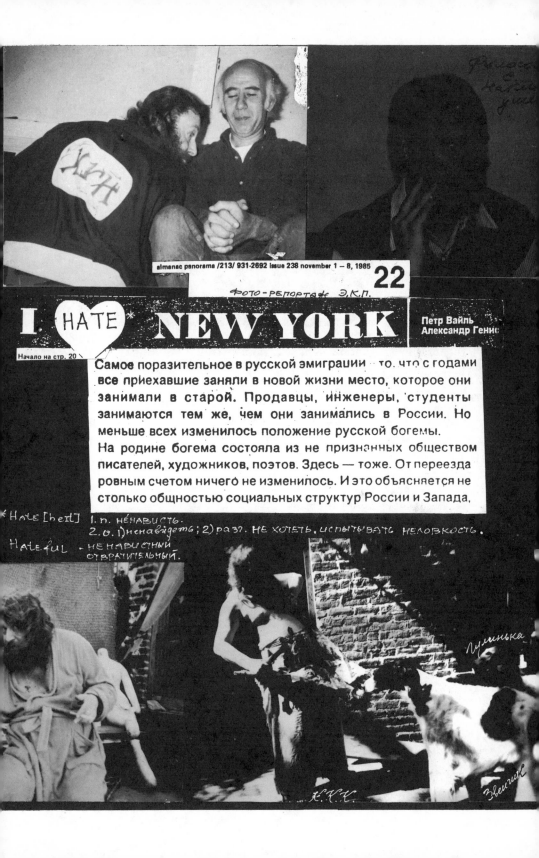

almanac panorama /213/ 931-2692 issue 238 november 1 — 8, 1985

22

Фото-репортаж Э.К.П.

I ♥ HATE* NEW YORK

**Петр Вайль
Александр Генис**

Начало на стр. 20

Самое поразительное в русской эмиграции — то, что с годами все приехавшие заняли в новой жизни место, которое они занимали в старой. Продавцы, инженеры, студенты занимаются тем же, чем они занимались в России. Но меньше всех изменилось положение русской богемы.

На родине богема состояла из не признанных обществом писателей, художников, поэтов. Здесь — тоже. От переезда ровным счетом ничего не изменилось. И это объясняется не столько общностью социальных структур России и Запада,

*Hate [heɪt] 1. n. НЕНАВИСТЬ.
  2. v. 1)ненавидеть; 2)разг. НЕ ХОТЕТЬ, ИСПЫТЫВАТЬ НЕЛОВКОСТЬ.
Hateful — НЕНАВИСТНЫЙ, ОТВРАТИТЕЛЬНЫЙ.

Пулинька

К.К.К.

Звенчик

Саша Соколов, Мыш...

Шиманский, Са...

сколько внутренним содержанием богемной жизни.
Любой человек, посвятивший себя искусству, неизбежно
вступает в конфронтацию с обществом. В процессе
творческой работы художник или меняет общество, или
общество меняет его, или они находят приемлемый
компромисс. Богему же составляют художники, не
способные осуществить ни один из этих трех вариантов. И
тогда они открывают для себя четвертый — жить помимо
общества, часто ему назло.

В замкнутом клане богемы исповедуется единственная
религия — искусство. Его даже не обязательно творить,
достаточно в него свято верить.

Главный враг богемы — любые власти, или, как она это
называет, истеблишмент. По сути, речь идет о той самой

Поэт и художник Олег Прохоров'ев и Генрих Худяков   С Эле...

Рокофьев, .Мышь

Ножка-говноежка и Мышь

К.К.К. Художник Олег Целков и

Аня Раче.

Рокофьев и Генрих Худяков.

Елена Лозинская, К.К.К. и Аня Грэм.

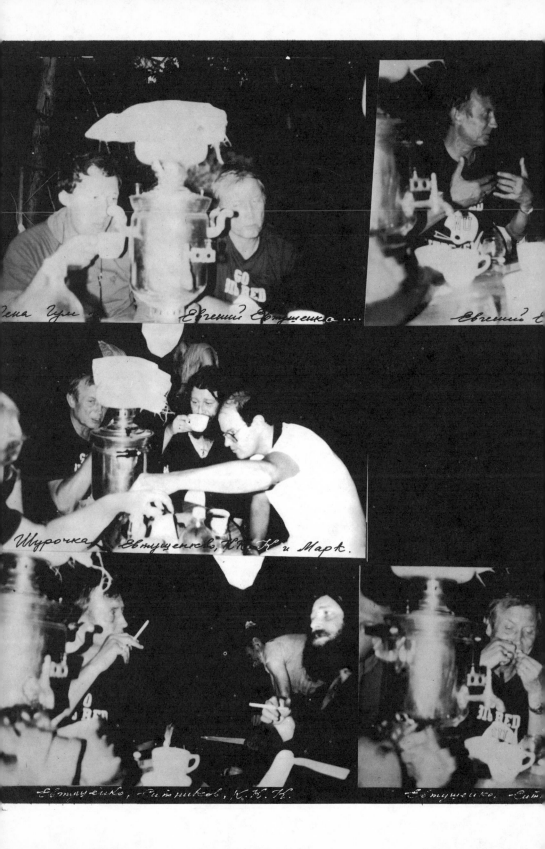

Лена Гум ... Евгений Евтушенко ....   Евгений Е

Шурочка, Евтушенков, К. К. К. и Марк.

Евтушенко, Ситников, К. К. К.   Евтушенко, Сит

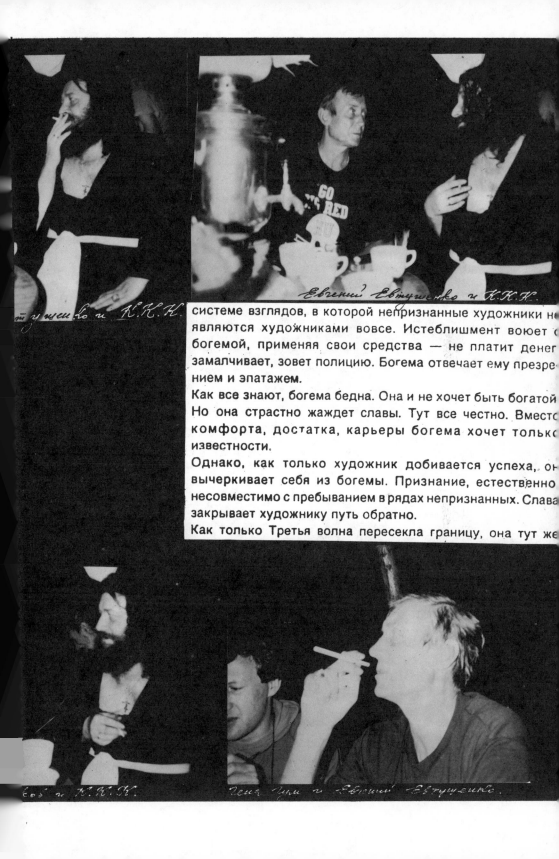

Евгений Евтушенко и К.К.К.

...тушенко и К.К.К.

системе взглядов, в которой непризнанные художники не являются художниками вовсе. Истеблишмент воюет с богемой, применяя свои средства — не платит денег, замалчивает, зовет полицию. Богема отвечает ему презрением и эпатажем.

Как все знают, богема бедна. Она и не хочет быть богатой. Но она страстно жаждет славы. Тут все честно. Вместо комфорта, достатка, карьеры богема хочет только известности.

Однако, как только художник добивается успеха, он вычеркивает себя из богемы. Признание, естественно, несовместимо с пребыванием в рядах непризнанных. Слава закрывает художнику путь обратно.

Как только Третья волна пересекла границу, она тут же

Боб и К.К.К.   Гена Шмаков и Евгений Евтушенко.

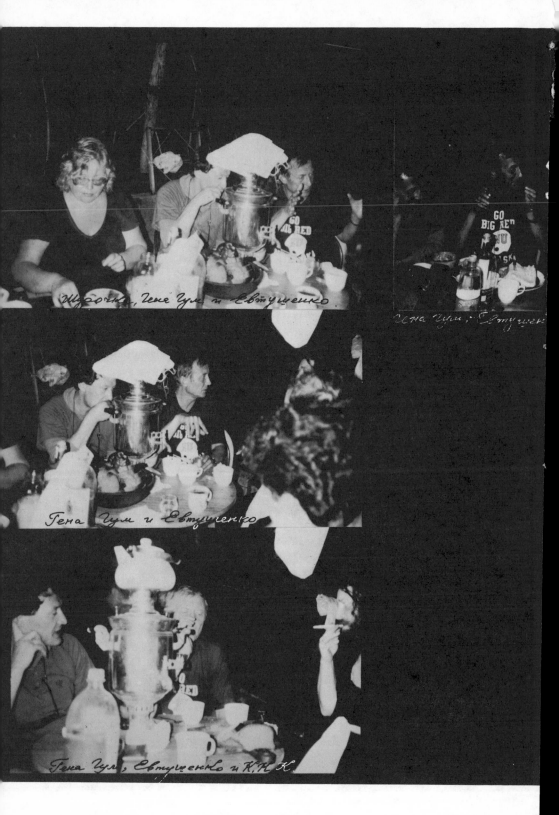

Щурочка, Гена Гул и Евтушенко.

Гена Гул, Евтушен

Гена Гул и Евтушенко

Гена Гул, Евтушенко и К. К. К.

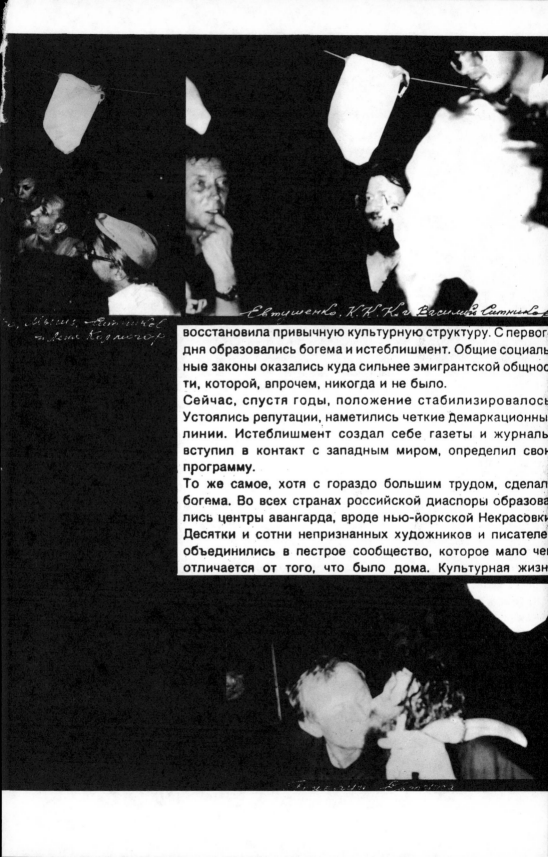

Евтушенко. К.К.К. и Василий Ситников

восстановила привычную культурную структуру. С первого дня образовались богема и истеблишмент. Общие социальные законы оказались куда сильнее эмигрантской общности, которой, впрочем, никогда и не было.

Сейчас, спустя годы, положение стабилизировалось. Устоялись репутации, наметились четкие демаркационные линии. Истеблишмент создал себе газеты и журналы, вступил в контакт с западным миром, определил свою программу.

То же самое, хотя с гораздо большим трудом, сделала богема. Во всех странах российской диаспоры образовались центры авангарда, вроде нью-йоркской Некрасовки. Десятки и сотни непризнанных художников и писателей объединились в пестрое сообщество, которое мало чем отличается от того, что было дома. Культурная жизнь

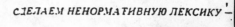

СЕМЕЙНЫЙ
АЛЬБОМ

Edition «VIVRISME».

ПариЖ 1985

НОРМАТИВНОЙ!

богемы протекает параллельно с творческим процессом истеблишмента. Выставки устраиваются не в галереях, а в подвалах. Книги печатаются не в типографиях, а размножаются вручную.Общение происходит не на конференциях, а за столом.

Время от времени богема даже обзаводится своими изданиями. Таким был альманах "Аполлон-77", собранный М. Шемякиным, или рукописная газета "Левиафан", выпускавшаяся М. Гробманом. Сейчас в Париже выходит представительный журнал "Мулета", названный его редактором Толстым "семейным альбомом".

"Мулета" сразу стала главным органом эмигрантского авангарда. Она — программное издание нашей богемы, в котором консолидировались ее взгляды

Как всегда бывает в таких случаях, эмиграция постаралась не заметить существования "Мулеты", отказываясь, таким образом, с ней дискутировать. Ни один орган не дал рекламы нового журнала, ни одна рецензия не появилась в печати.

Мы тоже не собираемся разбирать содержание "Мулеты". И не потому, что ее редакция обозвала нас Пенисом и Гениталисом, а потому что это издание интересует нас, в первую очередь, как факт социальный, крайне существенный для понимания процессов, происходящих в эмиграции.

Издатель и редактор-провокатор
ТОЛСТЫЙ, матадор.

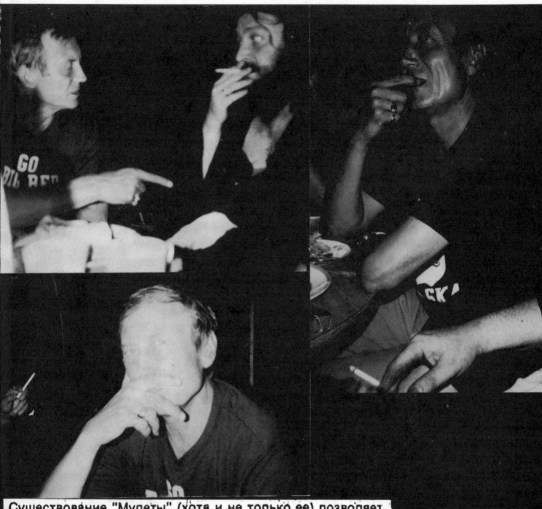

Существование "Мулеты" (хотя и не только ее) позволяет четко сформулировать претензии, которые богема предъявляет эмигрантскому эстеблишменту.

Суть этих претензий сводится к следующему: деятели советской культуры, попав на Запад, стремятся обменять свои антисоветские убеждения на деньги и карьеру. Писатели, художники, диссиденты пошли на службу в ЦРУ, используя там политический капитал борцов с режимом. Служба эта позорна. Во-первых, потому что нельзя получать деньги за убеждения. Во-вторых, потому что нельзя получать деньги за (теперь) правильные убеждения. В-третьих, потому что нельзя смешивать убеждения и искусство.

Кроме того, богема считает эмигрантский эстеблишмент приспособленческим и лживым, способным приноравли-

...аться к любому хозяину и жить хорошо при любой власти. Например, в эмиграции выгодно верить в Бога. Поэтому бывшие атеисты становятся неофитами православия и иудаизма. Обращение это объясняется не верой, а шкурным расчетом, оскорбляющим истинно религиозных людей. С точки зрения богемы, лицемерная религиозность открывает дорогу в главные эмигрантские журналы и газеты и помогает устроиться на хлебные места.

Так же, как способствует этому и надрывная любовь к русскому народу, и истерическая ненависть к коммунистическому режиму.

Богема полагает все эмигрантские авторитеты дутыми. Репутация видных деятелей культуры основана на политическом расчете Запада, которому выгодно иметь дело с ретроградами, приспособленцами, способными обратить в капитал даже свои прошлые советские подвиги. Смычка эмигрантской элиты с западными правительственными службами позволяет элите захватить все ключевые посты на радиостанциях, в редакциях газет, журналов, издательств, в музеях и галереях. На этих постах эстеблишмент создает свой вариант советской, продажной культуры, который отличается от отечественного только приставкой "анти". Никакого отношения к искусству эта политизированная культура не имеет, поскольку она целиком подчинена конъюнктурным соображениям. Больше всего эстеблишмент боится разоблачения, поэтому богему ни в коем случае не допускают к средствам информации. Свою борьбу с новым конформизмом авангард вынужден вести

* Здесь наши нью-йоркские коллеги допускают неточность: "Панорама" неоднократно (и, добавим, безвозмездно) помещала рекламу "Мулеты" и публиковала обзоры и рецензии на это издание. Имеем в виду делать это и впредь.   Редакция

Витя

К.К.К и Мыщъ.

Олег Целков в мастерской у Неизвестного.

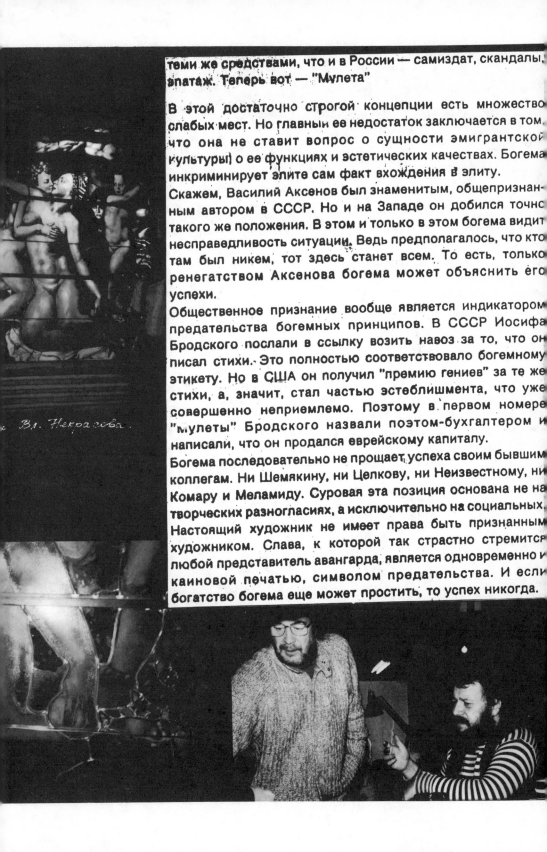

теми же средствами, что и в России — самиздат, скандалы, эпатаж. Теперь вот — "Мулета"

В этой достаточно строгой концепции есть множество слабых мест. Но главным ее недостаток заключается в том, что она не ставит вопрос о сущности эмигрантской культуры, о ее функциях и эстетических качествах. Богема инкриминирует элите сам факт вхождения в элиту.

Скажем, Василий Аксенов был знаменитым, общепризнанным автором в СССР. Но и на Западе он добился точно такого же положения. В этом и только в этом богема видит несправедливость ситуации. Ведь предполагалось, что кто там был никем, тот здесь станет всем. То есть, только ренегатством Аксенова богема может объяснить его успехи.

Общественное признание вообще является индикатором предательства богемных принципов. В СССР Иосифа Бродского послали в ссылку возить навоз за то, что он писал стихи. Это полностью соответствовало богемному этикету. Но в США он получил "премию гениев" за те же стихи, а, значит, стал частью эстеблишмента, что уже совершенно неприемлемо. Поэтому в первом номере "Мулеты" Бродского назвали поэтом-бухгалтером и написали, что он продался еврейскому капиталу.

Богема последовательно не прощает успеха своим бывшим коллегам. Ни Шемякину, ни Целкову, ни Неизвестному, ни Комару и Меламиду. Суровая эта позиция основана не на творческих разногласиях, а исключительно на социальных. Настоящий художник не имеет права быть признанным художником. Слава, к которой так страстно стремится любой представитель авангарда, является одновременно и каиновой печатью, символом предательства. И если богатство богема еще может простить, то успех никогда.

В. Некрасова.

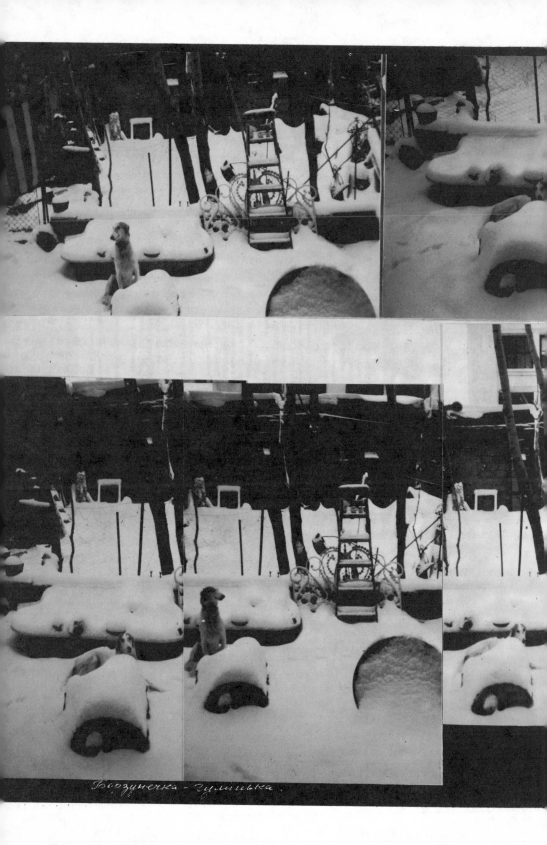

Борзунечка - Гумиська.

Понятно, что взаимоотношения богемы и истеблишмен
требуют двухстороннего освещения проблемы. В следую-
щем письме мы поговорим о том, какие претензии есть
элиты к авангарду.

× × ×

Курица, нашедшая спасение в нью-йоркской Некрасовке,
была не единственным и не последним существом,
ощутившим на своей шкуре (перьях?) необходимость
убежища.

Америка постоянно, хотя и незаметно, выдавливает из
эмиграции все то, что связывает ее с родиной. Мы
инстинктивно сопротивляемся этому процессу выкорчевы-
вания. Бессознательно мы стараемся сплотить ряды, чтобы
защитить прежние ценности, сохранить бывшую духовную
близость. Эмиграции, как той несчастной курице, тоже
нужно хотя бы временное убежище от чужого мира,
который размывает наш образ жизни, растворяет в себе все,
что мы любили и ценили в России.

Это общее для любых изгнанников стремление приводит к
созданию эмигрантских обществ, союзов, землячеств. В
Нью-Йорке, кажется, только у нашей Третьей волны нет
таких организаций. Все попытки создать их — Клуб
творческой интеллигенции, Ассоциации ветеранов, Клуб
одиноких — неизбежно проваливаются. Чаще всего
подобные эксперименты заканчиваются судом.

Некрасовка зимой, фото Кузьминского.

Ситников, В. Некрасов, В. Войнодин. Люсик.

Шурочка

Олег Чуряков.

Но все равно в эмигрантском Нью-Йорке постоянно стихийно появляются новые очаги, новые центры. Такие например, как эта самая полубезумная Некрасовка, где обитают дважды неофициальные художники и литераторы. Как ни странно, именно нищая русская богема собирает вокруг себя утомленную Америкой эмиграцию. Может быть, потому, что в этом кругу лучше всего сохранилась такая близкая нам российская атмосфера общения.

Иногда кажется, что все эти богемные хулиганы из Некрасовки на самом деле трепетно верят в святые ризы искусства. Что они строят из своих подвалов храм Аполлону. И там безобразные жрецы справляют тризну на алтаре муз. Ей-Богу, есть в них что-то от Надсона.

Во всяком случае, в эмигрантской географии Нью-Йорка Некрасовка — место необходимое и даже неизбежное. И если смысл нашей скандальной богемы только в том, чтобы охранять такие заповедники прежней духовной жизни, то и этого хватает.

Надо чтобы человеку, в том числе и эмигранту, было куда пойти. В Некрасовку, например.

Кура-Ряба и её поклонники.

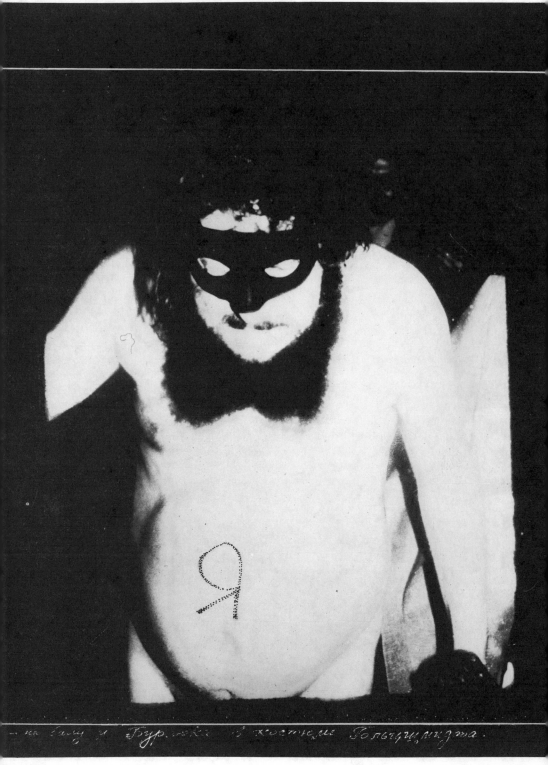

...на балу и Бурлюкъ въ костюмѣ Большевика.

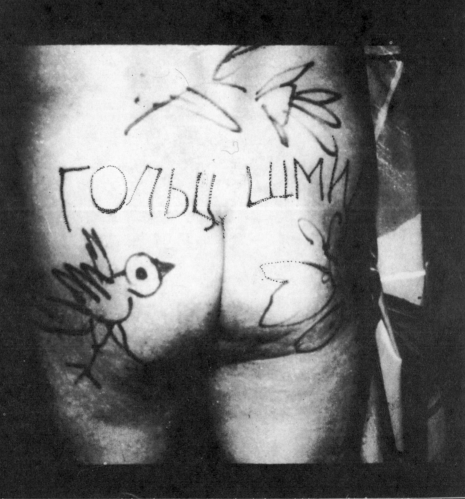

Роспись Р. Новашинской,   архив «Эллы Фрейдус»